L'HUMAIN ET SES PRÉFIXES

UNE ENCYCLOPÉDIE
DU TRANSHUMANISME ET DU POSTHUMANISME

DANS LA MÊME COLLECTION
DERNIÈRES PARUTIONS

Activité physique et exercices spirituels. Essais sur la philosophie du sport, D. Moreau et P. Taranto (éd.), 2010.

CHABOT P., *La philosophie de Simondon*, 2003.

DALED P. F., *Le matérialisme occulté et la genèse du sensualisme: Écrire l'histoire de la philosophie en France*, 2005.

GATEAU V., *Pour une philosophie du don d'organes*, 2009.

GOFFETTE J., *Naissance de l'anthropotechnie : De la médecine au modelage de l'humain*, 2006.

GOFFI J.-Y., *Regards sur les technosciences*, 2007.

GRESS Th. et MIRAULT P, *La philosophie au risque de l'intelligence extraterrestre*, 2016.

HOTTOIS G., *Généalogies philosophique, politique et imaginaire de la technoscience*, 2013.

– *La science entre valeurs modernes et postmodernité*. Conférence au Collège de France, 2005.

– *Philosophie et idéologies trans/posthumanistes*, 2017.

KAPP E., *Principes d'une philosophie de la technique*, traduit de l'allemand et présenté par G.Chamayou, 2007.

Les philosophes et la technique, P. Chabot et G. Hottois (dir.), 2003.

Narration et identité. De la philosophie à la bioéthique, M.-P. Pinsart (éd.), 2008.

MORIZOT B., *Pour une théorie de la rencontre. Hasard et individuation chez Gilbert Simondon*, 2016.

PERBAL L., *Gènes et comportements à l'ère post-génomique*, 2011.

QUELQUEJEU B., *Sur les chemins de la non-violence. Études de philosophie morale et politique*, 2010.

Regards critiques sur le principe de précaution. Le cas des OGM, A. Marciano et B. Tourrès (éd.), 2011.

ROBINET A., *Le sera : Existiturientia* (G.W. Leibniz), 2004.

– *Les signes et l'insignifiant*, 2005.

– *L'il a été : Destin et liberté*, 2006.

Socrate pour tous : Enseigner la philosophie aux non-philosophes, J. Ferrari, P. Kemp, D. Evans (dir.), 2003.

Techniques et philosophies des risques, C. Kermisch, G. Hottois (éd), 2007.

WEYEMBERGH M., *Imaginer l'avenir contre l'absolutisme de la réalité*, 2017.

Pour Demain

L'HUMAIN ET SES PRÉFIXES

Une encyclopédie du transhumanisme et du posthumanisme

sous la direction de

Gilbert HOTTOIS, Jean-Noël MISSA et Laurence PERBAL

PARIS

LIBRAIRIE PHILOSOPHIQUE J. VRIN

6, Place de la Sorbonne, V[e]

2018

Imprimé en France

ISSN 0180-4847

ISBN 978-2-7116-2536-9

www.vrin.fr

INTRODUCTION

Les préfixes de l'humain sont nombreux (ab- in-, para-, pré-, post-, proto-, sub-, sur-, trans-humain…) et les notions que ces termes expriment sont généralement pertinentes pour réfléchir aux transformations de l'homme. C'est en ce sens que cette brève encyclopédie propose une vaste réflexion sur la nature et les limites de l'humain et sur les attitudes que l'on rencontre relativement à elles. Certains scientifiques et philosophes transhumanistes défendent aujourd'hui un progressisme prométhéen d'amélioration de la nature humaine par la technologie. Cette utopie technoscientifique avec pour objectif l'amélioration de l'être humain s'appuie sur les pouvoirs nouveaux de la biomédecine. La dilution des frontières entre médecine thérapeutique classique et médecine d'amélioration constitue une des caractéristiques principales de la biomédecine du XXIe siècle. Dans la biomédecine contemporaine, des nouveaux médicaments et technologies thérapeutiques peuvent être utilisés non seulement pour soigner le malade mais aussi pour améliorer ou augmenter certaines capacités humaines. Cette évolution représente un changement de paradigme dans la pratique médicale. La volonté des transhumanistes de modifier l'homme a évidemment suscité des débats animés. Depuis une quinzaine d'années, de nombreux philosophes et scientifiques se sont penchés sur le thème des technologies d'amélioration. De façon schématique, il est possible de répartir les protagonistes du débat éthique et philosophique sur la question en trois groupes : les bioconservateurs, les penseurs libéraux et les transhumanistes. Chez les bioconservateurs (Leon Kass, Jürgen Habermas, Michael Sandel, Francis Fukuyama, Bill McKibben…), c'est le sentiment de peur qui domine. Ils s'inquiètent des risques pour la santé et des conséquences pour la justice sociale. Ils pensent que les biotechnologies d'amélioration posent des problèmes éthiques fondamentaux qui touchent à l'essence même de l'être humain. Le « donné naturel » serait ainsi menacé par la démesure d'un homme devenu maître et possesseur de sa propre nature. Les penseurs libéraux (Jonathan Glover, Ronald Dworkin, Nicholas Agar, Alex Mauron, John Harris, Arthur Caplan…) estiment que la décision d'utiliser des technologies d'amélioration relève largement de la liberté individuelle. Même s'ils sont prêts à défendre l'idée d'une modification biotechnologique de l'être humain au nom du respect de la liberté individuelle, les penseurs libéraux n'adhèrent pas pour autant au mouvement de tendance utopiste et hypertechnophile que représente le transhumanisme, ni à la frange prophétique quasi-religieuse du mouvement. Les transhumanistes encouragent la transformation de l'homme par la technoscience. Leur objectif est que chaque personne puisse bénéficier d'un usage rationnel des biotechnologies d'amélioration. L'enthousiasme technophile des transhumanistes est sans limite. Ils nous promettent une meilleure santé, une vie plus longue, un intellect amélioré, des émotions enrichies et, bien sûr, un bonheur indicible. Leur programme, qui peut être résumé par le slogan « *Living longer, healthier, smarter and happier* », est de transcender la condition actuelle de l'être humain.

Cet optimisme est cependant loin d'être partagé par tous ceux qui réfléchissent sur la transformation technoscientifique de l'homme. La problématique transhumaniste est vaste, floue et ambiguë autant qu'ambivalente. Certes, elle concerne d'abord toutes les techniques matérielles d'amélioration ou d'augmentation (*enhancement*) de l'homme, et cette perspective se situe volontiers dans le prolongement de l'humanisme des Lumières en se réclamant d'un positionnement éthique. Mais l'homme « amélioré ou augmenté », c'est-à-dire « transformé », peut s'éloigner toujours davantage des conditions de l'homme naturel « cultivé » ordinaire. Le transhumanisme peut ainsi verser, brutalement ou imperceptiblement (« progressivement »), dans le posthumanisme. La notion de posthumain est plus problématique encore que celle de transhumain puisqu'elle comporte une référence vide à des entités qui, bien que « descendant » de l'homme, seraient aussi étrangères à celui-ci que l'espèce humaine est éloignée des formes de vie paléontologiques. Extrême, le posthumanisme flirte avec le nihilisme et l'imagination apocalyptique. Le posthumain invite aussi à conceptualiser le transhumanisme en accordant au préfixe « trans » toute sa portée vectorielle de « passage vers ». Un passage qui n'est jamais terminé ou qui débouche sur une rupture, un « au-delà ». Lorsqu'il vise des qualités posthumaines ou des capacités dépassant de beaucoup le maximum accessible à tout être humain actuel, le transhumain est un humain de transition cherchant à transcender son humanité. La nature humaine apparaît comme un travail en cours, comme un chantier peut-être à jamais inachevé.

Si le transhumanisme peut ressembler à l'humanisme classique, les moyens qu'il entend mobiliser l'en distinguent et ce rapprochement ne vaut pas pour le posthumanisme qui relève davantage de spéculations évolutionnistes. Au cœur de ces moyens sont les nouvelles technologies.

Du point de vue des technologies convoquées autant que de la relation à l'être humain, les spéculations posthumanistes oscillent entre deux orientations.

La première se situe davantage dans le prolongement du transhumanisme, c'est-à-dire de la transformation biophysique de l'être humain. Cette voie accentue soit les technosciences du vivant (biotechnologie, génétique, neuroscience) soit les technologies prothétiques et cybernétiques; mais elle peut aussi les articuler entre elles et les combiner comme y invitent les NBCI (Nanotechnosciences, Biotechnologie/biomédecine, technosciences Cognitives et Informatique). Cette première orientation soulève la question de l'effacement des frontières séparant des notions et réalités traditionnellement distinctes et même opposées: naturel-artificiel, vivant-technique-inerte, homme-machine... La thématique cyborganique au sens le plus large est particulièrement représentative dans la mesure où elle est ouverte à toutes les combinaisons. Cette première orientation demeure cependant d'une certaine façon "interne" puisqu'elle procède par transformation de l'être humain.

La seconde orientation est « externe » car elle ne passe pas par une telle transformation. Elle extrapole à partir des recherches et inventions dans les domaines de la robotique, de l'intelligence artificielle (IA), de la biologie de synthèse, des formes de vie artificielles... Des produits conçus ou non comme autant d'instruments au service de l'homme pourraient connaître brusquement ou insensiblement une évolution autonome les conduisant à se rendre de plus en plus indépendants, étrangers à l'homme, voire à s'y substituer. C'est le thème de la Singularité.

La voie IA/Singularité a été défendue par des auteurs comme Vernor Vinge, Marvin Minsky, Hans Moravec et Ray Kurzweil. Le mathématicien et auteur de science-fiction Vernor Vinge fut le premier à lier le concept de singularité à la création de machines intelligentes. Dans son ouvrage *The Singularity is near*, Ray Kurzweil a repris et développé le thème d'une Singularité causée par l'augmentation exponentielle des capacités technologiques. R. Kurzweil se présente comme le prophète de la Singularité, c'est-à-dire d'une période dans un avenir proche au cours de laquelle le rythme du progrès technique sera si rapide et ses effets si considérables que la vie des êtres humains sera transformée radicalement et de façon irréversible. Pour Kurzweil, la Singularité consistera en l'apparition de la conscience artificielle et d'intelligences artificielles plus puissantes que l'intelligence humaine. Des robots conscients prendront la relève des êtres humains et les personnalités humaines seront transférées dans des superordinateurs. Telle serait la posthumanité, héritière de l'humanité présente, mais non biologique; les illustrations en sont nombreuses dans les utopies, dystopies et la science-fiction contemporaines.

La voie biologique a été envisagée par des auteurs transhumanistes comme Julian Savulescu ou proches du transhumanisme comme Gregory Stock et John Harris. Dans son livre *Redesigning Humans*, Gregory Stock annonce le triomphe de la technologie du choix germinal. Stock est convaincu que la modification génétique de l'humain constitue une conséquence logique des progrès réalisés dans divers secteurs de recherche : fertilisation in vitro, thérapie génique, cartographie du génome humain, insertion de chromosomes artificiels. Ces avancées technoscientifiques ouvrent la voie à la technologie du choix germinal. Une fois mise au point et rodée dans le domaine thérapeutique, cette technologie sera utilisée à des fins d'amélioration. Le marché sera alimenté par des citoyens qui ne résisteront pas aux nouvelles possibilités séduisantes de la biotechnologie : améliorer les performances corporelles et cognitives, ralentir le vieillissement, prolonger la vie, produire des enfants porteurs d'un patrimoine génétique modifié. Dans cette perspective, la modification de l'être humain devient la conséquence logique du progrès technoscientifique. Les partisans de la « voie biologique » considèrent que ce qui est proprement transhumain c'est, pour les êtres humains, de prendre en main leur évolution biologique.

Ces idées ont été âprement discutées.

Certains, à l'instar de Leon Kass, s'opposent à ce que l'on fasse appel à la médecine pour transformer la condition biologique de l'être humain. Ils mettent l'accent sur les finalités thérapeutiques de l'art médical. Tout ce qui outrepasse ce type d'intervention est jugé illégitime. D'autres, comme Francis Fukuyama et Jürgen Habermas, estiment que la condition de l'être humain comme animal politique ou comme interlocuteur dans le dialogue idéal destiné à déterminer les règles du juste serait menacée par des interventions biotechnologiques modifiant radicalement la constitution biologique des individus. McKibben décèle dans un tel projet une volonté démesurée de contrôle total de la nature. Sandel pense que l'*enhancement* risquerait de détruire un mélange de gratitude, de respect et d'humilité devant ce qui est donné par la Nature.

L'humain et ses préfixes est organisé en articles centrés autour des courants, auteurs, concepts, imaginaires et œuvres se réclamant, partiellement ou intégralement, du transhumanisme et/ou du posthumanisme. Cet ouvrage est donc tout à fait actuel, son référentiel proprement dit n'excède guère le dernier demi siècle. La visée de l'entreprise est didactique, informative et critique. Bien que directement reliée aux franges spéculatives les plus audacieuses de la bioéthique et produite par des auteurs membres ou proches du CRIB (Centre de Recherches Interdisciplinaires en Bioéthique, Université Libre de Bruxelles), elle n'est pas une encyclopédie de bioéthique : elle ne focalise pas les questions éthiques, sans les écarter toutefois lorsque leur importance est évidente. Une des originalités majeures du projet est d'englober la spéculation imaginaire (fictionnelle) autant que la spéculation purement conceptuelle et l'extrapolation technoscientifique. Le volume est ainsi structuré en trois parties complémentaires.

La première partie « Philosophie et éthique » est consacrée au débat philosophique et éthique relatif au transhumanisme et à la transformation de l'humain par la technoscience. Le choix des entrées est dicté d'abord par le vocabulaire conceptuel et les références rencontrés chez les principaux auteurs post/transhumanistes ainsi que par le vocabulaire utilisé par leurs critiques directs.

La deuxième partie intitulée « Technoscience et médecine d'amélioration » envisage la référence fondamentale aux sciences et aux techniques inhérente à la problématique transhumaniste. Cette référence conduit à des articles explicatifs directement reliés à la R&D qui se fait aujourd'hui, des recherches et des applications qui trouvent ou pourraient trouver un sens dans la perspective transhumaniste. La R&D qui inspire le plus directement l'extrapolation, la spéculation et l'imagination transhumanistes est rassemblée aujourd'hui sous l'appellation « sciences et technologies convergentes » ou NBCI. Cette deuxième partie s'efforce de distinguer clairement entre ce qui se fait, pourra probablement se faire bientôt ou relève du domaine de la projection spéculative et imaginaire.

La troisième partie « Techniques, arts et science-fiction » est centrée autour des échanges entre technosciences et créations artistiques, tout particulièrement l'imaginaire science-fictionnel au sein duquel les thématiques post/transhumanistes sont très présentes. Dès 2000, la revue *Foundation* a publié un « Symposium on Posthuman SF » et une récente « Eaton SF Conference » (Université de Californie à Riverside, 2011) a débuté par un « Symposium on the Singularity », des idées et des tropes très débattus au cours des derniers congrès mondiaux de SF.

L'originalité, la richesse et aussi la difficulté de cette brève encyclopédie tiennent dans cet accueil de contenus soutenant des prétentions différentes, voire traditionnellement divergentes, mais que le débat contemporain autour de l'avenir de l'homme invite à croiser : les prétentions à la vérité (au savoir-pouvoir faire), au bien (au mieux), au beau (au sublime).

Gilbert HOTTOIS, Jean-Noël MISSA et Laurence PERBAL
Centre de Recherche Interdisciplinaire en Bioéthique – CRIB
Université libre de Bruxelles

PREMIÈRE PARTIE

PHILOSOPHIE ET ÉTHIQUE

ABHUMAIN

« Abhumain » est un terme beaucoup moins fréquent que « posthumain » et « transhumain ».

On le rencontre chez l'écrivain Jacques Audiberti avec une signification intéressante dans son article « De l'humain à l'abhumain »[1]; il l'amplifie dans son livre *L'Abhumanisme*[2] (1955). « Abhumain » désigne ce qui ne s'accorde pas à la vision humaniste traditionnelle de l'homme et qu'il faut cependant intégrer, notamment la description scientifique du monde qui inclut l'homme en supprimant toute distinction ontologique, toute élection de celui-ci au sein de l'univers. À cette fin, l'écrivain doit assimiler le langage des sciences.

> La seule proposition que puisse faire l'abhumanisme sera qu'on en finisse avec le spécialisme humain. Notre littérature, ci-devant royale et boulevardière, si elle continue à ne s'occuper que de l'humain ancien modèle, elle risque fort de se condamner. (...) L'issue est (...) d'introduire dans notre narration ou spéculation écrite, la désormais inévitable terminologie de la science moderne et pratique[3].

> Qu'est-ce que l'abhumanisme? C'est l'homme acceptant de perdre de vue qu'il est le centre de l'univers. Quel est le propos de l'abhumanisme? Amoindrir le sentiment de notre éminence, de notre prépondérance et de notre excellence afin de restreindre, du même coup, la gravité sacrilège et la vénéneuse cuisson des injures et des souffrances que nous subissons[4].

L'Abhumanisme regroupe des essais très littéraires qui étendent l'abhumanisme à tous les temps sous la forme d'une attitude sceptique de tendance matérialiste (« Qu'est-ce donc, l'abhumanisme? Un croisement de matérialisme et de scepticisme? »[5]), soulignant tout ce qui en l'homme relève de la nature et de la matière sous le vernis symbolique de la civilisation et des traditions religieuses et philosophiques spiritualistes dominantes. Le dernier essai est consacré à Giordano Bruno qui « fit au dieu homme la plus grande injure en épousant du même cœur toutes les vérités exclusives que par chemin il rencontrait »[6]. Proche du surréalisme, Audiberti fut aussi avec Raymond

1. J. Audiberti, « De l'humain à l'abhumain », dans *Nouveaux aspects d'un mythe moderne*, numéro thématique des *Cahiers du sud*, juin 1953.
2. J. Audiberti, *L'abhumanisme*, Paris, Gallimard, 1955.
3. *Ibid.*, p. 19-20.
4. *Ibid.*, p. 35.
5. *Ibid.*, p. 167.
6. *Ibid.*, p. 224.

Queneau, Boris Vian et quelques autres écrivains favorables à la science-fiction dans les années 1950, un fondateur du « Club des Savanturiers ».

Dans notre thèse de doctorat *Essai sur les causes, les formes et les limites de l'inflation du langage dans la philosophie contemporaine* (1976), nous utilisons les trois termes « ab/post/transhumain » en étroite liaison avec la notion de technoscience. Cette pluralité est la marque d'une hésitation, aucun de ces néologismes (dont nous ignorions à l'époque qu'ils avaient déjà une existence discrète en français ou en anglais) ne nous paraissait tout à fait satisfaisant. Alludant à l'innommable, ces termes oscillaient entre l'absence de sens et de référence, et la surdétermination. Ils sont cependant au cœur de notre introduction originelle du concept de « techno-science ». La technoscience contribue à faire reculer, peut-être un jour supprimer, les situations-limites (Karl Jaspers) propres à la finitude humaine déclarée insurmontable par la plupart des philosophies et des religions. Mais nous exprimions déjà aussi une réserve ou une mise en garde contre cet optimisme : semblable avenir n'est pas anticipable de façon univoque et simple. « Car la contestation effective des situations-limites ne conduit pas vers quelque surhumanité rédemptrice et accomplie ; elle ouvre sur l'ab-humain, le post-humain »[1]. L'eugénisme modéré (que nous évoquions en marge du futurologue Herman Kahn) est un exemple d'intervention technoscientifique sur l'homme qui peut apparaître comme bénigne. Mais « le "bien de l'homme" semble, à brève ou longue échéance, être piégé et ouvrir sur ce qu'aujourd'hui, nous ne pouvons appréhender que comme ab-humain et même, plus volontiers, comme inhumain »[2]. En dépit de l'hésitation terminologique signalée, « abhumain » (seul repris dans l'index du livre) est le terme le plus fréquent. Nous le trouvions en effet plus large, moins engagé, plus indifférencié. « Abhumain » (avec son préfixe exprimant « l'éloignement de ») ambitionnait seulement de poser le problème de l'écart, de la distanciation par rapport à l'homme « naturel-culturel », c'est-à-dire l'homme non transformé par des techniques matérielles, *sans porter de jugement.* « Abhumain » pouvait en outre s'appliquer autant à des formes de vie extraterrestres qu'à une diversité de « descendants » de l'homme, plus ou moins éloignés, déviants – supérieurs, inférieurs ou simplement très différents – de l'homme d'aujourd'hui.

Notre usage d'« abhumain » était autrement orienté que la signification assignée par Audiberti qui intègre peu la dimension technicienne, opératoire de

1. G. Hottois, *L'inflation du langage dans la philosophie contemporaine*, Bruxelles, Éditions de l'Université de Bruxelles, 1979, p. 346.
2. *Ibid.*, p. 364.

la science contemporaine : la mutation qu'il appelait est principalement spéculative, théorique, symbolique. Elle devait nourrir et renouveler la littérature. Elle n'est cependant pas contradictoire de transformations technophysiques de l'homme portées par la définition de la science moderne et contemporaine comme « technoscience ».

Signalons l'antériorité du terme anglais « abhuman » que l'on trouve dans le roman *The Night Land* de William Hope Hodgson publié en 1912. Il s'agit d'un roman d'horreur de style gothique, relevant du fantastique bien plus que de la science-fiction. Les « abhumains » sont monstrueux, diversement apparentés à l'espèce humaine, résiduellement humains. Vampires, ogres, hobbits, minotaures, satyres, nains, spectres et démons réincarnés sont autant d'abhumains. Les abhumains assiègent les derniers humains repliés dans un ultime refuge où ils tentent de préserver leurs caractères essentiels. Ce genre de littérature est aujourd'hui florissant ; l'univers fantastique et d'horreur s'exprime aussi abondamment à travers d'autres médias, en particulier des jeux électroniques.

Gilbert Hottois

ANTHROPOTECHNIE (OU ANTHROPOTECHNIQUE) ET HUMAN ENHANCEMENT

Nouveaux phénomènes, nouveaux termes ?

Psychostimulation, dopage physique, modulation de l'humeur, etc. : les pratiques de modifications volontaires de soi se sont mises à fourmiller. Elles paraissent disparates, mais on pressent pourtant qu'elles appartiennent à une grande famille. Quel nom donner à cet ensemble, avec quel sens, quel concept ? Aux États-Unis, l'expression « *human enhancement* » (augmentation ou amélioration humaine) sert aujourd'hui à les étiqueter, tout en posant certains problèmes. En Europe, trois philosophes, indépendamment, ont proposé de parler d'« anthropotechnie » ou d'« anthropotechniques » : Peter Sloterdijk, Gilbert Hottois et nous-même [1]. Terme conçu à partir des racines grecques *anthropos* – l'être humain – et *technè* – la technique, la technologie – l'anthropotechnie

1. J. Goffette, *Naissance de l'Anthropotechnie. De la médecine au modelage de l'humain*, Paris, Vrin, 2006 ; G. Hottois, *Species Technica, Suivi d'un Dialogue philosophique autour de Species Technica vingt ans plus tard*, Paris, Vrin, 2002 ; P. Sloterdijk, *La domestication de l'Être*, Paris, Les Mille et Une Nuits, 2000.

serait ainsi « l'art ou la technique de transformation extra-médicale de l'être humain par intervention sur son corps » [1].

Avant d'entrer dans le cœur du sujet, il est utile de montrer que le concept d'anthropotechnie a un rôle bien différent de ceux de transhumanisme et de posthumanisme. Ces deux derniers expriment l'idée d'un *projet politique, métaphysique et technique*, soutenu par un courant d'opinion. Qu'il s'agisse de trans- ou de posthumanisme, une nouvelle condition humaine ou posthumaine y est attendue et espérée. À l'inverse, la notion d'anthropotechnie ne porte aucun projet mais se veut surtout *descriptive*. Elle marque simplement l'existence d'un domaine varié de modifications de soi, dont les finalités sont diverses, allant de la pilule contraceptive à la chirurgie esthétique. Ces pratiques entretiennent une parenté entre elles parce qu'elles modifient volontairement nos caractéristiques corporelles, sans qu'il s'agisse de lutte médicale contre la maladie. De ce fait, la plupart posent des questions semblables, à propos de l'artificialisation, de la conception de la condition humaine, des finalités qui les portent et des règles à leur donner.

En fait, depuis les années 1990, la question de l'émergence d'un champ spécifique d'activité, dévolu à la modification humaine, est clairement posée. Plusieurs réponses ont été élaborées. Par exemple, le comité d'éthique américain, dans *Beyond Therapy*[2], propose de dépasser le concept de médecine et de l'élargir en lui donnant pour fin non plus la santé mais le bonheur humain, ce qui rassemblerait médecine et *human enhancement*. La définition de la santé adoptée en 1948 par l'Organisation Mondiale de la Santé, « état de complet bien-être mental, physique et social », ouvre la porte à une telle modification professionnelle, même si elle n'a pas été écrite en ce sens. Toutefois, cette voie pose aussi problème. D'une part, l'obligation d'assistance, socle de la déontologie médicale, se dilue dans une foule de situations où il ne s'agit plus d'aider autrui face à la souffrance et la mort, mais d'apporter un service plus ordinaire. D'autre part, la balance bénéfice/risque, autre socle de la déontologie médicale, y est malmenée, puisqu'on n'apporte presque aucun bénéfice de santé tout en prenant parfois des risques (par exemple le risque anesthésique et infectieux pour la chirurgie esthétique, le risque d'accoutumance voire de toxicomanie pour les psychostimulants, etc.). Une autre voie de réponse, plus attentive à ces problèmes, propose de reconnaître, *à côté de* la médecine, un domaine professionnel spécifique, celui de l'*anthropotechnie*. Cette façon de

1. J. Goffette, *Naissance de l'Anthropotechnie…*, *op. cit.*, p. 69.
2. President's Council on Bioethics, *Beyond Therapy*, Washington, D. C., 2003.

voir permet de maintenir la cohérence séculaire de la déontologie médicale. Elle invite aussi à penser une déontologie propre à l'anthropotechnie.

Une question émergente

Alors que transhumanisme et posthumanisme restent des postures théoriques, anthropotechnie et *human enhancement* émergent comme des problèmes sociétaux réels. En fait, toute une série de pratiques visent des fins de performance, de liberté, de loisir, etc., et ces pratiques sont en cours de banalisation pour nombre d'entre elles, avec parfois des risques pour la santé publique et des risques de transformations sociales.

Les pratiques anthropotechniques posent trois problèmes : un problème conceptuel (où les situer, hors de la tension médicale entre normal et pathologique ?), un problème éthique (sans bénéfice pour la santé, leur rapport bénéfice/risque est problématique), un problème métaphysique et politique (quelle société et quelle humanité souhaitons-nous ?).

Voilà pourquoi en 2010, en France, le rapport préparatoire à la révision des lois de bioéthique s'est penché sur « les techniques visant à améliorer les performances humaines » du fait de ses enjeux majeurs. Le rapport a souligné quatre « grandes problématiques » : l'égalité, la liberté, l'intérêt individuel/général, le respect de l'identité et de la dignité de la personne[1]. Il a fait deux recommandations (n°79 et n°80) : un débat citoyen et une mission de veille.

Un an plus tôt, en 2009, le Parlement Européen avait produit un rapport d'étude complet[2]. Exposant d'abord ce qu'il fallait entendre par *human enhancement* (amélioration de l'humain), il se demandait ensuite si nous allions vers une société de l'amélioration. Il poursuivait avec la question de la gouvernance, avant de parler des options politiques de l'Union Européenne. Il recommandait l'élaboration d'un cadre normatif européen et la mise en place d'un comité de travail.

En fait, dans ce contexte d'émergence, ce sont surtout deux rapports américains en 2002 et 2003 qui ont attiré l'attention. En 2002, la *National Science Foundation* et le *Department of Commerce* publièrent un rapport prospectif, faisant la promotion des innovations améliorant la performance des

1. Assemblée Nationale, *Rapport d'information n° 2235 sur la révision des lois de la bioéthique*, 20 janvier 2010, p. 465-472.

2. European Parliament, *Human Enhancement-Study*, C. Coenen (dir.), 2009. *Cf.* www.europarl.europa.eu/stoa/publications/studies/stoa2007-13_en.pdf

individus, agents économiques [1]. Selon ce rapport, pour garder son *leadership*, les États-Unis devraient investir dans la recherche sur l'augmentation de l'humain (*human enhancement*).

Un an plus tard, le comité d'éthique américain publiait *Beyond Therapy*, dont on peut traduire le titre ainsi : *Au-delà du thérapeutique : les biotechnologies et la recherche du bonheur*[2]. L'ouvrage indiquait qu'on ne devrait plus raisonner par classes de pathologies comme en médecine, mais en partant des grands rêves de l'humanité : santé, beauté, force, intelligence, etc. Ce rapport voit le *human enhancement* comme une sorte de prolongement naturel de l'activité médicale, dans l'optique de la grande finalité du bonheur.

Autre élément d'émergence, le monde industriel se mobilise. Le premier congrès « Augmented Human International Conference », à Megève en 2010, affichait sur son site internet : « un marché estimé à 877 millions de dollars d'ici 2020 », exprimant la volonté d'accélérer l'émergence de nouveaux marchés et d'impulser une dynamique mondiale.

C'est ici, dans ce réseau d'influence, que la démarche politique et philosophique de la World Transhumanist Association (WTA) appuie le développement des perspectives anthropotechniques, en leur donnant une justification, voire une destination transcendante qu'elles n'ont pas forcément. La WTA soutient en effet « le développement et l'accès aux nouvelles technologies qui donnent à chacun le plaisir d'avoir de meilleurs esprits, de meilleurs corps et de meilleures vies. Autrement dit [...] que les gens puissent être mieux que bien » (*cf.* humanity+.org).

En fait, la confrontation de ces idéaux transhumanistes aux situations réelles n'est pas sans décalages. Le développement de la chirurgie esthétique à des fins professionnelles (commerce, enseignement, politique, spectacle...) est parfois vécu davantage comme une contrainte due à la concurrence que comme une recherche du mieux-être. Il en va de même pour le recours aux psychostimulants, tandis que les psychotropes modulateurs de l'humeur sont souvent consommés pour supporter un quotidien négatif plutôt que pour se procurer une meilleure vie.

Ainsi, la relation entre transhumanisme et anthropotechnie, si elle existe en théorie, est en pratique plus limitée qu'on ne croit. À l'opposé, la relation entre médecine et anthropotechnie, si elle existe en pratique, pose des problèmes théoriques et déontologiques.

1. NSF and Doc, *Converging Technologies for Improving Human Performance*, Dordrecht, Springer, 2006.

2. President's Council on Bioethics, *Beyond Therapy*, *op. cit.*

Des pratiques et des usages variés

Dessiner le panorama le plus complet possible de l'anthropotechnie permet de prendre la mesure des enjeux et de leurs profondeurs. En voici une vision synthétique, recensant toute une série de pratiques n'ayant pas pour but de lutter contre la maladie. Figurent à la fois des usages actuels et des usages probables :

– Augmentation de la force : dopages physiques, modifications génétiques, prothèses organiques ou mécaniques, etc.

– Affûtage de l'intelligence : psychostimulants (promnésiants, stimulants, etc.), implants mémoriels ou processeurs, modifications structurelles du cerveau, etc.

– Maîtrise de la procréation : anticonceptionnels, antigestationnels, choix des caractéristiques de l'enfant (hors situations médicales), ectogenèse, modifications du développement embryonnaire, etc.

– Modulation de la sexualité : substances aphrodisiaques ou anti-libido, modification du sexe (sur-sexuation, sous-sexuation, a-sexuation, trans-sexuation), etc.

– Modification esthétique : chirurgie esthétique, substances ayant des effets esthétiques, inclusions et marquages corporels, mode corporelle associée à la mode vestimentaire, etc.

– Altération des émotions : utilisation des psychotropes de l'humeur pour susciter un état particulier ou au contraire conserver un état émotionnel constant, etc.

Ce petit panorama, bien que très schématique, permet de se rendre compte qu'il touche directement ou indirectement à toutes nos assises individuelles et sociales : à nos esprits comme à nos corps, à la relation à la famille comme à celle au travail, à la structure de l'alliance comme à celle de la filiation, à l'apparence comme à l'intime. De ce fait, il est normal que voit le jour une interrogation tous azimuts.

Des discussions vives

En fait, en matière d'anthropotechnie ou de *human enhancement*, les discussions sont même particulièrement *vives* et portent sur plusieurs points très différents, bien qu'entremêlés.

Le premier est la question de la démarcation avec la médecine. Ceux qui avancent le concept d'anthropotechnie souhaitent une démarcation bien marquée pour montrer les différences. Ceux qui raisonnent avec l'expression *human enhancement* oscillent entre deux positions. Certains construisent une grande unité[1], tandis que d'autres souhaitent distinguer entre *enhancement* à buts médicaux ou non[2]. La question pourrait paraître purement théorique si elle n'avait pas une implication déontologique immédiate. S'il s'agit d'une sorte de médecine en un sens plus large, alors la déontologie médicale s'applique ou plutôt une déontologie médicale revisitée, délaissant la stricte balance bénéfice/risque *pour la santé* au profit d'une balance bénéfice/risque *pour le bonheur de l'individu*. S'il ne s'agit pas d'une sorte de médecine, alors il faut que le praticien distingue les deux rôles et on devrait créer une déontologie spécifique, par exemple fondée sur un principe d'autonomie réélaboré dans le sens d'un souci d'épanouissement de l'humanitude.

Ces différentes options en entraînent d'autres, concernant la prise en charge sociale. Convient-il de laisser chacun assumer les coûts de ces modifications (comme pour la chirurgie esthétique non-reconstructrice), ou la société doit-elle préserver une égalité d'accès (comme pour la contraception)? Dans un cas, le risque est grand de voir les individus à la plus grande réussite sociale renforcer encore leur réussite. Dans l'autre, le risque est grand d'assister à une inflation du budget de prise en charge. Comment établir le mètre étalon de ce qui est pris en charge, de ce qui ne l'est pas mais est autorisé, et de ce qui est interdit?

On voit ainsi comment des arguments théoriques font échos à des interrogations concrètes, dans un débat aujourd'hui très nourri. Ce sont à la fois les questions de faisabilité et de légitimité qui se trouvent exposées et interrogées.

Il suffit de se souvenir, quelques décennies plus tôt, des grands débats sur la contraception et sur l'interruption volontaire de grossesse, ou encore des interrogations liées aux interventions de changement de sexe, ou des tensions dues au dopage dans le sport, pour prendre conscience des tiraillements individuels et sociaux, inclinant parfois vers l'usage et parfois vers son interdiction.

Plus récemment, le champ complet du *human enhancement* a été pris en considération, de façon réflexive, avec des positions diverses. Certains prennent fait et cause pour une recherche d'augmentation humaine, qu'ils

1. L. R. Kass, « Ageless Bodies, happy souls : biotechnology and the pursuit of perfection », *The New Atlantis*, vol. I, 2003 ; S. Rothman and D. Rothman, *The pursuit of Perfection*, New York, Pantheon Books, 2003.

2. European Parliament, *Human Enhancement-Study*, *op. cit.*

soient issus du transhumanisme[1] ou viennent d'horizons libéraux moins marqués[2], voire d'un terreau philosophique classique[3]. D'autres prennent figure de donneurs d'alerte, dénonçant l'atteinte portée à la nature humaine et aux fondements de la société[4]. D'autres encore adoptent une position de réflexion prudente, exploratoire ou prospective, dont nous allons donner deux exemples.

En 1995, dans le cadre du célèbre institut d'éthique américain Hastings Center, E. Parens a organisé un ensemble de séminaires aboutissant à un ouvrage collectif[5]. Il souhaitait explorer les implications éthiques et sociales de ce qu'on commençait tout juste à appeler *human enhancement*. Il s'agissait moins de donner une réponse-cadre que de montrer la multiplicité des possibilités et la diversité de leurs retentissements : que signifie « augmenter » ?; quelles politiques penser ?; n'y a-t-il pas un risque de pression à la standardisation des individus ?; la chirurgie esthétique est-elle un luxe ou doit-elle faire l'objet d'une aide sociale ?; y a-t-il voir certains dangers éthiques au développement de la psychopharmacologie ?; ne faut-il pas voir une sorte de tyrannie dans l'injonction au bonheur quand elle se tourne vers la psychopharmacologie ?; quelles forces sociales nous poussent à modifier nos corps ?; que penser de ces techniques vis-à-vis de la question de la vulnérabilité humaine ?; quels moyens pour quels désirs ? Bien qu'en patchwork, cet exercice de réflexion collective a montré tout un tissu d'interrogations vives, aux enjeux personnels, professionnels et politiques fondamentaux.

Second exemple, d'une toute autre façon, G. Hottois, dans *Species Technica*[6], s'est livré à un exercice à la fois prospectif et réflexif. L'ouvrage se compose d'une part d'un roman de science-fiction inédit écrit en 1981 et d'un dialogue avec J.-N. Missa. Le roman nous met aux prises avec les agissements de la multinationale *General Anthropotechnics* dans un contexte de montée

1. J. Savulescu, N. Bostrom (eds.), *Human Enhancement*, New York & Oxford, Oxford University Press, 2009.

2. N. Agar, *Liberal Eugenics – In Defence of Human Enhancement*, Oxford (UK), Blackwell, 2004; P. Miller and J. Wilsdon, *Better Humans? The Politics of Human Enhancement and Life Extension*, London, Demos, 2006 ; J. Harris, *Enhancing Evolution. The Ethical Case for Making Better People*, Princeton & Oxford, Princeton University Press, 2007.

3. P. Sloterdijk, *La domestication de l'Être*, *op. cit.*

4. Fr. Fukuyama, *La fin de l'homme.Les conséquences de la révolution biotechnique*, Paris, La Table Ronde, 2002.

5. E. Parens (ed.), *Enhancing Human Traits – Ethical and Social Implications*, Washington, Georgetown University Press, 1998.

6. G.Hottois, *Species Technica*, *op. cit.*

en puissance de l'opposition politique entre technophiles et technophobes. Le détour par la fiction donne de la substance à l'expérience de pensée, en particulier dans l'exploration des retentissements individuels et sociétaux, difficiles à envisager dans l'abstrait. Le dialogue est à la fois une autobiographie intellectuelle et une réflexion sur le roman. G. Hottois souligne d'emblée qu'*Homo sapiens* est aussi *Homo faber*: la condition humaine a toujours été faite à la fois de théorie et de technique, voire de bricolage. La condition humaine est aussi le résultat d'une technique. Toutefois, il ne s'agit pas d'approuver toute technique. Il plaide pour une philosophie de la prudence, pour une évaluation des innovations, surtout quand elles touchent de près à la condition humaine, qu'il s'agisse de la modifier à la marge, au cœur ou de l'hybrider en tout sens, entre humains, avec d'autres êtres vivants (hybridité organique) ou avec des artefacts mécaniques (endo ou exo-prothèses inorganiques), thématique approfondie par ailleurs par B. Andrieu [1]. La philosophie de la technique rejoint ici l'éthique, la philosophie politique et la philosophie de l'existence. Ici encore, ce n'est pas une doctrine qui nous est donnée, mais autre chose : un ensemble de perspectives et une méthode d'apprivoisement des problèmes à venir.

La question des légitimités

Derrière ce type de réflexions, derrière l'embarras qui nous saisit, ce sont des questions de représentations et des questions de *légitimités* qui se font jour. On peut ici prendre deux exemples familiers pour indiquer la diversité des situations : la contraception et le dopage.

La contraception, pratique anthropotechnique courante (une grossesse n'est pas une maladie donc la contraception n'est pas une pratique médicale) est dotée d'une forte légitimité. Une grande majorité reconnaît sa valeur, sa contribution à l'épanouissement personnel et aux relations humaines, d'où une forte assise sociale, qui repose sur la valeur de liberté. De plus, son rapport bénéfice/risque pour la santé est à peu près neutre. Pas d'opposition avec la médecine, une forte légitimité sociale : la contraception est l'exemple d'une pratique anthropotechnique perçue comme socialement légitime et humanisante.

À l'inverse, l'exemple du dopage sportif (EPO, corticoïdes, amphétamines, anabolisants…) suscite une vive réprobation du fait de l'infraction aux règles collectives et du risque pour la santé. De plus, dans une perspective

1. B. Andrieu, *Devenir hybride*, Nancy, Presses Universitaires de Nancy, 2008; *Les avatars du corps*, Montréal, Liber, 2011.

humaniste, il est choquant de voir un individu instrumentalisé en dispositif de performance, de voir qu'on « consomme » des personnes-produits. La pression professionnelle, si elle devenait une quasi-obligation à se faire modifier, serait un levier d'aliénation redoutable. P. Laure a ainsi proposé de parler de « conduites dopantes » [1] pour souligner un problème de santé publique d'ores et déjà bien présent, concernant les domaines professionnels et scolaires autant que celui du sport.

Ce ne sont là que deux exemples et il existe tous les intermédiaires en termes de légitimité/ illégitimité, mais ils montrent qu'une approche humaniste de l'anthropotechnie ne peut pas se résumer à une approbation ou à un rejet d'ensemble. Il s'agit plutôt de distinguer entre les usages qui humanisent et ceux qui déshumanisent, avec une sorte de balance bénéfice/risque pour l'humanisation de la condition humaine.

Le transhumanisme et le posthumanisme, en ce sens, sont dans un entre-deux bigarré. D'un côté, on peut reconnaître une filiation avec l'humanisme existentialiste (*cf.* la formule « l'homme est son projet » de J.-P. Sartre), d'un autre côté il est un corps de doctrine idéalisant trop la transformation de la condition humaine pour être dans la prudence humaniste, piégé par sa propre fascination technophile. L'eschatologie d'un homme nouveau, d'une « Humanité 2.0 » pour reprendre le titre d'un ouvrage [2] s'accommode mal d'un regard proche, précis, attentif aux détails comme aux généralités. Le concept d'anthropotechnie, dans sa vocation descriptive, permet de ne pas oublier, sous une vision des lointains, le regard pour les usages proches dans toute leur complexité, voire leur ambivalence.

En guise de conclusion, il est réjouissant de voir les intellectuels, les législateurs et même le grand public, qu'ils soient français, européens ou nord-américains, s'emparer d'une question aux multiples enjeux. Comme on peut en juger, l'heure est à la réflexion technique, épistémologique, éthique et métaphysique pour chacun de nous, ici et maintenant autant qu'ailleurs et demain.

Jérôme Goffette

1. P. Laure, *Dopage et société*, Paris, Ellipses, 2000.

2. R. Kurzweil, *Humanité 2.0 : La bible du changement*, trad. fr. A. Mesmin, Paris, M21, 2007.

ANTIHUMANISME

Dénomination (critique) d'un courant de pensée qui se veut une pensée déshumanisée et impersonnelle par une mise à l'écart du sens vécu et une dissolution de la notion d'homme autonome au profit d'une logique qui ne lui appartient pas. Philosophie du concept où ce dernier est fin et norme de tout savoir, sans être lié à une pensée singulière.

En France, alors que mai 68 se profilait, paraissaient *Les mots et les choses* (1966) de Michel Foucault (1926-1984) selon qui, il y avait fort à parier que, dans le domaine des sciences humaines, « l'homme s'effacerait, comme à la limite de la mer un visage de sable » et *L'Écriture et la différence* (1967) de Jacques Derrida (1930-2004) qui appelait à une « interprétation de l'interprétation [qui] affirme le jeu et tente de passer au-delà de l'homme et de l'humanisme ». Des auteurs que l'on a réunis, avec d'autres, sous l'appellation d'« antihumanisme » ou de « pensée 68 ». L'antihumanisme, non sans lien avec la thèse de la « mort de l'homme », fut tout autant illustré, voire revendiqué, dans les années 1960 par des représentants du structuralisme français que dénoncé ensuite par leurs critiques – entre autres, dans la revue *Débat* fondée en 1980 par Pierre Nora – qui attaquèrent des auteurs comme Foucault, Jacques Lacan (1901-1981), Derrida ou Lévi-Strauss accusés de contester l'idée de sujet et donc d'antihumanisme. Mais furent également dénoncés des antihumanismes, non plus strictement conceptuels mais naturalistes, environnementaux ou cybernétiques.

Dissoudre l'homme dans le concept

En 1968, Mikel Dufrenne (1910-1995) relevait qu'entre des entreprises aussi disparates que l'ontologie de Heidegger, le structuralisme de Lévi-Strauss, la psychanalyse de Lacan ou le marxisme d'Althusser, il y avait une thématique commune : « Après la mort de Dieu [...], la philosophie nouvelle proclame la mort du meurtrier, la liquidation de l'homme » [1]. Pour Dufrenne, ce qui caractérisait la philosophie de son temps était ce que Foucault appelait la « passion du système ». La France découvrait le positivisme logique [2] et la dignité que celui-ci conférait au concept ne pouvait lui être attribuée qu'à condition d'être refusée à l'homme qui devenait l'« instrument d'une « pensée impersonnelle » ou d'un « langage anonyme » [3]. Et ce néo-positivisme français

1. M. Dufrenne, *Pour l'homme*, Paris, Seuil, 1968, p. 10.
2. *Ibid.*, p. 14.
3. *Ibid.*, p. 22.

avait la particularité d'être heideggérien au sens où il maintenait l'homme dans une subordination radicale à l'égard de l'Être qui « garde toujours l'initiative »[1]. Deux traits de la pensée heideggérienne firent ainsi carrière dans cette « philosophie du concept » ou de la science des années 1960 : la mise à l'écart de l'étant ou du réel – qui trouva un écho dans la procédure de formalisation et dans l'interprétation de la pensée formelle ; et la « dépossession de l'homme » – car son être et son activité semblaient confisqués au bénéfice de l'Être ou de ces équivalents de l'Être que sont le *logos*, le sens, le langage. De fait, pour Dufrenne, quand « la question de l'homme est subordonnée à la question de l'Être, il n'est plus question de l'homme, sinon comme témoin et serviteur de l'Être »[2]. En France, le positivisme, dont la philosophie du concept était une nouvelle version[3], était donc lié à un « anti-humanisme » au sens où il fallait mettre la théorie ou la pensée formelle à l'abri de toutes les vicissitudes du psychologisme ou du sociologisme, en faire une « supra-structure intouchable ». Il fallait « l'arracher à l'homme, refuser à l'homme l'initiative de la pensée pour le mettre au service de ce qui est pensé ». L'homme était « ordonné à ses propres œuvres dont on lui refuse la paternité : proie de ce qui le dépasse ». Et si, d'aventure, cette logique qui ne lui appartient pas s'avérait être la logique de l'histoire, alors l'histoire même était entendue comme l'histoire du concept, d'une « pensée qui n'est la pensée de personne et qui a les personnes pour objets, et d'abord pour instruments ». Bref, le savant s'efface devant le savoir[4]. Le concept est fin et norme de tout savoir véritable. Il est à lui-même sa propre fin et sa propre norme sans être à la merci d'une pensée singulière. Il est une « pensée déshumanisée, impersonnelle, et gratuite »[5]. C'était le cas, entre autres, dans *Lire le « Capital »* (1965), sous la direction de Louis Althusser (1918-1990), où « la structure des rapports de production détermine des *places* et des *fonctions* qui sont occupées et assumées par des agents de production, qui ne sont jamais que les occupants de ces places [...]. Les vrais "sujets" (au sens de sujets constituants du procès) ne sont donc pas [...] les "individus concrets", les "hommes réels", *mais la définition et la distribution de ces places et de ces fonctions. Les vrais "sujets" sont donc* [...] *les rapports de production* »[6].

1. *Ibid.*, p. 24.
2. *Ibid.*, p. 26-27.
3. *Ibid.*, p. 29.
4. *Ibid.*, p. 30.
5. *Ibid.*, p. 31.
6. *Ibid.*, p. 57.

En résumé, il s'agissait bien d'une philosophie du concept (ou du structuralisme) qui « isole le concept, le coupe du percept et de l'affect, et par là de l'homme » et qui est positiviste – c'est-à-dire, qui n'accorde de crédit à la science qu'en discréditant, sous le nom d'idéologie, « tout ce que l'homme éprouve, pense, veut, et finalement la pensée même de l'homme en tant qu'elle fait à l'homme, dans le système ou hors de lui, un sort à part »[1]. La connaissance y apparaissait dès lors comme un « rapport de chose à chose, où le sujet n'a plus de place ni d'emploi »[2]. Et cette volonté de dissolution du sens impliquait la « dissolution de l'homme ». Tel était le but dernier : « L'homme n'est plus le sujet du sens, celui qui l'éprouve et peut-être le crée, mais l'objet du sens, du sens vide d'un système formel identique à l'être-là de la matière ». Et « dissoudre l'homme », c'était aussi l'aliéner dans l'inconscient. Au final, il s'agissait bien d'une philosophie qui « dépossède le sujet pensant » et donne au concept même l'initiative[3].

Mort du sujet autonome et vérité brisée

À l'image de Dufrenne, mais en 1985, Luc Ferry et Alain Renaut considéraient aussi que la philosophie française des années 1960 avait pris le parti de l'antihumanisme. S'ils soulignaient, comme lui, l'influence de Heidegger, ils relevaient également qu'une même conviction courrait de l'affirmation lacanienne du caractère radicalement « anti-humaniste » de la psychanalyse – après la découverte freudienne selon laquelle le centre véritable de l'être humain n'est désormais plus au même endroit que lui assignait toute une tradition humaniste – à Derrida qui, lui, avait appelé à une dissipation des « ténèbres de la métaphysique humaniste » dans son exposé sur *Les Fins de l'homme*. Quant à Althusser, dans *Pour Marx* (1965), il parlait d'un « anti-humanisme philosophique » de Marx qui réduisait « en cendres le mythe philosophique (théorique) de l'homme ». Bref, pour Ferry et Renaut, le diagnostic d'un « anti-humanisme général » ne pouvait guère faire de doute et l'« autonomie du sujet » était dès lors vue comme une illusion[4]. Toutefois, selon eux, cette opposition de la « pensée 68 » à l'humanisme ne signifia aucunement qu'il eût été dans son projet de défendre la barbarie et de plaider en faveur de l'inhumain. Quant aux motifs, cet anti-humanisme s'appuya, d'après eux, sur l'argument selon lequel l'humanisme de la philosophie

1. M. Dufrenne, *Pour l'homme*, *op. cit.*, p. 58.

2. *Ibid.*, p. 87.

3. *Ibid.*, p. 89.

4. L. Ferry et A. Renaut, *La pensée 68. Essai sur l'anti-humanisme contemporain*, Paris, Gallimard, 1985, p. 18-19.

moderne, apparemment émancipateur et défenseur de la dignité humaine, n'aurait fait que se retourner en son contraire pour devenir le « complice, voire la cause de l'oppression »[1].

Pour Ferry et Renaut, les grandes caractéristiques de cet antihumanisme furent donc, *primo*, le « procès du sujet ». Les représentants de l'antihumanisme français s'unirent pour « proclamer *la mort de l'homme comme sujet* »[2] et remettre en cause l'« idée du sujet en tant que *conscience* » par la pratique de la généalogie[3]. Cet antihumanisme ne put dès lors que prendre la forme radicale d'une « haine de l'universel » telle qu'elle s'est exprimée dans les derniers textes de Foucault : « La recherche d'une forme morale qui serait acceptable par tout le monde en ce sens que tous devraient s'y soumettre me paraît catastrophique »[4]. C'est pourquoi mai 68 apparaissait à Ferry et Renaut comme une révolte des sujets contre les normes – au sens de l'« affirmation de l'*individualité* contre la prétention des normes à l'*universalité* » – qui avait ainsi ouvert un horizon de « dissolution du Moi comme volonté autonome ». Bref, ce fut la « destruction de l'idée classique de sujet »[5] car, pour Ferry et Renaut, « *le sujet meurt dans l'avènement de l'individu* ». Et d'après eux, ce furent la psychanalyse lacanisée et les « dérives » nietzschéo-marxiennes qui légitimèrent cette « hétéronomie » au nom de laquelle « le Moi fluidifié se vide de toute substance »[6].

Secundo, la « mort de l'homme ». Comme l'avait écrit Foucault, « à partir d'*Igitur*, l'expérience de Mallarmé (qui était contemporain de Nietzsche) montre bien comment le jeu propre, autonome, du langage vient se loger là où précisément l'homme vient de disparaître ». On pouvait donc dire que « la littérature est le lieu où l'homme ne cesse de disparaître au profit du langage. Où "ça parle", l'homme n'est pas ». Et selon Foucault, les œuvres de Robbe-Grillet, de Malcolm Lowry, de Borges ou de Blanchot témoignaient aussi de cette « disparition de l'homme au profit du langage »[7]. *Tertio*, la « critique de la vérité comme identité/adéquation ». Aux yeux de Ferry et Renaut, si l'on soutient que « la vérité est à situer dans la brisure du sujet »[8], alors tout discours rationnel, philosophique ou scientifique, apparaît comme le prototype du

1. *Ibid.*, p. 20-21.
2. *Ibid.*, p. 41.
3. *Ibid.*, p. 42.
4. *Ibid.*, p. 45.
5. *Ibid.*, p. 98-99.
6. *Ibid.*, p. 100-101.
7. *Ibid.*, p. 138-139.
8. *Ibid.*, p. 252.

discours idéologique puisqu'en lui disparaît toute dimension d'altérité – le « sujet brisé, hétéronome, y étant radicalement forclos au profit des illusions du Moi »[1]. De là, découlait une critique du discours de la raison et la nécessité, pour les représentants de l'anti-humanisme, d'inverser les critères traditionnels qui servaient à juger les discours et d'affirmer, au contraire, « la consistance des discours où la vérité boite, et justement de ce qu'elle boite ouvertement, l'inanité par contre du discours du savoir, quand s'affirmant de sa clôture, il fait mentir les autres ». Autrement dit, « puisque le réel est l'impossible, puisque la vérité n'est pas adéquation, mais différence, scission, seul le discours brisé peut y être *adéquat* »[2].

Réduction de l'homme : animalité, naturalisme

À la même époque que Ferry et Renaut, Paul Yonnet (1948-2011) dénonçait en 1983 dans la revue *Débat* une « réduction de l'homme » mais d'un autre type : l'« élargissement du monde – versant *a priori* sympathique du mouvement zoophile – » se payait d'une « redoutable mise en cause de la condition humaine au bénéfice de l'animal, cet hôte envahissant auquel on prête tout ». Or, faisait remarquer Yonnet, l'homme s'était toujours civilisé aux dépens des espaces de l'animal, qu'il réduisait. Et maintenant, par contre, l'animal familier se civilise aux dépens de l'homme, dont il investit l'espace. La montée de ce « *conflit de première grandeur entre l'animal familier et l'homme* – du fait d'une mise en *compétition* sur d'identiques espaces – » témoignait d'une « réduction de la condition humaine (contrepartie d'une élévation de la condition animale) ». Et il en allait de même, selon Yonnet, de la « proposition faite par les antivivisectionnistes [...], de remplacer les animaux "par des fœtus, des détenus en prison, des immigrés, des chercheurs et leurs enfants" ». Tout ceci confirmait, selon lui, l'incontestable « *affaiblissement de l'idée d'humanité* » auquel le mouvement d'« élargissement du monde » avait partie liée, comme un envers à son endroit[3].

Même époque (1986), même revue (*Débat*), autre dénonciation de la part de Tzvetan Todorov qui considérait que Claude Lévi-Strauss (1908-2009) se réclamait aussi d'une idéologie « anti-humaniste ». Todorov concédait que ce dernier n'aimait pas les connotations agressives de l'expression mais, selon lui, il n'infirmait pas pour autant son engagement lorsqu'il déclarait : « On m'a souvent reproché d'être anti-humaniste [...]. Je ne crois pas que ce soit vrai.

1. L. Ferry et A. Renaut, *La pensée 68*, *op. cit.*, p. 253.

2. *Ibid.*, p. 255.

3. P. Yonnet, « L'homme aux chats. Zoophilie et déshumanisation », *Le Débat*, n° 27, novembre 1983, p. 124.

Ce contre quoi je me suis insurgé, et dont je ressens profondément la nocivité, c'est cette espèce d'humanisme dévergondé issu, d'une part, de la tradition judéo-chrétienne, et, d'autre part, plus près de nous, de la Renaissance et du cartésianisme, qui fait de l'homme un maître, un seigneur absolu de la création »[1]. Et c'était cet « humanisme occidental étriqué, amalgame malheureux du christianisme (l'unité du genre humain) et du cartésianisme (l'homme au sommet de la nature) », qui serait coupable de tous les malheurs qui se sont abattus sur le monde depuis cent cinquante ans. Selon Lévi-Strauss : « Toutes les tragédies que nous avons vécues, d'abord avec le colonialisme, puis avec le fascisme, enfin les camps d'extermination, cela s'inscrit non en opposition ou en contradiction avec le prétendu humanisme sous la forme où nous le pratiquons depuis plusieurs siècles, mais, dirais-je, presque dans son prolongement naturel ». D'après Todorov, cette continuité s'expliquait ainsi :

> Une fois qu'on a établi une frontière tranchée entre les êtres humains et les autres espèces vivantes, et qu'on a admis que celles-ci pouvaient, à la limite, être sacrifiées à celles-là, il n'y qu'un pas pour partager l'espèce humaine elle-même en plusieurs catégories, et admettre que la catégorie inférieure puisse être sacrifiée au bénéfice des supérieures[2].

Pour Todorov, cet « anti-humanisme » n'était toutefois que le versant critique de la doctrine de Lévi-Strauss. Et si l'on voulait l'identifier positivement, on devrait peut-être alors plutôt parler de « naturalisme ». Selon lui, Lévi-Strauss voulait en effet que « l'"homme" rentre dans le rang », qu'il trouve une « place – plus modeste que celle qu'il a voulu occuper depuis la Renaissance – au milieu des autres espèces vivantes, dans un ordre naturel général (on est plus près ici des écologistes que de Heidegger) ». Il faut aspirer, disait Lévi-Strauss, à « un humanisme sagement conçu qui ne commence pas par soi-même, mais fait à l'homme une place raisonnable dans la nature au lieu qu'il s'en institue le maître et la saccage ». L'homme respecterait alors toutes les formes de vie et non pas seulement la sienne[3].

Quant à l'anthropologie structurale selon Lévi-Strauss, là où l'humanisme glorifiait l'homme et sa subjectivité, celle-ci soutenait au contraire que « le structuralisme réintègre l'homme dans la nature et [...] permet de faire abstraction du sujet – insupportable enfant gâté qui a trop longtemps occupé la scène philosophique, et empêché tout travail sérieux en réclamant une

1. T. Todorov, « Lévi-Strauss entre universalisme et relativisme », *Le Débat*, n° 42, 1986, p. 177.

2. *Ibid.*, p. 177-178.

3. *Ibid.*, p. 179.

attention exclusive »[1]. Bref, pour Todorov, Lévi-Strauss voyait dans la « nécessité d'éliminer l'humain » la conséquence du projet scientifique lui-même : « Pour autant que les sciences humaines réussissent à faire œuvre véritablement scientifique, chez elles la distinction entre l'humain et le matériel s'estompe ». Reste que si l'« élimination de la subjectivité » paraissait à Lévi-Strauss une nécessité imposée par la pratique d'une science, il était aussi conscient qu'elle constituait un danger moral ou politique, voire une « contradiction tragique » car une partie de l'humanité s'était ainsi arrogé le « droit de traiter l'autre comme un objet »[2].

Haine des hommes et amour de la nature

En 1992, Ferry rappela que, depuis la Révolution française, toute notre culture était marquée par un éloge du « *déracinement* » et de l'« *innovation* ». Or, selon lui, le romantisme, le fascisme et le nazisme n'avaient cessé de dénoncer cet éloge comme étant fatal aux identités nationales, aux coutumes et aux particularités locales. Et cela s'était accompagné d'un souci de l'« enracinement » propice à l'éclosion d'un attrait pour l'écologie. Comme le résumait Ferry, pour parodier Marcel Gauchet, « "l'amour de la nature" dissimulait (mal) "la haine des hommes" »[3]. En effet, si l'on concevait la modernité anthropocentriste comme un « total désastre », si l'on était contre ses prétentions à l'universalité, il fallait donc faire l'éloge de la diversité, de la singularité, de la particularité, c'est-à-dire, tant du « local » (version gauche de l'écologie profonde) que du « national » (version droite)[4]. De même, pour Ferry, la « haine des *artifices* liés à notre civilisation du déracinement » était une « *haine de l'humain comme tel* » car l'homme était par excellence l'« être d'anti-nature »[5]. Et selon lui, ce fut dès lors l'humanisme sous toutes ses formes qu'il fallut déconstruire pour fonder la possibilité d'une prise en compte du souci écologique[6].

Ferry donnait l'exemple de *Greenpeace* qui, en 1979, avait soutenu que « les systèmes de valeurs humanistes doivent être remplacés par des valeurs suprahumanistes qui placent toute vie végétale et animale dans la sphère de prise en considération légale et morale ». Ou celui d'un ancien membre des

1. T. Todorov, « Lévi-Strauss entre universalisme et relativisme », art. cit., p. 182.
2. *Ibid.*, p. 184.
3. L. Ferry, *Le nouvel ordre écologique. L'arbre, l'animal et l'homme*, Paris, Grasset, 1992, p. 24-25.
4. *Ibid.*, p. 32.
5. *Ibid.*, p. 33.
6. *Ibid.*, p. 55.

Verts qui « suggère de “tarir à la source la surproduction d’enfants dans le tiers monde” », tandis qu’un autre « rêve d’un “gouvernement mondial qui puisse oppresser les populations afin de réduire toutes les pollutions et changer les désirs comme les comportements par des manipulations psychologiques” »[1]. De même, Ferry s’interrogeait : « Lorsqu’on en vient à soutenir que le nombre idéal d’êtres humains *au regard des besoins des êtres non humains* serait de 500 millions (James Lovelock), voire de 100 millions (Arne Naess), j’aimerais qu’on nous explique au juste comment on entend mettre en œuvre cet objectif hautement philanthropique ». Et il évoquait aussi ce « programme de mort » : « Une mortalité humaine massive serait-elle une bonne chose ? Il est de notre devoir de la provoquer. Est-ce le devoir de notre espèce, vis-à-vis de notre milieu, d’éliminer 90% de nos effectifs »[2] ? Ferry ajoutait qu’aux yeux des écoféministes, les *deep ecologists* commettaient l’erreur de mener leur combat contre l’anthropocentrisme en général. Pour elles, ce qui est en cause, ce n’est pas le fait que le monde occidental soit « centré sur l’humanité », ce n’est pas sa « *human centredness* », mais sa « *male centredness* » – le fait qu’il soit « centré sur les mâles »[3]. La déconstruction de la tradition humaniste, revendiquée par la *deep ecology* et l’écoféminisme, ne pourrait donc pas s’accomplir pleinement tant que l’on ne percevrait pas que la critique de l’anthropocentrisme doit faire place à celle de l’« *androcentrisme* »[4]. Ferry incitait donc à réfléchir au fait que « l’intérêt pour la nature, s’il n’implique pas *ipso facto* la haine des hommes, ne l’interdit pour le moins pas »[5].

Cybernétique et inhumain

En 2000, même crainte, autre cause : pour Jean-Pierre Dupuy, il se pourrait aussi que l’idée même de la personne humaine soit une notion en voie d’extinction, qui aura le plus grand mal à survivre aux avancées de la psychologie scientifique et de la neurophysiologie[6]. Si Sartre pouvait écrire, au début des années quarante : « L’inhumain, c’est simplement [...] le mécanique », ensuite, explique Dupuy, le structuralisme et le post-structuralisme français reprirent cette définition pour en inverser les valorisations. C’est « l’inhumain que désormais l’on se mit à revendiquer avec éclat : [...] donc le mécanique ». Et la cybernétique arriva à point nommé pour démystifier

1. *Ibid.*, p. 126-127.
2. *Ibid.*, p. 128.
3. *Ibid.*, p. 179.
4. *Ibid.*, p. 180.
5. *Ibid.*, p. 149-150.
6. J.-P. Dupuy, « L’esprit mécanisé par lui-même », *Le Débat*, n° 109, 2000, p. 172.

le sujet volontaire et conscient. Pour Dupuy, il y avait bien ainsi, à l'aube du XXIe siècle, une « radicalisation de la critique de l'humanisme métaphysique »[1].

Pierre-Frédéric Daled

ÉTHIQUE DÉMIURGIQUE

Le terme d'*éthique démiurgique* a été utilisé par le biologiste et éthicien Alex Mauron pour désigner une attitude spécifique vis-à-vis de *l'enhancement* et de la médecine de l'amélioration[2], ainsi que de façon plus générale, vis-à-vis des interventions humaines à grande échelle dans l'ordre naturel (interventions qu'on appellera « démiurgiques »). Cette position consiste à tenir pour acquise – et généralement positive – la poursuite du progrès technologique, en particulier dans le domaine biomédical, et son application croissante à l'augmentation et/ou l'amélioration des facultés de l'être humain. Elle propose d'encadrer ces développements par des normes éthiques pragmatiques et d'inspiration conséquentialiste. L'éthique démiurgique s'oppose donc à la technophobie des « techno-conservateurs » (F. Fukuyama, L. Kass, M. Sandel, J. Habermas), ainsi qu'à celle des écologistes radicaux et tout particulièrement à leur sacralisation de la nature intacte, qu'il s'agisse de celle de l'homme ou de celle de son environnement. L'éthique démiurgique ne partage pas pour autant l'optimisme systématique, le militantisme et « l'enthousiasme » (au sens critique que ce terme avait au XVIIIe siècle) de certains transhumanistes et posthumanistes vis-à-vis de ces nouveaux développements biotechnologiques.

Développement : le(s) démiurge(s)

Le terme "démiurge" renvoie à plusieurs *topoi* de la civilisation occidentale. Il y a d'abord le sens concret du mot grec *demiourgos*, artisan, revendiqué par la médecine hippocratique et galénique. En effet, celle-ci inaugure une autocompréhension de la médecine comme *technê* et *paideia*, c'est-à-dire un art rationnel et enseignable plutôt qu'une pratique magique. Sur un plan plus directement philosophique, le Démiurge est l'artisan cosmique à l'origine de l'ordre du monde dans la cosmologie du *Timée* de Platon. Dans ce mythe très

1. J.-P. Dupuy, « L'esprit mécanisé par lui-même », art. cit., p. 174.

2. A. Mauron, « Homo faber sui : quelques questions d'éthique démiurgique », dans J.-N. Missa et L. Perbal (éd.), *« Enhancement », éthique et philosophie de la médecine d'amélioration*, Paris, Vrin, 2009.

influent pendant toute l'Antiquité et au-delà, le Démiurge est un ordonnateur de la réalité et non un créateur *ex nihilo* comme c'est le cas du Dieu judéo-chrétien. Il partage néanmoins avec ce dernier une bienveillance qui se reflète dans l'harmonie de la nature. Cette théologie naturelle d'inspiration néo-platonicienne sera particulièrement influente dans l'Antiquité tardive. Comme le note Pascal Balin[1] (2008), on la retrouve par exemple chez Galien, qui affirme qu'« (...) il est certaines choses impossibles à la nature que Dieu ne tente absolument pas, mais que, parmi les choses possibles, il choisit ce qu'il y a de mieux ». Il a là une certaine ressemblance avec la théologie naturelle courante chez les botanistes et zoologistes des XVIIe et XVIIIe siècles comme par exemple Ray, Jussieu et Linné, ainsi qu'avec la pensée de Leibniz, dont Voltaire se gaussera dans le *Candide*. Or dès l'Antiquité tardive, une conception de la nature nettement moins optimiste apparaît avec les Gnostiques, pour qui la nature est la création d'un démiurge tantôt bienveillant mais maladroit, tantôt franchement malfaisant, au point que certains gnostiques l'assimilent au Démon[2]. Pour le dire très schématiquement – car le gnosticisme rassemble des idées et des croyances très hétéroclites – la vision gnostique oppose un Dieu parfait et absolument transcendant au démiurge, divinité au minimum ambigüe, au maximum tout à fait antipathique, créatrice de notre monde imparfait et accablé de souffrances. On voit facilement que ce mythe fournit une théodicée alternative à la version chrétienne orthodoxe : le mal serait entré dans le monde dès et par sa création, plutôt que par le péché du premier homme.

La position « démiurgique » dans la bioéthique

L'allusion au démiurge dans *l'éthique démiurgique* n'est rien d'autre qu'une métaphore, destinée à structurer nos intuitions quant au rôle de l'homme-artisan, *homo faber*, dans le remodelage de la nature, y compris sa propre nature. Les progrès des sciences et des techniques lui offrent un champ d'action constamment élargi et cela implique pour lui des responsabilités morales accrues. Mais en plus, cette montée en puissance suscite – particulièrement chez ceux qui sont réservés ou hostiles à cette évolution – une forme de pathos où les métaphores théologiques surgissent spontanément. En effet, dès lors que l'homme intervient massivement dans l'ordre de la nature, que ce soit en modifiant son environnement naturel de façon radicale ou en

1. P. Balin, « Centaure congédié, Démiurge agréé, ou comment la réflexion médicale met à l'épreuve les mythes », *Pallas, Revue d'études antiques*, 78, 2008.

2. M. A. Williams, « The demonizing of the demiurge : the innovation of Gnostic myth », *in* C. Cox, M. A. Williams, M. S. Jaffee (eds.), *Innovation in Religious Traditions : Essays in the interpretation of religious change*, Berlin, Walter de Gruyter, 1992.

mettant en place des pratiques médicales amélioratrices, la notion d'une transgression consistant à usurper la puissance divine (*« playing God »)* n'est pas loin. Compte tenu de ce contexte discursif favorable aux métaphores théologiques, la comparaison d'*homo faber* à un démiurge permet de préciser, parmi différentes variantes imaginables, la position de l'homme-artisan ou ingénieur intervenant à grande échelle dans le monde.

La comparaison de l'homme aux divers démiurges de la tradition philosophique et théologique débouche sur deux positions de principe intimement liées : (a) le refus de tout créationnisme et (b) le refus d'attribuer au statu quo naturel une valence morale positive a priori. Levons d'emblée un malentendu que le terme "créationnisme" peut engendrer. Il est ici entendu dans un sens très large. Il ne s'agit pas seulement des croyances antiévolutionnistes liées au littéralisme biblique ou coranique (créationnisme classique) ou à une forme de théologie naturelle (théorie du dessein intelligent), mais bien de toute forme de théologie de la Création, y compris celles qui peuvent paraître libérales (on pense par exemple aux penseurs catholiques Teilhard de Chardin et Karl Rahner). Au plus tard depuis Darwin, il est clair que l'univers et en particulier le monde vivant ne reflète rien de plus que l'action du hasard et de la nécessité, selon la formule consacrée de Démocrite et de Jacques Monod. Il ne ressemble donc en rien à une création intentionnelle, soit parce qu'en effet il n'est est pas une, soit parce que son Créateur a très soigneusement effacé tout indice de ses (mé)faits et gestes. Dès lors, les jeux de langage invoquant la Création, qu'ils soient le reflet du créationnisme *senso strictu* ou au sens élargi utilisé ici, n'ont aucun contenu épistémique. Ils relèvent de la pure croyance et n'ont pas de légitimité particulière dans les débats d'éthique d'une société libérale. Ceci exclut spécifiquement une conception de l'homme-démiurge comme co-Créateur, rôle dont la signification et la valeur morale est d'ailleurs très ambiguë dans les débats théologiques eux-mêmes. Ainsi par exemple, pour Rahner, il s'agit de la participation de l'homme à la liberté ultime du Créateur, conception durement critiquée par le penseur religieux conservateur Leon Kass : l'homme devrait être solidement encadré par des normes hétéronomes car sa liberté lui permettrait de détruire le fondement de sa nature, voire même le fondement de sa liberté même [1]. En fait, l'éventail des interprétations théologiques de la liberté d'*homo faber* couvrent toute la gamme des positions imaginables, depuis le naturalisme le plus statique jusqu'à l'indétermination d'une liberté transcendante calquée sur des positions philosophiques

1. Pour une présentation de ces controverses, voir J. McNeill, « Freedom and the future », *Theological Studies*, 33 (3), 1972.

existentialistes et phénoménologiques. Ainsi, la notion de Création ne nous aide en rien à y voir clair dans la normativité qui pourrait s'appliquer aux technologies démiurgiques dont l'homme est de plus en plus capable. Nous sommes rendus à notre point de départ. En effet, dans ses relations avec la nature et avec sa propre nature, l'homme-démiurge est seul maître à bord avec ses compétences croissantes mais forcément limitées, avec ses passions et avec ses aveuglements historiques. Cette autorité n'est nulle part plus troublante que lorsqu'elle s'exerce sur le mode autopoïétique sur la nature propre de l'humain : « *Homo faber* prend en charge comme jamais auparavant la nature humaine et ce sont les grandes lignes d'une éthique appropriée aux démiurges que nous sommes devenus bon gré mal gré que nous souhaitons esquisser » [1].

Le second principe annoncé plus haut, à savoir qu'il n'y a pas de normativité morale dans la nature est un corollaire du premier. L'éthique démiurgique s'inscrit en faux contre la notion d'une nature pénétrée de normes morales du fait de son origine dans un acte de création divine, normes qu'il s'agirait de découvrir et de déchiffrer, soit dans l'ordre naturel objectivable, soit dans les spécificités de la subjectivité humaine. L'homme-démiurge doit se tourner vers lui-même, ses besoins et ses conceptions de la vie bonne, pour créer des normes qui seront essentiellement conséquentialistes et eudémonistes.

En résumé, et pour conclure au sujet de la métaphore du démiurge, l'éthique démiurgique retient du *Timée* l'idée d'un artisan qui agit en profondeur sur la nature sans être un créateur pour autant. Aux spéculations gnostiques se rattachent –d'assez loin, on en conviendra volontiers– la notion d'un démiurge qui n'est ni foncièrement bon, ni spécialement habile… mais pas franchement diabolique non plus. Transposée à la condition du démiurge humain, elle désigne une double indétermination morale : celle de l'ordre naturel et celle des motivations humaines. « Bon gré mal gré » avons-nous dit plus haut. Certes l'éthique démiurgique assume pleinement le progrès scientifique et technique. Elle refuse la nostalgie pour l'impuissance prémoderne à changer de fond en comble des aspects essentiels de la réalité naturelle et tout particulièrement celle du monde vivant. Mais la position démiurgique ne tire pas gloire d'un pouvoir que l'humanité a acquis progressivement et sans plan d'ensemble ni guidance d'origine supérieure, ni mode d'emploi inscrit dans la nature des choses et de l'humain. C'est d'ailleurs parce que les sciences et les techniques existent et se développent avec leur dynamique propre que la position des conservateurs « technophobes » est nécessairement radicale.

1. A. Mauron, « *Homo faber sui* : quelques questions d'éthique démiurgique », art. cit.

Puisqu'on ne peut pas oblitérer ce que la science à découvert, ni « désinventer » ce que la technique a inventé, seuls des interdits ouvertement obscurantistes, c'est-à-dire des interdictions de recherche dans des directions supposées trop problématiques, seraient éventuellement capables d'épargner à l'humanité les choix difficiles que le progrès scientifique et techniques engendre immanquablement. À l'inverse, l'éthique démiurgique traite l'innovation scientifique et technique comme un fait acquis, ni plus ni moins, et estime que puisque le pouvoir ainsi généré existe, il convient d'en faire un usage prudent.

L'éthique démiurgique et son voisinage philosophique

Sous certains aspects, l'éthique démiurgique se trouve en accord partiel avec des positions philosophiques éthico-politiques comme le libéralisme et l'utilitarisme. Ce qui la rapproche du libéralisme – dans une des acceptions de ce terme polysémique – c'est ce que J. Harris appelle la *présomption démocratique*[1]. Celle-ci est particulièrement pertinente lorsque les individus souhaitent faire usage sur eux-mêmes d'une technologie controversée que, par hypothèse, la majorité du corps social réprouverait. Ainsi par exemple, le recours à l'*enhancement* est *a priori* licite dès lors qu'il ne cause pas de tort matériel à autrui. Le fait que des convictions philosophiques ou religieuses (par exemple, l'idée qu'il faudrait respecter la nature humaine car la vie humaine serait un don) s'opposent à telle ou telle intervention démiurgique n'est pertinent que pour ceux qui adhèrent à de telles convictions. En démocratie libérale, ces derniers ont l'obligation de tolérer des pratiques qu'ils réprouvent. Ils peuvent essayer de persuader les candidats à *l'enhancement* qu'ils ont moralement tort mais là s'arrête leur action légitime. En l'absence de tort à autrui, au sens restrictif que John Stuart Mill donne au *principe du tort*, ou de *non nuisance*, la seule réprobation morale ne suffit pas à justifier une interdiction.

Puisqu'elle récuse toute norme qui serait inscrite dans l'ordre du monde, l'éthique démiurgique se situe logiquement dans le voisinage des éthiques conséquentialistes, comme l'utilitarisme ou l'eudémonisme. L'estimation des conséquences d'une technologie sur le bien-être des individus est son souci premier. Néanmoins elle se distingue de l'utilitarisme sur un point crucial, à savoir la conception très particulière de l'obligation présente dans l'utilitarisme classique de Jeremy Bentham ou de certains de ses continuateurs contemporains. Pour ceux-ci, faire le plus grand bien pour le plus grand

1. J. Harris, *Enhancing Evolution. The ethical case for making better people*, *op. cit.*, chap. 5.

nombre n'est pas seulement bon, ou désirable, ou encore la marque d'une action vertueuse, c'est purement et simplement obligatoire. Harris se situe clairement dans cette filiation lorsqu'il affirme que « *l'enhancement* est un devoir moral »[1]. L'éthique démiurgique n'implique aucune obligation de ce type, d'ailleurs elle n'est pas une théorie des obligations, encore moins des obligations absolues. La philosophie pratique qu'elle présuppose serait plutôt une forme de raisonnement prudentiel, une théorie de l'action recommandable ou préférable dans un contexte défini de façon essentiellement pragmatique.

L'évaluation des technologies de médecine amélioratrice ou d'autres technologies qui ont un impact aussi profond sur les représentations de l'ordre naturel est au cœur de l'éthique démiurgique. Sa démarche n'est pas sans ressemblance avec l'approche casuistique en bioéthique, redécouverte et renouvelée dans les années quatre-vingts par A. Jonsen et S. Toulmin. Bien que celle-ci ait été principalement développée autour de l'analyse éthique de cas cliniques, la notion de « cas » est extensible à beaucoup de questions concrètes soulevées par des pratiques démiurgiques. En effet, la casuistique impose des exigences méthodologiques qui sont bienvenues dans un contexte plus large. Premièrement, le cas soumis à évaluation doit d'abord être précisément défini dans sa *morphologie*, à savoir l'ensemble de ses caractéristiques et de ses traits distinctifs factuels mais aussi l'ensemble des jugements normatifs plus ou moins fondés que cette morphologie évoque. Il convient ensuite de clarifier ses ressemblances et différences avec des cas voisins qui ont déjà fait l'objet d'un jugement ou d'un débat, autrement dit sa *taxinomie*. Celle-ci inclut la prise en compte des évaluations paradigmatiques qui ont jalonné les controverses autour de ces technologies ou d'autres semblables, ainsi que l'évaluation de la pertinence des relations de ressemblance ou de différence entre le cas considéré et son voisinage empirique et normatif. Enfin, les jugements inspirés par le cas ont une « *cinétique* », à savoir des effets en retour sur d'autres cas voisins, qui sont éventuellement à réviser à la lumière du travail conceptuel accompli sur le cas initial. Force est de constater que cette attention au détail et à la singularité fait le plus souvent défaut à la fois dans la bioéthique académique – du fait d'un présupposé antinaturaliste largement répandu – et dans le débat public sur les technologies démiurgiques. Biotechnologies, nanotechnologies, biologie synthétique, applications des neurosciences… autant de « cas » qui font l'objet soit d'un rejet de principe, soit d'une adhésion enthousiaste et indifférenciée. Néanmoins, l'histoire de la bioéthique montre la persistance d'un courant pragmatique aux sources philosophiques relevant de

1. *Ibid.*, chap. 2.

l'aristotélisme ou du pragmatisme philosophique américain. La casuistique se situe dans cette perspective [1].

Proche de cet esprit pragmatique, l'éthique démiurgique se caractérise par un refus de tout jugement moral global a priori sur le progrès biomédical et sur ses applications amélioratrices applicables à l'homme. Il y a deux raisons à cela. La première tient à son affinité avec le pragmatisme philosophique. La seconde résulte de son attachement à l'individualité du « cas » étendu aux technologies démiurgiques. Elle estime que les grandes classifications qui structurent le débat public et les discussions bioéthiques sont trop englobantes pour susciter valablement l'approbation ou la réprobation. De ce point de vue, cela n'a pas de sens d'être pour ou contre « le génie génétique », les « nanotechnologies », la « biologie synthétique », la « neuroamélioration », car seules des applications particulières et plus concrètes de ces conglomérats hétérogènes de savoirs et de techniques ont une morphologie définie et sont susceptibles d'une évaluation qui ne soit pas la simple application mécanique d'un principe abstrait, lequel se révèle souvent, à y regarder de plus près, n'être qu'un simple préjugé.

Alex Mauron

CORPS HUMAIN

Le dernier demi-siècle aura vu s'initier une « révolution du corps ». Dans les pays industrialisés – auxquels ce propos se limitera –, la perception d'un corps subi, souffrant, d'un corps « fardeau » (*cf.* Platon, *Phèdre*) lieu de l'aliénation s'est beaucoup modifiée. L'allongement de l'espérance de vie, un meilleur confort dans le vécu corporel jusqu'à des âges avancés sont incontestablement des marqueurs du progrès médical et des conditions d'existence. Tandis que l'Antiquité préconisait – définition de la santé – de prévenir et restaurer l'équilibre naturel, le XVIIIe siècle de cultiver une perfectibilité corporelle susceptible d'*améliorer* le destin individuel, le monde contemporain projette de *modifier* et *transformer* le corps, autant que la *nature*. Plus exactement, c'est la *nature* même du corps qui est en question, sa *naturalité*. La pharmacologie nouvelle, les greffes, les prothèses supposent une plasticité de l'*humain* que le corps emblématise, et que la fusion de ce dernier

1. E. Racine, *Pragmatic Bioethics : Improving treatment and understanding of the Mind-Brain*, Cambridge, MIT Press, 2010, chap. 3.

avec la technique rend problématique. Ainsi, les techniques de santé, d'entraînement, d'amélioration (*enhancement*), d'« augmentation » accentuent-elles leur emprise sur un corps-oeuvre, hybridé avec l'artifice et indéfiniment perfectible. Les avancées de la connaissance engagent, par leur processus même, une réification croissante du corps. Les contours de l'identité humaine, tout comme la notion de *corps naturel*, sont remis en cause. Se pose ainsi la question du *sujet*, « où » et comment le cerner. Quand les figures de *cyborgs* hantent l'imaginaire de la science-fiction, l'accélération et la spectacularisation des modifications corporelles ouvrent à l'urgence de questionnements philosophiques, éthiques et juridiques. C'est bien de *la définition de l'homme* dont il s'agit lorsqu'on évoque le perfectionnement du corps.

Du concept négatif à la centration de l'identité contemporaine sur le corps : l'invention du corps « rationnel »

Le corps a traditionnellement appelé, dans sa précarité et sa douleur, la nécessité d'une âme – intellect, essence, substance – qui, par contraste et salut, s'affranchisse sous conditions de la finitude corporelle. La raison est ainsi posée comme l'*autre* du corps, le *lógos* face à la chair, l'abstraction face à la matérialité sensible, le concept face au vécu. Ce dualisme et l'indépendance ontologique de la raison sont toutefois contestés par les matérialismes, dont la psychanalyse, et par la phénoménologie. La tradition matérialiste explique ainsi l'esprit par autre chose que lui-même et rend compte des phénomènes mentaux par des processus matériels, d'ordre atomique (Lucrèce), cérébral (La Mettrie), économique (Marx) ou sexuel (Freud). Lénine affirme que « c'est la matière [...] qui pense »[1]. Freud oppose, à la transparence du moi, l'Inconscient et l'empire des pulsions. La distinction de la conscience et de l'objet pose à la philosophie du corps une difficulté que la phénoménologie tente de résoudre avec la notion de « corps propre » : « le corps est un être ambigu : c'est une chose, mais une chose qui est mienne, ou plutôt que je suis »[2]. Comment dès lors comprendre la subjectivation de la sensibilité corporelle ou l'incarnation de la subjectivité dans ce qui est matière sans n'être jamais *pour moi* que cela ? Comment saisir l'identité si personnelle du *sentir*, sans réduire le corps à une *pensée du corps* ? Ainsi s'ébauchent les notions de « corps subjectif » ou de « moi naturel » pour corréler l'expérience psychologique à la matérialité du corps et expliquer cet *être-au-monde* si spécifique qu'est le corps.

1. V. I. Lénine, *Matérialisme et Empirocriticisme I*, Paris, Éditions en langues étrangères, 1973.

2. R. Barbaras, « De la phénoménologie du corps à l'ontologie de la chair », dans J.-C. Goddard (éd.), *Le corps*, Paris, Vrin, 2005, p. 207.

Depuis quelques décennies, une approche scientiste du corps s'impose qui, si elle n'occulte pas complètement d'autres dimensions – esthétique, psychanalytique, religieuse –, reflète une dynamique motrice : la croyance en la perfectibilité. Cette approche s'étaie sur les progrès effectués par la médecine. Elle a deux volets : un projet social et un autre individuel, existentiel. Une ère s'est ouverte, celle d'un corps *su*, voulu, créé, programmé, « rationnel ». De la naissance médicalement assistée à la chirurgie esthétique, en passant par la génétique et les neurosciences, la pharmacologie, la diététique ou le sport, la maîtrise du corps, l'investissement dans un corps devenu destin, *capital*, est une idée-force. Nul doute que l'effondrement des grandes transcendances – *politiques et religieuses* – au XXe siècle, qui structuraient collectivement les identités et proposaient des « au-delà », a cette conséquence matérialiste paradoxale : l'espoir vient par le corps ; la vie *bonne*, c'est-à-dire saine et longue, dépend de l'entretien *médico-sportif* de soi. Ainsi, le refus de la maladie et de la mort se combine à de nouvelles responsabilités et culpabilité : le corps est lieu d'un *jugement dernier*. Une représentation mixte de la temporalité se fait jour, celle qui enjoint d'anticiper sur le futur, mais aussi d'investir massivement sur le présent. Il faut se perfectionner sans fin, tout en profitant de l'« ici et maintenant » désormais seule certitude. Le corps, enfin, devient *marché*, « plus bel objet de consommation » [1], dans une société où l'« esprit du capitalisme » [2] croise la revendication hédoniste, consacrant culte des apparences et certaine tyrannie du bonheur.

Connaître et maîtriser :
le corps machinal, substrat du perfectionnement possible

Les progrès de la connaissance sont l'étalon de la perfectibilité, quand l'investigation rationnelle tend à réduire le corps à n'être que *matière*. Mais le corps est aussi perçu comme une *machine* sur laquelle raison et technique assurent leur emprise. Depuis le XVIIe siècle, le modèle machinal inspire la construction d'une physique céleste (Kepler), comme la réflexion sur la différence entre l'homme et l'animal (Descartes, Malebranche) ou sur la spécificité et le fonctionnement de l'organisme vivant (Leibniz). Les automates androïdes de la fin du siècle, ceux de Vaucanson, par exemple, supposent l'aide des chirurgiens pour découvrir le secret de la vie, et figurent l'ambivalence originaire de la dépendance et de la liberté. Au XIXe siècle, le modèle automatique prend une coloration psychologique, biologique et sociale. Dans un contexte

1. J. Baudrillard, *La société de consommation*, Paris, Éditions Denoël, 1970, p. 199.
2. M.Weber, *L'éthique protestante et l'esprit du capitalisme*, Paris, Gallimard, 2003.

où l'on s'interroge sur la dégénérescence, les causes de la folie et les critères de la normalité humaine, le médecin Charcot nomme « automates ambulatoires » les miséreux qu'il présente à la Salpêtrière. L'automate rejoint ici le versant de l'aliénation, sous-tendu par les conceptions neurologiques de l'époque, la théorie de l'arc-réflexe en particulier, et réfère à des comportements répétitifs, hypnotiques, inconscients. Aliénés aussi, mais à l'échelle sociale cette fois, ces prisonniers d'un univers panoptique décrit par Foucault, sur le modèle de l'univers carcéral, et victimes d'une *bio-politique* comme gestion de la vie et des corps. Si le XIXe siècle inaugure le travail à la chaîne, s'il voit s'affiner la physiologie et profite des études sur le mouvement humain (von Helmholtz, Marey), si la rationalité pénètre toutes les sphères de l'organisation humaine – *travail, économie, médecine* – c'est donc aussi qu'un grand automate social régit les existences, tantôt emprunt d'eugénisme, tantôt versé dans l'industrialisation des corps. Ainsi la machine automatique fait-elle désormais face à l'homme, aide, soutien, prolongement, mais aussi rivale, toujours au cœur des utopies technologiques. Les débats sur l'*intelligence artificielle* ou les *robots intelligents* et la possible création d'une « conscience » machinique illustrent au XXIe siècle de nouveaux enjeux philosophiques et scientifiques.

Mais la question est aussi celle de la réciprocité des modèles entre l'homme et l'automate. L'homme sert de modèle à sa réplique automatique qui elle-même pourra pallier le corps déficient.

> La simulation de la vie, programme antique s'il en fut, devient chaque jour un enjeu exemplaire : non seulement le vivant se fabrique comme dans une usine depuis la connaissance des systèmes héréditaires mais il se répare ou se reproduit en serre, en laboratoire. L'automatisme désigne la reprise de ces pratiques par un néomécanisme qui se colore [...] d'un organicisme nouveau – autrement dit, quel est le premier terme : la greffe ou la prothèse, l'homme (en morceaux) ou la machine (supposée totale) ?[1].

La machine modélise le fonctionnement technique et systématique, la régularité, une certaine fiabilité entendue ici comme une liberté, sans qu'on sache très bien de la machine ou de l'organisme lequel désormais détient cette autonomie fonctionnelle. Ainsi, l'automate médical moderne adresse à la biologie la double question d'un savoir complet du corps, et des contrôles et techniques qui permettent de le réparer. Il approche au plus près l'« assimilable au vivant », tandis que la science s'interroge sur le redoublement de l'homme. « De prothèse en prothèse, ne rêve-t-on pas de fabriquer un double technique

1. J.-C. Beaune, « Automate », dans D. Lecourt (éd.), *Dictionnaire d'histoire et philosophie des sciences*, Paris, P.U.F., 2003, p. 83.

plus solide, plus durable [...] des "corps-machines" qui seraient notre avenir [...] De meilleurs vivants imitant mieux la machine ? »[1].

Conçu pour réparer le corps humain, pour se substituer à ses organes, pour s'immiscer dans l'intimité charnelle du vivant par des artifices électroniques ou chimiques, pour ouvrir aux utopies d'une substitution à l'homme lui-même, l'automate moderne instruit le dessein d'une liberté complexe : celle qui procéderait d'une fusion du corps avec la machine, d'un effacement même de cette distinction fondatrice, c'est-à-dire d'une *bionicité.* Aussi est-ce bien sur cette ligne de faille, d'une technicité du corps libératrice ou aliénante que s'articule la production d'un corps « rationnel », d'autant plus lorsque s'ouvre la « dernière frontière » : celle de la (re)production artificielle du cerveau.

Si la représentation du cerveau comme une *matière* traduit le lien qui unit médecine et matérialisme, et conduit au monisme, celle du cerveau comme une *machine* anticipe le modèle computationnel des sciences cognitives. En niant l'existence d'une âme distincte du corps, La Mettrie, Diderot, d'Holbach et Cabanis suggéraient un métabolisme de la pensée, dont la postérité médicale fera florès, dès le XIXe siècle, avec la localisation des aires cérébrales. Il s'agit alors d'établir une cartographie du cerveau à l'instar de ce qui est accompli pour d'autres régions du corps. Aux XXe et XXIe siècles, les progrès de l'imagerie médicale ne cessent d'enrichir cette cartographie qui lie des incapacités intellectuelles, sensitives ou motrices à des lésions de certaines parties du cerveau, comme elle induit un déterminisme physique autorisant la détection en temps réel des zones du cerveau activées, permettant de « voir » les processus chimiques à l'intérieur des neurones. Réduit à ses schémas neuronaux, l'homme l'est de fait à ses conduites ou à ses maladies. On perçoit le double sens de cette investigation : à la légitimité heuristique s'adjoint la tentation déterministe. Les effluves nauséabondes laissées au XIXe siècle par les explications physicalistes du « mental » et leurs conséquences discriminatoires – *phrénologie, physiognomonie* –, puis au XXe par la « racialisation » des comportements, entretiennent le soupçon sur toutes les réductions de l'homme à son *physique*. La prévention et la remédiation aux maladies voisinent avec le fantasme d'une définition de l'humain par ses gènes et organisations neuronales. La spiritualité est dès lors perçue selon un processus d'emboîtement dont le point d'origine est irréductiblement le corps, plus encore la matière, comprise en une combinatoire dont les modèles empruntent aux mathématiques et à l'informatique.

La réification du corps, la matérialisation de l'humain n'empêche pas notre société, enfin, d'être caractérisée par une *psychologisation des conduites* :

1. J.-C. Beaune, « Automate », art. cit., p. 83.

références à la psychologie pour rendre compte de l'ensemble des comportements humains, attachement porté à la « sensation ». Y a-t-il contradiction? L'originalité de l'époque est probablement cette collusion permanente entre les deux registres, celui de l'*instrumentalité* et celui de l'*identité*, perceptible dans des domaines très variés, la mode, la sexualité, le sport, le don d'organes, la chirurgie esthétique, la procréation. L'inventivité technique organise le passage d'un registre à l'autre, provoquant la confusion possible, faisant surgir de nouveaux pouvoirs, de nouvelles manières aussi d'individualiser et de personnaliser les choix. Les injonctions à « penser à soi », « cultiver l'estime de soi », l'offre sans cesse renouvelée des produits de la science, comme de ceux de la mode suggèrent un étal infini pour l'individu en quête de soi, mais ancrent aussi l'objectivation du corps dans un commerce hétéroclite. Par où l'on voit que la psychologisation des conduites et l'attention portée à l'intime et au sens interne n'excluent nullement, bien au contraire, l'objectivation la plus matérialiste d'un marché du corps. En outre, pour le corps comme pour l'esprit, pour la médecine générale, comme pour la psychiatrie, le langage des maux est aussi délimitation, localisation, territorialisation. Ainsi se sont enrichis, en miroir, la géographie de la douleur et le vaste champ des pathologies, conduisant à une « médicalisation de l'existence » où se perd la notion de *sujet*[1].

Amélioration de l'humain et prospective du corps

Alors que l'individu tend à s'*auto-produire*, la science ne cesse de développer les outils d'un corps technicisé et d'une nature requalifiée. Trois exemples illustrent cette approche: la procréation médicalement assistée, la création d'exosquelettes, la pratique du dopage.

La technique médicale ouvre à une forme originale de thérapeutique palliative: celle qui, luttant contre l'infécondité, a directement pour objet la conception d'un être humain. Le rapport sexuel n'apparaît plus comme l'unique moyen de procréer, grâce à l'insémination artificielle et à la fécondation *in vitro*. Cette dernière révèle ainsi une spécificité anthropologique et symbolique : la conception hors du corps de la femme, en laboratoire, peut-être un jour dans un utérus artificiel[2]. Par là, s'esquisse une transformation des conditions anthropologiques de l'engendrement. Des repères familiers, intimes, corporels, au fondement des représentations les plus inébranlables de la condition humaine sont bouleversés : la différence des sexes, la succession des générations et les limites entre morts et vivants. Un faisceau de signifi-

1. R. Gori, M.-J. Del Vogo, *La santé totalitaire, essai sur la médicalisation de l'existence*, Paris, Éditions Denoël, 2005.

2. H. Atlan, *L'utérus artificiel*, Paris, Seuil, 2005.

cations – *philosophiques, anthropologiques, médicales, morales, juridiques* – convergent vers ce constat d'une technicisation du corps – *à la fois abandon et production du corps* – et d'une symbiose entre naturel et artificiel. Au fond, chaque société intervient pour redéfinir ce qui est naturel chez l'homme; les critères biologiques sont toujours réévalués à la lumière des normes sociales. Ainsi, l'hypermédicalisation de la naissance n'empêche pas les incitations à l'allaitement au nom du « naturel ». Rien de plus « naturel » que le corps, et rien de moins « naturel ».

Sur le modèle de la carapace de la tortue ou de l'armure du crustacé, l'*exosquelette* est une structure articulée en métal ou en plastique (*orthèse*) animée par des muscles artificiels appelés « actuateurs » et fixée sur les principaux segments du corps: bassin, cuisse, jambe, bras, avant-bras. Son usage vise à décupler la force et les capacités musculaires des individus dans un processus de dépassement des limites humaines, soit chez des individus valides – des soldats essentiellement –, soit chez des individus handicapés. La création d'exosquelettes affiche ses ambitions : militaires, civiles (services d'urgence : pompiers, secouristes), médicales, industrielles (robotique, télémanipulation, dangerosité des tâches). Elles dessinent le profil d'un homme *bionique* plus sophistiqué que celui d'aujourd'hui, en lequel la matérialité du corps, avec ses limites et défaillances, se conjugue à l'artificialité de la machine. La prochaine génération d'exosquelettes combinera l'artificialité *externe*, celle du « costume » et l'artificialité *interne*, celle de la connaissance des processus nerveux et de l'action sur eux. Le corps apparaît ainsi *eso*- et *exo*-plastique, transformable, constructible par l'absorption, l'ingestion, la perfusion, perméable à l'onguent, son anatomie, sa musculature, modifiables par le régime, la gymnastique, la chirurgie, ici la biomécanique. Aux deux extrémités du spectre de l'intériorité et de l'extériorité, de la divisibilité « à l'infini » – *le code génétique, les molécules du cerveau* – à l'appareillage – *greffes et prothèses* –, il manifeste « l'empan de sa plasticité »[1]. Une forme originale d'humanité se révèle, au corps augmenté, réparé, complété, optimisé, hypertrophié.

Le dopage s'inscrit en droite ligne dans ces pouvoirs *eso*- et *exo*-plastiques du corps. Matériaux, matériels, médecine – *dont diététique et psychologie* – techniques gestuelles, du point de vue d'une logique évolutionniste, qui est fondamentalement celle du sport d'élite, le dopage apparaît comme le prolongement d'un processus de dépassement de soi et des limites humaines supposées. Au-delà d'une chimie et d'une pharmacologie nocives pour la santé des athlètes, un dopage génétique s'envisage désormais. Les nanotechnologies se profilent également à l'horizon d'une assistance et d'une stimulation

1. M. Serres, *Hominescence*, Paris, Le Pommier, 2001, p. 29.

technicienne de la performance. L'usage des prothèses, enfin, aujourd'hui réservé aux athlètes handicapés, tel le sud-africain Pistorius ayant obtenu l'autorisation de concourir avec des valides, interroge sur la notion d'« avantage » ou d'« artifice », tout comme l'usage de n'importe quel matériel technique – *exosquelettes en leur genre, les combinaisons de natation, perches, skis, raquettes* – susceptible d'optimiser la performance. Tout savoir à propos du corps, toute ingestion d'aliments ou de médicaments, tout usage de « techniques du corps » ou recours à l'assistance technique – *guidon de vélo profilé, « pilule de la performance », prothèse de jambe* – signent la porosité du *naturel* et du *culturel*. Ce constat provoque une sorte de vertige : le corps serait voué à devenir toujours plus technique et plus artificiel. Par là, rien ne viendrait trancher à l'avenir dans un paysage de science-fiction confondant hommes « naturels » et robots, hybrides et machines, paysage dont le sport de haut niveau peut être un précurseur.

Conclusion

Le perfectionnement technique du corps sert à la fois les grands desseins de la science et l'individualisation d'un processus de sculpture de soi. Dans ses formes les plus sophistiquées – *manipulations génétiques, neurologiques, chirurgicales* –, dès lors que l'identité individuelle n'est plus strictement identifiable au corps conçu comme une entité close, dès lors même que la notion de « corps naturel » est devenue problématique du fait de l'hybridation de l'humain avec la technique, il interroge les contours de l'identité humaine. Plutarque expose, dans sa *Vie de Thésée*, le paradoxe d'un bateau indéfiniment réparé et dont plus aucune pièce n'est d'origine. Ce bateau est-il encore celui de Thésée ? Est-il un autre ? Si le corps humain est soumis intrinsèquement à ce questionnement de par l'*apoptose biologique* ou remplacement programmé des cellules, force est de constater que le *corps ouvert* de la médecine moderne et le remplacement des organes en accroissent l'acuité. On peut imaginer que *l'amélioration de l'humain* anticipe une sorte d'*apoptose technique*, soit le renouvellement des artifices, puces électroniques ou exosquelettes, leur ré-actualisation figurant une version future du rapport nature/culture. Par ailleurs l'idée qu'une âme, raison ou intellect puisse encore désigner une spécificité de l'humain et ses « mystères » – *mémoire, spiritualité, création, empathie, etc.* – est remise en cause par la réduction de l'homme à « n'être que du corps » – *les phénomènes psychiques tendant à s'expliquer à partir de la géographie du « cerveau »* – et le corps lui-même à « n'être que matière ». Le *sujet* n'est donc pas seulement fragilisé par la *rationalité instrumentale* des technosciences, il l'est aussi de par cet aplatissement de l'âme sur le corps résultant du processus heuristique de matérialisation de l'humain. En initiant le thème de la *perfectibilité* et forts de leur passion pour l'égalité, les hommes du XVIIIe siècle pensaient que l'homme peut maîtriser la nature. Au XXIe siècle, le perfectionnement technique du corps témoigne du dépassement de cette nature, de son obsolescence parfois, tandis que les individus centrent sur le corps ce projet existentiel : conjurer la maladie et la mort.

Isabelle Queval

FIN DE L'HISTOIRE

La fin de l'évolution historique de l'humanité est l'État universel homogène qui réalise pleinement le désir de reconnaissance universel des personnalités uniques au monde. L'homme parfait, absolument satisfaisait, n'y a plus de raison de changer les principes (vrais) qui sont à la base de la connaissance de soi et du monde.

Histoire de la pensée de la fin de l'histoire

« Si la fin de l'histoire [...] n'a pas d'histoire, il n'en va pas de même de l'idée de la fin de l'histoire et du jugement affirmant la possibilité réelle, voire la réalité même, d'une telle idée »[1] qui prend date au XIXe siècle avec Hegel (1770-1831), au XXe siècle avec Alexandre Kojève (1902-1968) et fut popularisée à la fin du XXe siècle par Francis Fukuyama. Selon Kojève, c'est dans la *Phénoménologie de l'Esprit* (1807) que Hegel aurait soutenu que « l'État universel et homogène, fondé par Napoléon, achève l'évolution historique de l'humanité et rend possible la réalisation de la Sagesse ». Kojève disait avoir compris, quant à lui, en « 1948 » que « la fin hégélo-marxiste de l'Histoire étant non pas encore à venir, mais d'ores et déjà un présent ». En observant alors, expliquait-il, « ce qui se passait autour de moi et en réfléchissant à ce qui s'est passé dans le monde après la bataille d'Iéna [1806], j'ai compris que Hegel avait raison de voir en celle-ci la fin de l'Histoire proprement dite ». Selon Kojève, « dans et par cette bataille, l'avant-garde de l'humanité a virtuellement atteint le terme et le but, c'est-à-dire la *fin* de l'évolution historique de l'Homme ». Pour Kojève, « ce qui s'est produit depuis ne fut qu'une extension dans l'espace de la puissance révolutionnaire universelle actualisée en France

1. B. Bourgeois, « La fin de l'Histoire », dans Société de Philosophie d'Auvergne, *La fin de l'histoire. Les enjeux philosophiques de l'écologie. La question du mérite en démocratie*, Clermont-Ferrand, CRDP d'Auvergne, 1993, p. 10.

par Robespierre-Napoléon »[1]. En 1989, Fukuyama publia un article retentissant « The End of History ? » dans *The National Interest* dans lequel il soutenait aussi que « Hegel avait eu raison de dire que l'histoire s'était achevée en 1806, puisqu'il n'y avait pas eu de progrès social essentiel au-delà des principes de la Révolution française, dont il voyait la consolidation dans la victoire de Napoléon à la bataille de Iéna »[2]. Une thèse qu'il développa en 1992 dans *La Fin de l'Histoire et le dernier homme* avant de revenir, en 2002, dans *La fin de l'homme – Les conséquences de la révolution biotechnique*, en partie sur celle-ci car l'histoire des sciences contemporaines n'était, elle, par contre, pas à son terme.

Fin de l'histoire et technique selon Kojève

Dans ses leçons parisiennes sur Hegel de 1936-1937, Kojève a soutenu que la subdivision C du chapitre VI de la *Phénoménologie de l'Esprit* « traite de l'État post-révolutionnaire, c'est-à-dire de l'Empire napoléonien (1806) ». Pour Kojève, nous sommes alors à la « fin de l'histoire »[3] et l'Esprit est la « Sagesse même » car la certitude subjective y coïncide avec la vérité objective. Une vérité est en effet « universellement et nécessairement valable » si « la réalité qu'elle révèle est *entièrement* achevée (*tout* ce qui était possible s'est effectivement *réalisé*), donc "parfaite", sans possibilité d'extension ou de changement ». Et cette « réalité "totale", "définitive" », ce fut l'« Empire napoléonien ».

Kojève précisait que, pour Hegel, cet Empire napoléonien est un « état *universel* et *homogène* » qui réunit l'humanité tout entière et « supprime » en son sein toutes les « différences spécifiques » (nations, classes sociales, familles). Ainsi, expliquait Kojève, « les guerres et les révolutions sont désormais impossibles ». Autrement dit, cet État ne se modifiera plus et restera « éternellement identique à lui-même ». Et comme « l'Homme est formé par l'État où il vit et agit », l'homme « ne changera donc plus lui non plus ». Et si cet État ne change plus, c'est parce que tous ses citoyens y sont « satisfaits » car, d'après Kojève : « Je suis pleinement et définitivement satisfait, quand ma personnalité exclusivement mienne est "reconnue" (dans sa réalité et dans sa valeur, sa "dignité") par *tous*, à condition que je "reconnaisse" moi-même la réalité de la valeur de ceux qui sont censés devoir me "reconnaître" ». Ainsi,

1. A. Kojève, *Introduction à la lecture de Hegel*, Paris, Gallimard, [1947] 1975, p. 436 et p. 593.

2. F. Fukuyama, *La fin de l'homme. Les conséquences de la révolution biotechnique*, Paris, La Table Ronde, 2002, p. 13.

3. A. Kojève, *Introduction à la lecture de Hegel*, *op. cit.*, p. 145.

« dans le Monde post-révolutionnaire se réalise (pour la première fois) l'"Individualité" ». Et « être un Individu, c'est-à-dire Homme proprement dit, – c'est être "satisfait", c'est ne plus vouloir, donc ne plus pouvoir se "transcender" : devenir autre qu'on est ». Bref, « se comprendre soi-même, – c'est alors comprendre l'Homme intégral, définitif, "parfait" »[1]. Et pour Kojève, « c'est Napoléon qui *réalise* l'idéal de l'Individualité, en faisant reconnaître la valeur absolue de sa particularité par un Monde créé par lui (à partir du néant révolutionnaire) en vue de cette même reconnaissance universelle »[2].

Quant à l'Histoire, selon Kojève, elle « s'arrête quand l'Homme n'agit plus au sens fort du terme, c'est-à-dire ne nie plus, ne transforme plus le donné naturel et social par une Lutte sanglante et un Travail créateur »[3]. Rappelons à ce propos que, pour Kojève, *primo*, « le travail et le progrès technique » sont une « fonction du désir de "reconnaissance" de l'homme »[4]. Et *secundo*, qu'un être qui est incapable de mettre sa vie en péril pour des buts non immédiatement vitaux, c'est-à-dire, « qui ne peut pas risquer sa vie dans une Lutte pour la *Reconnaissance*, dans une lutte de pur *prestige*, – n'est *pas* un être vraiment *humain* »[5]. Et l'homme n'agit donc plus – au sens d'une lutte sanglante et du travail créateur – quand « le Réel donné lui donne pleinement satisfaction » en « réalisant pleinement [...] son Désir de reconnaissance universelle de sa personnalité unique au monde ». Alors, concluait Kojève, « l'Histoire s'arrête »[6]. Tout en précisant que « la disparition de l'Homme à la fin de l'Histoire » n'est pas une « catastrophe biologique » car « l'Homme reste en vie en tant qu'animal qui est en *accord* avec la Nature ». En effet, « la fin du Temps humain ou de l'Histoire, c'est-à-dire l'anéantissement définitif [...] de l'Individu libre et historique, signifie tout simplement la cessation de l'Action au sens fort du terme ». Ce qui voulait dire « pratiquement » : « La disparition des guerres et des révolutions sanglantes ». Mais aussi la « disparition de la *Philosophie* » car « l'Homme ne changeant plus essentiellement lui-même, il n'y a plus de raison de changer les principes (vrais) qui sont à la base de sa connaissance du Monde et de soi ».

Pour autant, Kojève n'ignorait pas le rôle de la technique dans le processus historique. En effet, d'après la dialectique du réel, l'action qui transforme le

1. A. Kojève, *Introduction à la lecture de Hegel*, *op. cit.*, p. 145-146.
2. *Ibid.*, p. 157.
3. *Ibid.*, p. 467.
4. *Ibid.*, p. 501.
5. *Ibid.*, p. 169.
6. *Ibid.*, p. 467.

réel donné en vue de rendre vrai un discours en désaccord avec ce donné s'appelle « *Travail* » : « C'est en travaillant que l'homme a construit l'avion qui a transformé en vérité l'erreur (volontaire) du poète ». Le travail est une « *négation* réelle du donné » [1] tandis qu'« un animal terrestre ne construit jamais d'engins lui permettant de vivre dans un élément autre que son élément naturel : sous l'eau, par exemple, ou dans l'air ». Donc, aucun animal ne travaille à proprement parler car il ne transforme jamais le monde où il vit en fonction de « projets ». Alors que « l'homme a bien construit par son travail le sous-marin et l'avion » [2]. Bref, dans et par le travail, l'homme « se nie en tant qu'animal » – tout comme dans et par la lutte. Ainsi, selon Kojève, « l'Esclave travailleur peut transformer essentiellement le Monde naturel où il vit, en y créant un Monde spécifiquement humain de la technique » [3]. Cela étant, il demeure, au final, que le « surplus de travail et donc le progrès technique sont en réalité une fonction du désir de "reconnaissance" » de l'homme. En effet, pour Kojève, « le travail est né du Désir de la Reconnaissance [...] et il se maintient et évolue en fonction de ce même Désir » [4].

Fin de l'histoire et technique selon Fukuyama

En 1992, dans un même état d'esprit, Fukuyama soutenait aussi que, « quoiqu'elle puisse être considérée comme un "régulateur" possible des changements de direction de l'histoire, [la science] ne saurait être regardée comme la *cause* suprême de ce changement » [5]. Selon Fukuyama, « la "logique de la physique moderne" n'a aucune force par elle-même si on la sépare des êtres humains qui désirent faire usage de la science pour conquérir la nature de manière à satisfaire leurs envies et leurs besoins, ou à se protéger contre les dangers ». En elle-même, expliquait-il, que ce soit sous la forme de la production mécanisée ou de l'organisation rationnelle du travail, « la science n'impose qu'un horizon de possibilités déterminées par les lois fondamentales de la nature ». Pour Fukuyama aussi, c'est bien « le désir humain qui pousse les hommes à exploiter ces possibilités » [6]. Ainsi, écrivait-il, « pour Hegel, le premier moteur de l'histoire humaine n'est pas la physique moderne ou l'horizon en perpétuelle extension qui la gouverne, mais bien plutôt une pulsion totalement non économique, la *lutte pour la reconnaissance* » et le

1. *Ibid.*, p. 464.
2. *Ibid.*, p. 498.
3. *Ibid.*, p. 499.
4. *Ibid.*, p. 501.
5. *Ibid.*, p. 161.
6. *Ibid.*, p. 324.

« danger de mort assumé volontairement dans une bataille de pur prestige »[1]. Et il rappelait que pour Kojève également « la lutte pour la reconnaissance a dirigé l'histoire depuis la première bataille sanglante »[2]. L'État universel et homogène hégélien était donc le « dernier État de l'histoire humaine » parce qu'il était « *totalement satisfaisant* pour l'homme » en incarnant la reconnaissance réciproque. Fukuyama soulignait que cette position kojèvienne s'appuyait donc bien, en dernière analyse, « sur sa croyance en la primauté du *thymos,* ou désir de reconnaissance, en tant que désir humain le plus profondément ancré et le plus fondamental »[3].

En résumé, pour Fukuyama, si l'homme est défini par son « désir de lutte pour la reconnaissance » et par son « travail pour dominer la nature », et « s'il obtient à la fin de l'Histoire aussi bien la reconnaissance de son humanité que l'abondance matérielle », alors « l'"Homme proprement dit" cessera d'exister parce qu'il aura cessé de travailler et de lutter »[4]. En 1992, Fukuyama considérait que l'insistance kojèvienne sur le désir de reconnaissance pourrait donc bien constituer un « cadre approprié pour comprendre les perspectives futures du libéralisme » puisque, selon lui, « les phénomènes historiques majeurs des siècles passés – religion, nationalisme et démocratie – peuvent être compris dans leur essence comme différentes manifestations du désir de reconnaissance »[5]. Et pour Fukuyama, « l'idée de Kojève selon laquelle nous sommes bien à la fin de l'Histoire résiste ou s'effondre selon la force de l'assertion proclamant que la reconnaissance fournie par l'État démocratique libéral contemporain satisfait de manière suffisante le désir humain de reconnaissance »[6]. Cela étant, en 1992, Fukuyama se demandait en même temps « combien de temps la *megalothymia* se satisfera-t-elle de guerres métaphoriques et de victoires symboliques ? » La question lui semblait pendante car « on soupçonne bien que certains hommes ne seront pas satisfaits jusqu'à ce qu'ils se prouvent eux-mêmes par l'acte même qui a constitué leur humanité au début de l'Histoire : ils risqueront alors volontairement leur vie dans une bataille violente et prouveront alors à eux-mêmes et à leur entourage, sans l'ombre d'un doute, qu'ils sont libres »[7]. Autrement dit, tout en soutenant la thèse de la fin de l'histoire, Fukuyama n'y excluait pas une « libération

1. A. Kojève, *Introduction à la lecture de Hegel*, *op. cit.*, p. 165 et p. 180.
2. *Ibid.*, p. 324.
3. *Ibid.*, p. 240.
4. *Ibid.*, p. 350.
5. *Ibid.*, p. 325.
6. *Ibid.*, p. 241.
7. *Ibid.*, p. 369.

nouvelle de la *megalothymia* »[1]. Cela étant, en 1992, la cause de ces éventuels changements dans l'histoire relevait toujours de la primauté qu'il accordait au « *thymos* » ou désir de reconnaissance et qu'il jugeait le plus fondamental.

Retour de la technique chez Fukuyama

En 1999, Fukuyama fit le bilan de son idée émise dix ans auparavant selon laquelle « l'Histoire s'achève » et il énonça à cette occasion un axiome de base, selon lui, inchangé : « Rien de ce qui est survenu dans la politique mondiale durant ces dix dernières années ne remet en cause, à mon avis, ma conclusion : la démocratie libérale et l'économie de marché sont les seules possibilités viables pour nos sociétés modernes ». En revanche, poursuivait-il, « l'argument que j'ai utilisé pour montrer que l'Histoire est orientée, progressive et qu'elle trouve son couronnement dans l'État libéral moderne, cet argument est fondamentalement erroné ». Selon Fukuyama, un seul critique, parmi les centaines d'exégètes qui avaient analysé « La fin de l'Histoire », en avait repéré la « véritable faiblesse » : « L'Histoire ne peut s'achever aussi longtemps que les sciences de la nature contemporaines ne sont pas à leur terme. Et nous sommes à la veille de nouvelles découvertes scientifiques qui, par leur essence même, aboliront l'humanité en tant que telle ».

Pour justifier son « erreur », en 1999, Fukuyama expliquait qu'il avait jusqu'alors compris l'histoire dans son acceptation « hégéliano-marxiste ». Dans cette perspective, l'Histoire est menée par deux forces fondamentales : *primo*, l'expansion des sciences de la nature et de la technologie contemporaines qui constituent le fondement de la modernisation économique. *Secundo*, la lutte pour la reconnaissance qui exige, en dernier ressort, un système politique admettant l'universalité des droits de l'homme. De ce double point de vue, pour Fukuyama : « Le défaut principal de ma thèse réside dans le fait qu'on ne saurait mettre un terme à la science, car c'est la science qui conduit le processus historique ». Fort de cette révision de sa thèse des années 1989-1992, il expliquait, en 1999, que « le caractère ouvert des sciences contemporaines de la nature nous permet de supputer que, d'ici les deux prochaines générations, la biotechnologie nous donnera les outils qui nous permettront d'accomplir ce que les spécialistes d'ingénierie sociale n'ont pas réussi à faire ». À ce stade, pensait-il, « nous en aurons définitivement terminé avec l'histoire humaine parce que nous aurons aboli les êtres humains en tant que tels. Alors commencera une nouvelle histoire, au-delà de l'humain »[2].

1. *Ibid.*, p. 378.
2. F. Fukuyama, « La fin de l'Histoire dix ans après », *Le Monde*, 17 juin 1999, p. 1 & 20.

En d'autres mots, la « temporalité linéaire et finalisée de l'Histoire », chère aux partisans de la thèse hégélienne, présente les caractéristiques suivantes : une « anticipation théorique du futur » qui est « relativement transparent », « imaginairement et/ou spéculativement bouclé ». On y « tient le *fin mot* de l'histoire de l'homme et du monde ». C'est le temps de l'« accomplissement de l'essence de l'Homme » qui est « connue », même si elle est en partie « potentielle » ou « contrecarrée », le temps de la durée historique justement. L'homme y occupe « le sommet de l'évolution bio-physique » et le parcours qu'il a à accomplir n'est pas celui d'une « *mutation* en une autre espèce » – ce qui correspondrait à un « changement d'essence » – mais plutôt juste celui d'une « *métamorphose* ». Les techniques et les sciences y sont bien au « service de l'accomplissement historique de l'essence humaine. Elles n'ont nul autre sens que ce service »[1]. De fait, dans *La fin de l'homme – Les conséquences de la révolution biotechnique* (2002), Fukuyama maintenait que la « liberté politique a signifié, jusqu'ici, la liberté de poursuivre les fins que la nature avait établies pour nous ». Et selon lui, si ces « finalités ne sont pas rigidement déterminées », la « nature humaine » n'est toutefois « pas malléable à l'infini » pour autant[2], sauf, selon lui, à courir dès lors le risque d'une « abolition » de l'humain.

Futur ouvert contre fin de l'histoire

À la conception d'une temporalité finalisée de l'Histoire et d'une nature humaine non infiniment malléable, Gilbert Hottois fit toutefois, dès 1977-1979, l'objection suivante : « Qu'en sera-t-il de l'homme dans quelques millions d'années ? » Selon lui, l'« opacité radicale » où nous jetait cette question n'était que l'envers de la « perception vide que, d'une certaine façon, n'importe quoi est possible »[3]. Et pour Hottois, il était possible que la « mutation de l'humain » s'aventure sur la « voie du "cybernanthrope" ou du "cyborg" ». Ce serait, pensait-il, une forme de mutation bien étrangère aux mutations biologiques de la préhistoire et l'on pouvait imaginer que

1. G. Hottois, « La "dimension du futur" à travers la temporalité mythique, historique et techno-scientifique », dans *Cahiers internationaux de symbolisme*, Mons, Le Ciephum, n° 42-43-44, 1981, p. 74-75.

2. F. Fukuyama, *La fin de l'homme. Les conséquences de la révolution biotechnique*, *op. cit.*, 2002, p. 319.

3. G. Hottois, *L'inflation du langage dans la philosophie contemporaine...*, *op. cit.*, p. 330.

ces mutations associeraient l'« intervention biologique-génétique » et le « couplage homme-machine »[1].

Et cette « opacité radicale » du « n'importe quoi est possible » dirigeait vers une autre question fondamentale : « L'homme est-il l'avenir de l'homme ? Que va faire l'homme de l'homme ? Faut-il ne rien changer à l'*homo sapiens* ? Où commence l'intervention qui n'est plus naturelle ni culturelle ? Faut-il encourager un futur de l'homme qui tienne dans un blocage pragmatico-hédonistique de l'évolution ? Choisirons-nous la rétention du passé ou les risques absolus que comportent la prospection cosmique et la dimension du futur ? » Comme le résumait Hottois dès la fin des années 1970 : « De la transformation techno-scientifique dans le sens (de l'amélioration) de l'humain naturel à la mutation insensible de l'humain, où est le seuil ; est-il prévisible »[2] ?

Pareille vision technophile soutenait en conséquence une conception du « temps opaque et ouvert de la Techno-science » qui entrainait l'« optimisme quasi ludique » des « cybernétiques [qui] vient de ce qu'ils croient tout possible »[3]. Et imaginer ce « temps purement potentiel ouvert [...] sans repère ni orientation donnée », ce temps « hors du temps humain et sensé de l'histoire »[4], ce « futur post-historique » revenait alors à s'ouvrir à la « possibilité d'un avenir de transformation de l'Homme en tant qu'espèce »[5] car, selon Hottois, « l'homme ne dirige ni n'anticipe la recherche ou la construction techno-scientifique. Et il a de plus en plus le sentiment que le développement techno-scientifique échappe à son contrôle »[6].

En résumé, à la différence des « humanismes progressistes » qui ne font à la technique qu'une place « limitée » par l'« exigence fondamentale de ne pas tolérer certaines techniques d'intervention susceptibles de faire violence à l'essence de l'homme », un technophile évolutionniste soutient au contraire qu'au vu de « possibles qui n'ont rien de marginal », ce qui semble désormais être en jeu dans la techno-science contemporaine, c'est bien la « nature humaine ». Dans la mesure où la techno-science rencontre cette nature humaine comme désormais « essentiellement manipulable, plastique », celle-ci ne peut plus constituer le « centre de référence et la mesure stable de la techno-science ». Dès *Summa Technologiae* (1967), le philosophe et

1. *Ibid.*, p. 339.

2. *Ibid.*, p. 362.

3. G. Hottois, « La "dimension du futur" à travers la temporalité mythique, historique et techno-scientifique », art. cit., p. 76.

4. *Ibid.*, p. 77.

5. *Ibid.*, p. 79.

6. *Ibid.*, p. 81.

futurologue polonais Stanislaw Lem (1921-2006) avait en effet posé la question : « Qui, de l'homme ou de la technique, mène l'autre dans la techno-évolution »[1] ?

Pierre-Frédéric Daled

MORT DE L'HOMME

Hypothèse foucaldienne de la seconde moitié du XXe siècle selon laquelle la figure de l'homme qui s'est historiquement constituée à la fin du XVIIIe siècle alors que le langage était voué à la dispersion va être dispersée à son tour par l'insistance de la question de l'être du langage qui prouverait que l'homme n'a été qu'une figure entre deux modes d'être du langage.

Contribuant au débat structuraliste des années 1960, l'archéologie des sciences humaines que Michel Foucault (1926-1984) développa dans *Les mots et les choses* (1966), outre la thèse de discontinuités dans l'*épistémè* occidentale, annonça la « mort de l'homme ». Une nouvelle qui fut popularisée par le succès éditorial de *Les mots et les choses* dont 20.000 exemplaires furent vendus entre avril et décembre 1966. Cette annonce lui valut d'être accusé, en compagnie d'auteurs assimilés au structuralisme – Lacan, Althusser, Lévi-Strauss, etc. – d'« antihumanisme » dans les années 1980. Mais d'autres « morts » ou « effacements » de l'homme sont également envisagés, à un niveau désormais haptique ou robotique.

S'effacer comme un visage de sable

En 1966, pour Foucault, ethnologie et psychanalyse formaient un principe de « contestation » de ce qui paraissait acquis en sciences humaines car, en tâchant de faire parler l'inconscient, la psychanalyse s'avançait vers notre « finitude », c'est-à-dire, vers ce à partir de quoi nous sommes, pensons et savons. Or, d'après Foucault, il s'agissait en réalité d'une « existence à la fois réelle et impossible », d'une « pensée que nous ne pouvons pas penser » et d'un « objet pour notre savoir mais qui se dérobe toujours à lui »[2]. Psychanalyse et ethnologie avaient donc beau avoir une « "portée" quasi universelle », elles ne s'approchaient pas pour autant d'un « concept général de l'homme ». À aucun moment, elles ne cernaient ce qu'il pourrait y avoir en lui d'« uniformément

1. G. Hottois, « La "dimension du futur" à travers la temporalité mythique, historique et techno-scientifique », art. cit., p. 84.

2. M. Foucault, *Les mots et les choses*, Paris, Gallimard, 1966, p. 387.

valable partout où il est donné à l'expérience». Ainsi, non seulement, «elles peuvent se passer du concept d'homme, mais elles ne peuvent pas passer par lui, car elles s'adressent toujours à ce qui en constitue les limites extérieures». Pour Foucault, on pouvait donc en dire ce que Lévi-Strauss disait de l'ethnologie: «Qu'elles dissolvent l'homme». Par rapport aux «sciences humaines», la psychanalyse et l'ethnologie lui semblaient donc des «contre-sciences», non pas moins «rationnelles» ou «objectives», mais qui ne cessaient de «"défaire" cet homme qui dans les sciences humaines fait et refait sa positivité»[1]. Une troisième «contre-science» – la linguistique – en serait même la «contestation la plus générale»[2] car son application à la connaissance de l'homme faisait réapparaître, en son «insistance énigmatique», la question de l'«être du langage» qui, selon Foucault, était liée aux problèmes fondamentaux de notre culture. Et ce qui s'annonçait dans le jeu des possibilités du langage, c'était que «l'homme est "fini"»: en parvenant au sommet de toute parole possible, ce n'est pas au «cœur de lui-même» qu'il arrive, mais «au bord de ce qui le limite», dans cette région «où rode la mort, où la pensée s'éteint, où la promesse de l'origine indéfiniment recule»[3]. Selon Foucault, en 1966, le fait que «la question du langage se pose» prouvait sans doute que «l'homme est en train de disparaître». En effet, «si ce même langage surgit maintenant avec de plus en plus d'insistance en une unité que nous devons mais que nous ne pouvons pas encore penser, n'est-ce pas le signe que toute cette configuration va maintenant basculer, et que l'homme est en train de périr à mesure que brille plus fort à notre horizon l'être du langage»? Autrement dit, «l'homme s'étant constitué quand le langage était voué à la dispersion, ne va-t-il pas être dispersé quand le langage se rassemble»?

Foucault envisageait donc qu'il faille «renoncer à penser l'homme», admettre le fait que «le langage étant là de nouveau, l'homme va revenir à cette inexistence sereine où l'avait maintenu jadis l'unité impérieuse du Discours». L'homme «ne s'est constitué que dans le temps où le langage, après avoir été logé à l'intérieur de la représentation et comme dissout en elle, ne s'en est libéré qu'en se morcelant: l'homme a composé sa propre figure dans les interstices d'un langage en fragments». Bien entendu, reconnaissait Foucault, ce n'étaient pas des «affirmations», tout au plus des «questions auxquelles il n'est pas possible de répondre», tout en sachant en même temps que «la possibilité de les poser ouvre sans doute sur une pensée future»[4]. En fait,

1. *Ibid.*, p. 390-391.
2. *Ibid.*, p. 392.
3. *Ibid.*, p. 394-395.
4. M. Foucault, *Les mots et les choses*, *op. cit.*, p. 397.

expliquait-il en 1966, parmi toutes les mutations qui ont affecté le savoir des choses, une seule, celle qui a commencé il y a un siècle et demi et qui peut-être est « en train de se clore », a laissé apparaître la « figure de l'homme ». Et cette apparition n'était que l'effet d'un changement dans les dispositions fondamentales du savoir : « L'homme est une invention dont l'archéologie de notre pensée montre aisément la date récente. Et peut-être la fin prochaine ». Aussi, concluait Foucault, « si ces dispositions venaient à disparaître comme elles sont apparues, si par quelque événement dont nous pouvons tout au plus pressentir la possibilité, mais dont nous ne connaissons pour l'instant encore ni la forme ni la promesse, elles basculaient, comme le fit au tournant du XVIIIe siècle le sol de la pensée classique, – alors on peut bien parier que l'homme s'effacerait, comme à la limite de la mer un visage de sable »[1].

Substituer le concept à la conscience

Pour Gilles Deleuze (1925-1995), en 1966, Foucault nous conviait ainsi à dresser une nouvelle « image de la pensée » dans le « vide de l'homme disparu » qui, selon lui, représentait le « dépli d'un espace où il est enfin à nouveau possible de penser »[2]. En 1967, Georges Canguilhem (1904-1995), rappela, quant à lui, que, vingt ans auparavant, Jean Cavaillès (1903-1944) avait déjà posé cette même nécessité pour une théorie de la science de « substituer le concept à la conscience » et avait ainsi assigné la tâche que la philosophie était en train de se reconnaître : « Substituer au primat de la conscience vécue ou réfléchie le primat du concept, du système ou de la structure »[3]. Et pour Canguilhem, il en allait de même avec Foucault en 1966 : « Le *Cogito* moderne, ce n'est plus la saisie intuitive de l'identité, dans le *penser*, de la pensée pensante à son être, c'est "l'interrogation toujours recommencée pour savoir comment la pensée habite hors d'ici et pourtant au plus proche d'elle-même, comment elle peut être sous les espèces du non-pensant" ». Comme l'avait écrit Foucault, « toute la pensée moderne est traversée par la loi de penser l'impensé ». Et d'après Canguilhem, « penser l'impensé ce n'est pas seulement, selon M. Foucault, penser au sens théorique ou spéculatif de ce terme », c'est aussi « se produire en courant le risque de s'étonner et même de s'effrayer

1. M. Foucault, *Les mots et les choses*, *op. cit.*, p. 398.

2. G. Deleuze, « L'homme, une existence douteuse », *Le nouvel observateur*, 1er juin 1966, dans *Les mots et les choses de Michel Foucault. Regards Critiques 1966-1968*, Presses Universitaires de Caen, 2009, p. 68-69.

3. G. Canguilhem, « Mort de l'homme ou épuisement du Cogito ? », *Critique*, n° 242, juillet 1967, dans *Les mots et les choses de Michel Foucault. Regards Critiques 1966-1968*, *op. cit.*, p. 272.

de soi ». Aussi, Canguilhem envisageait une « aventure créatrice de ses propres normes à laquelle le concept empirico-métaphysique d'homme, sinon le mot même, pourrait cesser un jour de convenir »[1].

Le concept contre l'histoire et le sujet

Par contre, à la même époque, du côté marxiste, pour Jean-Paul Sartre (1905-1980), « il y a sujet, ou subjectivité [...], dès l'instant où il y a effort pour dépasser en la conservant la situation donnée ». Il contestait donc en 1966 que l'on puisse dire que « le langage est ce qui se parle dans le sujet » car, selon lui, le linguiste lui-même définit le langage comme « totalité » par ses « actes ». Il faut qu'il y ait un « sujet linguiste » pour que la linguistique devienne une science et un « sujet parlant » pour « dépasser les structures du langage vers une totalité qui sera le discours du linguiste ». La « subjectivité » apparaissait donc à Sartre comme l'« unité d'une entreprise qui renvoie à elle-même, et qui se définit à travers sa *praxis* », tandis qu'Althusser ou Foucault s'en tenaient à l'analyse des structures. Ce qui revenait, selon Sartre, à « prendre parti pour le concept contre la notion ». Or, d'après lui, « le concept est a-temporel » alors que la « notion » pouvait se définir comme l'« effort synthétique pour produire une idée qui se développe elle-même, par contradictions et dépassements successifs, et qui est donc homogène au développement des choses ». C'était ce que Foucault appelait la « doxologie » et qu'il refusait. Au fond, concluait Sartre, il y avait une « charge à fond contre le temps ». On ne voulait pas du « dépassement, ou du moins pas du dépassement qui se fasse par l'homme »[2].

De même, en 1967, pour Roger Garaudy – à l'époque, philosophe officiel du PCF –, l'homme était aussi le « centre personnel de tous les actes de pensée, de toutes les initiatives par quoi se construit et se constitue une histoire humaine »[3]. Se posait donc avec Foucault un « conflit entre la structure et l'histoire ». Garaudy rappelait à ce propos que Karl Marx (1818-1883) avait expliqué que « ce sont les hommes qui font leur propre histoire, mais qu'ils la font dans des conditions qui sont structurées par le passé »[4]. Alors qu'il y avait une « élimination complète du rôle de l'homme » chez Foucault qui, pour la justifier, s'efforçait d'accréditer l'idée que « l'homme était une création de la pensée de la fin du XVIIIe siècle, une création de Rousseau et de Kant » et

1. *Ibid.*, p. 274.

2. J.-P. Sartre, « Jean-Paul Sartre répond », *L'Arc*, 1966, dans *Les mots et les choses de Michel Foucault. Regards Critiques 1966-1968*, *op. cit.*, p. 84.

3. R. Garaudy, « Structuralisme et "mort de l'homme" », *La Pensée*, octobre 1967, dans *Les mots et les choses de Michel Foucault. Regards Critiques 1966-1968*, *op. cit.*, p. 278.

4. *Ibid.*, p. 287.

qu'« avant la fin du XVIIIe siècle, écrit-il, l'homme n'existait pas [...] » – l'homme, précisait Garaudy, au sens de « sujet de la connaissance et de centre d'initiative »[1]. Or, Garaudy plaidait qu'il fallait pourtant bien, comme Marx l'avait enseigné, « remonter de la structure à l'activité humaine qui l'engendre, tenir les deux bouts de la chaîne, le moment de la structure et le moment de la liberté, le moment de la nécessité et le moment de l'activité créatrice de l'homme ». En comparaison, le courant structuraliste lui paraissait donc « incapable de fonder non seulement l'histoire, mais de fonder théoriquement la nécessité d'un parti ouvrier, la nécessité d'une vie militante ». Et au nom du « scientisme » ou du « positivisme », il conduisait aussi à un « déterminisme abstrait des structures et du concept qui élimine l'homme » ou ce que Lénine avait appelé le « moment subjectif ». Bref, tout cela revenait à oublier deux moments indissociables d'après Marx : « S'ils la font toujours dans des conditions toujours structurées par le passé, ce sont néanmoins les hommes qui font leur propre histoire »[2].

Mort purement intellectuelle de l'homme

En 1967, Jean-Claude Margolin – spécialiste de l'humanisme – faisait remarquer qu'en fait, pour Foucault, « la mort de l'homme est purement intellectuelle »[3]. Ce dernier mettait en effet l'accent sur l'« effacement de la subjectivité » au profit d'un « système de significations sans signifiant humain » et c'était le « langage » qui jouait le rôle capital dans cet « amenuisement » ou « effacement de l'homme »[4]. Or, Margolin avait deux objections : *primo*, par quel « étrange complexe d'infériorité » tant de philosophes contemporains se mettaient-ils si facilement « sous la dépendance » de la linguistique ou de la sémiologie générale en voie de constitution ? Pourquoi fallait-il qu'un philosophe de formation et de vocation soit « plus "linguiste" qu'un linguiste au point de ramener les savoirs à des *discours* » et de les « différencier en fonction de leur "emplacement" ou de leur "localisation" dans un ensemble épistémologique »[5] ? *Secundo*, outre la « suppression du sujet humain », une analyse rigoureuse d'un savoir impliquait-elle aussi la « pulvérisation de

1. R. Garaudy, « Structuralisme et "mort de l'homme" », art. cit., p. 297.
2. *Ibid.*, p. 298-299.
3. J.-C. Margolin, « L'homme de Michel Foucault », *Revue des sciences humaines*, octobre-décembre 1967, dans *Les mots et les choses de Michel Foucault. Regards Critiques 1966-1968*, *op. cit.*, p. 305.
4. *Ibid.*, p. 312-313.
5. *Ibid.*, p. 336.

l'histoire (ou son éclatement en blocs discontinus) »[1] ? Margolin pensait au contraire qu'« une histoire des sciences, *même structurale*, est inséparable d'une histoire *des hommes*, c'est-à-dire d'une humanité concrète, sociologiquement et géographiquement déterminée ». Selon lui, « aucun système du savoir, aucun champ épistémologique, ne peut mettre entre parenthèses ou supprimer comme une hypothèse gênante ou comme un paramètre incommode, cet indice d'humanité qu'il recèle, de sa genèse à son exploitation ». Autrement dit, « directement ou indirectement, toute science naît du social »[2].

Les hommes sont toujours vivants

Comme le résuma bien des années plus tard Henri Gouhier (1898-1994), « "l'homme est mort" est devenu la formule symbolique de l'anti-humanisme ». Mais, faisait-il remarquer, en réalité, la « mort de l'homme » signifie : « Les hommes, bien sûr, sont toujours vivants mais ce qui est mort, c'est la croyance en une nature de l'homme indépendante des déterminations imposées par l'espace et le temps, une nature de l'homme qui par son universalité et son intemporalité pourrait être valeur et source de valeurs[3]. De ce côté métaphorique et langagier de la mort foucaldienne de l'homme – qui, concrètement, était en effet encore bien vivant – témoignèrent également ces réflexions de Mikel Dufrenne (1910-1995) à la fin des années 1960 :

> Je voudrais encore une fois me recommander des beaux travaux de Leroi-Gourhan. Ils consonnent dans une certaine mesure avec ceux de Foucault, mais ils en diffèrent en ce que la mort de l'homme n'y est plus une métaphore : il s'agit pour Leroi-Gourhan du destin biologique de l'homme, et non d'un avatar de l'*épistémè*.

Leroi-Gourhan avait en effet observé « la disproportion entre l'infrastructure zoologique et l'énorme superstructure, entièrement factice et imaginaire, que produit sous nos yeux la civilisation, la contradiction présente entre une civilisation aux pouvoirs presque illimités et un civilisateur dont l'agressivité est restée la même qu'au temps où tuer le renne avait le sens de survivre ». Et Dufrenne s'interrogeait dans le même sens : « Ce mammifère désuet est-il condamné à une mort prochaine ? Ou bien va-t-il s'adapter à ce qu'il a inventé ? L'humanité qui a pris possession du monde naturel à force de

1. *Ibid.*, p. 332.
2. *Ibid.*, p. 333.
3. H. Gouhier, *L'anti-humanisme au XVIIe siècle*, Paris, Vrin, 1987, p. 134.

consommer des hommes par la violence et le travail va-t-elle disparaître, ou va-t-elle se sauver en sauvant l'individu »[1] ?

Pierre-Frédéric Daled

NANOÉTHIQUE

Depuis la fin de la dernière guerre mondiale, l'éthique, en plein renouveau au niveau institutionnel, s'est rapidement spécialisée en sous-domaines. Le plus connu et sans doute le premier à se constituer ainsi a été la bioéthique, c'est-à-dire l'éthique des sciences biomédicales. D'autres ont suivi, en relation avec d'autres aspects de la vie en société, comme l'éthique des affaires, l'éthique des animaux ou l'éthique environnementale. À l'intérieur de la bioéthique elle-même, il s'est opéré des spécialisations. Il y a eu la généthique dans les années 1980, c'est-à-dire l'éthique du génie génétique (selon le sens de la formule que chacun cultive, le néologisme sera différemment apprécié). Plus récemment, au tournant du millénaire, sont apparues la neuroéthique et la nanoéthique, à savoir l'éthique des neurosciences et l'éthique des nanosciences, avec leurs revues spécialisées. C'est de cette dernière dont il va être question ici (voir aussi l'article « Neuroéthique »).

La bioéthique est une éthique pratique ou appliquée, parce que la biomédecine est une science à fort prolongements pratiques et technologiques. Il en va de même pour la nanoéthique : son objet est autant les nanosciences que les nanotechnologies. Ce qui les caractérise, c'est leur préfixe, « nano ». Il a ceci de particulier qu'il ne désigne pas un domaine, mais une grandeur ou une échelle, le nanomètre. Un nanomètre, c'est 1 milliardième de mètre ou 10^{-9} m et un nanoobjet ou une nanoparticule est un assemblage d'atomes constituant un objet dont au moins l'une des dimensions est de taille nanométrique, c'est-à-dire mesure entre 1 et 100 nm. En bref, un objet nanométrique est un assemblage de quelques centaines à quelques milliers d'atomes.

La spécificité des nanosciences et des nanotechnologies

En quoi un tel objet est-il spécial, au point de constituer un domaine particulier d'étude ? En ce qu'il possède des propriétés inédites. Ainsi, un nanotube de carbone est environ 200 fois plus résistant que l'acier, tout en pesant six fois moins. Si les nanoobjets acquièrent des propriétés inédites par

1. M. Dufrenne, *Pour l'homme*, *op. cit.*, p. 229.

rapport aux objets plus gros faits de la même matière, c'est parce que plus un objet est petit, plus sa surface est importante par rapport à sa masse et que, à l'échelle nanométrique, des effets quantiques se manifestent. Les domaines d'application des nanotechnologies sont donc très variés. Dans son rapport de 2004, la *Royal Society* en identifie quatre : les nanomatériaux, la médecine et les biotechnologies, la nanométrologie, l'électronique et l'informatique [1]. Les deux premiers sont les plus importants pour la nanoéthique, car la nanométrologie s'occupe surtout de l'observation de la matière au niveau nano et la nanoinformatique n'est qu'un prolongement de la miniaturisation de l'informatique.

Les nanomatériaux sont très nombreux, puisque tout matériau peut révéler des propriétés intéressantes au niveau nano. J'ai parlé des nanotubes de carbone, mais on peut encore mentionner les nanoparticules d'oxyde de titane dans les crèmes solaires, ou les films bactéricides de nanoparticules d'argent dans les réfrigérateurs. Ces nanomatériaux peuvent être obtenus de deux manières, par une technique « top-down » ou par une technique « bottom-up ». La première part de matériaux plus gros et obtient, par abrasion ou gravure selon des techniques analogues à celle de l'eau-forte, des structures de grandeur nano. Ainsi fait-on pour obtenir des puces de silicium dans l'informatique. La seconde technique vise à construire le nanoobjet atome par atome ou molécule par molécule, soit en le faisant « manuellement », soit en utilisant les propriétés d'auto-assemblage de la matière, qu'on trouve par exemple dans les cristaux.

La nanomédecine est un domaine aussi vaste que prometteur. De nombreuses recherches sont actuellement menées concernant les diagnostics, la surveillance médicale (biopuces), l'administration de médicaments ou l'ingénierie tissulaire. Par exemple, des médicaments peuvent être acheminés directement à l'endroit où ils doivent l'être par des nanoconteneurs qui, grâce à des protéines situées à leur surface, identifient les cellules où les substances actives doivent être délivrées.

Les nanoobjets dont il vient d'être question sont des objets physiques, non vivants. Mais il en existe aussi de vivants, ou du moins qui combinent du vivant et du non vivant. On parle alors de nanobiotechnologie. Par exemple, on est arrivé à coupler des neurones et des microprocesseurs. Une équipe de l'Université de Reading, en Grande-Bretagne, en s'inspirant des travaux de Steve Potter, a mis au point en 2009 un robot nommé « Gordon » qui est contrôlé par des neurones de rat. À la frontière entre les nanosciences et les neurosciences,

1. Royal Society, *Nanoscience and Nanotechnologies : Opportunities and Uncertainties*, Cardiff, Clyvedon Press, 2004.

on peut encore mentionner les implants cérébraux, des électrodes implantés dans le cerveau utilisés notamment pour contrôler les symptômes de la maladie de Parkinson, et toutes les interfaces cerveau-ordinateur.

Le domaine de la nanoéthique

Le domaine des nanosciences et des nanotechnologies est donc très vaste. C'est bien normal puisque, comme je l'ai dit, le préfixe « nano » désigne tout ce qui existe en dessous d'une certaine dimension. Cela pose toutefois un problème lorsqu'on passe aux questions éthiques posées par les nanosciences, la nanoéthique, car on a de prime abord un peu de peine à voir en quoi une question d'échelle constitue une frontière morale, de quelque nature que ce soit. Des débats ont d'ailleurs eu lieu autour de la question de la spécificité d'une nanoéthique, et certains auteurs ont soutenu que les nanosciences ne posaient aucune question d'éthique spécifique ou qui soit nouvelle. Il est vrai que, comme on va le voir, les problèmes soulevés par la nanoéthique sont ceux que rencontre toute éthique des technologies et des technosciences. Mais il est vrai aussi que la nouveauté des objets produits accentue de manière singulière l'urgence de certaines d'entre elles [1].

Je ne dirai rien ici du statut moral des êtres créés par les nanobiotechnologies, comme le robot « Gordon », car cette question est abordée dans l'article « Vie artificielle ». Reste alors deux groupes de questions éthiques, celles qui concernent la sûreté (*safety*), et celles qui constituent ce que la *Royal Society* nomme la justice sociale, et qui recouvrent surtout les impacts économiques, le fossé technologique (« nanodivide »), les implications pour les libertés civiles et l'amélioration de l'être humain.

La question de la sûreté n'est éthique que de manière indirecte. Par là je veux dire que c'est un sujet qui requiert avant tout l'expertise technique qui est celle du scientifique ou de l'ingénieur. Un philosophe ou un éthicien n'a rien à dire sur la question de savoir si tel nanomatériau, telle nanoparticule sont toxiques ou non pour l'être humain, les autres animaux ou l'environnement. Par contre, ils ont à rappeler que l'évaluation de la dangerosité d'une substance est requise par le principe éthique disant qu'il est immoral d'introduire un objet dangereux pour l'être humain, l'animal ou l'environnement, sans une bonne

1. P. Litton, « "Nanoethics" ? What's new ? », *Hastings Center Report*, vol. 37, 2007, p. 23 ; Royal Society, *Nanoscience and Nanotechnologies : Opportunities and Uncertainties*, *op. cit.*, p. 51.

raison. Cette bonne raison peut être une évaluation risques / bénéfices favorable, ou le consentement libre et éclairé des personnes concernées [1].

Les premières personnes concernées sont les travailleurs des usines qui produisent, stockent ou éliminent des nanomatériaux. Les consommateurs sont en seconde ligne, mais sont plus difficiles à protéger étant donné que les nanoparticules sont véhiculées par l'air, l'eau et les aliments dans un environnement libre. La dangerosité de ces particules est évidemment très variable, en fonction du matériau utilisé, mais elle est aussi difficile à prédire. En effet, comme je l'ai mentionné, quand on passe au niveau nano, les propriétés des corps changent, si bien que leurs effets sur des êtres vivants et sur l'environnement sont peu prévisibles. Toutes les nanoparticules ne sont pas de nature synthétique ou artificielle; certaines sont naturelles, vu que toute abrasion, toute usure et toute combustion en produisent. Et ce n'est pas parce qu'elles sont naturelles qu'elles sont sans danger – inversement, ce n'est pas parce qu'elles sont artificielles qu'elles sont dangereuses. Par ailleurs, le caractère naturel ou artificiel de ces particules n'est pas toujours clair (voir l'article «naturel / artificiel»). En 1997, à Blaye, à cause de l'accumulation de poussières inflammables (des micro et nanoparticules), plusieurs silos à céréales en béton ont explosé, tuant onze personnes. Le noir de carbone est un matériau utilisé dans les pneus des véhicules; il est constitué d'agrégats de nanoparticules (de 10 à 1'000 nm) et est fabriqué industriellement par la combustion incomplète de produits pétroliers lourds. Il est cancérigène. Quant au silicium amorphe ou dioxyde de silicium sous forme de nanoparticules (entre 5 et 50 nm), il est mélangé depuis fort longtemps à beaucoup d'aliments en poudres (épices, café, cacao,...), car il empêche les grains de s'agglutiner. Il est sans danger.

En ce qui concerne les soucis moraux liés à la justice sociale, les impacts économiques et le fossé technologique sont des soucis génériques liés au développement de toutes les technologies de pointe : l'introduction d'une nouvelle technologie crée des gagnants et des perdants, pose la question des droits de propriété (brevets) et soulève celle de la possibilité pour les pays pauvres de développer et d'utiliser ces nouveaux moyens et donc de ne pas aggraver le fossé technologique, voire de le combler.

Les implications pour les libertés civiles viennent essentiellement du fait que l'utilisation de nanomatériaux va permettre une surveillance et une collecte de données plus efficaces concernant les divers aspects de notre vie. Le

1. S. Lacour (éd.), *La Régulation des nanotechnologies : clair-obscur normatif*, Bruxelles, Larcier, 2010.

Comité Consultatif National d'Éthique (CCNE) français parle du patient ou du sujet code barre[1]. Le *Journal du CNRS* d'octobre 2005 relève que « les nanotechnologies offriront la possibilité de fondre les technologies de l'information dans notre environnement. Et l'on parle déjà, par exemple, de poussières électroniques communicantes, minuscules systèmes capables de se mettre en réseau pour recueillir et transmettre des informations »[2].

Avant d'aborder le dernier souci éthique mentionné par la *Royal Society*, celui de l'amélioration de l'être humain (*human enhancement*), il me faut encore mentionner une préoccupation liée aux générations futures : comme c'est le cas chaque fois que nous libérons dans la nature des matériaux qui n'y étaient pas, il se pose la question de leur impact sur nos descendants. Le problème a été soulevé par Éric Drexler. Dans un livre paru en 1986, *Engines of Creation*, cet auteur décrit des nanomachines capables de se répliquer, c'est-à-dire de créer des copies d'elles-mêmes, en consommant le carbone disponible. Si elles le font assez rapidement, elles pourraient en quelques jours avoir une masse qui dépasse celle de la Terre, et donc avoir détruit toute vie sur notre planète, la transformant en un amas de poussière (*Grey goo*). Le risque est plus théorique que réel, même s'il existe des êtres artificiels implémentés dans des ordinateurs capables de se dupliquer (voir l'article « Vie artificielle »). S'il devait s'avérer, il est clair que le futur de l'être humain se verrait *ipso facto* dépourvu de tout préfixe.

L'amélioration de l'être humain et la culture sourd

L'amélioration de l'être humain est un sujet qui émerge à partir de multiples points de vue. En un sens, l'être humain cherche à s'améliorer et s'améliore vraiment sur certains points, individuellement et collectivement depuis la nuit des temps. Pensons à l'invention de l'écriture et des outils, à la création des Cités, à l'éducation, voire au choix des partenaires pour la procréation. Plus récemment, la question a été débattue dans le contexte de l'examen de trois technologies : le génie génétique, les neurosciences et, justement, les nanotechnologies. Les deux premiers contextes sont discutés dans d'autres articles (« Eugénisme » et « Neuroamélioration »), je vais ici me limiter au troisième.

Il s'agit essentiellement des interfaces homme-machine et, comme c'est souvent le cas lorsqu'il est question d'amélioration, les dispositifs utilisés ont

1. Comité Consultatif National d'Éthique, *Questions éthiques posées par les nanosciences, les nanotechnologies et la santé*, avis n° 96, 2007, p. 12.

2. http://www2.cnrs.fr/presse/journal/2475.html

d'abord été développés dans le cadre de thérapies et le sont d'ailleurs encore. J'ai déjà mentionné les implants cérébraux dans le traitement de la maladie de Parkinson, et les interfaces cerveau-ordinateur, développées pour permettre à des patients tétraplégiques d'interagir avec le monde, en leur fournissant des organes, voire un corps de remplacement. D'autres prothèses neurales existent déjà ou sont en voie de développement; les plus connues sont les implants cochléaires (appelés aussi « oreilles bioniques »), qui permettent aux sourds d'entendre, et les implants rétiniens (appelés aussi « yeux bioniques »), qui devraient permettre aux aveugles de voir. Il s'agit chaque fois d'appareils macroscopiques, mais qui utilisent des nanocomposants et qui, pour cette raison, sont habituellement discutés dans le cadre de la nanoéthique. De la thérapie à l'amélioration, la frontière est floue. C'est bien normal, car les fonctions humaines suppléées par ces appareils sont scalaires : elles peuvent s'exercer plus ou moins bien, et donc, si on peut restaurer la fonction dans son intégrité, on peut aussi aller au-delà. C'est particulièrement clair dans le cas de la vue et de l'audition : certaines personnes ont une vue ou une ouïe supérieures à la normale (100%); on pourrait donc en théorie doter toute personne de telles capacités. Par ailleurs, si l'on fabrique des capteurs artificiels pour les ondes et les rayonnements que nous percevons naturellement, on peut aussi en créer pour des longueurs d'onde pour la perception desquelles nous ne sommes pas naturellement équipés. Les chauves-souris ont un radar, les dauphins un sonar; pourquoi pas nous ?

Cela pose la question éthique de la transgression des limites naturelles. J'aimerais en discuter ici un aspect, qui a fait l'objet de débats à propos du refus par certaines personnes d'utiliser des implants cochléaires dans un but thérapeutique. Ces débats sont intéressants en ce qu'ils mettent en question le concept d'être humain normal, sans préfixe (d'autres aspects seront abordés dans l'article « Neuroamélioration »).

À première vue et semble-t-il à la réflexion, permettre aux sourds d'entendre est quelque chose de tout à fait positif : c'est permettre à des handicapés d'accéder à un pan de la réalité qui était pour eux inaccessible. La surprise a par conséquent été grande lorsque certains parents ont refusé que leurs enfants soient implantés. Quelle était leur raison ? Eux-mêmes étaient sourds; ils communiquaient fort bien entre eux par le langage des signes et comptaient l'enseigner à leur enfant sourd. En l'implantant, ils craignaient que leur enfant, ayant accès au monde des entendants, perdent de leur motivation à apprendre le langage des signes et donc qu'ils aient de la difficulté à communiquer avec lui. L'argument allait même plus loin (car on leur a reproché de vouloir que leur enfant continue à souffrir d'un handicap pour des raisons égoïstes) : un langage est partie intégrante d'un mode de vie, et par conséquent d'une culture; le langage des sourds est donc un élément constitutif de la culture sourd[1]. Opérer l'enfant reviendrait alors à l'exclure de la culture de ses parents, ce qui n'est moralement pas acceptable. Il n'est en conséquence pas admissible d'obliger les parents à accepter l'intervention de « réhabilitation » chez leur enfant, car cela mettrait en péril le bien-être de tous les membres de la famille. Bref, la surdité n'est pas un handicap, c'est une différence culturelle, et ce qu'il est moralement requis n'est pas de la soigner, mais de créer des conditions sociales qui permettent à cette culture de s'épanouir. En opérant un enfant, on n'améliore donc pas sa situation, on le prive de certaines capacités au profit d'autres, qu'il n'est pas possible de considérer comme étant intrinsèquement meilleures.

S'il en va ainsi, alors les parents ont même le droit, disent certains, d'utiliser la procréation médicalement assistée (PMA) pour avoir un enfant sourd, moyennant le choix d'un embryon possédant la propriété désirée au moyen d'un diagnostic préimplantatoire (DPI). C'est le cas aux États-Unis, où une étude a montré que 5% parmi 190 cliniques pratiquant ce diagnostic permettaient aux parents de choisir des embryons atteints de surdité ou de nanisme[2].

Tous les auteurs ne sont pas d'accord avec cette argumentation, mais ce n'est pas cela qui m'intéresse ici. Ce que j'aimerais souligner, c'est le fait que les revendications des sourds mettent en question le concept de normalité humaine définie par les capacités possédées par un individu humain typique. C'est par exemple sur cette conception que s'appuie la définition de la santé proposée par Norman Daniels: « Les soins de santé ont, comme but, un fonctionnement normal: ils se concentrent sur une classe spécifique de désavantages évidents et essayent de les éliminer »[3]. Abandonner ce critère, c'est aussi abandonner le référent de la nature humaine et des limites qu'il impose, soit négativement (en nous empêchant d'aller plus loin), soit positivement (en nous enjoignant d'atteindre le niveau de la normalité). Les transhumanistes veulent renverser les barrières négatives, qui nous empêchent d'aller plus loin, alors que les partisans de la culture sourd refusent que ces limites, c'est-à-dire l'ensemble des capacités humaines normales, soit normatif, en tant qu'obligatoires ou que simplement désirables. Pour eux, posséder une capacité comme la faculté d'entendre est nécessairement exclusif d'autres

1. T. Swiestra, A. Rip, « Nano-ethics as NEST-ethics : patterns of moral argumentation about new and emerging science and technology », *Nanoethics*, vol. 1, 2007.

2. J.Savulescu, G. Kahane, « The moral obligation to create children with the best chance of the best life », *Bioethics*, vol. 23/5, 2009.

3. N. Daniels, *Just Health Care*, Cambridge, Cambridge University Press, 1986, p. 46.

capacités, non moins désirables. La nature et les limites naturelles sont chaque fois non normatives.

Bernard Baertschi

NATURE HUMAINE

On entend très souvent dire qu'une pratique, effective ou envisagée, est conforme ou contraire à la nature, voire contre-nature. Dans le premier cas, il s'agit de la légitimer, dans le second de la condamner. C'est particulièrement évident lorsqu'il est question non pas de la nature en général, mais de la nature humaine: dire qu'un projet va à l'encontre de tendances inscrites de façon immémoriale dans la nature humaine, c'est prédire qu'il ira inévitablement à l'échec; dire qu'il met en péril la nature humaine c'est le condamner sans appel du point de vue moral.

En effet, pour le sens commun, qui a reçu ici une sorte de consécration chez Aristote[1], la nature est comprise comme l'ensemble des choses qui existent sans intervention humaine, spontanément, en vertu même de ce qu'elles sont, mais conformément tout de même à un principe d'intelligibilité. Ce qui est naturel semble s'opposer aussi bien aux contraintes et aux calculs de l'artifice qu'à l'excès et à la démesure d'une surnature incontrôlable : le naturel vient de lui-même à l'existence, s'y maintient par lui-même et, ce faisant, institue les modalités de sa propre existence. Aussi, la nature apparaît comme la puissance ou le principe qui fait que le naturel vient à l'existence selon les conditions qui lui sont propres.

Nous avons ici affaire à des usages descriptifs des termes « nature » et « naturel ». Mais il en est d'autres qui sont normatifs. En français, des expressions comme :

(1) « C'est tout naturel »

ou

(2) « C'est bien normal »,

sont, en effet, employées comme équivalentes. Dans les deux cas, il s'agit d'opposer ce qui est conventionnel, voire arbitraire, à tout le moins relatif et particulier à ce qui est universel, conforme à l'ordre immuable des choses, justifié par des pratiques immémoriales. La nature apparaît alors non

1. Aristote, *Physique*, 192 b 8-22.

seulement comme un ensemble de normes, mais comme la source invariable de ces normes : ce qui se réalise de soi-même, spontanément et pourtant selon un principe d'intelligibilité peut être considéré comme un modèle pour l'agir humain. En l'absence d'un tel modèle, ce dernier pourrait dégénérer en simples conventions capricieuses, gratuites et potentiellement violentes.

À la lumière de ces rapides considérations, la nature humaine apparaît alors comme un ensemble de traits propres à tous les êtres humains mais à eux seuls, qui se met en place de lui-même et qui indique les règles de juste conduite qui font qu'une vie est proprement humaine – par opposition au comportement supposé bestial et déréglé des êtres infrahumains ou à l'existence inaccessible parce que trop parfaite des êtres suprahumains (là encore, la proximité aristotélicienne est patente : *Politiques*, 1253 a 19-29). On considère alors souvent que la nature humaine, comme ensemble de traits empiriquement repérables, est l'expression d'une essence invariable.

Un certain nombre de difficultés s'attache à une telle conception essentialiste de la nature humaine.

En premier lieu, peut-on assigner un contenu déterminé à la notion de nature humaine ainsi fondée ? Il s'agit là d'abord d'un problème conceptuel : une définition en termes d'essence doit être capable d'énoncer une série de conditions nécessaires et suffisantes permettant d'identifier sans ambiguïté les individus qui réalisent cette essence. Par exemple, il est nécessaire et suffisant qu'une figure plane comporte trois angles dont un angle droit pour qu'elle soit un triangle rectangle. Par cette définition, l'essence du triangle rectangle est exprimée sans reste. Le point est alors le suivant : qui voudrait repérer des traits précis (possession du langage, fabrication et usage d'outils, capacité à résoudre des problèmes, etc.) qui seraient l'indice indiscutable d'une essence possédée par tous les êtres humains se verrait bien vite opposer des contre exemples : certainement, des êtres non humains sont capables de tels accomplissements, même si c'est à un moindre degré. Ces traits ne sont donc pas suffisants pour caractériser la nature humaine. À cette objection, on pourrait répondre que les êtres humains ne possèdent pas l'exclusivité de ces traits pris isolément, mais qu'ils sont les seuls à les posséder conjointement. Toutefois, il est possible de produire des contre-exemples symétriques des premiers : il existe des êtres considérés comme humain, mais pourtant incapables des performances justifiant l'attribution de tels traits (par exemple, les nouveau-nés anencéphales). Cela revient à dire que leur possession n'est pas non plus nécessaire pour exprimer l'essence de l'homme.

En outre, une telle analyse suppose que l'on soit capable de distinguer, parmi les attributs appartenant à un individu, ceux qui sont essentiels et ceux qui ne sont qu'accidentels ou contingents. Mais cette distinction est loin d'aller de soi. Une objection relativiste classique consiste à souligner que, selon les temps et les lieux, la configuration de ces attributs a considérablement varié. Elle se fonde sur l'expérience déconcertante de la rencontre avec des croyances et de pratiques radicalement différentes de celles que l'on tient pour les mieux établies. Hérodote rapporte (*Enquête,* III, 38) une anecdote où l'on voit des Grecs et des Indiens découvrir avec effarement l'incommensurabilité de leurs pratiques relatives au traitement respectueux des cadavres – pratiques que l'on tient souvent pour constitutive de l'humanité. Si l'historien grec dégage en termes assez distanciés la leçon de cette anecdote et semble adhérer à une sorte de conventionnalisme plutôt bénin, les considérations relativistes sont, à première vue, dévastatrices pour une conception essentialiste de la nature humaine : elles suggèrent, en effet, qu'il est impossible de détacher du contexte qui est le sien la configuration des propriétés appartenant à un individu. Plus radicalement, elles suggèrent que l'entreprise consistant à trier entre propriétés essentielles et propriétés accidentelles est vouée à l'échec : celui – ou celle – qui prétendrait la mener à bien est lui-même tributaire d'un contexte dont il ne saurait se défaire et qui lui interdit, en principe, toute prétention à l'objectivité.

Les arguments relativistes ne sont peut-être pas aussi redoutables qu'on pourrait croire. Il est possible, par exemple, d'interpréter une anecdote telle que celle que rapporte Hérodote comme si elle signifiait qu'il existe une seule nature humaine, susceptible d'une pluralité d'expressions en fonction des circonstances. Mais ils suggèrent à tout le moins que la notion de nature humaine – comme celle de nature au demeurant – est culturellement construite : bien loin de se donner à voir dans sa simplicité à qui se serait dépouillé de ses préjugés sociaux, elle est le résultat d'une histoire et d'un ensemble d'interactions sociales. Ainsi, à l'intérieur d'une même tradition culturelle, on peut trouver des interprétations extrêmement différentes de point essentiels, en principe admis par tous. Un exemple extrêmement frappant est la façon dont la notion de dignité attachée à l'essence de l'homme a été comprise par différents commentateurs chrétiens du livre de la Genèse. Ils admettent à peu près unanimement que, contrairement au *Cosmos* des Grecs ou au *Mundus* des Latins qui doit « être tenu pour une divinité éternelle, immense, sans commencement comme sans fin » et qui est « à la fois l'œuvre de la nature et la nature elle-même » (Pline l'Ancien, *Histoire Naturelle*, II,1), la création est, comme son nom l'indique, l'œuvre d'un Dieu transcendant : ce dernier a fait venir toute chose à l'existence à partir du néant. Il est admis également que l'homme ayant été créé à l'image et à la ressemblance de Dieu (Genèse, I, 26), son statut n'est pas comparable à celui des autres créatures qui ont simplement été créées par Dieu et sur lesquelles il a reçu autorité. En ce qui concerne l'anthropologie un accord semble donc exister, du moins si l'on s'en tient à un degré suffisant de généralité. Mais comment comprendre ce statut particulier, éminent qui est celui de l'être humain et que l'on qualifie traditionnellement de « dignité » ? Deux lignes d'interprétation se dégagent ; la première met l'accent sur le fait que, sans être aussi parfaite que son créateur, l'homme est la créature la plus parfaite de toutes. Doué d'intelligence et de liberté, l'homme est capable de recevoir la loi de Dieu. Sa conformation corporelle est l'indice de cette supériorité : on se plaît à souligner la station verticale qui est la sienne, dont il est seul capable et qui le rend apte non seulement à faire un libre usage de la main mais surtout à tourner ses regards vers le ciel, la Jérusalem céleste, sa patrie natale. Sa dignité lui vient donc d'occuper le premier rang dans l'ordre ou la hiérarchie des créatures, qu'il accomplit et dépasse à la fois. Symétriquement, l'autre interprétation accorde que l'homme est la plus parfaite de toutes, mais pas la plus parfaite dans l'absolu. Il lui est donc donné de progresser encore, la ressemblance divine qu'il manifeste étant une potentialité qu'il est invité à actualiser et dont le modèle est le Christ : ce dont il est capable est encore à expérimenter. Ce débat relatif à l'interprétation de l'Écriture ne devrait pas seulement intéresser les historiens de la Patristique, soucieux de rendre à Augustin d'Hippone, Grégoire de Nysse, Eusèbe de Césarée et Irénée de Lyon ce qui leur revient respectivement. En effet, il semble que, toutes choses égales par ailleurs, on retrouve un tel clivage entre ceux de nos contemporains qui admettent que la première responsabilité des êtres humains est envers ce dont ils ont hérité d'un travail « latent dans l'épaisseur de l'être »[1] et ceux qui estiment que les possibles doivent être tentés de façon audacieuse, la dignité consistant en ce que nous sommes et en ce que nous sommes capables de devenir, non en « notre *pedigree* et nos origines causales »[2].

Si la notion de nature humaine est culturellement construite, on doit évidemment englober dans cette construction les théories qui contestent l'existence d'une nature humaine. Cette contestation est, le plus souvent, un élément dans un dispositif qui fait de l'homme un être de liberté alors que les animaux, les plantes et les autres créatures sont des êtres de nature. L'origine d'une telle idée est peut-être à chercher dans *l'Oratio de Hominis Dignitate* (1486) de G. Pic De La Mirandole : lorsqu'il a fallu achever la création, le « Père et architecte suprême »[3] n'a assigné à Adam aucune place déterminée dans l'Univers

1. H. Jonas, *Le principe responsabilité. Une éthique pour la civilisation technicienne*, Paris, Cerf, 1990, p. 104.

2. N. Bostrom, « In defence of posthuman dignity », *Bioethics*, vol. 19-N° 3, 2005, p. 213.

3. G. Pic De La Mirandole, *De la dignité de l'homme*, trad. fr. par Y. Hersant, Comas, Les éditions de l'éclat, 1993, p. 5.

afin que le « pouvoir arbitral et honorifique » [1] de se modeler et de se façonner soi-même dont il a été doté puisse se déployer librement. Certains de ceux qui s'inscrivent dans une telle filiation défendent la thèse paradoxale selon laquelle la nature de l'homme consiste à n'en avoir pas. Le paradoxe se lève par l'insistance mise sur l'auto-construction de l'humanité comme tâche à réaliser. Rousseau n'oppose encore la perfectibilité – ou capacité de se perfectionner – qu'à l'instinct de la bête. Fichte, pour sa part, va tirer toutes les conséquences de l'idée selon laquelle chaque animal est ce qu'il est, l'homme seul n'étant originairement rien :

> ce qu'il doit être, il lui faut le devenir ; et, étant donné qu'il doit en tout cas être un être pour soi, il lui faut le devenir par soi-même. La nature a achevé toutes ses œuvres, pour l'homme uniquement elle ne mit pas la main et c'est précisément ainsi qu'elle le confia à lui-même. La capacité d'être formée, comme telle, est le caractère propre de l'humanité [2].

Certains sont allés encore plus loin dans la contestation de la nature humaine comprise de façon essentialiste. On pense, évidemment, au programme existentialiste de Sartre. Celui-ci souligne fortement la singularité irréductible de l'existence individuelle : l'existence précède l'essence en ce que l'homme surgit dans le monde et se définit ou se choisit ensuite. Cependant, le choix qui est le sien excède la subjectivité individuelle. D'abord, toute subjectivité est située (socialement, historiquement, culturellement). Ensuite, choisir d'être ceci ou cela, c'est affirmer en même temps la valeur de ce qui est choisi : mes choix sont créateurs de valeurs en ce sens qu'ils m'engagent et engagent l'humanité entière. Lorsque je façonne mon image, j'affirme la valeur de cette image pour tous et pour une époque tout entière. L'individu auto-créateur fait donc l'humanité à son image, sinon en tout temps et en tous lieux, du moins dans un contexte déterminé. En outre, certaines limites *a priori* esquissent une situation dont il n'est pas possible de s'extraire. Il s'agit de la « nécessité [...] d'être dans le monde, d'y être au travail, d'y être au milieu d'autres et d'y être mortel » [3].

Ces analyses ne semblent plus aujourd'hui très crédibles : elles apparaissent comme un ensemble de déclarations héroïques, mais sans grand fondement dans la réalité. Aujourd'hui, personne de crédible ne s'aviserait de parler de la condition humaine en général sans se situer par rapport à la pensée

1. *Ibid.*, p. 9.

2. J.-G. Fichte, *Fondements du droit naturel selon les principes de la doctrine de la science*, Paris, P.U.F., 1984, p. 95.

3. J.-P. Sartre, *L'existentialisme est un humanisme*, Paris, Nagel, 1970, p. 68.

évolutionniste; personne de sensé ne chercherait à établir une théorie des valeurs sans s'efforcer de savoir comment nous évaluons effectivement, c'est-à-dire sans s'informer sur l'état des neurosciences.

On pourrait dire que la conception existentialiste de la nature humaine n'est que la négation abstraite de la conception essentialiste qu'elle dénonce avec véhémence. Une théorie essentialiste peut facilement rendre compte des traits universels et permanents de la nature humaine, mais elle a du mal à expliquer les variations, les différences et les singularités individuelles. Au rebours, une théorie existentialiste rappelle, à juste titre, l'importance de la subjectivité individuelle mais elle a du mal à prendre en compte ses fondements génétiques ou évolutionnistes.

C'est pourquoi on assiste aujourd'hui à des tentatives visant à dépasser ce que ces deux théories peuvent avoir d'excessif. Parmi les plus significatives, on notera celle de M. Nussbaum, en termes de *capabilités*. M. Nussbaum veut articuler une théorie de la justice sociale et politique qui aille au-delà des impasses et des difficultés rencontrées par les contractualistes et par les conséquentialistes. Elle reprend à son compte le concept – fondamentalement aristotélicien – d'accomplissement de potentialités. Les capabilités sont les accomplissements potentiellement accessibles à une personne humaine. Ils sont implicites dans le concept d'une vie digne d'être vécue, une telle vie consistant en la réalisation intégrée de ces accomplissements. M. Nussbaum dresse une liste de dix capabilités : physiques, cognitives, émotionnelles, morales, relationnelles, environnementales, politiques, matérielles. Elles correspondent à la fois à des fonctions et à des occasions d'exercer sa liberté – en raison de l'importance accordée à l'exercice de la liberté, on peut qualifier son approche de néo-aristotélicienne plutôt que d'aristotélicienne au sens étroit.

Pour conclure, on peut tout de même manifester un certain scepticisme à l'endroit de la notion même de nature humaine. Beaucoup d'auteurs, en effet, lui font jouer un rôle normatif important, comme il a été noté. Mais il semble que la notion soit trop instable pour jouer véritablement un tel rôle. Soit, par exemple, la question des PMA (Procréations Médicalement Assistées). On pourrait dire que le désir d'enfant étant naturellement inscrit dans la nature humaine, les PMA sont moralement justifiées par le fait même. Mais on pourrait tout aussi bien dire que l'union sexuelle étant le mode naturel de reproduction chez les êtres humains, les PMA sont moralement injustifiées pour cette raison. S'il y a une éthique des PMA, c'est probablement sur la base d'autres arguments que leur conformité à la nature humaine que l'on pourra l'établir.

Au total, il semble que si l'on donne une valeur descriptive-statistique à la notion de nature humaine, elle perde toute portée normative : ce que font, la plupart du temps, la plupart des êtres humains – par exemple se soumettre, n'est pas nécessairement la chose à faire. Et ce que fait, rarement, une petite minorité – par exemple résister n'est pas forcément la chose à ne pas faire. Inversement, si on lui donne essentiellement une force normative, le prix à payer risque d'être celui de l'arbitraire quant à l'évaluation de ce que les êtres humains font effectivement.

Jean-Yves Goffi

NATUREL ET ARTIFICIEL

« La question qui m'intéresse tout particulièrement est celle de savoir comment la dédifférenciation qu'opère la biotechnologie sur des distinctions usuelles entre ce qui croît naturellement et ce qui est fabriqué [...], modifie la compréhension que nous avions jusque-là de nous-mêmes » [1], confesse Jürgen Habermas. Les biotechnologies brouillent la frontière entre ce qui est naturel et ce qui est artificiel, ce qui a pour effet de changer la manière dont nous nous comprenons en relation avec notre environnement. Mark Hunyadi dresse le même constat en des termes encore plus précis : « Le partage entre le naturel et l'artificiel [...] offrait à notre appréhension spontanée du monde une grammaire solide. Or si la vie elle-même devient un artefact [...] alors une frontière jusque-là tenue pour fixe est franchie, de l'instabilité est produite, de l'incertitude est créée » [2]. Pensons à la biologie de synthèse et au projet déjà partiellement réalisé de Craig Venter de créer des êtres vivants artificiels (voir l'article « Vie artificielle »). Comme ces deux philosophes, on peut se demander ce que cette « dédifférentiation » implique du côté de l'être humain, mais, avant cela, il est nécessaire d'examiner en quoi exactement consiste l'opposition entre le naturel et l'artificiel et quelle est sa portée. C'est l'objet de cet article. Je reviendrai en conclusion sur le côté humain.

« Naturel » se dit de multiple manières

Le naturel et l'artificiel paraissent constituer des catégories disjointes bien déterminées ; mais quand on y regarde de plus près, on se rend compte que ce

1. J. Habermas, *L'avenir de la nature humaine*, Paris, Gallimard, 2002, p. 40.
2. M. Hunyadi, *Je est un clone*, Paris, Seuil, 2004, p. 21.

n'est pas le cas, étant donné le flou sémantique dans lequel elles baignent. Deux exemples. Est naturel ce qui vient de la nature, mais qu'est-ce que la nature? Dans *La princesse de Babylone*, Voltaire dit à quelques lignes d'intervalle : « Il n'y a pas trois cents ans que je vis ici la *nature* sauvage dans toute son horreur; j'y trouve aujourd'hui les arts, la splendeur, la gloire et la politesse » et « il vaudrait mieux n'avoir point de lois et n'écouter que la *nature*, qui a gravé dans nos cœurs les caractères du juste et de l'injuste » [1]. La nature désigne d'un côté un ensemble de phénomènes naturels, et de l'autre une instance législatrice, les deux étant par ailleurs connotés axiologiquement. Tristram Engelhardt parle de l'homosexualité comme de quelque chose de naturel d'une part, puisque « la nature humaine est le produit de processus d'évolution qui pourraient avoir développé les gènes de l'homosexualité » [2], et de non-naturel d'autre part, puisque « les désirs charnels autres que ceux qui lient un mari et sa femme sont *non naturels* en ce sens qu'ils ne sont pas dans l'ordre et qu'ils nous éloignent du salut » [3]. Le naturel comme ce qui émane de l'évolution contre le naturel expression d'un ordre supérieur, et ici aussi, un jugement normatif est sous-jacent.

Au-delà des différences, on voit se dégager deux traits concernant le naturel ou la nature. Est naturel ce qui n'est pas produit par l'être humain, ce qui n'est pas le fruit de son inventivité, et qui manifeste un ordre (sauf justement quand l'adjectif « sauvage » l'accompagne). Bref, est naturel ce qui manifeste un ordre non-humain. Cette unité de signification reste à un niveau abstrait. Si on redescend un peu, on observe que « naturel » prend deux significations importantes, que Dieter Birnbacher caractérise ainsi : quelque chose peut être naturel ou artificiel au *sens génétique* ou au *sens qualitatif* [4]. Au sens génétique, est naturel ce qui est *produit* par la nature, et artificiel ce qui est produit par l'être humain. « Naturel » et « artificiel » dénotent donc des modes de production. Au sens qualitatif, est naturel ce qui est indiscernable d'un produit de la nature. Ainsi une forêt alluviale reconstituée, une rivière renaturée. Comme on le voit, ce qui est naturel au sens qualitatif est aussi parfois artificiel au sens génétique. À cela il faut ajouter une dimension historique : pensons aux fruits de l'agriculture : le blé, produit de la nature, n'a jamais existé dans la nature

1. Voltaire, *La princesse de Babylone*, dans *Romans et Contes*, Paris, Gallimard, 1972, p. 423.

2. H. T. Engelhardt, *The foundations of Bioethics*, Oxford, Oxford Universite Pres, 1986, p. 6.

3. H. T. Engelhardt, *The foundations of christian Bioethics*, Swets & Zeitlinger, Lisse, 2000, p. 247.

4. D. Birnbacher, *Natürlichkeit*, Berlin, Walter de Gruyter, 2006, p. 7-9.

avant que l'être humain ne le sélectionne. Maintenant, le blé est naturel au sens qualitatif et génétique (le fermier plante les graines de blé, tout comme il plante des graines de graminées sauvages ; et la nature les fait pousser, certes avec de l'engrais, qui lui aussi peut être naturel ou artificiel), mais ce n'était pas le cas il y a 4000 ans.

Si un être transhumain ou posthumain existe un jour, ou même simplement un être humain amélioré, il sera artificiel au sens génétique. C'est aussi dans ce sens que Craig Venter a créé une bactérie artificielle (ou synthétique), bactérie qui est toutefois naturelle au sens qualitatif, puisque c'est pour une large part un *Mycoplasma mycoides* (voir l'article « Vie artificielle »).

La portée normative du naturel

Ce qui est produit par la nature manifeste un ordre, il lui est conforme. L'artificiel est opposé au naturel. Cela signifie-t-il que ce qui est artificiel manifeste un désordre ? La conclusion a été tirée et l'est encore. Engelhardt a parlé de l'homosexualité comme contraire à l'ordre naturel ; ce disant, il se positionne à l'intérieur d'une longue tradition, celle du christianisme médiéval, pour qui il existe une loi naturelle imprimée par Dieu dans notre raison et que nous devons suivre si nous voulons nous comporter correctement du point de vue de la morale. L'ordre naturel est normatif, car la nature est une norme. « Artificiel désigne ce qui enfreint la normativité éthique objectivement inscrite dans la nature »[1], affirme le cardinal Georges Cottier. D'où, par exemple, la condamnation de la procréation médicalement assistée par FIVETE (Fécondation in vitro et transfert d'embryon) – appelée parfois procréation artificielle – et de la contraception par des moyens artificiels. L'argument qui y préside est le suivant : la sexualité possède deux finalités naturelles : procréation et amour ; ces deux finalités sont normatives, si bien qu'il n'est pas permis de poursuivre l'une en excluant intentionnellement l'autre. La FIVETE exclut l'amour, alors que la contraception exclut la procréation. Tous deux sont donc immoraux. Comme le résumait Pie XII : « Jamais il n'est permis de séparer ces divers aspects au point d'exclure positivement soit l'intention procréatrice, soit le rapport conjugal »[2]. C'est que, affirmait son prédécesseur Pie XI : « Les individus eux-mêmes n'ont sur les membres de leur propre corps d'autre puissance que celle qui se rapporte à leurs fins naturelles »[3].

1. G. Cottier, *Défis éthiques*, Saint-Maurice, Éditions Saint-Augustin, 1996, p. 128.

2. Pie XII, « Stérilité conjugale et insémination artificielle », 1956, dans Verspieren (éd.), *Biologie, médecine et éthique*, Paris, Le Centurion, 1987, p. 42.

3. Pie XI, *Casi Connubii*, Paris, Spes, 1930, p. 81.

Cette tradition n'est pas seule à conférer une valeur normative à la nature ou au naturel et, corrélativement, une valeur négative à l'artificiel. Certains mouvements écologistes et les partisans des médecines naturelles font de même ; ils entretiennent aussi le flou conceptuel : valorisant par exemple la médecine par les plantes, ils ne se rendent pas compte que bien des chimiothérapies sont une médecine par les plantes, leur principe actif, une taxane, étant tirée de l'if. Comme l'artificiel désigne ce qui est produit par l'être humain, on observe alors une tendance à condamner toutes ses interventions dans le monde extérieur : elles seraient même corruptrices de l'ordre naturel. Henry Miller constate « Dans le cas de la nouvelle technologie [...], il y a le mythe d'un monde "naturel", pur et innocent comme un enfant et corrompu par les avancées scientifiques, particulièrement par celles qui tripatouillent la "Nature" »[1]. Jean-Jacques Rousseau pourrait à juste titre être considéré comme le père spirituel de cette manière de voir, puisqu'il affirme dans l'*Émile :* « Tout est bien sortant des mains de l'Auteur des choses, tout dégénère entre les mains de l'homme. Il force une terre à nourrir les productions d'une autre, un arbre à porter les fruits d'un autre ; il mêle et confond les climats, les éléments, les saisons ; il mutile son chien, son cheval, son esclave ; il bouleverse tout, il défigure tout, il aime la difformité, les monstres ; il ne veut rien tel que l'a fait la nature, pas même l'homme ; il le faut dresser pour lui, comme un cheval de manège ; il le faut contourner à sa mode, comme un arbre de son jardin »[2]. De nos jours, ce type d'attitude pessimiste et misanthrope n'est pas rare : l'intervention humaine est condamnée dans la mesure où elle trouble l'ordre naturel au lieu de le respecter, ou parce qu'elle est considérée comme intrinsèquement corruptrice[3].

La position rousseauiste propose une version assez extrême de cette attitude ; peu sont ceux qui la suivent jusque-là, ne serait-ce que parce que c'est aussi par l'action humaine que peut être restauré le naturel (au sens qualitatif). Le quiétisme et l'inaction ne sont défendus en définitive par personne. En outre, l'action humaine peut respecter ce qui est perçu comme l'ordre naturel : l'être humain crée de nouvelles variétés de plantes par croisement et par génie génétique ; ces variétés sont donc artificielles en un sens, mais les premières sont encore naturelles en un autre sens, car elles sont le fruit de l'imitation des procédés que l'on trouve à l'œuvre dans la nature – bien que les virus réalisent de leur côté un génie génétique naturel !

1. H. Miller, « When Politics drives science : Lysenko, Gore, and U. S. biotechnology policy », *Social Philosophy and Policy*, vol. 13/2, 1996, p. 98.

2. J.-J. Rousseau, *Émile*, dans *Œuvres Complètes*, t. IV, Paris, Gallimard, 1969, p. 245.

3. B. Baertschi, *La vie artificielle*, Berne, CENH, 2009, p. 94-95.

La question que j'aimerais poser est celle de savoir si, du point de vue normatif, il existe une différence interne entre la valeur du naturel et celle de l'artificiel. Il faut soigneusement distinguer cette question d'une autre, qui est de savoir si le naturel peut avoir valeur de norme. De nombreux auteurs pensent que ce n'est pas le cas et que, à partir de constats sur ce qui existe dans la nature, on ne peut tirer aucune conclusion normative (par exemple que ce qui est naturel serait bon ou devrait guider notre action). Penser qu'on le peut, c'est alors se rendre coupable du paralogisme ou sophisme naturaliste, c'est-à-dire conclure du fait à la norme, de l'être au devoir-être. Cette question reste très débattue de nos jours, même s'il se dégage un consensus sur le fait que, d'une manière ou d'une autre, il faut bien trouver un moyen d'arrimer les normes et l'éthique au monde tel qu'il est. La question que je vais traiter est différente; elle consiste à demander si, à supposer que « naturel » et « artificiel » soient porteurs de valeur, il est possible d'argumenter en faveur de la thèse que, par eux-mêmes, ces concepts sont porteurs de valeurs différentes, voire opposées.

L'identité ontologique du naturel et de l'artificiel

La réponse à cette question est négative : il n'y a pas de bonne raison d'attribuer par principe des valeurs différentes à ce qui est naturel et à ce qui est artificiel; il n'existe même que des mauvaises raisons de le faire. Je vais le montrer à partir de considérations historiques, en mettant en évidence deux thèses fondatrices pour la science moderne qui interdisent de tracer une différence ontologique entre le naturel et l'artificiel. Voici ces deux thèses :

– L'identité ontologique du naturel et de l'artificiel (INA)
– L'identité de nature de tous les types de changements (ITC)

Robert Boyle affirme en 1666 : « Je ne vois pas pourquoi tout ce que le feu des chimistes produit devrait être considéré comme des corps artificiels, quelque chose de non naturel, puisque le feu, qui est le grand agent de ces changements, ne cesse pas, en étant employé par des chimistes, de fonctionner comme un agent naturel »[1]. En chauffant de la silice, le chimiste ou l'artisan produisent artificiellement du verre, mais ce verre est exactement le même que celui que la chaleur d'un volcan produit dans sa cheminée. La distinction entre le naturel et l'artificiel n'a aucun fondement et il faut affirmer leur *identité ontologique* [INA]. Bref, ce que la nature fait, nous pouvons en principe le faire et d'ailleurs, dans bien des cas, nous le faisons déjà depuis longtemps, en utilisant les forces mêmes de la nature, comme l'atteste l'exemple du verre.

1. R. Boyle, « The origin of forms and qualities », in *The Works of the Honourable Robert Boyle*, t. 3, London, 1666, p. 51.

Nous pouvons faire ce que la nature fait en agissant par des forces naturelles qui vont modifier les propriétés des corps. En en prenant conscience, Boyle se rend compte que ce que les alchimistes avaient tenté – la transmutation du plomb en or – serait en principe possible[1]. Effectuer de telles transformations, c'est ce que se propose la technoscience nouvelle. Est-elle alors démiurgique ? Non, car elle ne cherche pas à créer un corps *ex nihilo*, mais uniquement à réarranger les particules dont la matière est faite – c'est d'après Boyle exactement ainsi que la nature procède. Il n'y a donc plus de différence de nature entre un changement *accidentel* et un changement *substantiel*, puisqu'en modifiant les propriétés d'un corps il arrive qu'on crée un corps nouveau [ITC]. Les réactions chimiques vont largement corroborer cela.

Ces deux thèses ressortissent au cadre conceptuel d'une science dont nous nous réclamons encore de nos jours; elles expriment le fait que le monde des corps est fondamentalement un et que les changements qui peuvent lui survenir, *soit de son fait, soit du nôtre*, ne sont limités que par les propriétés de ces corps. Cela a été une découverte du XVIIe siècle, car auparavant on pensait différemment; mais on se trompait. Pour la physique aristotélicienne, relève Étienne Gilson : « Tous les êtres se répartissent en deux classes; et ces deux classes ne sont pas celles des êtres vivants et des êtres inorganiques, mais celles des êtres naturels et des êtres artificiels »[2], car seuls les premiers ont un principe interne de mouvement, à savoir une nature. Croire qu'il y a une différence ontologique entre le naturel et l'artificiel, différence qui a des conséquences morales vu le poids normatif de ces deux concepts, c'est ne pas avoir pris la mesure de ce changement scientifique. C'est donc s'appuyer sur un fondement erroné pour juger des produits des technosciences et des biotechnologies. Frank Tinland relève :

> C'est à des survivances de cette antique séparation entre ce qu'opère la nature et les produits de l'art que plonge encore ses racines la méfiance toujours actuelle pour les molécules de synthèse alors que leur composition et leur structure sont strictement comparables à celles qui sont extraites de sources végétales ou animales[3].

En conclusion, on dira que le caractère bon ou mauvais d'un état de chose ne saurait dépendre du fait qu'il ait été produit par la nature ou fabriqué par

1. R. Boyle, « The origin of forms and qualities », *op. cit.*, p. 94.
2. É. Gilson, *Études sur le rôle de la pensée médiévale dans la formation du système cartésien*, Paris, Vrin, 1984, p. 155.
3. F. Tinland, « La technoscience : convergence occasionnelle ou lien essentiel ? », dans J.-Y. Goffi (éd.), *Regards sur les technosciences*, Paris, Vrin, 2006, p. 59.

l'homme, ou du fait qu'il soit plus ou moins éloigné de la nature, c'est-à-dire qu'il soit plus ou moins médiatisé par la technique. Ainsi, le caractère bon ou mauvais d'une production technologique ne peut dépendre de sa qualité « démiurgique ». En outre, étant donné ITC, créer une nouvelle espèce vivante n'est moralement ni plus ni moins problématique que changer une propriété d'une espèce existante, que ce soit par le moyen de croisements ou par des interventions génétiques.

La responsabilité de l'être humain

La prise de conscience du pouvoir technologique de l'être humain suscite bien sûr des craintes, car ce pouvoir est réel. Mais il n'est pas possible de leur rendre justice en alléguant une différence ontologique à portée normative entre le naturel et artificiel. Comment alors le faire ? Ronald Dworkin nous indique la voie. Soulignant lui aussi que l'existence d'une frontière entre le naturel et l'artificiel est cruciale pour notre expérience morale et que, quand elle se déplace, « une période de stabilité morale est remplacée par de l'insécurité morale »[1], il n'en tire toutefois pas du tout les mêmes conséquences que Habermas ou Hunyadi[2]. Selon le philosophe américain, il est important de réinterpréter le sens de cette opposition en comprenant « naturel » comme désignant un donné sur lequel nous n'avons pas de pouvoir et « artificiel » comme ce dont nous sommes responsables ; ce qui arrive par nécessité d'un côté, et ce qui a lieu suivant notre choix de l'autre :

> Cette structure dépend, de manière cruciale, d'une distinction entre les actions et les décisions, à savoir ce dont nous sommes responsables, individuellement ou collectivement, et ce qui est donné, comme arrière-plan sur la base duquel nous agissons ou décidons, mais que nous sommes impuissants à changer[3].

Theo Van Willigenburg va dans le même sens, lorsqu'il soutient que l'opposition entre le naturel et le non naturel recouvre celle des événements et des actions, de telle manière que « pour nous comprendre comme des acteurs, nous avons besoin de nous attribuer la responsabilité de certains "événements"

1. R. Dworkin, *Sovereign Virtue. The theory and practice of equality*, Harvard, Harvard University Press, 2002, p. 444.

2. J.-N. Missa, « L'homme recombiné. Les enjeux éthiques et philosophiques de la modification du génome de l'être humain », dans J.-Y. Goffi (éd.), *Regards sur les techno-sciences*, *op. cit.*, p. 124.

3. R. Dworkin, *Sovereign Virtue. The theory and practice of equality*, *op. cit.*, p. 443.

qui sont le produit de notre activité »[1]. Bien sûr, la frontière entre les deux n'est pas immuable, et sous l'influence des sciences et des techniques notamment, elle s'est grandement modifiée depuis l'aube de la civilisation : « Encore et toujours, nous avons besoin de reconstruire la frontière entre les actions et les événements »[2]. Il s'ensuit que notre responsabilité s'étend en rapport – c'est-à-dire qu'elle augmente au fur et à mesure que les technosciences nous donnent plus de pouvoir, ce qui est d'ailleurs plutôt un bien qu'un mal, dans la mesure où l'on use de ce pouvoir dans l'intérêt des êtres humains et des autres êtres vivants, ainsi qu'en respectant leur valeur propre.

Bref, on ne peut nier que la distinction entre le naturel et l'artificiel ait une importance dans notre conception des choses ; mais on doit comprendre qu'elle concerne exclusivement la portée des décisions et des actions humaines. C'est pourquoi John Harris peut dire : « Un sens plus aigu de l'action humaine couplé avec la réalité de plus grands pouvoirs d'influencer le monde dans ce qu'il est et dans ce qu'il sera, peut transformer la compréhension que nous avons d'aspects cruciaux de notre paysage moral »[3]. Néanmoins, il n'y a aucun mal à cela.

Bernard Baertschi

NEUROÉTHIQUE

« Neuroéthique » est un terme qui a enrichi notre vocabulaire assez récemment. Leon Kass le définit ainsi : « La neuroéthique est la discipline qui embrasse les implications éthiques des avancées en neuroscience et en neuro-psychiatrie »[4]. Plus précisément, ainsi que le souligne Adina Roskies[5], la neuroéthique comprend deux domaines : l'éthique des neurosciences et la neuroscience de l'éthique, le premier divisé lui-même en éthique de la pratique des neurosciences et étude des implications éthiques des neurosciences. De quoi s'agit-il ?

1. T. Van Willigenburg, « Philosophical reflection on bioethics and limits », *in* M. Düwell, C. Rehmann-Sutter, D. Mieth (eds.), *The contingent nature of life*, Dordrecht, Springer, 2008, p. 153.

2. *Ibid.*, p. 154.

3. J. Harris, *Enhancing evolution. The ethical case for making better people*, *op. cit.*, p. 117.

4. L. Kass, *President's Council on Bioethics*, 15 janvier 2004. http://bioethics.gov/topics_neuroindex.html

5. A. Roskies, « A case study of neuroethics : the nature of moral judgment », *in* J. Illes (ed.), *Neuroethics*, Oxford, Oxford University Press, 2006, p. 18.

1) L'*éthique de la pratique des neurosciences* est simplement l'éthique de la pratique scientifique appliquée aux sciences du cerveau; elle consiste notamment en la formulation de principes éthiques pour guider la recherche et les traitements.

2) L'*étude des implications éthiques des neurosciences* concerne l'impact des progrès de la connaissance du cerveau sur nos conceptions sociales, éthiques et philosophiques. C'est donc quelque chose qui va au-delà de l'éthique proprement dite, qui ne se limite pas aux questions strictement normatives.

3) La *neuroscience de l'éthique* enfin concerne l'approche scientifique de notre comportement moral: que se passe-t-il dans notre cerveau lorsque nous raisonnons moralement et prenons des décisions.

Une des occasions pour le public cultivé de s'intéresser à la neuroéthique a été la parution des ouvrages d'Antonio Damasio, particulièrement de *L'erreur de Descartes*[1] Il y raconte l'histoire de Phineas Gage, survenue en 1848. Ce dernier, à la suite d'un accident cérébral (une barre à mine lui a traversé le crâne, endommageant son cortex frontal), change complètement d'attitude morale, alors que ses capacités intellectuelles et motrices sont pour l'essentiel intactes. Gage est-il alors encore *responsable* de ses actes après sa blessure? Est-il la *même personne* qu'avant son accident? Par ailleurs, il semble bien qu'il soit devenu incapable d'intégrer ses capacités décisionnelles et ses émotions; quel rôle jouent donc ces dernières dans notre vie morale? Voilà quelques questions que la neuroéthique se pose.

Mais si un cerveau malade nous gêne dans l'usage de certaines de nos capacités, jusqu'à nous en priver, ne pourrait-on pas aller dans l'autre sens et les améliorer par des interventions? Serait-ce une bonne chose ou faut-il le craindre. Guérir et/ou améliorer, la limite entre les deux est moins que jamais tranchée, d'autant que des techniques et des substances psychoactives utilisées pour soigner ont aussi un effet amélioratif (voir article « Neuroamélioration »).

On le voit, les questions posées par la neuroéthique ne sont pas toutes nouvelles, mais les progrès actuels de nos connaissances sur le cerveau humain nous obligent à les poser à nouveaux frais. En français, la littérature consacrée à la neuroéthique est encore mince[2], même si le sujet était déjà abordé sous d'autres vocables[3].

Bernard Baertschi

1. A. Damasio, *L'erreur de Descartes*, Paris, Odile Jacob, 2001.

2. H. Chneuweiss, *Neurosciences et neuroéthique. Des cerveaux libres et heureux*, Paris, Alvik, 2006; K. Evers, *Neuroéthique. Quand la matière s'éveille*, Paris, Odile Jacob, 2009; B. Baertschi, *La neuroéthique*, Paris, La Découverte, 2009.

3. J.-P. Changeux, *L'homme neuronal*, Paris, Fayard, 1983.

NORMAL, ANORMAL ET ANOMAL

L'anomal présente un caractère aberrant par rapport à un type ou une règle. À la différence d'anormal qui désigne ce qui est non conforme aux règles ou lois reconnues. La distinction entre anomal et anormal, c'est la différence de degrés entre aberration et absence de conformité. L'anomal, terme descriptif, désignerait un fait tandis qu'anormal, terme appréciatif et normatif, se réfère à une valeur.

La question du tort et du dommage

Est-il anomal ou anormal de se causer délibérément des « torts »? Face à (1) des torts (ou dommages) auto-infligés avec consentement; (2) des torts (ou dommages) auto-infligés avec consentement et avec assistance (médicale ou non); (3) des torts (ou dommages) infligés à autrui sans consentement – condamnés par définition –, autrui doit-il adopter une attitude paternaliste ou soutenir que le rapport de soi à soi est moralement indifférent tant que ses conséquences sont individuelles? Mais qu'est-ce qu'un « tort » ou un « dommage »?

Sur ce thème, Alex Mauron, médecin et éthicien, définit sa position comme « proche du transhumanisme en ce sens qu'elle assume sans complexe la maîtrise de l'homme sur sa propre nature et qu'elle refuse la Ligne Maginot érigée par les éthiciens conservateurs autour des aspects supposés intangibles de la nature et de la condition humaine ». Il précise que sa position « en gros "libérale" n'implique pas que "tout se vaut" ni même que "tout est permis" »[1] et il se distingue donc d'une « éthique qui serait platement relativiste où "anything goes" »[2]. C'est à Mill qu'il se réfère : « Tant qu'une pratique ne nuit pas à autrui, on ne voit pas au nom de quoi elle mériterait l'opprobre moral, voire même l'interdiction, surtout dans une démocratie libérale »[3]. Et il ajoute que le philosophe français Ruwen Ogien propose d'exclure du champ de la morale des actions qui font bien souvent l'objet d'une désapprobation morale mais qui ne font pas de « victimes ».

Pour Mauron, la morale n'intervient donc que « lorsqu'un dommage concret injustifié (notamment non consenti), c'est-à-dire, un tort, est infligé

1. A. Mauron, « *Homo faber sui* : quelques questions d'éthique démiurgique », art. cit., p. 209.

2. *Ibid.*, p. 213.

3. *Ibid.*, p. 210.

à autrui »[1]. Soulignons plusieurs notions : dommage, (non-)consentement, autrui, tort. Il en ressort qu'un *tort* serait un *dommage non consenti* infligé à *autrui*. Cela étant, ne faudrait-il pas dire à ce stade, avec encore plus de neutralité, que sont exclus de la morale les *actes* auto-infligés auxquels le sujet consent ? En effet, selon la logique de la définition précédente, un acte ou un « dommage » ne devient un *tort* que si un dommage y est « non justifié » : c'est-à-dire, ici, *non consenti* et infligé à *autrui*. Donc, en toute logique à nouveau, un « dommage » auquel on consent n'est pas, toujours et par définition, un « tort » pour le sujet consentant. C'est éventuellement un « tort » pour un observateur extérieur mais il demeure qu'une *action* auto-infligée et donc consentie peut aussi être jugée, non pas comme un « dommage » – ce qu'elle peut toutefois bien nous sembler être – ou un préjudice, mais comme une « amélioration », un avantage, un bénéfice, un profit par la personne qui est l'objet de cette action désirée par elle-même. Le défi semble bien être ici la définition d'un dommage et d'un tort.

Définition objective d'un tort : l'anomal

Un « tort » semble présupposer un « dommage » qui peut être défini comme le fait de « porter atteinte à l'intégrité physique d'une personne », comme un « préjudice subi par quelqu'un » – un préjudice étant la « perte d'un bien ». Et bien que Mauron sache qu'il est difficile de dire ce qu'est objectivement le normal – comme Canguilhem l'a montré –, il pense néanmoins que la « question du tort admet une réponse de type objectiviste »[2]. Son argument est qu'il y a une asymétrie fondamentale entre la *normalité*, quel qu'en soit d'ailleurs le critère, et l'*anomalie*. La normalité, explique-t-il, est un « concept évolutif et négociable »[3]. C'est pourquoi invoquer la *normalité* (psycho-physiologique) ne lui semble pas le meilleur argument pour *définir ce qu'est un tort*. À l'inverse, selon lui, une *anomalie* a un statut conceptuel « plus proche de l'objectivité »[4] et peut servir à définir un tort. Au sens usuel, une « anomalie » est une forme ou une construction « anomale ». Ce qui est « anomal » présente un « caractère aberrant par rapport à un type ou une règle [...] ». À la différence d'« anormal » qui désigne ce qui n'est pas normal, ce qui n'est pas « conforme aux règles ou aux lois reconnues ». Bref, la distinction entre *anomalie* et *anormal*, c'est la différence entre *aberration* et *absence de conformité*. Comprenons qu'un « caractère aberrant », c'est bien un caractère

1. *Ibid.*, p. 213.
2. *Ibid.*, p. 214.
3. *Ibid.*, p. 216.
4. *Ibid.*, p. 217.

qui s'écarte du type normal, de la règle, mais c'est aussi un caractère qui « se fourvoie », qui est « contraire à la raison ». Sans nier un éventuel jugement de valeur dans cette définition de l'aberration, nous saisissons la différence entre *anomal* et *anormal*. Une aberration est, bien entendu, une absence de conformité mais c'est aussi une notion plus forte car, si c'est bien un écart par rapport à la normale, soit une anormalité, en plus, cette dernière se fourvoie. Elle est « contraire à la raison ». Rappelons que « se fourvoyer » renvoie à « égarer, tromper ». Et que se tromper, c'est-à-dire, commettre une erreur, ce n'est plus juste émettre un jugement de valeur.

Comme disait en 1943 le philosophe et médecin français Georges Canguilhem (1904-1995) – qui est pourtant un représentant des thèses dites « évaluatives » en ce qui concerne le normal (et le pathologique) –, « l'anomalie désigne un fait, c'est un terme descriptif, alors qu'anormal implique une référence à une valeur, c'est un terme appréciatif, normatif »[1]. Précisons qu'il s'agit d'une anomalie dite « grave ». Et s'il faut s'entendre sur le sens de « grave », il reste que, dans ce cas, cette dernière est une « infirmité » pour Canguilhem qui concède qu'« infirmité » est un concept « vulgaire » mais qui demeure instructif. En effet, une infirmité est généralement interprétée comme une « déchéance irrémédiable ». Bien entendu, précise Canguilhem, « il peut y avoir pour un infirme une activité possible et un rôle social honorable ». Mais il reste que « la limitation forcée d'un être humain à une condition unique et invariable [ou gravement restreinte] est jugée péjorativement, par référence à un idéal humain qui est l'adaptation possible et voulue à toutes conditions imaginables ». Ainsi, concluait Canguilhem : « Une norme unique [ou très limitée] de vie est ressentie privativement et non positivement ». Bref, « celui qui ne peut courir se sent lésé [...] »[2]. Mauron recoupe ce point de vue sur l'« anomalie grave » : les conséquences vécues d'une anomalie ou d'un handicap dépendent en effet de circonstances matérielles et de conditions sociales qui facilitent ou, au contraire, font obstacle à l'intégration de ces handicaps. Mais, malgré cela, selon Mauron, la dimension biologique est incontournable dans beaucoup d'« anomalies invalidantes ». Aussi, Mauron considère que soutenir qu'une anomalie « grave » est « subjective » ou qu'elle n'est qu'une « construction sociale » n'est pas un argument valable et opposable au devoir de prévenir et de guérir, si possible, les anomalies graves. Et surtout, ce n'est pas un argument valable pour *concourir* à la *création* (ou au maintien) d'une anomalie grave. Mauron pense donc qu'une anomalie ou un

1. G. Canguilhem, *Le normal et le pathologique*, Paris, P.U.F., 1966, p. 81.
2. *Ibid.*, p. 87.

dommage « grave » peut, dans certaines limites, recevoir une définition objective si l'on met ce dommage en relation avec des « choix rationnels » qui rendent ce dommage ou cette anomalie indésirable objectivement : qui, rationnellement, voudrait naître sourd ou devenir sourd? Qui, rationnellement, voudrait naître sans jambes ou devenir « sans jambes » ? La thèse de Mauron est ici que certains dommages graves ou anomalies en matière de « santé » sont « objectivement indésirables » et que la nature même de ces anomalies crée une obligation de les prévenir ou de les éliminer quand c'est possible [1].

Comprenons bien que, sans jugement négatif sur la vie sociale qui en découle, naître sourd ou sans jambes, et vivre sourd ou sans jambes, est vu comme une anomalie invalidante. On peut émettre des thèses culturalistes ou subjectivistes en la matière, mais il est assez difficile de soutenir rationnellement qu'une anomalie (naître sourd ou aveugle) est un *avantage* dans la vie ou que c'est *normal* ou encore que c'est *indifférent*. Naître/devenir sourd ou aveugle – préjudice « objectif » – est une infirmité « grave » et l'on cause un tort si l'on inflige cette anomalie ou ce dommage « objectivement indésirable » à autrui, *sans son consentement*. Cela étant, ne négligeons pas le fait que certains individus peuvent toutefois émettre des requêtes jugées sans doute aussi « aberrantes » ou aussi « contraires à la raison » que vouloir « devenir » sans jambes (apotemnophilie) ou désirer être amputés de parties saines du corps pour des raisons de convenances personnelles – voire, inversement, s'en greffer un exemplaire surnuméraire.

Anomalie consentie avec assistance

Se pose ainsi, dans les deux premiers cas, la question du tort ou du dommage auto-infligé *consenti* avec la collaboration d'un tiers. Autrement dit, celui qui subit le dommage en est l'initiateur. Il consent et même requiert. Et la réalisation du dommage appelle l'intervention d'un tiers – par exemple, un professionnel de la santé. Or, dans un cas comme « vouloir devenir sans jambes » (saines) –, Mauron considère que même les médecins les plus libéraux et les plus militants dans le respect de l'autonomie du patient hésiteraient à accéder à des demandes qui lui paraissent « manifestement déviantes ». En effet, se demande-t-il, l'éthique médicale peut-elle renoncer, *primo*, à une certaine « forme d'objectivité » sur ce qui constitue un « dommage » pour la santé? Et, *secundo*, à une même forme d'objectivité sur ce qui constitue un « tort » lorsque « ce dommage est intentionnellement infligé où qu'on s'abstient de le

1. A. Mauron, « *Homo faber sui* : quelques questions d'éthique démiurgique », art. cit., p. 217.

prévenir»? Si elle ne renonce pas à un «grain d'objectivité», une éthique «minimaliste» ne peut alors pas juger au même degré les trois cas de figure évoqués en introduction. En conséquence, (1) par définition, les dommages infligés à autrui *sans consentement* sont condamnés en soi : ce sont des torts qui vont à l'encontre du principe de non-nuisance à autrui. (2) Par contre, un tort ou un dommage auto-infligé auquel le sujet consent est un acte qui peut sembler indifférent si l'on considère que *le rapport de soi à soi* est moralement indifférent. Cela ne veut bien entendu pas dire qu'une requête «anomale», une demande ou un comportement aberrant – autrement dit, le *consentement* à un *tort objectif* (comme le dommage de «devenir» sans jambes) – n'interpellera pas un observateur extérieur, même inspiré par Mill. Mais, si son seul regard – et non pas devoir contraindre la liberté du sujet ou participer au dommage – est sollicité par cette anomalie, il peut se retrancher derrière un libertarisme intégral. Cela dit, il peut aussi opter pour un brin de paternalisme et déconseiller une action anomale qui serait un dommage objectivement indésirable et tenter de raisonner, de persuader, voire de supplier le sujet demandeur – qui deviendrait en quelque sorte sa propre «victime». (3) S'il déconseille déjà ce type d'acte, cet observateur extérieur ne collaborera pas à des torts auto-infligés appelant son assistance (médicale). En effet, pour Mauron, on peut ici soutenir une forme de paternalisme (faible) qui «empêcherait le consentement éclairé d'être la condition exclusive de légitimation de l'acte médical» et qui ferait qu'il faudrait «accepter de désigner comme *irrationnels* certains choix de patients capables de discernement et sur cette base n'y pas donner suite».

Cela étant, fondamentalement très libéral, Mauron affronte une ultime question : en fait, les patients qui veulent absolument «devenir» sans jambes ne font pas toujours appel à des professionnels de la santé. Et quelques cas avérés d'automutilation ont eu des conséquences catastrophiques. Dans ce cas, s'interroge Mauron, renvoyer le patient à ses propres ressources d'action ne semble-t-il pas «aussi absurde que cruel»? Selon lui, il s'agirait alors de réfléchir à ce type d'actions auto-infligées – qui présupposent presqu'automatiquement le concours d'autrui – en termes de «*responsabilité partagée*»[1]. Rappelons à ce propos que, si accepter de couper une jambe saine pour convenance personnelle peut interpeller, les demandes du transsexualisme ne sont pas en reste en la matière. À la différence, répondraient certains, que devenir transsexuel n'est sans doute pas invalidant au sens où devenir «sans jambes» le serait.

1. A. Mauron, «*Homo faber sui* : quelques questions d'éthique démiurgique», art. cit., p. 219.

Liberté ou paternalisme

Sur toutes ces questions, le philosophe et économiste anglais John Stuart Mill (1806-1873) a proposé, dès son *Essay on Liberty* de 1859, un principe destiné à régler les rapports de la société et de l'individu dans tout ce qui est « contrainte ou contrôle ». Ce principe veut que « les hommes ne soient autorisés, individuellement ou collectivement, à entraver la liberté d'action de quiconque que pour assurer leur propre protection ». La « seule raison légitime que puisse avoir une communauté pour user de la force contre un de ses membres est de l'empêcher de nuire aux autres ». Ainsi, « contraindre quiconque pour son propre bien, physique ou moral, ne constitue pas une justification suffisante ». Mill concède que les actes de cet homme sont certes de « bonnes raisons pour lui faire des remontrances, le raisonner, le persuader ou le supplier, mais non pour le contraindre ou lui causer du tort s'il agit autrement ». Le seul aspect de la conduite d'un individu qui soit du ressort de la « société » est celui qui « concerne les autres ». Quant à « ce qui ne concerne que lui, son indépendance est, dc droit, absolue. Sur lui-même, sur son corps et son esprit, l'individu est souverain »[1]. Comme le résume Ogien, selon l'éthique « minimaliste » de Mill, le rapport de soi à soi est moralement indifférent. Et le fait de *juste nuire à soi-même* ne peut pas amener de privation de liberté à des fins de soins tant que, condition *sine qua non* pour Mill, cet agissement individuel ne nuit pas aux intérêts des autres. Dans le cas contraire, Mill était aussi clair : nuire à autrui peut autoriser une privation de liberté.

À la différence de Mill – que certains taxent d'indifférence égoïste –, une éthique paternaliste verra au contraire dans la *seule auto-nuisance* d'un individu isolé un « état de nécessité ». Et elle ne tiendra pas compte du *consentement* du sujet à des soins ou à une intervention. Un proche, la famille ou le médecin traitent dès lors autrui conformément à ce qu'eux-mêmes estiment être le bien d'autrui. De ce point de vue, soins, voire privation de liberté s'avèrent, ponctuellement et temporairement, compatibles à l'égard d'un individu. Des soins ou une intervention qui doivent, bien entendu, se révéler, au final, bénéfiques. Ce qui justifie *a posteriori* le choix de l'option paternaliste.

Certains feront néanmoins remarquer à ces paternalistes (bienveillants) que, dans le cas d'agissements « marginaux » aux conséquences *purement* individuelles, leur intervention peut aussi s'apparenter à une « morale de commissariat ». Les paternalistes répondront qu'il y a parfois de réels « états de nécessité » suite aux agissements « marginaux » du seul individu concerné. C'est, de fait, la redoutable question, évoquée plus haut, du *consentement d'un sujet*

1. J. S. Mill, *De la liberté*, Paris, Gallimard, 1990.

autonome à un « tort » auto-infligé sans conséquence pour autrui. Faut-il y collaborer, ne dire mot, tenter de raisonner, de persuader, de supplier mais non pas de contraindre ou, pour finir, opter pour un interventionnisme paternaliste bienfaisant ?

Anomal, anormal, plus que normal

Au-delà de la question de savoir si une éthique « minimaliste » n'est pas « grevée d'emblée dans ses prétentions libérales par une forme de paternalisme indépassable », une éthique selon laquelle le rapport de soi à soi est donc moralement indifférent, autoriserait en tout cas chacun d'entre nous à recourir, s'il a le privilège d'y avoir accès, à des biotechnologies amélioratrices, indépendamment de leur caractère thérapeutique ou non. Et ce serait concevable sans tomber dans le « libertarisme "pur et dur" » ou le « relativisme radical » [1]. En effet, une éthique minimaliste et libérale peut soutenir qu'une médecine qui vise à « améliorer » l'être humain est permise (en principe) car le fonctionnement *normal* de l'espèce humaine n'est pas une norme physiologique objective ni moralement pertinente. Comme le soutenait dès 1943 Canguilhem, « le normal n'a pas la rigidité d'un fait de contrainte collective mais la souplesse d'une norme qui se transforme dans sa relation à des conditions individuelles ». Mais, en même temps, cette éthique minimaliste et libérale, au sens de Mauron, n'oublie pas que les notions de dommage, de tort et d'*anomalie* (« grave ») peuvent aussi, dans certaines limites, recevoir une définition *objective* si l'on met ces anomalies en relation avec des choix *rationnels* qui rendent ces *situations anomales* de fait objectivement indésirables.

En résumé, si l'on exclut le fait d'infliger un dommage, voire une simple action, à un autrui *non consentant* – ce qui est inacceptable en soi –, (1) s'auto-infliger, *sans assistance*, un dommage objectif auquel on *consent* – se mettre seul et délibérément dans une *situation anomale* – est difficilement condamnable du point de vue d'une éthique libertarienne qui défend un droit intégral de propriété de son propre corps et la liberté inaliénable de tout un chacun en la matière. (2) Toutefois – paternalisme faible –, aux yeux d'un observateur extérieur, cette action peut être jugée aberrante et condamnée au nom du caractère irrationnel de l'infliction d'un « grave » dommage objectif, bref, d'un tort. (3) En conséquence, s'auto-infliger un dommage objectif consenti qui appelle une *assistance* extérieure, peut être refusé par l'assistant supposé, toujours au nom du caractère irrationnel d'une demande d'infliction d'un dommage

1. A. Mauron, « *Homo faber sui* : quelques questions d'éthique démiurgique », art. cit., p. 220.

objectif « grave », même s'il est consenti (principe de non-nuisance). (4) Face aux cas d'auto-infliction d'un dommage sans assistance aux conséquences « catastrophiques », sans nier le caractère aberrant de l'acte posé, laisser ou renvoyer le patient à ses uniques ressources d'action peut sembler « aussi absurde que cruel » à l'assistant éventuel. Ce qui pourrait l'amener à y réfléchir, et éventuellement à y concourir, en termes de « responsabilité partagée ».

Cela étant établi, dans la perspective du trans- et du posthumanisme, se pose déjà et se posera de plus en plus l'évaluation d'interventions qui, plus que probablement, seront un jour jugées moins « graves » que des « torts » dits « objectifs ». Bref, on désirera être « plus que normal ». Des interventions que certains verront alors, non plus comme des situations éventuellement *anomales* en soi, mais plutôt comme des écarts jugés « positifs » par rapport au normal biologique, morphologique ou mental. De nouvelles demandes ou offres bio-technologiques qui, un temps durant, pourront sans doute encore être vues comme de l'anormal puis ensuite, un autre jour, plutôt comme un simple dépassement d'un normal devenu trop normal, mais qui, en tout cas, ne seront sans doute plus du tout vues comme de l'anomal en soi.

Pierre-Frédéric Daled

NORMAL ET PATHOLOGIQUE

D'un point de vue « évaluatif », dire d'un être humain qu'il est « normal » est un jugement de valeur qui définit un maximum de capacité physique et psychique individuelle, sans limite supérieure à cette normalité. Être « normal », c'est être sain et normatif au sens créatif de l'instauration de normes de vie nouvelles sur le plan physique et psychique. Dire d'un être humain qu'il est « pathologique » désigne une allure de la totalité fonctionnelle d'un sujet humain qui constitue également une norme physique et psychique individuelle. Mais être « pathologique », c'est une norme « autre » – au sens qualitatif – que celle du « normal » et, en général, dépréciée par les sujets qui en pâtissent. S'il y a identité quantitative entre le normal et le pathologique (aux variations quantitatives près), il y a aussi, de ce point de vue, pour le sujet, altérité qualitative entre eux.

Au moins deux écoles s'opposent sur le sens du « normal » et du « pathologique » (et sur le sens de la « santé » et de la « maladie ») : les « naturalistes » et les « normativistes » ou les théories dites « évaluatives » pour qui ces notions sont « chargées en valeur » et subjectives, tandis que les « naturalistes » prétendent les définir quantitativement et objectivement, soit avec neutralité axiologique, sans y introduire de valeur. Ainsi, en 1828, Auguste Comte (1798-1857) énonça que, selon Broussais (1772-1838), toutes les maladies consistaient essentiellement dans « l'excès ou le défaut de l'excitation des divers tissus au-dessus et au-dessous du degré qui constitue l'état normal ». Un « principe éminemment philosophique » que Comte reprit dans la seconde moitié des années 1830 – dans la 40e leçon de son *Cours de philosophie positive* – en affirmant que « l'état pathologique ne diffère point radicalement de l'état physiologique, à l'égard duquel il ne saurait constituer [...] qu'un simple prolongement plus ou moins étendu des limites de variations soit supérieures soit inférieures, propres à chaque phénomène de l'organisme normal, sans pouvoir jamais produire de phénomènes vraiment nouveaux, qui n'auraient point, à un certain degré, leurs analogues purement physiologiques ». Cette théorie comtienne de l'identité du normal et du pathologique (aux variations quantitatives près) fut ensuite diffusée dans les milieux scientifiques, médicaux et littéraires par Émile Littré (1801-1881) et Charles Robin (1821-1885). Durant la seconde moitié du XIXe siècle, cette thèse fut aussi illustrée en physiologie par Claude Bernard (1813-1878) dont, en 1877, au terme d'une vie d'expérimentation biologique, la thèse d'allure quantitative et numérique était que » toute maladie a une fonction normale correspondante dont elle n'est qu'une expression troublée, exagérée, amoindrie ou annulée ». Et selon lui, si, à son époque, « nous ne pouvons pas aujourd'hui expliquer tous les phénomènes des maladies, c'est [...] qu'il y a encore une foule de fonctions normales qui nous sont inconnues ». L'influence de Bernard fut aussi profonde que celle de Comte sur les médecins de la période 1870-1914. Cette thèse de l'identité du normal et du pathologique se perçoit encore au début du XXe siècle dans l'article « Psychologie » que rédigea en 1909 Théodule Ribot (1839-1916). De même, on retrouve en 1923 dans le *Traité de psychologie* de Georges Dumas (1866-1946), disciple de Ribot, la référence au « principe Broussais, repris par Auguste Comte, Claude Bernard et Ribot » et qui permettait de conclure « du pathologique au normal ». En 1938, dans son exposé sur la « méthode pathologique » dans le tome de l'*Encyclopédie française* consacré à la « vie mentale », Daniel Lagache (1903-1972) en traçait une généalogie proche du « principe de Broussais » : « Comte, Taine, Ribot » [1].

En 1943, Georges Canguilhem (1904-1995), dans son *Essai sur quelques problèmes concernant le normal et le pathologique*, dénonça toutefois ce « dogme » – selon lequel l'état pathologique n'est qu'une modification quanti-

1. F. Bing, J.-Fr. Braunstein et E. Roudinesco, *Actualité de Georges Canguilhem. Le normal et le pathologique*, Le Plessis-Robinson, Les empêcheurs de penser en rond, 1998, p. 111.

tative de l'état normal. Une théorie « positiviste » dont les différents avatars se sont néanmoins poursuivis au cours du XXe siècle et qui peut encore se lire de nos jours dans le naturalisme biostatistique et fonctionnaliste de Christopher Boorse pour qui, en 1997, « la maladie n'est pas autre chose que le fonctionnement biologique d'une partie de l'organisme statistiquement subnormal pour l'espèce » et qui considère que « la classification des états humains comme sains ou pathologiques est une question objective, que l'on doit résoudre à partir des faits biologiques de la nature sans qu'il soit nécessaire de recourir à des jugements de valeur »[1].

Circularité a-substantielle du normal et du pathologique

Depuis Claude Bernard, en tout cas, la connaissance de l'état pathologique ou anormal ne saurait être obtenue sans la connaissance de l'état normal. Ainsi, au sens usuel, « normal » est dit d'un état d'un vivant, d'un organe qui n'est affecté d'aucune modification pathologique. Et « pathologique » désigne un état qui s'écarte du type normal d'un organe ou d'une fonction. Peu explicite en ce sens circulaire d'origine bernardienne, la définition du « normal » (et du « pathologique ») chez l'humain est néanmoins centrale car c'est, entre autres, en fonction de ce concept que se positionnent les notions dites « plus que normales » d'amélioration – connotées positivement par le transhumanisme – et les notions, elles, la plupart du temps connotées négativement, d'a-normal, de pathologique, de dommage, de tort, de handicap. Or, bien que fondamentale, une définition objective et substantielle du « normal » s'avèrerait impossible, en dépit des approches « naturalistes ». Si tel est le cas, comment, sans normalité humaine universellement arrêtée, fixer tant ce qui serait donc « plus que normal » mélioratif que ce qui serait a-normal ou pathologique préjudiciel ? En effet, comme le souligna Canguilhem, « ce qui n'a pas de règle de cohésion interne, ce dont la forme et les dimensions ne présentent pas d'écarts oscillant de part et d'autre d'un module qu'on peut traduire par mesure, moule ou modèle – cela ne peut être dit monstrueux »[2] ou préjudiciable ni, inversement, mélioratif ou « plus que normal ». Peut-être serait-ce via la notion d'« anomal » et non plus d'anormal qu'une réponse pourrait être apportée à la question du préjudiciel et du mélioratif.

1. É. Giroux, *Après Canguilhem : définir la santé et la maladie*, Paris, P.U.F., 2010, p. 61.

2. G. Canguilhem, « Descartes et la technique », dans R. Bayer (éd.), *Travaux du IXe Congrès international de philosophie. Congrès Descartes. II. Études cartésiennes. IIe Partie*, Paris, Hermann et Cie, 1937, p. 220.

Pouvoir créateur de la technique

À propos du normal et du mélioratif (ou du préjudiciel), rappelons que, dès 1937, Canguilhem s'est interrogé sur le rôle possible de l'activité technique à cet égard. Était-elle un simple « prolongement de la connaissance objective » – comme il était commun de le penser à la suite de la philosophie « positiviste » –? Ou bien était-elle l'« expression d'un "pouvoir" original, créateur en son fond » et pour lequel la science élaborerait, « parfois à la suite », un programme de développement ou un code de précautions[1]? La philosophie cartésienne paraissait avoir abordé ce problème pour Canguilhem selon qui, la « profession de foi technicienne » et l'« enthousiasme dominateur » qui inaugurait la sixième partie du *Discours de la méthode* (1637) contredisaient en effet la « résignation stoïcienne à la séparation entre ce qui dépend de l'homme et ce qui n'en dépend pas », la résolution de « changer les désirs humains plutôt que l'ordre du monde » comme, par exemple, de « ne pas désirer la santé au moment de la maladie ». Or, Descartes s'opposait à ces « aveux d'humilité et d'impuissance », selon Canguilhem. « Rendre l'homme "maître et possesseur de la nature", souhaiter l'invention d'une infinité d'artifices utiles, s'exempter des maladies et peut-être aussi vaincre la mort », tous ces vœux, selon lui, étaient présentés comme tout autre chose que des « songes » par Descartes[2] dont les considérations d'ordre médical étaient éparses dans l'œuvre et qui, notait Canguilhem, avait reconnu que la conservation de la santé avait toujours été le but principal de ses études. Et comme l'écrivait Canguilhem, il a sans doute pensé, « selon le mot populaire que lui cite Huygens, que "cette fâcheuse coutume de mourir prendra fin un jour" »[3]. Canguilhem considérait que le *Discours de la méthode* – la pensée de Descartes y « procède de la théorie à la technique » – recevait une lumière éclatante de ses *Principes de la philosophie* (1644) – là où, par contre, le « progrès de pensée va de la technique à la théorie ». On découvrait par là, dans l'œuvre cartésienne, la conscience d'une « forme de relation entre la connaissance et la construction autre que celle qui fait dépendre, même avec des réserves, la seconde de la première ». Chez Descartes, la « connaissance de la nature y dépend donc doublement, d'après la *Dioptrique*, de la technique humaine »[4]. *Primo*, en ce sens que l'instrument – ici, la lunette grossissante – sert à « découvrir de nouveaux phénomènes ». *Secundo*, ensuite et surtout, en ce sens que « l'imperfection technique fournit "l'occasion" de recherches théoriques par les "difficultés" qu'il faut

1. G. Canguilhem, « Descartes et la technique », art. cit., p. 77.
2. *Ibid.*, p. 78.
3. *Ibid.*, p. 80.
4. *Ibid.*, p. 83.

résoudre». Pour Canguilhem, dans ce cas-ci, «la science procède de la technique», non pas en ceci que le «vrai» serait un «enregistrement du succès» mais, au contraire, en ceci que «l'embarras technique, l'insuccès et l'échec» invitent l'esprit à s'interroger sur la nature des résistances rencontrées par l'art humain et à en rechercher une «connaissance vraie».

Quant à l'«initiative» même de la technique, elle réside, selon Canguilhem en 1937, dans les «exigences du vivant». Il rappelait que Descartes avait en effet éprouvé l'«urgente obligation de constituer la médecine infaillible dont il rêve depuis longtemps lorsque ses cheveux blanchissent» et de même «parce que la mort le priverait de cette “espérance de plus d'un siècle” qui justifie le soin qu'il apporte à se conserver». De plus, ajoutait-il, pour que Descartes écrive la *Dioptrique* avait-il fallu que des yeux malades aient rendu certains hommes inaptes à discerner les choses utiles à la conduite de leur vie. Et puisque, comme disait Descartes, «nous ne saurions nous faire un nouveau corps», nous devions donc, expliquait Canguilhem, «ajouter aux organes intérieurs des organes extérieurs» et «aux organes naturels, des organes artificiels». Bref, «c'est dans les besoins, l'appétit et la volonté qu'il faut chercher l'initiative de la fabrication technique». Quant à l'«irréductibilité» de la technique à la science, du «construire au connaître», celle-ci revenait bien à l'affirmation de l'«originalité d'un “pouvoir”» et à voir dans la technique un mode de «création»[1].

Non-innocence des normes

En 1943, dans sa thèse de doctorat en médecine – thèse jugée «exceptionnelle» mais aussi, pour certains, «tellement forte qu'elle est intenable dans ses conséquences»[2] –, Canguilhem a ensuite contesté, *primo*, la possibilité d'une *pure* objectivation, chiffrée ou quantifiée, du pathologique telle que le soutenait Claude Bernard. La neutralité (axiologique) de la notion de norme fut ainsi mise en question. Canguilhem n'acceptait pas l'idée selon laquelle les termes «plus» et «moins» ont une «signification quantitative pure» lorsqu'ils entrent dans la définition du pathologique comme variation quantitative du normal. Précisons que c'est plus la notion de «pureté» que celle de «quantité» qui fut critiquée. En effet, faisait-il remarquer, ce n'est que «par rapport à une norme»[3] que l'on peut parler d'exagération ou

1. *Ibid.*, p. 85.

2. M. Morange, «Retour sur le normal et le pathologique», dans A. Fagot-Largeault, C. Debru et M. Morange (dir.), Hee-Jin Han (éd.), *Philosophie et médecine en hommage à Georges Canguilhem*, Paris, Vrin, 2008, p. 155-156.

3. G. Canguilhem, *Le normal et le pathologique*, *op. cit.*, p. 67.

d'atténuation, de « plus » ou de « moins » dans l'ordre des fonctions physiologiques. Usuellement, une norme, c'est un « état habituel, conforme à la majorité des cas (*cf.* la moyenne, la normale) ». Or, pour Canguilhem, il n'en allait pas aussi simplement : si c'est bien par rapport à une norme qu'il y a excès ou défaut en médecine, cela veut aussi dire, selon lui, par rapport à une « mesure jugée valable et souhaitable ». En termes canguilhemiens : « Cet état normal ou physiologique, ce n'est pas seulement une disposition décelable et explicable comme un fait, c'est [aussi] la manifestation d'un attachement à quelque valeur »[1]. Pour Canguilhem, la norme n'est donc pas seulement un état objectif ou un fait conforme à la majorité des cas (la moyenne). C'est aussi une mesure souhaitée, sans doute pour de bonnes raisons mais, en même temps, il soupçonne une possible non-innocence de cette norme ou mesure. Selon lui, on ne pouvait pas ne pas voir – dans le domaine de la *santé* médicale (et non pas dans les sciences physiques) – le « caractère qualitatif et normatif implicite », à peine dissimulé derrière une prétention métrique, des notions d'« excès » ou de « défaut » – notions que Canguilhem jugeait assez vagues en soi. L'objection de Canguilhem au « positivisme » de la thèse bernardienne était donc la non-possibilité en médecine ou en physiologie d'une définition *purement* objective du « normal » comme un fait. La norme, selon lui, c'est n'est pas purement, uniquement un état habituel équivalent à la majorité des cas, c'est aussi une mesure jugée souhaitable, voire, craignait-il, imposable à tous. L'objection première ou le soupçon de Canguilhem fut donc que, derrière la prétention métrique du scientisme médical, se cacherait une volonté d'instaurer et même d'*imposer* une seule et même mesure jugée souhaitable partout et toujours pour tous. Il y aurait un attachement – suspect à ses yeux – à ce qui doit impérativement être pour tous. Pour Françoise Duroux, c'est la « non-innocence des concepts » que s'est appliqué à dénoncer Canguilhem qui, d'après elle, soupçonnait la « vérité » d'avoir « partie plus ou moins liée avec des enjeux autres que ceux de la pure connaissance »[2].

Allure de vie individuelle du pathologique

Secundo, Canguilhem a contesté, en partie, le principe bernardien selon lequel l'état pathologique (le dérangement d'un mécanisme normal) n'est qu'une simple *variation quantitative* (exagération ou atténuation) de l'état physiologique, c'est-à-dire normal. En effet, selon lui, soutenir l'identité du

1. *Ibid.*, p. 25.
2. *Georges Canguilhem. Philosophe, historien des sciences*, Paris, Albin Michel, 1992, p. 49.

normal et du pathologique équivalait à « [réduire] la qualité à la quantité »[1]. Or, objectait-il, « la différence de valeur que le vivant institue entre sa vie normale et sa vie pathologique est-elle une apparence illusoire que le savant doit nier »[2]? Pour Canguilhem, que la science de la vie prît les phénomènes normaux et pathologiques pour des objets de même importance théorique n'entraînait pas que « la pathologie ne soit rien d'autre que la physiologie, et encore moins que la maladie, rapportée à l'état dit normal, n'en soit qu'un agrandissement ou une réduction ». Selon lui, on pouvait très bien envisager ici un « événement » fait par le jeu des fonctions « normales » de l'organisme, « sans nier que ce jeu [fût] nouveau ». Dit autrement : « Un comportement [pathologique] de l'organisme peut être en continuité avec les comportements [normaux] antérieurs, tout en étant un autre comportement ». À partir de la continuité peut surgir de l'altérité. Ou encore : « La progressivité d'un avènement n'exclut pas l'originalité d'un événement ». Le développement graduel de la pathologie à partir du normal n'écarte pas l'originalité de ce qui se produit. Dans l'esprit de Canguilhem, le fait qu'un symptôme pathologique, pris à part, traduise l'hyperactivité d'une fonction dont le produit en soi est strictement identique au produit de la même fonction dans des conditions dites normales ne veut pas dire que le mal organique ne soit pas pour autant, pour l'organisme, une nouvelle façon de se comporter relativement au milieu. C'est une « autre allure d'ensemble de la totalité fonctionnelle ». Pour Canguilhem, être « malade » pour un être humain, c'est vraiment « vivre d'une autre vie, même au sens biologique du mot »[3]. C'est une « *autre allure de la vie* »[4]. Canguilhem soutenait donc avec Kurt Goldstein (1878-1965) que « la norme en matière de pathologie est avant tout une norme individuelle »[5]. En résumé, Canguilhem ne contestait pas le fait qu'il existe, au niveau des mécanismes anatomo-physiologiques, de nombreux cas où le normal et le pathologique apparaissent bien comme de « simples variations quantitatives d'un phénomène homogène sous l'une et l'autre forme (la glycémie dans le diabète, par exemple) ». Toutefois, selon lui, « considéré dans son *tout*, un organisme est "autre" dans la maladie et non pas le même aux dimensions près [...] »[6]. Bref, s'il y a identité quantitative entre le normal et le pathologique (aux variations quantitatives près), il y a en même temps, pour le sujet, altérité qualitative entre

1. G. Canguilhem, *Le normal et le pathologique*, *op. cit.*, p. 66.
2. *Ibid.*, p. 40.
3. *Ibid.*, p. 49.
4. *Ibid.*, p. 51.
5. *Ibid.*, p. 72.
6. G. Canguilhem, « Le normal et le pathologique », 1951, dans G. Canguilhem, *La connaissance de la vie*, Paris, Vrin, 1965, p. 213.

le pathologique et le normal. Pour Canguilhem, la vie à l'état pathologique, c'est la présence d'autres normes qui, cela dit, sont la plupart du temps « dépréciées »[1] par les sujets qui en pâtissent.

Souplesse individuelle du normal

Lorsque Henri Ey (1900-1977), « approuvant les vues de Minkowski déclare : "Le normal n'est pas une moyenne corrélative à un concept social, ce n'est pas un jugement de réalité, c'est un jugement de valeur, c'est une notion limite qui définit le maximum de capacité psychique d'un être, il n'y a pas de limite supérieure à la normalité" », il suffisait, selon Canguilhem, de « remplacer psychique par physique pour obtenir une définition assez correcte de ce concept de normal que la physiologie et la médecine des maladies organiques utilisent chaque jour sans suffisamment se soucier d'en préciser le sens »[2]. Pour Canguilhem, le normal est donc un jugement de valeur qui définit le maximum de capacité physique et psychique individuelle d'un être humain et il n'y a pas de limite supérieure à cette normalité. De plus, le normal est foncièrement individuel au sens où, s'il y a des faits en physique – l'eau pure bout à 100 °C sous une pression atmosphérique normale –, il n'en va par contre pas exactement de même dans le domaine de la santé médicale ou de la vie. S'il est incontestable que, du point de vue physique, ne pas respirer entraîne la mort d'un être vivant, toutefois, du point de vue de la vie (individuelle), il n'est pas stipulé s'il lui faut pour autant respirer beaucoup ou peu. Canguilhem soutenait donc que « le normal n'a pas la rigidité d'un fait de contrainte collective mais la souplesse d'une norme qui se transforme dans sa relation à des conditions individuelles »[3]. En individualisant ainsi le normal, Canguilhem voulait juste dire que la « relativité du normal » était la règle d'un individu à l'autre. Cela ne voulait par contre pas dire que la distinction entre le normal et le pathologique ne demeurait pas, selon lui, « absolue », pour un *même* individu *donné*. Quand un individu commence à se sentir mal, il est bien devenu un « autre » homme[4] pour Canguilhem qui considère donc, d'une part, que « la frontière entre le normal et le pathologique est imprécise pour des individus multiples considérés simultanément » mais, d'autre part, qu'elle reste par contre « parfaitement précise pour un seul et même individu considéré successivement »[5].

1. G. Canguilhem, *La connaissance de la vie*, *op. cit.*, p. 214.
2. G. Canguilhem, *Le normal et le pathologique*, *op. cit.*, p. 72.
3. *Ibid.*, p. 119.
4. G. Canguilhem, *La connaissance de la vie*, *op. cit.*, p. 213.
5. G. Canguilhem, *Le normal et le pathologique*, *op. cit.*, p. 119.

Soutenir ainsi, d'une part, la relativité du normal et du pathologique d'un individu à l'autre – ce qui revient à dire que le normal a la souplesse d'une norme qui se transforme des conditions individuelles et que, de même, la norme en pathologie est avant tout individuelle – et affirmer, d'autre part, la *précision «parfaite»* de leur frontière pour un individu isolé à deux moments différents peut interpeller dans ce dernier cas de figure. De fait, Canguilhem avait bien conscience de ce que, si le normal se transforme dans des conditions individuelles (et n'a donc pas la rigidité d'un fait de contrainte collective), « il est clair que la frontière entre le normal et le pathologique devient imprécise ». Mais, en même temps, il considérait que cette imprécision ne ramène pas à une « continuité » entre eux ou à une « relativité du normal et du pathologique assez confuse pour qu'on ignore où finit la santé et où commence la maladie »[1]. C'est donc relatif mais pas confus au point de ne voir que continuité entre les moments successifs du normal et du pathologique chez un seul individu.

Santé silencieuse et infraction de la maladie

Dans cette perspective d'une relativité du normal et du pathologique et d'une non-innocence des concepts, Canguilhem pouvait-il définir le normal (et la santé) sans traduire un éventuel attachement de sa part à ce qui devrait dès lors être impérativement la norme en la matière? Nous pensons, disait-il, « comme Leriche que la santé, c'est la vie dans le silence des organes, que, par suite, le normal biologique n'est [...] révélé que par les infractions à la norme et qu'il n'y a de conscience concrète ou scientifique de la vie que par la maladie ». Comme avait en effet dit le chirurgien et physiologiste français René Leriche (1879-1955), «la santé, c'est la vie dans le silence des organes» et inversement, « la maladie, c'est ce qui gêne les hommes dans l'exercice normal de leur vie et dans leurs occupations et surtout ce qui les fait souffrir». Même si Leriche rappela que le silence des organes n'est pas nécessairement équivalent à l'absence de maladie et qu'il existe dans l'organisme des lésions ou des «perturbations fonctionnelles»[2] longtemps imperceptibles pour ceux dont elles mettent la vie en danger. Cela étant, pour Canguilhem, Leriche, ayant à définir la maladie, ne vit d'autres moyens de la définir que «par ses effets»[3]. De même, considérait-il que « la maladie nous révèle des fonctions normales au moment précis où elle nous en interdit l'exercice ». Et la « santé », c'est dès

1. *Ibid.*, p. 119.
2. *Ibid.*, p. 52.
3. *Ibid.*, p. 57.

lors l'« innocence organique » qui doit « être perdue, comme toute innocence, pour qu'une connaissance [en] soit possible » [1].

La santé : être normal et normatif

Défendant la thèse d'une souplesse particulière du normal et d'une allure de vie individuelle du pathologique – qui ne se traduit pas toujours par une maladie – et celle connexe du normal en tant que maximum de capacité psychique et physique d'un être, Canguilhem – pour qui, il n'y a pas de limite supérieure à la normalité – soutenait en synthèse qu'« être sain, c'est non seulement être normal dans une situation donnée » – la vie dans le silence des organes – mais que c'est aussi être « normatif, dans cette situation et dans d'autres situations éventuelles ». Normatif au sens de la « possibilité de dépasser la norme qui définit le normal momentané, la possibilité de tolérer des infractions à la norme habituelle et d'instituer des normes nouvelles dans des situations nouvelles » [2]. En effet, expliquait en 1943 Canguilhem, par « normatif », on entend généralement tout jugement qui apprécie ou qualifie un fait relativement à une norme. Mais, selon lui, ce mode de jugement est en réalité subordonné à « celui qui institue des normes ». Normatif est donc « ce qui institue des normes ». Et c'est en ce sens qu'il proposait de parler de « normativité biologique » [3]. En 1966, il définissait cette notion de « normativité » comme « la capacité biologique de mettre en question les normes usuelles à l'occasion de situations critiques » et proposait de mesurer la « santé » à la « gravité des crises organiques surmontées par l'instauration d'un nouvel ordre physiologique » [4]. Il était donc bien question d'« aborder l'existence en se sentant non seulement possesseur ou porteur mais aussi au besoin créateur de valeur, instaurateur de normes vitales » [5]. Bref, d'un point de vue « évaluatif », être normal, c'est être sain mais aussi, dans certains cas, être normatif au sens créatif du terme tant sur le plan physique que psychique, face à l'infraction des maladies dans l'innocence silencieuse de la vie et même, ajouterait un « mélioriste », être instaurateur de normes nouvelles de vie, sans même d'infraction.

1. G. Canguilhem, *Le normal et le pathologique*, *op. cit.*, p. 59.
2. *Ibid.*, p. 130.
3. *Ibid.*, p. 77.
4. *Ibid.*, p. 215.
5. *Ibid.*, p. 134.

Créer ses propres normes

Ainsi, si les analyses canguilhemiennes du normal et du pathologique « embrassent en théorie l'ordre biologique », elles concernent aussi, selon Jean-Jacques Salomon, « plus spécialement l'homme dont la normativité n'est pas docilité à une règle préétablie, mais pouvoir d'enfreindre, de varier, d'inventer les normes »[1]. De même, pour Dominique Lecourt, la notion d'« individualité » y a une « tonalité nouvelle, franchement nietzschéenne [...], sa normativité s'affirme comme une capacité, sans commune mesure, à créer des nouvelles normes qui s'instituent dans un rapport de forces le traversant lui-même ». La santé s'y trouve aussi redéfinie, au sens plus audacieux de « grande santé », non comme simple « marge » mais comme « risque affirmé et assumé par l'individu de franchir ses propres limites pour s'ouvrir de nouveaux horizons ». Ainsi, « une éthique du risque se profile, en franche opposition à toute morale de l'équilibre et de la conservation »[2]. Envisageant le sujet vivant sur le « plan de l'expérience »[3], Canguilhem a en effet soutenu que le normal a la « souplesse d'une norme qui se transforme dans sa relation à des conditions individuelles »[4]. Être sujet, c'est dès lors la revendication et l'usage de la liberté comme pouvoir individuel de contestation et de création des normes tant sur le plan humain que de la connaissance.

Une conception canguilhemienne qui se distinguait des tentatives (thérapeutiques) de restaurer ou de maintenir l'ordre de la bonne santé contre le désordre de la maladie. Des tentatives qui se fondaient sur le « primat général de l'ordre sur le désordre » et dont, comme le souligne Guillaume Le Blanc, la philosophie était bien une « philosophie de l'ordre » visant à garantir le « primat du normal sur le pathologique »; le corps visé étant un « corps politique sain » à conserver sous toutes ses formes[5]. Et comment ne pas y voir l'énoncé social d'un « discrédit [...] porté à l'endroit de tout désordre » ? Une des leçons de la thèse de 1943 de Canguilhem tiendrait alors en ceci : la norme scientifique qui s'est construite dans la volonté d'identifier le normal et le pathologique serait en fait une « norme sociale » cherchant, sur le terrain de la science, à « valoriser un dogme de la conservation contre le principe d'un changement ou d'une création renouvelée ». Une valorisation qui, selon Le Blanc,

1. J.-J. Salomon, « Canguilhem », *Revue de métaphysique et de morale*, 90e année, n° 1, 1985, p. 61.

2. *Georges Canguilhem. Philosophe, historien des sciences*, *op. cit.*, p. 268.

3. G. Canguilhem, *Le normal et le pathologique*, *op. cit.*, p. 131.

4. *Ibid.*, p. 119.

5. G. Le Blanc, *Canguilhem et les normes*, Paris, P.U.F., 1998, p. 48-49.

ne peut donc s'obtenir que par la « mise à l'écart de toute individualité biologique et de toute subjectivité vivante »[1].

Et c'est à cette philosophie (médicale) de l'ordre et de la conservation que Canguilhem – se référant, entre autres, à Ey – a voulu résister dès 1943 en suggérant d'introduire dans le domaine médical l'apport philosophique qu'offrait, selon lui, une conception psychiatrique du normal en tant que « jugement de valeur » et non en tant que « jugement de réalité ». Dans cette perspective (dite « évaluative »), pour Canguilhem – pour qui le vécu de l'individu est premier en médecine –, il n'y avait dès lors « pas de fait normal ou pathologique en soi ». Évoquant la notion connexe d'anomalie – sur le sens de laquelle il allait revenir vingt ans plus tard via la notion d'« erreur » –, il soutenait même, *à cette époque*, que, bien qu'étant un « fait » et un terme « descriptif »[2], « l'anomalie ou la mutation ne sont pas en elles-mêmes pathologiques ». Selon lui, elles expriment d'« autres normes de vie possibles ». Et si ces normes sont inférieures aux normes spécifiques antérieures quant à la stabilité, la fécondité et la variabilité de la vie, alors elles seront dites « pathologiques ». Mais si ces normes se révèlent par contre éventuellement équivalentes dans le même milieu ou supérieures dans un autre milieu, elles seront dites « normales ». Selon Canguilhem, « leur normalité leur viendra de leur normativité[3].

Au passage – mais c'est fondamental –, Canguilhem soulignait en 1943 que « le problème de la distinction entre l'anomalie – soit morphologique, comme [...] la sacralisation de la cinquième lombaire, soit fonctionnelle comme l'hémophilie, [...] – et l'état pathologique est bien obscur ». Or, il est pourtant bien important du point de vue biologique car il renvoie au problème général de la « variabilité des organismes, de la signification et de la portée de cette variabilité ». Ainsi, poursuivait-il, « dans la mesure où des êtres vivants s'écartent du type spécifique, sont-ils des anormaux mettant la forme spécifique en péril, ou bien des inventeurs sur la voie de formes nouvelles » ? D'après lui, « selon qu'on est fixiste ou transformiste, on voit d'un œil différent un vivant porteur d'un nouveau caractère ». Toutefois, disait-il en 1943, « on comprendra que nous n'ayons pas l'intention de traiter ici, même de loin, un tel problème. Nous ne pouvons cependant feindre de l'ignorer »[4].

1. G. Le Blanc, *Canguilhem et les normes*, *op. cit.*, p. 51.
2. *Ibid.*, p. 81.
3. *Ibid.*, p. 91.
4. *Ibid.*, p. 88-89.

Quoi qu'il en soit, pour l'heure, il soutenait donc que l'on peut donc vivre à la rigueur avec des malformations ou des affections, tant que l'on peut encore faire quelque chose de sa vie. C'est en ce sens, réitérait-il, que « tout état de l'organisme, s'il est adaptation à des circonstances imposées, finit, tant qu'il est compatible avec la vie, par être au fond normal ». Mai, bien entendu, dans ce dernier cas, « cette normalité est payée du renoncement à toute normativité éventuelle ». Cela dit, « l'homme, même physique, ne se limite pas à son organisme ». L'homme a en effet « prolongé ses organes par des outils » et il ne voit de ce fait dans son « corps » que le « moyen de tous les moyens d'action possibles ». C'est donc « au-delà du corps qu'il faut regarder pour apprécier ce qui est normal et pathologique pour ce corps même ». Ainsi, écrivait Canguilhem, du moment que l'homme a, par exemple, élargi « techniquement » ses moyens de locomotion, de la même manière, c'est se sentir « anormal » que de se savoir interdites certaines activités devenues pour l'espèce humaine à la fois un « besoin » et un « idéal ». Dans ces conditions, selon Canguilhem, on ne peut donc comprendre comment un même homme se trouve, à des moments différents, « normal ou anormal » dans des milieux propres à l'homme que si l'on comprend comment la « vitalité organique » s'épanouit chez l'homme en « plasticité technique » et « avidité de domination du milieu »[1].

La vie comme liberté d'aventure

Canguilhem affirma ensuite en 1951 que, comme il lui semblait donc reconnaître dans la « santé » un « pouvoir normatif de mettre en question des normes physiologiques usuelles par la recherche du débat entre le vivant et le milieu – recherche qui, selon lui, implique l'« acceptation normale du risque de le maladie » –, de même, il lui semblait que la norme en matière de psychisme humain, c'était aussi la « revendication et l'usage de la liberté comme pouvoir de révision et d'institution des normes, revendication qui implique normalement le risque de folie ». Dans cette perspective, la « santé » pour l'homme demeurait une « certaine latitude », un « certain jeu des normes de la vie et du comportement ». Comme disait en 1951 Canguilhem, « l'homme n'est vraiment sain que lorsqu'il est capable de plusieurs normes, lorsqu'il est plus que normal »[2]. Aussi, il distinguait deux conceptions du vivant : soit comme « système de lois » ou « lois de la vie », soit comme « ordre de la vie » ou « organisation de propriétés ». Dans le premier cas, les savants tenaient les lois

1. *Ibid.*, p. 133.
2. G. Canguilhem, *La connaissance de la vie*, *op. cit.*, p. 215-217.

de la nature pour des « invariants essentiels dont les phénomènes singuliers [constituaient] des exemplaires approchés mais défaillants à reproduire l'intégralité de leur réalité légale supposée ». Le singulier, c'est-à-dire l'écart, la variation, y apparaissait comme un « échec, un vice, une impureté »[1]. Par contre, dans la seconde conception du vivant comme « ordre de la vie » ou « organisation de propriétés », c'est-à-dire, une « organisation de puissances et une hiérarchie de fonctions dont la stabilité est nécessairement précaire, étant la solution d'un problème d'équilibre, de compensation, de compromis entre des pouvoirs différents, donc concurrents », l'irrégularité n'était plus conçue comme un accident affectant l'individu mais comme son « existence même »[2]. On pouvait donc interpréter la « singularité individuelle », soit comme un « échec » ou une « faute » (lois de la vie), soit comme un « essai » ou une « aventure » (ordre de la vie). De ce dernier point de vue, comme le faisait remarquer Canguilhem, aucun jugement de valeur négatif n'était porté car les essais ou les aventures que sont les formes vivantes y étaient considérés comme des organisations « dont la validité, c'est-à-dire, la valeur, [était] référée à leur réussite de vie éventuelle »[3]. En 1951, Canguilhem a donc pu laisser entendre, avec bienveillance, que la singularité individuelle (de la « folie », du « pathologique » ou de tout autre type de vie mentale ou physique) devrait être vue comme une « aventure » et non pas comme un « échec ». Autrement dit, la norme en matière de psychisme et de physique humain, ce serait, selon Canguilhem, la revendication de la liberté comme pouvoir de révision et d'institution des nouvelles normes et donc de rectification éventuelle de la signification du normal et du pathologique au travers de l'expérience vécue par le sujet vivant.

De même, en termes d'« essai » du vivant, comme disait en 1962 Canguilhem, « en présence d'un oiseau à trois pattes, faut-il être plus sensible à ceci que c'est une de trop ou à cela que ce n'est guère qu'une en plus » ? Dans cette dernière perspective, on pouvait alors juger la vie « timide ou économe ». C'est-à-dire, « sentir en soi du mouvement pour aller plus loin qu'elle ». Mais d'où venait, se demandait Canguilhem, « ce mouvement qui entraîne l'esprit des hommes à juxtaposer aux produits monstrueux de la vie, comme autant de projets susceptibles de la tenter, des grylles aux têtes multiples, des hommes parfaits […] » ? Venait-il de ce que « la vie serait inscrite, au sens géométrique du terme, dans la courbe d'un élan poétique dont l'imaginaire se fait la conscience en le révélant infini » ? Ou bien serait-ce que « les incartades de la

1. G. Canguilhem, *La connaissance de la vie*, *op. cit.*, p. 201.
2. *Ibid.*, p. 204.
3. *Ibid.*, p. 205.

vie inciteraient à l'imitation la fantaisie humaine, qui rendrait enfin à la vie ce qui lui fut prêté » ? Quoi qu'il en soit, c'était une autre question « épineuse » que posait cet élan infini : le risque de la « monstruosité » ou surtout celui du « monstrueux »[1] – c'est-à-dire, dans ce dernier cas, la création d'anomalies non-viables. Et en effet, si l'on voit dans la technique un mode de « création » susceptible de contribuer, pour l'homme, à créer ses propres normes et si l'on considère que ce dernier n'est vraiment sain que lorsqu'il est « plus que normal », alors les essais ou les aventures que seraient de nouvelles formes de vie, dont les validités ne seraient référées qu'à leurs réussites de vie éventuelles, ne comportent-elles pas le dilemme pour l'homme de devenir un « canard à trois pattes » : n'est-ce guère qu'une de plus ou vraiment une de trop ? L'homme au membre surnuméraire sera-t-il alors dit foncièrement anomal, moins que normal, ou plutôt un peu anormal, voire désormais « plus que normal » ?

Pierre-Frédéric Daled

POSTHUMAIN

Le concept pourrait aspirer à une légitimité philosophique depuis la conférence de Peter Sloterdijk intitulée « Règles pour le parc humain », qui évoque sous le terme « posthumanisme » un système de valeurs propice à relayer l'humanisme traditionnel, exténué dans ses versions littéraires, et à nous mettre en phase avec les « anthropotechniques » contemporaines. Mais sous sa forme substantivée, le posthumain reste à définir et les philosophes sont encore loin de s'y être frottés. Quand ils ne convoquent pas hâtivement la figure nietzschéenne du surhumain pour le tenter, ils réservent à la science-fiction le soin de donner figuration au fantasme du dépassement – ou même de la substitution – de l'humain qu'autoriseraient les technologies. Parmi eux, seuls s'aventurent à prendre au sérieux semblable fantasme ceux qui sont déjà disposés à accréditer la technique et l'imaginaire qui l'accompagne comme des objets dignes de réflexion, afin de satisfaire l'impératif philosophique de « penser ce qui est ».

En réalité, quand il n'est pas évacué comme simple « flatus vocis », le posthumain sollicite quiconque exprime l'ambition d'interroger d'abord les technologies sous l'angle de leur prétention à « améliorer et prolonger la vie

1. *Ibid.*, p. 222.

des individus et de l'espèce humaine» (statuts de l'Association française transhumaniste: *Technoprog!*), avant d'imaginer qu'elles puissent réaliser l'avènement d'un au-delà de l'humain. Rien d'étonnant si cet intérêt exploratoire rencontre en général les thèses paléoanthropologiques qui font de la technique (et du langage) le facteur de la co-évolution de l'homme et de son environnement. En ce sens, le questionnement sur la technologie (conjonction de «techné» et «logos») est évidemment fondamental et ne se dérobe pas devant les utopies posthumaines. Cela étant, le posthumain n'est pas prêt de recevoir une signification univoque car aucune homogénéité doctrinale ne se dessine dans les courants intellectuels qui en admettent la référence et la dignité conceptuelle: entre Nicolas Böstrom (fondateur de l'Association mondiale du Transhumanisme), Max More (à l'origine des Extropiens) et Ray Kurzweil (directeur de l'Institut de la Singularité), l'absence d'accord est à peu près totale: le premier annonce qu'il veut réaliser le bien-être et la perpétuation de l'humanité, le second éliminer l'entropie qui nous voue à l'extinction, et le troisième préparer la venue d'une Singularité qui rendra notre espèce obsolète…? Il est difficile dans ces conditions de faire allégeance à quelque chose qui se nommerait «transhumanisme» et qui dessinerait les contours du posthumain: tantôt l'intention semble hyperhumaniste (perfectionner l'homme), tantôt elle paraît cynique (abandonner l'homme pour une autre espèce). Dans le premier cas, le posthumain ne serait guère davantage que ce qu'on nomme de plus en plus communément «l'homme augmenté»; dans le second, il désignerait un être inédit, produit de l'émergence autorisée par les variations induites par les manipulations technologiques.

Faut-il le déplorer? Le transhumanisme n'est pas une philosophie susceptible d'offrir une organisation conceptuelle et argumentative ni même un questionnement métaphysique. Il se borne à s'affirmer parfois comme un matérialisme mais, parfois aussi, comme un spiritualisme inspiré de Teilhard de Chardin ou d'un dualisme assez naïf. Moins qu'une philosophie, c'est un simple plaidoyer favorable à la cause des technologies innovantes et souvent un catéchisme à l'usage de ceux qui veulent croire dans le pouvoir régénérant des machines – le posthumain étant le nom générique du «focus imaginarius» qui tient lieu d'idéal commun.

Vecteur du posthumain, le transhumanisme n'est pas non plus une utopie, si l'on entend par là le récit descriptif d'un monde idéal: il ne se veut pas normatif ni même critique du *statu quo*, il n'impose pas un devoir-être dont il chercherait à offrir la figuration sous la forme du posthumain. Son imaginaire se borne à l'extrapolation à partir des possibles technologiques identifiables dans le présent (cf. *Engins de création* d'Éric Drexler, ou *Humanité 2.0* de Kurzweil). Tout au plus exhibe-t-il des exemplarités annonciatrices de l'inédit : qu'on songe à Kevin Warwick se proposant comme « le premier cyborg » bientôt capable, entre autres prouesses, de communiquer avec les autres par télépathie grâce à l'implantation d'émetteurs-récepteurs d'ondes électromagnétiques.

Nonobstant la tentative de Sloterdijk, le posthumain pris en charge par le transhumanisme n'intervient pas dans le cadre d'une axiologie : il n'est pas concerné par l'éthique et par la question de l'organisation de la vie collective en vue du Bien. L'horizon ultime du transhumanisme n'est pas social : c'est au mieux l'anticipation d'une réalisation de soi solitaire. L'imaginaire de la SF, les films comme *Blade Runner* ou *Matrix*, le suggèrent : la perfection du posthumain est synonyme d'un isolement souverain, prouvant par là que la communication entre les êtres suppose la préservation de leur inachèvement. Le transhumanisme est d'abord l'annonce qu'une transition se dessine sous nos yeux qui appelle notre adhésion à ses promesses, sinon notre désir. Mais il ne porte pas d'encouragement à la militance ni au complot sectaire. Les NBICs résument les promesses qui convergeront, une fois réalisées, sur l'au-delà de l'humain : naissance calculée, souffrance conjurée, vieillissement neutralisé, mort involontaire écartée, dépollution de l'environnement assurée…

Autant le souligner : le fantasme d'un posthumain se nourrit d'un mouvement d'opinions qui puise son mobile dans une désaffection pour l'humanité telle qu'elle est (frileuse, fermée sur soi, fragile…) et telle qu'elle est apparue dans l'histoire récente (monstrueuse, suicidaire…). Un « techno-prophète », Jean-Michel Truong, réclame le posthumain pour conjurer l'humanité qui s'est rendue capable d'Auschwitz et d'Hiroshima. La généalogie des utopies posthumaines, telle que Rémi Sussan la décrit, identifie dans la contre-culture américaine le refus d'une humanité bloquée sur des objectifs de consommation, sur des objectifs d'hégémonie guerrière ou des idéologies totalitaires – refus qui appelle la rupture et non pas la réforme, une révolution métaphysique et non pas l'instauration d'une politique. Timothy Leary figure dans cette généalogie comme celui qui invita d'abord à l'évasion grâce au LSD avant de découvrir dans les technologies du virtuel puis les biotechnologies le moyen de s'offrir l'immortalité et la fusion avec le tout – en d'autres termes : la posthumanité. Par où l'on s'explique que le transhumanisme apparaisse parfois comme un brouet de technologisme, de mystique et de spiritualité néo-bouddhiste, à la manière dont la revue *Planète* de Louis Pauwels, dans les années 1960, associait Teilhard de Chardin et Aurobindo au scénario d'une humanité à venir (voir par exemple le n° 14 de *Planète* de janvier-février 1964).

À cet égard, la projection d'un horizon posthumain semble le revers des désillusions modernes. L'idéologie d'un progrès continu de l'espèce, telle que le siècle des Lumières l'a fondée, est résolument périmée. C'est dans la rupture et l'arrachement de l'humanité à elle-même que consiste désormais la seule issue. Les technologies que nous avons inventées et qui déploient à présent des comportements autonomes sont le moyen de cet arrachement prétendument salutaire. Il faut les laisser se développer et se confier aux objets intelligents qu'elles produisent. Nous leur avons délégué le soin de réaliser l'autonomie que nous nous promettions à nous-mêmes dans le contexte des idéologies révolutionnaires, à titre d'idéal émancipateur. Le posthumain que généreront les technologies se présente ainsi comme le substitut à l'humanité accomplie dont nous avons rêvé. Il est donc compréhensible que le transhumanisme s'impose, malgré le disparate de ses versions, comme le symptôme de la démesure moderniste et la tentative pour lui donner une issue : être moderne, c'était en un premier temps « vouloir le perfectionnement indéfini », mais bientôt, ce fut « vouloir l'augmentation des facultés innées », et c'est à présent « vouloir être relevé par les machines », à l'image de l'homme d'acier du futurisme italien qui ne pensait pas anticiper le posthumain en annonçant que nous serions bientôt débarrassés du corps (« de la viande ») et de la procréation sexuée (« de la femme »). Le ressort de la fascination pour les thèmes transhumanistes et posthumanistes tient pour beaucoup à « la honte prométhéenne d'être soi » (G. Anders), au sentiment d'insuffisance et à la dépression (A. Erhenberg) produite par un monde qui a éliminé l'homme au profit des machines, qui a fait prévaloir la loi des machines, en réduisant l'humain à l'élémentaire de schémas béhavioristes ou des explications neurobiologiques. Dans ce qu'il a de plus positif, le posthumain – associé au programme transitoire d'une humanité augmentée (H+) – fonctionne comme un anxiolytique : il remédie à l'inquiétude existentielle moderne, telle que Tocqueville avait prévu qu'elle se développerait dans les démocraties individualistes et de plus en plus désenchantées. Il relève d'une hypermodernité réconciliatrice dans laquelle la valeur de dépassement de soi est associée à l'ambition de fusionner avec les machines issues du génie humain – des machines désormais capables de nous surprendre et de nous transfigurer.

Avec la figure indéterminée du posthumain, le transhumanisme entretient le fantasme d'une maîtrise de l'évolution biologique – une maîtrise qui sollicite, pêle-mêle, pour s'exprimer l'évocation de Francis Galton et son eugénisme adaptatif aux exigences des machines, la référence à Julian Huxley et son contrôle néo-lamarckien de l'évolution, le recours à une vulgate teilhardienne favorable à une Conscience déliée des pesanteurs du corps comme du péché originel… L'évolution a sélectionné *homo faber* qui a développé une civilisation technicienne. On se dit que la technique pourrait aujourd'hui s'appliquer rétroactivement à cette évolution aléatoire et lui imposer de sélectionner l'espèce qui émergera de ses réalisations. Le transhumanisme s'imagine en passe de faire la démonstration de l'effet réversif de l'évolution darwinienne. Chaque réalisation technique apparaît comme l'introduction d'une variation soumise aux pressions sélectives d'un environnement de plus en plus contrôlé technologiquement; cette variation est susceptible de laisser s'installer des mutations appelées à être indéfiniment dupliquées, de sorte qu'en émergera l'inédit qui sera ainsi sélectionné dans le cours de l'évolution. On appellera cet inédit la « Singularité », le Successeur », le « Point Oméga »..., comme on voudra. Mais il achèvera la transition et nous projettera dans le posthumain.

Répétons ici que, malgré cette ambition de contrôler l'évolution, le transhumanisme n'est pas un volontarisme (pas plus que n'était volontariste la révolution métaphysique réclamée par la *beat generation* des années 1960-1970). D'où le fait qu'il n'est pas prosélyte ou militant. Chez ceux qui se reconnaissent une filiation avec la contre-culture ou la cyberculture, il traduit un culte du hasard et de la déprise. L'intervention est inutile, de même que l'engagement politique : il suffit, pour faire advenir l'au-delà de l'humain, de mettre en place les circonstances de la mutation, en multipliant les possibles techniques. Ces circonstances vont modifier les conditions initiales des systèmes complexes qui qualifient les organismes individuels et sociaux, ainsi que les écosystèmes. À partir de là, le hasard jouera son rôle et fera surgir ce qui méritera d'être retenu par l'évolution. On sera débarrassé de ce qui est et qui est devenu intenable, au profit d'un radicalement nouveau qui ré-ouvrira le champ des possibles. Tel est le ressort de cette hybridation de la modernité technicienne avec l'Orient qui nous hante depuis des décennies et qui confie au taoïsme et à ses avatars le soin de nous débarrasser du souci du futur, tout en nous promettant d'épouser ainsi le cours des choses. Il y a aussi, de ce point de vue, une solidarité de fond entre ce transhumanisme et les thèmes de l'écologie profonde, dans le refus de la volonté de transformer la nature autrement qu'en lui soumettant les possibles que son métabolisme intégrera ou rejettera. L'attente du posthumain traduit le fait que l'immaîtrise doit paradoxalement devenir l'objet d'une ascèse.

Le transhumanisme a-t-il de l'avenir? En tant qu'il offre avec le posthumain une « vision » à un monde hanté par l'innovation technologique et livré à une aveugle fuite en avant, il peut avoir la vertu d'une caution intellectuelle, voire d'une légitimation idéologique. Il peut donner du sens à ce qui paraît ne plus en avoir : l'innovation à tous prix est en effet de plus en plus perçue comme une absurdité, comme uniquement justifiée par le handicap de compétitivité et les impératifs d'une mondialisation dépourvue de repères humains. Le transhumanisme prétend au contraire ramener les technologies à l'homme, à ses conditions de vie et à ses aspirations, fussent-elles les plus folles (l'immortalité et le posthumain, par exemple). Mais le transhumanisme devra sans doute, de plus en plus, affronter les réactions qui entendent s'opposer à la technologisation généralisée et qui perçoivent dans le posthumain l'alibi d'un insupportable destin : les mouvements en faveur d'une simplicité volontaire, l'éthique de la vulnérabilité, les revendications altermondialistes, les valeurs défendues par l'écologie politique… De ce point de vue, les transhumanistes les plus instruits ne pourront se limiter à vouloir « penser la technique », à la manière des heideggériens qui y voient l'occasion de retrouver la question de l'Être. Il leur faudra entrer dans l'arène avec des arguments sociopolitiques destinés à justifier les moyens mis en œuvre dans les sociétés développées pour faire triompher la cause des techniques d'augmentation de l'homme, sinon celle des instruments de son dépassement dans le posthumain.

Jean-Michel Besnier

PRÉHUMAINS ET HOMINISATION

Préhumains

L'histoire des préhumains de la sous-famille des homininés débute avec la découverte, en 1924, par le paléontologue Raymond Dart (1893-1988), d'un petit crâne appartenant à un enfant d'environ 3 ans, mis au jour dans une carrière à Taung, près de Kimberley en Afrique du Sud. Le crâne est fossile et provient de niveaux très anciens – cette ancienneté est aujourd'hui estimée à environ 2,5 MA (millions d'années). Dans la mesure où ce crâne de jeune enfant n'appartient ni à un singe, ni à un homme, Dart ne peut que le classer dans un nouveau genre, qu'il baptise Australopithèque (*Australopithecus africanus*), c'est-à-dire « singe de l'Afrique australe ». Depuis, les recherches se sont poursuivies, et des milliers d'ossements fossiles africains ont largement confirmé les conclusions de Dart. Surtout, elles ont permis d'identifier plusieurs espèces, mais aussi de nouveaux genres. Aujourd'hui, les paléoanthropologues reconnaissent l'existence de cinq genres fossiles différents dans la sous-famille des homininés, chacun ayant inclus plusieurs espèces. Le plus ancien a été découvert en 2002 par Michel Brunet et son équipe dans le site de Toros-Menalla au Tchad (2006). Il a vécu il y a 7 MA et est représenté par des restes osseux appartenant à 6 individus. Ses caractéristiques anatomiques particulières ont permis de le ranger dans un genre différent de celui de *Homo*, baptisé *Sahelanthropus tchadensis* (l'homme du Sahel tchadien). L'un des crânes, particulièrement bien conservé, a reçu le nom de Toumaï (« espoir de vie » en langue Goran). Il était bipède et présentait plusieurs caractéristiques évoluées, parmi lesquelles une face peu projetée vers l'avant et une importante capacité crânienne (320 à 380 cm³). Une autre découverte, faite par Brigitte Senut et Martin Pickford en 2000 dans les montagnes de Tugen au Kenya, avait livré les restes d'un autre homininé, également bipède, daté à 6 MA (2008). Il fut baptisé *Orrorin tugenensis* (l'homme des origines des collines de Tugen). Enfin, parmi les fossiles les plus anciens actuellement connus, il faut encore mentionner l'Ardipithèque (*Ardipithecus*), dont deux espèces sont actuellement déterminées : *ramidus* (de *ramid*, « racine » en langue Afar) et *Kadabba* (du nom de la région d'origine). Ces homininés ont vécu entre 4,4 et 5,5 MA et présentaient une bipédie proche de celle des Australopithèques.

Quant aux Australopithèques, on en dénombre actuellement six espèces, toutes africaines :

Australopithecus anamensis (du lac), *afarensis* (des Afars, en Éthiopie) – dont Lucy et le jeune enfant de Dikika sont les plus connus –, *gahri* (« surprise », car il était accompagné d'outils), *bahrelghazali* (de la rivière des gazelles), *africanus* (africain) *et sediba* (« des origines », en langue bantoue). Les trois premières ont vécu en Afrique de l'Est – Éthiopie et Kenya –, la cinquième (*bahrelghazali*) au Tchad, les deux dernières en Afrique du Sud. Les Australopithèques ont vécu entre 4,2 et 2 MA. Avec une capacité cérébrale allant de 380 à 450 cm³, leur cerveau est plus volumineux que celui des grands singes. L'analyse des restes osseux montre qu'ils possédaient deux modes de locomotion distincts : une bipédie permanente (avec une démarche chaloupée) et l'arboricolisme (avec les avantages d'un poids faible et d'articulations leur donnant une grande aisance dans les arbres). Ils mesuraient entre 1,10 et 1,40 m et pesaient entre 30 et 40 kg. Après la disparition des Australopithèques, vers 2 MA, apparaissent d'autres homininés, qui en sont vraisemblablement les descendants : les Paranthropes (*Paranthropus*) ou « presque-hommes ». Ils ont conservé de leurs ancêtres probables de nombreuses caractéristiques, mais se sont adaptés à un milieu qui s'est modifié à la suite de changements climatiques importants. On en connaît aujourd'hui trois espèces : *aethiopicus*, *boisei* (du nom de Charles Boise) et *robustus*. Les deux premières sont éthiopiennes, la troisième sud-africaine. Ils apparaissent vers 2,7 MA et disparaissent vers 1 MA. Leur conformation est robuste. Leur taille est comprise entre 1,20 et 1,50m et leur poids entre 30 et 50 kg. Leur capacité cérébrale s'étend de 420 à 500 cm³ (jusque 600 cm³ pour l'une des espèces). Le Paranthrope était également bipède, mais il ne pouvait guère se déplacer sur de très longues distances. Son poids devait gêner un arboricolisme encore pratiqué de manière occasionnelle.

Comment cerne-t-on aujourd'hui le processus de l'hominisation ? La *doxa* a retenu des travaux de Charles Darwin (1809-1882) une formule lapidaire qui a fait date : l'homme descend du singe. Cette idée d'un ancêtre arboricole de l'homme a été posée dès la fin du XIXe siècle par d'éminentes personnalités scientifiques comme Thomas Henry Huxley (1825-1895), Ernest Haeckel (1834-1919) ou Arthur Keith (1866-1955). Mais comment expliquer par les seules lois de la nature cette évolution qui devait conduire d'un ancêtre arboricole à un humain bipède permanent ? C'est Yves Coppens qui a apporté l'une des premières explications adaptées aux faits géologiques et paléontologiques. Son point de départ a été qu'une particularité géographique ou géomorphologique était susceptible de justifier l'apparition de la bipédie permanente en Afrique orientale, où les Australopithèques semblaient alors confinés (1983). Il faut rappeler que l'Afrique est déchirée par un énorme fossé d'effondrement que les géologues appellent « le grand rift africain » et qui s'étend jusqu'au lac Malawi au sud. Sa mise en place a probablement débuté il y a 20 MA pour s'achever vers 8 MA. Selon Coppens, les contreforts de ce grand fossé d'effondrement auraient constitué une barrière bloquant les pluies venant de l'océan Atlantique, avec comme conséquence fondamentale que la partie occidentale de l'Afrique serait restée boisée (grâce à un régime pluvieux) et que la façade orientale aurait évolué progressivement vers un milieu de savane (à cause du manque de pluie). Cette différence de milieu aurait entraîné l'apparition de nouvelles espèces (spéciation par vicariance) à partir d'espèces ancestrales qui auraient vécu dans les deux zones avant la mise en place de cette barrière géologique. À l'ouest du rift, l'ancêtre commun aurait évolué en donnant les grands singes adaptés à la forêt et donc orientés vers l'arboricolisme ; à l'est, il se serait adapté à son nouveau milieu de savane en se redressant. Ce modèle s'est imposé. Toutefois, les recherches engagées en Afrique centrale par Michel Brunet ont livré des fossiles qui remettent en cause ce scénario. Ses travaux ont, en effet, apporté une nouvelle espèce d'Australopithèques (*bahrelghazali*), ainsi que la remarquable trouvaille de Toumaï (*Sahelanthropus tchadensis*), datée à 7 MA, tous deux provenant du Tchad, à quelque 2.500 km à l'ouest du grand rift (2006). Or, les recherches géologiques et paléontologiques menées indiquent pour ces très anciennes époques un milieu boisé. De même, les analyses de Brigitte Senut et de Martin Pickford dans les monts Tugen en Éthiopie confirment, grâce à la découverte d'Orrorin, l'existence vers 6 MA d'un homininé bipède vivant dans un milieu boisé et riche en eau (2008).

Aujourd'hui, la multiplication des découvertes d'homininés fossiles, en Afrique en particulier, oblige à reconsidérer la difficile question des origines de l'homme. Deux d'entre elles ont fait chavirer notre représentation des origines : celles d'Orrorin et de Toumaï. Orrorin date de 6 MA et Toumaï de 7 MA; ils sont donc beaucoup plus vieux que Lucy (3,2 MA) ou que l'Ardipithèque (entre 4,4 MA et 5,4 MA). Or, Orrorin et Toumaï présentent une bipédie permanente plus évoluée que celles de ces genres plus récents. La conséquence de ce constat est énorme : la bipédie de type humain est présente dès le début de l'histoire des homininés et les genres plus récents se sont spécialisés vers des modes de locomotion (bipédie moins permanente et arboricolisme) plus en accord avec le milieu dans lequel ils évoluaient. Ils semblent donc avoir pris une voie propre dans la grande histoire des homininés. Comme l'a si justement remarqué Yvette Deloison (2004 : 158), sur la base de la loi de l'irréversibilité des caractères, on peut avancer que *l'homme, avec les caractères primitifs de ses mains ... et ses pieds spécialisés par son type de bipédie permanente, ne peut avoir un ancêtre qui aurait pratiqué un mode de locomotion arboricole ou quadrupède terrestre*. Quant aux grands singes africains actuels, dont on ne possède pas de restes fossiles, il faut également constater leur grande spécialisation dans le grimper aux arbres. Il est dans ce cas aussi difficile d'y voir un caractère premier.

Hommes fossiles

Au XVIIIe siècle, dans son système classificatoire Carl Linné (1707-1778) inclut l'homme au sein du Règne animal dans la Classe des Mammifères et, à l'intérieur de celle-ci, dans l'Ordre des Primates. Il le range dans le genre *Homo* comme une espèce particulière (*sapiens*), comprenant plusieurs variétés (les races). Le père de la Systématique ne pouvait évidemment pas se douter que deux siècles plus tard, à la faveur de l'évolutionnisme, des archéologues exhumeraient des restes d'homininés (sous-famille des hominidés, incluant les grands singes et les hommes) appartenant à d'autres espèces que la nôtre. Dès 1856, la grotte Feldhofer de la vallée de la Neander – Neanderthal – en Allemagne livre les restes fossiles d'un être bipède dont les caractéristiques anatomiques sont trop différentes pour qu'il puisse être assimilé à notre humanité. D'abord étudiés par Johann Karl Fuhlrott (1803-1877), ces restes seront attribués à une espèce distincte, appelée par le géologue irlandais William King (1809-1886) *Homo neanderthalensis*. En 1868, l'abri sous roche de Cro-Magnon en Dordogne (France) fournit les restes de plusieurs individus fossiles anatomiquement identiques à nous. Louis Lartet (1840-1899), qui les étudie, montre que *Homo sapiens* a donc existé durant la préhistoire, et plus précisément durant le Paléolithique supérieur (cf. « Préhistoire »). Quelques années plus tard, en 1891, le médecin hollandais Eugène Dubois (1858-1940) découvre à Java (en Indonésie), dans des terrains très anciens de la vallée de la Solo, les restes fossiles d'un être dont les caractères morpho-anatomiques sont à ce point « primitifs » qu'ils rappellent la conformation de certains grands singes. C'est pourquoi le découvreur le place dans un genre différent de l'homme, qu'il baptise « Pithécanthrope » (*Pithecanthropus* = singe-homme), terme emprunté au biologiste allemand Ernest Haeckel (1834-1919). Toutefois, Dubois, en bon anatomiste, montre aisément que cette créature était bipède (*erectus*). Avec *Pithecanthropus erectus* s'est donc posée la question de la frontière entre l'humanité et l'animalité. À l'époque, il est acquis qu'il existe des hommes très anciens présentant des caractères franchement distincts de ceux de notre humanité. Le transformisme ou l'évolutionnisme permettent de penser cette diversité. Contrairement à Linné ou aux naturalistes du XVIIIe siècle, de nombreux savants ne pensent plus, en 1891, que les espèces ont été créées une fois pour toutes et qu'elles sont restées identiques depuis le moment de leur création, comme le veulent les créationnistes. Ils estiment, au contraire, que l'homme, comme tous les autres êtres vivants, a évolué en se perfectionnant graduellement, d'une forme simienne à une forme humaine. Trop de particularités anatomiques rattachent cependant le Pithécanthrope à l'homme, et en 1964 il sera inclus dans le genre humain (*Homo erectus*). Entre-temps, en 1924, Raymond Dart (1893-1988) avait créé un nouveau genre pour le fossile d'un crâne de jeune enfant découvert dans la carrière de Taung, en Afrique du Sud. Trop éloigné des grands singes, ce juvénile ne pouvait pas non plus être rattaché aux hommes. Dart en fera l'Australopithèque africain (*Australopithecus africanus*). Cette découverte devait secouer la communauté scientifique : d'une part, l'origine de l'homme devait être cherchée en Afrique et non en Orient, berceau des civilisations; d'autre part, le point de départ de l'humanité s'enracinait dans l'ère géologique tertiaire (vieille de plusieurs millions d'années) et non dans le Quaternaire, comme l'avait affirmé le géologue britannique Charles Lyell (1797-1875). (Pour les découvertes récentes, cf. « Préhumains »).

Aujourd'hui, on peut dresser un bilan – évidemment provisoire – des différentes espèces du genre humain (*Homo*). Dans l'état actuel des connaissances, l'humanité apparaît en Afrique vers 2,4 MA. Les premières découvertes associées à des outils avaient permis à Louis Leakey, Philip Tobias et John Napier en 1964 de les inclure dans l'espèce *habilis* (habile). La multiplication des trouvailles a conduit les spécialistes à distinguer deux espèces : *Homo habilis* et *Homo rudolfensis* (du lac Rodolphe, aujourd'hui Turkana, au Kenya). La première est distribuée dans l'est de l'Afrique (Kenya, Éthiopie, Tanzanie), mais aussi en Afrique du Sud; elle disparaît vers 1,6 MA. La seconde, définie par Valérie Pavlovitch Alexeev en 1978, a vécu uniquement en Afrique orientale (Kenya, Malawi) et s'est éteinte vers 1,7 MA, sans doute à cause d'une péjoration climatique. La seconde génération d'humains est constituée par *Homo ergaster* (l'homme-artisan), qui apparaît vers 2 MA en Afrique orientale et disparaît vers 1 MA. Ses caractéristiques morpho-anatomiques sont bien connues grâce à la découverte du squelette pratiquement complet de l'adolescent de Nariokotome au Kenya. Par de nombreux caractères, *Homo ergaster* est proche de notre humanité (pneumatisation du crâne avec un volume cérébral important [700 à 950 cm^3] ; haute stature [1,55 à 1,70 m], avec des membres supérieurs plus courts que les membres inférieurs ; conformation du pied identique à la nôtre ; apparition d'une taille grâce à l'espace augmenté entre les dernières côtes et le bassin...). Grâce à une bipédie plus efficace, il quitte rapidement l'Afrique et gagne l'Ancien Monde. Confrontés à des conditions climatiques et mésologiques très différentes de leur foyer d'origine, ses descendants évolueront dans des sens différents. En Asie (Indonésie, Chine), ils s'imposeront sous la forme de l'espèce *Homo erectus*, qui elle-même évoluera (vers 300.000 ans) pour donner *Homo soloensis* (l'homme de Solo à Java) et *Homo floresiensis* (l'homme de l'île de Flores, forme nanifiée d'*erectus* découverte dans la grotte de Liang Bua). La première espèce disparaîtra vers 30.000 ans, la seconde vers 15.000 ans. En Géorgie, *Homo ergaster* est présent dès 1,81 MA dans le site de Dmanisi, avec de minimes différences qui ont conduit Leo Gabunia à l'inclure dans une espèce (ou une variété) distincte (*Homo georgicus*). Les restes de *Homo ergaster* sont également présents en Europe dans le site espagnol d'Atapuerca (Sima del Elefante et Gran Dolina) entre 1,2 MA et 800.000 ans (*Homo antecessor*). Cette forme semble évoluer vers une espèce distincte : *Homo heidelbergensis* (l'homme de Heidelberg, parce que le premier document a été découvert dans la sablière de Mauer, à proximité de Heidelberg), aussi connu sous le nom d'Anténéandertalien. Cette humanité apparaît vers 800.000 ans et évolue progressivement vers une nouvelle espèce, à laquelle elle cède la place vers 250.000 ans, *Homo neanderthalensis* (l'homme de Néandertal), qui elle-même s'éteindra vers 30.000 ans. En Afrique, enfin, *Homo ergaster* donnera vers 1 MA une forme annonçant par certains caractères *Homo sapiens* (l'homme de Buya, en Érythrée). Cette humanité est identifiée entre 600.000 et 150.000 ans en Afrique orientale (Bodo d'Ar, Herto, Kibish, en Éthiopie). Elle quittera son Afrique natale et gagnera progressivement toutes les régions du monde. On la retrouve dès 100.000 ans au Proche-Orient (Qafzeh, Skhul), vers 60.000 ans en Australie (Lac Mungo) ou vers 40.000 ans en Europe, où elle est représentée par ses restes (Mladeč en Moravie) ou par ses industries (Kozarnika en Bulgarie, par exemple).

Préhistoire

Au sens général, la préhistoire est la discipline qui étudie les peuples sans écriture. Même si elle est acceptée, cette définition appelle toutefois quelques nuances et des précisions. Considérée strictement, cette définition devrait englober la majorité des populations du globe. À l'échelle humaine, l'écriture est, en effet, une pratique qui reste exceptionnelle et récente. En Europe, elle est connue depuis deux millénaires environ, si l'on excepte toutefois les signes gravés sur statuettes d'argile de la culture néolithique de Vinta (Bulgarie), datés entre 5.000 et 3.800 avant notre ère, et qui selon Émilia Masson (1984) font « système » par la récurrence de motifs similaires sur plusieurs documents. Dans ce cas, l'histoire débuterait ponctuellement dans une culture néolithique est-européenne isolée, avant que ses descendants ne se retrouvent plongés dans la préhistoire. Au Proche-Orient, les balbutiements du Sumérien placent les débuts de l'écriture à Uruk dans le sud de la Mésopotamie dès la fin du quatrième millénaire. On y trouve alors des signes pictographiques sur tablettes d'argile. De même, en Chine quelques documents sur tesson céramique mis au jour dans les ruines de Pingliangtai en 2006 pourraient situer les confins de l'écriture vers 4.500 avant notre ère. Quant aux signes idéographiques, qui notent des oracles sur plastron de tortue ou sur os, ils ne remontent guère avant 1.300 avant notre ère (Dynastie Shang). En Égypte, les premiers hiéroglyphes connus datent de 3.200 avant notre ère, soit peu avant la première dynastie. Pour les autres continents, elle est plus tardive encore : les glyphes olmèques et mayas sur stèle de pierre ne remontent pas avant le 1er millénaire avant notre ère. Enfin, de nombreuses civilisations ne l'adopteront que sous l'influence de colonisateurs occidentaux. Inuits, Fuégiens et autres Tasmaniens, par exemple, ignoraient encore cette pratique à la fin du XIXe siècle ou au début du XXe siècle. En fait, cette séparation – préhistoire sans texte et histoire avec texte – est toute symbolique. Il faut en convenir, les documents de ces hautes époques ne nous livrent aucune information sur les modes de vie de leurs auteurs. Ils sont soit des comptes, soit des sentences, toujours tirés de leur contexte. Il n'est évidemment pas possible que le préhistorien gère tous les groupes sans écriture. C'est pourquoi les sociétés subactuelles ou récentes sont du ressort de l'anthropologie sociale, et les populations anciennes seules sont étudiées par les préhistoriens.

Encore, il ne saurait être question aujourd'hui de considérer tous les groupes sans écriture de façon monolithique. Les spécialistes font, en effet, une première distinction entre des populations sans écriture – qui relèvent de la préhistoire au sens strict du terme – et les sociétés qui ignorent l'écriture mais sont entourées de groupes qui la pratiquent (les Celtes et les Romains, par exemple) – qui trouvent leur place dans la protohistoire. Enfin, la préhistoire ne peut être considérée comme un ensemble unique. Traditionnellement, les spécialistes distinguent encore les groupes nomades pratiquant une économie de chasseurs-cueilleurs et ceux, sédentaires, possédant une économie d'éleveurs et/ou de cultivateurs. Les premiers sont rassemblés dans le Paléolithique et le Mésolithique, les seconds dans le Néolithique. Une fois encore, une séparation trop nette ne rendrait pas compte d'une réalité que l'archéologie nous révèle être plus complexe qu'on a pu le penser : les travaux récents montrent, par exemple, que des populations paléolithiques étaient déjà largement sédentarisées, y compris durant des périodes anciennes, alors que certains groupes d'éleveurs néolithiques ont pratiqué le nomadisme. C'est dire que les modes de vie n'épousent pas le schéma évolutif linéaire un peu simpliste que l'on s'est trop souvent plu à mettre en évidence.

Forgé en 1865 par John Lubbock (1834-1913), le terme Paléolithique (« Âge de la Pierre ancienne » ou « Âge de la Pierre taillée ») couvre la période la plus ancienne de la préhistoire. Elle débute au moment où un homininé apparaît (vers 7 millions d'années – MA – en Afrique, dans l'état actuel des connaissances) et se termine à la fin du Pléistocène supérieur (vers 10.000 ans). Elle est subdivisée en Paléolithique archaïque, inférieur, moyen et supérieur. En Europe, où le cadre chronologique est le mieux connu, le Paléolithique archaïque s'étend d'environ 2 MA jusqu'à 600.000 ans. Des niveaux de cette époque ont livré des restes humains appartenant à des variétés de *Homo ergaster* (*Homo antecessor*, à Atapuerca en Espagne et *Homo georgicus* à Dmanisi en Géorgie). Le Paléolithique inférieur s'étend de 600.000 à 300.000 ans. L'homme de cette époque présente des caractéristiques qui annoncent les Néandertaliens de l'époque suivante, si bien qu'ils ont été baptisés Anténéandertaliens ou *Homo heidelbergensis*, d'après le fossile provenant de la sablière de Mauer, non loin de Heidelberg. Les Néandertaliens, quant à eux, ont vécu durant le Paléolithique moyen entre 300.000 et 30.000 ans. Ils ont progressivement été remplacés par les représentants fossiles de notre humanité (*Homo sapiens*), sans qu'il y ait actuellement de traces archéologiques de leur rencontre. Cet homme de Cro-Magnon (d'après le nom d'un abri sous roche périgourdin) est arrivé en Europe vers 40.000 ans avant notre ère et a occupé l'ensemble de ce territoire durant le Paléolithique supérieur (40.000–9.000 ans).

Le terme Mésolithique (« Âge de la Pierre moyenne ») a été créé par Madeleine Reboux en 1873, mais n'a été utilisé dans son acception actuelle que par Jacques de Morgan en 1909 pour désigner la période séparant le Paléolithique du Néolithique. En Europe, il s'étend du 11e au 6e millénaire avant notre ère et est caractérisé par la production d'armatures faites de petits silex taillés (microlithes) de forme géométrique (triangles, trapèzes, rectangles).

Le mot Néolithique (« Âge de la Pierre récente » ou « Âge de la Pierre polie »), quant à lui, a été créé par John Lubbock en 1865 et désigne des groupes pratiquant la domestication des animaux (élevage) et/ou des plantes (agriculture). Dans notre continent, la néolithisation apparaît au Proche-Orient vers la fin du 9e millénaire. Dès le début du 7e millénaire, des groupes porteurs de ces traditions gagnent progressivement l'ouest de l'Europe. Deux millénaires seront nécessaires pour qu'ils atteignent la façade atlantique. La conquête de l'Europe se fera en deux grandes vagues migratoires : le courant danubien au nord, le courant méditerranéen au sud. Le Néolithique prend fin peu avant le milieu du 3e millénaire, au moment où apparaissent les premiers groupes protohistoriques de l'Âge du Cuivre (culture des céramiques campaniforme).

En l'absence de textes, il est légitime de se demander de quelle source documentaire le préhistorien dispose pour extraire les données factuelles touchant la chronologie, les cultures ou les comportements des humanités préhistoriques. Ce travail trouve son point de départ dans le sol, et son analyse constitue donc le matériel de l'archéologue. Les méthodes de fouille archéologiques varient évidemment en fonction du gisement. Toutefois, deux approches doivent le plus souvent être menées conjointement : la fouille verticale et le décapage horizontal. La première donne des séquences stratigraphiques qui indiquent les différentes couches d'occupation; elle fournit des indications essentielles sur la chronologie. La seconde s'attache au dégagement des témoins laissés par l'homme dans chacun des niveaux ; elle permet une analyse de la manière dont l'espace domestique a été occupé et utilisé pour réaliser les différentes tâches quotidiennes. À un niveau plus général, on peut également mettre en évidence les contacts entre groupes, en particulier lors d'échanges de matières premières dont la provenance est connue. Ces niveaux d'information rendent possible aujourd'hui une approche territoriale des populations préhistoriques.

Marc Groenen

PRINCIPE ESPÉRANCE

Le Principe espérance d'Ernst Bloch (1885-1977) est un ouvrage en trois volumes comportant quelque 1.677 pages. Écrit de 1938 à 1947 durant l'exil de Bloch aux États-Unis, revu en 1953 et en 1959, cet ouvrage tente, selon les mots mêmes de l'auteur de « donner une dimension philosophique à l'espoir situé dans le monde peuplé comme la meilleure des terres cultivées et aussi inexploré que l'Antarctique ».

Par ses prises de position critique à l'égard du régime communiste, notamment à la suite de la répression sanglante de l'insurrection hongroise en 1956, Bloch se heurte au régime de Berlin-Est. Le matérialisme historique qu'il promeut à travers l'utopie concrète se démarque du marxisme politiquement institutionnalisé et jette les bases d'un « néo-marxisme » qui influencera Walter Benjamin et Theodor Adorno.

Le Principe espérance se déploie en cinq parties à travers les trois volumes. La première partie est un compte rendu des petits rêves éveillés qui nous habitent tout au long de notre vie ; la deuxième partie porte sur les fondements de ces rêves et interroge la conscience anticipante ; la troisième expose en guise de transition les images-souhaits reflétées dans le miroir (la vitrine, le conte, le voyage, le film, le théâtre), c'est-à-dire les images-souhaits façonnées par le milieu socio-économique capitaliste ; la quatrième est la construction des épures d'un monde meilleur (la médecine, les systèmes sociaux, la technique, l'architecture, la géographie, la perspective dans l'art et dans la sagesse) ; la cinquième intitulée « Identité » concerne les images-souhaits de l'instant exaucé (la morale, la musique, les images de la mort, la religion, la nature-orient, le Souverain Bien).

Penser veut dire franchir

L'anthropologie de Bloch définit l'être humain comme un être d'intention, toute intention humaine se fondant sur le rêve d'une vie meilleure. Ce rêve exige un travail de compréhension à mener sur ce qui intérieurement nous oriente vers un but et sur ce qui extérieurement peut nous permettre d'atteindre ce but. L'espoir qui s'exprime à travers ce rêve doit devenir clairvoyant. Cet affect qu'est l'espoir ne doit pas rester confiné en lui-même mais aider l'être humain à se connaître et à vivre dans le monde qui lui convient.

L'espérance dont nous parle Bloch est une espérance qui, lorsqu'elle se tourne vers le passé, y décèle des traces de non-encore-advenu. Dans ce rapport du passé et de l'avenir, l'avenir non devenu devient visible dans le passé et du passé médiatisé et mené à bien devient visible dans l'avenir.

« Penser veut dire franchir. Mais sans passer outre à ce qui existe, sans vouloir l'ignorer. Ni dans sa détresse, ni surtout dans le mouvement qui permet d'en sortir », affirme Bloch.

Penser veut dire franchir, penser c'est rêver vers l'avant, c'est espérer. L'espoir est une propriété constitutive du monde et pourtant il n'a cessé d'être mal compris. On a réduit le devenir à du devenu, l'événement à l'histoire, la connaissance à la réminiscence, le processus à la fixité de la Forme, de l'Idée ou de la Substance. Il s'agit donc de concevoir plus justement l'espérance, c'est-à-dire la concevoir comme une théorie-praxis qui va instruire la volonté de transformer le monde. La transformation du monde exige une pensée du franchissement, une pensée qui ne soit plus exclusivement contemplative et descriptive.

Cette pensée qui franchit prend conscience de la gestation du non-encore-devenu dans le passé et l'anticipe. L'espérance n'est donc pas qu'un affect, elle comporte également une fonction anticipante qui est un acte cognitif faisant partie de la tendance se manifestant dans le processus du monde. La pensée qui franchit est une intention prospective, un rêve vers l'avant, ce qui en fait une pensée utopique.

Mais pour être authentiquement utopique, la pensée doit se rapporter à l'extérieur de la conscience du sujet. La pensée utopique bien comprise est une pensée préoccupée par le monde et qui cherche à le transformer, à dépasser la marche naturelle des événements.

Quand on pense réellement, quand on franchit réellement, on active la tendance inhérente à l'histoire et qui progresse dialectiquement. L'espérance éclairée révèle le concept d'un principe dans le processus même du monde, le concept de principe utopique.

« L'attente, l'espérance, l'intention dirigée vers la possibilité non encore devenue constituent non seulement une propriété fondamentale de la conscience humaine, mais aussi, à condition d'être rectifiées et saisies dans leur aspect concret, une détermination fondamentale au sein même de la réalité objective tout entière », dit Bloch. L'ontologie de l'espérance est celle du « pas encore ».

L'être humain ne reste pas indifférent face à ce qui est devenu. Cette non-indifférence est le signe de la jeunesse, catégorie valorisée par Bloch en tant qu'attitude d'étonnement et de questionnement. Cette attitude est un corrélat intérieur de la consciente anticipante (ou de l'imagination utopique). « L'existence meilleure, c'est d'abord en pensée qu'on la mène ». Et cette capacité de la conscience à se mobiliser à partir du devenu, à susciter une effervescence utopique, est un indice que l'être humain n'est pas un être compact.

Cette vie intérieure du moi bouillonne en souhaits qui seront mis en œuvre dans le monde et donneront à celui-ci une forme nouvelle. Mais pour que ce résultat soit possible, il faut que le monde se prête à cette transformation. Et il le fait parce qu'il est de l'ordre du processus, c'est-à-dire de l'ordre de la « médiation aux ramifications profondes, entre le présent, le passé non liquidé et surtout le futur possible ». Le monde est un être en mouvement, transformable et en train de se transformer dont tant le fondement que l'horizon sont ouverts. Ce second corrélat de l'imagination utopique, à la suite du premier – le bouillonnement de la conscience – ancre l'utopie dans le concret.

Possible objectif et possible réel

Ce concret est, pour Bloch, un réel qui se présente sous deux formes de possible, le possible n'étant que partiellement conditionné, donc non encore déterminé et non clos.

La première forme de possible est celle du *possible objectif*, c'est-à-dire du possible issu de la connaissance partielle des conditions matérielles existantes, autrement dit de l'état de la connaissance scientifique. Le possible objectif est donc constitué à partir de la connaissance humaine du monde. La seconde forme est le *possible réel*, c'est-à-dire ce qui est possible parce que les conditions d'émergence dans la sphère de l'objet ne sont pas encore réunies pour que celui-ci apparaisse : soit que ces conditions ne sont pas encore parvenues à maturité, soit que des conditions nouvelles doivent encore être médiatisées par les conditions existantes pour que le réel nouveau émerge. Cette seconde possibilité est donc dans le camp de l'objet et non plus dans celui de la connaissance que nous avons de cet objet. La matière se présente ainsi sous deux faces, l'une la définit comme un *état-d'après-la-possibilité*, l'autre comme un *état-dans-la possibilité*. La première détermine en fonction des conditions présentes tout ce qui est historiquement possible de se manifester à une époque donnée ; la seconde désigne l'être en mouvement en tant que tel, la possibilité inhérente au processus dialectique du monde.

Il faut avoir à l'esprit ces deux types de possible lorsqu'on porte un jugement sur une espérance, sur une utopie. L'utopie concrète – non l'utopie abstraite ou mal médiatisée – est celle qui a un correspondant dans l'effectivité du processus. Et l'effectivité du processus n'est pas restreinte au possible objectif (notre connaissance des faits) mais repose sur le possible réel, sur une réalité en déploiement, qui progresse sur le front des faits, le front du devenu.

Un optimisme lucide à l'égard du progrès

Le savoir qui viendra informer l'espérance s'attachera à saisir le processus du monde, l'histoire produite par le travail humain et par l'intrication dynamique du passé, du présent et du futur. Il mettra le sujet dans la position d'un producteur conscient de cette histoire, sujet qui, par cette fonction même, ne sera pas tenté par ce nouvel opium du peuple qu'est pour Bloch « l'optimisme plat de la foi automatique dans le progrès ». Cet optimisme plat est quiétiste, il ferme les yeux sous couvert de tolérance. Son pendant est le pessimisme absolu qui décrète que l'avenir est déterminé dans un sens négatif, ce qui démoralise et incite à adopter une attitude réactionnaire. La critique marxiste ne doit pas glisser vers le pessimisme absolu ni l'optimisme plat. Elle doit agacer la croyance plate dans le progrès par une pensée pessimiste – le rappel de l'incertitude quant au résultat final – et rester ainsi lucide. Cette froide lucidité de la critique marxiste est compensée par la chaleur de l'optimisme militant. L'optimisme militant s'attelle à un travail constructif et révolutionnaire visant à libérer les éléments opprimés par la transformation de la société. Mais cette transformation ne s'opère pas n'importe comment : l'optimisme repose sur le fait que la décision de réaliser le rêve rencontre la possibilité réelle, autrement dit que le rêve est médiatisé par un corrélat concrètement utopique. Rappelons que cela ne signifie pas que les choses soient désormais jouées : rien au cours du processus historique, au cours de la réalisation des utopies concrètes, ne permet de dire que tout est gagné ou perdu. Cette dernière constatation place sur un même plan utopique le tout et le néant. Le néant est lui aussi une catégorie utopique bien qu'il soit par excellence contre-utopique. Le néant tout comme l'utopie positive (le tout) n'est « présent » que sous forme de possibilité objective. « Il hante le processus du monde mais ne le supplante pas », dit Bloch. Cela signifie qu'il persiste une incertitude quant à la détermination finale du néant et quant à celle du tout puisque rien n'est a priori joué et que le résultat final du processus de la tendance n'existe pas au préalable ou n'est garanti par rien.

L'optimisme est militant parce qu'il retrousse ses manches et se met au travail pour transformer le monde. Il est militant également parce qu'il manifeste la force de la liberté qui cherche « la victoire de la lumière au sein de la possibilité réelle », qui cherche le point de connexion de la décision avec la tendance, la correspondance entre le corrélat objectif-réel et l'anticipation exacte.

Totum, novum, ultimum

« L'acte marxiste de l'analyse situationnelle est intimement lié à l'acte exaltant de la prospection », affirme Bloch. L'analyse de la situation est celle des conditions historiques, du possible limité par des déterminations rigoureuses. Quant à la prospection, elle est exaltante parce qu'elle envisage un possible encore inépuisé et irréalisé, parce qu'elle s'ouvre au *Totum* des choses en train de se réaliser et à celles qu'il s'agit d'exploiter. Si la prospection exaltante est effacée, le risque existe de réduire l'analyse de la situation à un économisme oublieux de l'intention libératrice. Si l'analyse de la situation est délaissée, le risque est de forger des châteaux en Espagne et des idéologies.

Le *Novum* est la répétition chaque fois fragmentaire du contenu total, final et non encore advenu visé par chaque expérience et produit par le processus matérialiste du monde. Les nouveautés émergeant du processus de l'histoire participent au jaillissement dialectique du contenu total. Ce contenu total qui vient clore les répétitions est pensé par Bloch sous la catégorie de l'*Ultimum* :

l'ultime, la suprême nouveauté et qui est en même temps la cessation de la nouveauté, la répétition ultime parce qu'elle est identité avec soi-même, et de soi-même et du monde. Cette répétition ultime n'est pas la clôture d'un cercle où l'élément dernier coïnciderait avec un élément premier existant mais jusque-là non pleinement manifesté. Pour Bloch, c'est la fin qui donne au contraire réalité au premier élément, la dernière répétition rend réelle la tendance qui n'était que possible incertain et indéterminé jusqu'à ce moment.

Le nouveau est médiatisé avec ce qui existe et ce qui est en mouvement. Il n'est pas uniquement du ressort du futur puisqu'il est la manifestation de ce que le passé a laissé d'inachevé et de non-encore-advenu. Le nouveau est l'expression du rapport dialectique du passé et du futur. Il n'est pas ce qui s'ajoute à du devenu conçu comme étant achevé. Le processus du monde ne suit pas une flèche tracée au fur et à mesure de la succession de points déterminés. Les points ne sont précisément pas déterminés et le processus est une reprise de l'inachevé qui va de l'avant en le réalisant davantage.

Vers un monde plus adéquat pour l'être humain

Le but ultime de l'utopie est de vivre réellement dans la plénitude de l'instant. L'utopie n'est pas une poursuite sans fin ou une fuite hors de la réalité mais l'espoir pour le sujet de se confondre avec son objet et d'abolir son étrangeté par rapport à lui. Cela signifie-t-il que la conscience anticipante ne pourra jamais s'octroyer de repos avant l'obtention du résultat final ? Pas exactement. Des arrêts en cours de processus sont possibles et justifiés si la conscience anticipante n'oublie pas qu'elle est en chemin, que l'état présent de son arrêt est un moment utopique de l'état final. L'espérance tend vers ce que Bloch appelle « le foyer » (*die Heimat*), c'est-à-dire le lieu de l'identité avec soi-même et avec les choses. Ce lieu est le point d'aboutissement de l'espérance comprise dans sa dimension dialectique et matérialiste. Le foyer est le point de réunion de l'instant obscur qu'est l'instant vécu et de l'adéquation ouverte rendue possible par la tendance de l'histoire. Cette adéquation ouverte est l'invariance d'une fin utopique dans la tendance.

« Ce quelque chose vers lequel le monde tend, c'est l'aboutissement de l'intention. C'est un monde plus adéquat pour nous, délivré des souffrances indignes, de l'angoisse, de l'aliénation, du néant. » Il est possible d'avoir une connaissance de l'adéquation ouverte dans l'expérience brève d'une vision soudaine et fugace de l'état final utopique. C'est ce qui se passe lorsqu'on a une perception lucide du présent. Bloch prend comme exemple de cette perception la phrase prononcée par Goethe le jour de la canonnade de Valmy : « En cet instant et en ce lieu commence une ère nouvelle dans l'histoire du monde, et vous pourrez dire que vous y avez été ». Dans les « Épures d'un monde meilleur », Bloch montre que l'art et la religion développent l'aptitude à percevoir l'essentiel des caractères et des situations, et que le théâtre, par exemple, offre dans le meilleur de ses productions un pré-apparaître du réel.

Une autre manière d'appréhender l'adéquation ouverte nous est donnée à travers l'étonnement. L'étonnement sans fond, celui qui s'exprime en une question que Bloch qualifie d'inconstructible parce qu'elle ne peut prendre appui sur aucune solution déjà existante, cet étonnement est en résonance avec la fin utopique animant la tendance.

La conception utopique de Bloch donne une dimension ontologique à l'impératif technicien : « tout ce qui est possible se fera ». Cette réalisation du possible repose sur l'initiative humaine mais elle existe chez Bloch en tant que tendance historique. Le *Principe espérance* a été critiqué et opposé au *Principe Responsabilité* par le philosophe allemand Hans Jonas.

Marie-Geneviève Pinsart

PRINCIPE RESPONSABILITÉ

En 1979, Hans Jonas publie *Le Principe responsabilité* en réponse au *Principe espérance* (1959) d'Ernst Bloch. Ces deux ouvrages ont joué un rôle important dans l'histoire des idées au XXe siècle et ont notamment nourri des réflexions toujours d'une grande actualité sur les dimensions éthiques et politiques de l'existence humaine. La divergence de point de vue des deux philosophes est particulièrement aiguë en ce qui concerne le statut de l'être humain et la portée de ses actions présentes sur les générations futures, la nature et la culture. Cette divergence est portée chez chacun d'eux par une conception philosophique riche et élaborée s'appuyant sur une utopie concrète (Bloch) ou une ontologie finalisée (Jonas).

Originellement publié en allemand en 1979, *Le Principe responsabilité* fait partie des dernières productions importantes du philosophe allemand Hans Jonas (1903-1993) dont la réflexion porta auparavant sur la religion gnostique et l'élaboration d'une philosophie de la vie. Dans *Le Principe responsabilité*, Jonas donne une fondation ontologique à une éthique nouvelle axée sur la responsabilité et visant la protection de l'être humain et celle de la nature dont il est issu. Il s'agit d'une démarche critique de l'utopie technicienne de la modernité et une réponse aux conceptions anthropologique et politique développées par E. Bloch dans *Le Principe espérance*.

Une anthropologie fondée sur une conception finalisée de l'évolution naturelle

La vie est un phénomène que l'on peut appréhender en partant de l'être humain, le maximum de complétude ontologique connu à ce jour, pour ensuite progresser, par réduction ontologique, vers les formes de vie les plus simples et les plus primitives. Au bas de l'échelle, la matière inanimée est un mode limitatif de propriétés qui se révéleront au fil de l'évolution du vivant. Pour Jonas, la finalité de la vie est de maintenir constamment son existence précaire et vulnérable. Tout être vivant est sa propre fin, et le fait d'avoir une fin constitue une valeur en soi dont la préservation n'exige aucune autre justification. Comprise en tant que finalité, la liberté guide l'évolution à travers les possibilités que lui propose fortuitement la causalité physique. En tant que terme ontologiquement descriptif, la liberté caractérise un mode d'être objectivement discernable chez les organismes élémentaires : le métabolisme. La phénoménologie de la vie est l'histoire de la diversification et de la complexification de cette première forme de liberté par l'entremise de médiatetés, c'est-à-dire de moyens que déploie chaque être vivant pour retarder sa fin inéluctable. L'évolution biologique est l'histoire de la formation et de la diversification de ces moyens de survie. Et c'est précisément parce qu'ils sont des moyens en vue d'une telle fin qu'ils deviennent des qualités de la vie à préserver. L'être humain partage avec les autres êtres vivants un grand nombre de ces moyens mais il en a aussi développé de nouveaux qui sont des expressions de sa propre liberté : la liberté représentationnelle et la liberté motrice qui accompagnent la faculté imaginative; la liberté de posséder un objet dans le souvenir; la liberté de se prendre soi-même comme objet de représentation dans l'auto-réflexion et la liberté de se détacher de toute image grâce à la conceptualisation. Pour la première fois au cours de l'évolution, la finalité se manifeste réflexivement. Grâce à l'amplitude ontologique de la médiateté qui le caractérise, l'être humain peut simultanément reconnaître sa filiation à l'histoire naturelle et instaurer un autre type d'histoire qui lui soit propre. Cela signifie qu'il lui incombe de se déterminer librement et de manière réfléchie à l'égard de l'histoire naturelle : l'histoire humaine est aujourd'hui arrivée à un stade de son évolution où elle doit prendre position à l'égard d'elle-même et de sa condition de possibilité, la nature.

La responsabilité à l'égard de la survie de l'espèce humaine

L'être humain se distingue de tout autre être vivant par les multiples facettes de sa liberté mais aussi par le fardeau qui l'accompagne : la responsabilité. La possession même de la capacité d'être responsable impose son exercice : *de facto*, l'être humain est responsable. Le premier objet de sa responsabilité est la sauvegarde même de celle-ci dans le monde, ce qui signifie celle des êtres humains qui en sont les seuls porteurs. Cette sauvegarde est particulièrement exigée par les effets imprévisibles et potentiellement menaçants du développement spatio-temporel des techniques actuelles.

Le premier impératif de l'éthique jonassienne est que « jamais l'existence ou l'essence de l'homme dans son intégralité ne doivent être mises en jeu par les paris de l'agir ».

Jonas est conscient que rien ne s'oppose d'un point de vue biologique à ce qu'une partie de l'humanité puisse survivre au détriment d'une autre ou que l'espèce humaine disparaisse. Mais « nous sentons qu'il en va autrement dans le cas des êtres humains; avant tout que lui-même et ce qu'il a fait de lui-même, ne *peut* disparaître », soutient Jonas. Le sentiment pour l'humanité est « éloigné presque artificiel », ce qui exige un effort intellectuel et éducatif pour l'enraciner rationnellement en chaque personne. En « son manque de visage », la représentation que l'on peut se faire de l'humanité est abstraite et elle pourrait facilement céder le pas aux solidarités de proximité et aux égoïsmes. La responsabilité envers les générations futures ne peut être conçue en termes de réciprocité puisque, par définition, les générations futures n'existent pas, et ce qui n'existe pas ne peut élever de revendication ni souscrire à une obligation. La nature fournit toutefois un modèle de responsabilité qui ne repose pas sur la réciprocité propre aux relations contractuelles mais sur l'attention unilatérale portée à un être vulnérable : l'attention des parents à l'égard de leur enfant. Cette relation parent-enfant est l'archétype de tout agir responsable à l'égard des générations futures mais aussi à l'égard de la nature puisque des rapports d'obligations mutuelles ne peuvent être noués avec elle.

La responsabilité à l'égard d'une vie authentiquement humaine

Le second impératif de l'éthique jonassienne enjoint de préserver une vie *authentiquement* humaine sur terre et de ne pas détruire la possibilité future d'une telle vie.

Le caractère « authentique » de la vie humaine est pour Jonas sa liberté, son indétermination, et son corrélat, sa responsabilité à l'égard de son maintien en cet état « authentique ». S'il est impossible, en principe, de définir de manière exhaustive cette authenticité, Jonas envisage, à partir de sa lecture du *Principe espérance* de Bloch, des situations dans lesquelles cette authenticité pourrait disparaître.

1) Contrairement à Ernst Bloch qui cherche à humaniser la nature en la soumettant complètement à la volonté humaine, Jonas considère que la seule nature qui contribue à une vie *authentiquement* humaine est celle qui lui

« parle », dit-il. Seule une nature ménagée exhibera une diversité qui parlera à l'être humain parce qu'il en est issu et qu'elle fait écho à celle des civilisations humaines. Jonas prête à cette diversité caractéristique surtout de la nature *vivante*, une portée éthique.

2) Contrairement à l'utopie de l'être humain authentique thématisée par Ernst Bloch, Jonas défend l'idée d'une authenticité présente depuis toujours et de manière totale. Bloch soutient, selon Jonas, que l'être humain est totalement déterminé par les circonstances, que celles-ci peuvent être rendues bonnes de manière univoque et qu'elles engendreront alors un être humain enfin authentique. Cette conception de l'être humain authentique s'exprime à travers la formule ontologique de Bloch « S n'est pas encore P » (« le sujet n'est pas encore le prédicat »). L'intérêt des critiques formulées par Jonas est qu'elles portent sur une pensée fondée, à l'instar de la sienne, sur une téléologie secrète, un concept de la « tendance-latence ». Mais cette téléologie implique pour Jonas une conception d'un être humain essentiellement libre, c'est-à-dire porteur de la faculté de faire le bien *et* le mal, un être qui n'a pas de nature définie (essentiellement bonne ou essentiellement mauvaise), « un *phénomène- limite* de la nature, qui comme tel – pour ce que l'homme en sait – est indépassable », affirme Jonas. La nature humaine ne porte pas en elle un contenu univoquement riche et qui ne se déploierait qu'en présence de circonstances favorables. Certes, l'État doit veiller à ce que les circonstances soient les plus favorables pour tous mais il appartient à chacun d'utiliser ses capacités biologiques et psychiques pour enrichir ou appauvrir son existence. Bloch croit qu'il est possible d'atteindre un état où l'être humain ne serait plus « en situation », inscrit dans les aléas et les ambivalences de l'histoire. Il généralise l'expérience où le présent est vécu comme un absolu, où il coïncide avec l'éternité. « On peut donc presque exprimer l'erreur de l'utopisme en disant qu'il pense que le *nunc stans* subjectif de l'instant mystique est transposé dans l'objectivité permanente d'un état public – que ce qui est le plus personnel et le plus fugace est transposé dans le général et dans le consolidé », critique Jonas. La fascination qu'exerce cette utopie repose en partie sur la généralisation et l'amplification de cet élément universellement expérimenté. L'histoire humaine est réduite au statut d'une préhistoire portant les marques de ce qui se manifestera pleinement dans la société utopique. Pour Jonas, ces « marques » ont une valeur propre ; elles ne préludent pas à l'utopie mais elles la constituent.

Certaines conceptions de l'histoire témoignent d'une double mécompréhension du processus naturel qui va modifier la notion de responsabilité politique et redéfinir le rôle du politicien. La première mécompréhension consiste à transposer les étapes de l'évolution biologique de l'individu sur le plan de l'histoire collective. Jonas pointe du doigt les théories qui découpent le processus historique en « âges » et parlent de l'enfance, de la maturité et de la vieillesse d'une civilisation. Cette classification repose sur la présupposition qu'il y a un progrès des civilisations et un perfectionnement social de l'humanité. Pour Jonas, la succession des cultures ne s'inscrit pas sur une ligne de progrès mais témoigne du foisonnement des manières de vivre en société et de la diversité d'expression des potentialités créatives humaines. La succession historique des civilisations ne permet pas de disqualifier le passé. La manifestation de l'humanité est en chacune totale. Que l'une chérisse telle possibilité humaine ou que l'autre privilégie tel type de comportement, cela indique simplement que la finitude humaine impose d'effectuer des choix au sein d'un potentiel constamment présent. La finalité du processus historique n'est pas de parvenir à une société parfaite, à une société où l'être humain vivrait enfin pleinement à sa mesure. Elle ne correspond pas non plus à la réalisation d'une représentation sociale préalablement déterminée. Au contraire, elle vise, pour Jonas, à laisser la liberté humaine s'exprimer toujours davantage et de manière totalement imprévisible au fil du temps. L'histoire est un devenir non anticipable et ouvert sur le futur.

Rétrospectivement, il est cependant possible de dégager un sens historique et c'est ici qu'a lieu une seconde mécompréhension du processus naturel. Les lois de la nature se caractérisent en effet par leur uniformité dans le temps : la loi de la chute des corps est tout aussi vraie à la Renaissance qu'au troisième millénaire. Mais ce modèle hérité des sciences naturelles ne peut être utilisé là où la liberté est à l'œuvre, c'est-à-dire dans l'histoire humaine. S'il est rétrospectivement possible d'interpréter le processus historique comme manifestant un certain sens, cela ne signifie pas qu'il ait été déterminé par celui-ci : l'interprétation actuelle n'est plus en état d'appréhender toutes les voies disponibles dans le passé et de recenser toutes les raisons qui ont contribué au choix plus ou moins conscient de l'une d'entre elles. La liberté trace son chemin selon sa propre loi et donne l'illusion de n'avoir pas existé une fois le chemin tracé. Les eschatologies de l'histoire se sont abreuvées de cette illusion : fortes d'une lecture réductrice du passé, elles ont nié la libre créativité du présent au nom de la réalisation d'une société idéale bouchant tout horizon d'avenir.

3) Contrairement à Ernst Bloch qui lie la mécanisation du travail à l'avènement d'une société de loisir dans laquelle l'activité sans valeur utilitaire sera un révélateur de la riche créativité humaine, Jonas estime que c'est en rencontrant la nécessité que la liberté se manifeste. « *En rompant avec le royaume de la nécessité la liberté se prive de son objet*, sans lui elle devient aussi vaine que la force sans la résistance. Une liberté vide, tout comme un pouvoir vide, s'abolit elle-même – *ainsi que* l'intérêt authentique porté à

l'action entreprise malgré tout ». Bloch estime que la technicisation croissante fera disparaître la distinction même entre le travail manuel et le travail intellectuel. Libéré de l'effort physique, le travail humain deviendra de plus en plus spirituel. La critique de Jonas porte sur deux points. D'une part, il estime que le développement de la culture est lié à la division du travail (la spécialisation disciplinaire) et que la disparition de celle-ci influencera sans doute l'expansion de celle-là. D'autre part, il pense que la perte de variété physique (et d'effort) va de pair avec la perte d'activité spirituelle. « *Avec le corps l'esprit lui aussi est mis au chômage.* [...] Il y a là un rapport de *conditionnement mutuel* : le commerce corporel avec la matière instruit le corps, les membres, les sens, les nerfs – *et* l'esprit, en les occupant tous, en leur faisant faire sa connaissance ainsi que celle de l'objet (l'un ne va pas sans l'autre !) ». Dans le travail fragmenté et répétitif, l'être humain ne sollicite guère sa capacité à poursuivre une fin à travers un enchaînement d'étapes et il ne développe que faiblement ses possibilités motrices, perceptives et émotionnelles. Le sport, les moyens audio-visuels et les activités procurant des émotions fortes compensent la faible mise en œuvre de ces possibilités. Le travail « humanisant » est celui qui respecte l'unité psychophysique de la personne et sa relation à l'autre (inanimé ou vivant).

La norme naturelle et le progrès avec précaution

La position de Jonas à l'égard de la technique est nuancée et il serait réducteur de la qualifier sans autre forme de procès de « technophobe ». Jonas reconnaît les bienfaits du progrès scientifique et souhaite que celui-ci continue à se développer. Mais il tente aussi de montrer que cette avancée ne doit pas constituer le but par excellence de l'entreprise humaine. Le progrès est un but optionnel dans le sens où le lieu d'application de l'investigation scientifique fait l'objet d'un choix. Mais il n'est pas optionnel si on l'envisage comme l'expression d'un aspect essentiel de la nature humaine. Dans ce cas, protéger l'authenticité de l'être humain revient à préserver et promouvoir son rapport libre et créatif au monde. Cependant, pour les raisons ontologiques qui ont été évoquées, Jonas conçoit majoritairement ce rapport sur un mode symbolique. Pour lui, l'être humain a toujours existé de manière authentique et continue d'être authentiquement un être humain quand il est handicapé, malade ou en état de mort cérébrale.

La norme naturelle est le centre de gravité de la réflexion jonassienne sur la recherche scientifique, la finalité de la médecine et les droits dans le champ de la bioéthique. Cette réflexion tire sa source des enseignements de la phénoménologie de la vie inscrivant l'être humain dans l'évolution du vivant et de l'éthique de la responsabilité reconnaissant une valeur intrinsèque à tout ce qui est. Face aux nouvelles possibilités d'interventions biomédicales, Jonas rappelle que la finalité première de la médecine est de guérir, c'est-à-dire de se conformer à la norme naturelle.

L'apport créatif de la médecine est uniquement méthodologique et toute intrusion dans le domaine de la créativité ontologique (par l'utilisation de technique comme l'ADN recombinant, le clonage...) est injustifiée pour Jonas. Le foyer de la peur jonassienne porte sur les manipulations génétiques et principalement sur l'ADN recombinant : « La première tentative de former une chimère à partir d'un fragment humain tout autant qu'une modification de la structure purement intra-humaine, seraient une abomination ». Jonas enjoint d'arrêter toute recherche de ce type et d'imposer, en règle générale, un délai de réflexion. Ce délai doit permettre d'éclairer la décision par l'application de l'heuristique de la peur : à partir de données scientifiques sérieuses, il s'agit d'imaginer les conséquences possibles sur les plans humain et naturel d'une recherche, et de constater si celles-ci provoquent un sentiment de peur, signe qu'elles touchent à quelque chose que nous ressentons comme étant essentiel. Seule la prévision de la déformation de l'homme nous fournira le concept de l'homme qui permet de nous en prémunir, affirme Jonas. Cette « déformation » affecte le caractère « authentique » de l'être humain. Cette « authenticité » joue sur des registres opposés, voire contradictoires : elle est condition de possibilité de la liberté et de la responsabilité, et elle est aussi ces capacités elles-mêmes; elle est anthropocentrée mais elle inclut la nature et son évolution; elle se manifeste dans l'émotion de peur ressentie face à sa mutilation ou à sa perte mais elle exige que ce sentiment soit rationnellement fondé, etc.

L'attitude première d'une éthique de la responsabilité tournée vers les conséquences de l'action est la prudence : elle « devient notre premier devoir éthique, et le raisonnement hypothétique, notre responsabilité première ». Le « progrès avec précaution », comme le qualifie Jonas, prend en considération la complexité des interdépendances et ses conséquences en termes d'incertitude sur le plan scientifique. Le principe responsabilité et le principe précaution tirent leur origine d'une attitude réactive à l'égard du développement scientifique et technique mais leur contenu, leurs implications et leurs mises en œuvre divergent selon l'angle d'approche adopté par les utilisateurs du principe de précaution.

Une application politique de l'heuristique de la peur

Dans *Le Principe responsabilité*, Jonas brosse le portrait du régime politique qui serait le plus apte à gérer la situation de crise provoquée par les conséquences spatio-temporelles imprévisibles du développement scientifique et technique sur l'être humain et la nature. Idéalement, ce régime serait dirigé par une élite reposant sur la libre adhésion de ses membres; cette « tyrannie bienveillante, bien informée et animée par la juste compréhension des choses » mettrait en œuvre une « politique de la réorientation et de la préservation », c'est-à-dire une « politique du renoncement responsable ». L'imposition de mesures impopulaires ne requerrait pas le consentement des citoyens car ceux-ci s'identifieraient avec le gouvernement et auraient à cœur de sacrifier leur bien-être présent pour préserver les conditions de vie futures de l'humanité. Toutefois, le cas échéant, Jonas admet que la tyrannie pourrait travestir la réalité et jouer des attraits de l'utopie pour renforcer l'adhésion et la participation active des citoyens à la politique d'austérité imposée. Il s'agit, pour Jonas, de déterminer le degré d'affinité des structures politiques en place dans les années 1970 – le régime démocratique et capitaliste et le régime marxiste – avec ce modèle idéal.

L'appel de Jonas à la tyrannie même bienveillante plutôt qu'à la démocratie a suscité de nombreuses critiques. Jonas y répond en expliquant que les sacrifices exigés pour sortir de la crise écologique s'accompagneront « d'une perte terrifiante de liberté car on ne pourra plus se permettre, du moins pendant un certain temps, cette espèce de liberté que le monde occidental avait engendrée. C'est la raison pour laquelle Karl Popper m'a accusé de trahir l'idée de démocratie et d'être partisan de la dictature, une accusation grotesque et injuste ». Jonas estime avoir été mal compris : l'idée d'une dictature nécessaire pour maîtriser la crise écologique n'avait pas dans son discours valeur de recommandation mais d'avertissement. Il mettait donc là en pratique son heuristique de la peur en imaginant le scénario du pire : « En réalité, je voulais dire que, dans des situations extrêmes, il n'y a pas de place pour les processus de décision complexes de la démocratie, et telle est la raison pour laquelle nous devons faire en sorte qu'une telle situation ne puisse se produire ».

En 1979, Jonas reconnaît que le marxisme présente plusieurs avantages pour gérer efficacement l'état de crise : son orientation vers l'avenir, sa capacité à imposer des décisions politiques impopulaires (et à manipuler l'opinion publique le cas échéant) ainsi que l'impact psychologique de son idéal utopique. Mais, comme nous l'avons vu, il possède aussi sur le plan idéologique et pratique des aspects incompatibles avec l'éthique de la responsabilité jonassienne.

Marie-Geneviève Pinsart

SPORT ET PERFORMANCE

C'est en ce que le sport d'élite poursuit une amélioration infinie de la performance qu'il interroge l'humain dans sa définition. Phénomène de société, « fait social total » selon le concept de M. Mauss [1], le sport a fait l'objet d'un essor et d'un succès croissants durant le XXe siècle. Une histoire et une idéologie, celles du jeu et de l'esprit « sportifs », l'apparition de la « société des loisirs », un processus de « sportivisation des mœurs et des corps » – *« bouger » pour être en forme, en bonne santé, prolonger sa jeunesse et parfaire sa beauté* – ont accentué, à partir des années 1960, ce phénomène. Mais le succès social du sport résulte en grande partie de l'impact médiatique du sport de haut niveau. Par son universalisation et sa spectacularisation, celui-ci a pris valeur d'exemplarité et fournit à la mythologie contemporaine de nouveaux héros : les champions. Leur performance requiert les moyens scientifiques et techniques les plus sophistiqués dans le but de battre incessamment des records. Leur corps prototypique témoigne d'un entraînement intensif, et des usages de la chimie et de la pharmacologie. Ainsi le sport-spectacle contemporain met-il en scène, non pas seulement d'évidentes questions économiques ou des enjeux politiques qui leur sont liés, mais les éléments d'une réflexion philosophique, éthique, juridique ou médicale qui fait sens pour l'ensemble de la société : y a-t-il des limites à la performance humaine ? Quel est le prix de l'excellence ? Comment penser le dopage ou l'usage d'exosquelettes, c'est-à-dire conséquemment l'hybridation du corps avec l'artifice ?

Un héritage du XIXe siècle : l'optimisation de l'humain

Le sport moderne est né au milieu du XIXe siècle. S'unifient alors sous cette appellation, tout en changeant de nature, des pratiques anciennes et variées, en particulier des jeux, dont certains – *soule*, *paume*, *mail* – très prisés en Angleterre ou en France, mais aussi des activités de course, lutte, natation ou canotage. La danse, l'équitation et l'escrime, traditionnelles garantes de prestance mondaine, se complètent de l'offre des gymnases urbains où convergent bientôt des populations aux visées diverses : acrobates, lutteurs, culturistes, militaires, dandys. Quant à la chasse, emblème du style de vie du *gentleman farmer* et identifiée au verbe anglais *to sport*, elle est bientôt relayée par le rugby et le football dans la tradition éducative anglaise, ceci témoignant de la mixité qui se crée entre l'origine aristocratique du sport et ses nouvelles modalités bourgeoises.

1. M. Mauss, *Le fait social*, Paris, P.U.F., 1993.

La spécificité du sport moderne, d'abord dit « anglais » en raison de l'impulsion donnée par T. Arnold dans sa réforme pédagogique du collège de Rugby et de l'influence d'idéaux – *self government, fair play, amateurisme* – sur des auteurs français comme Taine ou Coubertin, c'est son organisation de compétitions par des clubs et fédérations, la codification méticuleuse de ses règles du jeu et l'euphémisation progressive de la violence. Un partage s'effectue entre temps de travail et temps de loisir. Une démocratisation s'opère par l'instauration du principe d'égalité des chances. Par là, et concomitamment au processus de « civilisation des mœurs » en Europe selon N. Elias, le sport moderne se distingue des jeux antiques – *Olympiques, par exemple* – dont le contexte religieux est primordial et la violence des combats extrême[1]. Il se différencie tout autant des jeux du Moyen Âge, indéterminés dans leurs espaces/ temps, reflets de profondes discriminations sociales et eux aussi très violents.

Le sport épouse les valeurs de la bourgeoisie capitaliste : culte de l'effort utile, méritocratie, apprentissage de l'émulation et du dépassement de soi, calcul de la performance. L'amateurisme et le *fair play*, legs aristocratiques, se conjuguent à la valorisation de la compétition et de l'initiative individuelle. L'établissement de palmarès engendre la notion de *records*. Par là, le sport participe d'un processus de rationalisation de l'humain qui mobilise sciences et techniques. La zootechnie inspire l'anthropotechnie, comme le *training* des chevaux l'entraînement des athlètes. L'usage des statistiques – *arithmétique politique, sociométrie, économétrie, anthropométrie, criminologie, etc.* –, l'évaluation de la force à l'usine et au stade, l'invention de machines graphiques – *kymographes ou myographes de von Helmholtz, chronophotographie de Marey* – pour comprendre la mécanique du corps, donnent une efficience à l'ambition des Lumières : améliorer l'espèce humaine.

Le XVIIIe siècle avait promu la croyance en l'idée de progrès et en la *perfectibilité* de l'homme. L'apparition de l'expression « éducation physique » en 1762 sous la plume du médecin Ballexserd et tandis que se constituait autour de Mme de Genlis, préceptrice des enfants du Duc D'Orléans et inspiré de Rousseau, un groupe de réflexion composé de médecins, pédagogues, philosophes, hommes politiques et encyclopédistes, atteste la prise en compte du corps dans cette croyance. Lorsque le sport se développe au XIXe siècle, un processus est donc engagé dont il sera l'un des laboratoires. Le jeu sportif met en scène la performance. Il prend le pas sur les « gymnastiques » française, suédoise ou allemande, réputées austères et statiques. Son essor, enfin, dans le

1. N.Elias et E. Dunning, *Sport et civilisation. La violence maîtrisée*, Paris, Fayard, 1994.

courant du XXe siècle, conforte un évolutionnisme schématique : la sélection constante des meilleurs, le record comme indice de progrès.

Spécificité du sport de haut niveau : la performance extrême

Dans la deuxième partie du XXe siècle, est apparu, à proprement parler, le *sport de haut niveau*. Il se caractérise par l'excellence des performances accomplies, l'intensité de l'entraînement requis pour y parvenir, et la sophistication des moyens techniques et médicaux employés. Plus avant, il s'est progressivement démarqué du *sport de masse*, dont Coubertin pensait qu'un lien pyramidal les unissait, ou encore du *sport-loisir*, jusqu'à constituer, après les années 1970, une sphère autonome, avec ses codes et législations, ou encore son économie spécifiques. Cela ne signifie pas qu'il est étanche aux affres de la société : violence, racisme, corruption, mercantilisme. Néanmoins, le sport de haut niveau génère ses propres règles, sous l'égide d'instances internationales idoines : Comité International Olympique (CIO), Agence Mondiale Antidopage (AMA), fédérations, etc.

Cette spécificité découle du développement de la médiatisation et de la professionnalisation du sport d'élite. Activité concurrentielle et mondialisée s'il en est, celui-ci s'est mué résolument en *sport spectacle*, dans lequel l'obsession de la performance irrigue de puissants enjeux économiques et politiques. Devenu un « métier » avec des perspectives de « carrières », dans un contexte de multiplication des compétitions et de leur organisation en « championnats » ou « circuits » aux rythmes annuels, le sport de haut niveau a vu logiquement, lors des quatre dernières décennies, les contraintes de l'entraînement se durcir. La rupture est définitivement consommée avec le sport-loisir ou celui de la compétition « amateur », quantitativement et qualitativement. Plusieurs heures par jour – *six ou huit dans certains sports* – conjuguent entraînement disciplinaire et préparation physique. Activité technique, technicienne, le sport d'élite se caractérise par l'inventivité parfois extravagante de ses innovations. Dans ses laboratoires, s'élaborent matériels et matériaux, avec le même souci du détail – *et parfois en interaction* – que la recherche industrielle, automobile ou aéronautique. Au matériel en constante évolution, s'adjoint la science des entraînements, symbole de perfectionnisme et sophistication de l'effort. Pliant son corps aux contraintes d'une concurrence universelle, reproduisant jusqu'à l'automatisme une gestuelle ciselée qui nécessite « préparation » et « récupération » médicales, l'athlète de haut niveau expérimente un dépassement de soi qui confine à l'extrême et à l'excès [1].

On évoque les « charges de travail » nécessaires à la performance. Le corps devient bolide, prototype, exploité. L'hyperspécialisation sportive sculpte les corps. Chaque détail est optimisé, de l'ergonomie de la machine à celle du mouvement, du contrôle du poids à celui de la pilosité, de la préparation en altitude ou en caisson hyperbare à la récupération sous perfusion, des compléments alimentaires à la pharmacologie autorisée, jusqu'aux frontières de la psychologie. « Être à la pointe » signifie donc souvent « franchir les limites », celles de l'« effraction de sa propre normalité » [2] ou celles humaines supposées, pour explorer des territoires inconnus, ceux de la douleur, de la performance, du risque et, dans le cas du dopage, enfreindre la règle. Le dopage apparaît ici comme une tentation familière, venue compléter l'arsenal technique. Ainsi une sorte de « surhumanité » sportive se dessine-t-elle, questionnant par le détail les limites et contours du corps « naturel ».

À la différence d'autres activités sociales, par exemple le monde de l'entreprise ou celui de l'école, où le culte de la performance suscite une réflexion sur les rythmes de travail, rien de tel dans le sport de haut niveau dont la quête du dépassement de soi est l'essence même. Par là, la croyance dans un *progrès* quasi linéaire, et même si de récentes études tendent à révéler une stagnation des records, voire régression dans certains sports [3], signe l'appartenance de l'idéologie sportive à une *modernité* héritière des Lumières, quand la *post-* ou l'*hypermodernité* contestent pour le monde contemporain la légitimité de cette croyance [4]. Ceci n'est pas sans conséquences : au travers de l'exception du champion, mais aussi des blessures ou pathologies chroniques, des dépressions, addictions ou reconversions désastreuses qui ternissent l'idéal sportif et son équivalence avec la « santé », le sport de haut niveau questionne la norme et le « hors normes ».

Si les études épidémiologiques actuelles insistent sur l'aspect pathogène des pratiques intensives [5], G. Canguilhem rappelle toutefois que la santé est une norme individuelle et non collective, citant en exemple le champion sportif

1. I. Queval, *S'accomplir ou se dépasser. Essai sur le sport contemporain*, Paris, Gallimard, 2004.

2. C. Carrier, *L'adolescent champion, contrainte ou liberté ?*, Paris, P.U.F., 1992.

3. J.-F. Toussaint, « Dépassement et confrontation aux limites », *Institut de recherche médicale et d'épidémiologie du sport*, 2009.

4. N. Aubert, *L'individu hypermoderne*, Ramonville Saint-Agne, Érès, 2005.

5. S. Cascua, *Le sport est-il bon pour la santé ?*, Paris, Odile Jacob, 2002.

pour ses facultés d'adaptation à des conditions de vie extraordinaires[1]. Certes, et heureusement, de nombreux champions demeurent en bonne santé, malgré ces conditions, malgré même, parfois, l'usage de produits dopants. Ce qui interroge toutefois sur la valeur d'exemplarité que peut revêtir l'exploit. Autrement dit, un *héros* est-il toujours un *exemple*? On ne peut ignorer le fort ancrage idéologique qui situe le sport, non seulement dans le registre de l'universalité, mais aussi et surtout dans celui de valeurs pédagogiques et morales. Les conditions de vie du champion lui sont-elles définitivement réservées, actant de la différence *de nature* qui sépare le sport amateur du sport professionnel ou bien peuvent-elles encore *faire école*? Les « cadences infernales » du sport de haut niveau sont-elles un modèle de réussite et d'abnégation, ou bien une sorte de point limite qu'on ne saurait recommander aux jeunes compétiteurs? Ainsi, la « surnaturation » du champion pose problème en ce qu'elle interroge sur le *prix de l'excellence*.

Dopage et corps augmenté : le champion comme prototype humain

Le dopage illustre cette tension entre l'idéal d'exemplarité du champion sportif et la réalité d'un processus plus global: améliorer la performance humaine. Stigmatisé dans le milieu du sport, le dopage est quasiment ignoré dans d'autres domaines: arts et lettres, armée, vie étudiante, politique. Plus avant, il masque la banalisation des « conduites dopantes », tandis que les addictions se multiplient[2]. De la vitamine au médicament, du médicament à la drogue, en passant par les compléments alimentaires ou les « alicaments », la culture de l'adjuvant qui hante le discours de la publicité alimentaire trouve une résonance dans la volonté de « consommer pour être bien », c'est-à-dire « mieux ». Les médicaments à usages sociaux détournés – *Prozac, DHEA, Viagra, Ritaline* – attestent cette tendance[3]. À cet égard, le dopage sportif est la partie émergée d'un iceberg social qu'il emblématise.

En outre, sans doute le sport continue-t-il d'entretenir un idéal démocratique que la société contemporaine peine à incarner: égalité des chances, ascenseur social, transparence de l'État de droit. Les idéaux du sport sain et du respect des règles, constitutifs du mythe, se combinent pour spécifier l'exception morale du sport. Le dopage y apparaît alors comme une atteinte à la santé et une tricherie plus inacceptables qu'elles ne le seraient dans d'autres secteurs de la vie publique. D'où son traitement médiatique, d'où également sa

1. G. Canguilhem, *Le normal et le pathologique*, Paris, P.U.F., 1966.
2. P. Laure (éd.), *Dopage et société*, Paris, Ellipses, 2000.
3. A. Ehrenberg, *Le culte de la performance*, Paris, Calmann-Levy, 1991.

judiciarisation qui hésite encore entre le règlement « entre soi », celui d'une tricherie à l'intérieur d'un jeu, par les instances sportives, et la pénalisation qui réfère au trafic de drogue.

Dans son lien avec l'innovation technologique, le sport illustre également la question du rapport *nature/culture* ou *nature/artifice*. Le dopage est central dans cette question, parce que l'« amélioration artificielle de la performance » demeure, non sans ambivalence, sa définition et le motif de sa sanction. Rappelons que *tout* est « artifice » ou, à tout le moins, « culture » dans le sport, stades, gymnases, piscines, chaussures, selles de vélo, raquettes, mais aussi l'ensemble des savoirs et pratiques qui conduisent la perfectibilité. Quel est alors le sens et le statut d'un dopage référant à un prétendu « corps naturel » et une performance assimilée ?

Molécules recombinantes obtenues par génie génétique, produits masquants, transfusions sanguines, durée de vie de plus en plus courte des substances dans l'organisme rendant leur détection hasardeuse, les protocoles du dopage, désormais pilotés par les biotechnologies, s'étendent sur plusieurs mois ou années atteignant un haut degré de scientificité. Les athlètes se procurent les nouvelles molécules à la source des laboratoires pharmaceutiques, devançant l'action des laboratoires d'analyses. Ceci pose la question de l'efficacité de cette lutte, mais aussi de sa relativité si l'on prend en compte la variabilité des législations selon les sports et fédérations, celle des cultures nationales aussi, enfin les contournements possibles de la loi par les autorisations à usage thérapeutique (AUT). Ceci interroge tout autant sur les conséquences possiblement « panoptiques » d'un « suivi longitudinal » permettant d'établir un « passeport biologique » des athlètes de haut niveau devant tenir informées de leurs faits et gestes les instances de la lutte anti-dopage, afin de pouvoir être contrôlés à tout moment de leur existence.

La pilule dopante ou l'injection d'un produit chimique n'est pas exactement équivalente – *si ce n'est dans son intention* – au matériel sportif. D'abord parce qu'elle nuit à la santé du sportif, quand l'innovation technique améliore les conditions de l'effort; ensuite, parce qu'elle affecte le corps intrinsèque, dans son *esoplasticité*, ce corps dit « naturel », contrairement à l'habit ou l'engin. Il faut pourtant poser la question d'un dopage futur qui ne serait plus seulement chimique et pharmacologique, et peut-être moins nocif. Comment penser la programmation génétique d'un athlète en fonction des quelque quatre-vingt « gènes de la performance » identifiés ou l'implant de nanotechnologies visant à contrôler telle ou telle fonction ou organe, voire la présence de prothèses ou d'exosquelettes ? La question d'un « dopage technologique » se pose : l'imbroglio juridique autour des combinaisons de natation aux vertus hydrodynamiques et de flottaison accrue en témoigne.

Le dopage posait ces dernières années deux questions initiales : faut-il considérer qu'il s'inscrit dans l'histoire du progrès humain ? Faut-il le légaliser au motif que les sportifs de haut niveau sont des professionnels avertis des risques, au mépris de toute considération pédagogique et médicale notamment relatives aux enfants sportifs ? La réflexion s'engage aujourd'hui sur ce que sont le « corps naturel », le « corps augmenté », le « corps hybridé. Isoler une « naturalité » du corps humain n'est-ce pas occulter l'« humanité » même, dans ce qu'elle est « culture », « technique » ? Toute amélioration, tout progrès ne sont-ils pas « artifices », eux aussi par essence, et en particulier dans le sport ? Le cas d'O. Pistorius, athlète équipé de prothèses de jambes et participant aux compétitions des valides est éloquent, puisque cette participation a fait débat au motif que ses prothèses constituaient un « avantage ». Mais « tout » n'est-il pas recherche d'« avantages » dans le progrès sportif ? Et, conséquemment, l'artifice technique peut-il inclure les exosquelettes ?

Dans un registre finalement comparable, le cas de C. Semenya, jeune sud-africaine, championne du monde du 800 m et suspectée de n'être pas « une femme authentique », excède le champ du sport, tout en y trouvant une résonance particulière. Comment la règle sportive peut-elle traiter les questions de l'identité humaine, traversées par le progrès technicien ou la question du genre ? Comment la conception traditionnelle, voire conservatrice de l'équité sportive peut-elle faire face aux sources innombrables d'inégalité que révèle la compétition, à commencer par l'inégalité génétique ? Doit-on dire que l'avantage génétique du sprinteur U. Bolt est plus « naturel » que l'hyper-androgénisme de C. Semenya ? Évidemment non, si naturel signifie ici « biologique ». Selon quelles catégories comparer les exosquelettes que sont des prothèses de jambes ou une combinaison de natation, et le dopage intensif qui modifie morphologie et physiologie des athlètes ? N'y aurait-il pas, enfin, un paradoxe à entretenir une perception discriminante du rapport handicapé/valide ou homme/femme, tandis que prolifèrent tous les moyens d'optimiser le corps et le « mental » ?

Conclusion

La lutte volontariste contre la nature et le hasard, caractéristique d'une vision prométhéenne de la médecine moderne, trouve dans le champion son icône. Plus que jamais, ce dernier est aujourd'hui « produit », c'est-à-dire construit, programmé, sculpté, conditionné pour la performance. Hyper- ou hypotrophié, prototype, hybride, son corps interroge sur la pertinence du sens pour l'humain d'un « corps naturel ». Cette naturalité a-t-elle jamais été une référence exclusive, tellement l'homme est par essence un être technique ? La transgression de cette nature, son artificialisation interrogent toutefois aujourd'hui sur les contours de l'identité humaine. Le sport produira-t-il les premiers *Robocops* de notre société ? En outre, advenu dans un univers où sont mythifiées les références à la santé et à la règle, le champion interroge quant à son exemplarité : est-il héros ou modèle, annonce-t-il une humanité future ou est-il seulement l'extraordinaire exception, sorte de monstre généré par le culte de la performance ? Est-il comparable à Mozart ou à Noureev, à jamais uniques dans leur virtuosité, ou préfigure-t-il une humanité à venir, au corps automatisé, dopé, augmenté, aux performances génétiquement programmées ? De toute évidence, et parce que sa spectacularisation interpelle la société, le sport figure les questions posées, *de l'humanisme au dépassement de l'humanisme*, par l'amélioration de l'humain.

Isabelle Queval

SURHOMME

Notion évocatrice, plutôt que définition univoque, d'un homme libéré des servitudes qui le limite et qui différerait de l'homme qui s'identifie avec une fonction ou une partie seulement des possibilités humaines.

Sans doute, peu de concepts philosophiques furent aussi négativement connotés dans l'histoire de la philosophie du XXe siècle que le « surhomme » nietzschéen, hormis celui de « volonté de puissance ». Reste que Nietzsche (1844-1900) n'a pas publié de livre intitulé *Le Surhomme* ni, de son vivant, de livre intitulé « *La volonté de puissance* » dont les différentes éditions sont des agencements *a posteriori* de ses fragments posthumes qui comportaient des plans d'un ouvrage « Der Wille zur Macht ». Le thème du « surhomme » fut par contre explicitement évoqué, entre autres, dans un ouvrage dont la publication fut achevée du vivant de Nietzsche en 1885 : *Ainsi parlait Zarathoustra*. Et c'est à la même époque qu'est apparu dans les fragments posthumes d'août-septembre 1885 le thème de « *La Volonté de puissance*. Essai d'interprétation nouvelle de tout événement. Par Friedrich Nietzsche » [1]. Ensuite, dès le milieu des années 1890 – Nietzsche s'est effondré le 3 janvier 1889 –, et après son décès le 25 août 1900, sa soeur, Elisabeth Föster-Nietzsche (1846-1935) a entrepris de diffuser la pensée de son frère qui avait laissé une masse considérable de manuscrits inédits. Au cours de ce long processus éditorial, dans les

1. F. Nietzsche, *Œuvres Philosophiques Complètes*, Paris, Gallimard, 1967-1990, (désormais cité *OPC*) vol. XI, p. 353.

années 1930, sa soeur entreprit de mettre la pensée de Nietzsche au service du national-socialisme allemand. Dans l'Allemagne de l'après-guerre, le soupçon que Nietzsche ait pu par certaines propositions « ambiguës » relatives au « culte de la force » et à l'« idéal du "surhomme" » fournir des arguments en faveur du fascisme – au prix, dénoncèrent certains, d'une lecture « très sélective » et d'une interprétation « erronée » de ses textes – a fortement terni sa réputation philosophique durant les années 1950 et 1960.

Mais, comme le rappelle Arno Munster, cette « image noircie d'un Nietzsche "proto-fasciste" », en fait déjà renversée par les « lectures françaises, anti-fascistes » faites par Georges Bataille (1897-1962) dès 1937 – fut corrigée, entre autres, par Gilles Deleuze (1925-1995), auteur en 1962 de *Nietzsche et la philosophie* ainsi que par l'édition historico-critique des *Œuvres complètes* de Nietzsche qu'entreprirent Giorgio Colli (1917-1979) et Mazzimo Montinari (1928-1986) à partir de ces mêmes années 1960 et qui avait pour but de rétablir l'authenticité des textes de Nietzsche en les expurgeant des falsifications commises par sa sœur[1]. Sur ces entrefaites, en 1950, le *Nietzsche* de Walter Kaufmann (1921-1980) « portayed the nazified Nietzsche as pure distortion ». Là où, par contre, d'autres interprètes envisagent, toujours et malgré tout, que « *the potential for the specific distortions that do occur can be understood as latent in the original text* [...] »[2]. À quoi s'ajoute encore une autre difficulté que souligne Steven E. Aschheim – qui se réfère à Kurt Rudolf Fischer : « *We undercut Nietzsche if we wish to determinate what the "Übermensch" is. Because I think it is part of the determination of the "Übermensch" not to be determined – that we shall have to experiment, that we shall have to create* »[3].

Dernière importante mise en garde, vu les divergences d'interprétation : concernant l'ensemble des écrits de Nietzsche, Montinari considère que « les manuscrits [...] lus selon leur succession chronologique nous offrent une présentation authentique, pratiquement sans lacunes, de sa production et de ses intentions. Les fragments posthumes, publiés selon leur chronologie dans les manuscrits, complètent et clarifient les œuvres publiées ou déjà prêtes pour la publication ». On peut donc, soit « comprendre tout l'ensemble de ses notes – indépendamment de leur utilisation – comme l'expression unitaire de la pensée de Nietzsche », soit plutôt « distinguer dans cet ensemble les intentions littéraires de Nietzsche, ses plans de publication et – dans le cas de publications effectives – ce qu'il faut considérer comme travail préparatoire, ce qui a été

1. A. Munster, *Nietzsche et le nazisme*, Paris, Kimé, 1995, p. 63.

2. S. E. Aschheim, *The Nietzsche Legacy in Germany 1890-1990*, Berkeley, University of California Press, 1992, p. 315-316.

3. *Ibid.*, p. 8.

écarté et pourquoi il l'a été » et aussi ce qui y est « entièrement lié à des plans clairement écartés et dépassés par Nietzsche au cours de ses méditations »[1].

En conséquence, sont ici distinguées les œuvres éditées du vivant de Nietzsche et les fragments posthumes qui, eux, sont lus selon la chronologie de leur rédaction afin de ne pas laisser croire à un « surhomme » nietzschéen clairement défini et localisé alors qu'il est épars dans les fragments posthumes. Ajoutons qu'il faudrait aussi distinguer ses propos en faveur du « surhomme », des « hommes supérieurs », de l'« aristocratie » et ceux qui, inversement, sont opposés aux « faibles », aux « ratés », à la « masse » ; y différencier précisément « surhomme », « héros », « brute blonde », « race supérieure », « espèces » ; analyser comment Nietzsche prit ses distances avec Darwin.

Le surhomme dans les publications du vivant de Nietzsche

Si, en 1882, *Le Gai Savoir* offre une première occurrence du terme « Uebermenschen » (« Surhommes »), c'est surtout dans *Ainsi parlait Zarathoustra* (1883-1885) que Nietzsche annonça : *« Je vous enseigne le surhomme.* L'homme est quelque chose qui se doit surmonter. Pour le surmonter, que fîtes-vous » ? Selon lui, « tous les êtres jusqu'ici par-dessus eux, au-delà d'eux, se créèrent quelque chose ». Et « de ce grand flux vous voulez être, n'est-ce pas ?, le reflux », s'interrogeait-il en précisant : « Et plutôt que de surmonter l'homme, vous préférez revenir à la bête ! »[2]. Nietzsche poursuivait : « Qu'est le singe pour l'homme ? Un éclat de rire ou une honte qui fait mal. Et tel doit être l'homme pour le surhomme : un éclat de rire ou une honte qui fait mal ». Pour Nietzsche, « le Surhomme est le sens de la Terre » et il conjurait donc ses « frères » : « *À la Terre restez fidèles* et n'ayez foi en ceux qui d'espérances supraterrestres vous font discours »[3] ! Aussi, il s'interrogeait : « Où est donc l'éclair qui, de sa langue, vous lèche ? Ou le délire qu'il vous faudrait inoculer » ?, tout en expliquant : « Voyez, je vous enseigne le Surhomme ; lequel est cet éclair, lequel est ce délire »[4] ! Il aimait donc ceux qui « à la Terre se sacrifient pour que la terre un jour devienne celle du surhomme » et aimer celui qui « pour connaître vit et qui connaître veut afin qu'un jour vive le surhomme ; et de la sorte veut son propre déclin ». De même, aimait-il celui qui « oeuvre et qui invente pour bâtir au surhomme sa demeure et d'avance lui préparer Terre, bêtes et végétal », ajoutant à nouveau que, de la sorte, celui-ci

1. M. Montinari, *La volonté de puissance n'existe pas*, établi et postfacé par P. d'Iorio, Paris, Les éditions de l'éclat, 1996, p. 88-89.

2. Nietzsche, *OPC*, vol. VI, p. 23.

3. *Ibid.*, p. 24.

4. *Ibid.*, p. 25.

« veut son propre déclin »[1]. Et Nietzsche, de l'« éclair », se voyait le « héraut, et une pesante goutte qui tombe de la nuée; mais cet éclair a nom surhomme »[2]. Aussi, voulait-il donc apprendre aux hommes que le « sens » de leur « être » était le « surhomme, l'éclair qui jaillit de la sombre nuée Homme »[3].

S'adressant aux « hommes supérieurs », Nietzsche voulait aussi leur faire savoir qu'en fait, personne ne leur accordait créance sur la place publique : « "Vous les hommes supérieurs" – ainsi parle la populace, clignant de l'œil – d'hommes supérieurs, il n'en est point, nous sommes tous égaux, un homme est un homme, devant Dieu – nous sommes tous égaux » ! Mais Nietzsche rétorquait : « Devant Dieu ! – Mais il est mort à présent ce dieu ! » et il affirmait au contraire que « devant la populace point ne voulons être égaux »[4], en invitant dès lors les « hommes supérieurs » au courage car, pour la première fois, la « montagne pousse le cri de la parturiente, car elle enfante l'avenir humain. Dieu mourut, à présent nous voulons, *nous* – que vive le Surhomme »[5] ! Or, ce qui était né de « servile race » et singulièrement le « populacier salmigondis » se voulait pourtant le « maître de toute humaine destinée »[6]. Ce qui inspirait à Nietzsche ce jugement : « Ô nausée, nausée, nausée ! » et il invitait à nouveau ses « frères » à surmonter ces « maîtres du jour d'hui », ces « petites gens » qui, selon lui, étaient le « plus grand des périls » pour le « surhomme ». Aussi, invitait-il les « hommes supérieurs à surmonter les « petites vertus, les petites prudences, les considérations de grain de sable, les grouillements de fourmilière, le pitoyable agrément, l'"heur des plus nombreux" »[7] !

Le « surhomme » dans les fragments posthumes de Nietzsche

Dès les années 1879-1881, Nietzsche s'était demandé si chaque individu ne devrait pas être une « tentative *pour* parvenir à une *espèce supérieure à* l'homme, à l'aide de ses dons les plus individuels » ? Sa morale de l'époque consistait à dépouiller l'homme toujours davantage de son caractère général et à le spécialiser, à le rendre « incompréhensible aux autres » en le rendant « objet d'expériences, d'étonnement et d'instruction »[8]. En 1882-1884, Nietzsche entendait alors le « surhomme » comme « tout à fait au-delà de la vertu telle

1. Nietzsche, *OPC*, vol. VI, p. 26.
2. *Ibid.*, p. 27.
3. *Ibid.*, p. 30.
4. *Ibid.*, p. 307.
5. *Ibid.*, p. 308.
6. *Ibid.*, p. 308.
7. *Ibid.*, p. 309.
8. Nietzsche, *OPC*, vol. IV, p. 516.

qu'elle a jusqu'à présent existé, *dur*, au-delà de la compassion – le créateur qui *frappe* sans *ménagement* son marbre ». Selon lui, il fallait donc « miser l'existence de l'humanité afin d'atteindre, peut-être, quelque chose de plus haut que la conservation de l'espèce »[1]. Il fallait de la « virilité »[2] ainsi que « mesure et milieu dans l'aspiration à dépasser l'humanité », bref, « *trouver le genre d'homme le plus haut et le plus fort* ! », c'est-à-dire, « perfection, maturité, santé enjouée, douce aura de puissance »[3]. Et selon Nietzsche, c'était ici la « doctrine de la vie en tant que dépassement suprême de soi »[4]. En fait, s'interrogeait-il, peut-être que dans toute cette « évolution de l'esprit » est-ce du « *corps* » dont il s'agissait ? Ce serait alors une « *histoire perceptiblement* en *devenir* du fait qu'un *corps supérieur est en train de se former* ». Nietzsche considérait alors que « l'organique gravit encore des niveaux supérieurs » et que notre « désir de connaître la nature » n'est que le « moyen par lequel le corps veut se parfaire ». En d'autres mots, « on fait des milliers d'expériences pour modifier l'alimentation, l'habitat, le mode de vie du corps : la conscience et les jugements de valeurs qui s'y effectuent, toutes les formes de goût et de dégoût ne sont que les *signes de ces changements* et de *ces expériences. En fin de compte, ce n'est plus de l'homme qu'il s'agit. Il faut le dépasser* »[5]. Nietzsche signalait que, par contraste, la « *condamnation du corps* » était typique du « mélange raté » et qu'il en allait de même de la « *condamnation de la vie* ». C'était bien le signe auquel on reconnaissait les « vaincus »[6]. Ainsi, là où les brahmanes et les chrétiens détournaient du monde de l'apparence visible parce qu'ils le tenaient pour mauvais et le craignaient, les scientifiques travaillaient au contraire au service de « la volonté de *maîtriser la nature* »[7]. De même, la « bêtise » des moralistes avait toujours visé l'« *ennoblissement* », sans vouloir en même temps ce qui en était la base : « *L'anoblissement physique* » grâce à un mode de vie « noble » et à un « environnement noble du côté de l'homme *et* de la nature »[8].

Et en 1884-1885 – l'époque d'*Ainsi parlait Zarathoustra* –, Nietzsche vit alors venir une question « inéluctable, hésitante, redoutable comme le destin » : « Comment gouvernerons-nous la terre ? Et *pour quelles fins* l'"humanité"

1. Nietzsche, *OPC*, vol. IX, p. 388.
2. *Ibid.*, p. 519.
3. *Ibid.*, p. 544.
4. *Ibid.*, p. 604.
5. *Ibid.*, p. 686.
6. Nietzsche, *OPC*, vol. X, p. 129.
7. *Ibid.*, p. 235.
8. *Ibid.*, p. 250.

dans son ensemble, et non plus en tant que peuples ou que races, devra-t-elle être élevée et sélectionnée »[1] ? Évoquant un « vouloir-vivre » qui s'intensifiait en « volonté de puissance absolue » et en « volonté de suprématie », Nietzsche envisageait dès lors une morale visant à « sélectionner une caste dominante – celle des futurs *maîtres de la terre* ». Il fallait « sélectionner *une race nouvelle* chez laquelle une même volonté, un même instinct, seront assurés de durer à travers plusieurs générations : une race nouvelle, une nouvelle caste de maîtres ». Toutefois, selon lui, c'était aussi aisé à concevoir que les développements ultérieurs de cette pensée étaient difficiles à exprimer : « Préparer un *renversement des valeurs* pour une race humaine vigoureuse et bien définie, douée de la plus haute intellectualité et de la plus grande énergie, déchaîner chez elle avec prudence à cet effet une foule d'instincts tenus en bride et calomniés »[2]. Et en 1887-1888, sous le titre « *Les forts de l'avenir* », il évoqua les « *moyens* » d'un « dressage d'une *race plus forte* » et qui seraient ceux qui furent enseignés par l'histoire : « L'*isolement* par des intérêts de conservation [...] », l'« exercice des valeurs inversées », la « distance en tant que pathos », la « libre conscience dans tout ce qui est aujourd'hui le moins estimé et le plus répréhensible ». Aussi, face à l'« *égalisation* de l'homme européen », il y avait une nécessité de « *creuser un fossé*, la nécessité d'une *distance*, d'une *hiérarchie* ». Il envisageait donc, non pas juste une « race de maîtres » dont la tâche s'épuiserait à gouverner, mais une « race ayant *sa propre sphère de vie*, un excédent de force pour la beauté, le courage, la culture, les manières jusque dans ce qu'il y a de plus spirituel ; une race *affirmative* qui peut s'accorder tout grand luxe... ». Une race qui serait « assez puissante pour n'avoir besoin ni de la tyrannie de l'impératif de vertu, ni de la parcimonie, ni de la pédanterie, par-delà bien et mal : formant une serre de plantes rares et singulières ». En un mot, « l'homme est l'*animal monstrueux* et le *suranimal* ; l'homme supérieur est l'homme monstrueux et le surhomme »[3].

Ébauche contemporaine du surhomme

Depuis 1885 – l'époque d'*Ainsi parlait Zarathoustra* –, le thème du « surhomme » suscita de très nombreuses interprétations contradictoires. Pour n'en prendre qu'une, un siècle après, en 1986, Deleuze pensait que la position correcte du problème que Nietzsche appelait « le surhomme » serait la suivante : « Si les forces dans l'homme ne composent une forme qu'en entrant en rapport avec des forces du dehors, avec quelles nouvelles forces

1. Nietzsche, *OPC*, Vol. XI, p. 314.
2. *Ibid.*, p. 315-316.
3. Nietzsche, *OPC*, vol. XIII, p. 85-86.

risquent-elles d'entrer en rapport maintenant, et quelle nouvelle forme peut-il en sortir qui ne soit plus Dieu ni l'Homme »? Comme disait prudemment Deleuze, c'est un problème dans lequel on ne peut que se contenter d'indications « très discrètes », à moins de tomber dans la « bande dessinée ». Et de fait, en ce qui concerne le « surhomme » mais aussi la « mort de l'homme », Deleuze considérait que Michel Foucault (1926-1984), comme Nietzsche, n'avait pu indiquer en la matière que des « ébauches, au sens embryologique, non encore fonctionnelles ». Selon Deleuze, Nietzsche pensait que « l'homme a emprisonné la vie » et que « le surhomme est ce qui libère la vie *dans l'homme même*, au profit d'une autre forme... ». Ce dont, d'après Deleuze, Foucault avait donné une indication toutefois « très curieuse » dans *Les mots et les choses* (1966). Comme le rappelait Deleuze, chez le Foucault de la « mort de l'homme », la littérature avait acquis une toute nouvelle fonction qui consistait alors à « faire valoir un "être du langage" au-delà de ce qu'il désigne et signifie, au-delà des sons mêmes ». Or, faisait remarquer Deleuze, ce qui est curieux, c'est que Foucault donne alors au langage un « privilège qu'il refuse à la vie et au travail ». Deleuze objectait qu'il semblait pourtant que, « dans leur dispersion respective, le travail, la vie n'ont pu se rassembler chacun que dans une sorte de décrochage, par rapport à l'économie ou à la biologie, exactement comme le langage n'a pu accéder au rassemblement que dans le décrochage de la littérature par rapport à la linguistique »[1]. En d'autres termes, il avait fallu que « la biologie saute dans la biologie moléculaire, ou que la vie dispersée se rassemble dans le code génétique » et que « le travail dispersé se rassemble ou se regroupe dans les machines de troisième espèce, cybernétiques et informatiques ».

Et quelles seraient « les forces en jeu, avec lesquelles les forces dans l'homme entreraient alors en rapport », se demandait Deleuze en 1986. Selon lui, ce ne serait plus « l'élévation à l'infini » ni la « finitude » mais bien un « fini-illimité » – appelant ainsi « toute situation de force où un nombre fini de composants donne une diversité pratiquement illimitée de combinaisons ». D'après Deleuze, ce ne serait donc « ni le pli ni le dépli qui constituerait le mécanisme opératoire, mais quelque chose comme le *Surpli*, dont témoignent les plissements propres aux chaînes du code génétique, les potentialités du silicium dans les machines de troisième espèce, autant que les contours de la phrase dans la littérature moderne ». Dans ces conditions, selon Deleuze, « les forces dans l'homme entrent en rapport avec des forces du dehors, celles du silicium qui prend sa revanche sur le carbone, celles des composants génétiques qui prennent leur revanche sur l'organisme, celles des

1. G. Deleuze, *Foucault*, Paris, Minuit, 1986, p. 139.

agrammaticaux qui prennent leur revanche sur le signifiant ». Et à tous ces égards, il fallait donc bien étudier les « opérations de surpli » dont la « double hélice » était le cas le plus connu, selon lui. Ainsi, concluait Deleuze, « qu'est-ce que le surhomme ? C'est le composé formel des forces dans l'homme avec ces nouvelles forces. C'est la forme qui découle d'un nouveau rapport de forces. L'homme tend à libérer *en lui* la vie, le travail et le langage »[1]. Le « surhomme » c'est alors l'« homme chargé des roches elles-mêmes, ou de l'inorganique (là où règne le silicium) ». C'est l'« homme chargé de l'être du langage (de "cette région informe, muette, insignifiante, où le langage peut se libérer" même de ce qu'il a à dire) ». Comme dirait Foucault, selon Deleuze, « le surhomme est beaucoup moins que la disparition des hommes existants, et beaucoup plus que le changement d'un concept : c'est l'avènement d'une nouvelle forme, ni Dieu ni l'homme, dont on peut espérer qu'elle ne sera pas pire que les deux précédentes »[2]. Une « serre de plantes rares et singulières » ? En tout cas, pour Georges Bataille (1897-1962), « cette sorte d'homme différerait de l'homme actuel, qui se confond d'habitude avec une fonction, c'est-à-dire une partie seulement du possible humain : ce serait en un mot *l'homme entier*, libéré des servitudes qui nous limitent ». Et « cet homme libre et souverain, à mi-chemin de l'homme moderne et du surhomme, Nietzsche n'a pas voulu le définir. Il pensait avec juste raison qu'on ne peut définir ce qui est libre. Rien n'est plus vain qu'assigner, limiter ce qui n'est pas encore »[3].

Pierre-Frédéric Daled

TÉRATOLOGIE

La tératologie est l'étude scientifique des monstres. Outre leur analyse descriptive, la tératologie dite « expérimentale » étudie leurs conditions de production artificielle.

Fondateur de l'anatomie comparée, auteur d'une *Philosophie anatomique* (1818-1822), Étienne Geoffroy Saint-Hilaire (1772-1844) a jeté les bases de la tératologie en tant que science indépendante au début du XIXᵉ siècle. Son fils, Isidore Geoffroy Saint-Hilaire (1805-1861) poursuivit son œuvre et publia, entre 1832 et 1837, une *Histoire générale et particulière des anomalies de l'organisation chez l'homme et les animaux* ou *Traité de Tératologie* qui pro-

1. G. Deleuze, *Foucault*, *op. cit.*, p. 140.
2. *Ibid.*, p. 141.
3. G. Bataille, *Sur Nietzsche, volonté de chance*, Paris, Gallimard, 1945, p. 186.

posait une classification de toutes les variétés de malformations alors connues de lui. Les monstres y étaient classés en embranchements, classes, ordres, à l'imitation de la systématique zoologique et botanique codifiée par Linné (1707-1778). Outre l'étude descriptive des monstres, on tenta de reproduire expérimentalement les malformations rencontrées. Le pionnier de la tératologie expérimentale fut Camille Dareste (1822-1899) dont les principaux travaux se situent entre 1855 et 1891.

Identité des lois du normal et du monstrueux

Quand les monstruosités furent réparties en classes selon des rapports constants et quand on put les provoquer expérimentalement, alors « l'irrégulier [fut] rendu à la règle, le prodige à la prévision »[1]. Au XIXe siècle, « le fou est dans l'asile où il sert à enseigner la raison, et le monstre est dans le bocal de l'embryologiste où il sert à enseigner la norme »[2]. Isidore Geoffroy Saint-Hilaire ayant achevé la « domestication » des monstruosités en les rangeant parmi les « anomalies »[3], ces dernières furent en effet appelées à procurer l'explication de la « formation du normal » parce que le « pathologique » serait du « normal empêché ou dévié ». Bref, « ôtez l'empêchement [ou la déviation] et vous obtenez la norme »[4]. Pendant longtemps, de fait, on ne soupçonna pas que « l'exception pût être expliquée », qu'elle pût « avoir ses lois »[5]. Or, à partir des travaux des Geoffroy Saint-Hilaire, la tératologie, comme science descriptive, a donc montré que derrière la variété très grande des formes monstrueuses, il y avait une certaine stabilité des principaux types naturels. Comme disait en 1948 le biologiste Étienne Wolff (1904-1996), ce n'est pas une « fantaisie échevelée » qui préside à leur naissance : « Tous les monstres à deux têtes et à un tronc, qu'il s'agisse de fœtus humains ou animaux, ont la même organisation, à quelques détails près ». En d'autres termes, « de même qu'il y a un plan d'organisation normal, il existe des plans d'organisation monstrueux ». Et cela laissait donc prévoir qu'il y avait des « lois du développement monstrueux ». En effet, expliquait Wolff, les résultats peuvent donner l'illusion d'une variété presque illimitée, mais les moyens mis en œuvre se réduisent à un « nombre restreint de recettes ». Pour le dire autrement, « ce sont les mêmes "ficelles" que la nature semble toujours tirer ». Bref, le grand mérite des Geoffroy Saint-Hilaire fut d'avoir montré qu'il y avait des « types

1. G. Canguilhem, *La connaissance de la vie*, *op. cit.*, p. 227.
2. *Ibid.*, p. 228.
3. *Ibid.*, p. 230.
4. *Ibid.*, p. 231.
5. E. Wolff, *La science des monstres*, Paris, Gallimard, 1948, p. 13.

d'organisation monstrueux » et qu'« au-dessus de ces types il y a des lois de l'organisation monstrueuse ». Aussi, dès lors que « l'ordre était ramené dans le monde du désordre apparent », qu'il fut démontré que « les hors-la-loi eux-mêmes ont leurs lois », il fut logique, selon Wolff, de se poser une autre question – et ce fut à la tératologie expérimentale d'y répondre : les monstres obéissent-ils à ces « règles » en vertu d'une « nécessité interne » ou peut-on les « plier » à ces « lois » par une « intervention extérieure » ? Autrement dit, les monstres sont-ils « d'emblée des êtres exceptionnels » ou « le deviennent-ils au cours de leur développement » [1] ?

Pour Wolff, « l'organisme monstrueux et l'organisme normal obéissent aux mêmes lois ». Ils sont bien doués des mêmes propriétés. Suivant une formule dont, selon Wolff, on avait abusé mais qui, dans certains cas, ne lui semblait pas fausse, « le monstre est l'exception qui confirme la règle » [2]. Les « malformations » ne sont donc pas dues à une réaction générale de l'organisme qui suivrait un schéma « entièrement nouveau » mais à une « modification locale survenant à un certain stade du développement ». Selon Wolff, l'embryon normal et l'embryon monstrueux suivent ainsi la même voie jusqu'à un point connu à partir duquel leurs routes par contre se séparent : « Que se passe-t-il à ce moment ? Quelle est la modification qui produit la monstruosité ? Comment celle-ci s'édifie-t-elle » ? En tout cas, répondait Wolff en 1948, la conséquence d'un « facteur tératogène » est un arrêt de développement : l'ébauche d'un ou plusieurs organes est frappée d'inhibition, sa croissance et sa différenciation s'arrêtent. Mais il demeurait que ce sont bien des « ébauches saines qui construisent habituellement la malformation » [3]. Ainsi, les monstres consécutifs à un arrêt de développement sont des « *monstres par défaut* » qui montrent une déficience ou une organisation incomplète, mais il y a aussi des « *monstres par excès* » qui possèdent quelque organe en surnombre. Deux types de processus sont à l'origine de ces dernières monstruosités selon Wolff : des phénomènes de fragmentation et des processus de stimulation [4].

Erreur : malformation, monstruosité, anomalie

Dans l'ensemble, il y a, aux yeux de Wolff, de « grandes monstruosités » et de « petites anomalies » plus discrètes, moins spectaculaires que seul le hasard révèle à celui qui la porte, quand d'autres ne se manifestent qu'à l'autopsie. Cela étant, les termes de « monstruosité, anomalie, malformation » lui

1. E. Wolff, *La science des monstres*, *op. cit.*, p. 17.

2. *Ibid.*, p. 236.

3. *Ibid.*, p. 237.

4. *Ibid.*, p. 238.

semblaient à peu près équivalents. Ils peuvent, disait-il, être employés presque indifféremment pour désigner les mêmes sujets et il n'y a que des « nuances » entre eux. Mais vu qu'il existe donc une « gamme de *malformations* », on applique, d'après lui, le terme de « *monstruosités* » aux « formes les plus accentuées, les plus curieuses » et l'on réserve le nom d'« *anomalies* » à des « cas plus discrets, souvent compatibles avec la vie »[1]. Toutefois, au final, pour Wolff, le mot *malformation* convient bien dans tous les cas : comme *Missbildung*, il évoque l'idée d'une « formation défectueuse », d'une « erreur de développement ». Il sous-entend un évènement embryologique, c'est-à-dire, antérieur à la naissance. Une malformation ne se manifeste pas nécessairement chez le nouveau-né mais elle se prépare avant la naissance. Elle est le résultat d'une « aberration précoce », d'un « processus anormal du développement ». Un monstre est un « raté de fabrication » qui porte souvent la marque de son origine embryonnaire et qui fait pressentir qu'un mécanisme n'a pas ou mal fonctionné. Et c'est au tératologiste qu'il revient de déceler et de débrouiller ce processus anormal du développement car, selon Wolff, il faut tracer une frontière entre la tératologie et l'anatomie pathologique, c'est-à-dire entre « malformation » et « maladie »[2]. En effet, d'après lui, « les monstruosités ne résultent pas de maladies de l'embryon, quoi qu'aient pu en penser certains auteurs »[3]. Il appelait donc « malformation » tout « caractère anormal » que l'on pouvait rattacher à une « aberration du développement embryonnaire ». Et l'objet de la tératologie est de définir la nature et la genèse de cette « erreur » ; la plupart des malformations connues rentrant, selon lui, dans ce cadre[4].

Ce que la nature ne peut pas faire

En 1948, Wolff pensait que « tout ce que l'imagination humaine pouvait concevoir de fabuleux et d'étrange » était « dépassé par le spectacle que nous offre la nature ». Toutefois, précisait-il, avant de constater les fantaisies auxquelles se livre quelquefois la nature, il était essentiel de dire « ce qu'elle ne peut pas faire ». Et selon Wolff, en 1948, dans la nature, « ce qu'on ne voit jamais, ce sont des chimères, des centaures, des êtres constitués par la juxtaposition d'organes appartenant à deux espèces différentes »[5]. D'après lui, les « mutations expérimentales » pouvaient donner naissance à des « races nouvelles », cependant, la plupart d'entre elles ne faisaient que « recréer des

1. *Ibid.*, p. 21.
2. *Ibid.*, p. 22.
3. *Ibid.*, p. 23.
4. *Ibid.*, p. 24.
5. *Ibid.*, p. 25.

races déjà connues » ou « reproduire des mutations apparues spontanément ». On a l'impression, disait-il, que « la fantaisie des variations, si grande soit-elle, ne sort pas d'un cadre assez étroit. On retombe généralement sur du déjà connu, on ne voit rien apparaître de tout à fait nouveau »[1].

Entraîner l'organisme dans des voies insolites

En 1962, le philosophe et médecin Georges Canguilhem (1904-1995) s'interrogea, lui, plutôt en ce sens : dès que l'on a été induit à « soupçonner la vie d'excentricité », à dissocier les concepts de « reproduction » et de « répétition », qu'est-ce qui nous interdirait de « supposer la vie encore plus vivante », c'est-à-dire, capable de « plus grandes libertés d'exercice », de « transgressions spontanées à ses propres habitudes » ou d'« exceptions provoquées » ? Comme disait Canguilhem, « en présence d'un oiseau à trois pattes, faut-il être plus sensible à ceci que c'est une de trop ou à cela que ce n'est guère qu'une en plus » ? Dans ce dernier cas, juger la vie « timide ou économe », ce serait « sentir en soi du mouvement pour aller plus loin qu'elle ». Mais d'où vient, se demandait-il, « ce mouvement qui entraîne l'esprit des hommes à juxtaposer aux produits monstrueux de la vie, comme autant de projets susceptibles de la tenter, des grylles aux têtes multiples, des hommes parfaits [...] » ? Vient-il de ce que « la vie serait inscrite, au sens géométrique du terme, dans la courbe d'un élan poétique dont l'imaginaire se fait la conscience en le révélant infini » ? Ou bien serait-ce que « les incartades de la vie inciteraient à l'imitation la fantaisie humaine, qui rendrait enfin à la vie ce qui lui fut prêté » ? Mais surgissaient alors la « question épineuse des rapports entre la monstruosité et le monstrueux »[2]. Deux approches étaient possibles selon lui : la « célébration du monstrueux » ou le « recensement des monstruosités »[3]. Dans le premier cas, l'ordre s'effacerait derrière la fécondité, dans le second, ce serait la réduction corrélative du monstrueux.

Canguilhem rappelait donc qu'Étienne Geoffroy Saint-Hilaire avait écrit : « Je cherchais à entraîner l'organisation dans des voies insolites ». Sans doute, analysait Canguilhem, cette décision, pour autant qu'elle conduit à opérer sur des œufs d'oiseaux, ne relève-t-elle d'aucune « motivation inconsciente fabuleuse ». Mais, poursuivait-il, en dirions-nous autant de Réaumur lorsque, après avoir longuement raconté ce qu'il nomme les amours d'une poule et d'un lapin, celui-ci « exprime sa déception du fait qu'une union aussi bizarre ne lui ait pas

1. E. Wolff, *La science des monstres*, *op. cit.*, p. 23.
2. G.Canguilhem, *La connaissance de la vie*, *op. cit.*, p. 222.
3. *Ibid.*, p. 226.

procuré “des poulets vêtus de poils ou des lapins couverts de plumes” » ? Et que dirons-nous, ajoutait-il, le jour où nous apprendrons qu'on « a tenté sur l'homme des expériences de tératogénie » ? En effet, « du curieux au scabreux et du scabreux au monstrueux, la route est droite sinon courte ». Et si l'« essai de tous les possibles » en vue de révéler le réel était inscrit dans le code de l'expérimentation, alors il y avait, selon lui, le risque que la frontière entre l'expérimental et le monstrueux ne soit pas aperçue du premier coup car le monstrueux était un des ces possibles. Et Canguilhem disait ne vouloir entendre ici que le « monstrueux imaginaire ». En effet, écrivait-il, entre « les biologistes qui se créent leur objet » et « les fabricants de monstres humains à destination des bouffons, tels que Victor Hugo les a décrits dans *L'Homme qui rit*, nous mesurons toute la distance ». Et « nous devons vouloir qu'elle demeure telle, [mais] nous ne pouvons affirmer qu'elle le restera » [1]. Comme le pressentait en effet Canguilhem en 1962, si l'ignorance des anciens tenait les monstres pour des « jeux de la nature », la science des contemporains en faisait le « jeu des savants ». Dans ces conditions, disait-il, « jouons donc à fabriquer des poulets cyclopes, des grenouilles à cinq pattes, des tritons siamois, en attendant, pensent certains, de pouvoir jouer à fabriquer non des sirènes ou des centaures, mais peut-être un homme des bois ». Aussi, pour Canguilhem, la formule « chercher à entraîner l'organisation dans des voies insolites » pourrait bien passer pour l'annonce d'un « projet diabolique » si nous n'en connaissions pas l'auteur car, dans ce cas, nous pourrions retrouver « le monstrueux à l'origine de monstruosités, mais authentiques ».

À ce propos, Canguilhem rappelait que Wolff avait bien dit que le tératologue expérimental borne son intervention à la perturbation d'un processus commencé sans lui et dont il ignore les conditions élémentaires initiales. Canguilhem redisait donc que « l'expérimentateur ne peut pas tirer plus de ficelles que la nature » [2] ou, en d'autres mots, que « la vie ne transgresse ni ses lois, ni ses plans de structure ». Les « accidents » n'y sont donc pas des « exceptions » et l'on peut concevoir qu'« il n'y a rien de monstrueux dans les monstruosités » car, à l'âge « positif » de la tératologie, « il n'y a pas d'exceptions dans la nature » – ou, comme avait dit Wolff en 1948 : « Le monstre est l'exception qui confirme la règle ». Toutefois, objectait Canguilhem, « cette formule positiviste qui définit un monde comme un système des lois ignore que sa signification concrète lui est donnée par sa relation à la signification d'une maxime opposée, que la science exclut, mais que l'imagination applique ».

1. *Ibid.*, p. 233.
2. *Ibid.*, p. 233-234.

Et cette maxime (opposée) pouvait donner naissance à l'« anticosmos », au « chaos des exceptions sans lois ». Et pour Canguilhem, cet « antimonde » (des exceptions sans lois), quand il est vu du côté de ceux qui le hantent après l'avoir créé, « y croyant tout exceptionnellement possible – oubliant de leur côté que seules les lois permettent les exceptions – », c'est le « monde imaginaire, trouble et vertigineux du monstrueux »[1].

Par ailleurs, Canguilhem soutenait que « ce qui n'a pas de règle de cohésion interne, ce dont la forme et les dimensions ne présentent pas d'écarts oscillant de part et d'autre d'un module qu'on peut traduire par mesure, moule ou modèle – cela ne peut être dit monstrueux ». Aussi, il considérait qu'il fallait réserver la qualification de « monstres » aux seuls « êtres organiques ». Ainsi, en 1962, pour Canguilhem – qui pensait toutefois nécessaire d'éclaircir le rapport entre le « monstrueux » et l'« énorme » –, il n'y aurait pas de « monstre minéral » et il n'y aurait pas de « monstre mécanique » – on dira, selon lui, d'un « rocher » qu'il est « énorme » non pas qu'il est « monstrueux ». Un monstre, c'est donc un « vivant de valeur négative »[2]. Et ce n'est pas seulement un « vivant de valeur diminuée », c'est encore un « vivant dont la valeur est de repoussoir ». De plus, le monstre, en nous révélant la précarité de la stabilité à laquelle la vie nous avait habitués – « oui, seulement habitués, mais nous lui avions fait une loi de son habitude », précisait Canguilhem –, confère à la « répétition spécifique », à la régularité morphologique, à la « réussite de la structuration » une valeur d'autant plus éminente qu'on en saisit dès lors la contingence. Bref, le monstre, pour Canguilhem, c'est la « négation du vivant par le non-viable »[3].

À lire Canguilhem en 1962, si l'on veut aller plus loin que la vie, on pourrait envisager d'entraîner l'organisation humaine dans des voies insolites. Mais à condition de n'aller que jusqu'à la création de ce que certains diraient être des « monstruosités » mais qui pourraient aussi être évaluées comme rien de plus que des exceptions relatives qui confirmeraient encore la règle naturelle. Par contre, cet entrainement de l'organisme humain hors de ses lois devrait se garder d'aller jusqu'à créer du « monstrueux » absolu ou le trouble chaos des exceptions scabreuses du non-viable.

1. G.Canguilhem, *La connaissance de la vie*, *op. cit.*, p. 235-236.
2. *Ibid.*, p. 220.
3. *Ibid.*, p. 221.

Monstre prometteur

En 2005, Jean Gayon, se référant à la notion de « monstre prometteur » introduite en 1933 par le généticien allemand Richard Goldschmidt (1878-1958) et reprise dans *The Material Basis of Evolution* (1942), rappelait que les monstres de Goldschmidt étaient des monstres reproductibles à volonté. Et pour Gayon, « derrière les yeux métamorphosés en pattes des insectes homéotiques, on discerne l'œil du savant-démiurge ». Un aspect « démiurgique » que la génétique du développement a amplifié dans la seconde moitié du XXe siècle. Ainsi, comme disait Gayon – qui se référait aux travaux contemporains du biologiste suisse Walter Gehring –, depuis quelques années, le public est familier de ces « images fabuleuses de drosophiles pourvues d'yeux, sur des organes aussi insolites que des pattes, ou en lieu et place des antennes »[1]. Reste qu'il a néanmoins un choc lorsqu'il voit « des antennes remplacées par de petits yeux surnuméraires au milieu de la tête, et plus encore lorsqu'on apprend que ces yeux ont tout l'équipement sanguin, trachéen et nerveux qui pourrait leur permettre éventuellement de fonctionner ». Sont-ils vraiment fonctionnels? « On ne le sait pas », répond Gayon qui ajoute que l'on sait également produire des « petits yeux bien formés à l'extrémité des pattes, ou sur une aile… ».

Pour Gayon, de tels travaux ne relevaient pas du « seul bricolage, à la différence de bien des essais et tâtonnements des biotechnologies », ils prouvaient l'existence de gènes qui, individuellement, sont capables de déclencher la formation d'un œil en tel ou tel point du corps. Et selon lui, il suffit ensuite que ces gènes, dûment déplacés, soient insérés dans des sites chromosomiques où ils auront pour fonction d'activer en un point précis du corps la batterie d'environ mille gènes nécessaire à construire un œil. Comme disait Gayon, « ce genre de découverte est fascinant, mais ici encore l'imaginaire a sa place ». Cela étant, Gehring a introduit à ce propos l'expression de « gènes maîtres » pour désigner des gènes régulateurs qui interviennent dans la mécanique du développement en déclenchant la formation d'un organe donné. « Gènes maîtres » que Gayon considère comme « axiologiquement plus inquiétants que les "monstres prometteurs" » de Goldschmidt car, disait-il, dans ce cas-ci, « l'horizon de signification du monstre […] évoque sans ambages la démiurgie humaine ». Aussi, « les monstres physiques de demain, il faut s'y faire, seront de plus en plus *nos* monstres »[2].

1. J. Gayon, « Les monstres prometteurs : évolution et tératologie », dans A. Ibrahim (éd.), *Qu'est-ce qu'un monstre*, Paris, P.U.F., 2005, p. 125.
2. *Ibid.*, p. 126.

Et dans cette perspective démiurgique, Gayon soutenait que le « monstre perçu est toujours un "monstre humain" » [1]. Pour le philosophe Pierre Ancet auquel il se référait, « il n'est pas d'être plus monstrueux que celui qui nous ressemble, il n'y a pas de monstre plus authentique que le monstre humain » [2]. En effet, expliquait Gayon, « dans le corps perçu n'est-ce pas une déformation virtuelle de notre propre corps que nous anticipons » ? Entre le « monstre » et le « corps malade, le corps vieilli, le corps torturé, le corps mutilé, le corps liquéfié par l'accident, il y a des affinités d'une terrible évidence », selon lui. Toutefois, ajoutait-il, cela nous révélerait en même temps un aspect « inattendu » du « monstre prometteur » de Goldschmidt car, chez celui-ci, « le mot "monstre" n'évoque certainement pas les drames intimes de déformation [...] » du « monstre physique humain ». Pour Gayon, le monstre de Goldschmidt est un « monstre naturalisé et normalisé ». Et en lui accolant le qualificatif de « prometteur », de « promis à un bel avenir », en en faisant un « héros de l'évolution » [3], ne nous rappelait-il pas le sens le plus ancien du mot, s'interrogeait Gayon ? « Monstre » vient du latin *monstrum* dont une autre forme est *monestrum*. Ces substantifs sont eux-mêmes, poursuivait Gayon, dérivés du verbe *moneo* : « Enseigner, transmettre ». Conclusion de Gayon : « En ce vieux sens, le monstre est une leçon qui nous vient des dieux, un "monument" – bref, un prodige » [4].

Rien n'est précis dans la nature

En 2007, *Life Extreme : Guide des nouvelles formes de vie* d'Eduardo Kac et d'Avital Ronell présenta des êtres vivants conçus ces derniers siècles pour la recherche scientifique, l'industrie du divertissement ou de l'ornementation et qui allaient de la pastèque cubique au « taureau Schwarzenegger », à Dolly le clone ou à la rose bleue transgénique. Soit des « créatures végétales et animales merveilleuses, utiles, étonnantes ou effrayantes » dont un lapin fluorescent de l'Institut national de recherche agronomique (Inra) nommé « Alba ». Eduardo Kac, bioartiste, a accédé à la célébrité mondiale en 2000 en présentant une photo de ce lapin qui paraît phosphorescent sous une lumière ultra-violette en affirmant être à l'origine de sa création. En réalité, ce lapin, dont l'ADN a été mêlé à celui d'une méduse, a vu le jour dans le laboratoire de Louis-Marie Houdebine, spécialiste de la transgénèse animale à l'Inra, qui explique avoir créé en 1998 ces lapins qui n'ont jamais eu de « nom » et n'ont pas été créés à

1. J. Gayon, « Les monstres prometteurs : évolution et tératologie », art. cit., p. 123.
2. P. Ancet, *Phénoménologie des corps monstrueux*, Paris, P.U.F., 2006.
3. J. Gayon, « Les monstres prometteurs : évolution et tératologie », art. cit., p. 124.
4. *Ibid.*, p. 125.

des « fins artistiques ». La protéine fluorescente de méduse sert à marquer les cellules des lapins qui deviennent des outils précieux pour la recherche fondamentale et médicale dans les domaines de l'artériosclérose, l'obésité ou des greffes de cornée. Lors de sa visite à l'Inra en 2000, Kac a choisi de baptiser un des lapins « Alba » et a émis le souhait de le présenter, en chair et en os, dans une exposition sur la beauté à Avignon. Il voulait le « faire passer de l'état d'objet à celui de sujet ». Cela lui fut refusé par Houdebine mais ne l'a pas empêché de mettre « Alba » dans son catalogue d'œuvres.

Ce qui amena Eric Dahan à envisager « par-delà Bien et Mal » la nouvelle étape de l'« arraisonnement du vivant par l'homme » que représentent les manipulations, notamment génétiques, et leur utilisation à des fins non scientifiques : peut-on tout mettre en œuvre pour produire des animaux de compagnie à notre goût ou faire œuvre artistique ? C'est la question posée par le livre de Kac et Ronell qui, selon Dahan, veut faire écho à la question : « Que pensez-vous du mélange des espèces ? » posée dans le *Rêve de D'Alembert* (1769) de Denis Diderot (1713-1784) qui faisait répondre au mathématicien français : « C'est une question de physique, de morale et de poétique ». *Rêve* dans lequel le créateur de l'*Encyclopédie* écrivait : « Tout animal est plus ou moins homme ; tout minéral est plus ou moins plante ; toute plante est plus ou moins animal. Il n'y a rien de précis en nature [...] Rien n'est de l'essence d'un être particulier. [...] Puisqu'il n'y a aucune qualité dont aucun être ne soit participant ». De même, pour la philosophe et féministe Avital Ronell, « il y a toujours eu de la mutation, de l'hybridation, de l'illisible ». Consciente de la « dangereuse "jubilation des technophiles" » à réaliser des hybridations et des mutations, elle considère néanmoins que « scientifiques et poètes travaillent tous les deux avec l'imaginaire ». Ils « rêvent des choses similaires, créent tous deux des choses monstrueuses ». C'est pourquoi, dit-elle, « il ne faut pas laisser le transgénique à la facticité objective de la science et il faut que des artistes s'en emparent pour lui offrir un autre champ, un autre regard ». Quant à Kac, il veut « arracher le vivant au monopole de la religion ou de la politique ». Selon lui, « nous commençons à peine à réaliser que nous sommes nous-mêmes des microchimères, des êtres transgéniques ». Aussi, Dahan se demande si le bio-art serait le « dernier avatar de l'humanisme moderne – cette idée que l'homme est au centre du monde et peut exploiter ce dernier à sa guise [...] » ? Ou s'il tirerait plutôt sa « légitimité du matérialisme diderotien, rappelant le cousinage profond des hommes et des bêtes »[1] ?

Pierre-Frédéric Daled

1. E. Dahan, « Le guide des chimères », *Libération*, 9 juin 2008, p. 42-43.

TRANSHUMAIN

R. Campa, Professeur de sociologie des sciences à l'Université Jaggellone de Cracovie, Président de L'Associazione Italiana Transumanisti et ex-directeur (2006-2008) de la World Tranhumanist Association s'amuse à parodier les premières lignes du *Manifeste du Parti Communiste* de K. Marx et F. Engels : « Un spectre hante le Monde, celui du transhumanisme » [1]. Il ajoute, pour faire bonne mesure, que toutes les puissances du vieux Monde se sont coalisées en une sainte chasse aux sorcières afin d'en finir avec ce spectre. Le parallèle établi entre la Ligue des Communistes et les diverses Associations Transhumanistes montre que l'on a affaire à une situation tendue, où la tentation est grande de penser par stéréotypes. Il est donc nécessaire de procéder, en premier lieu à un toilettage sémantique et à un repérage typologique. En effet, certains représentants de la pensée (ou de l'idéologie ? ou de la philosophie ? ou du mouvement ?) transhumaniste corrèlent les termes « transhumain » et « posthumain » d'une façon qui leur est propre. Ils s'opposent par là à un autre usage de ces termes, de telle sorte que le débat autour du transhumain s'est engagé dans une certaine confusion.

Opérons donc un détour par le terme « posthumain ». Certains considèrent que le sujet de l'humanisme classique a atteint depuis longtemps ses limites et qu'il est dépassé de tous côtés par de nouveaux modes de subjectivation ; les représentants les plus connus de cette posture sont, en France, D. Haraway [2] et P. Sloterdijk [3], ce dernier critiquant également la capacité de l'humanisme au sens d'« humanités » à penser la réalité contemporaine, ce qui ne fait rien pour clarifier les choses. Bien entendu, le sujet de l'humanisme classique, l'Homme, est une entité protéiforme à laquelle il est difficile d'assigner une silhouette parfaitement définie. Il ne s'agit pas exactement du cogito cartésien ni de l'ego transcendantal kantien, trop étroitement dépendant de considérations épistémiques et métaphysiques particulières, mais bien plutôt de leur expression dans les domaines psychologique, éthique, politique, esthétique, économique, etc. Kant, dans ses textes les plus « populaires » en fait une personne par opposition aux choses, lui confère une dignité par opposition au prix – si élevé ce dernier soit-il – et affirme qu'on ne peut jamais en disposer

1. R. Campa, *Mutare o perire. La Sfida del transumanesimo*, Bergamo, Sestante edizioni, 2010, p. 247.

2. D. Haraway, *Des singes, des cyborgs et des femmes. La réinvention de la nature*, Arles, Actes Sud, 2009.

3. P. Sloterdijk, *La domestication de l'Être*, *op. cit.*

à sa guise[1]. De façon générale, le sujet de l'humanisme classique est conçu comme un être de liberté dans un univers déterminé de part en part. Il est capable de rationalité pratique, contrairement aux êtres de nature, agis de l'extérieur par des lois physiques ou par des instincts sur lesquels ils n'ont pas vraiment prise. Par conséquent, ces êtres sont à la disposition de l'Homme et la nature devient alors plutôt un espace à aménager et à conquérir qu'un cosmos devant lequel il est possible de s'émerveiller; les moyens de cette conquête constituent, collectivement, la technique. Mais l'Homme peut aussi adopter un point de vue désintéressé sur le monde. Lorsque ce point de vue met en œuvre une visée cognitive et théorique, on a affaire au sujet de la science; lorsque cette visée est productrice de satisfaction pure, isolée de tout contexte utilitaire, il s'agit du sujet esthétique, capable de jugements de goût. L'espace public où l'arbitraire de la volonté des sujets et le caractère exclusif de leurs intérêts sont soumis à des règles est le Droit: le sujet est alors considéré comme une personne juridique. Ses droits sont le reliquat de ce qui peut être socialement conservé de son autonomie naturelle, illimitée. Le système politique convenant le mieux à ce sujet est le libéralisme, pour lequel l'autorité étatique ne doit s'appliquer que pour garantir que la liberté des uns ne s'exercera pas au détriment de la liberté des autres. Il est à peu près universellement admis que le sujet n'est pas donné à lui-même d'emblée. Individuellement, il se construit par l'éducation qui est avant tout éducation à la liberté. Dans la mesure où l'éducation est un travail sur soi qui met en relation avec les œuvres et les accomplissements exemplaires des autres sujets, spécialement ceux du passé, elle est culture et s'oppose à la vulgarité et à la grossièreté des satisfactions immédiates. Collectivement envisagée, l'aventure du sujet de l'humanisme classique constitue l'Histoire. Au cours de celle-ci, ce qui était toujours-déjà donné, mais restait implicite à l'origine – l'essence de l'Homme –, devient de plus en plus explicite, même s'il s'agit d'un processus qui ne connaîtra peut-être jamais de terme.

Ce type idéal a été jugé inadéquat, pour de multiples raisons. Nous en retiendrons deux principales. En premier lieu, il est supposé être d'application universelle; mais un examen attentif de la constitution des sujets effectifs montre qu'il n'en est rien. Par exemple, le genre, la couleur, le statut et la situation sociale, la position dans un système de relations de pouvoir, les incapacités éventuelles: autant d'éléments que les penseurs de l'humanisme classique prennent insuffisamment en compte dans leurs analyses ou négligent, de façon éventuellement coupable. Le domaine foisonnant des *science*

1. E. Kant, *Anthropologie du point de vue pragmatique*, Paris, Vrin, 1994, p. 17.

studies, *cultural studies*, *gender studies*, etc. se propose de remédier à cette situation. En second lieu de nouvelles pratiques ou une attention plus soutenue portée à des pratiques anciennes pour montrer que le statut exceptionnel dont est censé bénéficier le sujet de l'humanisme classique est, en réalité, largement illusoire[1]. Le point important est que, pour beaucoup d'auteurs s'inscrivant dans cette perspective, nous sommes déjà, en un sens important, des post-humains : le terme « posthumain » est employé par eux comme une métaphore pour exprimer l'érosion du sujet de l'*humanisme* classique et non comme une prévision relative à un développement ou à une évolution qui conduirait au-delà de l'*humanité*[2]. Par conséquent, le transhumain n'intéresse guère ces auteurs, qui se consacrent surtout à la déconstruction des formes admises de la subjectivité (un travail à temps plein !).

Mais il existe une littérature bien différente, qui fait du posthumain non pas un intellectuel radical affranchi de l'anthropocentrisme de l'humanisme classique, mais un être qui a au moins une capacité posthumaine, c'est-à-dire au moins une capacité générale centrale dépassant de beaucoup le maximum accessible à tout être humain actuel qui n'aurait pas recours à de nouveaux moyens technologiques[3]. Dans ces conditions, un transhumain est à la fois un humain de transition, sorte de pont entre l'humain et le posthumain[4]; mais aussi un être humain cherchant à transcender son humanité, reprenant à son compte l'œuvre immémoriale de l'évolution biologique et se préoccupant de réaliser de nouvelles possibilités de sa nature humaine, ou de nouvelles possibilités pour celle-ci[5]. Dans les deux cas, la nature humaine apparaît comme un travail en cours, comme un chantier à jamais inachevé : en cela, le posthumanisme ressemble à l'humanisme classique, même si les moyens mobilisés pour ce travail sont, on va le voir, extrêmement différents. Cette analogie n'a pas échappé à certains grands noms du posthumanisme métaphorique qui décèlent dans cette interprétation du transhumain une

1. K. N. Hayles, *How we became posthuman : Virtual bodies in Cybernetics, Literature and Informatics*, Chicago, Chicago University Press, 1999 ; R. Marchesini, *Post-Human. Verso nuovi modelli di esistenza*, Turin, Bollati Boringhieri, 2002 ; C. Wolfe, *What is Posthumanism ?*, Minneapolis London, University of Minnesota Press, 2010.

2. E. L. Graham, *Representations of the Post/human (Monsters, Aliens and Others in Popular Culture)*, New Brunswick (NJ), Rutgers University Press, 2002, p. 15-16.

3. N. Bostrom, « Why I want to be a Posthuman when I grow up », *in* B. Gordijn, R. Chadwick (eds.), *Medical Enhancement and Posthumanity*, Springer, 2008, p. 108.

4. FM-2030, *Are you a Transhuman ? Monitoring and Stimulating your Personal Rate of Growth in a Rapidly Changing World*, New York, Warner Books, 1989, p. 205.

5. J. Huxley, « Transhumanism », in *New bottles fornew wine*, London, Chatto & Windus, 1957, p. 17.

forme d'hyperhumanisme[1] ou de posthumanisme suffisant (*complacent posthumanism*)[2].

M. More[3] indique ce que pourraient être ces capacités générales grandement améliorables et le type d'amélioration qu'il serait possible de leur apporter : développement des capacités perceptives au-delà de ce qui est accessible aux êtres vivants et création de nouveaux sens ; amélioration de la mémoire et de l'intelligence ; accès à un niveau accru de la conscience de soi ; correction des émotions dans le sens d'une élimination des réactions irrationnelles ; incorporation toujours plus fine de nouvelles technologies ; reconfiguration de la forme et des fonctions du corps de façon à aller au-delà des capacités intellectuelles et physiques de l'humanité historique et ce par l'élimination des défauts individuels et spécifiques hérités de l'évolution biologique ; renversement de la tyrannie du vieillissement et de la mort (ce dernier point étant souvent interprété comme s'il comportait la promesse de l'immortalité, ce que les transhumanistes contestent). En schématisant, on pourrait distinguer deux façons de réaliser ce programme : la voie « informatique-robotique » et la voie « biologique »[4]. H. Moravec[5] et surtout R. Kurzweil[6] sont les principaux représentants de cette tendance. R. Kurzweil se présente comme le prophète de la Singularité, c'est-à-dire d'une période à venir au cours de laquelle le rythme du progrès technique sera si rapide et ses effets si considérables que la vie des êtres humains sera transformée de façon irréversible[7]. Concrètement, une fois la Singularité – l'apparition d'intelligences artificielles plus puissantes que l'intelligence humaine – advenue, les identités humaines seront transférées dans des superordinateurs : cela signifie non seulement l'effacement de la différence entre conscience et machine, mais surtout l'émergence d'une nouvelle Humanité, héritière de l'Humanité présente, mais non-biologique. Cette prophétie dépend d'une conception particulière du progrès technologique. La technique, en effet, est une continuation de l'évolution biologique[8], laquelle a transformé les systèmes physiques dépourvus d'intelligence en des systèmes

1. R. Marchesini, *Post-human. Verso nuovi modelli di esistenza*, *op. cit.*, p. 515-527.

2. N. Badmington, « Theorizing posthumanism », *Cultural Critique*, 53, 2003, p. 11.

3. M. More, *A letter to Mother Nature*, http://maxmore.com/mother.html, 1999.

4. Une autre typologie est présentée dans N. Agar, *Humanity's End. Why we should reject radical enhancement*, Cambridge (MA) & London, The MIT Press, 2010.

5. H. Moravec, *Robot : Mere machine to transcendent mind*, Oxford, Oxford University Press, 1999.

6. R. Kurzweil, *The singularity is near. When humans transcend biology*, New York, Penguin Books, 2005.

7. *Ibid.*, p. 7.

8. *Ibid.*, p. 42.

capables d'effectuer des calculs orientés vers un but[1]. Ce qui caractérise le progrès technique, c'est qu'il fait décroître de façon exponentielle la quantité de matière et d'énergie nécessaire pour transmettre l'information[2]. À terme, notre civilisation va donc être en mesure de transformer la matière muette et les mécanismes de l'Univers en des formes sublimes et sophistiquées d'intelligence, de telle sorte que l'Univers entier sera saturé d'intelligence humaine[3]. Cela suppose donc que nous nous défaisions des limitations inhérentes à notre corps biologique, façonné par la main invisible de l'évolution darwinienne, qui n'apprend que du passé mais est aveugle au futur[4]. Nous avons donc toujours, en un sens, été des transhumains, même si nous ne commençons que depuis peu à percevoir la vraie nature du progrès. On a pu dire d'une telle conception qu'elle était apocalyptique. À tout le moins, elle présente de troublantes analogies avec des visions du monde ouvertement religieuses[5].

C'est pourquoi les partisans de la « voie biologique » (une majorité en fait) considèrent que ce qui est proprement transhumain c'est, pour les êtres humains, de prendre en main leur évolution biologique, sans trop faire intervenir de considérations sur les fins dernières de l'Humanité ou sur la nature ultimement spirituelle du cosmos. C'est le thème de l'évolution autodirigée[6] ou de l'évolution améliorée[7]. Il n'est pas question de distinguer ces deux approches au sens où les partisans de l'évolution autodirigée seraient des timides, par opposition aux partisans de la voie « biologique informatique » capables d'envisager de façon impavide la liquidation de la part biologique de l'Humanité connue à ce jour : R. Campa estime que le mouvement vers le posthumain est une mutation anthropologique[8] ; J. Harris, encore plus radical, pense qu'il n'y a probablement pas de principe fondé en raison expliquant pourquoi nous devrions rester humains si nous sommes capables de créer des êtres fondamentalement meilleurs que nous ou si nous sommes capables d'évoluer jusqu'à devenir de tels êtres[9].

1. R. Kurzweil, *The singularity is near. When humans transcend biology*, *op. cit.*, p. 137.

2. *Ibid.*, p. 434.

3. *Ibid.*, p. 21 et 29.

4. H. Moravec, *Mind children*, Harvard University Press, 1988, p. 158.

5. F. Tipler, J. Barrow, *The anthropic Cosmological Principle*, New York, Oxford University Press, 1986 ; F. Tipler, *The physics of immortality*, New York, Doubleday, 1994.

6. R. Campa, *Mutare o perire. La Sfida del transumanesimo*, *op. cit.*, *passim*.

7. J. Harris, *Enhancing Evolution. The ethical case for making better people*, *op. cit.*

8. R. Campa, *Mutare o perire. La Sfida del transumanesimo*, *op. cit.*, p. 302.

9. J. Harris, *Enhancing Evolution. The ethical case for making better people*, *op. cit.*, p. 40.

Les deux versions de la transition vers le posthumain ont été âprement discutées, sans qu'elles soient toujours distinguées. Cela résulte sans doute de la confusion entre le posthumanisme de contestation de l'humanisme et le posthumanisme de dépassement de l'humanité; mais c'est aussi lié au fait que des pratiques effectives ou possibles (clonage reproductif, génie génétique, nanotechnologies, recherche sur les cellules souches embryonnaires) – que les partisans de la transition vers le posthumain considèrent comme de simples moyens pour la réalisation de leur projet – ont été discutées pour elles-mêmes, sans être mises en rapport avec ce projet.

De façon générale, ceux que l'on appelle les bioconservateurs ont critiqué les arguments et les objectifs des partisans de la « voie biologique ». Bien qu'ils estiment tous que la dotation biologique actuelle de l'humanité doive, pour l'essentiel, être conservée, leurs critiques ne forment pas un bloc indifférencié. Certains[1] s'opposent à ce que l'on fasse appel à la médecine pour transformer la condition biologique de l'être humain. Ils mettent l'accent sur les finalités supposées de l'art médical : la seule intervention incontestablement légitime de celui-ci est thérapeutique. Lorsqu'un organisme est menacé dans son intégrité ou lorsque l'accomplissement de ses fonctions est perturbé par une pathologie, la médecine est en droit d'intervenir. Tout ce qui outrepasse ce type d'intervention est suspect de complaisance envers la tyrannie du désir ou du caprice. D'autres[2] pensent que la condition de l'être humain comme animal politique ou comme interlocuteur dans le dialogue idéal destiné à déterminer les règles du juste serait menacée par des interventions biotechnologiques modifiant radicalement la dotation biologique des individus. D'autres encore[3] décèlent dans un tel projet une volonté hubristique de contrôle total de la nature. D'autres enfin[4] pensent que ce projet serait destructeur de certaines vertus, c'est-à-dire de traits de caractère désirables devant les biens et les maux. En l'occurrence, ce qu'il risquerait de détruire, c'est un mélange de gratitude, de respect et d'humilité devant ce qui est donné : il serait porteur d'une volonté de puissance pour laquelle seul ce qui est construit et contrôlé de part en part en part est digne d'être admis.

1. L. Kass, « The end of medicine and the pursuit of health », in *Towards a more natural science. Biology and human affairs*, New York, The Free Press, 1985.

2. F. Fukuyama, *Our Posthman Future. Consequences of the Biotechnology Revolution*, London, Profile Books, 2002 ; J. Habermas, *L'avenir de la nature humaine*, *op. cit.*

3. N. Mc Kibben, *Enough. Genetic Engineering and the end of human nature*, London, Bloomsbury Publishing, 2004.

4. M. J. Sandel, *The case against perfection. Ethics in the age of genetic engineering*, Cambridge (MA) & London, Belknap Press, 2007.

D'autres critiques, plus prosaïquement, sont dirigées vers les conséquences du projet : surpopulation résultant de l'allongement important de l'espérance de vie, distribution inégale des supposés avantages de l'amélioration radicale de l'être humain, clivages sociaux accrus, etc. On peut également noter que les partisans de la filière transhumaine organisée autour de l'informatique ont développé une philosophie de l'esprit bien particulière, qui mérite sans doute d'être considérée et discutée pour elle-même. R. Kurzweil semble défendre une forme de « patternisme »[1]. Il combine le computationnalisme, selon lequel l'esprit humain est un système de traitement de l'information, les processus mentaux consistant en l'exécution d'algorithmes et une forme de dualisme selon lequel l'esprit est indépendant du support matériel (biologique ou non) qui est le sien. Mais il ne va pas du tout de soi que l'esprit humain soit ainsi détachable du corps : il semble que le rôle des émotions dans la constitution du moi soit bien plus important que ne le croient certains transhumanistes. Détaché de son support biologique, l'esprit pourrait bien suivre une nouvelle destinée évolutive, qui n'aurait plus rien de commun avec celle qui a été la sienne à ce jour. Il s'agit là de la forme la plus évidente d'une ambigüité qui affecte le projet même de la transition vers le posthumain : sommes nous en route vers une condition où nous serons encore des êtres humains, mais ayant minimisé ou liquidé leur part biologique ? Ou vers une condition où nous ne serons plus des êtres humains du tout ?

Pour conclure, on pourrait comparer le surhomme nietzschéen avec les transhumains des transhumanistes. R. Campa affirme que la philosophie transhumaniste est une philosophie de la volonté[2]. Mais le transhumain, pas plus que le posthumain destiné à lui succéder, ne sont des êtres affranchis de toute culpabilité et de tout ressentiment, inventant constamment de nouvelles valeurs et de nouvelles formes d'existence par le dépassement du nihilisme ; ils ne réalisent pas une transfiguration de l'existence par l'intensification de l'amour de la vie et par l'éternelle adhésion à l'éternelle confirmation de l'éternel retour. Ils sont en attente d'un futur déjà gros de ses propres normes, qui sont technologiques : sans doute sont-ils porteurs d'une dimension utopique. Mais en exposant le besoin d'une amélioration morale de la nature humaine, amélioration qui emprunterait les voies de la pharmacologie et de la

1. R. Kurzweil, *The Singularity is near. When humans transcend biology*, *op. cit.*, p. 388.
2. R. Campa, *Mutare o perire. La Sfida del transumanesimo*, *op. cit.*, p. 273.

génétique, I. Persson et J. Savulescu[1] font bien voir qu'il s'agit d'une utopie triste, selon la formule de C. Larrère.

Jean-Yves Goffi

TRANSHUMANISME

Le transhumanisme est un mouvement philosophique de transition vers un stade postérieur d'évolution de l'espèce humaine, délibérément poursuivi. Ce courant d'idées récupère l'Humanisme traditionnel afin de lui adjoindre les techniques « d'amélioration » des capacités physiques et cognitives dans un but de dépassement des limites – naturelles, biologiques – et d'adaptation perpétuelle au monde.

Histoire et origines

Il est toujours complexe de retracer la genèse d'un mouvement. Néanmoins, une suite d'auteurs transhumanistes tels que Nick Bostrom[2], font remonter sa filiation idéologique jusqu'à certains mythes de l'Antiquité et plus particulièrement, à l'Épopée de Gilgamesh. Celle-ci, datant du deuxième millénaire avant notre ère, raconte le cheminement du roi légendaire d'Uruk qui, après avoir été mis face aux limites de ses capacités et de son pouvoir, notamment par la mort de son compagnon Enkidu, entame une longue quête initiatique en vue d'obtenir l'immortalité. L'histoire humaine est d'ailleurs traversée d'une dialectique ténue entre d'une part, la nécessité de composer avec la mort ou les effets délétères du temps, de l'accepter et de la célébrer parfois et d'autre part, le désir de chercher des moyens de ralentir ou d'éradiquer sa survenance. La fontaine de jouvence, le Saint-Graal Arthurien ou encore les propriétés de la pierre philosophale des alchimistes, en sont des expressions. Quoi qu'il en soit, outre ces mythes originels auxquels la pensée transhumaniste se réfère afin de donner des lettres de noblesse historique à sa démarche, on peut estimer que les premières bases d'une philosophie du remodelage de soi, puisent dans l'Humanisme de la Renaissance. À partir de cette époque, émerge la vision d'un individu amené à se référer à son propre jugement, en rupture avec les *autorités* religieuses. C'est dans ce contexte, que

1. I. Persson, J. Savulescu, *Unfit for the future. The need for moral enhancement*, Oxford, Oxford University Press, 2012.

2. N. Bostrom, « A History of Transhumanist thought », *Journal of Evolution and Technology*, vol. 14, Issue 1, Avril 2005.

Pic de la Mirandole, en 1486 dans son *Discours sur la dignité de l'homme*, appelle l'humain à sculpter sa propre nature : « Toi, aucune restriction ne te bride, c'est ton propre jugement, auquel je t'ai confié, qui te permettra de définir ta nature [...], doté pour ainsi dire du pouvoir arbitral et honorifique de te modeler et de te façonner toi-même, tu te donnes la forme qui aurait eu ta préférence »[1].

Au-delà des fondations quasi-spiritualistes dont le mouvement se réclame, il est intéressant de noter que la première occurrence du mot « transhumanisme » se trouve chez Julian Huxley – le frère d'Aldous Huxley, auteur du *Meilleur des mondes* – qui l'utilisa dans son livre au titre évocateur *New Bottles for New Wine*, en 1957. Dès cette époque, les jalons essentiels du mouvement seront posés : la volonté de filiation avec l'humanisme traditionnel des Lumières, la prise de parole au nom de l'humanité entière et enfin, le dépassement de la nature de l'homme sans pour autant la nier.

Au sens d'Huxley, le terme signifie donc la « transcendantalisation » de l'homme par lui-même. Or dans son acception actuelle, il exprime plutôt la notion légèrement différente de « transition » vers un stade ultérieur, classiquement qualifié de posthumain[2].

Graduellement, autour des années soixante-dix, F.M Esfandiary qui se rebaptisera plus tard « F.M. 2030 », rassembla les partisans de la posthumanité en les identifiant sous le terme de « transhumains ». Ceux-ci furent ainsi considérés pour la première fois, en tant que véritable groupe. Bien que synthétisée sous le vocable unique de transhumanisme, cette posture technophile amalgame en réalité des tendances diverses, n'ayant parfois que la modification profonde de l'être humain pour étendard commun. Parmi celles-ci on rencontre par exemple Éric Drexler, fondateur du Foresight Institute, particulièrement connu pour son ouvrage précurseur sur les nanotechnologies *Engines of Creation : The Coming Era of Nanotechnology*[3]. Le père du mouvement extropien Max More, codificateur d'une utopie technicienne de grande ampleur défendant ardemment une tradition néolibérale de l'hyper-responsabilité individuelle et de non-intervention de l'État. Dans une perspective de recherche extrême de l'extension de vie, allant jusqu'à la quête prospective de l'immortalité, peuvent également être pointés, l'Immortality

1. G. Pic de la Mirandole, *De la dignité de l'homme*, *op. cit.*

2. Esfandiary FM-2030, *Are you a transhuman ?Monitoring and Stimulating your Personal Rate of Growth in a Rapidly Changing World*, New York, Warner Books, 1989.

3. E. Drexler, *Engines of Creation : The Coming Era of Nanotechnology*, Harpswell, Anchor Publishing, 1987.

Institute, fondé en 2002 par Bruce J. Klein ou encore le mouvement de la « Singularité » dont Ray Kurzweil fait office de chef de file. Ce dernier développe par des algorithmes mathématiques fondés sur la loi de Moore, une approche radicale de l'intelligence artificielle. En effet, selon lui, nous posséderons des softwares (logiciels, programmes, systèmes) capables de modéliser l'intelligence humaine efficacement dans le courant des années 2020 et peut-être même légèrement avant pour ce qui est du hardware (processeurs autonomes, puces mimant le cerveau humain, implants bioinformatiques, etc.). La fusion des deux avancées technologiques devrait permettre, selon lui, aux machines de réussir le test de Turing autour de 2029[1]. L'intelligence biologique humaine étant dépassée, nous n'aurions désormais comme seule possibilité d'évolution que de fusionner partiellement ou totalement avec le machinique, afin de décupler nos potentialités. Le rapport entre naturel et artificiel ne serait alors plus vertical mais récursif.

Existent également des groupes de pression plus traditionnels, idéologiquement rattachés aux thèses progressistes de manière instrumentale afin de défendre leurs intérêts particuliers : ainsi le *techno-gaïanisme* et le *postgenderism*. Le premier est un mouvement écologiste atypique, prêt à soutenir l'idée que seule la technoscience serait apte à résorber, endiguer et réparer les dégâts causés aux écosystèmes ou à l'écosphère mais aussi, que l'apparition d'un humain amélioré pourrait s'accompagner d'une prise de conscience aigüe des questions environnementales. Le second vise le dépassement voire l'abolition du genre grâce à l'émergence du cyborg d'une part et à la fusion génétique de traits – antérieurement considérés comme – masculins et féminins, au sein d'un même individu d'autre part[2].

Il semble cependant que ce soit la World Transhumanist Association, fondée en 1998 par Nick Bostrom et David Pearce (renommée « Humanity + » en 2008), qui symbolise et théorise de la façon la plus étendue, l'unité du mouvement. Cette association a même édicté une Déclaration Transhumaniste au service de la définition des principes communs à tous les courants soutenant la transformation de l'Homme. Ainsi, il y est spécifié que les technosciences du futur pourront élargir le potentiel humain en gagnant la guerre contre le vieillissement, en surmontant les faiblesses cognitives, la souffrance involontaire et en installant des conditions de vie humaine augmentées, d'une richesse encore inconnue aujourd'hui. Toutefois, la Déclaration se veut responsable et

1. R. Kurzweil, *The Singularity is near...*, *op. cit.*, p. 25.

2. D. Haraway, « A cyborg manifesto : science, technology, and socialist-feminism in the late twentieth-century », in *Simians, Cyborgs and Women : The reinvention of nature*, New York, Routledge, 1991.

met en garde contre les mésusages potentiels des techniques d'amélioration; elle réclame un débat public et une construction collective qui devrait permettre des décisions soigneusement pesées en vue d'une réduction des risques et d'une distribution juste des bénéfices.

Ce souci de la justice redistributive n'est pas étranger au clivage qui sévit au sein du mouvement: d'un côté, la droite libertarienne poussée par une longue tradition anglo-saxonne, réclame une liberté totale de transformation de soi sans ingérence de l'État. Elle se trouve représentée notamment par Ronald Bailey [1]. De l'autre, la gauche sociale favorable à l'intervention publique dans la régulation des bénéfices issus de la technique. La mention de cette scission interne permet de mesurer la dimension publique et engagée d'un tel mouvement. De ce schisme naquit un courant situé sur l'échiquier politique au centre-gauche. Il digère à la fois la démocratie libérale, la social-démocratie et les idéaux transhumanistes, s'oppose au libertarisme et à l'anarchisme, de même qu'aux bioconservateurs, se nomme « transhumanisme démocratique » et fut théorisé par son fondateur James Hughes, dans son livre référence *Citizen Cyborg* [2].

Tout ceci suffit à prouver à la fois la diversité et la complexité d'un courant philosophique et idéologique souvent simplifié, malgré tout soudé autour d'un programme transformationnel tourné vers la constitution du règne posthumain. Un mode d'existence qui s'inscrirait non pas en rupture du présent mais dans la continuité des projets et de l'actualisation des potentialités maximales de l'humanité. Affinons tout de même la distinction entre transhumanisme et posthumanisme, termes parfois utilisés à tort comme synonymes. De manière relativement épurée, l'on peut admettre que le premier incarne la condition de possibilité du second. Le mouvement transhumaniste est un courant philosophique et technologique de transition actuel, ayant pour « visée » de modifier techniquement l'humain, de façon graduelle, jusqu'à la consécration d'une véritable réalité posthumaine. Cette dernière sera considérée comme étant achevée lorsque les « individus » peuplant le monde, seront à ce point supérieurs en termes de capacités et d'ouverture sur leur propre destin, en rapport aux humains d'aujourd'hui, qu'il serait difficilement concevable d'encore les nommer tels. « De la transformation techno-scientifique dans le sens de l'amé-

1. R. Bailey, *Liberation biology : the scientific and moral case for the biotech revolution*, Amherst, New York, Prometheus Book, 2005.

2. J. Hugues, *Citizen Cyborg : why democratic societies must repond to the redisgned human of the future*, Cambridge (MA), Westview Press, 2004.

lioration de l'humain naturel à la mutation insensible de l'humain, où est le seuil; est-il prévisible ? »[1].

L'on peut considérer que l'âge transhumaniste sera clos, dans son effort de transition, lorsqu'il permettra l'ouverture sur l'ère du posthumain. Le passage entre humain, transhumain et posthumain devrait donc se comprendre comme continu et non dans les termes d'une rupture radicale. La progressivité est probablement la seule chance de faire accepter le processus d'évolution et d'éviter un rejet total, trope fondamental de tout techno-progressiste. Mais peut-on réellement mesurer la puissance de la tension entre volonté de continuité (même dans l'altérité partielle) et probabilité de rupture? Entre l'humain « naturel » et puis, le *trans-*, le *post-*, le *sur-* ou l'*ab*-humain, les liens et les frontières semblent bien délicats à discerner sans tomber dans une projection futile et semi-déterministe du futur, écueil que n'évitent guère les « utopies » chargées de fantasmes émotionnels mais qui demeurent prospectivement étriquées[2].

L'entreprise futurologique que le projet transhumaniste implique force à considérer, dès aujourd'hui, la nature humaine comme une « œuvre en chantier » (bostrom.com), modulable à souhait selon un schème visant à affirmer de manière toujours plus marquée le contrôle de l'individu sur sa propre vie. Le transhumaniste, dans sa poursuite du changement, est donc un questionneur de frontières : il tente de briser celles, concrètes et matérielles de la réalité physique de notre biologie mais aussi les barrières morales qui ont historiquement servi de guides au récit de l'espèce. Les partisans de l'homme nouveau, en embrassant dans la recherche de la posthumanité les constats désenchantés de la postmodernité, ont dépassé les idées de Dieu, d'essence humaine et d'hybris, en leur substituant un concept hypertrophié de liberté. Ceux-ci, bien que parfois qualifiés de façon provocatrice de « techno-prophètes » ou de mystiques, en raison de la puissance de leur « foi » qui n'est pas sans rappeler celle de certains dévots, ne dirigent pourtant leur engagement vers aucune forme de transcendance surnaturelle, spirituelle ou métaphysique, mais bien vers l'immanence au monde de la technique, ainsi que vers la concrétisation d'un potentiel humain qu'ils jugent inexploité. C'est parce qu'ils ne déterminent aucun contenu qualitatif précis du stade final qui, par définition est hors des capacités de conceptualisation actuelles, que le transhumanisme incarne davantage un cheminement, une voie à suivre.

1. G. Hottois, *L'inflation du langage dans la philosophie contemporaine...*, *op. cit.*, p. 362.

2. *Ibid.*, points 6-8.

Utopie technicienne ou rupture historique de l'évolution humaine ?

Si le transhumanisme, en tant que courant de pensée, étonne, dérange, choque et effraie aussi parfois, c'est parce qu'il s'inscrit de façon controversée dans le cadre d'un large débat sur la question de l'amélioration technique de l'être humain. Qu'est-ce que l'Homme ? Question fondamentale de la philosophie et de l'histoire s'il en est. La recherche du sens de notre différence, de notre supériorité supposée au sein du royaume du vivant, a toujours été un moteur majeur de notre évolution, en tant que genre, en tant qu'espèce. Depuis l'ère des Modernes, le signe distinctif de cette quête a transité par la volonté avouée et marquée de dompter la nature externe, autrement dit notre environnement. Cette mission que la race humaine s'est donnée, connaît aujourd'hui grâce aux technosciences nouvelles, une dimension parallèle : la possibilité de modifier notre nature interne, biologique, mentale, humaine tout simplement. Mais alors que la maîtrise du monde et les tentatives d'interprétation de l'Univers, servaient d'outils à la conquête de ce que l'on nomme *a posteriori* progrès, pratiquement soutenu de façon unanime jusqu'aux grandes crises du XXe siècle ; la volonté – ou au minimum la possibilité – de changer ce que nous sommes par nature, soulève de très vives résistances. Le transhumanisme, fort de sa revendication du droit de chacun de modifier son corps, son esprit, sa nature propre, s'expose donc inexorablement aux critiques ou aux attaques et plus spécifiquement, de la part des « bioconservateurs ». L'idée qui ressort chez ces derniers, est celle d'une transgression, une transgression de la frontière entre nature externe et nature interne. De manière problématique, cette frontière matérialise la poche de protection d'une essence intangible de l'homme.

Néanmoins comme évoqué plus haut, pour les transhumanistes, les seules véritables frontières sont celles de l'imagination humaine (bien que la question visant à éclairer le type d'imaginaire en jeu soit absolument centrale), ainsi que celles décemment imposées par l'éventualité recevable de risques terminaux. L'axe technologique convergent, ferment selon eux de l'avenir de l'humanité, peut être résumé par le sigle *NBIC* : Nanotechnologies, Biotechnologies, technologies de l'Information et technosciences Cognitives. À ce groupe doivent encore être ajoutées la robotique et la prosthétique de pointe qui dépendent, il est vrai fortement, de l'état d'avancement de l'intelligence artificielle et de la puissance de calcul des ordinateurs. Grâce à ces percées combinées (et à toutes celles qui pourraient en découler), le mouvement transhumaniste désire fortement encourager la discussion, promouvoir la recherche et installer une véritable visibilité de la pensée techno-progressiste auprès du public – en ce sens il s'agit également d'un puissant lobby communicationnel désireux de gagner la guerre de l'information, avec l'aide de mécènes et alliés tels que Google ou la Nasa – afin de préparer l'éclosion d'un humain qui serait capable de vivre plus longtemps, en meilleure santé, doté de capacités physiques, cognitives et même morales ou émotionnelles, catégoriquement augmentées. Quel mal intrinsèque y aurait-il à poursuivre librement et même à promouvoir, des techniques qui seraient capables d'amener de tels « changements » ?

Les principales sources d'opposition ne sont pas neuves mais prennent ici une forme et une intensité toute particulière. La littérature philosophique regorge par exemple de traités, théories et analyses sur la nature humaine. Ils n'ont cependant porté jusque-là que sur son interprétation et non, comme la technique contemporaine le propose, sur son altération délibérée. Ce saut catégoriel représente probablement la principale source d'opposition entre *transhumanistes* et *bioconservateurs* et interpelle la philosophie dans sa pratique même : l'étude de l'essence de l'homme.

Il en va également ainsi concernant la distinction médicale du normal et du pathologique, à laquelle Georges Canguilhem nous avait déjà sensibilisé en 1943 [1] et que la polémique médicale plus proche a repris, entre une conception normativiste et une conception naturaliste de la santé. La normalité est un critère nomothétique de la normativité du naturel, dans un souci supplémentaire de conservation de l'humain.

Le principe d'égalité, en tant que valeur suprême des théories de la justice dans nos sociétés démocratiques libérales, est cher autant aux conservateurs qu'aux progressistes. Les uns pensent simplement que les techniques « d'amélioration » ne peuvent avoir comme effet que l'accroissement des inégalités sociales, alors que les seconds estiment au contraire pouvoir utiliser celles-ci, afin de résorber les inégalités naturelles. Les questions de justice apparaissent donc comme primordiales et agissent tel un corpus justificateur d'action, que les deux camps cherchent à s'accaparer.

La distinction entre le naturel et l'artificiel n'a rien de nouveau non plus. Auparavant elle portait sur le jeu de force entre inné et acquis, entre nature et culture, avec pour corollaire de l'humanisme des Modernes, une affirmation du primat de la seconde sur la première. René Descartes exhortait d'ailleurs l'humain à se rendre « comme maître et possesseur de la nature », ce qui impliquait pour lui avant tout, la conservation de la santé qu'il jugeait être le bien premier.

1. G. Canguilhem, *Le normal et le pathologique*, *op. cit.*

Mais jusqu'où pourrait aller la « conservation de la santé » ? Devrait-elle résulter de techniques uniquement thérapeutiques et réparatrices ou pourrait-elle aussi, en tant que suprême bien, être le fruit d'une amélioration ? Doit-on conférer un statut moral supérieur au donné naturel ou peut-on juger uniquement les effets d'une technique sur le bien-fondé du résultat final qu'elle permet de consacrer ? Doit-on s'attacher à une conception strictement structurelle et biologique de l'être humain ou peut-on favoriser une théorie de la personnalité ? Distinction déjà présente dans *l'Essai sur l'entendement humain* de Locke. Dans ce contexte, doit-on considérer que l'identité personnelle, au travers des diverses modifications techniques serait nécessairement discontinue – de manière analogue au questionnement husserlien sur les variations eidétiques – ou peut-on considérer qu'elle demeurerait inchangée, voire qu'elle serait amplifiée ? Autant de questions, déclinées en une multitude de sous-questions, auxquelles les transhumanistes répondraient systématiquement par la deuxième option.

La tension dialogique viendrait en réalité du caractère problématique des frontières, définitions et principes, sur lesquels il semble *actuellement* impossible de s'accorder. Nombreux sont ceux qui octroient une valeur supérieure au « donné naturel » et craignent toute mutation de ce qui est supposé faire de l'homme ce qu'il est, de ce qui incarnerait son humanité. Dans la lignée du transhumanisme cependant, la nature humaine n'est que ce que l'on en fait, c'est un matériau brut qu'il était impossible de manipuler ou de modifier jusqu'ici mais qui, progressivement, dévoile sa capacité pratique, opératoire, à être façonnée dans un souci permanent de perfectibilité. Cette notion de perfectibilité fait même parfois l'objet d'une injonction, d'un impératif éthique de poursuite du progrès et d'amélioration, qu'une société globalement transhumaine entend consacrer. Il est donc aisé de comprendre dans cette optique, que pour les adhérents au mouvement, le concept de naturel sera dans le meilleur des cas un référent flou, inéligible en tant qu'obstacle moral à la transformation de l'être humain et dans le pire scénario, une barrière insupportable sur la marche du futur. « La marche du futur » : il est cependant possible d'y déceler une forme de naïveté, ancrée dans la croyance qu'avec les techniques convergentes tout devient possible, ce qui propulse alors des images orientées dans la dimension du futur, par définition, indéterminée. Voilà pourquoi il n'est pas aisé de respecter le présent sans que le passé ne soit un carcan plaqué sur celui-ci, ni que le futur ne soit restreint par lui.

Le Transhumanisme ne prône pas non plus une vision tranchée de ce qui est supposé être la « normalité » biologique, il laisse à chacun le loisir de déterminer la façon dont il veut exister, selon un principe d'auto-détermination étendu. La Déclaration mondiale de l'association, en son point sept, soutient d'ailleurs la nécessité de respecter le bien-être de toute créature qui éprouverait des sentiments et ce, « qu'ils proviennent d'un cerveau humain, artificiel, post-humain ou animal » (transhumanisme.org). Dès lors, c'est bien à un effacement progressif de la barrière des espèces que l'on se trouve intellectuellement confronté.

La restauration d'un état supposé « normal », défini statistiquement, a toujours été le moteur et l'étalon de mesure de la mission médicale. Toutefois, par la volonté d'aller au-delà de la simple normalité définie en ces termes, de créer des êtres qui seraient « mieux-que-bien », de créer un humain « plus » qu'humain, la pensée transhumaniste attaque au bulldozer tous les repères établis. Après avoir servi de balises sur le chemin de finitude pour l'homme de toujours, ils pourraient ne plus être ceux de l'homme de demain : inéluctabilité de la mort (ou au minimum d'une espérance de vie non extensible au-delà d'un certain seuil), omniprésence de la souffrance, périodes plus ou moins brutales de vieillissement, impermanence des choses et intangibilité de la biologie humaine. La dignité de l'homme, née de cette noblesse d'accepter, de composer et d'affronter l'inévitable ne s'affirmerait peut-être plus alors dans l'assomption de sa nature, de ce qui surgit des paramètres de sa finitude, mais bien dans une forme d'audace et de risque de négation de cette nature. Seul un nouvel imaginaire, une conscience du futur qui ne se limiterait pas à la boucle de l'homme sur l'homme, pourrait aider l'accompagnement d'un tel processus[1].

Pour les conservateurs, défenseurs d'une approche déontologique de la mission médicale et d'une vision essentialiste de l'homme, le « normal » est un concept limite. Étant donné que la médecine a pour objectif la restauration de l'état antérieur du patient et ne peut s'octroyer le droit dans sa visée thérapeutique d'aller au-delà, le procédé de l'amélioration qui cherche à atteindre le « plus que normal », s'en trouve frappé d'interdiction. Il serait pour autant inconcevable dans la pensée transhumaniste, de vouloir délimiter la normalité dans son intégralité à un moment figé dans le temps, car il s'agirait là d'un processus nécessairement évolutif. De ce fait, le critère de normalité serait également incapable d'incarner un grief moral rédhibitoire à la transformation de l'homme, selon un raisonnement analogue à celui relatif à la nature humaine. Leur approche majoritairement conséquentialiste ne s'attache qu'à mesurer les effets supposés d'une technique, afin de déterminer si elle doit être moralement réprimée ou éthiquement encouragée. Les difficultés issues d'une

1. G. Hottois, *L'inflation du langage dans la philosophie contemporaine...*, *op. cit.*, p. 368.

telle « méthode » philosophique furent, toutefois, souvent relevées et semblent particulièrement sensibles lorsqu'elles tentent de fragmenter l'humain en données de coûts/bénéfices. La possibilité concrète d'un au-delà du soin permet cependant de reposer la question de la finalité de la médecine et de comparer le rôle que pourraient jouer les biotechniques de demain.

Il n'existe pas de consensus clair sur ce qui représente un état de santé optimal, ni un état pathologique qui mériterait intervention. Il n'y a pas non plus d'accord sur les finalités, intrinsèquement thérapeutiques ou non de la médecine, comme le prouvent les multiples sauts d'une catégorie à l'autre.

L'on peut cataloguer de nombreux cas où des pratiques pourtant similaires aux interventions médicales de par la forme, le comportement, les acteurs ou les produits, traduisent d'autres finalités : dopage sportif à des fins de performance, chirurgie esthétique dans un but d'amélioration de l'apparence et non afin de limiter les effets d'un accident ou d'une maladie, dopage cognitif à la Ritaline, dopage sexuel au Viagra, dopage thymique pour lutter contre la timidité, et les exemples de telles offres à des personnes non-malades pourraient être multipliés [1].

Or c'est bien à un brouillage total des catégories, des définitions et des traditions que se résume en définitive la difficulté de perception du problème. Mais au fond, quel mal y-a-t-il véritablement à vouloir être « mieux que bien », à chercher des avantages non présents naturellement et qui par conséquent, sortent (du moins pour le moment) de la définition de la normalité ? Faut-il réduire le normal au naturel et l'au-delà du normal à l'artificiel ? Faut-il cloisonner outrancièrement les disciplines dans un monde de plus en plus ouvert sur la multitude des savoirs et des interactions ? Doit-on bannir les améliorations sous prétexte qu'elles sortent de l'état présentement défini comme normal ou doit-on plus souplement estimer que ces interventions relèvent d'un domaine technique, parallèle à la médecine traditionnelle ? Finalement, si le but de la médecine n'est autre que l'optimisation de la santé, ne devrait-on pas considérer avec sérieux les promesses sanitaires que certaines de ces techniques laissent entrevoir, tout en conservant une forme de prudence éthique ?

Les interrogations complexes se chevauchent, notamment dans la façon dont elles prolongent la fracture décrite précédemment sur le statut à réserver au naturel, dont la définition de la normalité dépend de manière quasi statistique. À tout le moins, le transhumanisme milite pour que ces questions

1. J. Goffette, « Modifier les humains : anthropotechnie versus médecine », dans J. N. Missa et L. Perbal (éd.), *« Enhancement », Éthique et philosophie de la médecine d'amélioration*, Paris, Vrin, 2009, p. 55-56.

puissent exister, aient le droit d'être posées et débattues librement, même s'ils tendent parfois à en dramatiser la portée. Les partisans du mouvement pensent qu'il est indispensable d'avoir l'esprit ouvert aux nouvelles technologies d'amélioration dès maintenant. Cela favoriserait l'acclimatation du public à celles-ci et induirait un usage bénéfique plutôt qu'une interdiction rigide sur base de principes et de normes dépassés. Il est en effet particulièrement inadéquat de penser philosophiquement et méthodologiquement, un futur radicalement différent de ce à quoi l'histoire humaine nous a accoutumé, avec des outils et des catégories construites pour la conservation perpétuelle de l'humain « naturel ».

Le Transhumanisme qui se fonde également sur une philosophie hédoniste et utilitariste, convaincue de placer le bonheur au centre, offre de consacrer celui-ci grâce aux technologies d'amélioration de l'être humain. Le critère de santé s'en trouve dépassé par un critère plus englobant de bien-être, voire même de « mieux-être » qui ne connaît pas de limite supérieure d'action. Les buts et projets qu'une personne se fixe, peuvent dès lors être pris en compte en tant que démarche souveraine, dans la volonté de se modifier. Les transhumanistes sont souvent frappés par la critique en ce qu'ils prônent une déshumanisation dangereuse à la survie de l'espèce et soutiennent des fusions totales ou partielles avec le machinique et l'artificiel. Ils désirent pourtant avant tout, placer l'individu au sommet de toute architecture de l'existence. Atomisation, individualisme mais conscience collective d'un destin éthique du vivre-ensemble. Plusieurs philosophes et bioéthiciens à l'image de Francis Fukuyama, le conservateur ou de James Hughes, le transhumaniste démocratique – bien entendu avec des conclusions diamétralement opposées – pensent que la question de l'amélioration technique de l'être humain sera au cœur des enjeux du XXIe siècle. Pour le premier, le transhumanisme est une des idées les plus dangereuses qui soit, alors que pour le second, elle est un moyen indispensable à la santé du système démocratique, de même qu'à l'amélioration de la situation humaine à l'échelle globale.

Conclusion

On peut légitimement se demander au terme de ce panorama, si le transhumanisme constitue une utopie technicienne ou une rupture historique de l'évolution humaine ? Le transhumanisme, courant philosophique, idéologique, technoscientifique et politique, aimerait véhiculer l'idée selon laquelle il ne s'agit ni de l'un, ni de l'autre.

Évidemment pas une utopie science-fictionnelle basée sur des techniques imaginaires qui ne verront jamais le jour. Bien qu'elles n'existent pour la plupart qu'en germe à l'heure actuelle, des avancées majeures peuvent raisonnablement émerger dans les années à venir en matière de génétique, d'intelligence artificielle, de nanotechnologies, de prosthétique, de capacité de modélisation et ultimement de compréhension des mécanismes du cerveau grâce aux neurosciences. Des progressions analogues peuvent être attendues en bio-ingénierie, en médecine synthétique et régénérative, en sciences du vieillissement ou dans la mise au point de nouvelles molécules qui ouvriraient non seulement la voie à une autre génération de médicaments mais plus largement encore, à ce que l'on pourrait qualifier « d'amélioration chimique ». Bien entendu, tout ceci est mêlé de prospection et d'anticipation mais il existe une volonté très nette de développer dans la concrétude matérielle des choses, la plupart de ces techniques, au moyen d'importants investissements. Tout ceci pourra être comme ne pas être, voire être différemment et il est essentiel de ne pas tronquer l'éventail des possibilités. N'oublions pas non plus que le Transhumanisme est un lobby intellectuel et financier puissant, en pleine croissance et qu'il deviendra probablement un acteur audible de la vie publique et politique de ce siècle, via par exemple la création de partis transhumanistes dans divers pays, à la manière dont l'écologie a investi la sphère publique.

Évidemment pas non plus à une véritable *rupture* de l'évolution humaine. En effet, malgré l'ambition de substituer un destin délibérément choisi et contrôlé par l'homme au destin naturel, le mouvement insiste fortement sur la continuité entre l'humain, le transhumain et progressivement, l'émergence du posthumain.

Les préfixes de l'humain, sont indubitablement unis dans une même histoire, une histoire des possibles, une épopée du futur qu'il reste à écrire, sans jamais la projeter trop précisément.

Laurent Frippiat

TRANSSEXUALISME ET TRANSGENRE

Tandis que les mouvements, théories et praxes *queer*, trans et intersexe sont distincts, une critique qu'ils adressent en commun aux traditions épistémologiques occidentales est leur division du monde en « masculin » et « féminin », principes supposés immuables et affixés à des corps de sexes masculin et féminin. Les perspectives des personnes qui s'auto-définissent comme les combinant ou vivant en dehors de leur sphère ont mis en lumière la façon dont le binarisme de genre aurait fonctionné comme critère d'entrée dans l'humanité depuis l'Antiquité, reléguant au statut d'anomalies monstrueuses les êtres ne se conformant pas à ces différences perçues. En effet, le premier critère qui semble pertinent à l'entrée au monde d'un bébé est si c'est une fille ou un garçon. La construction du genre en tant que résultat de relations sociales et ses liens avec le sexe biologique, la sexualité et l'orientation sexuelle sont remis en question par la nébuleuse des identités « trans » et intergenres, ces « corps scandaleux » qui redéfinissent la notion même d'humanité et offrent un potentiel transformateur aux niveaux sexuels et psychosociaux.

Cette exclusion soulève le paradoxe de la transphobie occidentale. Les figures de l'androgyne et de l'hermaphrodite sont en effet source d'admiration chez les anciens Grecs, dans plusieurs traditions judéo-chrétiennes et en alchimie. Elles y sont symboles de totalité et d'union des opposés – de l'être primordial parfait qui se suffit à lui-même, n'ayant besoin de former un couple car réunissant les deux sexes en lui-même. L'on pense ici à Hermaphrodite, au *Banquet* de Platon ou à certaines interprétations d'Adam. Dans ses travaux sur la maturation et la conquête du Soi, Jung parle du besoin qu'ont les hommes d'embrasser la partie féminine de leur personnalité ou *anima* et les femmes, de comprendre l'archétype masculin ou *animus* en elles. Les personnes trans sont au contraire symboles de stérilité, soupçonnées d'automutilation et de tendances mortifères et vecteurs de paniques morales. Comme les homosexuelles, elles menaceraient la famille nucléaire et jetteraient nos valeurs en pâture à des pervers. Les gardiens d'un ordre symbolique phallogocentrique affirment que l'individuation et les liens transgénérationnels dépendent d'une séparation marquée entre les rôles du père et de la mère, sans laquelle le monde de l'enfant ne serait que confusion. D'aucuns imaginent une propagande pro-transsexuels qui causerait une androgynisation ou féminisation de la culture occidentale et la perte des rôles dits traditionnels. Les controverses concernant des petits garçons qui se disent filles, des écoles suédoises dispensant une éducation sans genre ou Storm, ce bébé canadien que ses parents élèvent « genderless » pour lui permettre de s'épanouir sans stéréotypes, catalysent des discours normalisants d'ordre psychiatrique, pédagogique, religieux et moral qui confirment l'investissement socio-culturel de la catégorie de sexe – en d'autres termes, le genre. Certains soulèvent la question éthique de la possibilité de dissimuler son « vrai sexe », notamment à ses partenaires, et accusent les trans de (faire) vivre un mensonge. Bref, s'il arrive qu'ils soient acclamés comme des symboles de créativité, de pluralité et de synthèse, ils évoquent plus souvent l'inauthenticité et une menace pour la société.

En réponse à ce fait, les mouvements transsexuels et transgenres se sont organisés depuis les années 1980; souvent connexes, des associations de personnes anciennement désignées comme « hermaphrodites » se sont regroupées autour du néologisme médical « intersexe ». Suivant les notions d'*em-*

powerment et de droits civils des minorités, nombre de militant-e-s comparent leur combat non seulement aux droits homosexuels, mais aussi à l'anti-racisme – parlant par exemple d'un « apartheid du sexe » et évoquant les violents crimes de haine dont les LGBTI sont la cible. La discrimination envers les trans-identités est en effet peu remise en question et entrave la pleine jouissance de leurs droits à la sûreté, à la santé, à l'éducation, à l'emploi, au logement et au traitement égal par la justice. Il s'agit d'une question de droit international, comme l'ont souligné en 2007 les « Principes de Jogjakarta sur l'application de la législation internationale des droits humains en matière d'orientation sexuelle et d'identité de genre » et, en 2009, la « Trans Rights Conference » à Malte, de même que les préoccupations d'Amnesty International et Human Rights Watch. L'enjeu est le droit de définir sa propre identité voire de la changer, de s'autodéterminer, de disposer de son corps et d'occuper la place que l'on souhaite dans la société tant que l'on ne nuit à personne.

Au-delà de cela, les normes de genre sont contraignantes pour toute personne y compris pour celles qui les adoptent avec le plus de brio, prescrivant l'habillement, la conduite, la gestuelle, les professions et les destins acceptables pour des personnes définies comme « hommes » et « femmes », avec peu de tolérance pour l'entre-deux. En cela, le développement de savoirs trans et intersexes rejoint des préoccupations féministes, *queer* et de genre, notamment l'idée que la distinction homme-femme a structuré toute la pensée occidentale et est consubstantielle au privilège masculin et à l'hétérosexualité obligatoire dans la pensée moderne, érigeant au rang de standard la sexualité potentiellement reproductive, si possible maritale, entre un homme masculin et une femme féminine et excluant notamment les lesbiennes de la catégorie de « femme ». Ils demandent ce qu'est la féminité si elle peut être manifestée par un corps masculin et vice-versa et si ces caractéristiques peuvent se mêler ou se succéder dans une même personne. Ils mettent ainsi en exergue une profonde insécurité liée au genre dans la société occidentale à l'idée que moins d'éléments séparent les corps « femmes » et « hommes » que l'on ne le pensait, que les subjectivités féminines et masculines ne se forment pas sur un mode fon-damentalement différent et que les nouvelles technologies du corps permettent à nombre de personnes transidentitaires de transitionner vers l'« autre sexe » avec une grande crédibilité ou d'adopter un physique ambigu. Patrick Califia souligne que la transphobie a trait à la peur de son « moi » de l'autre sexe et demande : « Qui seriez-vous si vous n'aviez jamais été puni/e pour un comportement de genre inapproprié » (2003) ? À la suite de philosophes *queer* comme Judith Butler, les hors-la-loi du genre démontrent que la matérialité du corps est fondée par l'itération de normes de genre ; naturalisées et sédimentées au fil de leurs répétitions performatives et discursives, ces dernières rendent possible le retour d'autres possibilités refoulées d'expression et de désir. En ce sens, les performances de corps qui refusent d'obéir opèrent un brouillage épistémique car elles touchent aux barrières du connaissable et du pensable. Que ce soit une *drag queen*, une femme trans ou un bébé « sans sexe », on se sait comment se comporter envers la personne dès lors que l'on perd la stabilité de ce repère.

Seule une désarticulation complète des notions de sexe et genre permet donc de comprendre cette notion contre-intuitive. Le genre, terme issu de la grammaire et adopté par la recherche médicale sur les enfants intersexués puis par le féminisme, est souvent vu comme un sexe social dérivant du biologique : ainsi, un enfant de sexe anatomique féminin développerait-il inévitablement une identité et des comportements féminins. Le genre cache donc souvent un réductionnisme biologique selon lequel une personne de sexe masculin désirant se féminiser serait un homme qui veut devenir une femme et attiré par les hommes. Si les homosexuels ont souvent été désignés comme des « invertis » ayant une âme de femme dans un corps d'homme, la vision de la transsexualité comme une forme extrême d'homosexualité ne permet pas de comprendre la situation de ceux qui cherchent des partenaires du même *genre* et ne respecte pas l'identification des personnes qui entendent être désignées par les pronoms correspondant à leur perception de leur moi profond, non à leur sexe. De même, l'habillement d'une personne qui se vêt conformément à son genre interne ne saurait être réduit à un travestissement. Selon la déclaration de Malte, le transgendérisme « inclut les gens qui ont une identité de genre différente de celle assignée à la naissance et ceux qui souhaitent manifester leur identité d'une manière différente de celle assignée à la naissance », une personne transsexuelle transitionnant complètement vers le sexe « opposé » et souhaitant généralement une réassignation chirurgicale. Ces termes peuvent inclure certains travestis, les transvestis, les *drag kings* et *queens*, les lesbiennes *butch* et les « folles », de même que les *genderqueers*, a-genres et multigenres. Dans sa définition la plus large, la « communauté de genre » inclurait même leurs partenaires, ces pratiques et désirs non conventionnels étant une inconnue. Cependant, les transsexes sont parfois rejetés comme n'ayant pas une identité assez radicale pour être transgenres car ils suivraient une normalisation hétérobinaire ; d'autre part, les termes « transsexuel » et « intersexe » sont critiqués comme ramenant des problématiques de genre et de société à des pratiques sexuelles ou à l'anatomie génitale, voire même au résultat d'un traumatisme sexuel. Comme les *queers*, un nombre croissant de personnes dites trans ou intersexes choisit de rejeter toute étiquette et d'accepter leur identité comme incommensurable et variable, d'où des termes tels que « genres fluides » impliquant que le genre est un continuum qui a autant d'expressions qu'il y a de gens. Il s'est donc opéré un glissement du paradigme de la « personne emprisonnée dans le mauvais corps » vers un activisme dirigé vers la société non plus pour qu'elle tolère les personnes « trans » mais pour qu'elle reconsidère ses propres normes comme irréalistes et pathologiques – un retour des choses reflété par la création du terme « cisgenre » pour les hommes et femmes dits « normaux » ou « biologiques ». En termes d'orientation sexuelle, des attitudes similaires ont mené à des néologismes tels que « pansexualité » pour désigner l'attirance érotique et émotionnelle envers des personnes de tous les sexes et identités de genre ainsi que « *PoMoSexuality* », une « non-orientation » qui est « tout ce qu'on veut qu'elle soit ». Ce refus des barrières s'est également traduit par une « queerisation » des pronoms et de la grammaire. Malgré la souplesse des définitions, il convient de rappeler que les intersexes sont rarement représenté-e-s et que ces débats produisent de nouvelles formes d'exclusion parmi ces personnes, déjà souvent rejetées du féminisme et du mouvement gay et lesbien.

Une identité médicalisée et psychiatrisée

D'autre part, ces identités furent créées par ou en opposition à un certain *establishment* médico-psychiatrique. Si des chercheurs transgenres ont suivi l'exemple de l'anthropologie gaye pour démontrer l'existence de « troisièmes genres » dans plusieurs cultures anciennes, le « transsexualisme » en tant que tel est une construction moderne, produit d'un savoir médical, diagnostic créé par Harry Benjamin. D'après Butler, on peut concevoir la transsexualité comme une catégorie juridique émergeant de ce qui est possible médicalement, technologiquement et culturellement. L'on peut donc dire avec Foucault que les comportements désignés par les termes « homosexualité » et « transsexualité » ont peut-être toujours existé, mais les termes résultent d'un habitus médical émergé au XIXe siècle en Occident et cherchant à classifier et exciser des déviances sexuelles – ces nouvelles catégories ayant ironiquement permis aux personnes pathologisées de se rassembler en mouvements. Dans les deux cas, les médecins et psychiatres ont eu la prérogative paternaliste de stigmatiser les sexualités et identités non hégémoniques comme « dysphorie de genre », se proclamant experts sur l'expérience des autres et s'arrogeant le droit de disposer de leurs corps et reformater leurs esprits. Ils auraient ainsi agi en idéologues cherchant à canaliser des désirs dont les implications remettent en question l'ordre établi, utilisant par exemple les réassignations génitales comme outil d'évitement de liaisons homosexuelles. Si les trans souffrent d'« inversion psychosexuelle » voire de psychose, il peut sembler logique qu'une autorité qui comprend mieux leur bien-être qu'eux contrôle l'accès aux hormones ou à la chirurgie leur permettant d'harmoniser leurs corps à leur identité, une question de qualité de vie voire parfois de vie ou de mort. Il se produit donc un chantage valorisant les « bons » trans qui respectent des normes hétérosexistes binaires en décalage de plusieurs décennies par rapport au reste de la société. Dans de nombreux pays, les trans passent par des protocoles humiliants impliquant la justification auprès de psychiatres, la stérilisation forcée et l'obligation de « changer de sexe », opération sans laquelle les transgenres ne peuvent pas obtenir la mention de leur genre de prédilection sur leur carte d'identité. Pour cette raison, la campagne « Stop Trans Pathologization 2012 » vise à éliminer les « troubles de l'identité de genre » du *Diagnostic and Statistical Manual of Mental Disorders* (DSM-V).

Cette volonté de puissance et de déclarer la « vérité du sexe » est également présente dans le cas des bébés construits comme intersexués, nombre d'entre eux étant encore réassignés à la naissance si leurs parties génitales sont jugées ambiguës ou irrégulières. Des associations comme l'Organisation Internationale des Intersexué-e-s (OII) appellent à arrêter ces mutilations génitales irréversibles et attendre le « consentement éclairé » de l'enfant – les sexes gonadique, chromosomique et anatomique n'étant ni des critères fiables de prédiction du genre, ni sans leur importance. L'on se rappellera du cas de David Reimer, Canadien réassigné en fille suite à une circoncision ratée à l'époque où les cliniques de genre considéraient le genre comme relevant purement de l'acquis, qui revint à son assignation première à l'adolescence et finit par se suicider. L'on retrouve ici ce que Foucault désigne comme l'historicité de l'intervention médico-psychiatrique totalisante dans ce qui est considéré comme « contre nature » voire comme « erreur de la nature », par opposition notamment à l'accusation de commerce avec Satan; l'ironie étant que comme le biologique lui-même, les « anomalies » n'existent et ne sont nommées que dans un certain discours social.

Cependant, si les homosexuels et intersexes ont dû s'émanciper de l'étiquetage médical, les personnes trans dépendent de lui pour exister légalement, socialement, et corporellement selon leur choix. Ainsi, mentir aux psychiatres pour leur répéter la narration stéréotypée qu'ils veulent entendre voire se dire malade mental-e peuvent être des stratégies coûteuses. Il importe aussi de ne pas oublier que la décision du Dr. Benjamin d'accorder à ses patient-e-s la chirurgie qu'ils voulaient était un geste révolutionnaire dans l'Amérique conservatrice des années 1950. De plus, le devenir trans n'est possible que grâce à des progrès en endocrinologie et en chirurgie, qui permettent la « reconstruction » d'organes correspondant à l'apparence désirée. Les technologies reproductives permettent également le plein accès aux droits parentaux aux homos et trans. Ainsi, Thomas Beatie, homme FtM (female-to-male) américain dont l'épouse était stérile, a-t-il pu bénéficier d'inséminations artificielles pour devenir le premier « homme enceint ». Ceci n'est pas sans raviver des débats bioéthiques sur la procréation médicalement assistée : s'il est acceptable de la permettre à des couples « non standard » ou à des personnes seules et s'il n'est pas hubristique de faire de l'enfantement une question de liberté humaine plutôt que de limites physiques « naturelles ».

Les premiers transhumains ?

Tout ceci présuppose donc une relation ambivalente avec les traditions humanistes. Il s'agit de réclamer le respect des droits inaliénables à l'intégrité, à la dignité et à l'égalité, et ce alors que les Lumières ont opéré une bicatégorisation stricte de l'expérience humaine. Un certain sens commun philosophique et social, reflété jusque sur les planches anatomiques du XVIIIe siècle, associe les polarités homme/femme, culture/nature, intelligence/sensibilité, rationalité/irrationalité, dynamique/passif ainsi que public/privé. Elsa Dorlin souligne que les sujets politiques du féminisme puis du séparatisme lesbien se sont construits aporétiquement, la notion même de Sujet moderne évoquant une figure du *cogito* « universelle neutre, vide de détermination » qui contient en réalité un homme hétéronormé blanc de la classe dominante et masque des rapports de domination et de subordination. Elle ajoute que pour Butler, la notion de « nous » féministe réifie l'idée de femme comme groupe naturel ou comme classe sociale même lorsqu'elle est stratégique, créant de nouvelles figures de l'abject. Joan Scott parle de la « citoyenne paradoxale » pour désigner la manière dont des féministes de la fin du XVIIIe siècle ont réclamé la citoyenneté au nom d'une « nature » féminine tout en cherchant à dissocier le sujet actif de l'idée de masculinité et faire de la « différence des sexes » un critère non pertinent. Dans les cas *queer* et trans, il est d'autant plus ardu de concilier l'idée d'un sujet autodéterminant homogène, rationnel et stable avec la fluidité identitaire et le refus des définitions, certains se réclamant d'un « grain de folie » par défi. Les trans ont été d'ailleurs trop souvent été les objets d'études d'un certain sujet explorant médico-psychiatrique, dont un grand nombre cherchait à créer de nouveaux savoirs et techniques pour leur profit personnel.

D'autre part, les théoriciens trans ont trouvé un potentiel révolutionnaire dans l'idée séculaire de progrès. Hybridisé-e-s par les biotechnologies, les trans auraient faite leur l'ontologie cyborg de Donna Haraway, hybridité entre être humain, machine, information et le monde technocratique du capital. En cela, ils auraient intégré ou dépassé les contradictions de l'humanisme conventionnel et de la société post-industrielle : ils seraient les premiers transhumains. Si le cyborg de Haraway est impliqué dans des pratiques patriarcales impérialistes, d'autres, plus optimistes, pensent que les technosciences permettront un transcendement sans précédent des hiérarchies de genre et des disparités physiques entre les sexes. Le « trans » des deux termes impliquerait l'idée de passage à un état supérieur de l'individu et de la société, le transhumanisme tendant à une libération de l'espèce humaine au-delà des états biologiques et noétiques concevables actuellement, à la condition posthumaine. Parmi ses mouvements, le *postgenderism* du futuriste George Dvorsky appelle à l'« application de la neurotechnologie, de la biotechnologie et des technologies reproductives » à l'élimination des rôles de genre. Dans cette optique, la reproduction assistée ouvrirait à des possibilités presque infinies d'expression sexuelle, faisant du genre une question obsolète ou de libre choix et permettant à toute(s) personne(s) dans n'importe quelle combinaison possible d'enfanter grâce à des utérus artificiels. Les théoriciens les plus radicaux conçoivent même le sexe comme un « accident de naissance » dont il sera possible de changer d'un moment à l'autre. Certains parlent des possibilités utopiques des implants neuronaux et du cyberespace, notamment des avatars qu'il est possible de modifier à volonté. Pour Martine Rothblatt, la révolution technologique permettra l'existence de réalités virtuelles immersives où le cyber-sexe est actualisé, voire à des formes inédites de conscience via l'*uploading* d'esprits humains en programmes autonomes capables de reproduction. Cette idée de fusion avec des systèmes informatiques semble trahir un déni de la corporalité comme siège de l'expérience humaine. De plus, cette narration téléologique et anthropocentrée évoque un darwinisme social dangereux dans son idée que la société évolue vers un état de civilisation toujours plus grand, des cultures « archaïques » à la conscience post-intégrale en passant par la condition postmoderne. Enfin, une question qui reste en suspens est si les théoriciens transgenres ne renversent pas les termes de leur oppression : l'on croit déceler du messianisme dans l'idée que le futur est transgenre et désirable pour tous en tant que tel. Du reste, Butler se méfie d'une certaine idolâtrie envers les trans, perçu-e-s comme symboles de potentialités infinies plutôt que comme êtres de chair et de sang.

Provocations

Cette relation surdéterminée avec le corps se retrouve également dans la mise en scène érotique ou provocante du corps dégenré. Si peu de savoirs existent concernant les érotismes spécifiquement intersexes, les représentations des trans ont été popularisées par la pornographie fétichisant les corps MtF non opérés. Le fantasme de la *shemale* aux caractéristiques sexuelles secondaires « mêlées » (seins et pénis) semble constituer une objectification dégradante sur le registre de la curiosité malsaine et conditionner l'implication de nombre de femmes transgenres dans la prostitution. S'il importe de ne pas criminaliser ou pathologiser les travailleur-e-s du sexe trans, la question du consentement et du libre choix reste en effet problématique dans le cas de populations vulnérables psychologiquement, socialement et économiquement. Il convient donc de s'interroger sur de possibles liens indirects entre ces images et le rejet des corps trans comme pervers d'une part et l'exploitation de femmes MtF d'autre part. À la suite des féministes anti-pornographie telles que Catharine MacKinnon, l'on pourrait arguer que la pornographie instrumentalise les femmes et les minorités de genre et les réduit au statut d'un corps-objet dénué de subjectivité, d'intentionnalité et de plaisir authentique – qu'il constitue une technologie de pouvoir qui colonise le corps jusque dans ses manifestations les plus intimes. D'autre part, avec certains mouvements *queer* et féministes pro-sexe, les mouvements transgenres peuvent se réapproprier ces pratiques sur le mode alternatif de la post-porno afin de représenter les corps ambigus de manière autonomisante, encourageant à l'estime de soi et à une plus grande connaissance de son corps et de sa jouissance. Ces formes subvertissent les codes hétéronormés de la porno, notamment sa concentration sur un acte pénétratif d'hommes sur des femmes; ainsi, les vidéos du physique « incohérent » de l'acteur porno transgenre Buck Angel permettent-elles de résister au manque de représentations des FtM non opérés. Pour certain-e-s activistes, il s'agit de déconstruire les images paradoxales de la désexualisation des trans et du déni de leur droit à une sexualité décomplexée, de montrer qu'un corps trans peut être désirable de façon saine. En effet, ils doivent souvent se cantonner à une image décente selon des normes bourgeoises de peur d'être accusé-e-s d'attachement fétichiste aux vêtements de l'« autre sexe »; les opérations tiennent peu compte du plaisir des patients, pourtant une dimension importante de l'expérience humaine.

La volonté de subversion se retrouve également dans nombre d'actions adoptant des codes *genderfuck* délibérément choquants. Ainsi, en 2010, le collectif féministe *queer* transpédégouine Urban Porn a-t-il agrémenté la statue de Jeanne d'Arc à Lille de banderoles roses et d'un godemiché, revendiquant une opposition « politico-ludique » aux symboles nationalistes de l'extrême-droite française exprimés en termes religieux, racisés et genrés. Une association lesbigay a envisagé de porter plainte car il donnerait une image négative et discréditante de l'homosexualité, soulevant la question de savoir si être « respectable » est possible ou souhaitable pour des LGBT. De telles actions publiques posent donc la question visant à déterminer si quelqu'un est réellement lésé ou s'il s'agit d'un crime dit imaginaire ou sans victime. En effet, elles s'attaquent à des symboles abstraits sans intention de nuire à l'intégrité physique ou morale de qui que ce soit. En cela, elles relèveraient de l'offense plutôt que du préjudice, de la liberté d'expression de certains groupes marginalisés jugés immoraux qui se heurte inévitablement à d'autres sensibilités.

Sylvie Vranckx

VIE ARTIFICIELLE

Fabriquer des artefacts qui nous ressemblent non seulement extérieurement, mais jusqu'à devenir vivants, est l'un des fantasmes de l'être humain, comme l'atteste la littérature. Homère déjà raconte que le dieu Héphaïstos avait construit des trépieds se rendant d'eux-mêmes à l'assemblée des dieux [1] et, plus près de nous, Collodi invente le personnage de Pinocchio. Ces êtres sont-ils vraiment vivants ou ne s'agit-il que de robots ? Pinocchio devient vivant à la fin de l'histoire, mais les trépieds ? En tout cas, ils se meuvent par eux-mêmes, ce qui est une caractéristique du vivant pour la pensée antique.

La question de savoir à quel moment les artefacts de plus en plus sophistiqués que nous fabriquons seront réellement vivants se pose encore de nos jours, comme s'est posée et se pose encore la question de savoir si les produits de l'intelligence artificielle (IA) sont vraiment intelligents. Pour y répondre, il nous faut disposer d'un critère du vivant et de l'intelligent. On peut toutefois esquiver la question en fabriquant artificiellement des êtres vivants à partir d'autres êtres vivants (car en fabriquer naturellement, les êtres humains le font depuis qu'ils existent). Ces deux moyens ou modèles sont envisagés actuellement, même si c'est essentiellement le second qui est mis en œuvre dans les projets actuels.

Le lego et le châssis

Ces deux modèles sont appelés *modèle du lego* et *modèle du châssis*. Le premier est un modèle *bottom-up*. Il est le plus ambitieux, puisqu'il se propose de construire un organisme vivant à partir d'éléments biologiques, voire même simplement physiques et chimiques, comme on construit un édifice à partir de briques de lego. Le second est un modèle *top-down*. Un organisme est dépouillé de tous les composants non essentiels à sa vie – il est réduit, pour ainsi dire, à sa plus simple expression –, qui sont remplacés par d'autres, capables de produire ce qui intéresse son créateur. Il s'agit en fait d'y remplacer certains

1. A. Marcinkowski, J. Wilgaux, « Automates et créatures artificielles d'Héphaïstos : entre science et fiction », *Techniques et Culture*, n° 43-44, 2004, p. 2.

gènes par d'autres, ce qui fait que ce modèle décrit une forme extrême de génie génétique. Boldt et Müller, dans un style un peu théologique, parlent de *creatio ex existendo* pour le modèle du châssis et de *creatio ex nihilo* pour celui du lego[1].

La discipline qui se propose de créer du vivant artificiel est la *biologie de synthèse*. Actuellement, elle travaille surtout sur le modèle du génie génétique (on est dans le cadre du modèle du châssis) et a obtenu des résultats assez spectaculaires depuis une dizaine d'années. En 2002, une équipe de chercheurs de l'Université d'État de New York à Stony Brook, dirigée par Eckard Wimmer, a réussi à synthétiser le virus de la poliomyélite; une année après, c'est celui de la grippe espagnole qui a été recréé. Un rapport paru en 2007 nous apprend que synthétiser le virus de la variole prendrait théoriquement moins de deux semaines et coûterait le prix d'une voiture de sport[2]. Michele Garfinkel et ses collègues soulignent qu'on peut obtenir de l'ADN auprès de compagnies privées, par internet, et que le niveau d'expertise nécessaire pour pouvoir utiliser les technologies de synthèse de l'ADN est plutôt modeste[3]. Preuve en est que, en 2008, des *étudiants* slovènes ont créé un vaccin synthétique contre *Heliobacter pylori*, ce qui leur a valu un prix décerné par iGEM (International Genetically Modified Machines).

Les travaux de Craig Venter

Mais ce sont les travaux de Craig Venter qui ont le plus attiré l'attention. Son institut (JCVI : J. Craig Venter Institute) a réalisé plusieurs percées dans le domaine de la biologie de synthèse. En 1995, des chercheurs du laboratoire parviennent à séquencer le génome de la bactérie *Mycoplasma genitalium*, puis développent l'idée d'une cellule minimale (le châssis). En 2003, le génome du bactériophage φX174 est synthétisé; en 2006, un génome naturel de *Mycoplasma mycoides* est transplanté dans *Mycoplasma capricolum*, vidé de son propre génome; en 2007, le génome de *Mycoplasma genitalium* est synthétisé et, en mars 2010 le génome synthétisé de *Mycoplasma mycoides* est transplanté dans *Mycoplasma capricolum.* Même si cela n'a pas été sans mal, la rapidité des avancées est frappante : depuis 2010, existe une bactérie

1. J. Boldt, O. Müller, « Newtons of the leaves of grass », *Nature Biotechnology*, vol. 26/4, 2008, p. 388.

2. ETC Group, *Extreme Genetic Engineering*, January, 2007, p. 23-25.

3. *Ibid.*, p. 6 et 24.

fonctionnelle dont le génome a été synthétisé[1]. Certes, il l'a été sur le modèle d'un génome existant, mais comment pourrait-on faire autrement? Créer un génome à partir de « rien », c'est un projet proprement démiurgique qui n'est pas à l'ordre du jour. Même si on pouvait opérer sur le modèle du lego, ce que l'on reconstruirait pour commencer, ce serait des génomes existants.

Il a d'ailleurs été reproché aux chercheurs de JCVI d'avoir appelé cette bactérie « synthétique », puisque son génome était copié sur un génome naturel et qu'il avait été introduit dans une cellule naturelle vidée de son propre génome. Les chercheurs ont répondu que « synthétique » signifiait « synthétisé chimiquement » et non créé *de novo*. Cela souligne l'importance des questions sémantiques: « synthétique », tout comme « artificiel », se prend en différents sens (voir l'article « Naturel et artificiel »). Ici, comme il est justement souligné, « synthétique » désigne un processus technologique complexe, qui consiste en cinq étapes : 1) les brins d'ADN nécessaires sont fabriqués dans un synthétiseur dirigé par un ordinateur, puis sont alignés comme des perles sur un collier, formant ce qu'on appelle des « cassettes »; 2) les cassettes sont placées dans une bactérie *E. Coli*, qui les assemble; 3) les assemblages sont incorporés dans des levures pour réaliser le génome complet; 4) le génome complet est inséré dans l'enveloppe vidée de *Mycoplasma capricolum*; 5) la fonctionnalité du génome inséré est vérifiée.

Comme on le voit, la question de savoir si de la vie a été ainsi créée n'a pas de réponse claire : un être vivant a été créé, mais à partir de quelque chose de vivant; c'est donc un nouveau vivant, et ce n'est pas une vie nouvelle en ce sens que c'est une vie copiée. Ceux qui veulent préserver le privilège divin peuvent se rassurer, mais pour combien de temps? En fait, si l'on veut répondre à une telle question, il faut d'abord savoir en quoi la vie consiste.

La nature de la vie

Pendant longtemps, la vie a été conçue comme quelque chose d'irréductible à la matière inerte. Pour l'animisme, tout vivant était doué d'une âme non matérielle, pour le vitalisme, le vivant était caractérisé par un élan vital *sui generis*, de statut ontologique souvent difficile à déterminer précisément. Actuellement, l'on rencontre encore des vitalistes (par exemple Hans Jonas), mais la conception dominante de la vie est physicaliste, en ce sens qu'on considère que les éléments à la base du vivant sont tous de nature

1. R. Kwok, « DNS's master craftsmen », *Nature*, 468, 2010, p. 24; Presidential Commission for the Study of Bioethical Issues, *New Directions. The Ethics of synthetic biology and emerging technologies*, Washington DC, 2010, chap. 2.

physico-chimique, et émergentiste. L'origine de cette conception remonte à Diderot et aux matérialistes français [1]; son idée essentielle est que la vie est une propriété de la matière qui a émergé lorsque cette dernière s'est complexifiée. « Être vivant » est donc une propriété émergente de la matière, d'où le nom d'« émergentisme » donné à cette conception.

L'émergence est un phénomène très répandu. Comme le note Mario Bunge : « Tout système possède des *propriétés émergentes*, à savoir des propriétés que ses parties ne possèdent pas. En particulier, les biosystèmes ont des propriétés que leurs composants physiques ou chimiques ne possèdent pas » [2]. Prenons l'exemple de ce liquide si répandu et si essentiel à la vie, l'eau (H_2O). Elle a des propriétés que ne possèdent ni H ni O en isolation, telles que la capacité de désaltérer; celle-ci émerge avec la structure supramoléculaire du liquide. Le tout est donc plus que ses parties, il a des propriétés que ses parties ne possèdent pas. Mais comment caractériser cette émergence ? La *relation de survenance* le permet. Il s'agit d'une relation de dépendance asymétrique : *A* survient par rapport à *B* si et si seulement si *A* change alors il est nécessaire que *B* change, et si *B* change, alors il n'est pas nécessaire que *A* change. Une propriété émergente est donc une propriété survenante.

On voit immédiatement que si les propriétés constituant le vivant sont survenantes, alors il est en principe possible de créer un être vivant sur le modèle du lego. Mais quelles sont ces propriétés caractéristiques de la vie, survenant par rapport à leur base physico-chimique ? Dans une approche empirique comme celle des sciences de la vie, ces propriétés forment une liste ouverte, toujours susceptible d'être modifiée. Actuellement, elle comprend l'auto-organisation, l'autonomie, la capacité de réagir, la reproduction, l'évolution et le métabolisme [3]. La plupart de ces propriétés, et peut-être même toutes, ont encore la caractéristique d'être des propriétés *fonctionnelles*. Une propriété est fonctionnelle lorsqu'elle se définit par ce qu'elle fait et non par ce en quoi elle se réalise; elle est donc indépendante de son substrat. Cela implique qu'elle peut être réalisée de différentes manières, dans différents matériaux [4].

Elliott Sober illustre cette idée de *réalisabilité multiple* au moyen d'un exemple amusant, simple et éclairant : « Considérons des pièges à souris.

1. B. Baertschi, *Les rapports de l'âme et du corps. Descartes, Diderot et Maine de Biran*, Paris, Vrin, 1992, part. 1, chap. 3.

2. M. Bunge, *The Mind-Body Problem*, Oxford, Pergamon Press, 1980, p. 32.

3. M. Bedau, « The nature of life », *in* M. A. Boden (ed.), *The philosophy of artificial life*, Oxford, Oxford University Press, 1996.

4. B. Baertschi, *La vie artificielle*, *op. cit.*, chap. 3.

Chacun d'eux est un objet physique. Certains sont faits de fils de fer, de bois et de fromage. D'autres sont faits de plastique et de poison. D'autres encore sont constitués de groupes de philosophes armés de corbeilles à papier mises à l'envers. Qu'est-ce que tous ces pièges à souris ont en commun? Bon, ils sont faits de matière. Mais plus spécifiquement, quelles propriétés communes et uniques partagent-ils? Si les pièges à souris sont réalisables de manière multiple, alors il n'existe aucune propriété physique que tous les pièges à souris, et seulement eux, possèdent. Chaque piège à souris est un objet physique, mais la propriété d'être un piège à souris n'est pas une propriété physique »[1]. *Être un piège à souris* est une propriété fonctionnelle, réalisable de manière multiple, et il en va ainsi de certaines propriétés du vivant. Une propriété fonctionnelle n'est pas une propriété physique, car elle est séparable de son support matériel et peut être considérée en abstraction. Cela ne signifie pas qu'elle pourrait exister *in concreto* sans support aucun, ni même – en tout cas pour les propriétés du vivant – sans support physique. Simplement, on peut la décrire de manière abstraite.

Si *toutes* les propriétés du vivant sont fonctionnelles, alors il serait même possible de réaliser un être vivant dans un support différent, par exemple informatique. C'est pourquoi Marc Bedau parle de vie artificielle *soft*, *hard* et *wet*, qu'il caractérise ainsi : « La vie artificielle *soft* crée des simulations ou d'autres constructions purement digitales qui manifestent un comportement ressemblant à la vie, la vie artificielle *hard* produit des implémentations dans des machines de systèmes ressemblant à la vie, et la vie artificielle *wet* synthétise des systèmes vivants à partir de substances biochimiques »[2]. Ces domaines sont en continuité et la faisabilité des deux premiers repose sur le caractère fonctionnel des propriétés du vivant. Le système de simulation *Tierra* de Thomas Ray est une bonne illustration du programme *hard*. Dans ce système, des programmes informatiques cherchent à disposer chacun d'un maximum de l'espace mémoire de l'ordinateur et de l'usage du processeur central (CPU); à cet effet, ils se copient (se reproduisent) le plus possible et ceux qui le font le mieux éliminent les autres. En se recopiant, ils font parfois des erreurs (ils mutent), ce qui augmente ou diminue leur compétitivité[3]. Si ces programmes ne sont pas vivants, du moins exemplifient-ils déjà plusieurs

1. E. Sober, « Learning from functionalism – Prospects for strong artificial life », *in* M. A. Boden (ed.), *The philosophy of artificial life*, *op. cit.*, p. 363-364.

2. M. Bedau, « Artificial Life : Organization, Adaptation and Complexity from the Bottom up », *Trends in Cognitive Science*, vol. 7/11, 2003, p. 505.

3. C. Langton, « Artificial Life », *in* M. A. Boden (ed.), *The philosophy of artificial life*, *op. cit.*, p. 88.

propriétés du vivant, et si toutes les propriétés du vivant sont réalisables de manière multiple, alors un *Tierra* plus complet et plus complexe pourrait très bien être vivant au sens propre. Son créateur aura alors réellement créé des êtres vivants – depuis, Ray a développé *Virtual Life,* téléchargeable sur internet.

Le statut moral des êtres vivants artificiels

Le monde qui nous entoure est constitué d'êtres naturels. Ainsi, tous les vivants auxquels nous sommes confrontés sont naturels. Quand nous nous demandons comment nous devons les traiter, comment nous devons nous comporter vis-à-vis d'eux, nous le faisons sur la base de la *valeur* que nous leur reconnaissons. Mais si nous créons des êtres vivants artificiels ou synthétiques, par quelque méthode que ce soit, cela changera-t-il quelque chose à cette valeur? Poser cette question, c'est poser la question du statut moral des êtres vivants artificiels. Comme le dit Mary Anne Warren : « Avoir un statut moral, c'est être moralement digne de considération, ou avoir un rang moral. C'est être une entité envers laquelle les agents moraux ont, ou peuvent avoir, des obligations morales »[1].

Pour l'instant, la question du statut moral des êtres vivants artificiels est assez théorique. Si on se limite au programme *wet*, le seul qui ait jusqu'à présent fabriqué de tels êtres, il s'agit surtout de bactéries. Dans presque toutes les approches morales, le statut moral des bactéries est soit nul (pour l'anthropocentrisme ou le pathocentrisme, par exemple, où seuls les êtres rationnels ou susceptibles de souffrir ont un statut moral), soit infinitésimal (dans une conception hiérarchique). Seuls certains biocentristes égalitaristes, pour qui tout être vivant possède le même statut moral, pourraient penser différemment. Mais il se pourrait que nous créions dans le futur des êtres vivants bien plus complexes. Certains imaginent même recréer le programme génétique de l'Homme de Neandertal qui serait implémenté dans quelque support vivant naturel ou artificiel[2]. Sans aller jusque-là, de nombreux êtres humains incorporent une certaine artificialité, soit dans leur constitution – ils ont des prothèses ou des stimulateurs (pensons au pacemaker) incorporés à leur personne – soit dans leur genèse (ils sont le fruit d'une procréation médicalement assistée (PMA), appelée aussi procréation artificielle). On peut encore penser à des êtres humains qui seraient le fruit d'un clonage – des animaux ainsi

1. M. A. Warren, *Moral Status*, Oxford, Oxford University Press, 1997, p. 3.
2. ETC Group, *Extreme Genetic Engineering*, *op. cit.*, p. 38.

procréés existent déjà, on le sait – et si des cyborgs ou des posthumains voient le jour, ils seront aussi le fruit d'une artificialité.

Comment alors devrons-nous nous comporter vis-à-vis de tels êtres? Pour pouvoir répondre à cette question, il faut examiner par quel processus nous attribuons un statut moral à un être. À l'instar de beaucoup d'autres philosophes, Kant affirme que la personne (humaine) est « un être entièrement différent, par le rang et la dignité, de choses comme le sont les animaux sans raison, dont on peut disposer à sa guise »[1]. L'être humain a le statut moral d'une personne parce qu'il est doué de raison. « Être doué de raison » est une propriété intrinsèque que possède l'être humain; cela lui confère une dignité particulière, c'est-à-dire une valeur intrinsèque (une valeur qu'il possède en vertu de ce qu'il est, à savoir de ses propriétés intrinsèques, et non de son environnement). Valeur intrinsèque et dignité sont deux expressions synonymes, ce que Jean-Yves Goffi souligne à propos de l'être humain en ces termes : « Je définirai donc ainsi la dignité selon les modernes : c'est une valeur attachée à tout être humain, du simple fait qu'il est un être rationnel de liberté, c'est-à-dire qu'il est capable d'exercer sa raison pratique »[2].

Résumons. Le statut moral d'un être dépend de sa valeur intrinsèque, qui dépend elle-même de certaines de ses propriétés intrinsèques. Par exemple, un être humain a le statut moral d'une personne, parce qu'il a la dignité d'un être doué de raison.

Qu'en est-il alors du statut moral des êtres vivants artificiels? La réponse de principe à cette question est très simple : leur statut moral dépendra de leurs propriétés intrinsèques. Ainsi, pour que l'artificialité modifie leur statut, il faudrait qu'elle soit une de leurs propriétés intrinsèques. Mais ce n'est pas le cas : être artificiel, c'est être produit par un être humain, et « être produit par » dénote une relation, c'est-à-dire une propriété extrinsèque. Autrement dit, qu'un être soit naturel, artificiel, synthétique ou chimique ne modifie en rien son statut, tant que par ces adjectifs on désigne un mode de production. Cet argument métaphysique est direct; on pourrait lui ajouter des considérations épistémologiques et historiques, mais ce n'est pas nécessaire ici (voir l'article « Naturel et artificiel »); il me suffira de l'étayer par un exemple éclairant. Si un jour un être humain est produit par clonage, il sera une personne humaine à part entière dans la mesure où il aura les mêmes capacités rationnelles qu'un autre être humain. La manière dont il aura été engendré ne constituera en aucune

1. E. Kant, *Anthropologie du point de vue pragmatique*, *op. cit.*, p. 17.

2. J.-Y. Goffi, « Des droits à la valeur : la question des êtres de nature », dans Müller et Poltier (éd.), *La dignité de l'animal*, Genève, Labor & Fides, 2000, p. 252.

façon un argument pour le traiter différemment. Il en va déjà ainsi pour les enfants procréés par PMA. À l'autre bout de la hiérarchie des êtres vivants, nous devons nous comporter vis-à-vis des divers *Mycoplasmas* produits artificiellement par Craig Venter tout comme nous nous comportons vis-à-vis des *Mycoplasmas* que nous rencontrons dans la nature.

Quant au statut moral des transhumains et posthumains, il sera au moins égal à celui des êtres humains actuels, puisqu'ils auront au moins les mêmes propriétés intrinsèques. Mais peut-être auront-ils un statut moral plus élevé ?

Bernard Baertschi

DEUXIÈME PARTIE

TECHNOSCIENCE ET MÉDECINE D'AMÉLIORATION

AMÉLIORATION – ENHANCEMENT

On a pu soutenir que si la médecine à proprement parler est l'ensemble des pratiques qui reconduisent du pathologique au normal, elle s'ouvre actuellement sur un ensemble de pratiques qui conduisent du normal à l'amélioré ou, mieux encore, de l'ordinaire au modifié ou au transformé[1]. Il a été proposé de nommer « anthropotechnie » ces usages de la médecine qui s'inscrivent dans l'espace compris entre l'ordinaire et l'amélioré. Mais l'usage n'a pas validé ce terme et les vocables déjà usités de « médecine d'amélioration/*enhancement medicine* » ont continué à prévaloir. Plus généralement, l'*human enhancement* est l'ensemble des techniques visant à surmonter les limites des capacités humaines usuelles, qu'elles soient physiques ou mentales.

Un certain nombre de difficultés conceptuelles s'attache à l'*enhancement*. Certains[2] estiment que les vêtements, la cuisine, la chasse, la domestication des animaux, la vie sociale, le langage, l'art, l'éducation et la musique sont des techniques d'amélioration. Le problème avec cette approche est qu'elle trivialise la notion même qu'elle est censée expliquer : toute activité humaine devient améliorante et se montrer partisan ou adversaire de l'*enhancement* est alors tout aussi sensé que de se montrer partisan ou adversaire de l'éducation, de la vie sociale ou du langage. Ainsi, il est probable que le développement d'un mode de vie sédentaire au néolithique a exposé les êtres humains à des pathologies infectieuses peu répandues auparavant ; leur résistance à certaines maladies s'en est certainement trouvée améliorée. Mais il paraît excentrique de parler de la sédentarisation comme d'une technique d'amélioration du système immunitaire au même titre que l'inoculation ou la vaccination. À tout le moins, il est nécessaire de distinguer les activités ou même les modes de vie en tant qu'ils ont un effet sur les capacités humaines et les techniques qui visent à produire un tel effet[3]. Par ailleurs, le terme « enhancement » est susceptible d'être compris de façon différente selon les contextes : dans le vocabulaire de la finance, c'est une majoration ; dans le vocabulaire de la pédagogie, c'est la facilitation ; dans le vocabulaire militaire, c'est un renforcement ; dans le vocabulaire de l'infographie c'est une retouche ; dans le vocabulaire de la chirurgie mammaire, c'est une augmentation (du volume des seins). Le problème n'est

1. J. Goffette, *Naissance de l'Anthropotechnie…*, *op. cit.*, p. 116-126.
2. J. Harris, *Enhancing Evolution…*, *op. cit.*, p. 13.
3. D. W. Brock, « Enhancements of human function : some distinctions for policy-makers », *in* E. Parens (ed.), *Enhancing Human Traits. Ethical and social implications*, Washington D. C., Georgetown University Press, 2007, p. 49.

pas tellement lié à la diversité des traductions possibles, mais plutôt au choix du terme « amélioration ». Il suggère, en effet, que tout *enhacement* est une amélioration, c'est-à-dire une avancée ou bien un progrès. On peut alors s'étonner[1] qu'ils suscitent autant de suspicion et de frayeur quand ce n'est pas d'hostilité. On a soutenu, au contraire, la nécessité de définir l'*enhancement* d'une façon neutre, qui ne présuppose pas son caractère bénéfique ou désirable. Chadwick adopte ainsi une conception additionnelle qui fait de l'*enhancement* une addition à un trait ou une exagération de celui-ci, lesquels peuvent ou non consister en une amélioration[2]. De façon analogue, parlant de l'*enhancement* dans le domaine biomédical, Buchanan écrit : « [...] c'est une intervention délibérée qui, par l'application des sciences biomédicales, vise à améliorer une capacité existante dont disposent la plupart des êtres humains normaux ou à créer une capacité nouvelle, en agissant directement sur le corps ou sur le cerveau ». Cette définition est intéressante à plus d'un titre : quelqu'un dont l'audition aurait été améliorée mais qui évoluerait dans un milieu professionnel très bruyant (atelier, transport aérien) ne se trouverait pas forcément mieux à la suite de cette intervention : l'*enhancement* n'a donc pas forcément un caractère bénéfique. Il n'est pas présupposé non plus que ses effets soient permanents ou irréversibles : un étudiant qui prend du Ritalin pendant ses examens ou les pilotes de bombardier de la seconde guerre mondiale qui consommaient des myrtilles avant de partir en mission réalisent bien un *enhancement*, nonobstant le caractère peu durable de celui-ci. Ensuite, c'est le caractère délibéré de l'intervention qui la distingue de n'importe quelle activité améliorante. Enfin, Buchanan n'exclut pas que des interventions puissent créer de nouvelles capacités, inédites. Les difficultés d'ordre conceptuel se confondent alors avec des difficultés d'ordre éthique. Il a été présupposé jusqu'à maintenant que l'*enhancement* concerne la médecine ou, plus généralement, la biomédecine. C'est ainsi que E.T. Juengst propose de la caractériser comme : « [....] les interventions ayant pour finalité d'améliorer la forme ou les fonctions humaines au-delà de ce qui est nécessaire pour le maintien où le rétablissement de la santé »[3]. Mais le même auteur relève que les problèmes soulevés par les pratiques ayant cette finalité sont en fait de deux ordres : d'une

1. J. Harris, *Enhancing Evolution...*, *op. cit.*, p. 36.

2. R. Chadwick, « Therapy, Enhancement and Improvement », *in* B. Gordijn & R. Chadwick (eds.), *Medical Enhancement and Posthumanity*, New York, Springer, 2008, p. 31.

3. E. T. Juengst, « What does enhancement mean? », *in* E. Parens (ed.), *Enhancing Human Traits. Ethical and social implications*, *op. cit.*, p. 29.

part ils sont relatifs aux limites propres de la médecine ; d'autre part, ils concernent l'éthique de l'auto-amélioration.

La détermination des limites internes à la médecine semble dépendre de la définition de la santé qui a été adoptée en amont. Deux principales conceptions de la santé sont généralement avancées La première, due à Ch. Boorse est dite « bio-statistique ». Dirigée à l'origine contre les thèses radicalement constructivistes et relativistes du psychiatre Th. Szasz, elle identifie, dans une perspective naturaliste, la santé à l'absence de maladie et la maladie à un état interne – par opposition aux blessures, par exemple – qui « [...] fait descendre une aptitude fonctionnelle en-deçà des niveaux typiques pour l'espèce »[1]. Selon les partisans d'une conception normativiste, le concept de santé est intrinsèquement chargé en valeur. Cette thèse implique à tout le moins qu'un jugement relatif à la santé ou à la maladie de telle ou telle entité est, au moins partiellement, un jugement de valeur et ne saurait donc prétendre à la neutralité axiologique. À première vue, il semble qu'une conception comme celle de Ch. Boorse encourage une conception strictement thérapeutique de la médecine : aussi longtemps qu'il s'agit de « relever » des aptitudes fonctionnelles au niveau typique de l'espèce (pour une classe d'âge donnée) les médecins agissent conformément à la vocation de leur art ; dès qu'ils vont au-delà, ils sortent de leur rôle. Contre cette interprétation, on a fait remarquer[2] que les patients ne consultent pas afin de remettre leurs aptitudes fonctionnelles au niveau de celui qui est typique des individus en bonne santé de leur espèce, mais parce qu'ils veulent éviter de subir ce qu'ils considèrent comme des dommages (en cela, il introduit une dimension normativiste dans la discussion) : si ces dommages sont corrélés, par exemple, à l'âge, chez les individus d'une espèce donnée et qu'un traitement médical permette de les supprimer complètement, on voit mal en quoi ce traitement serait déclaré anti-médical. Pourtant ils élèveraient les aptitudes fonctionnelles des patients bien au-delà des niveaux typiques pour l'espèce. Ce n'est que si on considère que le niveau typique des aptitudes fonctionnelles de l'espèce est lui-même normatif que l'on peut interpréter de façon restrictive la thèse de Ch. Boorse ; des conservateurs comme L. Kass ou H. Jonas ne s'en privent pas, mais c'est faire violence à une telle conception.

La question de l'éthique de l'auto-amélioration a été longtemps envisagée ainsi : par la culture, l'individu opère un long et patient travail sur lui-même,

1. C. Boorse, « Health as a theoretical concept », *Philosophy of Science* 44 (4), 1977, p. 542 ; trad. fr. É Giroux dans É. Giroux et M. Lemoine (ed.), *Textes clés de philosophie de la médecine II. Santé, maladie, pathologie*, Paris, Vrin, 2012.

2. J. Harris, *Enhancing Evolution...*, *op. cit.*, p. 44-46.

dirigé contre la grossièreté, la vulgarité et l'immédiateté des instincts ou des tendances naturelles. La culture se construit essentiellement par l'éducation qui permet un rapport critique aux institutions, aux traditions, à la langue et aux valeurs. Au terme, ou mieux, tout au long de ce travail peut-être jamais achevé, l'individu parvient à réaliser de meilleurs états de lui-même. Ainsi, la culture apparaît comme une entreprise visant la construction d'une nouvelle intégrité, supérieure. Certains[1] considèrent donc que l'*enhancement* en matière d'auto-amélioration est en principe immoral : ils opposent le mérite au simple don, estimant que la pratique paradigmatique du sport nous révèle que ce n'est ni le spectacle offert, ni les performances atteintes qui font l'intérêt de cette activité, mais l'effort des athlètes. Ce qui est valable pour le sport est censé valoir par ailleurs : l'enhancement provoquerait une érosion généralisée du caractère. Mais opposer la passivité des sportifs « améliorés » et les efforts de ceux qui ne le sont pas est une fausse symétrie : même améliorées, des capacités doivent être développées et entretenues pour s'actualiser. D'autres estiment que, si elle se diffusait, la pratique de l'*enhancement* aboutirait fatalement à une polarisation ou à une division sociale bien pire que tout ce à quoi on a assisté à ce jour : à la limite, les individus génétiquement améliorés et ceux qui ne le seraient pas constitueraient deux espèces humaines différentes au sens précis où leurs relations sexuelles ne seraient plus interfécondes[2]. Ils en tirent, contrairement à L. M. Silver lui-même, la conclusion que l'*enhancement* doit être prohibé dès qu'il porte sur des caractères génétiquement transmissibles. Ce à quoi leurs adversaires répondent que cela tendrait plutôt à prouver que l'État doit intervenir pour mettre à la disposition du plus grand nombre les technologies qui permettent l'*enhancement*[3]. Interdire l'introduction d'une technologie ou d'une pratique tant qu'elle ne sera pas accessible à tous constituerait une intrusion tyrannique dans la sphère de la liberté privée ; ce serait, en outre, une entreprise vouée à l'échec, l'histoire suggérant que ce type d'intervention est toujours contourné et, en premier lieu, par ceux qui en proclament la nécessité. La question de l'*enhancement* de leur progéniture par les parents a été une des plus chaudement discutées. Certains invoquent l'argument de la liberté reproductrice et le devoir de neutralité de l'État pour limiter ses introductions dans ce domaine[4]. D'autres vont plus loin en ce qu'ils estiment qu'un devoir positif de bienfaisance procréative commande aux parents de

1. M. J. Sandel, *The case against perfection...*, *op. cit.*, p. 26-29.
2. I. M. Silver, *Remaking Eden*, New York, Harper, 2007, p. 4-8.
3. A. Buchanan, *Beyond Humanity ?*, Oxford, Oxford University Press, 2011, p. 243-279.
4. D. W. Brock, « Enhancements of human function : some distinctions for policymakers », art. cit., p. 51.

faire venir au monde des enfants qui aient la meilleure dotation génétique possible, par quoi il n'entend pas seulement l'élimination de gènes délétères, mais la promotion de gènes conférant des capacités accrues[1]. J. Habermas s'est rendu célèbre en qualifiant ce type d'entreprise d'« eugénisme libéral ». L'expression est malheureuse en ce sens que l'eugénisme a toujours été une entreprise étatique portant sur des populations. Le principe de son argumentation contre l'*enhancement* de leur progéniture par les parents risquerait de défaire une capacité générale – celle de figurer comme sujet dans la discussion idéale qui doit déterminer les règles de juste conduite pour une société – au nom de la promotion de capacités spéciales. La position de cet auteur semble dépendre d'une conception assez peu adéquate du déterminisme génétique.

L'opposition à l'*enhancement* repose vraisemblablement sur l'idée (fausse) que l'évolution de l'humanité est terminée et sur l'idée (tout aussi fausse) que la Nature fait toujours pour le mieux. Cependant, aucune défense sensée de cette pratique ne doit négliger le fait que l'on a affaire à des questions que l'on n'aborde qu'avec les plus extrêmes précautions. On doit saluer l'effort de ceux qui tentent de penser rationnellement les choses, dans le cadre d'une philosophie de l'innovation[2], trop de charlatans faisant de l'innovation un simple élément de langage pour communiquants.

Jean-Yves Goffi

AMÉLIORATION COGNITIVE

L'amélioration cognitive consiste dans l'ensemble des pratiques visant à amplifier ou à étendre les capacités naturellement présentes dans l'esprit humain ou animal. Ainsi définie, l'amélioration cognitive est ce vers quoi tendent nombre de techniques humaines vénérables, telles que les abaques (bouliers, réglettes de Neper, ancêtres des calculettes), l'écriture, l'impression d'ouvrages, le télescope ou le microscope, nombre d'institutions, telles que l'organisation publique de l'enseignement, la recherche pédagogique, les publications à visée éducative ou scientifique (avec leurs indispensables systèmes d'évaluation), et toutes les technologies de l'information : ordinateurs, bases de données collectivement construites et enrichies (*Wikipedia*),

1. J. Savulescu, « Procreative Beneficence : why we should select the best children », *Bioethics* 15 (5-6), 2001, p. 413-426.

2. A. Buchanan, *Beyond Humanity ?*, *op. cit.*, p. 243-279.

systèmes automatiques de traitement des données, systèmes d'aide à la décision, au diagnostic médical, flash trading, logiciels d'espionnage, etc.

Une définition plus étroite est plus conforme à l'usage contemporain : elle restreint l'amélioration cognitive aux techniques qui impliquent de développer les capacités perceptives ou cognitives *au-delà de l'extension normale des facultés propres à l'espèce ou à l'individu.* Certaines de ces techniques visent à remédier à un handicap, c'est-à-dire de permettre à un individu cognitivement affecté par une maladie ou un accident cérébral de jouir des mêmes capacités cognitives qu'un individu sain. D'autres visent à créer des capacités cognitives nouvelles ou à faire reculer les limites des capacités existantes de l'espèce humaine. Il s'agit alors de permettre à certains individus de développer de nouvelles formes de perception, de mémoire, ou de raisonnement, en vue de leur procurer un avantage cognitif par rapport à ceux qui n'ont pas été améliorés.

Quoique cette distinction entre remédiation médicale restaurative et augmentation créative soit importante sur le plan éthique, elle ne permet pas de distinguer vraiment des classes d'intervention d'amélioration. Nous verrons que, dans bien des cas, une technique de remédiation peut être utilisée à des fins d'extension et réciproquement.

Les types de visée d'amélioration cognitive

Quatre types d'interventions existantes ou en développement sont inspirées par l'objectif de l'amélioration cognitive entendu au sens étroit.

1) Des manipulations génétiques peuvent être potentiellement utilisées en vue de modifier les capacités naturelles, par exemple en renforçant les capacités exécutives et attentionnelles, ou en inhibant les comportements violents chez le patient ou le sujet sain. À l'heure actuelle, des animaux transgéniques permettent de tester les effets des manipulations génétiques qui pourraient remédier un jour à la maladie de Parkinson ou au diabète.

2) Des manipulations chimiques peuvent chercher à moduler des états motivationnels et cognitifs. Les médicaments dits « nootropiques » visent ainsi à améliorer la mémoire, la motivation, l'attention et la concentration. Par exemple, les ampakines sont des médicaments à l'étude, destinés à faciliter la potentiation à long terme des neurones. Ils sont susceptibles d'améliorer la mémoire chez le sujet âgé et de réduire certains problèmes psychiatriques[1].

1. G. Lynch, C. M. Gall, « Ampakines and the threefold path to cognitive enhancement », *Trends in Neurosciences*, vol. 29/10, 2006.

Chez le sujet sain, ils pourraient, s'ils étaient mis sur le marché, accélérer l'apprentissage et permettre une consolidation rapide et durable des souvenirs, avec des effets indésirables encore à l'étude sur la structuration ou la déformation des souvenirs. Autre exemple : le méthylphénidate (Ritaline) inhibe la recapture de la dopamine et de la noradrénaline ; il est utilisé depuis 1960 pour traiter les enfants atteints d'un trouble de l'attention (avec ou sans hyperactivité). Il est aujourd'hui massivement consommé par les étudiants américains en vue d'améliorer leur concentration et d'être plus compétitifs dans leur cursus universitaire. Le modafinil (Provigil) initialement prescrit pour combattre la narcolepsie et l'hypersomnie, est couramment utilisé par les pilotes d'avion, les conducteurs de poids lourds, les militaires en campagne, pour éviter l'endormissement. Du fait qu'il augmente la capacité d'inhiber ses réponses impulsives, le modafinil pourrait également améliorer le raisonnement.

3) Des techniques non-invasives par neurofeedback sont utilisées en vue d'améliorer ou même de développer une fonction cognitive peu développée chez un individu, par suite d'un environnement prénatal ou postnatal défavorable[1]. Des travaux expérimentaux démontrent les effets de l'entraînement qualitatif de l'attention sur le développement de l'intelligence individuelle chez l'enfant de 4 ans[2]. Ils conduisent à préconiser l'intervention précoce sur les enfants atteints de Troubles de l'Attention avec Hyperactivité, en leur proposant des jeux vidéo du type de ceux que Posner a proposés aux enfants normaux pour développer leur attention. Une méthode alternative est aujourd'hui explorée, reposant sur des techniques non-invasives de neurofeedback[3]. Un jeu vidéo invite un enfant muni d'un casque EEG d'atteindre des valeurs cibles (représentées par exemple par la vitesse relative de divers avions). Les valeurs observées sont données par les fréquences des ondes neuronales liées à la focalisation attentionnelle existante. Les valeurs cibles correspondent à une focalisation attentionnelle désirée. Le neurofeedback par casques EEG est également appliqué à la déficience en activité émotionnelle associée à la psychopathie[4]. Comme le précédent, ce groupe de techniques non invasives peut manifestement servir des buts différents : remédiation

1. R. M. Tremblay, *Prévenir la violence dès la petite enfance*, Paris, Odile Jacob, 2008.

2. M. I. Posner, M. K. Rothbart, « Influencing brain networks : implications for education », *Trends in cognitive Science*, vol. 9/3, 2005.

3. T. Fuchs *et al.*, « Neurofeedback training for attention-deficit/hyperactivity disorder in children : a comparison with methylphenidate », *Applied Psychophysiology & Biofeedback*, 28, 2003 ; U. Strehl *et al.*, « Self-regulation of slow cortical potentials – a new treatment for children with ADHD », *Pediatrics*, vol. 118, 2006.

4. A. Caria *et al.*, « Regulation of anterior insular cortex activity using real-time Fmri », *Neuroimage*, vol. 35/3, 2007.

thérapeutique pour les uns, rehaussement fonctionnel pour les autres. On peut s'attendre à ce que les casques EEG soient couramment employés dans cette deuxième fonction, dans un dispositif vidéo à but purement amélioratif en l'absence de toute pathologie.

4) Enfin, on doit mentionner les techniques d'amélioration cognitive invasive. Ici, des implants cyber-neuronaux visent à permettre à l'individu appareillé de disposer de l'information en ligne par des dispositifs intégrés à son corps ou à son cerveau. Ils permettent d'étendre ses capacités sensorielles ou perceptives, ou de lui restituer une forme de contrôle moteur de son environnement quand une lésion cérébrospinale l'en a privé. Les progrès dans ce domaine sont marqués par une intégration croissante des dispositifs. La première étape a consisté dans l'invention et le développement, voici plus de quarante ans, de systèmes non invasifs de substitution sensorielle. Ils se composent de capteurs recueillant les signaux dans la modalité défectueuse – par exemple une caméra portée en bandeau –, et d'un système de couplage transformant ces signaux en stimulations interprétables par le sujet percevant, par exemple sous forme d'ondes sonores ou de stimulations tactiles sur un écran vibrotactile placé sur le dos, l'abdomen, le front ou la langue. Les prothèses neuronales représentent une étape nouvelle dans l'amélioration cognitive : l'information sensorielle pertinente est désormais prélevée dans l'environnement et transformée directement en signal neuronal. Par exemple, les implants cochléaires, vestibulaires, rétinaux ou tactiles disposent de senseurs artificiels qui prélèvent l'information modale concernée, et la convertissent en patterns d'activité transmis par stimulation électrique au tissu neuronal. Les implants cochléaires simulent l'analyse par la cochlée de fréquence des sons prélevés par un microphone puis stimulent les nerfs auditifs par des impulsions électriques correspondant aux fréquences. Les prothèses tactiles visent à « sensoriser » une main artificielle en analysant les signaux normalement prélevés par les trois types de mécanorécepteurs engagés dans le traitement des signaux cutanés. Les signaux sont transformés en stimulations électriques destinées aux nerfs périphériques, ce qui permet au sujet appareillé de retrouver une sensibilité au feedback tactile dans ses interactions avec l'environnement. Les prothèses tactiles reproduisent de manière fiable l'endroit de la stimulation, ses propriétés temporelles et son intensité[1]. Elles seront, à terme, complétées par un dispositif d'électrodes implantées cérébralement.

1. S. S. Kim *et al.*, « Conveying tactile feedback in sensorized hand neuroprostheses using a biofidelic model of mechanotranduction », *IEEE Transactions on biomedical circuits and Systems*, vol. 3/6, 2009.

L'amélioration prothésique du toucher pourra se combiner avec la restitution de capacités motrices. Des pas de géants dans la cyborgisation ont en effet été faits dans le domaine des prothèses neuromotrices, à nouveau par création d'interfaces cerveau-machine. Miguel Nicolelis et ses collaborateurs, neuro-ingénieurs à l'université de Duke[1] ont appris à un singe douroucouli à contrôler un robot auquel il était corticalement connecté par un jeu d'électrodes implantées dans son cerveau. L'animal découvre rapidement quelle « pensée » peut activer le robot à distance. Cette neurotechnologie est actuellement exploitée à des fins prothésiques. Les tétraplégiques sans mobilité oculaire peuvent agir mentalement pour parvenir à communiquer leurs pensées en se concentrant mentalement sur les lettres présentées à l'écran. Ils peuvent aussi envoyer des « volitions » à une interface cerveau-machine, qui les transmet à un membre robotique ou à un écran d'ordinateur. Une trentaine de patients ont pu apprendre par ce biais à communiquer avec leur entourage, tandis que d'autres se sont entraînés à contrôler mentalement un agent robotique extérieur[2].

Interrogations éthiques

La première clarification éthique que suscitent ces nouvelles techniques – et leur prolongement dans des lignées futures de cyborgisation –, consiste à se demander si elles disposent d'une légitimité médicale. Tout d'abord, s'agissant de médecine, se pose la question de savoir quelle est la *norme* à laquelle s'assujettissent à la fois le praticien et le bénéficiaire lorsqu'ils s'engagent ensemble dans une intervention améliorative de ce type[3]. Le cas le plus général consiste à rendre la jouissance d'une fonction cognitive à un individu qui en a été privé à la suite d'un accident ou d'une maladie. Ce qui légitime l'intervention médicale est alors, classiquement, de type régulateur : le patient doit pouvoir revenir à ce qu'est *pour lui* la norme de l'activité cognitive. La médecine améliorative peut aussi tenter, souvent avec un succès plus incertain, de remédier à une déficience congénitale, en vue de permettre à l'individu amélioré d'accéder aux fonctions cognitives propres à l'espèce humaine. Ce qui rend le succès plus incertain, dans ce domaine, c'est que l'intervention ne peut tirer partie d'apprentissages antérieurs ; elle doit donc inclure un appren-

1. J. M. Carmena *et al.*, « Learning to Control a Brain-Machine interface for reaching and grasping by primates », *PLOS Biology*, vol. 1/2, 2003.

2. L. R. Hochberg *et al.*, « Neural ensemble control of prosthetic devices by a human with tetraplegia », *Nature*, vol. 442, 2006.

3. S. Allouche, « Des concepts de médecine d'amélioration et d'enhancement à celui d'anthropotechnologie », dans J.-N. Missa, L. Perbal (éd.), *« Enhancement »*, *op. cit.*

tissage fastidieux souvent voué à l'échec, comme en ont fait douloureusement l'expérience les enfants non-entendants congénitaux dont l'implant cochléaire s'est avéré inutilisable.

Reste le cas, plus problématique sous l'angle éthique, où la norme n'est pas fixée par une fonction existante, mais par une fonction désirable. Dans ce cas, on paraît quitter le domaine de la médecine améliorative pour celui de l'« anthropotechnie cognitive », pour reprendre le terme de Peter Sloterdijk[1]. On peut argumenter ici que la frontière entre la remédiation et l'amélioration non médicale est floue et discutable, tout nouveau pas fait dans l'une, permettant à l'autre de progresser[2]. D'autres auteurs observent en outre que la médecine procède d'intentions fondamentalement comparables à celles de l'amélioration technologique, dans la mesure où elle vise souvent davantage que la simple restauration de la fonction : les vaccins, la contraception, les médicaments psychotropes, les interventions génétiques, visent à modifier durablement et à optimaliser le fonctionnement physiologique humain : ils dévient le cours naturel des choses en adaptant les patients à des contraintes sociales (supporter des conflits) ou économiques (maîtriser les conditions de sa propre efficacité professionnelle)[3]. Il est donc insuffisant d'ancrer la réflexion éthique dans un cadre de justification exclusivement médical. C'est au contraire la médecine qui doit s'interroger sur les fondements éthiques de la visée anthropotechnique qui l'anime implicitement.

Reprenons donc le débat éthique sur l'amélioration cognitive dans sa dimension anthropotechnique la plus générale : laissant de côté le cas de la restauration fonctionnelle, tournons-nous vers la légitimité éthique de l'extension fonctionnelle. Une critique récurrente à l'encontre de l'aspiration à modifier les capacités cognitives insiste sur le *caractère prométhéen* du désir de transformer la nature de l'esprit humain[4]. Selon ces critiques, le besoin de maîtrise de la nature s'étend à l'instrument même de sa maîtrise et de sa compréhension, et met ainsi en péril les valeurs humaines les plus fondamentales. Par exemple, comment respecter l'effort individuel et l'excellence

1. P. Sloterdijk, *La déshumanisation de l'Être*, *op. cit*; voir aussi J. Goffette, « Modifier les humains : anthropotechnie versus médecine », art. cit.

2. N. Bostrom, « Cognitive enhancement : methods, ethics regulatory challenges », *Science and Engineering Ethics*, vol. 15/3, 2009 ; J. Harris, *Enhancing Evolution…*, *op. cit.*

3. D. Rothman, S. Rothman, *The Pursuit of perfection*, *op. cit.* ; . Goffette, « Modifier les humains : anthropotechnie versus médecine », art. cit.

4. M. J. Sandel, « The case against perfection : what's wrong with designer children, bionic athletes, and genetic engineering », *Atlantic Monthly*, vol. 292/3, 2004 ; J. M. Besnier, *Demain, les posthumains*, Paris, Hachette, 2009.

fondée sur le travail si l'on peut acheter des adjonctions cérébrales permettant d'étendre sans effort sa mémoire ou sa capacité de raisonner? Selon Léon Kass[1], l'augmentation cognitive transforme le sens de sa propre valeur: l'individu ayant bénéficié d'un rehaussement de ses capacités n'a plus le sens d'être à l'origine de ses propres succès. Il perd le sens de l'effort, et la fierté d'avoir dépassé ses propres limites. Au lieu donc d'être un facteur d'« hyper-agentivité », l'anthropotechnie interdirait aux hommes modifiés de jouir de leurs performances cognitives. Le talent introduit serait vécu comme un agent causal étranger auquel l'agent ne peut s'identifier. Ces conséquences psychologiques révèlent les motivations sous-jacentes du projet mélioriste: la non-acceptation de sa propre finitude, la honte d'être « seulement » soi, conduisent à vouloir annexer la mémoire sans faille, la puissance de calcul des machines, et finalement à tenter de dépasser l'homme, c'est-à-dire aussi d'en finir avec lui[2].

Face à ce type de questionnement, on peut opposer que les limites cognitives ne font que reculer, sans être pour autant supprimées: l'effort personnel est requis pour tirer parti de capacités cognitives accrues, ce qui laisse place au mérite individuel[3]. Andy Clark associe, quant à lui, le refus de l'intégration de l'homme et de la machine à la résurgence du dualisme cartésien. L'esprit-corps se construit en effet depuis toujours par couplage avec l'environnement matériel complexe, culturel et technologique, dans lequel il évolue: « L'ouverture à une étroite symbiose entre l'humain et le machinique, est au cœur de notre nature humaine primitive »[4]. Si l'environnement physique est toujours aménagé et organisé pour externaliser nos fonctions mentales et physiologiques, et pour répondre aux besoins de nos esprits-corps, rien de plus naturel que de tenter d'intégrer ces dispositifs à nos corps et à nos cerveaux. Ce que révèle cette courte discussion, c'est que l'argument « prométhéen » n'a pas de pertinence proprement éthique: les valeurs mises en jeu relèvent non de l'éthique, mais de préférences culturelles sur ce que sont la vie bonne, le rôle qu'y ont les machines, et l'estime de soi.

La deuxième objection que soulève l'anthropotechnie est plus directement éthique. Avec les progrès de la génomique, il sera bientôt possible – sinon partout légal – d'améliorer génétiquement les propriétés de sa descendance,

1. L. R. Kass, « Ageless Bodies, happy souls: biotechnolgy and the pursuit of perfection », art. cit.

2. J.-M. Besnier, *Demain, les posthumains*, *op. cit.*

3. J. Harris, *Enhancing Evolution...*, *op. cit.*

4. A. Clark, *Natural-Born Cyborg, Minds, Technologies and the Future of Human Intelligence*, Oxford, Oxford University Press, 2003, p. 168.

par exemple ses capacités attentionnelles ou motivationnelles. Le rapport des parents à leurs enfants s'en trouve profondément modifié : les premiers adoptent le rôle de « designers cognitifs » des seconds, voire, du point de vue des croyants, se substituent à Dieu, à cette différence près que les talents des enfants sont achetés, et non plus conférés[1]. L'ombre de l'eugénisme plane sur l'ingénierie génétique mise au service de parents prométhéens : ne tentent-ils pas de modifier délibérément le génome dont ils sont les porteurs? L'accusation d'eugénisme a été combattue avec force par des philosophes comme Robert Nozick et John Rawls. Ce qui est contraire à l'éthique dans l'eugénisme réside, à leur avis, dans l'aspect coercitif de directives appliquées par les nazis à toute une population; pas de coercition, en revanche, dans l'ingénierie génétique : le choix d'éviter à ses enfants des propriétés indésirables est une décision privée qui n'a rien de répréhensible en soi. C'est un service rendu à ses descendants de ne pas diffuser les défauts génétiques qui les priveraient d'une vie bonne. Cet argument, toutefois, laisse de côté le fait incontestable que le génome n'appartient pas à son porteur. Nos descendants seront affectés par les conséquences imprévues de la modification de gènes indésirables (du fait de la multifonctionnalité des gènes, il y en aura sans doute de nombreuses). Nous remercieront-ils d'avoir accepté le risque de rendre leur génome dysfonctionnel ? Ne seront-ils pas, en outre, sensibles à la diminution de leur autonomie, du fait des améliorations artificielles qui leur ont été imposées? Telle est l'objection développée par Jürgen Habermas à la suite de Hans Jonas[2] : dans la mesure où les hommes des générations futures ne se considèreront plus comme auteurs de leur propre vie, mais seront irrémédiablement assujettis à une décision génétique qui leur aura été arbitrairement imposée, ils seront affectés dans leur propre personne, à la fois en tant qu'êtres naturels et en tant qu'agents moraux. Si, par exemple, ils ont été « améliorés » en vue de développer une capacité mathématique, ou musicale, etc., ils se sentiront tenus de mener la vie correspondant au talent implanté : un talent reçu aurait été vécu comme une chance, un talent implanté est vécu comme une restriction de possibles. Face à ces réserves, John Harris remarque que la responsabilité des parents est engagée en permanence dans la myriade de décisions qu'ils ont à prendre pour le bien futur de leurs enfants : vacciner ou non un bébé, choisir pour son enfant telle ou telle école, telle pratique artistique, telles croyances religieuses, telles préférences alimentaires, contribuent aussi à déterminer la vie future de leur progéniture, sans que se pose la question de

1. M. J. Sandel, « The case against perfection : what's wrong with designer children, bionic athletes, and genetic engineering », art. cit.

2. J. Habermas, *The future of human nature*, Malden Ma, Polity Press, 2003.

l'assujettissement à des parents designers. On peut ajouter que si des parents peuvent éviter à leurs enfants des problèmes génétiques qu'ils ont eux-mêmes rencontrés, ils seraient irresponsables de ne pas tout mettre en œuvre pour y parvenir. Le problème est alors moins éthique qu'instrumental : il convient d'apprécier le rapport entre le bénéfice de l'intervention et les risques encourus par les descendants : problème plus technique qu'éthique, qui, pour beaucoup d'auteurs, relève de la liberté individuelle [1].

Il n'en reste pas moins que l'ingénierie génétique doit rester sous la surveillance des états démocratiques. On ne peut pas sous-estimer la possibilité que des manipulations intentionnelles du génome puissent être dictées par des motivations égoïstes, et non par un sentiment de responsabilité envers ses descendants. L'ingénierie génétique pourrait servir à fabriquer des êtres soumis, sans capacité décisionnelle propre, ou hyperspécialisés dans une fonction instrumentale quelconque. Il est donc impératif que les sociétés démocratiques soient vigilantes sur ce point, comme elles le sont sur les pratiques sociales qui, en certaines parties du monde, conduisent à faire des femmes des êtres soumis et spécialisés de ce genre.

La troisième objection éthique à l'encontre de l'amélioration cognitive concerne la question de l'équité. Les techniques augmentatives n'engendrent-elles pas, dans nombre de cas, des « biens positionnels », c'est-à-dire des ressources cognitives supplémentaires qui permettent aux bénéficiaires de l'emporter sur leurs compétiteurs, comme c'est le cas pour les étudiants consommateurs de Ritaline ? Dans cette course aux armements cognitifs, le gain ne serait pas l'utilité sociale, mais seulement la supériorité provisoire du bénéficiaire relativement à un adversaire. Même si l'on se borne à considérer les techniques qui n'impliquent aucun bénéfice comparatif, le problème de l'équité continue à se poser. Les techniques de remédiation motrice invasive, par exemple, sont réservées à dcs patients pouvant payer pour leur autonomie les dizaines de milliers de dollars de la chirurgie cérébrale et des dispositifs électroniques nécessaires. Cela signifie qu'une partie significative de l'investissement social en matière de recherche privilégie un nombre très restreint de personnes susceptibles de bénéficier de ces travaux de pointe.

À ces critiques, Bostrom répond d'abord que « la plupart des fonctions cognitives ne sont pas des biens purement positionnels (...) Nous rencontrons des problèmes urgents que nous serions mieux armés pour résoudre si nous

1. J. Hugues, *Citizen Cyborg : why democratic societies must repond to the redisgned human of the future*, *op. cit.* ; N. Bostrom, « Cognitive enhancement : methods, ethics, regulatory challenges », art. cit.

étions plus intelligents, plus sages, ou plus créatifs »[1]. En outre, si l'on prend en considération l'utilité sociale de la résolution de problème, par exemple, on voit que tous les membres d'une société peuvent en fin de compte bénéficier de l'amélioration cognitive de quelques-uns. Kurzweil pousse l'argument plus loin : si elle ne produit pas des cyborgs capables de résoudre les problèmes complexes que posent la raréfaction des ressources énergétiques, le réchauffement climatique, etc., l'humanité sera entièrement incapable de faire face à ces défis[2].

Bostrom évoque également le fait que l'enrichissement cognitif bénéficiera surtout à ceux qui sont cognitivement handicapés, ce qui devrait conduire à une réduction globale plutôt qu'à un accroissement des différences cognitives entre individus. S'ajoute à cela l'éventualité de la mise en place de règles gouvernementales destinées à fixer dans quelles conditions l'augmentation cognitive est justifiée.

La dernière objection éthique que nous évoquerons ici cible particulièrement l'amélioration génétique. Francis Fukuyama combat vigoureusement l'idée de modifier les caractéristiques biologiques humaines, en arguant que si nous devions perdre ce qui fait notre humanité commune, nous perdrions aussi l'idée de dignité universelle de l'humain, c'est-à-dire le fondement de l'égalité des droits[3]. Cette idée est partagée par Annas et Andrews, qui proposent de bannir toute forme de technique visant à modifier le génome, à développer des organes artificiels, ou nécessitant des recherches sur l'embryon. Ce sont à leurs yeux des crimes contre l'humanité, consistant à chercher à en modifier l'essence[4]. Face à l'argument de la valeur juridique de l'essence génétique, James Hughes objecte que la citoyenneté s'adresse non à des corps humains, mais à des personnes[5]. On peut ainsi selon lui reconnaître des droits à des personnes qui seraient des hybrides hommes-machines, voire des hybrides animaux-humains. Le débat éthique en matière d'amélioration cognitive devrait maintenant déborder le cercle étroit des spécialistes; l'enjeu de l'anthropotechnie nous concerne tous.

Joëlle Proust

1. J. Hugues, *Citizen Cyborg…*, *op. cit.*

2. R. Kurzweil, *The singularity is near…*, *op. cit.*

3. F. Fukuyama, *Our Posthuman Future…*, *op. cit.*

4. G. J. Annas, L. B. Andrews, R. M. Isasi, « Protecting the endangered human toward an international treaty prohibiting cloning and inheritable alterations », *American journal of medicine*, vol. 28, 2002.

5. J. Hugues, *Citizen Cyborg : why democratic societies must repond to the redisgned human of the future*, *op. cit.*

BETTER THAN WELL

Publié en 2003, *Better than Well. American Medecine Meets the American Dream* est le sixième ouvrage du philosophe et bioéthicien Carl Elliott. L'expression « mieux que bien », étrennée par Peter Kramer avant de devenir le leitmotiv du courant de l'*enhancement*, fait référence au recours par des individus en santé à différents procédés plus ou moins invasifs dans le but d'améliorer leur état physique ou cognitif. Déconcerté par le succès que rencontrent les produits de beauté, les neuromédicaments ou encore le body-building, ainsi que par la radicalité de certaines interventions telles que l'amputation volontaire ou la chirurgie de réattribution sexuelle, Elliott s'interroge sur les motivations à l'origine de ces comportements et sur la signification même des technologies mélioratives (*enhancement technologies*). Observateur de choix de la culture populaire, il brosse l'ensemble des aspects de la médecine d'amélioration et de ses enjeux. À travers une succession d'anecdotes spirituelles, parfois burlesques, Elliott réussit le pari de fournir une fine analyse historique et philosophique de l'ambivalence qui caractérise ses contemporains et des contradictions propres au discours de la réalisation de soi.

Technologies mélioratives et accomplissement de soi

L'étonnement d'Elliott trouve sa source dans le discours appelé à justifier les pratiques d'amélioration de soi. Qu'il s'agisse de la présentatrice américaine se faisant opérer pour cesser de rougir à l'antenne ou du brillant diplômé d'Oxford qui se mue en culturiste de concours à grand renfort de stéroïdes anabolisants, tous justifient leurs choix en faisant appel aux concepts d'identité et d'authenticité. Selon eux, les procédés d'amélioration permettraient en effet de réaliser en acte un for intérieur auquel la nature n'aurait pas fait droit, constituant ainsi autant de moyens de devenir « soi-même ». Elliott s'inquiète toutefois du fait que, paradoxalement, certaines interventions réalisées dans le but de se révéler consistent à masquer certains traits de caractère existants voire, de manière plus problématique, à éradiquer l'une ou l'autre particularité à caractère ethnique. Ainsi, sous couvert d'accomplir un « soi » latent, d'aucuns ingurgitent des antidépresseurs pendant que d'autres se font raboter le nez ou éclaircir la peau, l'accomplissement personnel prenant alors plutôt la forme d'une lutte pour l'invention de soi. Or, admettre que l'on n'était pas véritablement soi-même avant la transformation revient à conférer aux technologies d'amélioration, des plus anodines aux plus extraordinaires, le pouvoir de donner un sens à une vie qui autrement en serait dépourvue. Libérant, en quelque sorte, l'individu du joug de la contrainte naturelle et complétant son être, les technologies se voient ainsi dotées d'une signification morale inédite.

Elliott sonde les implications de cette influence des artéfacts sur la notion d'identité personnelle. Car admettre que le soi « authentique » est le résultat d'une cure de Prozac ou d'un implant mammaire signifie que le vrai soi est le soi produit par la science biomédicale et non celui qui est donné « naturellement ». Décrire la modification de soi dans le langage de l'authenticité et vice-versa, suggérant qu'il faut « se transformer pour devenir qui l'on est », peut sembler paradoxal. D'autant plus que considérer que seule une vie « authentique », c'est-à-dire en accord avec ses aspirations les plus intimes, est une vie pleinement humaine ne va pas de soi. Elliott montre qu'il n'y a rien d'évident ou d'inévitable à propos de cette conception de la vie comme devant nécessairement être accomplie : tous les hommes ne la partagent pas et ne l'ont pas partagée par le passé. Et bien qu'il soit conscient des profondes racines de l'idéal d'authenticité dans la pensée occidentale, Elliott considère que l'idéologie du dépassement de soi marque une rupture en ce que nous ne cherchons plus l'authenticité identitaire dans la religion, la vérité ou tout autre cadre moral externe mais bien en nous-mêmes. Et là où l'identité était considérée comme un donné immuable, largement déterminée par la place occupée au sein de la hiérarchie sociale et ratifiée par Dieu et la nature, c'est désormais au seul individu que revient la charge d'élaborer un « projet de vie » propre.

Le principal problème posé par l'impératif de réalisation de soi, selon Elliott, est que la notion d'identité culturelle n'offre aucun critère consensuel à partir duquel établir le caractère réussi d'une vie. Pris dans un jeu infini de miroirs, l'individu est condamné à ne jamais savoir s'il est suffisamment accompli, scrutant les autres pour vérifier s'il ne lui manque pas quelque chose qu'ils ont. Or, l'expérience d'autrui relevant par excellence de l'intime, l'adéquation avec un quelconque idéal en termes d'accomplissement et de bonheur ne peut jamais être attestée. Cela étant, le recours aux technologies mélioratives permet néanmoins de s'assurer une position aussi compétitive que possible au sein de la course sociale. Elliott met ainsi en exergue cette tension paradoxale entre le caractère infiniment frustrant de cette quête de plénitude, d'une part, et, d'autre part, la pression qui pèse sur l'individu pour sa propre réalisation, celui dont on estime qu'il n'est pas parvenu à « se réaliser » étant suspecté d'en être coupable. Constamment en quête de reconnaissance, l'homme du XXIe siècle est soumis au jugement d'autrui qui, outre le fait qu'il pèse sur elle, peut refuser de reconnaître l'identité générée pour soi-même.

La tyrannie du bonheur

À travers une série d'illustrations concrètes, Elliott soutient que ce n'est pas tant une volonté enthousiaste de réussir, d'être heureux ou accompli qui fonde notre attrait pour les technologies mélioratives mais bien l'angoisse de manquer quelque chose que les autres ont et d'être ainsi exclut de la course sociale propre à nos sociétés de la performance. Ainsi, l'histoire américaine de l'amélioration témoignerait « moins d'un désir de faire partie du peloton de tête que de la peur atroce d'être déclassé et de vivre l'expérience humiliante de celui qu'une foule hilare pointe du doigt lorsqu'il franchit le dernier la ligne d'arrivée »[1]. Or si c'est véritablement la peur qui guide l'action individuelle, s'il est vrai que c'est à contrecœur que nous nous améliorons, alors c'est la notion même d'autonomie qui est menacée par l'idéologie de la réalisation de soi et l'appel à la consommation dont elle est solidaire. D'autant que nul ne peut véritablement s'en extraire, l'individu étant voué à être évalué par rapport aux valeurs véhiculées par la société dont il est membre. C'est un fait que renoncer à ces technologies demeure une prise de position positive à l'égard d'autrui, révélant, au risque de l'exclusion, qui nous sommes. La dépendance mutuelle de l'apparence du soi et de son identité privée tend ainsi à créer une société anxieuse parce qu'assaillie de demandes conflictuelles et incessantes. Sommé d'être et d'avoir l'air authentique, de s'accepter comme il est et de s'améliorer pour devenir cet être, de suivre sa boussole interne tout en gardant l'œil sur celle du voisin, l'individu postmoderne s'orienterait naturellement vers l'ensemble des artifices à sa disposition.

L'importance de « se sentir soi-même » est un thème dont le marché a appris à tirer profit. Surfant sur la frontière malaisée entre ce qui relève de la thérapie et ce qui relève de l'amélioration, magnats pharmaceutiques et professionnels du marketing ont tôt fait de désigner au consommateur les produits qu'il doit acheter en fonction de l'identité et de l'estime publique – ces deux notions étant intrinsèquement liées dans cette conception – qu'il souhaite acquérir. Suggérant généralement que la qualité de l'expérience personnelle peut être optimisée jusqu'à égaler celle des individus que le client admire, la publicité devient l'instrument même de la transmission de valeurs et la consommation l'élément central d'un système moral plus vaste qui fonde l'identité. Non sans ingéniosité, les experts en la matière distillent dans la conscience collective l'idée selon laquelle c'est en consommant que l'on se façonne une identité originale, le consommateur étant présenté comme

1. C. Elliott, *Better than well. American medicine meets the american dream*, New York, W.W. Norton and Company, 2003, p. 126.

souverain, achetant pour soi et non pour plaire aux autres. Présentant audacieusement la consommation comme un acte de rébellion contre la société de consommation, obéissant à un moi authentique, pur espace intérieur et exempt de pressions, les agences publicitaires encouragent le consommateur anti-consumériste à se démarquer et à se libérer des diktats sociétaux. Ce qui est d'autant plus paradoxal que la volonté de se constituer une identité propre encourage le conformisme (« *the desire to fit in* »), le besoin d'acceptation sociale primant généralement sur la revendication d'individualité. Or, selon Elliott, tant que nous vivrons dans une société où le bonheur d'une personne est à ce point dépendant de l'opinion d'autrui, nous continuerons d'être oppressés par les standards culturels.

Étranger à tout manichéisme, Elliott étend sa critique de l'industrie aux consommateurs eux-mêmes, renvoyant le lecteur à ses propres contradictions. Dans la dernière partie de l'ouvrage, le bioéthicien offre une analyse de la sempiternelle référence à *Brave new world* lorsque l'on veut signaler les dangers propres aux technologies d'amélioration. Selon lui, outre la mise en scène séduisante d'une lutte contre l'autorité, l'anti-utopie d'Aldous Huxley suscite l'engouement parce qu'elle réunit le narrateur et le lecteur autour de l'idée que là où les autres sont bercés d'illusions, ceux-ci sont trop futés que pour sombrer dans le piège. Autrement dit, dans tous les *scenarii*, c'est autrui qui est à blâmer pour sa crédulité. Pour les hommes, les technologies d'amélioration sont le fruit de la vanité féminine. Pour les femmes, elles assouvissent l'appétit sexuel masculin. Pour les Européens et les Canadiens, elles répondent à la superficialité des valeurs américaines. Et face aux étudiants dopés, aux stars liposucées, nous nous offusquons de leur incapacité à s'accepter comme ils sont. Mais lorsque nous sommes nous-mêmes concernés, que nous souffrons de trac ou que notre enfant vient au monde affublé d'un bec-de-lièvre, notre regard sur les technologies se fait plus indulgent. À travers ces exemples, Elliott dénonce notre propension à moraliser au sujet de l'ensemble des technologies d'amélioration, à l'exception de celles que nous envisageons pour nous-mêmes. Avec pour principale conséquence un contraste saisissant entre le débat public, au sein duquel une majorité d'individus s'affichent comme réfractaires aux perspectives d'amélioration, et les conversations privées, chacun étant tenté d'y recourir pour soi-même.

Mettant en exergue une relation ambivalente d'amour et de haine à l'égard des technologies mélioratives ainsi que les valeurs contradictoires qui sous-tendent nos choix, *Better than well* n'est pas tant un manifeste contre les technologies mélioratives qu'un travail d'étude sociale original explorant l'étendue des raisons pour lesquelles nous devrions être suspicieux vis-à-vis de notre dépendance grandissante à leur égard. Ouvrage emblématique du courant de l'*enhancement*, il est considéré outre-Atlantique comme un monument du criticisme culturel (*cultural criticism*). Et bien que la critique lui ait reproché de n'avoir pas défendu de théorie générale à propos des technologies mélioratives et d'avoir privilégié à la traditionnelle approche argumentative une juxtaposition d'anecdotes, il présente le mérite d'offrir un diagnostic à la fois sérieux et séduisant dans son style. Ce faisant, il place les enjeux éthiques et philosophiques de l'amélioration de l'humain à la portée d'une large audience et pose les bases d'une discussion pragmatique sur la juste utilisation des technologies mélioratives.

Émilie De Pauw

BODY-BUILDING

Plus encore, sans doute, que le terme français « culturisme » qui se rattache à l'idée de « culture physique », le terme anglais et l'activité connue aux États-Unis sous le nom de *body-building* évoquent la prise en charge individuelle (*individualiste*) et volontariste d'une construction de son propre corps. À l'idéal de développement harmonieux qui préside encore aux diverses formes de musculation pratiquées dans les campus ou gymnases dans le courant du XIXᵉ siècle, s'est substituée la volonté d'hypertrophier l'ensemble de la musculature jusqu'à l'outrance. Les précurseurs sont américains – *Georges Windship, l'« Hercule de Roxbury »* – ou européens – *l'Allemand Eugène Sandow* – et promeuvent le modèle de « ce qu'on pourrait appeler des *self built men :* sculpteurs, metteurs en scène, propagandistes et commerçants de leur propre anatomie »[1]. Leurs héritiers des XXᵉ et XXIᵉ siècles, parmi lesquels Arnold Schwarzenegger qui s'est assuré fortune et carrière extrasportive florissante, conjuguent à ce culte de l'apparence celui de la rationalité propre au sport de compétition : conditionnement physique et mental extrême, charges de travail intenses, sophistication dans le développement du muscle, évaluation quotidienne de la performance. Aussi, culture élitiste, tout autant que pratique de masse, le *body-building* revêt-il un caractère emblématique : il témoigne des moyens toujours extrapolés de la « surnaturation » d'un corps œuvré et dopé[2]; en incarnant, par le culte du muscle, la « sportivisation des

1. J.-J. Courtine, « Les stakhanovistes du narcissisme », *Communications*, 56-61, 1993, p. 237.

2. I. Queval, *Le corps aujourd'hui*, Paris, Gallimard, 2008.

mœurs et des corps », il pointe également les contradictions du narcissisme contemporain, partagé entre hédonisme et puritanisme [1].

La surnaturation du corps hypertrophié

Autant qu'une mise en scène du corps, le *body-building* est une mise en scène de la volonté. Il témoigne d'un processus de maîtrise et de rationalisation appliqué au corps. En cela, il est, tout comme le sport auquel il emprunte savoirs et formes compétitives, l'héritier d'un XIXe siècle préoccupé de rentabiliser et d'améliorer l'humain. Dans le contexte d'une surenchère des moyens, comparable à celle du sport de haut niveau, il faut que le travail *se voit* et que le minutieux détail du muscle, alourdi (*prise de masse*), gonflé (*prise de volume*), puis asséché (*réduction du pourcentage de masse graisseuse*) donne au corps l'apparence d'un *écorché*, horizon ultime de la réussite culturiste [2]. Le corps est le lieu d'un dépassement de soi. Il est plutôt l'ennemi que l'objet fétiche quand s'éprouve la résistance à l'effort, à la fatigue, à la douleur, plusieurs heures par jour, tous les jours. La démarche engage l'existence dans le refus de la facilité et du relâchement, le combat est permanent, contre soi, l'épuisement, la graisse. L'obsession qui gagne dans cette addiction à l'effort et l'ambivalent narcissisme qui s'y révèle n'est d'ailleurs pas étrangère à celle qui habite l'anorexique dans sa pathologie rationnelle. « Cette obsession corporelle de l'expulsion des déchets conduit à la recherche d'une peau toujours plus tendue, plus fine, et à la phobie des rides, des plis et des bourrelets. La quête de la fermeté a pour moteur la hantise de la mollesse et de l'affaissement comme signe de laisser-aller, de manque de contrôle, et de vieillissement. Contrairement à l'adage qui dit qu'"on ne se refait pas", en redessinant les contours de leur corps les culturistes retracent ceux de leur existence » [3]. C'est donc un corps extrême qui se dessine et pour l'obtention duquel, au-delà de l'entraînement, la nutrition, voire le dopage ont un rôle déterminant : consommation de glucides, de protéines naturelles ou en suppléments alimentaires, de compléments multivitaminés, de créatine, de stéroïdes anabolisants. Le corps « surhumain » des *body-builders* professionnels baigne aussi souvent dans une culture de la drogue et du dopage [4]. Les laboratoires pharmaceutiques et de recherche universitaire témoignent ainsi de la sollicitation qui leur est faite de

1. J.-J. Courtine, « Les stakhanovistes du narcissisme », art. cit.

2. S. Fussell, *Muscle : the confession of an Unlikely Bodybuilder*, New York, Poseidon Press, 1991, p. 47.

3. P. Duret, « Body-building, affirmation de soi et théories de la légitimité », *dans* C. Bromberger *et al.*, *Un corps pour soi*, Paris, P.U.F., 2005.

4. J.-J. Courtine, « Les stakhanovistes du narcissisme », art. cit., 59, p. 251.

la part de sportifs, et souvent de culturistes, intéressés pour être les cobayes des nouvelles molécules ou manipulations génétiques.

Puritanisme et hédonisme : les ambiguïtés du narcissisme

Le *body-building* est indéniablement le symptôme d'une culture occidentale, et notamment américaine, du muscle comme spectacle, lequel spectacle renvoie à un mode de vie privilégié, celui de la prise en charge de sa propre vie, avec cette nuance que les masses musculaires du *body-building*, purement décoratives, « rompent [...] avec tout ce qui, dans la logique sportive, associe le muscle au mouvement »[1]. Il n'en reste pas moins que *body-building* et *sport* incarnent tous deux un « activisme kinétique »[2] où se mêlent l'héritage puritain dont Max Weber a montré le lien avec l'« esprit du capitalisme »[3], une morale bourgeoise qui voit dans l'effort physique un facteur d'ordre et de canalisation des énergies dans une continuité travail/loisirs, et comme un facteur de santé, et, au XXe siècle la revendication d'un hédonisme allant de pair avec la société de consommation. Ainsi « dans ces pratiques se dessine le type de rationalité à l'œuvre dans la culture de masse du corps dont le body-building professionnel constitue la part la plus voyante : celle de la *consommation*, et de la nécessité de la dépense dans une société de consommation. [...] La culture contemporaine du corps aux États-Unis, et au-delà dans les sociétés occidentales, est prise tout entière dans le cycle de l'absorption et de l'élimination, aussi bien organique qu'économique : le body-building, l'auto-discipline de la transpiration, toute cette énergie perdue sur les machines à muscler, dépense compulsive d'énergie, de matières, de biens accumulés, sont des usages en miroir, similaires et inversés, des activités quotidiennes de remplissage des chariots de supermarchés et d'incorporation de nourriture »[4]. D'où l'ambiguïté d'un narcissisme souvent attribué aux *body-builders*, la même qui affecte les rapports du sport au *plaisir*, ou ceux de la société individualiste à l'*hédonisme*.

Si l'on peut rappeler que le *salut* par la culture du corps a pris aux États-Unis, au XIXe siècle, le statut de « nouvelle frontière », qu'a existé un mouvement de la « Chrétienté Musculaire » né en Angleterre et faisant du Christ un « athlète spirituel », que l'évolution du protestantisme a favorisé la croyance en une réussite terrestre, appelant à faire alors du corps un lieu de compétition et de valorisation de soi, il faut aussi mentionner que la nouvelle

1. *Ibid.*, p. 226.
2. I. Queval, *Le corps aujourd'hui*, *op. cit.*, p. 74 *sq*.
3. M. Weber, *L'éthique protestante et l'esprit du capitalisme*, Paris, Gallimard, 2003.
4. J.-J. Courtine, « Les stakhanovistes du narcissisme », art. cit., p. 229.

conception dynamique du corps perçu comme une machine ou encore celle du sport et de la musculation comme un mode vie assurant la domination d'une virilité blanche sur le « sexe faible » ou sur l'« étranger » ont contribué au succès du *body-building*[1]. Polymorphe, ce succès s'accommode sans contradiction de la poussée hédoniste des années 1920-1930 aux États-Unis ou plus tard de la libération des mœurs et des corps des années 1960. Il épouse une nouvelle tyrannie du bien-être. Le corps révèle le culte de l'apparence, de la sculpture de soi, il est aussi marché, industrie. Sain, « en forme », le corps sportif demeure un paradigme et une valeur dans une société un peu vite qualifiée d'« anomique »[2], tandis que l'astreinte à des régimes ou entraînements exigeants réfère à la *douleur*, comme médiatrice nécessaire de la performance sportive[3]. Aussi la revendication du « bien-être » se double-t-elle de celle d'un « mieux-être », les nouvelles « servitudes »[4] que suggère un processus d'amélioration accompagnant l'insistante obligation du *have fun*. En outre, « changer de look », dans une société de l'« hyperchoix »[5] où chacun est censé « faire ce qui lui plaît », et « se construire un corps performant » sont deux choses sensiblement différentes suggérant des rapports différents à l'astreinte exercée sur soi et à la temporalité. Le corps est *matière* et cette *matière* suppose un *travail*. Aussi, le narcissisme évoqué à propos du *body-building* réfère-t-il autant à un caractère persécutif appliqué au corps qu'à une fétichisation de ce dernier[6]. Il est plus exactement un « *puritanisme ostentatoire*, produit des contradictions originelles de l'éthique protestante puis de ses mutations à l'ère de la consommation de masse »[7], qu'un hédonisme du « jouir à tout prix ». Il éclaire enfin, au cœur de la société individualiste, le mariage entre l'injonction normative d'être soi-même et l'obsession d'une perfectibilité infinie du corps.

Conclusion

Le *body-building* incarne un culte du corps aux héritages pluriels, aux significations sociales ambivalentes. Discipline corporelle aux vertus morales, voire sexistes ou racistes à l'origine, il a évolué vers une pratique de masse dans

1. J.-J. Courtine, « Les stakhanovistes du narcissisme », art. cit., p. 229.
2. I. Queval, *Le corps aujourd'hui*, *op. cit.*, p. 77 *sq*.
3. *Ibid.*, p. 250.
4. G. Vigarello, *Histoire des pratiques de santé*, Paris, Seuil, 1993, p. 304.
5. G. Lipovetsky, *L'ère du vide. Essai sur l'individualisme contemporain*, Paris, Gallimard, 1989, p. 323.
6. P. Duret, « Body-building, affirmation de soi et théories de la légitimité », art. cit.
7. J.-J. Courtine, « Les stakhanovistes du narcissisme », art. cit., p. 245 et p. 251.

laquelle professionnels et amateurs, hommes et femmes, se rejoignent dans un même idéal de maîtrise de soi et de son apparence. Le corps hypertrophié jusqu'à la monstruosité, la surenchère phallique dans le gonflement, la transformation du métabolisme, l'entraînement acharné, les régimes drastiques masquent autant des formes d'atrophie psychologique ou sociale – *le muscle comme barrière entre soi et le monde, soi et l'autre sexe* –, qu'ils révèlent un perfectionnisme scientiste en quête de performance. L'esthétique hyperbolique du *body-builder* questionne le genre, quand les professionnels les plus en vue deviennent des icônes gays ou que les femmes travestissent leur sexe sous les attributs caricaturaux de la féminité. Mais, dans cette passion pour le remodelage corporel (*le mythe du renouveau*) héritée d'une idéologie qui combat l'oisiveté et l'abandon de soi, dans ce télescopage entre puritanisme et hédonisme propre aux sociétés occidentales, on voit aussi l'obsession de l'image et de la beauté comme capital, la centration de l'identité contemporaine sur le corps, le souci de la promotion individuelle jusqu'à la marchandisation des corps, la compétition se mêler au culte inquiet du moi performant. On observe enfin le déploiement des moyens techniques – *appareillages divers de l'entraînement, diététique savante, investigation anatomique* – comme emblème d'une modernité appliquant à la nature ses lois, dépassant, outrepassant la nature, jusqu'à « produire » un corps fantasmé, œuvré, aux marges de la normalité.

Isabelle Queval

CHIRURGIE ESTHÉTIQUE

La chirurgie esthétique fait partie de ce qu'on pourrait appeler « l'esthétique médicale invasive » qui comprend l'ensemble des gestes médicaux « effractifs », chirurgicaux ou non, qu'un médecin est susceptible de pratiquer sur un patient, à la demande de celui-ci, dans un but esthétique, donc, par définition, ni reconstructeur ni thérapeutique. L'esthétique médicale est dite « invasive » lorsque les gestes et manipulations qu'elle propose impliquent une effraction du revêtement cutané ou muqueux. Ceci par opposition à l'esthétique médicale non invasive (médecine esthétique non chirurgicale « médicamenteuse », médecine anti-âge, ...). Avec la chirurgie reconstructrice (on dit également « réparatrice ») la chirurgie esthétique est classiquement une des deux disciplines filles de la chirurgie plastique.

Le terme « plastique » vient du mot grec « plastikos » (malléable), lui-même dérivé de « plassein » (façonner). La chirurgie plastique, seule discipline chirurgicale à ne pas être limitée à une région anatomique déterminée, a donc pour champ d'action principal le modelage de la forme et du contour du corps humain par l'intermédiaire d'une intervention sur le revêtement cutané et les tissus sous-jacents. Au travers du travail sur la forme et le contour, la chirurgie plastique s'adresse à l'apparence et plus particulièrement à l'impact de celle-ci sur le regard que l'individu porte sur lui-même et sur celui qu'il perçoit renvoyé par autrui. En effet, la transformation physique engendrée par l'acte chirurgical a des répercussions sur la représentation mentale que l'individu possède de son propre corps. La nouvelle image corporelle perçue permet à son tour d'influer sur « l'estime de soi » qui est définie en 1890 par William James comme le rapport entre la situation réelle d'un individu et son idéal espéré. Il est intéressant de constater sur le terrain que l'acte chirurgical joue sur les deux niveaux : à la fois sur la situation réelle « objective » par la modification anatomique obtenue et sur la transformation de l'idéal espéré qui peut être ressenti comme « rapproché » de la situation réelle. Lorsque la perception du réel et l'espéré sont suffisamment proches, les conséquences individuelles et sociales de l'intervention peuvent être perçues comme très positives [1].

Le mécanisme d'appropriation d'une image corporelle améliorée après une intervention de chirurgie plastique ne diffère en rien selon que la souffrance vécue à l'origine par l'individu soit la conséquence d'une anomalie congénitale, d'un traumatisme, d'une maladie ou bien d'une « déformation » esthétique.

Contexte chirurgical

Historiquement, la distinction entre chirurgie esthétique et reconstructrice est survenue tardivement. Les premières interventions de chirurgie plastique sont décrites dès l'aube de l'histoire de la médecine. Plusieurs papyrus égyptiens enseignent certaines techniques de traitement des fractures du nez qui n'ont d'autre objet que la restauration de l'apparence des patients blessés. En Inde, les manuscrits de Sushruta (600 ans avant JC), font état du prélèvement d'un lambeau de peau sur le front d'individus dont le nez a été amputé. L'amputation du nez en Inde était une « punition judiciaire » fréquente infligée aux délinquants de droit commun, aux déserteurs et parfois aux prisonniers. Le lambeau cutané est détaché du front et basculé à 180 degrés afin de reconstruire l'appendice nasal. Cette technique parviendra en Europe à la fin

1. H. Delmar, J.-F. Mattei, *Philosophie de la chirurgie esthétique*, Paris, Odile Jacob, 2011.

du XVIIIe siècle par le truchement de l'armée britannique déployée en Inde. Elle est encore largement utilisée aujourd'hui, pratiquement inchangée.

Deux siècles auparavant, Gaspare Tagliacozzi, professeur d'anatomie à Bologne, était lui aussi confronté à des patients ayant « perdu » leur nez. L'Italie du XVIe siècle voit la propagation de la syphilis, probablement importée du nouveau monde récemment découvert. Une des conséquences de cette terrible maladie est l'apparition d'ulcérations centro-faciales appelées « gommes » et de destructions osseuses pouvant évoluer vers la perte complète du nez. Chirurgien génial et inventif, Tagliacozzi eut l'idée de prélever un lambeau cutané sur l'avant-bras des patients ainsi mutilés. L'avant-bras était maintenu au contact du nez pendant quelques semaines par l'intermédiaire d'un dispositif de bandages et de sangles. À la suite de cette période de contact, l'extrémité du lambeau qui avait « pris racine » sur la région nasale était détaché de l'avant-bras, assurant ainsi une reconstruction inespérée.

Il est intéressant de comprendre en quoi les descriptions de ces reconstructions nasales sont particulières : aussi bien en Inde qu'en Italie, les interventions ne visent pas tant la correction d'un problème vital, ou du moins fonctionnel, – on peut vivre « fonctionnellement » sans nez – mais bien les conséquences psycho-sociales liées d'une part à l'effroi visuel engendré par la mutilation et d'autre part au poids de la représentation causale du défect nasal. En Inde l'amputation est une marque d'infamie réservée aux condamnés, tandis qu'en Italie elle représente l'atteinte d'une maladie déjà vécue comme honteuse à l'époque.

Dans les deux cas, le procédé chirurgical, très élaboré, vise à « effacer » non pas l'infirmité en tant que telle, mais l'image que celle-ci véhicule. Lorsque l'on sait que ces interventions étaient pratiquées sans anesthésie et que les complications potentielles étaient nombreuses, on imagine que le stigmate du nez amputé devait constituer un fardeau psychologique suffisamment lourd à porter au point de pousser les patients dans une aventure chirurgicale à l'issue incertaine.

C'est bien entendu la découverte des techniques d'anesthésie (1846) et de l'asepsie (1867) qui a débridé la créativité chirurgicale en s'affranchissant d'abord des contraintes de limites de temps opératoire. Avant l'avènement de l'anesthésie, les interventions devaient être particulièrement rapides afin de limiter au maximum les souffrances liées aux gestes opératoires. Pas question de fignoler. Grâce à l'anesthésie, le chirurgien a le temps d'affiner ses dissections et de mieux observer et appréhender les conséquences de chacun de ses gestes.

À fin du XIXe siècle, on voit apparaitre en Europe et aux États-Unis des techniques qui pour la première fois ne sont plus destinées à traiter des maladies, des infirmités et des séquelles d'accidents mais qui sont susceptibles de répondre à des demandes purement « esthétiques ». Les premières rhinoplasties (plasties nasales) sont décrites à cette époque.

La fin de la première guerre mondiale représente le véritable tournant dans l'essor de la chirurgie plastique. Les armes de guerre « modernes » ont engendré des mutilations d'une nouvelle nature (les fameuses « gueules cassées ») ayant poussé les chirurgiens à développer de nombreuses techniques de reconstructions qui serviront par la suite à la chirurgie esthétique. Les chirurgiens s'étant spécialisés, c'est à cette époque que nait officiellement la « chirurgie plastique » et ses deux disciplines « filles » dont les techniques sont semblables, mais dont les buts diffèrent. La chirurgie reconstructrice traite des anomalies et malformations congénitales ou acquises. La chirurgie esthétique traite des « déformations », variations de la norme, qu'elles soient structurelles (grand nez, petits seins…) ou liées au vieillissement. D'un autre côté, la découverte de nouvelles substances anesthésiques dans l'après seconde guerre mondiale permettra de réduire considérablement les risques opératoires liés à l'anesthésie.

Contexte social et culturel

Il serait évidemment faux de considérer l'avènement de la chirurgie esthétique comme résultant uniquement de la pure maturation de techniques chirurgicales.

L'historienne de la médecine Elisabeth Haiken explique dans son excellent livre *Venus Envy, a History of Cosmetic Surgery* qu'au tournant du XXe siècle, l'industrialisation, l'urbanisation et l'immigration ont transformé profondément les États-Unis, passant d'une culture essentiellement rurale dont l'identité était fermement fondée sur les liens locaux et familiaux vers une culture urbaine dans laquelle l'individu s'identifie aux « personnalités » de la cité. L'ancienne société protestante victorienne séculaire pour laquelle la beauté ne pouvait être autre qu'une qualité intérieure, évolue vers une culture de consommation dans laquelle la beauté physique est maintenant perçue comme une qualité externe, indépendante et donc altérable. La quête de cette beauté physique demande du temps, de l'attention et de l'argent[1].

1. E. Haiken, *Venus Envy, a History of cosmetic surgery*, Baltimore, The Johns Hopkins University Press, 1997.

Les ingrédients médicaux et culturels étaient donc en phase pour permettre l'avènement de la chirurgie esthétique. L'appropriation de cette nouvelle discipline par la société et par les professionnels de santé ne s'est pourtant pas faite brutalement. Lorsque la célèbre actrice d'origine juive Fanny Brice se fait opérer de son nez proéminent en 1923, les réactions du public et du monde médical seront pratiquement unanimement négatives. Les chirurgiens ayant pratiqué l'intervention sont perçus comme de dangereux aventuriers. La décision de la jeune femme est considérée comme futile, frivole et vaniteuse. Une polémique naitra en outre concernant ses motivations. La rhinoplastie était-elle censée améliorer son aspect, ce que l'actrice affirmera toute sa vie, ou bien estomper une caractéristique ethnique? Quarante ans plus tard, le message du public sera inversé quand Barbara Streisand débarquera dans des circonstances semblables sur les scènes de Broadway: pourquoi diable ne s'est-elle pas fait opérer du nez ? Comme en témoigne les nombreux articles de presse de l'époque, cette question est posée dans une société où la rhinoplastie est devenue un moyen établi de se « fondre dans la société » en ralliant un idéal collectif de « beauté » stéréotypée par la tentative d'estompement des particularités raciales et ethniques africaines, asiatiques et européennes de la nouvelle Amérique. Le fait qu'une actrice ne se fasse pas opérer est curieusement assimilé à une revendication « a contrario » de sa singularité.

L'explosion de l'industrie cinématographique après la deuxième guerre mondiale donnera au public des référents auxquels s'identifier. Les faits et gestes des acteurs idolâtrés d'Hollywood d'abord, d'Europe ensuite, sont étalés dans la presse. D'abord réservée à une élite fortunée qui était censée incarner socialement la beauté, la chirurgie esthétique se propage progressivement dans toutes les couches sociales. Le phénomène connait un emballement avec l'apparition de la télévision. Non seulement l'image stéréotypée d'un corps sain et beau est omniprésente, mais la chirurgie esthétique est revendiquée implicitement comme moyen d'atteindre cette beauté (par exemple Pamela Anderson dans « Alerte à Malibu »). Des « séries télévisées » comme « Nip Tuck » abordent et popularisent le sujet explicitement. Les annonceurs étant devenus les bailleurs de fonds des chaines télévisuelles, celles-ci rivalisent d'ingéniosité pour capter l'audimat en organisant des « reality shows » dont certains mettent en scène des hommes et des femmes dont l'apparence est transformée, notamment chirurgicalement, sous les feux des projecteurs. Quelques chirurgiens, pas toujours les meilleurs d'ailleurs, acceptent de participer à ces émissions. La plupart refuseront. Les émissions « Extreme Makeover », « The Swan » aux États Unis, ou « Tout pour Plaire » en Belgique connaitront un immense succès d'audience.

Enjeu d'abord d'une identité collective, la chirurgie esthétique ne s'arrête pas aux portes du monde occidental; elle envahit également les pays émergents. L'Amérique latine, et plus particulièrement le Brésil, la Chine, le Japon, Taiwan, ou même l'Iran connaissent une forte demande d'interventions esthétiques dans le but d'atteindre des canons stéréotypés mondialisés « caucasiens » selon les référents médiatiques idéalisés. Au Moyen-Orient, c'est la rhinoplastie avec la réduction du caractère aquilin du nez qui est l'intervention la plus demandée alors qu'en Asie c'est l'inverse : les nez jugés « trop petits » sont augmentés, le plus souvent par l'insertion de baguettes de silicone. Il en va de même pour les paupières que l'on demande de « débrider » ou les seins qui sont estimés trop peu volumineux.

Motivations, psychologie et encadrement réglementaire

Très tôt, les chirurgiens ont été confrontés à une série d'interrogations existentielles concernant le bien-fondé de leur traitement : la réponse chirurgicale à une demande esthétique constitue-t-elle un acte médical? Y a-t-il derrière une demande esthétique une souffrance? Y a-t-il une limite en deçà de laquelle la demande n'est plus « médicale »? Y a-t-il une éthique de la chirurgie esthétique?

Le concept de « complexe d'infériorité » découlant des travaux d'Albert Adler et de Sigmund Freud apparait aux États-Unis dans les années 1920 : les disgrâces physiques sont susceptibles d'être à l'origine de « complexes d'infériorité » avec comme conséquence potentielle un déficit de confiance en soi, alors que celle-ci est nécessaire à l'intégration individuelle dans un monde de plus en plus compétitif. La chirurgie esthétique, en levant la disgrâce, éliminerait donc le complexe d'infériorité et rendrait l'homme meilleur. On ira jusqu'à proposer des « expériences pilotes » de transformation du visage de repris de justice dans l'espoir que leur nouvelle image corporelle, lavée des scories de leur déformations psychogènes, aide leur réintégration dans la société. Sans aller aussi loin, l'idée que la chirurgie esthétique est susceptible d'améliorer l'intégration sociale des patients qui s'adressent à eux, s'ancrera définitivement aux États-Unis. Les chirurgiens pionniers de la chirurgie plastique américaine s'appuieront sur ce concept pour tenter d'obtenir une reconnaissance de l'utilité de la chirurgie esthétique.

En 1946, l'OMS confirme que « la santé est un état de complet bien-être physique, mental et social, et ne consiste pas seulement en une absence de maladie ou d'infirmité ». La chirurgie esthétique, si elle s'inscrit dans le cadre de la résolution d'insatisfactions ou de souffrances morales, remplirait donc bien son rôle de discipline médicale.

Après la guerre, l'expérience aidant, il est devenu progressivement clair pour beaucoup de chirurgiens, que la mise en évidence de la souffrance psychologique qui se cache peu ou prou derrière toute demande de transformation corporelle doit être systématique dès le premier contact avec les patientes [1]. Cette souffrance peut prendre des formes diverses. Depuis un mal-être léger, individuel ou social, jusque parfois, avec tous les intermédiaires possibles, une véritable psychose. Le dépistage de troubles psychologiques importants exclut généralement toute prise en charge esthétique au risque de voir les patients opérés insatisfaits quels que soient la qualité objective des résultats, et surtout d'aggraver la situation mentale susceptible de se décompenser à cette occasion [2].

L'explosion de la demande en soins médicaux esthétiques ces 15 dernières années pose le problème de la prise en considération des demandes dites « sans indications » (c'est-à-dire théoriquement sans souffrances), ou « futiles » liées à la banalisation des actes chirurgicaux. Le chirurgien peut-il se détacher du principe d'indication médicale ? En d'autres termes, une demande « d'amélioration » esthétique est-elle suffisante *per se* ?

Le comportement de certains praticiens (relativement peu nombreux, mais très médiatiques) qui n'hésitent pas à opérer des patientes quelles que soient les conditions, à transformer parfois certaines personnes, à leur demande, en véritables monstres, peut donner l'impression d'un abandon de l'aspect médical de la chirurgie esthétique au profit d'une seule relation contractuelle ou commerciale. Si on ajoute une mercantilisation parfois débridée de leur activité, on ne peut que constater que la relation médecin – patient s'efface. Le patient laisse place au client. Face à ce glissement, il est intéressant de noter que la plupart des sociétés professionnelles et savantes regroupant les acteurs du secteur, qu'elles soient nationales ou internationales, sont très opposées à une vision commerciale de la discipline et combattent ce qu'elles considèrent comme des dérives.

Devenue un véritable phénomène de santé publique, l'esthétique médicale fait également l'objet de l'attention rapprochée des autorités sanitaires et des décideurs politiques qui tentent de protéger la société contre ce qu'ils estiment être des « débordements » incontrôlables et abusifs. En Europe, la France et le Danemark, suivie récemment par la Belgique, ont été les premiers pays à

1. H. Delmar, J.-F. Mattei, *Philosophie de la chirurgie esthétique*, *op. cit.*

2. M. Gorney, « Mirror, mirror on the wall : the interface between illusion and reality in aesthetic surgery », *Plastic and Reconstructive Surgery*, 125, 1, 2010.

introduire un dispositif législatif spécifique visant à encadrer la pratique de la chirurgie esthétique.

Les pouvoirs publics sont confrontés à un autre problème : si le système de sécurité sociale des pays dans lesquels « l'état providence » offre un socle commun de prise en charge des gestes dits « à visée thérapeutique », il n'en va pas de même pour ceux liés à des demandes dites « à visée esthétique ». La difficulté réside donc dans la séparation entre les interventions à visée thérapeutique qui sont prises en charge (« remboursées ») par la sécurité sociale et celles à visée esthétique qui ne le sont pas. Cela n'est pas simple quand on sait qu'un même geste chirurgical peut tantôt répondre à une demande reconstructrice, tantôt à une demande esthétique.

Cette difficulté objective a poussé les pouvoirs publics de certains pays, dont la Belgique et la France, à introduire une nouvelle notion : les prestations de chirurgie esthétique sont, par définition, exclues de la prise en charge par la sécurité sociale. Cela veut dire en clair que c'est la Société (les organes décisionnels *ad hoc* des pouvoirs publics) qui détermine à un temps « t », dans sa propre juridiction, ce qui relève ou non de la chirurgie esthétique, et *a contrario* de ce qui peut être considéré comme relevant de la chirurgie reconstructrice. Cela veut dire également que le domaine d'inclusion de ces interventions peut évoluer dans le temps et dans l'espace. L'agénésie mammaire bilatérale (absence de développement de la glande mammaire chez la femme) est un exemple intéressant. En Belgique, cette situation clinique particulière est considérée comme une déviation de la norme (déformation). Sa correction, l'augmentation mammaire par placement d'implants sous la poitrine, est donc un acte esthétique. Au Luxembourg et en France, en revanche, la même situation clinique est considérée comme une anomalie (malformation). L'augmentation mammaire qui la corrige dans cette condition particulière est une intervention de chirurgie reconstructrice et donc non-esthétique !

Des exemples similaires peuvent être rencontrés pour des situations cliniques dont le statut peut évoluer dans le temps. Cette notion de relativité spatio-temporelle n'est pas purement une spéculation administrative ou politique. L'éclairage que nous avons de ce qui est esthétique, de ce qui est « normal » ou « anormal » prend ses sources dans la culture, résultant elle-même des acquis historiques.

De nos jours, le regard porté par la société sur les patients demandeurs d'une correction reconstructrice pour anomalie est bienveillant. Malgré la popularisation de la chirurgie esthétique, il n'en va pas toujours de même lorsque la demande n'est justifiée que par une demande esthétique. Gaspare Tagliacozzi qui reconstruisait au XVIe siècle des nez détruits par la syphilis avait été condamné par l'Église pour ses reconstructions nasales considérées comme une offense à Dieu. Un certain public aujourd'hui continue à considérer les améliorations esthétiques comme des actes non naturels, futiles, et donc condamnables.

Denis Goldschmidt

CONSCIENCE ARTIFICIELLE

La possibilité d'une conscience artificielle est indubitablement une des promesses les plus fantastiques que nous font miroiter tant les chercheurs en Intelligence Artificielle que les scénaristes d'Hollywood. Imaginez, nous dit-on, un être synthétique qui serait en tous points identique à l'homme : cet être serait non seulement doté d'intelligence, mais il aurait également des intentions, des désirs, des craintes, de l'humour et de la colère – bref, une vie mentale et émotionnelle identique à celle de l'homme.

Et c'est précisément d'une telle vie mentale dont semble faire preuve l'artefact intelligent le plus iconique de notre temps, l'ordinateur HAL 9000 imaginé par Arthur C. Clarke dans son roman « 2001 : A space Odissey » et dépeint par Stanley Kubrick dans le film éponyme. Si HAL ne dispose pas d'un corps au sens conventionnel, il est cependant capable de contrôler l'ensemble des systèmes qui équipent le vaisseau spatial *Discovery* et d'interagir avec les membres de l'équipage par la parole, qu'il peut donc tant comprendre que produire. HAL est non seulement capable de raisonnement, de perception, d'action, et de planification; il est également capable de juger les émotions de ses interlocuteurs humains, et fait lui-même preuve, au moment où l'astronaute Bowman démantèle ses composants, d'une détresse qui nous apparaît véritablement humaine tant elle signale la souffrance de savoir que son existence va bientôt se terminer.

On éprouve le même sentiment d'être confronté à une intelligence dotée de volonté et de conscience dans de nombreux personnages fictionnels, comme par exemple la Maria robotique dépeinte par Fritz Lang dans le film *Métropolis*, le robot R. Daneel Olivaw d'Isaac Asimov, le Commandeur Data de la série télévisée *Star Trek : The Next Generation* ou encore les cyborgs de la série T dépeints par James Cameron dans les films de la série *Terminator*. Contrairement au monstre de Frankenstein ou aux zombies du cinéma, tous ces êtres donnent l'impression d'être animés d'intentions (le plus souvent malévolentes), de savoir ce qu'ils veulent, ce qu'ils font et ce qu'ils sont, bref, de posséder un esprit *(a mind)*.

Ces différents avatars posent naturellement la question de savoir s'il est en fait concevable de développer une conscience artificielle. La question mérite d'être posée à nouveau au vu tant des avancées spectaculaires de ces dernières décennies dans le domaine de l'Intelligence Artificielle que de l'engouement actuel des neurosciences cognitives pour la question de la conscience.

Ainsi, à l'heure où la commission européenne vient d'attribuer un budget sans précédent (1,19 milliards d'euros) au vaste programme de recherche intitulé « Human Brain Project » dirigé par Henry Markram de l'École Polytechnique Fédérale de Lausanne, les protagonistes du mouvement transhumaniste prédisent quant à eux l'émergence imminente (et potentiellement catastrophique pour l'humanité) d'une intelligence artificielle dont la puissance de calcul dépasserait celle du cerveau humain. On assiste dès lors, au vu de ces développements, à un véritable retour de l'intelligence artificielle à l'avant-plan du vaste champ des neurosciences cognitives computationnelles, après l'échec relatif de cette discipline au début des années 1980. Cependant, plusieurs remarques s'imposent d'emblée.

Premièrement, il faut savoir que la question de la possibilité d'une conscience artificielle n'est pas la même que celle d'une intelligence artificielle. L'intelligence, à savoir la capacité de raisonner, de résoudre des problèmes, d'agir de manière congruente avec nos objectifs, n'est pas la même chose que la capacité que nous avons de ressentir les choses, de faire l'expérience d'une vie mentale et de se reconnaître comme agent autonome. Ainsi, si mon ordinateur est indubitablement intelligent eu égard à certains critères tels que la capacité de raisonner ou d'exécuter une série d'opérations formelles rapidement, il ne fait pas pour autant preuve de conscience. La conscience, comme l'a dit le philosophe américain Thomas Nagel, est « l'effet que cela fait », et pas seulement la capacité d'exercer une intelligence aussi étendue que celle de l'homme. Or, cela ne fait pas d'avantage quelque chose à mon ordinateur d'être cet ordinateur que cela ne fait quelque chose à une pierre d'être cette pierre. À l'inverse, nombreux sont ceux qui attribueraient volontiers une forme de conscience, ou en tous cas de sensibilité, à des organismes comparativement élémentaires tels que les pieuvres ou les corbeaux. Cette intuition a d'ailleurs récemment reçu l'assentiment d'un éminent groupe de scientifiques qui ont ensemble signé, le 7 juillet 2012, un document intitulé « La déclaration de Cambridge à propos de la conscience », déclaration dans laquelle ils reconnaissent que « les être humains ne sont pas les seuls à posséder les substrats neurologiques qui génèrent la conscience. Des animaux non-humains, y compris tous les mammifères et les oiseaux, ainsi que de nombreuses autres créatures, y compris les céphalopodes, possèdent également ces substrats neurologiques ».

Deuxièmement, la question de la conscience artificielle n'est pas tant de savoir s'il serait possible de développer un système artificiel qui donnerait *l'apparence* d'avoir une vie mentale, mais bien de savoir s'il est possible de développer un système artificiel qui aurait véritablement des *expériences* semblables aux nôtres. Ici, nous touchons au problème de la différence entre simulation et réalité soulevé par Searle avec l'expérience de pensée de la chambre chinoise, qui sera développée ultérieurement.

Enfin, la possibilité de développer une conscience artificielle semble exiger que l'on sache d'abord répondre à la question de savoir ce qu'est la conscience. Or, la chose est loin d'être simple, et il faut bien reconnaître que malgré les avancées empiriques récentes dans le vaste projet neuroscientifique d'identifier ce qu'il est aujourd'hui convenu d'appeler les « corrélats neuraux de la conscience », il n'existe aujourd'hui pas encore de définition consensuelle de la conscience. Comme le dit Thomas Metzinger [1], « Rien n'est simultanément plus proche et plus distant de nous que la conscience » : si tout le monde sait ce que signifie le fait d'être conscient, le phénomène lui-même semble tout simplement échapper à une caractérisation suffisamment précise pour qu'on puisse l'aborder de manière convaincante via les méthodes empiriques caractéristiques de la démarche scientifique.

Nonobstant ces difficultés, comprendre les mécanismes de la conscience est indubitablement un des défis scientifiques les plus importants du XXIe siècle. Après avoir été longtemps reléguée au ban de la démarche scientifique, la conscience est, depuis environ une vingtaine d'années, revenue au centre des préoccupations des neurosciences cognitives, en grande partie en raison de l'apparition, vers le milieu des années 80, des techniques d'imagerie cérébrale (en particulier la résonance magnétique fonctionnelle).

Dans son ouvrage de 1996, le philosophe australien David Chalmers [2] divise les défis scientifiques que soulève l'étude de la conscience en deux catégories.

D'une part, il y a ce qu'il appelle les « problèmes faciles », qui concernent essentiellement toutes les questions dont se préoccupent tant la psychologie cognitive que l'intelligence artificielle ou les neurosciences : la manière dont le système visuel traite l'information, les processus qui nous permettent d'effectuer des mouvements ou de comprendre la parole, l'organisation de la mémoire, les mécanismes de la reconnaissance des visages, ceux qui nous

1. T. Metzinger, *Being No One : The Self-Model of Subjectivity*, Cambridge, MA, Bradford Books, MIT Press, 2003.

2. D. J. Chalmers, *The Conscious Mind : In Search of a Fundamental Theory*, Duke University, Oxford University Press, 1996.

permettent de raisonner, etc. Pour chacune de ces questions, nous sommes d'ores et déjà en mesure d'imaginer des solutions computationnelles et neurales. Tant les recherches en intelligence artificielle que les recherches en neurosciences nous démontrent que ce sont là des problèmes qui, sans être pour autant entièrement résolus (et parfois loin de là !), sont en tous cas explorables empiriquement, c'est-à-dire via la méthode expérimentale.

À ces problèmes « faciles », Chalmers oppose ce qu'il appelle le « problème difficile », à savoir le problème de l'expérience phénoménologique. *Pourquoi* le traitement de l'information nous fait-il quelque chose ?, demande Chalmers. Et *comment* l'activité du cerveau produit-elle le riche film multisensoriel en technicolor et odorama qui caractérise chaque instant de notre vie éveillée ? Quelle est la différence entre un être humain nommant la couleur rouge quand on la lui montre, et une machine capable de produire la même réponse ? À ces questions, personne ne peut apporter une réponse convaincante aujourd'hui. Pire encore, nous ne savons pas encore quelle forme prendra une éventuelle explication. C'est précisément pour cette raison que la conscience demeure, comme nous le rappelle Daniel Dennett[1], un mystère – un « problème à propos duquel on ne sait pas encore comment il faut penser ».

L'analyse que propose Chalmers peut être directement transposée des sciences cognitives et de la philosophie de l'esprit à l'intelligence artificielle. Là aussi, nous pouvons séparer les problèmes faciles des problèmes difficiles. Les problèmes faciles de l'intelligence artificielle sont tous ceux pour lesquels nous pouvons envisager des solutions à plus ou moins long terme. Ces problèmes semblent en réalité disparaître d'eux-mêmes au fur et à mesure des progrès technologiques. Ainsi, nous disposons aujourd'hui d'instruments (y compris nos téléphones portables) capables de reconnaître la parole de n'importe quel locuteur sans trop de difficultés ; de caméras permettant d'identifier les visages ; de robots capables de naviguer n'importe quel terrain et de se tenir debout sur seulement deux effecteurs ; de systèmes plus complexes capables de battre les meilleurs joueurs du monde au jeu d'échecs.

Il est donc aujourd'hui aisé d'imaginer une intelligence artificielle, et nous sommes en réalité déjà entourés d'artefacts intelligents dont la puissance de calcul dépasse de loin celle de n'importe quel être humain. Prenons comme exemple WATSON, l'intelligence artificielle développée par IBM qui a, lors de la saison 2011 du jeu télévisé américain *Jeopardy!*, remporté le concours contre ses concurrents humains. Dans *Jeopardy!*, les concurrents doivent répondre en formulant une question dont la réponse leur est donnée. Par

1. D.C. Dennett, *Consciousness Explained*, Boston, Little, Brown & Co, 1991.

exemple, en réponse à l'indice « C'est le père de notre nation; il n'a pas réellement abattu un cerisier », il s'agit de dire « Qui est George Washington ? ». WATSON est capable de répondre à n'importe quelle question portant sur des connaissances générales en exploitant des algorithmes rapides (qui lui permettent de répondre en temps réel) qui consultent de gigantesques bases de données (par exemple, tout *Wikipedia*). WATSON est sans aucun doute une intelligence artificielle capable de faire preuve de nombreuses des compétences que nous associons typiquement au traitement conscient de l'information.

Cependant, et c'est crucial, personne n'a pour autant envie d'attribuer quoi que ce soit comme expérience à WATSON. Quand WATSON remporte *Jeopardy!* en 2011, il n'a pas ouvert une bouteille de champagne pour célébrer l'évènement avec ses amis; le fait qu'il ait gagné le concours n'a apporté du plaisir qu'à ses concepteurs humains. En d'autres termes, cela ne fait rien de plus à WATSON d'être WATSON que cela ne fait quelque chose à une pierre d'être cette pierre : WATSON est totalement dénué de la phénoménologie consciente qui accompagne chaque instant d'éveil chez l'être humain.

On retrouve donc ici la problématique soulevée par Chalmers ainsi que la distinction entre conscience d'accès et conscience phénoménale. Si l'Intelligence Artificielle a aujourd'hui abondamment démontré qu'il est bel et bien possible de simuler diverses fonctions cognitives associées au traitement conscient (le langage naturel, la perception, l'action, la mémoire, etc.), ces recherches ne concernent que les problèmes faciles de la conscience et ignorent le problème difficile, à savoir celui de l'expérience subjective.

La possibilité même d'une « explication » de la conscience est remise en cause par Thomas Nagel quand il nous demande, dans son article éponyme[1], « Quel effet cela fait-il d'être une chauve-souris ? » – question à laquelle il répond que nous ne le saurons jamais, même dans l'éventualité où nous aurions une compréhension parfaite du fonctionnement du système nerveux des chiroptères. L'expérience que je fais du monde semble tout simplement être inaccessible aux observateurs extérieurs, ce qui pose évidemment un énorme problème empirique dès lors qu'il s'agirait d'élucider les mécanismes qui causent cette expérience.

Nous nous trouvons dès lors d'emblée confrontés à une double difficulté quand il s'agit d'envisager la possibilité d'une conscience artificielle. D'une part, nous ne disposons pas d'une définition diagnostique de la conscience; d'autre part, il s'agit par essence d'un phénomène privé, intérieur, qu'on ne peut jamais observer directement si ce n'est par ses conséquences sur le

1. T. Nagel, « What is like to be a bat ? », *Philosophical Review* 83, 1974.

comportement. Comment alors, en l'absence tant d'une définition et de critères objectivables à propos desquels tout le monde s'accorde que du caractère fondamentalement privé, inaccessible de l'expérience, établir qu'un être est conscient ou pas? Avant de tenter de répondre à cette question, nous aborderons d'abord brièvement le concept même de conscience ainsi que l'épineuse question de savoir comment la mesurer.

Définir la conscience

Dès lors qu'il s'agit de tenter de définir la conscience, il est essentiel de faire remarquer d'emblée qu'alors que la conscience, est souvent présentée comme s'il s'agissait *d'une seule chose*, il ne s'agit en réalité ni d'un concept unifié, ni d'une propriété statique qui serait associée à certains états et pas à d'autres. Zeman[1] propose ainsi cinq distinctions qui illuminent chacune les *processus* de la conscience d'une manière différente. Nous proposons ici d'en retenir trois, qui regroupent partiellement certaines des distinctions proposées par Zeman.

Une première distinction concerne la différence entre *niveau de conscience* et *contenus de la conscience*. Cette première distinction est relativement peu controversée. Elle fait tout simplement référence aux usages transitifs et intransitifs du mot « conscient ». On peut ainsi opposer le fait d'être conscient au fait d'être inconscient, comme c'est le cas au cours du sommeil ou dans certains états pathologiques tel que l'état végétatif permanent[2]. La conscience, ici, est donc l'état qui caractérise l'éveil. La deuxième acception, par contre, est toujours transitive: je suis conscient *de* la présence d'un stimulus; je suis conscient *du* fait qu'il fait froid, etc. La conscience, ici, est toujours *à propos* de quelque chose; c'est d'ailleurs précisément cette caractéristique fondamentale qui est décrite, en philosophie de l'esprit, par le concept d'intentionnalité[3]. Dans cette deuxième acception, on veut donc faire référence aux *contenus* de la conscience, c'est-à-dire aux représentations mentales qui accompagnent les états d'éveil.

Un aspect essentiel de cette première distinction est que ses deux pôles peuvent être dissociés. Ainsi, quand on est endormi, on est par définition inconscient, ce qui n'exclut cependant pas que l'on puisse faire l'expérience de

1. A. Zeman, « What in the World is Consciousness? », *in* S. Laurey (ed.), *Progress in Brain Research*, Amsterdam, Elsevier, 2005.

2. S. Laurey, M. E. Faymonville, X. De Tiege *et al.*, « Brain function in the vegetative state », *Advances in Experimental Medecine and Biology* 550, 2004.

3. J. R. Searle, *Intentionality: an essay in the philosophy of mind*, Cambridge, Cambridge University Press, 1983.

certains contenus, comme c'est le cas dans le rêve. À l'inverse, certains patients souffrant de troubles de la conscience, tels que par exemple les patients en état végétatif permanent ou en état de conscience minimale, présentent des signes d'éveil tout en semblant totalement dénués de contenus mentaux conscients. L'étude de ces pathologies connaît actuellement un véritable essor, en raison non seulement de l'importance clinique d'une prise en charge adéquate des patients, mais également en raison de la disponibilité accrue des méthodes d'imagerie cérébrale qui permettent, depuis peu seulement, d'apprécier leurs bases neurales. Les méthodes d'imagerie ouvrent ainsi non seulement de nouvelles possibilités diagnostiques, mais également de nouvelles possibilités d'entrer en communication avec les patients [1].

La deuxième distinction est probablement celle qui suscite aujourd'hui le plus de controverse. Il s'agit de la distinction entre *conscience phénoménale* et *conscience d'accès,* c'est-à-dire la différence entre l'expérience subjective qui accompagne les états mentaux conscients d'une part (les *quales*), et les conséquences cognitives (fonctionnelles) de ces états. Un exemple particulièrement frappant du fait que ces deux aspects de la conscience peuvent être entièrement dissociés nous est fourni par le phénomène de *vision aveugle* [2]. Certains patients souffrant d'une lésion dans le lobe occipital (en particulier dans l'aire V1, la première région corticale où sont traitées les informations visuelles) rapportent avoir perdu la vue. Ils déclarent donc ne plus avoir d'expérience visuelle du monde. Cependant, ces patients demeurent souvent capables, dans des tâches de choix forcé, de choisir mieux que le hasard ne le prédirait un stimulus présenté dans le champ aveugle. Ceci suggère que des stimulations visuelles non perçues peuvent influencer le traitement de l'information, et donc conserver leurs effets fonctionnels sans pour autant susciter une expérience visuelle. Un patient récemment décrit par De Gelder *et al.* [3] démontre par ailleurs, de manière spectaculaire, une capacité intacte de se déplacer dans un environnement non familier alors même qu'il déclare ne plus avoir aucune expérience visuelle.

La distinction entre conscience d'accès et conscience phénoménale forme en outre le cœur de l'argument développé par Chalmers qui sera évoqué plus loin. Cette distinction suscite aujourd'hui de vifs débats, certains auteurs

1. M. Monti, A. Vanhaudenhuyse, M. Coleman *et al.*, « Willful modulation of brain activity in disorders of consciousness », *New England Journal of Medecine* 362, 2010.

2. L. Weisekrantz, *Blindsight : A Case Study and Implications*, Oxford, Oxford University Press, 1986.

3. B. De Gelder, M. Tamietto, G. Van Boxtel *et al.*, « Intact navigation skills after bilateral loss of striate cortex », *Current Biology* 18, 2008.

défendant l'idée qu'elle est marquée par des corrélats neuraux distincts [1] alors que d'autres nient la validité même de la distinction [2], considérant qu'il est tout simplement absurde de supposer qu'il puisse exister des états mentaux conscients mais fonctionnellement inaccessibles.

Enfin, la troisième distinction concerne les rapports complexes qu'entretiennent entre eux conscience perceptuelle ou de premier ordre, conscience de soi, et conscience d'autrui. Ces trois aspects de la conscience sont distincts et peuvent également être dissociés. En particulier, on peut évoquer ici des pathologies telles que l'autisme [3], qui impliquent un déficit spécifique dans la capacité de se représenter les états mentaux des autres (difficultés qui entraînent à leur tour des troubles dans les relations sociales) tout en laissant la conscience de soi intacte (encore que ce point soit aujourd'hui débattu). À l'inverse, certains patients [4] souffrent de difficultés spécifiques dans la reconnaissance de leur propre identité, comme par exemple quand ils se perçoivent dans un miroir, et entretiennent ainsi l'illusion que leur reflet est une autre personne. Chez ces patients, néanmoins, la théorie de l'esprit, et donc la capacité d'entrer en relation avec autrui, semble préservée, ou en tout cas se détériorer plus tard que leur capacité à se reconnaître.

Les rapports entre conscience de premier ordre et conscience de soi font enfin également d'intenses débats actuellement. Il est frappant de constater que les recherches contemporaines concernant la conscience semblent avoir presque totalement éludé le fait que les états mentaux conscients n'existent qu'en vertu de l'existence d'un sujet qui possède ces états mentaux. Or, comme Frege [5] le rappelait, « It seems absurd to us that a pain, a mood, a wish should rove about the world independently, without a bearer, independently. An experience is impossible without an experient. The inner world presupposes the person whose inner world it is ». Autrement dit : la conscience que nous avons du monde présuppose toujours l'existence d'un sujet dont ce sont les expériences. Certaines théories de la conscience [6] font ainsi dépendre l'exis-

1. N. Block, « Two neural correlates of consciousness », *Trends in Cognitive Sciences* 9, Issue 2, 2005.

2. M. A. Cohen, D. C. Dennett, « Consciousness cannot be separated from function », *Trends in Cognitive Science* 15, 2011.

3. S. Baron-Cohen, A. Leslie, U. Frith, « Does the authistic child have a "Theory of Mind"? », *Cognition* 21, 1985.

4. N. Breen, D. Caine, M. Coltheart, « Delusional misidentification : two cases of focal onset dementia », *Neurocase* 7, 2001.

5. G. Frege (1918/1956), « The thought : a logical enquiry », *Mind* 65(259).

6. D. Rosenthal, « A Theory of Consciousness », *in* N. Block, O. Flanagan, G. Güzeldere (eds.), *The Nature of Consciousness : Philosophical Debates*, Cambridge, MA, MIT Press,

tence même de représentations conscientes de la conscience de soi, alors que d'autres [1] semblent tenir que la conscience dépend, indépendamment du sujet, de l'activité du cerveau (pour autant que certaines conditions soient remplies).

La conscience est donc un phénomène qui, loin d'être monolithique, implique en réalité l'ensemble de nos fonctions mentales. Comment la mesurer, ou en tous cas en mesurer certains aspects ? C'est la question que nous abordons brièvement dans la section suivante.

Mesurer la conscience

La conscience nous apparaît donc comme un phénomène à la fois multiple et insaisissable parce que fondamentalement privé et inaccessible aux observateurs extérieurs si ce n'est en vertu des attributions hétérophénoménologiques que nous émettons sur base du comportement de l'agent. Si certains ont tenté de définir la conscience, aucune définition n'appelle aujourd'hui au consensus que l'on pourrait attendre pour un concept qui constitue pourtant une donnée immédiate de l'expérience. Comment, en l'absence d'une définition sur laquelle tout le monde s'accorde, établir qu'un être est conscient ou pas ? Comment mesurer la conscience, c'est-à-dire comment décider sur base de mesures objectives si un système, qu'il soit biologique ou artificiel, est conscient ou pas ? Nous ne disposons pas d'un appareil qui, pointé sur le crâne d'un sujet, permettrait de décider si le sujet est conscient ou pas (bien que les chercheurs tentent de développer de tels instruments, comme par exemple l'indice bispectral), et c'est bien là le problème épistémologique fondamental que soulève l'étude de la conscience.

Il serait trop long ici d'entrer dans les détails des discussions épistémologiques que soulèvent les recherches en la matière. Une conclusion s'impose cependant : on ne peut en aucun cas se passer, quand il s'agit de déterminer si un être humain est conscient ou pas d'un état de choses, de l'interroger. Il faut donc, d'une manière ou d'une autre, obtenir un rapport, le plus souvent verbal, de la part du sujet de l'expérience à propos de son expérience de la situation. Ces rapports peuvent non seulement prendre la forme de rapports verbaux (« Avez-vous vu le stimulus — oui/non ? ») mais peuvent également consister en l'obtention d'une mesure subjective telle

1997 ; P. Carruthers, « How we know our own minds : the relationship between mindreading and metacognition », *Behavioral and Brain Sciences* 32, 2, 2009.

1. S. Dehaene and M. Kerszberg, « A neuronal model of a global workspace in effortful cognitive tasks », *Proceedings of the National Academy of Sciences of the U.S.A.* 95, 24, 1998 ; V. A. F. Lamme, « How neuroscience will change our view on consciousness », *Cognitive Neuroscience* 1, 3, 2010.

qu'une estimation de la confiance dans la réponse qu'on vient de fournir (« Êtes-vous certain de votre réponse — oui/non ? »). Autrement dit, l'étude de la conscience implique nécessairement que l'on combine données objectives (à la troisième personne) et données subjectives (à la première personne).

La même question épistémologique s'est posée très tôt dans le champ de l'intelligence artificielle (mais l'argument peut être étendu sans peine à la conscience). Turing a ainsi proposé de résoudre la question de savoir comment déterminer les critères qui me font juger qu'un artefact est intelligent ou pas d'une manière tant pragmatique qu'expéditive : plutôt que de chercher à identifier les mécanismes qui causent l'intelligence et les moyens empiriques dont nous disposons pour identifier ces mécanismes, nous dit Turing, il nous suffit d'établir qu'il est impossible d'établir, dans un contexte donné, si j'ai affaire à une machine ou à un être humain. C'est le jeu de l'imitation, ultérieurement appelé test de Turing depuis sa description dans l'article de 1950[1]. Dans le test que propose Turing, un observateur interagit, via une interface textuelle et en langage naturel, avec deux interlocuteurs. Le premier interlocuteur est humain alors que le second est un ordinateur programmé de manière à simuler les réponses que donnerait un être humain. La tâche de l'observateur consiste à identifier la machine. S'il ne peut le faire, nous dit Turing, il faudra bien conclure que la machine fait preuve d'une intelligence comparable à celle de l'homme.

Le test de Turing a suscité de nombreuses critiques et remises en cause qu'il serait trop long de détailler[2]. On peut ainsi argumenter que sa nature purement verbale le rend trop restrictif (un chimpanzé incapable de langage mais néanmoins intelligent raterait le test) ou qu'il est possible d'imaginer un algorithme qui serait capable de répondre de manière convaincante mais purement mécanique à de nombreuses questions différentes – c'est le principe du programme ELIZA de Weizenbaum[3], dont l'objectif était précisément de démontrer l'absurdité du test de Turing).

1. A. Turing, « Computing machinery and intelligence », *Mind* 59 (236), 1950.

2. R. M. French, « The Turing test : the first 50 years », *Trends in Cognitive Sciences* 4, 3, 2000.

3. J. Weizenbaum, « Eliza– a Computer Program for the Study of Natural Language Communication between Man and Machine », *Communications of the ACM* 9, 1, 1966 ; *Computer Power and Human Reason : From Judgment to Calculation*, San Francisco, CA, WH Freeman & Co., 1976.

D'autres auteurs, comme par exemple Stevan Harnad, ont introduit l'idée d'une hiérarchie de Tests de Turing [1], de T1 à T5. Le niveau T1 correspond à la plupart des modèles contemporains en intelligence artificielle : il s'agit ici simplement de développer un modèle de certaines de nos capacités cognitives. Un tel modèle passerait donc un test de Turing simplifié en démontrant que dans un contexte donné précis, il se comporte comme se comporterait un être humain. Le niveau T2 correspond au Test de Turing lui-même, c'est-à-dire à la capacité pour un système artificiel de réussir le jeu de l'imitation tel qu'imaginé par Turing. Le niveau T3 implique un système robotique qui serait indistinguable d'un être humain dans tous ses comportements observables. Les niveaux T4 et T5 présupposent quant à eux des systèmes artificiels qui seraient également indistinguables d'un être humain au niveau des neurones et des autres cellules (T4), voire même au niveau de leurs particules élémentaires (T5). Pour Harnad, le niveau d'analyse pertinent d'un point de vue cognitif est T3.

L'objection la plus sévère au test de Turing provient cependant de la célèbre expérience de pensée de la Chambre Chinoise de John Searle [2]. Dans cette expérience de pensée, Searle nous demande d'imaginer qu'il se trouve isolé dans une pièce (la « chambre chinoise ») et qu'on lui pose des questions écrites en chinois, questions auxquelles il doit également répondre en chinois. Or, Searle ne connait pas le chinois. Il dispose cependant de livres de règles qui lui permettent de fournir, en appliquant les opérations appropriées aux symboles qu'il reçoit de l'extérieur, la réponse correcte à n'importe quelle question qu'on lui pose. Searle donne ainsi *l'apparence* de comprendre le chinois, alors même qu'il ne maîtrise rien de cette langue.

Searle développe essentiellement deux arguments sur base de cette expérience de pensée. Premièrement, une simulation n'est pas nécessairement identique à la chose simulée. Deuxièmement, la syntaxe n'est jamais constitutive de la sémantique : ce n'est pas parce que je suis capable de me comporter *comme si* je comprenais le chinois en exécutant une série d'opérations syntaxiques que je comprends le chinois. De nombreuses objections ont été formulées à l'égard de cette expérience de pensée, sur base de laquelle Searle rejette en tous cas certaines approches en intelligence artificielle, spécifiquement les approches « classiques » selon lesquelles l'esprit est un programme qui, comme les ordinateurs, exécute une série d'opérations

1. S. Harnard, « Other bodies, other minds : a machine incarnation of an old philosophical problem », *Minds and Machines* 1, 1991 ; « Levels of functional equivalence in reverse bioengeenering : The Darwinian Turing test for artificial life », *Artificial Life* 1, 1994.

2. J. R. Searle, « Minds, brains, and programs », *Behavioral and Brain Sciences* 3, 1980.

syntaxiques sur des représentations propositionnelles. L'argument, pour des raisons qu'il serait trop long de développer ici, a moins de force vis-à-vis des approches d'inspiration neurale.

Métaphysique de la conscience

La possibilité d'une conscience artificielle dépend donc directement de la perspective métaphysique que l'on adopte vis-à-vis du problème de la conscience *tout court :* soit j'adopte une perspective fonctionnaliste et je considère que la conscience est une propriété de l'organisation de la matière, auquel cas une conscience artificielle est non seulement possible mais également inévitable; soit j'adopte une perspective que l'on a parfois appelée « mystérianiste », et je considère que la conscience ne peut en aucun cas être réduite à l'organisation fonctionnelle d'un système; auquel cas une conscience artificielle semble impossible.

Différents auteurs ont adopté des perspectives contrastées par rapport à cette question, qui est encore aujourd'hui loin d'être résolue. D'un côté, on trouve des philosophes comme Daniel Dennett qui, tout en reconnaissant que la conscience est un problème particulier pour les sciences cognitives, adopte cependant une perspective résolument fonctionnaliste et défend donc l'idée que la conscience, comme l'intelligence, émerge tout simplement de l'activité de systèmes nerveux organisés d'une manière particulière et suffisamment complexes.

De l'autre, on trouve des auteurs tels que David Chalmers, pour qui, si la conscience supervène bien à l'organisation fonctionnelle d'un système, son existence n'est par pour autant une conséquence nécessaire de l'organisation de ce système. L'argument de Chalmers est essentiellement fondé sur la concevabilité des zombies. Pour Chalmers, on peut fort bien imaginer un agent qui se comporte en tous points comme un être humain, mais qui serait cependant totalement dénué de l'expérience intérieure qui caractérise notre vie mentale. Autrement dit, un tel agent donnerait l'apparence d'être conscient sans l'être pour autant, et nous n'aurions aucun moyen empirique de faire la différence. Cet argument suggère à Chalmers que la conscience est un « ingrédient supplémentaire » qui ne pourrait se réduire à l'organisation fonctionnelle d'un système et l'amène dès lors à défendre une position dualiste en ce qui concerne les rapports corps-esprit. La conscience, comme la gravité, est comprise comme une sorte de force fondamentale irréductible.

Notons que ceci n'exclut en rien, quelque peu paradoxalement, la possibilité d'une conscience artificielle, et Chalmers adopte même une position panpsychique qui consiste à reconnaître que même des artefacts fort simples comme un thermostat peuvent faire preuve d'une forme de conscience (certes fort limitée) dans la mesure où il sont capables d'adopter des états internes différents les uns des autres (contrairement à une pierre). Ce n'est donc pas tant que la conscience dépendrait de propriétés mystérieuses de la matière, mais plutôt qu'elle ne peut découler exclusivement de la capacité d'un système à traiter l'information, autrement dit de ses propriétés fonctionnelles.

Pour Searle, enfin, la conscience a une ontologie subjective plutôt qu'objective. Il embrasse en cela une forme de dualisme en argumentant qu'il serait vain de chercher à réduire l'expérience phénoménale aux phénomènes biologiques qui en sont néanmoins la cause. Tenter d'identifier les corrélats neuraux d'états mentaux serait donc tout aussi absurde que de chercher à identifier les corrélats électromagnétiques de l'histoire d'un film dramatique que je regarde à la télévision. Il ne s'agit tout simplement pas de la même chose, même si l'on ne peut nier que les scènes qui me sont données à voir sont bien intégralement causées par les mouvements de charges électromagnétiques sur la surface de l'écran du téléviseur.

Du côté des neurosciences cognitives, de nombreux mécanismes différents ont été proposés pour expliquer la différence entre états mentaux conscients et inconscients. Nous envisageons brièvement ces modèles dans la section suivante.

Modèles de la conscience

De nombreux auteurs ont aujourd'hui proposé des modèles computationnels de la conscience. Parmi ceux-ci, il faut distinguer les modèles dont l'objectif est essentiellement de proposer des mécanismes computationnels permettant de rendre compte des différences entre traitement de l'information avec et sans conscience, des modèles dont l'objectif est d'instancier une véritable conscience artificielle. Alors que les premiers cherchent essentiellement à soutenir le développement d'une théorie cognitive ou neuro-cognitive de certains aspects de la conscience, les seconds ont par contre l'ambition de se présenter comme des artefacts conscients.

Cette différence reflète la distinction introduite par Searle entre « intelligence artificielle forte » et « intelligence artificielle faible », c'est-à-dire la distinction entre des perspectives qui considèrent qu'un système artificiel intelligent doit être considéré comme *véritablement* intelligent, au même titre que n'importe quel être humain, et des perspectives qui considèrent qu'un système artificiel intelligent n'est rien d'autre qu'une *simulation* des processus impliqués dans l'intelligence.

Les modèles du premier type sont aujourd'hui nombreux [1], et la plupart d'entre eux n'ont pour ambition que de rendre compte de la conscience d'accès. Deux grandes perspectives peuvent être ainsi distinguées

Il y a d'une part des modèles inspirés de travaux de Bernie Baars [2] et de Dennett [3], pour qui la conscience implique une forme de « célébrité dans le cerveau » : les représentations conscientes sont tout simplement celles qui, à un moment donné, dominent le traitement de l'information. Bien que Baars et Dennett développent respectivement des théories fort différentes, l'idée centrale reste la même. Stanislas Dehaene et Jean-Pierre Changeux ont développé plus avant la théorie de Baars pour proposer la théorie de « l'espace de travail neural » [4], selon laquelle la conscience dépend des interactions entre certaines régions du cortex connectées entre elles par des connexions cortico-corticales à longue distance émanant de la couche 5 du cortex. Le traitement de l'information que réalise le cerveau est donc inconscient tant qu'il demeure limité à certaines régions ; il devient conscient à partir du moment où il engage l'espace de travail neural formé par les lobes frontaux, temporaux et pariétaux. Le fait qu'un état mental soit un état mental conscient dépend donc ici de propriétés de premier ordre, par exemple de la force ou de la qualité des configurations d'activité neurale correspondantes.

La deuxième grande perspective adopte une position radicalement différente. Pour des philosophes tel que David Rosenthal [5], la conscience dépend de l'implication de ce qu'il appelle des pensées d'ordre supérieur. La différence entre un état mental conscient et un état mental inconscient est l'existence, dans le premier cas mais pas dans le second, d'une autre représentation qui indique au sujet l'existence de la représentation de premier ordre correspondante. Autrement dit, un état mental est un état mental conscient

1. A. P. Atkinson, M. S. C. Thomas, A. Cleeremans, « Consciousness : mapping the theoretical landscape » *Trends in Cognitive Sciences* 4, 10, 2000.

2. B. J. Baars, *A Cognitive Theory of Consciousness*. Cambridge, Cambridge University Press, 1988.

3. D. C. Dennett, *Consciousness Explained*. Boston, MA, Little, Brown & Co., 1991.

4. S. Dehaene, J.-P. Changeux, « Neural mechanisms for access to consciousness », in *The Cognitive Neurosciences*, M. Gazzaniga (ed.), New York, W.W. Norton, 2004 ; S. Dehaene and C. Sergent, « A neuronal network model linking subjective reports and objective physiological data during conscious perception », *Proceedings of the National Academy of Sciences of the U.S.A.* 100, 14, 2003 ; S. Dehaene and M. Kerszberg, « A neuronal model of a global workspace in effortful cognitive tasks », *Proceedings of the National Academy of Sciences of the U.S.A.* 95, 24, 1998.

5. D. Rosenthal, « A Theory of Consciousness », *in* N. Block, O. Flanagan, G. Güzeldere (eds.), *The Nature of Consciousness : Philosophical Debates*, *op. cit.*

quand *nous* sommes conscients de l'existence de cet état mental. Bien que nettement moins populaire que les théories de premier ordre, la théorie de Rosenthal suscite actuellement un intérêt grandissant [1].

Enfin, dans une perspective plus computationnelle, il faut citer ici la théorie de l'information intégrée de Giulio Tononi [2], pour qui la conscience dépend de la capacité d'un système à se trouver dans de nombreux états différents mais intégrés. Cette hypothèse amène Tononi à tenter d'identifier les propriétés architecturales en vertu desquelles différents types de réseaux neuronaux sont susceptibles d'exhiber de telles caractéristiques.

En ce qui concerne les modèles du deuxième type, ils trouvent essentiellement leur origine dans les travaux de chercheurs en intelligence artificielle. Il existe ainsi une communauté de chercheurs qui se définit elle-même comme travaillant sur le problème de la conscience artificielle (« machine consciousness ») et dont l'objectif central consiste à tenter d'élaborer des systèmes artificiels conscients. Plusieurs des acteurs centraux dans ce domaine (dont l'auteur de ces lignes) furent réunis, en 2001, lors d'un symposium intitulé « Can a machine be conscious ? » organisé par la Fondation Swartz à Cold Spring Harbour. Bien qu'aucune conclusion ferme n'ait pu être élaborée, tous les participants étaient d'accord pour affirmer qu'aucune loi naturelle ne s'opposerait au développement d'un artefact conscient.

Dans cet esprit, Stan Franklin [3], a proposé un modèle appelé IDA, dont la fonction est d'organiser les déplacements des soldats de la marine américaine. IDA exhibe de nombreuses propriétés que l'on associerait à la conscience, comme par exemple la mémoire, la planification, la résolution de problèmes, et ainsi de suite. Le modèle est inspiré directement de la théorie de Baars et en illustre de nombreuses propriétés. Mais, de l'avis même de Franklin, IDA ne peut pas être considéré comme un artefact conscient du point de vue phénoménologique.

1. H. Lau, D. Rosenthal, « Empirical support for higher-order theories of consciousness » *Trends in Cognitive Sciences* 15, 8, 2011.

2. G. Tononi, « The information integration theory », *in* M. Velmans, S. Schneider (eds.), *The Blackwell Companion to Consciousness*, Oxford, UK, Blackwell Publishing, 2007 ; voir aussi le livre de G. Tononi, *Phi: A Voyage from the Brain to the Soul*, New York, Pantheon Books, 2012.

3. S. Franklin, *Technologies of Procreation : Kinship in the Age of Assisted Conception,* Manchester, Manchester University Press, 1993 ; A. C. Graesser, « A software agent model of consciousness » *Consciousness and Cognition* 8, 1999.

Il faut également citer ici les travaux d'Igor Aleksander[1], qui propose, avec son système MAGNUS, un autre exemple d'un logiciel complexe comparable à IDA, mais davantage centré sur certaines fonctions cognitives, en particulier la vision. On peut également citer, dans cette perspective, les travaux de Taylor[2], qui s'est quant à lui intéressé en particulier au rôle que l'attention et le contrôle cognitif jouent dans la conscience. Enfin, des chercheurs tels qu'Owen Holland[3] adoptent quant à eux une approche robotique, tentant ainsi d'élaborer des artefacts capables d'interagir véritablement avec leur environnement.

On pourrait ainsi évoquer les travaux de nombreux autres chercheurs, mais force est de constater qu'aucun des modèles proposés ne semble convaincre. La conscience, à tout le moins dans ses dimensions phénoménologiques, échappe encore totalement aux tentatives contemporaines de modélisation.

Perspectives

En l'absence de conscience artificielle convaincante aujourd'hui, nous en sommes réduits à spéculer sur les critères qui nous permettraient de progresser. Quelles sont les propriétés nécessaires qu'il s'agirait de capturer pour qu'une conscience artificielle soit convaincante ?

Une première réponse à cette question est qu'il ne suffirait pas qu'elle fasse preuve d'intelligence. Des artefacts tels que WATSON ou DEEP BLUE font indubitablement preuve d'une intelligence remarquable, mais personne ne voudrait leur attribuer une expérience intérieure, une vie mentale semblable à celle des être humains. L'intelligence n'est ni nécessaire ni suffisante pour la conscience. Au mieux, de tels systèmes formalisent un ensemble de compétences associées à la conscience d'accès : la capacité de traiter de manière intégrée et différenciée diverses informations pertinentes.

Une deuxième possibilité consisterait dès lors à argumenter, à la manière de Stevan Harnad, que toute conscience doit nécessairement être incarnée. Il s'agirait ici de défendre l'idée que la conscience doit nécessairement être connectée au réel tant par la capacité d'appréhender le monde que par la capacité d'agir. C'est la démarche que suivent les roboticiens contemporains, qui développent aujourd'hui des machines capables de naviguer de manière autonome, de reconnaître les visages des êtres humains et d'interagir avec eux en utilisant le langage naturel. Il y a cependant une différence fondamentale

1. I. Aleksander, *How to Build a Mind*. London, UK, Weidenfeld and Nicolson, 2000.
2. J. G. Taylor, *The Race for Consciousness*, Cambridge, MA, MIT Press, 1999.
3. O. Holland (ed.), *Machine Consciousness*, Exeter, UK, Imprint Academic, 2003.

entre ce que l'on pourrait appeler la *sensibilité* et la conscience. Une plante carnivore, par exemple, ou un thermostat, font tous deux preuve de la capacité de percevoir le monde et d'agir sur lui de manière appropriée. Les feuilles de *Dionea Muscipila* se refermeront sur l'insecte qui parcourt leur surface quand certaines conditions sont remplies; de même, le thermostat déclenchera la chaudière quand il aura enregistré que la température est en deçà d'un certain seuil. Des tels systèmes font clairement preuve d'une sensibilité au monde extérieur et de la capacité d'agir en retour sur leur environnement de manière à satisfaire certaines fonctions nécessaires à la survie ou délibérément programmées pour rencontrer les objectifs d'autres agents. Ces capacités confèrent-elles pour autant une forme de conscience à la plante ou au thermostat? Si les intuitions des chercheurs diffèrent en ce qui concerne le thermostat, il serait ardu d'identifier qui que soit qui serait prêt à défendre l'idée que la plante carnivore est consciente. Dénuée d'un système nerveux, on voit mal de quelle forme d'activité mentale, consciente ou pas, la plante pourrait être dotée. Le simple fait d'être un agent incarné ou robotique plutôt que d'être un agent purement virtuel ne suffirait donc pas non plus, même s'il semble que ce caractère incarné soit essentiel pour permettre à de tels systèmes de développer leur propre sémantique enracinée dans la réalité.

Un troisième argument pourrait consister à défendre l'idée que la différence fondamentale entre n'importe quel artefact contemporain et l'être humain est tout simplement une différence de complexité. Les ordinateurs contemporains sont très substantiellement moins complexes que le cerveau humain. Le fait que nous rechignions à leur attribuer une forme de conscience proviendrait donc uniquement de leurs capacités somme toute fort limitées. Dans cette perspective, une conscience artificielle émergera quasiment spontanément dès qu'un certain seuil de complexité est atteint. C'est la perspective défendue, par exemple, par Daniel Dennett, qui établit un parallèle intéressant entre les idées de Turing et celles de Darwin. La théorie de l'évolution a fondamentalement remis en cause notre conception de l'homme précisément parce qu'elle démontre comment un être aussi complexe peut apparaître graduellement via les mécanismes aveugles de la sélection naturelle. Turing, environ 80 ans plus tard, démontre quant à lui comment il est possible de calculer tout ce qui est calculable en appliquant les procédures automatisées, aveugles, des algorithmes, et révolutionne ainsi radicalement notre conception de l'intelligence, ouvrant du même coup la voie vers les développements futurs de l'intelligence artificielle. Dans les deux cas – l'évolution et l'intelligence, nous semblons avoir affaire à des continua. Il est donc tentant de considérer, pour autant que l'on s'accorde avec l'idée que la conscience est une conséquence de l'organisation fonctionnelle d'un système de traitement de l'information, qu'il suffit d'attendre que de tels systèmes se complexifient suffisamment pour qu'elle émerge spontanément. C'est exactement ce que prédisent des chercheurs comme Ray Kurzweil et les transhumanistes, qui situent d'ailleurs ce moment dans les 50 prochaines années.

Enfin, un quatrième argument me semble essentiel et, curieusement, souvent ignoré. La différence fondamentale entre n'importe quelle intelligence artificielle contemporaine et les êtres humains est que les premiers, contrairement aux seconds, n'ont ni désirs, ni craintes. Aucune machine contemporaine ne *veut* quoi que ce soit; aucune machine contemporaine ne redoute le moment où un être humain la débranchera. Les intelligences artificielles d'aujourd'hui sont profondément apathiques; elles sont en quelque sorte perpétuellement déprimées. Comment instiller le sens de la volonté à une machine?

Il faudrait tout d'abord que cette machine se reconnaisse elle-même comme *sujet*. Il faudrait ensuite que cette machine soit capable de développer de manière totalement autonome des préférences, qu'elle apprenne, en quelque sorte, à préférer certains stimuli et certaines interactions plutôt que d'autres, et qu'elle soit en outre capable d'agir sur son environnement de manière à réaliser ses objectifs. Bref, il faudrait, pour qu'une conscience artificielle soit véritablement convaincante, qu'elle fasse preuve d'agentivité, c'est-à-dire qu'elle soit non seulement capable de conscience de soi en tant qu'agent autonome capable d'agir sur le monde, mais également qu'elle désire certaines choses plutôt que d'autres, qu'elle soit capable d'éprouver des émotions telles que le plaisir, la colère, ou la déception.

Tout ceci nous ramène finalement à l'enracinement biologique des êtres conscients. Ce sont, en ultime ressort, des questions de vie et de mort qui confèrent un véritable sens de présence aux êtres vivants. On retrouve ici les arguments de Damasio[1], pour qui les émotions jouent un rôle central dans l'émergence du sujet. Sans émotions, rien n'a de valeur pour un organisme, qu'il soit artificiel ou non, et si les choses n'ont pas de valeur, il n'y a aucune raison de choisir une action plutôt qu'une autre. Or, ce sont précisément les choix qu'ils font qui confèrent à chaque être humain tant leur agentivité que leur individualité. Comme le dit Dennett : « Comment passons-nous du fait de faire certaines choses pour certaines raisons au fait d'avoir certaines raisons pour faire certaines choses ? » Voilà sans doute la question à laquelle il s'agirait

1. A. Damasio, *The Feeling of What Happens : Body and Emotion in the Making of Consciousness*, New York, NY, Harcourt Brace & Company, 1999.

d'apporter une réponse avant d'envisager sérieusement la possibilité d'une conscience artificielle.

Axel Cleeremans

DOPAGE

Dans l'édition de 1922 de la *Pédagogie sportive*, Pierre de Coubertin revient sur la philosophie du sport de compétition en développant la devise olympique : « Le sport veut plus de vitesse, plus de hauteur, plus de force. C'est son inconvénient, soit ! au point de vue de l'équilibre humain. Mais c'est aussi sa noblesse, et même sa poésie ! ». Et la « liberté d'excès » – qu'il revendique dans un message radiodiffusé de 1935 donne le ton aux dernières lignes des *Mémoires Olympiques* : « N'espérez pas l'abattre sans tout détruire. Résignez-vous donc, vous tous, adeptes de l'utopie contre-nature de la modération, à nous voir continuer de mettre en pratique la devise donnée par le Père Didon jadis à ses élèves et devenue celle de l'olympisme : citius, altius, fortius »[1]. Coubertin préfère d'ailleurs la maxime « Mens fervida in corpore lacertoso » – un esprit vif dans un corps robuste – au trop classique « mens sana in corpore sano ».

Le débat sur l'amélioration des performances sportives est évidemment fort ancien, mais il a considérablement évolué au cours de ces dernières années. Deux raisons expliquent, selon nous, ce renouvellement.

La première raison donnant à la question de l'amélioration des performances sportives une dimension philosophique et éthique qu'elle ne possédait pas antérieurement, c'est l'inclusion de la question du dopage dans un champ plus large, celui de la médecine d'amélioration. Les substances utilisées par les sportifs pour améliorer leur performance, des produits comme les amphétamines, l'érythropoïétine, les corticoïdes ou l'hormone de croissance ont d'abord été utilisés à des fins thérapeutiques. De la même façon, des technologies médicales comme la thérapie génique ou l'injection de cellules souches sont susceptibles d'être appliquées à des fins mélioratives chez les sportifs. Cette évolution représente un changement de paradigme dans la pratique médicale. Au sein de la médecine classique, thérapeutique, s'est développée, insensiblement, une autre médecine dont l'objectif n'est plus de guérir, mais d'améliorer, une « médecine dopante ». La médecine n'est plus

1. P. De Coubertin, *Mémoires olympiques*, Paris, Revue EPS, 1996.

uniquement thérapeutique. Certains attendent d'elle qu'elle intervienne dans l'amélioration des performances et dans le « perfectionnement » de l'humain, y compris dans le domaine sportif. Dans ce contexte, le sport de compétition pourrait devenir un des principaux laboratoires de l'« enhancement ». La recrudescence de la lutte antidopage après l'affaire Festina sur le Tour de France 1998 a conduit à la création de l'Agence mondiale antidopage (AMA) et à l'application d'une philosophie prohibitionniste officiellement défendue par les autorités sportives. Cette volonté politique d'éradiquer le dopage a conduit à la condamnation de nombreux sportifs à des peines de suspension de compétition plus ou moins longues, et, indirectement, à l'emprisonnement d'athlètes aussi illustres que Marion Jones. L'Agence mondiale antidopage (AMA) a développé une idéologie de lutte contre le dopage similaire à celle qui sous-tend la guerre contre la drogue.

Du point de vue d'une éthique conséquentialiste, il est loin d'être évident que ce soit la meilleure attitude à adopter. Certains pensent aujourd'hui que l'éradication du dopage dans le sport est une solution inappropriée et vouée à l'échec. Le dopage est un sujet tabou et Samaranch avait créé un scandale en déclarant que seuls les produits nuisibles à la santé devaient être considérés comme du dopage : « All of the stuff that was going on in the Tour de France is not really doping unless you can prove to him it damaged health »[1].

Les membres de l'AMA ont trop souvent tendance à présenter la lutte antidopage comme la lutte du Bien contre le Mal, en ne s'interrogeant pas sur le bien-fondé et les éventuels effets pervers de ce combat. La politique de prohibition et de répression du dopage ne constitue certainement pas la seule stratégie possible. Il existe d'autres positions éthiques (et d'autres politiques) que celle qui sous-tend aujourd'hui l'action de l'AMA. Un vaste débat de société devrait être ouvert, sans préjugés, sur les conséquences de la politique antidopage, sur la légitimité d'avoir recours aux technologies d'amélioration dans le sport ainsi que sur la politique sportive à défendre pour permettre aux athlètes d'exercer leur métier dans les meilleures conditions possibles.

L'interdiction du dopage introduit au sein du sport de compétition une contradiction structurelle. On demande au sportif de se dépasser lui-même tout en voulant interdire, sur des bases controversées, les moyens rendant possibles ce dépassement. Le dopage n'est rien d'autre que la conséquence logique de la quête d'une maximisation de la performance. La nature du sport de compétition incite les athlètes à compléter leur entraînement par une préparation biomédicale. Il peut sembler paradoxal de vouloir leur interdire une pratique

1. A. Samaranch, *El Mundo*, 26 juillet, 1998.

qui est au cœur même de la logique du sport de compétition : améliorer, à n'importe quel prix, les performances. On demande à l'athlète de « se dépasser », de battre des records mais, dans le même temps, on lui interdit de recourir au dopage. Sans recours aux technologies, ou aux produits d'amélioration, il y a peu de chance qu'une athlète batte dans un futur proche les 10'49 de Florence Griffith Joyner sur 100 m (en 1988) ou qu'un cycliste fasse un chrono inférieur aux 36 minutes 45 secondes de Marco Pantani dans la montée de l'Alpe-d'Huez (en 1997).

Le sport de compétition est profondément inégalitaire. Que met-on en valeur dans le sport de haut niveau ? Ce sont les inégalités naturelles. Schématiquement, l'athlète qui gagne est celui qui a le meilleur potentiel génétique et qui dispose des conditions d'entraînement et d'encadrement médical les plus favorables. L'expression « concourir sur un pied d'égalité » (« to compete on a level playing field ») est trompeuse.

Lorsque l'Agence mondiale antidopage interdit le recours aux technologies ou aux produits dopants pour « garantir aux sportifs du monde entier l'équité et l'égalité », elle défend implicitement une philosophie naturaliste qui considère le sport comme l'arbitre impartial des inégalités naturelles. Dans cette optique, être juste, c'est respecter ces inégalités.

Dans les fondements du Code mondial antidopage, il est affirmé que « le dopage est contraire à l'essence même de l'esprit sportif »[1]. Il s'agit là d'une contre-vérité. Le dopage fait partie intégrante du sport de compétition, de sa réalité, de son histoire, de sa logique, et donc de son « essence », si l'on tient absolument à utiliser le vocabulaire de l'ontologie. Dans certaines disciplines comme l'athlétisme ou le cyclisme, le dopage est endémique. Dire que le dopage est contraire à l'esprit du sport, c'est nier l'histoire et la réalité du sport. Le dopage est au cœur du sport de compétition.

La politique antidopage est inefficace et engendre de multiples effets pervers. Dans certaines disciplines comme l'athlétisme et le cyclisme, un nombre considérable d'athlètes continuent à prendre des produits malgré plusieurs décennies de lutte antidopage. Les sportifs qui se dopent s'adaptent à la politique des contrôles. L'inefficacité relative des contrôles pose de sérieux problèmes d'éthique et de justice sportive. Un très grand nombre d'athlètes dopés parviennent à passer entre les mailles du filet. Dès lors, les athlètes qui ne prennent pas de produits dopants sont désavantagés par rapport à ceux qui se dopent clandestinement. Cela conduit à la situation hautement immorale où le

1. Agence Mondiale Antidopage, *Le code mondial antidopage*, Montréal, Agence Mondiale Antidopage Press, 2009, p. 14.

vainqueur est souvent le « meilleur tricheur », c'est-à-dire le plus rusé, le plus intelligent ou le plus chanceux.

La politique antidopage constitue également une menace pour la vie privée des athlètes. Les partisans de la philosophie antidopage considèrent que si l'on se donne des moyens plus importants et nouveaux, le dopage sera progressivement éradiqué. Cette attitude conduit nécessairement à une multiplication des contraintes bureaucratiques, juridiques et policières pesant sur le sport professionnel ; contrôles inopinés, passeport biologique, cryopréservation des échantillons sanguins en vue de contrôles ultérieurs, perquisitions dans les chambres des coureurs, un jour peut-être biopsies musculaires pour contrer le dopage génétique… Est-il raisonnable d'imposer de telles contraintes à des athlètes qui consacrent toute leur vie au sport ? Dans quel autre secteur de la société se permettrait-on de soumettre les individus à de telles contraintes ? On devrait réfléchir davantage au bien-fondé de traiter les athlètes comme de potentiels délinquants ayant à informer les organisations antidopage de leur moindre déplacement. La politique actuelle de l'AMA conduit à une criminalisation et à une diabolisation des sportifs. Au nom de la politique antidopage et en voulant imposer aux sportifs une pureté artificielle qui, dans certaines disciplines, nie la réalité historique et la culture du sport, les autorités sportives ont mis en place une féroce « chasse aux sorcières », une implacable croisade puritaine, qui peut avoir des conséquences terribles sur la vie des athlètes qui se font prendre.

La politique de l'AMA engendre aussi un curieux processus de réécriture permanente des palmarès sportifs. Qui a gagné la finale du 100 m des Jeux olympiques de Sydney ? Marion Jones ? C'est elle qui fut la première à franchir la ligne d'arrivée, mais, en 2007, elle a été déclassée pour dopage. Ce ne peut donc pas être la bonne réponse. Ekaterini Thanou ? La sprinteuse grecque avait terminé à la deuxième place de cette épreuve. C'est elle qui apparaît au palmarès officiel, mais le CIO n'a pas voulu lui attribuer la médaille d'or en raison de son implication dans d'autres affaires de dopage. Thanou a officiellement gagné le 100 m des Jeux de Sydney, mais elle doit se contenter de la médaille d'argent. « Qui a gagné la finale du 100 m des Jeux olympiques de Sydney ? » est donc une question sans réponse, et la finale du 100 m féminin des Jeux de Sydney une épreuve sans vainqueur. Jusqu'en 2012, Armstrong était considéré comme le septuple vainqueur du Tour de France. Il a été déclassé. Aucun autre vainqueur n'a été désigné. De 1999 à 2005, le palmarès du Tour de France reste vierge. La course a bien eu lieu mais les autorités sportives ont été incapables de désigner un vainqueur. Faut-il effacer des pans entiers de l'histoire du sport au nom d'une éthique de la conviction fondée sur la pureté de l'« Esprit du sport » ? Si ce processus de réévaluation permanente de la vertu des vainqueurs se poursuit, on finira par constater que personne n'a jamais gagné un Tour de France ou une finale de 100 m en respectant le véritable « Esprit du sport ».

Les partisans de l'antidopage affirment avec raison que le dopage peut être dangereux pour la santé. Il y a effectivement eu des accidents mortels à cause du dopage. Mais, dans la majorité des cas, ces accidents sont survenus dans un contexte où les produits dopants avaient été prescrits dans la clandestinité, le plus souvent par des soigneurs sans formation médicale. Le sport de haut niveau n'est-il pas en lui même source de risques importants, en particulier dans certaines disciplines (boxe, cyclisme, formule 1, alpinisme…)? Pourquoi accepter les risques pour la santé inhérents au sport de haut niveau et pas les risques liés au dopage?

Il n'est pas aisé de dire quelle est la meilleure politique à adopter en matière de dopage. Ce problème n'offre pas de solutions faciles. Mais l'approche pragmatique autorisant le recours à certaines formes de bioamélioration sous contrôle médical semble être la plus en cohérence avec la philosophie globale du sport de compétition : maximiser la performance. Nous pensons que, pour cette raison, la philosophie de l'antidopage est condamnée à perdre du terrain dans les années à venir. Elle pourrait connaître le même destin que l'idéologie de l'amateurisme qui a combattu le professionnalisme – et persécuté les sportifs qui acceptaient des rémunérations – avant de perdre progressivement pied dans les années 1970 en raison de son inadéquation avec la nouvelle réalité du sport dans un monde s'ouvrant davantage au libéralisme et au capitalisme.

Mais l'honnêteté intellectuelle nous invite à ajouter que la libéralisation du dopage présente, elle aussi, des effets indésirables. Le principal défaut de cette position peut s'énoncer ainsi : en libéralisant le dopage, on oblige les athlètes qui n'ont pas envie de se doper à se convertir au dopage ou à renoncer à la compétition. Elle élimine ainsi de facto la possibilité de pratiquer un sport de compétition sans avoir recours au dopage. La question du dopage est donc un problème qui n'offre aucune solution pleinement satisfaisante.

La politique – et l'éthique qui l'accompagne – que l'on souhaite adopter en cette matière dépend d'un choix sur le type d'effets pervers que l'on préfère éviter. Mais ce choix lui-même n'est-il pas une illusion? Au-delà du débat « pour ou contre le dopage », nous avons le sentiment qu'il est impossible de prévenir l'avènement de certaines formes d'amélioration biotechnologique dans le sport. C'est également l'avis de Ted Friedmann, un spécialiste américain des applications de la thérapie génique en médecine sportive : « Pourquoi pensons-nous que les approches génétiques de l'amélioration des performances sportives soient inévitables ? D'abord, les athlètes aiment prendre des risques. Ce sont de jeunes personnes en bonne santé qui se croient invulnérables. Et on sait qu'ils sont prêts à accepter toutes sortes de risques ! Des enquêtes de sondage ont montré que la plupart d'entre eux accepteraient de perdre 20 ans de leur vie si on leur assurait une médaille d'or aux prochaines Olympiades [1]. Si on suit le raisonnement de Friedmann, il existerait une sorte de destin technologique inhérent au sport de haut niveau. Qu'on le veuille ou non, le scénario le plus probable relatif à l'évolution du sport de compétition comprend une utilisation croissante du génie biotechnologique pour améliorer les performances. Les forces internes à la logique de la maximisation de la performance sont plus puissantes que l'impossible quête puritaine d'un sport épuré de ses produits et technologies d'amélioration. Ainsi que le note Coubertin, la première caractéristique essentielle de l'olympisme ancien aussi bien que moderne, c'est d'être une religion. La seconde, c'est le fait d'être une aristocratie, une élite. Aux yeux de cette élite, seule la performance compte. « Ne savez-vous pas que ceux qui courent dans le stade courent tous, mais qu'un seul remporte le prix ? Courez de manière à le remporter » (Corinthiens, 9:24).

Jean-Noël Missa

DOPAGE COGNITIF ET PSYCHOTROPES

*Leur histoire et leur rôle dans la mise en place de la notion « d'augmentation » (*enhancement*) de l'homme.*

Le corps humain, organisme vivant, est susceptible d'interagir avec les substances matérielles qui y sont introduites. C'est là une propriété très générale et qui vaut quel que soit le mode d'introduction (orale, par injection, par inhalation ou n'importe quelle autre méthode) et quelle que soit la substance introduite. De l'eau, du sucre, de l'huile, du chocolat, du café, de la cocaïne, de la nicotine, etc. : toutes ces substances (et donc toutes les substances imaginables), pour peu qu'on les introduise dans le corps, sont susceptibles de modifier ce dernier ainsi que son comportement. Pourtant, toutes ces substances ne sont pas, loin s'en faut, considérées comme des dopants. Toutes ne sont pas interdites. Où passe donc la ligne entre ce qui est autorisé et ce qui

1. T. Friedman, « Potential for genetic enhancement in sport », *The President's Council on Bioethics*, 11 juillet 2002.

est interdit ? Pourquoi, d'ailleurs, certaines substances sont-elles interdites ? À quoi correspond la frontière qui sépare ce qui est autorisé de ce qui est interdit ? Coïnciderait-elle avec ce qui est nommé « drogue » ? Comment définir ce dernier terme ? Pour aborder ces questions, nous suivrons une démarche historique. Nous nous intéresserons aux premières substances qui ont donné lieu à des utilisations correspondant à ce qu'aujourd'hui nous nommons « dopage ». Et, pour cela, nous remonterons bien au-delà de l'époque à laquelle on fait traditionnellement remonter ces usages, c'est-à-dire bien au-delà du XIXe siècle. Nous remonterons au-delà même de la période qui est habituellement nommée « antiquité ». Nous suivrons le destin de l'utilisation de trois plantes – la Coca, le Khat, le Ma Huang – qui ont joué, très tôt, dans l'histoire humaine (il y a quelque cinq mille ans), le rôle de stimulant pour des activités physiques (liées à un travail, non à une performance sportive). Et ceci dans des contextes culturels très différents les uns des autres.

La coca est une plante qui pousse, à l'état naturel, sur les hauts plateaux des Andes, en Amérique latine. Les populations autochtones l'utilisent depuis fort longtemps pour faciliter les travaux pénibles (Alain Labrousse, dans son livre *Géopolitique des drogues*, estime que cette utilisation remonte à au moins 5000 ans). Les feuilles de coca contiennent de nombreuses substances qui interagissent avec l'organisme humain. En plus de la cocaïne, on en dénombre au moins une douzaine qui ont des effets physiologiques notables et connus (papaïne et quinoléïne qui ont des effets sur la digestion et sur la cicatrisation de la peau, atropine qui agit sur les voies respiratoires, globuline qui régule la tension et le rythme cardiaque, pyridine qui facilite l'oxygénation du sang, etc.). L'usage de cette plante semble avoir été courant dans les cultures pré-colombiennes qui se sont développées dans les régions correspondant aux actuels territoires du Pérou, de la Bolivie et de la Colombie. Les feuilles de la plante étaient longuement mâchées et leur consommation facilitait le travail agricole rendu particulièrement difficile par l'altitude et par la géographie escarpée des parcelles cultivées.

Le Khat est une plante utilisée depuis des temps immémoriaux par les populations vivant dans la corne orientale de l'Afrique et une partie de la péninsule arabique (sur les territoires de l'actuelle Somalie, de l'Éthiopie, de Djibouti et du Yémen). Il fait l'objet d'un usage rituel qui ressemble à celui de la coca dans les Andes : les feuilles fraîches, appréciées pour leurs propriétés stimulantes, sont mastiquées avec application. La plante contient, comme la coca, plusieurs principes actifs. Mais le plus important d'entre eux, celui sur lequel repose l'essentiel de l'activité stimulante de la plante, est la cathinone. Cette substance, instable, disparaît presque entièrement dans les 24 heures qui suivent la cueillette de la plante. C'est la raison pour laquelle les usagers recherchent les feuilles les plus fraîches possible. Autre plante et autre culture, donc, mais usage similaire néanmoins : l'effet recherché était, comme avec la coca, le renforcement de l'ardeur au travail.

Le Ma Huang est une plante aux fleurs jaunes et aux baies rouges qui pousse naturellement en Chine et sur les plateaux de Mongolie. Cette plante est utilisée depuis au moins 4000 ans par la médecine traditionnelle chinoise pour combattre certaines allergies, pour accélérer les convalescences, pour soutenir les activités physiques et pour augmenter la concentration. C'est donc, une fois encore, les propriétés stimulantes de la plante qui furent identifiées et mises à profit pour procurer un stimulant efficace et d'accès facile. En 1887, le chimiste japonais Nagajoshi Nagaï identifiera le principal composé actif de la plante qu'il nommera « éphédrine ».

Voici donc trois plantes (Coca, Khat, Ma Huang), contenant trois principes actifs différents (respectivement la cocaïne, la cathinone et l'éphédrine), repérées de longue date en raison de leur commune activité stimulante. Et ceci dans trois cultures très différentes : culture d'Amérique précolombienne pour la première, culture d'Afrique orientale pour la seconde, culture d'Asie orientale pour la troisième. Ce simple constat pose un problème d'analyse culturelle important : comment se fait-il que des cultures aussi éloignées les unes des autres aient toutes fait appel au même type d'effet ? N'aurait-on pas dû s'attendre, en vertu de la diversité des valeurs portées par les cultures humaines, à observer une situation différente dans chaque cas ? N'aurait-on pas dû s'attendre à ce que certains peuples fassent usage de ces produits tandis que d'autres les négligeaient ? Il semble, au contraire, que là où des stimulants étaient disponibles, dissimulés dans les plantes, les hommes qui vivaient dans les régions où poussaient ces dernières en ait fait un usage étonnamment similaire.

Dans les contrées où a prospéré la culture occidentale (le pourtour méditerranéen et l'Europe, dans un premier temps), on ne trouve pas, à l'état naturel, de plante qui contienne des stimulants aussi puissants. Il faudra attendre l'année 1859 pour voir apparaître en Europe une de ces substances. Ce sera la cocaïne, première substance que l'on peut qualifier de « dopante » (si on s'autorise à faire usage de ce terme de façon quelque peu anachronique puisque le terme « dopage », dont l'origine est d'ailleurs discutée, ne devient courant qu'au XXe siècle). Plus tard (en 1932), la commercialisation de la première substance dopante synthétique, la molécule d'amphétamine, marquera le début d'une extension de ces techniques au-delà de ce que la nature peut fournir. Ces deux dates, 1859 et 1932, marquent donc les bornes de l'apparition d'un phénomène dont nous n'avons pas vu encore tous les développements : l'introduction, dans la culture occidentale, d'un mode de traitement du corps qui consiste à en solliciter les potentialités en le stimulant au moyen de toutes les méthodes qui peuvent s'avérer efficaces pour atteindre cet objectif.

Ainsi, la culture occidentale qui est certainement, parmi toutes les cultures connues, une de celles qui a le plus constamment insisté sur les valeurs de maîtrise et de travail, n'a pourtant pas bénéficié de ce hasard végétal qui mit à la disposition des populations vivant au Pérou, dans la corne de l'Afrique ou en Chine, cet élément de maîtrise du corps que constitue un stimulant naturel. Cependant, dès que ces différents produits (la Coca d'abord, le Ma Huang ensuite et, dans une moindre mesure – en raison de son instabilité – plus tard le Khat) furent introduits en Europe, ils déclenchèrent une vague d'intense et immédiat enthousiasme.

C'est le médecin italien Paolo Mantegazza qui, de retour d'un voyage au Pérou, fit connaître les propriétés particulières de la feuille de coca en Europe par la publication, en 1859, de son livre intitulé *Sur les vertus hygiéniques et médicinales de la coca et sur les aliments nerveux en général*[1]. Notons, au passage, l'année de cette publication : la même que celle de *L'origine des espèces* par Darwin dont Mantegazza se réclamera plus tard et avec qui il entretiendra une correspondance. Il estime, en effet, que le fait que la feuille de Coca procure une stimulation à tous les hommes, quelle que soit leur culture, ainsi qu'aux animaux, constitue un argument en faveur de la théorie darwinienne de l'ascendance commune de tous les humains et des humains avec les animaux. Le médecin italien a observé la consommation intensive que les populations péruviennes faisaient de ce végétal, « la plante magique des Incas ». Il décrit, dans son livre, les effets provoqués par cette consommation. Un pharmacien corse, du nom d'Angelo Mariani, saura tirer, des récits et des analyses de Mantegazza, une invention qui alimentera, par la suite, un lucratif commerce. Mariani met au point une boisson qui sera bientôt connue partout en Europe et dans le monde. Elle est principalement composée d'une décoction de feuille de coca mélangée à du vin. L'ensemble forme une boisson aux « propriétés énergisantes remarquables ». C'est cette boisson qui sera le premier dopant sportif connu et déjà aussi la cause du premier décès répertorié lié à une consommation excessive du produit (en 1886). C'est la copie de cette boisson par un autre pharmacien, cette fois Américain, John Pemberton, installé à Atlanta, qui donnera naissance au Coca Cola. Toutefois, Pemberton prend soin

1. P. Mantegazza, « Sulle virtù igieniche e medicinali della coca e sugli alimenti nervosi in generale », dans *Annali Universali di Medicina*, 167, 1858 ; « Sull'introduzione in Europa delle coca, nuovo alimento nervosa », dans *Annali di Chimica applicati alla Medicina*, 29, 1859.

de retirer de la formule élaborée par Mariani la partie qui lui paraît la plus dangereuse : l'alcool.

La feuille de coca et bientôt la cocaïne qui en est extraite seront aussi utilisées pour certaines expérimentations psychologiques (en particulier par Freud avec son *Über Coca* paru en 1884[1]) ou littéraires (notamment par Robert Louis Stevenson dont la nouvelle, *L'étrange histoire du Docteur Jekyll et de Mister Hyde* parue en 1887, est un compte-rendu déguisé des effets de la substance sur son propre organisme).

La morphine (la substance la plus active de l'opium, lequel est un extrait brut de la plante *Papaver somniferum*, plus communément nommée pavot), introduite en Europe dès le début du XIXe siècle joue un rôle particulier dans l'histoire des drogues. En effet, c'est la morphine qui donnera lieu aux premières observations de cas d'addiction et à la création d'un néologisme par Edward Levinstein en 1875 : « morphinomane ». Voici ce qu'écrit Levinstein : « l'enthousiasme qui s'était emparé du public [vers 1865 en Europe] à la vue des effets étonnants de ce médicament [la morphine], ne fit qu'augmenter, et, quand on s'aperçut qu'il anéantissait aussi la douleur psychique, on l'arracha aux mains des médecins desquels seuls il aurait été une bénédiction pour l'humanité. C'est de ce moment que date l'histoire de la maladie que je me propose de décrire dans ces pages et que j'ai appelée morphinomanie (*Morphiumsucht*) »[2]. C'est après qu'on se soit aperçu qu'un grand nombre d'autres substances psychotropes pouvaient également provoquer des addictions qu'on étendra le concept à l'ensemble des substances dites « toxiques » en formant un nouveau néologisme : « toxicomane ».

À partir de 1932, le terme « drogue » va prendre un sens nouveau, décisif pour l'histoire de ce concept. C'est, en effet, l'année de la mise sur le marché d'une substance qui a été synthétisée cinq années plus tôt, à Los Angeles par Gordon Alles, un chimiste d'origine anglaise[3]. Alles cherche à obtenir une voie de synthèse chimique de l'éphédrine, la substance active du Ma-Huang, qui est de plus en plus utilisée pour traiter les allergies (il travaille dans le laboratoire de Georges Piness, spécialisé dans le traitement de ces pathologies). Il ne parviendra pas à réaliser entièrement cette synthèse. Cependant, il obtiendra un certain nombre de produits intermédiaires. L'un de ces produits, la phénylpropyl-amine dont la synthèse avait été décrite pour la première fois quarante

1. S. Freud, « Über Coca », in *Centralblatt für die Gesamte Therapie*, tome II, 1884, p. 289-314.

2. E. Levinstein, *La morphinomanie*, Paris, Masson, 1878.

3. P. Nouvel, *Histoire des amphétamines*, Paris, P.U.F., 2009.

années plus tôt par Lazar Edeleano, s'avèrera posséder une singulière puissance stimulante. C'est la substance connue aujourd'hui sous le nom d'amphétamine (contraction d'alpha-méthyl-phényl-éthylaminne : autre dénomination de la même molécule). Alles remarque ces propriétés, dépose un brevet sur la substance qu'il vient de synthétiser, et vend ce brevet à une firme pharmaceutique qui la commercialisera sous le nom de Benzédrine à partir de 1932.

À partir de l'introduction de cette substance sur le marché, la situation générale des connaissances qui prévaut encore aujourd'hui pour l'augmentation des performances humaines (et donc, aussi, pour le dopage) est en place : des substances synthétiques peuvent être obtenues par les méthodes développées par la chimie organique; ces substances, introduites dans le corps, peuvent augmenter sensiblement ses performances physiques et intellectuelles. La situation juridique qui encadre l'utilisation de ces substances, elle, mettra encore plusieurs décennies à se stabiliser (elle ne le sera qu'en 1971 avec la signature, par un grand nombre de pays, de la « convention unique sur les psychotropes »).

La problématique de l'amélioration de l'homme, de *l'enhancement*, est donc déjà en place en 1932, l'année même de la publication par Aldous Huxley de son roman *Brave New World* qui, par le détour de la science-fiction, aborde précisément la question des conséquences sociales de possibles améliorations de l'homme par des moyens issus des progrès des sciences. Une substance psychotrope joue un rôle central dans le roman d'Huxley : le « soma ». Elle permet aux habitants du « meilleur des mondes » de conserver une humeur égale en toute circonstance. Un antidépresseur avant la lettre. Comme si revenait à la Benzédrine le rôle de démontrer la pertinence du roman de Huxley, son utilisation comme antidépresseur sera préconisée dans les années 1930. Elle sera même le tout premier antidépresseur. Elle sera aussi utilisée pour augmenter la résistance à la fatigue, pour donner plus d'ardeur à ceux qui ont à effectuer des travaux répétitifs. On lui prêtera même, un temps, le pouvoir d'augmenter l'intelligence. À elle seule, cette substance conduit ainsi à poser le problème de possibles améliorations des performances humaines par des moyens techniques. Et ceci, non pas seulement sous la forme d'un thème susceptible de nourrir les réflexions d'un roman de science-fiction, mais en tant que problématique centrale de la médecine de l'avenir.

C'est, en effet, une toute nouvelle médecine qui est en train de naître. Une médecine qui ne soigne plus, mais qui « améliore », qui « augmente », qui permet de dépasser les limites naturelles du corps. C'est une médecine pour laquelle la problématique habituelle du normal et du pathologique est inversée. En effet, traditionnellement, la médecine intervient seulement si le corps humain présente des signes de pathologie. L'absence de pareils signes est connue sous le nom « d'état normal ». Il est compris, par les médecins, comme synonyme d'abstention d'intervention : le médecin n'est pas censé intervenir si le patient est « normal ». La situation est entièrement inversée avec les nouveaux moyens d'intervention dont se trouve dotée la médecine puisque, désormais, c'est la normalité elle-même qui constituera le point de départ de l'intervention. C'est cette normalité qu'on cherchera à modifier. L'homme normal ne se contentera plus d'aller bien mais voudra désormais, comme le suggère élégamment le titre d'un remarquable ouvrage du philosophe américain Carl Elliott sur le sujet, aller « mieux que bien » (*Better than Well* 2003).

Inversion aussi parce que très vite on redoutera que le traitement ainsi appliqué fasse apparaître des pathologies indésirables. En d'autres termes, si le traitement ne s'adresse plus à un malade mais à une personne normale, il présente en revanche le risque d'induire des pathologies inattendues. Ce nouvel esprit médical avec toutes les problématiques qui lui sont associées (faut-il autoriser sans contrôle ce type de pratique, les tolérer mais sous condition de contrôle médical ou les interdire ?) se met en place à ce moment-là. Il n'a fait que se développer par la suite jusqu'à l'époque contemporaine où cette problématique est devenue centrale, notamment dans le domaine des rapports entre médecine et sport (avec la question controversée du dopage dans le sport[1]).

1932-1933 sont aussi des années décisives dans l'histoire politique du monde occidental : Grande Dépression aux États-Unis ; montée du nazisme en Allemagne ; famines causée par la politique de Staline en Ukraine. Ces circonstances entraîneront bientôt le monde dans la Seconde Guerre mondiale au cours de laquelle les amphétamines joueront un rôle généralement sous-estimé par les historiens : elles seront utilisées par tous les belligérants. Par les Américains, bien sûr, qui en sont, à travers Gordon Alles, les inventeurs. Mais aussi par les Anglais (notamment les pilotes de la RAF pendant la bataille d'Angleterre), par les Allemands (sous la forme de methamphétamine, un dérivé très proche de l'amphétamine et ayant, à peu près, le même profil pharmacologique), par les Italiens, par les Japonais (qui produisent, eux aussi, de grandes quantités de methamphétamine). Tous ceux qui sont engagés dans les opérations militaires sont concernés par ces consommations : du simple soldat aux plus hauts gradés et à leurs chefs. Hitler recevait, sous forme d'injection, au moins à partir de 1942, des doses importantes de methamphétamine et Churchill fut, dit-on, un consommateur assidu d'amphétamines.

1. J. N. Missa, P. Nouvel (éd.), *Philosophie du dopage*, Paris, P.U.F, 2001.

La Seconde Guerre mondiale est donc aussi une guerre psycho-chimique. Sur certains théâtres d'opérations, l'approvisionnement en amphétamine peut déterminer de façon directe les avancés et les reculs des troupes. Ainsi, Nicolas Ramussen a bien montré comment les troupes de Rommel, en Afrique du Nord, réalisaient des avancées fulgurantes le lendemain des livraisons d'amphétamines et reculaient, au contraire, quand ces livraisons se faisaient attendre (2008). La guerre aurait eu, selon toute vraisemblance, un déroulement très différent en l'absence de ce psychotrope qui restera longtemps associé à l'idée de surpuissance. Dans les années 1960, lorsque les amphétamines deviendront la substance de prédilection des « *bikers* », les gangs de hors-la-loi motorisés si bien décrits par Hunter Thomson dans son livre *Hell's Angels, a Strange and Terrible Saga of Outlaw Motorcycle Gangs* (1966), ce sera, là encore, par l'aspect brutal et sauvage qu'elles communiquent au comportement qu'elles se feront remarquer. Par bien des côtés, l'augmentation d'agressivité qui résulte de la consommation d'amphétamines s'oppose à la tendance décontractée, « cool », des « hippies » qui possède elle aussi ses psychotropes associés : la marijuana, le LSD, la mescaline (pour une description de l'opposition entre ces deux groupes – hippies et bikers – avec, pour chacun, leurs psychotropes favoris[1]).

Mais c'est surtout à partir des années 1980 que la tendance qui s'est amorcée cinquante ans plus tôt s'affirme et se généralise. Désormais, il est possible d'intervenir sur l'organisme humain à de multiples niveaux. Pas seulement avec un psychotrope qui modifie le comportement de l'individu en agissant sur le système nerveux mais aussi avec des produits, de mieux en mieux connus et de plus en plus faciles d'accès, qui augmentent soit la capacité respiratoire (comme l'érythopoïétine), soit le volume musculaire (comme les stéroïdes anabolisants) ou qui diminuent la sensibilité à la douleur (antalgiques). Ceux de ces produits dopants qui n'ont pas d'effet psychotrope ne sont pas considérés comme des drogues. Ils n'en sont pas moins interdits. Au moins pour les sportifs en situation de compétition. À l'inverse, des produits qui sont considérés comme des drogues peuvent être d'une utilité médiocre en tant que dopant. Les deux concepts, celui de dopant et celui de drogue, ne se recoupent donc pas entièrement même si ils ont une région de coïncidence dont l'exemple le plus typique est fourni par la molécule d'amphétamine : à la fois drogue et dopant (et de surcroit purement synthétique). Pour préciser la zone de recoupement des deux concepts, on peut remarquer qu'une drogue est une

1. Voir D. E. Smith, *Love needs care : a History of San Francisco's Haight-Ashbury free medical clinic and its pinoeer role in trating drug-abuse problems*, New York, Little Brown & Company, 1971.

substance psychotrope qui est aussi interdite (dans un certain contexte qui est à préciser). Un dopant est une substance, psychotrope ou non, qui est interdite (là encore : dans un certain contexte qui est à préciser).

En ce qui concerne les drogues et le rapport qu'elles entretiennent avec la notion d'interdit, les limites sont plus difficiles à établir. Jean-Pierre Changeux, à l'époque où il présidait le Comité Consultatif National d'Éthique français, avait chargé cette institution de tenter de définir le concept de « drogue » sur des bases non plus conventionnelles mais naturelles. Il s'agissait de rechercher un trait commun à toutes les substances considérées comme des drogues qui aurait permis de qualifier leur nature. Le rapport qui récapitule ces travaux conclut qu'il est illusoire de rechercher un fondement naturel à la notion de drogue, le seul fondement réel de ce concept étant légal, et donc conventionnel : « or, ces dernières années [le rapport date de 1994], les progrès de la recherche en neurobiologie et en pharmacologie, ont apporté des connaissances nouvelles sur le mode d'action de substances agissant sur le système nerveux central, ainsi que sur les mécanismes responsables des phénomènes de dépendance et de tolérance et ont permis l'identification de récepteurs de ces agents chimiques. Ces données mettent en évidence le fait que la distinction entre les drogues licites et les drogues illicites ne repose sur aucune base scientifique cohérente » (1994). Dans les faits, le terme de « drogue » est réservé aux drogues illicites. Certaines substances sont interdites à la consommation et, pour cette raison, considérées comme des drogues. Inversement, les substances qui ne font pas l'objet d'une interdiction ne sont pas des drogues. En d'autres termes, dire d'une substance qu'elle est une drogue est une autre façon de dire qu'elle est interdite. Ainsi une substance peut-elle être autorisée à une époque et interdite à une autre ou être une drogue ici et ne pas l'être ailleurs, ou l'être dans une situation et ne pas l'être dans une autre.

Le dopage, c'est-à-dire l'élaboration de techniques destinées à augmenter certaines performances humaines, est, on l'a vu, une tendance très profondément ancrée chez l'homme, une tendance supra-culturelle. Cependant cette tendance prend, dans la culture occidentale contemporaine, une accentuation nouvelle et différente du fait de la maîtrise technique de la nature acquise dans le cadre de cette culture. Cette maîtrise technique affecte tout particulièrement les formes traditionnelles de l'exercice de la médecine au point de conduire à définir une forme de médecine nouvelle : la médecine d'amélioration. Cette dernière fait naître, à son tour, de nouveaux problèmes aux limites de l'éthique et du droit : jusqu'à quel point peut-on avoir recourt à ces transformations ? Doit-on les interdire en totalité ou partiellement ? Peut-on, d'ailleurs, les interdire ? Autrement dit, si on les interdit, comment vérifier que l'interdiction est respectée ? Tous ces problèmes qu'abordent actuellement les institutions destinées à combattre le dopage (dont la plus importante est l'agence mondiale anti-dopage, WADA dont le siège est à Montréal) sont d'inévitables symptômes du développement de la médecine d'amélioration. Le domaine d'application et les potentialités de cette nouvelle médecine ne sont pas encore clairement définis. Ces problèmes alimentent de nombreux débats dans lesquels on peut discerner des arguments qui sont soit favorables soit défavorables à cette évolution de la médecine. En tant que cette nouvelle médecine se doit de tenter de définir le domaine de ce qui est prohibé et de ce qui est autorisé, le concept de drogue, qui, comme on l'a vu, recouvre les substances psychotropes interdites conservera, selon toute vraisemblance et en dépit de son caractère conventionnel, un rôle de premier plan dans ces débats.

Pascal Nouvel

DOPAGE SPORTIF

Sciences du sport

Avec l'apparition du sport moderne dans la seconde moitié du XIXe siècle, se sont développées ce qui est communément appelé les sciences du sport qui traitent de la performance humaine appliquée aux disciplines sportives. Elles font appel aux sciences du vivant et à leurs applications biomédicales. Les sciences du sport ont considérablement évolué et ont permis à l'espèce humaine à coté de la progression technologique d'améliorer sa capacité à réaliser des exploits sportifs mettant en jeu les différentes potentialités du corps humain. La démarche compétitive rationnelle qu'elle soit soutenue par l'État ou dans un contexte mercantile relève des réalités physiologiques. Les premières cibles de l'approche scientifique de la performance humaine ont été la compréhension anthropométrique. En clair les notions de taille, de poids, de masse grasse, appliquées aux mouvements ont été vite étudiées. Parallèlement, l'analyse du corps basée sur la mesure des segments et des bras de leviers a été une réalité. Dans ces conditions, les groupes musculaires impliqués dans la performance sportive ont été clairement identifiés. De nombreuses théories sont nées à cette époque et elles constituent le référentiel de base pour l'activité physique, l'éducation sportive et la gymnastique corporelle. Ces éléments sont toujours aujourd'hui des sources d'inspiration pour beaucoup d'éducateurs sportifs.

La première partie du XXe siècle verra cette approche physiologique passer des prises en compte anthropométriques à l'analyse fonctionnelle pour apprécier l'efficacité et la tolérance des entraînements répétés. Parallèlement les sportifs vont se partager entre amateurisme pur et dur et professionnalisme rampant ou déclaré. De nombreux tests de terrains ont été imaginés souvent inspirés par les nécessités militaires en vue d'évaluer les populations combattantes. Dès 1920, les outils de laboratoires se sont imposés progressivement pour apprécier le potentiel énergétique des individus au travers de tests mécaniques mais aussi par la mesure par exemple de la cylindrée aérobie de chaque sujet (VO_2max). La biomécanique confrontée au début de la seconde partie du XXe siècle à la conquête spatiale a bénéficié du développement d'appareillages plus précis ouvrant la voie aux systèmes isocinétiques. La conjugaison des mesures anthropométriques et des analyses physiologiques s'est amplifiée à la fin du XXe siècle pour permettre la mise à disposition d'une batterie de tests ne nécessitant pas de compétences médicales et faisant appel aux différents savoir faire des sciences du sport mais aussi à des domaines précis comme la diététique, l'ergothérapie et la psychologie.

À partir des années 1980, l'explosion des méthodes d'investigations biologiques à finalité médicale a été utilisée immédiatement pour apprécier non seulement l'optimisation de l'entraînement mais également la tolérance aux charges imposées aux sportifs de haut niveau. En 30 années les paramètres énergétiques de l'effort ont été définis. La régulation hormonale a été analysée du point de vue de la réponse adaptée. Les typologies musculaires ont montré la différence entre les individus conditionnant leur réussite selon les filières énergétiques spécifiques des disciplines sportives. À coté du potentiel anthropométrique et des orientations physiologiques, la biologie a précisé la démarche des entraîneurs, des recruteurs et a médicalisé de façon irrémédiable la pratique du sport de haut niveau. Au début du XXIe siècle dans ce continuum, l'irruption de la génétique appliquée à l'exercice sportif est devenue une réalité. La prévalence de répartition de certains gènes a été démontrée dans le cadre d'études de populations en relation avec l'anthropologie biologique. Selon ces différenciations géniques, la capacité biologique et physiologique des individus sportifs peut apparaitre variable. La tentative de définition depuis quelques années de gènes d'intérêt sportif est devenue un fait avec plus ou moins de transparence dans le discours selon les pays. Le débat éthique à ce sujet est réel et ne fait probablement que commencer.

La performance sportive si elle est étudiée selon une méthode d'analyse de la valeur met en jeu du point de vue du mobile tridimensionnel qu'est l'être humain plusieurs fonctions régies par des règles relevant des domaines présentés précédemment. Le système nerveux central et les différentes voies sensitives et motrices conditionnent une grande partie de la performance du sportif à travers son potentiel, son entraînement et sa capacité d'adaptation pour gérer les réussites et les échecs. Il faut rappeler que le moteur de l'être humain se situe en périphérie au niveau musculaire. La prévalence de la fonction musculaire dans 80 % des sports de compétition actuels permet le mouvement optimisé en termes d'expression de force, de puissance, de vitesse ou d'endurance. Le système énergétique biologique est alors complètement mis à profit. La finalité est d'obtenir selon l'effort recherché un niveau d'ATP maximal ou conservé. Dans ces conditions, la distribution des sources énergétiques est un élément clé. Le transport du carburant (glucose) et du comburant (O_2) représente donc un maillon incontournable de la performance. Enfin, il ne faut pas oublier que le sportif va se mouvoir dans des environnements relevant des fluides gazeux ou liquidiens soumis aux lois de la gravité de la planète. La mise en jeu de la structure et des éléments d'articulation sont donc des points faibles qui peuvent constituer des éléments de rupture contraires à la progression du sportif de haut niveau.

L'évaluation de ces différents éléments et de l'ensemble des paramètres qui sont associés est devenue incontournable du point de vue des sciences du sport en relation avec la pratique de haut niveau et ce dès la phase de repérage du potentiel sportif chez les enfants. L'entraînement ne représente en fait qu'une succession de sollicitations dans l'espace temporo-spatial de la formation du sportif au long de sa carrière et au cours de sa saison. La finalité de cet entraînement sera selon les contraintes de la discipline sportive d'améliorer les éléments indispensables à la performance mais également de compenser les maillons les plus faibles du sujet pour sa progression et la récupération nécessaire aux charges qui vont lui être imposées. L'approche analytique du sport de haut niveau tente de faire face à toutes les problématiques exposées précédemment avec des outils simples mais parfois sophistiqués. De nombreuses compétences scientifiques sont nécessaires. Les sciences du sport telles qu'elles existent depuis 1980 n'échappent pas à la réalité des progrès biomédicaux qui permettent le court-circuitage des différents points d'appel indiqués.

Ce chapitre sur les sciences du sport permet de comprendre la réalité du problème du dopage dans le sport de haut niveau et dans ses applications multiformes à l'ensemble de la population. Les sciences du sport ont permis une introspection exceptionnelle de l'être humain du point de vue du mouvement et du point de vue des limites de l'espèce appliquées à la pratique des différentes disciplines sportives. Les sciences du sport contribuent grandement à la progression des connaissances sur le fonctionnement humain. Elles jouent un rôle très important du point de vue de la société en particulier pour les individus sains. Les sciences du sport apportent en effet des éclairages significatifs en termes de prévention en santé publique et en termes d'amélioration de la qualité de vie quelque soit l'âge des individus. Appliquées au sport de haut niveau où l'exigence de performances est absolue, ces sciences du sport peuvent être interprétées de manière parallèle et éclairent l'utilisation des substances et moyens ergogènes pour améliorer à tout prix la performance humaine. La grille de lecture des sciences du sport est positive mais peut être négative en cas d'utilisation déviée de médicaments et méthodes qui court-circuitent les mécanismes de régulation de l'organisme humain à l'effort.

Il apparait évident que la déviance dopante a malheureusement accompagné le développement du sport moderne de haut niveau depuis 150 ans. Aujourd'hui vu la place du spectacle sportif et vu l'importance de l'activité physique en santé publique au sein de nos sociétés la réflexion sur le mouvement humain et ses applications sportives est devenue une réalité intangible. L'académie s'en est emparée. Les sciences du sport à coté des sciences de la santé font appel grandement aux progrès spectaculaires des sciences du vivant pour appréhender, permettre et optimiser la performance humaine. Cette compréhension sert de calque à l'utilisation des produits et méthodes ergogéniques qui visent à améliorer le potentiel sportif des sujets.

Efficacité du dopage moderne

En 30 ans la pharmacopée a mis à disposition des produits efficaces en matière de dopage. Les médicaments phares ont d'abord été les amphétamines puis les stéroïdes qu'ils soient corticoïdes ou anabolisants de synthèse. Toutefois la révolution en termes de dopage est apparue au début des années 1990 par l'irruption des molécules issues de la bioproduction en droite ligne des méthodes biotechnologiques. L'EPO et l'hormone de croissance ont considérablement modifié la donne du point de vue du dopage. L'amélioration de la performance n'est pas discutable et les méthodes de contrôle toxicologique du dopage basées sur les seules analyses urinaires toxicologiques ont été mises alors en difficulté. Même si des progrès analytiques réels ont été accomplis, les biomolécules posent toujours d'énormes problèmes au contrôle antidopage toxicologique. Le mésusage dans le sport des produits biotechnologiques peut être dangereux pour la santé des athlètes mais le risque encouru est moindre qu'avec les médicaments chimiques ou biochimiques antérieurs. Les facteurs limitant la performance peuvent être modifiés de façon réelle. La performance aérobie par exemple est liée essentiellement au transport, à la disponibilité et à l'utilisation de l'oxygène en vue d'une production améliorée d'ATP. L'entraînement rationnel après une évaluation physiologique permettant de sélectionner les individus les plus doués autorise la progression de cette performance aérobie. Les stages en altitude, les chambres hypobares voire les caissons hypoxiques sont maintenant utilisés en routine et ne sont pas considérés comme illicites.

Le dopage sanguin a fait appel dès les années 1970 aux transfusions sanguines. Quelques épisodes historiques célèbres témoignent de l'intérêt de ce dopage : champions scandinaves de demi-fond des années 1970, équipe de football allemande des années 1980. Les transfusions sanguines sont toujours utilisées avec des méthodologies affinées. Elles ont été mises en concurrence au début des années 1990 avec l'EPO. Aujourd'hui l'EPO reste le dopage sanguin de référence en raison de la disponibilité sur le marché de 120 molécules officielles, biosimilaires ou sauvages qui mettent en difficulté le test antidopage qui ne relève pas de la toxicologie mais de méthodes biologiques nécessitant comparaison et donc connaissance des produits utilisés. Le sang artificiel au début des années 2000 est devenu une réalité. L'association à l'EPO est un élément d'efficacité. Ce dopage très technologique n'est pas exempt de risques pour le sujet sportif. Les produits permettant la dissociation de l'oxyhémoglobine sont en cours de préparation. Certains ont été testés malencontreusement chez les sportifs. L'action micro cellulaire ne relève plus de la science-fiction mais d'applications envisageables sur le moyen terme.

Pour ce qui est des filières anaérobies lactiques et alactiques impliquées dans les qualités musculaires de force, puissance, vitesse et résistance à l'acidose, la sélection bien évidemment des athlètes doués reste une nécessité. L'entraînement rationnel de ces sujets est indispensable. L'amélioration du potentiel de performance peut être obtenue avec l'aide de la nutrition avancée qui permet la captation préférentielle par le muscle des acides aminés ramifiés. L'utilisation de nutriments non considérés comme produits dopants telle la créatinine et les transporteurs mitochondriaux représentent des alternatives licites pour améliorer la réserve énergétique. Par contre la biochimie dans les années 1970 a servi de support au dopage institutionnel d'état des pays de l'Est. Les stéroïdes anabolisants représentent encore aujourd'hui un groupe de molécules très utilisé en dopage tout venant pour le grand public. Ces produits sont tombés en désuétude chez les sportifs de haut niveau en raison de leur détection par le contrôle antidopage urinaire toxicologique. Malheureusement les hormones de croissance recombinantes les ont remplacés dans le sport de haut niveau et continuent à poser des problèmes difficilement surmontables. Ces hormones de croissance peuvent avoir des utilisations générales et des emplois spécifiques et localisés. Les protocoles de dopage sont donc multipliables d'une façon quasi exponentielle. Au niveau des produits anabolisants d'autres molécules apparaissent comme les inhibiteurs de la résorption musculaire directement issus des progrès de la génomique et des essais animaux en thérapie génique. Il s'agit de molécules chimiques ou de biomolécules.

Les agents métaboliques qui au départ n'intéressaient pas véritablement les spécialistes de la lutte antidopage ont été largement employés et le sont encore sous forme d'un dopage dit de récupération entre les périodes de charge ou de compétition. L'insuline bioproduite est un produit de référence dont le contrôle antidopage urinaire toxicologique n'est pas aisé. Du point de vue de l'amélioration de la performance anaérobie, l'action micro cellulaire est une réalité avec le progrès des thérapies cellulaires et des premières applications des thérapies géniques. En cela l'amélioration conséquente des connaissances dans le domaine de la myologie liée aux recherches menées pour lutter contre les maladies myopathiques joue un rôle accélérateur. Les méthodes proposées pour guérir les enfants myopathes ouvrent la porte aux mésusages élargis à la pratique sportive de haut niveau. Ces dopages high-tech ne sont pas contrôlés et contrôlables aujourd'hui. L'organisme humain dans la finalité de performances répétées est soumis à une régulation biologique complexe. Le tissu musculaire dans ces conditions ne se comporte plus comme un groupe cellulaire sain mais comme un tissu agressé. L'utilisation de la pharmacopée dopante vise à court-circuiter les adaptations et les processus de récupération pour obtenir un effet ergogénique qui peut être étendu à l'ensemble des cibles biologiques mises en jeu et nécessaires à l'effort quasi physiopathologique des sportifs de haut niveau.

L'efficacité du dopage dans ces conditions ne peut pas être niée. Le dopage sanguin a été un exemple spectaculaire. Il permet l'optimisation du transport d'oxygène facteur limitant de la performance aérobie. À VO_2max similaire et pourcentage de VO_2max utilisé similaire l'élévation de 2 g d'hémoglobine par 100 ml de sang permet d'augmenter de 10 % le transport d'oxygène. Les modélisations réalisées pour le ski de fond indiquent une amélioration de 2 min sur la meilleure performance en 15 kms skating. Pour ce qui est du demi-fond long comme le 10 000 m le meilleur temps sans dopage peut être retranché d'1 min ce qui constitue un tour de différence à l'arrivée. L'optimum physiologique à obtenir se situe chez les hommes autour de 19 g pour 100 ml de sang. À ce stade le risque encouru par le sujet « bien suivi » est quasiment nul sur le court et le moyen terme. Ces éléments concrets indiquent donc qu'il n'y avait aucune illusion à avoir sur l'emploi dévié des progrès de la pharmacopée biochimique puis biotechnologique pour améliorer la performance sportive vu les nombreux enjeux qui environnent le sport de haut niveau depuis 30 ans. Pour comprendre l'importance du dérapage et surtout son accélération au début du XXIe siècle, quelques éléments historiques nécessitent d'être rappelés.

Perspective historique

La déviation dopante a accompagné dès le début la réinvention du sport ou ce qu'on appelle la période moderne des pratiques sportives et compétitives qui émergent au XIXe siècle. De nombreuses disciplines sportives ont élaboré alors leur organisation et leurs règles. Le point culminant de la résurgence a été la refondation des jeux olympiques. La référence aux locutions latines : citius, altius, fortius contient en elle-même la problématique du dépassement humain et par conséquent du dérapage dopant pour le peu qu'au plan individuel ou au plan collectif le sport soit une activité emblématique de l'expression sociale. Dans ces conditions, dès que les compétitions ont été formalisées, le dopage a accompagné la performance compétitive. Il s'agissait d'un dopage sommaire très proche de ce qui était utilisé pour mener les activités guerrières. Les premiers produits employés étaient des molécules d'extraction végétale comme les différentes drogues mais aussi l'alcool. La chimie balbutiante a été toutefois employée rapidement. On retrouve l'utilisation de Strychnine lors des premiers Jeux Olympiques d'Athènes en 1896. Cet état de fait accompagne les sportifs de tous niveaux jusqu'à l'entre deux guerres. On parle de forçats de la route pour évoquer le cyclisme et le Tour de France avec la référence permanente à l'alcool. Il ne faut pas se leurrer l'ensemble des disciplines sportives étaient en fait concernées.

La Seconde guerre mondiale apporte un saut technologique indéniable avec l'irruption de la chimie comme source de stimulants efficaces à la fois en médecine mais également pour le dopage en permettant l'introduction des amphétamines. Ces produits conçus avant la Seconde guerre mondiale sont largement employés par les combattants notamment les aviateurs sur tous les fronts. L'emploi dans le sport de l'après guerre sera constant et pas uniquement dans le cyclisme. On sait aujourd'hui qu'une grande finale de football remportée par les allemands contre les hongrois l'a été sous amphétamines. L'utilisation extensive des amphétamines va culminer au début des années 1960 et sera révélée par le décès quasiment en direct d'un champion cycliste sur les pentes du Ventoux. Cet accident sera l'élément déclenchant sur la nécessité émergente de contrôler la prise médicamenteuse dangereuse dans le sport de haut niveau. La mise en place de la lutte contre le dopage va être conceptualisée avec le contrôle toxicologique des urines afin d'identifier les produits interdits. Cette approche est toujours à la base de la lutte contre le dopage bien que les nombreux progrès accomplis dans le domaine de la pharmacopée et de la biotechnologie ont mis en défaut sa capacité à identifier les produits dopants innovants. En parallèle des amphétamines, le dopage chimique permet l'émergence des premiers corticoïdes qui ont modifié la donne de manière conséquente dans de nombreuses disciplines sportives.

La guerre froide va autoriser un âge d'or pour le dopage. Il s'agit de l'organisation institutionnelle encadrée pour ne pas dire totalitaire des sportifs des pays de l'Est pour les amener à la victoire et utiliser le sport comme vecteur idéologique grâce à la caisse de résonnance médiatique. Le pays emblématique de cette déviance collective est l'Allemagne de l'Est qui totalisera sur quelques olympiades plus de médailles que des pays parfois 10 fois plus peuplés. Pour les spécialistes du dopage il s'agit de la période biochimique. Elle va faire appel aux stéroïdes de synthèse que ce soient les corticoïdes mais aussi les anabolisants véritables engrais à muscle qui vont modifier les performances mais aussi les corps en les altérant. L'ouverture des archives de la Stasi permet de mesurer le prix payé par les athlètes concernés qui conservent dans leurs chairs les agressions médicamenteuses imposées. L'hypocrisie de l'époque notamment celle du CIO a été une constante. Toutefois, il ne faut pas se leurrer; dans les autres pays les sportifs se dopaient aussi et utilisaient les mêmes produits. Par contre, le niveau de compétence de l'encadrement n'était pas optimal d'où des résultats en dents de scie et une dangerosité peut-être supérieure. Les progrès de la biochimie ont été à la base de ce dopage collectif, mais c'est l'étatisation de la déviance dopante qui constitue l'élément majeur de cette période.

La fin de la guerre froide laissait espérer la régression du dopage. Il n'en a rien été. Au cours de la décennie 1990 les sociétés humaines ont été bouleversées par l'émergence de la mondialisation qui a permis de socialiser, de monétariser et d'internationaliser les produits issus de la biotechnologie dont certains ont connu et connaissent toujours des applications à la fois efficaces, spectaculaires et moins dangereuses dans le mésusage dopant. L'irruption des biotechnologies a mis à disposition les molécules de première génération c'est-à-dire des stéroïdes synthétiques intermédiaires et des facteurs ou hormones de croissance dont la célèbre EPO et enfin, la première donne des thérapies cellulaires et géniques. Nous vivons toujours cette période avec aujourd'hui des produits biotechnologiques de seconde et de troisième génération qui vont non seulement bousculer la frontière de la déviance mais probablement mettre en défaut la philosophie actuelle du contrôle antidopage.

La progression du dopage doit être comprise au plan technologique mais interprétée dans le contexte sociétal des pays soumis à la confrontation internationale que représente aujourd'hui la pratique sportive de haut niveau. Nous assistons en fait à l'affrontement de deux spirales qui progressent l'une vers l'autre sans qu'on puisse définir pour l'instant les limites. La politisation de la performance sportive a enclenché au moment de la guerre froide cette évolution. La médiatisation extrême permise par les technologies de communication a amplifié le spectacle sportif comme un élément incontournable de la culture humaine mondiale. La monétarisation est telle que la pratique sportive de haut niveau est devenue une activité économique majeure dont les experts indiquent qu'elle représente actuellement 5% des échanges financiers de la planète. Face à cette première spirale, les progrès accomplis en sciences du vivant et de la santé ont mis à disposition les éléments nécessaires à la déviance dopante. L'entre deux guerres du XXe siècle avait permis la disponibilité des produits chimiques stimulant la performance. La biochimie a répondu à la demande des consommateurs en vue d'agir sur l'énergie et sur la puissance musculaire. Aujourd'hui la biotechnologie permet une approche différentielle, ciblée, préparatrice pour ne pas dire transformatrice et amélioratrice. Il parait délicat d'imaginer ce que pourra être l'avenir.

Il y a un parallélisme entre la progression scientifique des technologies du vivant et de la santé et l'augmentation des enjeux sportifs. Le sportif est le support du spectacle. C'est son corps qui garantit la performance. Les échanges technologiques et économiques sont devenus la règle sur la planète. L'intégration sociale rapide de ces transferts ne peut pas être encadrée totalement par le contrôle politique. Les états aujourd'hui sont en difficulté vis-à-vis de ces flux. La crise financière de 2008 en est une démonstration. Il en est de même pour les autres secteurs d'activité. La libre diffusion des connaissances et des produits est incontournable. Quelques affaires récentes nous indiquent qu'il est tout à fait aisé d'acheter une EPO de contrefaçon en Chine en utilisant le support Internet. Ces évolutions sociétales en temps réel touchant parfois d'une manière décalée l'ensemble des pays possèdent un impact comportemental et culturel indéniable qui modifie la réalité du dopage et sa faisabilité à l'échelle individuelle en dehors de tous les enjeux financiers ou sportifs.

La perspective historique sur l'avenir du dopage doit tenir compte des éléments qui vont constituer de fait le mécano biologique. La réflexion sur les gènes de la performance aujourd'hui n'est plus taboue. Dans le passé, plusieurs tentatives d'eugénisme sportif ont été bien réelles en Allemagne de l'Est pour l'athlétisme mais également il y a peu de temps en Chine autour du basket. Avec la physiologie et les technologies de la santé la compréhension des facteurs limitant la performance va être mieux définie. Vis-à-vis des contraintes que subissent les corps sportifs, la réparation biologique va accélérer la récupération et la réhabilitation des athlètes blessés. On pourra envisager la préparation assistée c'est-à-dire l'encadrement biologique de l'entraînement pour éviter que les blessures de sommation ne surviennent. L'arsenal biotechnologique permet déjà ce type d'approches et va autoriser l'optimisation qui peut encore relever de la science-fiction. Dans certains domaines, le coût constitue un frein pour la population normale mais ne l'est pas pour le petit groupe des sportifs de haut niveau évoluant dans un système économique florissant. Le rôle des scientifiques médecins ou non médecins est totalement posé. Aujourd'hui à cette question il ne peut y avoir que des réponses relatives.

Conclusions

Depuis plus de 30 ans le mésusage dopant fait la démonstration de son efficacité malgré les déclarations de nombreuses fédérations sportives. Le développement de la pratique dopante dans le sport de compétition a été favorisé par l'internationalisation de la vitrine médiatique. L'accélération du phénomène a été observée au moment de la guerre froide, le sport étant devenu un vecteur idéologique de choix. L'étatisation de cette pratique dopante relevait et relève encore dans certains pays du totalitarisme exprimé à l'encontre du corps des athlètes de haut niveau. La mondialisation que connait la planète du point de vue des échanges économiques, financiers et informatifs bouleverse le cours des choses alors qu'en parallèle les méthodes et produits dopants deviennent de plus en plus efficaces et très difficilement contrôlables par le contrôle antidopage toxicologique urinaire puis sanguin. La révolution biotechnologique à partir de 1990 n'a pas arrangé les affaires. Les biomédicaments à travers les produits emblématiques que sont l'EPO et l'hormone de croissance continuent à poser des problèmes du point de vue du contrôle. L'honnêteté est de reconnaitre que vis-à-vis des produits chimiques et biochimiques dont la dangerosité n'est pas à démontrer, l'encadrement toxicologique urinaire a permis de stopper l'utilisation des amphétamines, des corticoïdes et des stéroïdes anabolisants. Ces produits restent malheureusement l'apanage du dopage de monsieur tout le monde en particulier à travers la contrefaçon, les réseaux Internet et les compléments alimentaires. L'avenir du dopage dans le sport du haut niveau se joue actuellement avec les biotechnologies de 2ᵉ (biomédicaments) et de 3ᵉ génération (thérapie cellulaire et génique).

Gérard Dine

DOPAGE SPORTIF ET SON AVENIR

Avec l'irruption des biotechnologies, le dopage a franchi un pas en termes d'efficacité et en termes de similitude avec la réalité biologique du corps humain. Les biotechnologies posent aussi d'autres questions à la problématique du dopage. La première est la capacité de contrôler la dérive dopante en faisant appel à des systèmes analytiques basés jusqu'à maintenant sur des méthodes toxicologiques battues en brèche par le fait biotechnologique. La seconde question est la définition de la frontière entre réparation et préparation aux vues des méthodes utilisées qui sont de moins en moins à connotation chimique. La révolution biotechnologique est en marche depuis 30 ans. Les progrès accomplis en matière de génomique et de protéomique ont permis de mettre à disposition des médicaments issus de la bioproduction. En 2011, 150 biomédicaments sont commercialisés en France. Les déviations sportives efficaces existent pour un certain nombre d'entre eux et sont à la base du dopage actuel dans le sport de haut niveau.

Les nouvelles EPO posent tous les jours des problèmes pour le contrôle antidopage. Les EPO biosimilaires sont aujourd'hui nombreuses, officielles ou de contrefaçon. Leur détection par le test antidopage développé il y a 10 ans est aléatoire pour les laboratoires antidopage. Les EPO synthétiques sont actuellement en phase d'essais humains et obligent à l'utilisation conjointe de contrôles urinaires et sanguins après ciblage obtenu par le passeport biologique sportif. Les modulateurs de l'EPO vont remplacer les EPO injectables dans quelques années. La prise orale facilitera le dopage sachant que ces produits ne sont pas développés pour le mésusage mais bien pour améliorer le confort des patients. Du coté des hormones de croissance, les produits biosimilaires sont déjà commercialisés. Ils compliquent bien évidemment la problématique du contrôle. La disponibilité en hormones de croissance utilisables par spray nasal facilite le recours. Les facteurs de croissance musculaire comme l'IgF1 et le bFGF sont inaccessibles au contrôle antidopage. Leur utilisation en préparation finale ou en récupération est une réalité depuis 10 ans. De nouvelles molécules comme les inhibiteurs de la résorption musculaire ou les activateurs de la consommation de graisse sont en phase d'essais humains.

Ces médicaments apportent des solutions avantageuses aux patients mais le mésusage dans le sport est implicite. La définition de la frontière dopante avait été mise à mal en fait dès la fin de la décennie 1990 par l'usage de la réanimation sportive dont le développement a été mis en exergue par l'expertise collective du CNRS en 1998. Cette déviance porte sur la réhydratation post effort en vue de rééquilibrer la balance acido-basique, puis assurer la recharge glucidique et enfin approvisionner le muscle en acides aminés ramifiés le tout en perfusions. Les choses se sont gâtées avec l'emploi associé de l'insuline et de l'IgF1 bioproduites. Ces dérapages médicalement contrôlés ont été identifiés au sein du calcio italien. Ils ont fait l'objet de procès à l'encontre des clubs impliqués. Ces dopages dits de récupération sont hors de portée du contrôle antidopage urinaire toxicologique. Ils ne peuvent être mis en évidence que par la descente des forces de police au niveau des vestiaires afin de saisir les produits utilisés figurant sur la liste des produits interdits de l'Agence Mondiale Antidopage.

L'emploi des hormones de croissance et des produits apparentés est rendu plus compliqué encore par l'apparition des secrétagogues. Ces nouvelles molécules (des polypeptides de synthèse) agissent sur l'hypophyse qui fabrique l'hormone de croissance. Ces médicaments qui vont apporter un confort indéniable aux patients sont en phase d'essais humains. Certains sont déjà utilisés par les sportifs de haut niveau. Le contrôle de ces produits est très compliqué par l'approche toxicologique classique qu'elle soit urinaire ou sanguine. L'IgF1 aujourd'hui est largement utilisé en préparation sportive terminale. Cette molécule fabriquée naturellement par le foie sous l'influence de l'hormone de croissance hypophysaire a une action à la fois sur l'anabolisme protidique musculaire mais également au niveau de la balance énergétique notamment glycémique. L'hormone recombinante est disponible. Les biosimilaires vont arriver sur le marché. L'IgF1 peut être également utilisée comme accélérateur de la cicatrisation musculaire tendineuse ou ligamentaire. Son emploi en réparation traumatologique a été largement testé. De nouvelles molécules comme les modulateurs sélectifs des récepteurs aux androgènes font surgir à nouveau l'intérêt des stéroïdes anabolisants. Plusieurs produits sont en phase II en vue de traiter la cachexie cancéreuse ou la sarcopénie chronique qui ne relèvent pas d'une prescription sélective. Là également les descentes de forces de police ont mis en évidence la présence de ces médicaments high-tech dans les pharmacopées sportives. Les inhibiteurs de la résorption musculaire basés sur la neutralisation de la myostatine en vue d'assurer la prolifération musculaire sont chargés de promesse pour les spécialistes du dopage. De nombreuses approches sont possibles : anticorps monoclonaux antimyostatine, anticorps monoclonaux antirécepteurs de la myostatine ou protéines de fusion bloquant la liaison de la molécule naturelle sur son récepteur. Plusieurs de ces médicaments sont en étude de phase II et phase III chez les patients. De nouvelles classes thérapeutiques sont également à l'étude comme les activateurs de la consommation de graisse qui font appel au ciblage des gènes SIRT1 par l'activation de la protéine PPAR-delta. Du point de vue du dopage, l'avantage de ces médicaments prometteurs c'est l'activation facilitée des fibres musculaires de type 1 sur la base des modèles de souris transgéniques. On peut imaginer l'intérêt qu'auront les dopeurs à tester ces molécules en devenir. Il en est de même pour les protagonistes de l'AMPkinase qui vont activer cette même protéine PPAR via les piles à combustibles énergétiques de nos cellules que sont les mitochondries. Des produits comme le Resveratrol et la Metformine (antidiabétique) sont présents dans les trousses pharmaceutiques des dopeurs alors qu'ils ne sont pas considérés pour certains comme des molécules dopantes.

En ce qui concerne le dopage sanguin, la disponibilité des EPO pose un problème de santé publique. L'accessibilité des EPO de contrefaçon en dehors des circuits pharmaceutiques n'est pas un vain mot. Le risque au-delà de l'aspect dopant et du surdosage est celui de la malfaçon en termes de fabrication biologique et de transmission potentielle d'éléments contaminants non identifiés. Il faut rappeler en effet que l'EPO reste une protéine. La stimulation de l'érythropoïèse par les EPO est un aspect spectaculaire du dopage sanguin. Toutefois les transfusions restent d'actualité. Si l'allotransfusion par le contrôle antidopage sanguin mis en œuvre par les seules fédérations cyclistes nationales et internationales est détectable, l'autotransfusion quant à elle est difficilement encadrable. Sur ce sujet il n'y a pas de cohérence. Il faut rappeler que la FIFA qui gère le football mondial a décidé de ne plus effectuer de contrôle sanguin antidopage. On ne peut trouver évidemment que ce que l'on cherche. L'irruption des produits sanguins artificiels reste d'actualité. Quelques produits faisant appel à l'hémoglobine réticulée malgré les risques démontrés lors des études de phase II et phase III sont toujours en développement. La disponibilité éventuelle de préparations de type hémoglobine recombinante est en essais humains. À ce niveau le contrôle antidopage toxicologique urinaire est totalement inopérant. L'encadrement par prélèvement sanguin permet d'assurer la vigilance. Les biotechnologies cellulaires sont en passe de régler la transfusion de globules rouges et la nécessité de disposer de banques de sang parallèles et sauvages pour les dopeurs. Il faut en effet maitriser l'organisation. L'aspect logistique toutefois n'a jamais fait peur aux dopeurs dans le sport de très haut niveau comme nous en avons eu la démonstration ces dernières années. Par contre la bioproduction de globules rouges à partir de cellules souches devient accessible au plan technologique. Son développement industriel est en cours. La disponibilité de globules rouges autologues à partir des cellules souches propres au sujet est probablement un objectif qui ne relève plus de la science fiction. On peut imaginer tout l'intérêt qu'auront les dopeurs à pouvoir mettre en exergue ces facilités technologiques hors de portée de la réglementation antidopage actuelle et de ses outils analytiques.

Les frontières du dopage

Les biotechnologies cellulaires dites de « 3e génération » mettent à mal la frontière même de la dérive dopante. Depuis quelques années, la thérapie cellulaire est devenue effective dans le sport de haut niveau par l'introduction des méthodes dites de PRP (Platelets Rich Plasma). Les plaquettes, petites particules circulant dans le sang de 2 à 3 microns de diamètre, sont utiles dans la régulation de la fluidité et de la viscosité du sang pour éviter l'hémorragie ou la thrombose. Parallèlement, ces plaquettes contiennent des facteurs de croissance issus de leur propre cellule souche mais captent aussi de nombreux facteurs de croissance produits par d'autres cellules du corps. Ces facteurs de croissance jouent un rôle essentiel dans l'initiation des phénomènes de cicatrisation puisque les plaquettes accèdent à toutes les zones de rupture et d'agression de l'organisme. Cette particularité est à la base des techniques de PRP. Le rationnel du traitement consiste à utiliser les plaquettes comme support thérapeutique en raison de leur richesse en facteurs de croissance. L'utilisation locale artificielle peut accélérer la cicatrisation qu'elle soit cartilagineuse, tendineuse, ligamentaire ou musculaire. La prise en charge traumatologique rapide et indispensable des sportifs de haut niveau a suscité l'extension et l'utilisation débridée parfois des méthodes de PRP. Il s'agit d'utiliser le patient comme pourvoyeur de sa propre thérapeutique. Un prélèvement de 25 à 250 cc de sang est effectué. Ce sang va être centrifugé dans le flacon de recueil. La couche des plaquettes sanguines est parfaitement identifiable dans ces conditions. Elle est prélevée pour être solubilisée afin d'être injectée au niveau des zones tissulaires ou articulaires à traiter. La réglementation antidopage indiquait que de telles infiltrations articulaires ou périarticulaires avec autorisation d'utilisation temporaire étaient permises à la suite des décisions prises par l'AMA en 2009. Par contre les injections intramusculaires étaient interdites. Sous la pression de l'environnement économique du sport spectacle en particulier les riches clubs du football espagnol, l'injection intramusculaire a été finalement autorisée en 2011 sous le prétexte qu'il n'était pas prouvé qu'elle apportait un avantage en matière de dopage. Le problème principal des PRP en injection intramusculaire c'est qu'en fait aucun contrôle antidopage n'est possible.

Vis-à-vis des thérapies cellulaires, la frontière même du dopage devient délicate à définir. La réparation sophistiquée de blessures aigues, subaigües ou chroniques chez les sportifs de haut niveau doit être rendue possible. Le problème c'est que les méthodes de thérapie cellulaire peuvent être utilisées en préparation sportive et pas uniquement en réparation traumatologique. L'utilisation déviée ou pas relève donc du thérapeute lui-même in fine. Les thérapies cellulaires sont chargées d'espoirs vis-à-vis de pathologies médicales lourdes notamment dégénératives. Si le débat éthique a freiné les applications technologiques des cellules souches embryonnaires, le fait de pouvoir utiliser les cellules souches adultes facilite l'utilisation thérapeutique. Dans ces conditions, il est illusoire de penser que les applications au sport de haut niveau ne peuvent pas être envisagées car ces thérapies sont couteuses et le sport de haut niveau dispose des moyens nécessaires pour accéder aux produits thérapeutiques non remboursables par les systèmes de sécurité sociale. Le concept du patient pourvoyeur de sa propre biothérapie devient une réalité grâce aux progrès des thérapies cellulaires. Dans le domaine du sport animal, c'est déjà une réalité quotidienne. En effet les chevaux ne supportent pas l'utilisation des anti-inflammatoires pour contrer les pathologies sportives de sommation comme les tendinites. Aujourd'hui la société VetCell diffuse une technologie employée chez le cheval de course à partir d'une aspiration de moelle osseuse permettant d'accéder aux cellules mésenchymateuses. Ces cellules vont être triées et multipliées en culture avec des facteurs de croissance. Elles seront stimulées en culture pour permettre la fabrication de ténocytes afin de renforcer après injection locale le tendon blessé et permettre une guérison rapide sans démarche chimique. Aujourd'hui les thérapies cellulaires d'emploi sportif sont une réalité dans le domaine des blessures cartilagineuses grâce aux compétences maitrisées par la société Genzyme. Pour ce qui est du tendon, les cultures de ténocytes sont en cours de validation et en essais phase III chez des sportifs de haut niveau. En ce qui concerne le muscle si la thérapie cellulaire a démontré récemment son intérêt en phase II au niveau cardiaque son emploi pour le muscle squelettique est déjà validé en matière de traumatologie sportive. L'origine des cellules employées est diverse ce qui favorise le développement de cette méthode biologique.

La thérapie génique offre d'autres alternatives pour le sport de haut niveau et pose également la question de la déviance dopante. Le principe de la thérapie génique consiste en l'introduction d'un gène améliorant, corrigeant ou modifiant un défaut au sein d'un groupe tissulaire de l'organisme humain. Le frein technologique était situé au niveau du vecteur à utiliser pour insérer le gène corrigé au sein du groupe tissulaire cible. Aujourd'hui de nombreux essais humains après études précliniques sur animaux démontrent la faisabilité et l'efficacité de la thérapie génique. Plusieurs développements sont en cours avec comme cibles cellulaires, les tissus de la moelle osseuse, les cellules pulmonaires, le muscle et les hépatocytes afin de corriger certaines maladies génétiques ou dégénératives. En matière de muscle les progrès accomplis dans le domaine de la myologie grâce aux recherches stimulées par les financements obtenus de la part de la société civile ont permis ces 10 dernières années des avancées spectaculaires au plan scientifique mais également en terme technologique et donc thérapeutique. La mise en évidence de mutations naturelles portant sur la myostatine est aujourd'hui utilisée en thérapie génique. La possibilité par thérapie génique de transgéner des cellules musculaires avec le gène de l'IgF1 par exemple ou un gène de myostatine modifié est actuellement testée en protocole d'attente chez les patients atteints de certaines myopathies. La thérapie génique tendineuse est validée du point de vue des modèles précliniques en utilisant également l'IgF1 ou le bFGF. La transgénèse localisée des sportifs humains est donc envisageable aux vues des résultats obtenus chez les modèles précliniques animaux avant passage en essais humains chez les patients myopathes par exemple.

L'AMA s'est préoccupée de la réalité du dopage cellulaire et génique et a défini sa position. Le dopage cellulaire et génique est l'utilisation non thérapeutique de cellules, de gènes ou d'éléments génétiques qui ont la capacité d'améliorer la performance athlétique. Cette définition a été proposée en 2005 par le code mondial antidopage. Le problème c'est que les thérapeutes qui s'occupent des sportifs blessés doivent utiliser de façon efficace et non agressive des traitements qui visent à corriger les blessures qui relèvent de la pratique sportive touchant le plus souvent les muscles, les ligaments, les tendons, le cartilage et l'os. En clair certaines pathologies provoquées par la pratique intensive du sport de haut niveau et pénalisant la carrière des sujets concernés relèvent totalement des thérapies cellulaires et géniques. La substitution de ces traitements innovants aux médicaments toxiques ou aux méthodes agressives chirurgicales ne pourra pas être évitée. Dans ces conditions quelle est la signification exacte du terme non thérapeutique dans la définition de l'Agence Mondiale Antidopage ? On constate que le contrôle antidopage dans sa configuration actuelle ne répond pas en fait aux évolutions biotechnologiques en cours. Le meilleur exemple vient d'être donné par le partenariat récemment signé entre la FIFA et l'École Polytechnique Fédérale de Zurich à propos du programme intitulé renforcement cartilagineux des footballeurs de haut niveau. Le référencement à la préservation de la santé des sportifs est avancé en première argumentation et n'est pas contestable. La difficulté sera de savoir où situer la frontière de la thérapie cellulaire ou génique alors que plusieurs cas de mort subite sur le terrain et inexpliquée viennent ternir le football de haut niveau

Avantage sélectif naturel ou transgénique

À partir de 2000, l'introspection génétique est devenue un fait scientifique dans le domaine de la performance humaine. Nos collègues australiens avec des travaux portant sur l'actinine ont introduit le sujet. Les meilleurs experts actuels considèrent qu'il existe probablement 200 gènes d'intérêt humain associés à la performance athlétique : consommation maximale d'oxygène, efficacité cardiaque, puissance et endurance musculaires, autres traits d'intérêt sportif comme la taille et la morphologie. La disponibilité des outils génomiques permet la cartographie des génomes humains. L'intérêt médical et préventif apparait indéniable. La mise en évidence des prédispositions géniques de la performance sportive peut être considérée comme un dérapage craint mais qu'il faut envisager comme accessible. La disponibilité de ces mêmes gènes d'intérêt sportif est éventuellement transférable. Au-delà des applications médicales de la thérapie génique qui ne sont pas discutables et des premiers succès rencontrés dans les déficiences immunitaires, dans les maladies hématologiques et dans certaines pathologies organiques précises, la réflexion sociétale confrontée à l'évolution de l'espèce humaine et à ses rêves envisage des emplois non médicaux. C'est de l'homme amélioré ou transformé dont on parle. Que penser du projet de la NASA qui pour permettre aux spationautes de supporter l'apesanteur pendant près de 2 ans à l'occasion des missions sur Mars propose d'essayer la transgénèse musculaire avec le gène de l'IgF1 afin d'éviter la sarcopénie inéluctable. Il n'y a pas de justification thérapeutique mais la volonté de modifier les frontières de l'espèce humaine du point de vue de son adaptation à la pesanteur de la niche terrestre initiale. Les technologies cellulaires ou géniques seront envisagées et sont envisageables dans des emplois déviés vers la progression de la performance sportive. La maitrise des gènes de l'IgF1 par exemple ou de la régulation de la myostatine pour ne citer que les premiers disponibles ne peut plus être considérée comme relevant de la science fiction. Les modèles animaux précliniques utilisés pour le passage à l'espèce humaine dans le cadre de l'application aux maladies myopathiques sont là pour exprimer clairement ce qui est faisable.

Plusieurs prédispositions génétiques intéressantes pour la pratique sportive représentées par un gène précis ou améliorées par une mutation sont ciblables. L'existence réelle de gènes de prédisposition a été identifiée chez plusieurs champions. La mise en évidence il y a quelques années chez un grand skieur de fond finlandais d'une mutation génique favorisant la performance aérobie constitua un choc révélateur pour les scientifiques du sport, les biologistes moléculaires et les médecins. À 30 ans de distance, ce champion qui fut l'un des premiers à cumuler plusieurs médailles d'or aux Jeux Olympiques d'hiver pendant la décennie 1960 fut l'objet d'études biomoléculaires qui permirent des progrès conséquents dans la compréhension de la régulation de l'érythropoïèse. Avec l'identification de l'EPO produite par le rein et la nécessité pour son action de disposer d'un récepteur spécifique sur les cellules de la moelle osseuse, la découverte d'une mutation portant sur ce récepteur et sa relation favorable avec la performance sportive représentent un véritable modèle humain. Après cette première, d'autres chercheurs identifièrent la présence de mutations favorables à l'expression de la performance sportive. L'anomalie portant sur la protéine PHD2 autorise une surproduction d'EPO et donc par ricochet de globules rouges. Elle fut identifiée chez le meilleur triathlète des années 2000. Nos collègues australiens à la suite des travaux sur le gène ACE supposé entrainer un avantage physiologique énergétique aujourd'hui controversée par plusieurs études ont déterminé la prévalence d'un autre gène régulant l'actinine au niveau musculaire. Ce gène a été dénommé en son temps « gène des sprinters ». Le fait que les sprinters d'origine africaine étaient statistiquement surreprésentés porteurs de cette particularité a été considéré comme une des raisons expliquant la supériorité des sprinters afro-américains sur les sprinters blancs. Il y a fort à parier que l'introspection génétique risque d'être un outil utilisé dans les centres de détection, de recrutement et de formation des champions en herbe à l'avenir.

La lutte contre le dopage contribue à cette réflexion sur la génétique et le sport. Notre équipe qui a conçu le passeport biologique sportif participe à ce débat. Le développement de cet outil de prévention du dopage high-tech assurant la traçabilité biologique des athlètes de haut niveau a permis en effet d'identifier des situations biologiques suscitant l'interrogation. Nous avons isolé des sujets performants en situations hors normes. Ils pouvaient être atteints de pathologies précises préalables ou acquises. Ils pouvaient être en situation de dopage non détectable par les contrôles toxicologiques urinaires ou sanguins. L'outil génomique a alors été utilisé. Notre surprise fut de découvrir qu'à coté des premières prédispositions identifiées comme favorisant la pratique sportive, ils existaient d'autres mutations sur les processus de régulation métabolique a priori non attendues. Ainsi selon les travaux que nous avons publiés récemment plusieurs mutations du gène HFE impliquées aussi dans l'hémochromatose peuvent être pourvoyeuses d'une prévalence significative dans la qualité énergétique. Cette découverte exprime la proximité intime qui existe dans l'espèce humaine quand on parle des limites même si elles sont appliquées à la performance sportive. Le champion doit disposer d'un potentiel inné indispensable et variable selon la discipline sportive. Bien évidemment, il doit être préparé et entrainé de manière optimale pour le peu qu'il trouve plaisir à cet exercice sportif. L'association des prédispositions et des entrainements lui permettra d'atteindre éventuellement les sommets. L'association des sciences du sport avec les sciences du vivant et les sciences de la santé permet d'apprécier la complexité des situations mais également la réalité de ces faits. Le comble dans le domaine du sport-spectacle, c'est d'imaginer que les technologies cellulaires ou géniques pourront permettre éventuellement à un sportif bien loti en prédispositions naturelles de faire appel à une transgénèse afin d'acquérir un élément manquant pour compléter la nécessaire panoplie des autres champions de sa spécialité. Du point de vue juridique un tel fait serait défendable sous la rubrique « perte de chance ». Pour l'instant fort heureusement les chaines de fabrication de super champions par transfert de gènes ne sont pas encore d'actualité.

Que faire ?

La lutte contre le dopage a été organisée de façon scientifique et institutionnelle à la suite du décès de Tom Simpson sur le Tour de France. La préservation de la santé de l'athlète est présentée comme le premier élément de la mise en place du contrôle antidopage. La préservation supposée de l'équité sportive vis-à-vis des valeurs universelles du sport a été également mise en avant. Cet objectif a été obscurci rapidement. Les problématiques de santé publique, de trafic et de criminalité sont venues progressivement occuper le terrain des justifications de la lutte contre le dopage. Le dossier s'est donc alourdi et fortement complexifié. Les seuls outils toxicologiques urinaires ont constitué pendant près de 40 ans la base technologique du contrôle antidopage. Ces outils ont été dépassés par l'irruption des méthodes biotechnologiques. Le décalage entre les réalités sportives et scientifiques est devenu inéluctable. L'inertie, l'incompétence et l'hypocrisie des instances sportives nationales ou internationales ont longtemps couvert une dérive observée à grande échelle. Au plan mondial, le CIO pendant la guerre froide n'a jamais mis en place d'actions coercitives vis-à-vis du totalitarisme athlétique exprimé par l'Allemagne de l'Est avec les conséquences que l'on connait aujourd'hui sur le corps des sportifs concernés. Le cheminement a été long et il a fallu des scandales à répétition mettant en cause l'économie du spectacle sportif pour que le débat provoque la mise en place d'actions consensuelles minimales. La création de l'Agence Mondiale Antidopage (AMA) est un fait positif. Ce qui peut être regretté c'est la concurrence entre instances nationales et internationales sportives dans le domaine du dopage. Cette confrontation est une source de confusion. Le dossier dopage est souvent utilisé comme objet de lutte entre plusieurs organismes pour des motifs strictement économiques autour du sport business. La réglementation est inadaptée à la réalité dopante. Contrairement à ce que l'on peut penser et que d'aucuns veulent bien déclarer les voleurs n'ont jamais d'avance scientifique. Ce ne sont pas eux qui inventent la plupart du temps les produits dopants innovants. Par contre les voleurs disposent de veilles technologiques tout à fait pertinentes dont le niveau de financement est supérieur à celui des institutions de lutte contre le dopage. La coordination nécessaire entre l'ensemble des outils biologiques utilisables pour contrer le dopage doit être effective et pas uniquement sur un mode répressif. Les progrès technologiques doivent être employés pour faire parler les prélèvements urinaires, sanguins mais également les phanères.

L'apport du passeport biologique sportif refusé il y a 10 ans par de nombreuses institutions et toujours non accepté par d'autres (FIFA) ne peut plus être discuté. Il faut toutefois ne pas demander à cet outil plus que ce qu'il peut apporter. Il s'agit d'une évolution conceptuelle de la lutte contre le dopage et pas d'une panacée universelle. Les contrôles antidopage les plus performants ne sont pas ceux qui sont pratiqués pendant les compétitions. Ils correspondent à un affichage à l'occasion des grandes messes du sport mondial. Les contrôles les plus efficaces sont compliqués à organiser. Il s'agit de faire des mesures inopinées voire ciblées pendant les temps d'entraînement et en post compétition voire pendant les temps de repos.

Le dopage moderne nécessite des compétences partagées et place les médecins dans un dilemme permanent. Le plus souvent les médecins sont soumis aux pouvoirs sportifs et politiques. Il n'y a donc pas d'indépendance réelle de la part des médecins qui devraient être en charge uniquement de la préservation de la santé des sportifs. Aujourd'hui les financiers de l'économie sportive ne sont pas impliqués dans le coût de la préservation de la santé des athlètes qui supportent le spectacle et la performance. Ces mêmes financiers quelque soit leur part de marché et leur rôle ne sont pas associés à la lutte contre le dopage et à la réflexion sur le jusqu'au boutisme de la performance. La proximité des acteurs en charge au sein des structures nationales et internationales est d'une grande ambigüité. Beaucoup de ces instances sont en position de juge et partie vis-à-vis de la lutte antidopage. En quelque sorte ces institutions peuvent sortir ou ne pas sortir un dossier du fait de l'absence d'indépendance des différents maillons de la lutte contre le dopage. La réalité criminelle ne peut plus être écartée. Au-delà des réseaux artisanaux et parfois dangereux qui pourvoient les sportifs en produits dopants de bas de gamme, il existe de réelles organisations qui font du dopage une niche d'expression de la contrefaçon médicamenteuse. Le trafic de produits dopants est devenu un fait. Il peut donc relever d'organisations mafieuses. La contrefaçon médicamenteuse relève d'une démarche globale et plus importante qui touche à la santé humaine proprement dite. On peut parler de criminalité industrielle au vrai sens du terme. La disponibilité des produits détournés ou de contrefaçon pouvant être employés dans le dopage est grandissante en raison du commerce électronique et de l'achat sur Internet. Il est démontré journellement la facilité avec laquelle il est possible d'acquérir un produit dopant qu'il soit de contrefaçon ou non.

Le débat éthique sur les limites de l'espèce humaine et de son évolution ne peut pas être écarté. La réflexion philosophique actuellement en cours sur l'homme amélioré ou transformé constitue quelque part un point d'orgue à cet essai sur le dopage sportif de haut niveau. Devant les difficultés du contrôle antidopage toxicologique et face à l'évolution des méthodes biotechnologiques, le passeport biologique sportif imaginé par notre équipe dès 1999 n'est qu'un outil de dépistage et de prévention dont la principale finalité est la préservation de la santé de l'athlète. Son utilisation en matière de lutte antidopage est devenue une réalité mais il ne peut pas constituer un élément coercitif et médico-légal. Son efficacité réside dans les informations obtenues en matière de risque et de prévention. Il peut permettre la pratique de contrôles toxicologiques urinaires et sanguins ciblés ou programmés chez les individus suspects. Il informe en santé publique sur le risque épidémiologique et autorise les interventions de police sur le contrôle des trafics en fonction des populations analysées. En cela l'utilisation pertinente du passeport biologique sportif constitue un plus indéniable mais ne prétend pas à un résultat optimal. Le passeport biologique sportif est en délicatesse comme le contrôle toxicologique urinaire et sanguin vis-à-vis des biothérapies cellulaires et géniques. Le contrôle et la surveillance de ces méthodes restent à définir. La collaboration avec les industries biomédicales et pharmaceutiques est une nécessité en raison des progrès scientifiques et technologiques actuels. Il faut mettre en place grâce aux réseaux de communication une expertise médicale faisant appel à des cellules d'interprétation et de coordination indépendantes pour assurer la protection des athlètes en vue d'actions immédiates. Ces réseaux doivent être au-delà des pouvoirs sportifs et politiques. Ils doivent servir de support aux organisations judiciaires et policières vis-à-vis du risque de la contrefaçon médicamenteuse. Le *discloser act* est une nécessité pour l'ensemble des intervenants en charge de pouvoir. L'irruption dans le débat à venir de l'Unesco et de l'OMS est nécessaire. L'AMA doit abandonner sa relation privilégiée voire tributaire avec le CIO et les fédérations internationales pour se rapprocher de ces instances.

Grâce à la mise en place des passeports biologiques sportifs, la détermination des profils biologiques d'un athlète est réalisé et réalisable. Ces profils avec l'aide de l'informatique contribuent à fournir des données toxicologiques, physiologiques et pathologiques. Il s'agit d'une démarche globale faisant appel à l'ensemble des outils médico-physiologiques. Le cadre est volontairement préventif, programmé, inopiné et ciblé. Les médecins et les professions de santé sont placés au cœur de l'action et doivent être considérés comme responsables de la santé des athlètes et non engagés dans la médecine de la performance. Cette démarche médicale est transparente mais la confidentialité professionnelle doit être conservée. Dans ce contexte, les décisions de type médecine du travail déjà mises en exergue par certaines fédérations internationales (FIS) ou nationales françaises (LNR) sont concrètes et efficaces. La non médicalisation du terrain sportif considérant qu'un athlète de haut niveau ne peut pas être considéré comme un patient est une décision lourde de conséquence mais chargée de bon sens. Il faut tenir gré à l'UCI qui a délibéré sur ce sujet au cours de l'année 2011 interdisant la pratique par exemple des injections pendant le temps de la compétition. En clair, la sanctuarisation du corps du sportif vecteur du spectacle et source de la performance est peut être la meilleure défense contre le dopage.

Conclusions

L'avenir du dopage dans le sport du haut niveau se joue actuellement. Les biomédicaments de 2e génération sont déjà utilisés et complexifient les tentatives réglementaires même si la création de l'Agence Mondiale Antidopage constitue une réponse positive. L'arsenal dopant si on peut utiliser ce terme va s'enrichir malheureusement dans les 10 années à venir d'une multitude de biomédicaments à cibles diverses. La dérégulation pour raison économique des principes médicamenteux sous forme de génériques ou de biosimilaires met en difficulté l'efficacité du système de contrôle.

Il y a probablement plus difficile à envisager : c'est le devenir de la frontière dopante vis-à-vis des biotechnologies de 3e génération que constituent les thérapies cellulaires et géniques. Contrairement aux propos volontairement rassurant des bonnes consciences du business sportif et du monde fédéral international les progrès accomplis dans ces secteurs sont rapides. L'utilisation extensive des méthodes de PRP développées essentiellement pour les sportifs de haut niveau relève déjà de la thérapie cellulaire. La reculade de l'AMA entre 2009 et 2011 sur les injections intramusculaires des PRP témoigne de la difficulté à définir la frontière du mésusage mais aussi à l'impossibilité de proposer un contrôle réaliste et effectif. Les thérapies cellulaires sont déjà largement employées en réparation dans le sport de haut niveau. Elles sont banalisées pour certaines applications dans le sport animal. Le dérapage entre réparation et préparation ne peut pas être écarté. Il relève en fait de l'appréciation même des professionnels de santé. La thérapie génique n'est pas en reste. Les applications à différentes parties de l'appareil locomoteur sont testées soit en essais humains soit au niveau de modèles animaux précliniques. Le futur technologique laisse penser que ces deux démarches cellulaires et géniques risquent de connaitre des applications déviées échappant à tous contrôles réglementaires en dehors des actions de police et de justice.

L'AMA a défini ce qu'était le dopage génique et cellulaire dans le sport. Là où le bât blesse, c'est que la frontière est pour le moins perméable. Si les biotechnologies apportent des espoirs immenses du point de vue des maladies génétiques et dégénératives, elles permettent également l'introspection génomique et par conséquent mettent à disposition des outils de diagnostic exceptionnels. Le transfert à la pratique sportive de haut niveau a été effectif du point de vue de la génétique de la performance. Il est vraisemblable que le déterminisme génique sera un élément de réflexion au sein des sciences du sport pour apprécier les limites de l'espèce mais également affiner les techniques d'entraînement suivant le potentiel des individus. L'identification des prévalences géniques favorables est une réalité. Le problème c'est que certaines de ces prédispositions sont à priori transférables avec les outils de la thérapie génique. Dans ces conditions, la réflexion sur le dopage des sportifs de haut niveau rejoint les approches philosophiques de certains courants de pensée à propos de l'homme amélioré ou de l'homme transformé. Face à cette accélération qui relève de plusieurs facteurs et qui se place sous l'égide de l'économie de marché que peuvent faire les institutions antidopage actuelles dont certaines n'ont pas brillé par leur transparence et qui ont fait souvent preuve d'hypocrisie par rapport à leur responsabilité ? Légaliser la pratique dopante est une réaction compréhensible vis-à-vis des atermoiements exprimés par ces instances. Cette attitude doit être discutée afin qu'il y ait argumentation confrontée. Le pire serait que le débat n'ait pas lieu. Les choix sociétaux à venir sur le dopage doivent tenir compte des réalités. Ils relèvent d'un positionnement éthique où la place du corps humain est à préserver. Mais ne pas faire évoluer la réglementation antidopage et rester dans le contrôle coercitif risque d'aboutir à une impasse.

L'utilisation de thérapies réparatrices sans limite même si elles sont considérées comme licites est une forme possible de dérapage dopant. Le paysage actuel des institutions antidopage va donc être bouleversé. Celles-ci vont avoir à se préoccuper plus de l'état de santé des sujets concernés que de tenter de rassurer le spectateur sur l'équité supposée de la compétition. Il faut prendre en compte l'accès facilité aux produits et méthodes dopantes grâce à la mondialisation et ses dérives dont la contrefaçon médicamenteuse. Si le dérapage dopant est un apanage du sport de haut niveau, il faut admettre que l'emploi de produits ergogènes est largement répandu dans la population générale. Les aspects de santé publique ne peuvent pas être éludés dans cette réflexion. Ils sont rendus plus prégnants en raison de l'existence aujourd'hui de réseaux de distribution frauduleux et en raison de la criminalité industrielle de la contrefaçon pharmaceutique. Il y a télescopage des questions posées autour du dopage et de ses niveaux d'exercice. L'espèce humaine est donc confrontée du point de vue de l'absolu sportif à la possibilité de définir de nouvelles frontières physiologiques. Mais elle est aussi engluée dans l'exercice d'une vie quotidienne dont les principales régulations sociétales et économiques sont bousculées. Du point de vue de la performance ultime, que pourra valoir un record du monde du saut en hauteur à 3m50 après transgénèse musculaire, ligamentaire et tendineuse ? Il semble actuellement que personne ne soit susceptible d'apporter une réponse sportive mais il semble envisageable de proposer une estimation sur le coût financier du projet.

Gérard Dine

EUGÉNISME

L'eugénisme étudie et met en œuvre les moyens d'améliorer l'espèce humaine en cherchant soit à favoriser l'apparition de certains caractères (eugénique positive) soit à éliminer les maladies héréditaires (eugénique négative). C'est l'anglais Francis Galton, cousin de Charles Darwin, qui propose le concept d'eugénisme en 1883 (*eugenics*). Dans une volonté de perfectionner l'humain et en accord avec la philosophie naturaliste et le darwinisme social, l'eugénisme repose sur l'idée que le processus d'évolution doit contribuer à l'amélioration de l'espèce humaine. Or, la sélection naturelle est supposée incapable de remplir son rôle améliorateur car la société humaine tendrait à contrer l'effet de la « lutte pour l'existence » qui engendre la « survie du plus fort ». Les races humaines seraient donc en dégénérescence. Francis Galton recommande ainsi l'application compensatoire d'une sélection artificielle pour lutter contre l'affaiblissement du rôle améliorateur de la sélection naturelle en milieu civilisationnel. Dans les pays anglo-saxons, l'eugénisme s'est donné une légitimité scientifique grâce à la génétique mendélienne naissante au début du XXe siècle et son paradigme héréditariste. La science de l'hérédité s'est ainsi mise au service de l'idéologie de perfectibilité de l'humain car en comprenant les lois de l'hérédité humaine, elle permettait le contrôle de la fréquence des traits des futures générations grâce à un contrôle de la reproduction. L'eugénisme s'ancre dans la plupart des courants idéologiques, philosophiques et scientifiques du XIXe siècle : le naturalisme, le darwinisme social, le racisme, l'évolutionnisme et l'héréditarisme.

L'idéologie eugénique peut être le fruit d'une politique menée par un État et c'est la forme qu'elle a majoritairement prise d'un point de vue historique. Elle peut également s'exprimer dans le contexte privé de la famille – comme dans la période contemporaine – en raison des progrès du génie génétique et du développement des techniques de procréation médicalement assistée qui ont ouvert de nouvelles possibilités médicales (diagnostic prénatal, diagnostic préimplantatoire...). Elle est alors le résultat de décisions privées et individuelles prises par de futurs parents.

Tout au long du XXe siècle, les pratiques eugéniques des États ont varié d'un pays à l'autre mais généralement elles s'organisaient principalement autour de trois axes : le contrôle des mariages, la stérilisation forcée ou volontaire et la restriction de l'immigration. Il s'agissait dans tous les cas de limiter la reproduction des pauvres, des déficients mentaux ou des criminels et d'augmenter celle des classes ou des races supérieures de la société.

En Grande-Bretagne, l'eugénisme est le résultat d'un mixte entre le méliorisme de la classe-moyenne, l'héréditarisme de Darwin et de Galton et l'idée malthusienne de la fertilité dangereuse du pauvre. Le *méliorisme* est une doctrine qui défend une morale de l'action. Ses adeptes font un lien entre pauvreté, crime, intempérance et manque d'hygiène. Ils revendiquent l'amélioration des conditions environnementales des plus pauvres comme point de départ pour améliorer celles du plus grand nombre. La lutte contre l'alcoolisme est également un plan d'action important[1]. C'est dans un état d'esprit mélioriste que Sybil Gotto – une veuve de 21 ans inspirée par le livre de Galton – fonde l'*Eugenics Education Society* en 1907. Cette nouvelle société d'eugénisme défend la nécessité d'éduquer la population à une reproduction raisonnée et de la responsabiliser par rapport à la pureté de la race. Les eugénistes défendent aussi la nécessité d'un contrôle des naissances et par voie de conséquence, ils ont proposé la détention systématique des alcooliques, des porteurs de maladies vénériennes et des imbéciles afin de faciliter le contrôle de leur reproduction[2]. Dans un autre registre, les malthusiens dénoncent quant à eux les dangers d'une surpopulation car elle peut entraîner pauvreté et famine. Il faut donc un contrôle volontaire des naissances car il n'y a pas assez de nourriture pour tout le monde. Parallèlement, entre 1880 et 1930, le nombre d'enfants par ménage qui était de cinq ou six à l'époque Victorienne chute à deux. Les études démographiques soulignent également une corrélation inverse entre le taux de natalité et le niveau socio-économique. Au phénomène de dépopulation s'ajoute donc une proportion relative plus importante des classes sociales « inférieures ». En fait, la reproduction différentielle – le fait que les classes inférieures se reproduisent davantage que les classes supérieures – est le souci majeur des eugénistes anglais au début du XXe siècle. Elle risque d'engendrer une dégénérescence progressive. Francis Galton écrit en 1901 : « *la possibilité d'améliorer la race d'une nation dépend du pouvoir d'augmenter la productivité des meilleurs éléments. C'est bien plus important que d'empêcher la reproduction des plus mauvais* »[3]. Les hommes talentueux doivent épouser les femmes talentucuses.

Cet eugénisme conservateur qui est favorable au maintien de l'ordre social et sexuel côtoyait un courant « réformiste ». Le généticien et eugéniste de renom, Karl Pearson (1857-1936) en est un représentant. Il souligne qu'il faut

1. P. M. H. Mazumdar, *Eugenics, Human Genetics and Human Failings : the Eugenics Society, its Sources and its Critics in Britain*, London, Routledge, 1992, p. 12.

2. R. A. Soloway, *Demography and Degeneration : Eugenics and the declining birthrate in Twentieh-Century Britain*, London, The University of North California Press, 1990, p. 29.

3. F. Galton, « Possible improvement ofthe human breed », *Man*, 1901, 1, p. 161-164.

certes lutter contre la reproduction différentielle et l'augmentation proportionnelle des « moins aptes » mais les politiques eugéniques doivent se faire dans une perspective socialiste, en défendant les revendications féministes liées à la reproduction et avec l'aide des experts scientifiques[1]. En 1906 et 1907, une législation recommandant l'inspection et le soin des enfants scolarisés se met en place. C'est le point de départ d'une série de lois sociales entérinant définitivement le laissez-faire individualiste du XIXe siècle avec des lois pour aider les pauvres, soigner les maladies infectieuses ou traiter les déficients mentaux. L'*Eugenics Education Society* obtient gain de cause en ce qui concerne l'internement en asile de ces derniers afin de contrôler leur reproduction. La loi est votée en 1913 même si elle ne reconnaît pas ses liens avec les idées eugéniques. De même, le *National Insurance Act* de 1911 assure une protection sociale pour les travailleurs malades mais le rapport a tenté de prendre ses distances avec les positions héréditaristes en ne s'intéressant pas aux déterminants héréditaires de la détérioration. Néanmoins pour le public il s'agissait d'une confirmation d'une dégénérescence de la race[2]. La peur liée au déclin du taux de natalité a donné à l'eugénisme un impact important, nourri par les découvertes du laboratoire de biométrie de Karl Pearson. En 1912, le Premier Congrès International d'Eugénisme est organisé à Londres et le discours d'ouverture fut assuré par l'ancien Premier ministre anglais Arthur Balfour. D'autres Premiers ministres anglais défendront également les idées eugéniques : Arthur Neville Chamberlain ou Winston Churchill. L'eugénisme resta un sujet important du débat politique jusqu'à la Seconde Guerre mondiale et les atrocités du régime nazi. En définitive, l'eugénisme anglais n'a jamais eu aucune influence politique réelle et la peur de la dégénérescence a plutôt conduit à une série de mesures sociales devant encourager les individus de la classe moyenne-supérieure à se reproduire davantage, au développement des contraceptifs et à la naissance des plannings familiaux – ouvrant ainsi la voie à un eugénisme d'ordre privé.

La France et la Belgique suivent de près la Grande-Bretagne dans la création d'une Société d'Eugénisme. La Société française d'eugénique est créée en 1913 et la Société belge d'eugénique en 1919[3]. Néanmoins, très

1. K. Pearson, « Reproductive Selection », *in* R. A. Soloway, *Demography and Degeneration : Eugenics and the declining birthrate in Twentieh-Century Britain*, *op. cit.*, p. 55, p. 97-99, p. 101-102.

2. R. A. Soloway, *Demography and Degeneration : Eugenics and the declining birthrate in Twentieh-Century Britain*, *op. cit.*, p. 46.

3. J. N. Missa, C. Susanne (éd.), *De l'eugénisme d'État à l'eugénisme privé*, Bruxelles, De Boeck, 1999, p. 12.

attachés au néolamarckisme, les eugénistes français et belges ont longtemps rejeté le paradigme héréditariste de la génétique. Ils se sont donc surtout exprimés dans le mouvement hygiéniste influencé par le travail de Louis Pasteur sur les maladies infectieuses. Ainsi, ils ont défendu la mise en place de mesures d'hygiène, d'un certificat prénuptial et l'amélioration des conditions sociales pour lutter contre les maladies jugées héréditaires : tuberculose, syphilis et alcoolisme. Ils sont également très proches du mouvement nataliste qui souhaite assurer une protection et fournir une assistance aux femmes enceintes et aux jeunes enfants. L'hérédité lamarckienne – qui met l'accent sur l'hérédité de l'acquis – cadre bien avec les idées politiques et sociales d'une Troisième République française qui souhaite des changements cohérents avec les réformes sociales dans le domaine de la santé. L'obstétricien le plus important de France, Adolphe Pinard milite pour l'introduction d'un livret de mariage qui contient les maladies et la race [1]. Sous l'influence allemande, la loi sur la Protection de la Maternité et des Nouveaux Nés est votée en 1942 : des examens médicaux doivent être pratiqués avant la perception d'allocations et un examen pré-marital est instauré. Ce dernier est resté obligatoire jusqu'au 1er janvier 2008.

Le deuxième pays après la Grande-Bretagne où l'eugénisme s'est particulièrement bien développé est les États-Unis. La Société américaine d'Eugénisme (*American Eugenics Society*) a été créée en 1922. Contrairement à la Grande-Bretagne, l'eugénisme y est profondément négatif et teinté de racisme. En effet, la fin du XIXe et le début du XXe siècle sont marqués par une forte période d'immigration vers les États-Unis et cette importance migratoire s'accompagne d'un intérêt croissant pour la question des races humaines. À la montée en puissance de l'immigration s'ajoute les conséquences sociales de l'urbanisation, c'est-à-dire la pauvreté et la criminalité. Tous ces changements effraient la population blanche anglo-saxonne qui domine la vie culturelle, politique et le monde des affaires à cette époque. Les immigrants sont accusés d'être la cause des problèmes de la société et les textes sont remplis de stéréotypes sur les Noirs, les Juifs, les Indiens, les Irlandais… [2]. À ces phénomènes, s'ajoute également l'augmentation des taxes pour aider le gouvernement à gérer ces difficultés. En pleine époque d'Al Capone, l'*American Eugenics Society* annonce que le crime coûte en moyenne 500 dollars/an à chaque

1. W. H. Schneider, *Quality and quantity : the quest for biological regeneration in Twentieth-Century France*, Cambridge, Cambridge University Press, 1990, p. 74.

2. K. M. Ludmere, *Genetics and american society, a historical approach*, London, Johns Hopkins University Press, 1972, p. 28-30.

famille[1]. Les leaders de l'eugénisme américain sont principalement conservateurs, comme Madison Grant et Lothrop Stoddard. Ils sont également proches du Président Théodore Roosevelt qui est lui-même favorable à l'eugénisme :

> Je souhaite vraiment que les mauvaises personnes soient entièrement empêchées de se reproduire et quand la nature diabolique de ces gens est suffisamment flagrante, cela devrait être fait. Les criminels devraient être stérilisés, et les « imbéciles » ne devraient pas avoir l'autorisation de se reproduire… Il faudrait encourager les « bonnes » personnes à se reproduire[2].

Un Comité d'Eugénisme est créé en 1906 par l'American Breeders' Association pour « souligner la valeur du sang supérieur et la menace que représente le sang inférieur pour la société »[3]. Des sous-comités sont consacrés à l'étude de la déficience mentale, la folie, la pauvreté, la criminalité, la schizophrénie, le cancer ou les traits intellectuels. En 1907, l'État d'Indiana autorise la stérilisation de certains types de criminels et de malades. Il est suivi en 1909 par la Californie, le Connecticut et l'État de Washington. Les années 1910 sont marquées par une campagne eugénique particulièrement alarmiste soulignant l'augmentation du nombre de déficients mentaux dans la société américaine. Le psychologue eugéniste américain Henry Goddard (1866-1957) et ses étudiants ont étudié des jeunes choisis au hasard dans les centres de détention de Newark et ils ont trouvé que 66% étaient déficients mentaux. La déficience mentale apparaît donc comme une cause majeure de la criminalité[4]. *La Model eugenical sterilizarion law* est publiée en 1922 dans *Eugenical sterilization in the United States*. Les individus concernés par la stérilisation eugénique sont les déficients mentaux, les fous, les criminels, les épileptiques, les alcooliques ou encore les aveugles et les sourds. La Virginie applique cette loi avec le *Sterilization Act* en 1924 et la première personne concernée s'appelle Carrie Buck. L'État lui impose la stérilisation car elle est « le potentiel parent d'une descendance socialement inadéquate ». Après une victoire de l'État, le cas fût traité par la Cour Suprême des États-Unis en 1927 et

1. D. J. Kevles, *Au nom de l'eugénisme : génétique et politique dans lemonde anglo-saxon*, Paris, P.U.F., 1995, p. 73.

2. *Outlook*, Jan. 3, 1914 *in* J. A. Witowski, J. R. Inglis (eds.), *Davenport's Dream, 21st Century Reflections on Heredity and Eugenics*, New York, Cold Spring Harbor Laboratory Press, 2008, p. 59.

3. *Ibid.*, p. 47.

4. M. Haller, *Eugenics : hereditarian attitudes in american thought*, New Brunswick, Rutgers University Press, 1963, p. 95.

Carrie Buck finit par être stérilisée. Une loi autorisant la stérilisation des criminels récidivistes finira pas être contestée en 1942 mais la stérilisation des déficients mentaux continuera, elle, jusque dans les années 1970.

Dans les années 1920, ce sont les immigrés qui deviennent la cible des tests de QI à grande échelle aux États-Unis. Goddard a mené des recherches sur Ellis Island et dans les prisons. Ellis Island est une île aux portes de la ville de New York sur laquelle étaient déposés et contrôlés les immigrants avant leur entrée sur le territoire des États-Unis. Il y découvre un nombre incroyablement important de déficients mentaux : 83% de Juifs « débiles », 80% de Hongrois, 79% d'Italiens et 87% de Russes[1]. Même si les mentalités évoluent assez rapidement dans les années 1920 et que les lacunes des tests de QI et de leur mise en place sont soulignées, la minorité propagandiste continuera à défendre la nécessité eugénique et les études de QI. Ces données pseudo-scientifiques serviront à convaincre le Congrès américain de voter en 1924 l'*Immigration Act* qui restreint l'immigration venant d'Europe de l'Est et du Sud. C'est une grande victoire politique des eugénistes et elle a perduré pendant 41 ans jusqu'au *Celler Act* de 1965, qui autorise l'entrée des immigrants en fonction de leur ordre de demande (limite de 20 000 immigrants par pays et par an).

Le gouvernement américain s'est également impliqué dans le contrôle des mariages et de la reproduction. Le *Racial Integrity Act* qui interdit les mariages mixtes est voté en Virginie en 1924. Cette loi sera annulée en 1967 par la Cour Suprême. Au milieu des années 1930, de très nombreux États ont des lois interdisant les mariages entre fous et imbéciles, entre épileptiques et entre alcooliques confirmés. L'eugénisme américain s'inscrit dans l'Ère Progressiste de l'histoire des États-Unis. Cette ère se caractérise par un interventionnisme politique très marqué. À une époque où la société expérimente de nouveaux concepts de planification et de contrôle des problèmes sociaux, le planificateur social est l'eugéniste[2].

Il est intéressant de noter que l'eugénisme s'est principalement implanté dans des pays de confession protestante : la Grande-Bretagne, les États-Unis, les pays scandinaves ou encore la Suisse. L'éthique de la religion protestante s'accordait bien avec l'esprit interventionniste et mélioriste de l'eugénisme car elle met en valeur l'action et le travail contrairement à la religion catholique qui

1. S. Gould, *La mal-mesure de l'homme*, trad. fr. J. Chabert et M. Blanc, Paris, Odile Jacob, 1997, p. 203.

2. G. E. Allen, « Chevaux de course et chevaux de trait. Métaphores et aalogies agricoles dans l'eugénisme américain 1910-1940 », dans J. L. Fischer, W. H. Schneider (éd.), *Histoire de la génétique*, Paris, ARPEM, 1990, p. 83-98.

est plus contemplative et qui rejette toute intervention artificielle sur la nature humaine. Les partis sociaux-démocrates des pays d'Europe du Nord et de l'Est ont également joué un rôle clé car il s'agit d'un mouvement politique qui met en avant l'amélioration des conditions sociales. Le contrôle de la reproduction des plus pauvres et de personnes « inaptes » à élever convenablement leurs enfants était une des solutions politiques proposées. En Scandinavie, l'eugénisme a été une part importante de leur tradition de santé publique. En Norvège, l'eugéniste Alfred Mjoen (1860-1939), proche des généticiens américains Davenport et Laughlin et des Nazis, a défendu la supériorité nordique et a créé un journal *The Nordic Race*. Tous les pays scandinaves ont introduit des lois eugéniques de stérilisation dans les années 1930 et elles faisaient partie de réformes sociales plus larges. Cela a continué après la guerre et c'est seulement dans les années 1970 que les lois eugéniques ont été abolies [1].

De 1907 à 1940, 35 États des États-Unis, deux provinces canadiennes, la Suisse (1928), le Danemark (1929), l'Allemagne (1933), la Norvège (1934), la Suède (1935), la Finlande (1935) et l'Estonie (1937) ont promulgué des lois de stérilisation, volontaire ou forcée, visant l'élimination de traits considérés comme des maladies héréditaires (déficience mentale, la déviation sexuelle…). Les estimations indiquent le nombre de 30 000 personnes stérilisées aux États-Unis et près de 60 000 dans les pays Scandinave où ces lois ont perduré jusque dans les années 1970 (Danemark (1967 et 1973), Finlande (1970), Suède (1975), Norvège (1977)). Ce chiffre montre à près de 400 000 en Allemagne (NCB 2002).

Comme aux États-Unis, c'est un eugénisme racial qui domine en Allemagne et la question des classes sociales n'est pas centrale. En effet, après le Première Guerre, l'Allemagne est traumatisée et humiliée par la défaite et elle a perdu une grande partie de sa jeunesse. Le discours eugénique de renaissance de la société allemande prend donc racine dans un contexte de choix. Les différences génétiques entre les races sont explorées avec en toile de fond l'idée que la colonisation reflète la supériorité inhérente, génétiquement et moralement, des races du Nord [2]. La culture allemande au début du XXe siècle est marquée par le même naturalisme utopiste que la culture anglo-saxonne. Il y a la volonté de créer une société scientiste guidée par une politique interventionniste. La nouvelle biologie doit être dynamique et orientée vers

1. G. Broberg, N. Roll-Hansen, *Eugenics and the Welfare State : Sterilization Policy in Denmark, Sweden, Norway and Finland*, East Lansing, Michigan University Press, 1996.

2. J. A. Witowski, J. R. Inglis (eds.), *Davenport's Dream, 21st Century Reflections on Heredity and Eugenics*, *op. cit.*, p. 12.

l'action, que ce soit dans le domaine de l'agriculture ou des pathologies de l'hérédité.

La *Société allemande d'hygiène raciale* est créée en 1904 et les généticiens et médecins allemands qui en sont membres se lient dans les années 1910 à l'idéologie eugénique. Ils doivent viser à l'éradication des maladies et des malformations héréditaires. Les grandes Universités comme celles de Berlin, de Leipzig, de Fribourg ou de Munich dispensent des cours sur l'évolution de la race humaine, la pureté héréditaire et la supériorité raciale obtenue par l'application de l'eugénisme. Cette alliance idéologique prend une dimension supplémentaire avec l'arrivée des Nazis au pouvoir en 1933. Adolf Hitler (1889-1945) défend une politique qui met l'accent sur le nationalisme, l'autosuffisance et la mise en place de réformes dans l'industrie ou dans le domaine de la santé. En effet, l'Allemagne a adopté la *Loi pour la prévention de la transmission des maladies héréditaires* dès 1933. Sous la direction des Nazis, les lois eugéniques se succèdent en Allemagne de 1933 à 1935, pour aboutir aux textes sur « l'honneur et le sang allemand », c'est-à-dire les lois de Nuremberg. En 1933, le régime nazi autorise la stérilisation des schizophrènes, des maniaco-dépressifs, des épileptiques, des malades atteints de la chorée d'Huntington, de malvoyance héréditaire, de surdité, de difformités physiques sévères et d'alcoolisme. Les homosexuels avaient quant à eux le choix entre la castration ou la détention. Les *Tribunaux de la Santé Héréditaire* décidèrent de plus de 400 000 stérilisations forcées entre 1933 et 1939. En 1934, une loi qui interdit aux déficients mentaux de se marier est votée et en 1935 les relations sexuelles entre Allemands et Juifs sont interdites. En 1938, Adolf Hitler accorde à un couple d'Allemands le droit de procéder à l'euthanasie de leur nourrisson atteint d'un mal incurable. Un comité « de la mort miséricordieuse » est mis sur pied. À partir de 1939, l'Allemagne nazie initie l'euthanasie à grande échelle, par le gaz, les injections mortelles et les privations, puis s'engagera dans la Solution Finale réservée aux Juifs. Au début de la guerre, il s'est trouvé inutile d'entretenir des individus génétiquement inférieurs et une loi ordonnant l'euthanasie des déficients mentaux a donc été édictée. Ainsi, plus de 3 000 patients dans la Pologne occupée ont été tués. En 1941, plus de 94 000 patients avaient été tués. La raison principale de l'arrêt de ces meurtres fut la nécessité de transférer le personnel spécialisé vers les camps de concentration[1].

Les atrocités du régime nazi ont sonné le glas de l'idéologie eugénique d'État dans la plupart des pays occidentaux où elle s'était développée. Elles ont

1. *Ibid.*, p. 16.

montré les dérives potentielles et la dangerosité d'une idéologie revendiquant l'amélioration biologique de l'espèce humaine.

Actuellement, l'eugénisme d'État existe encore mais essentiellement sur le continent asiatique. Au Japon, la *Loi nationale sur l'eugénisme* établie en 1940 autorise la stérilisation des déficients mentaux et de tout porteur de « déviance » comportementale. En 1948, la stérilisation des criminels et des porteurs de maladies héréditaires (hémophilie, albinisme, schizophrénie, épilepsie,...) était légalisée par la *Loi Eugénique de Protection*. Plus récemment, en Corée du Nord, les nains étaient castrés et les « petites » femmes stérilisées dans les années 1980. En Chine, ce sont des lois assumées « eugéniques » qui ont été lancées dans les années 1990. La *Loi pour la protection de la mère et de l'enfant* (1995) impose un examen prénuptial en vue d'interdire la reproduction des porteurs d'une maladie infectieuse, d'un trouble mental ou de maladies génétiques. Le mariage est autorisé à la condition d'une stérilisation ou d'une contraception à long terme. Associée à la *Politique de l'enfant unique*, il s'agit de lutter contre la reproduction différentielle des classes sociales, cette dernière étant biaisée en faveur des classes sociales inférieures. Dans le même esprit, Singapour encourage depuis les années 1980 la fertilité des femmes diplômées. Le *Graduate Mums Scheme* (1983) autorise une réduction d'impôts au-delà du troisième enfant pour les classes sociales élevées. Il s'accompagne également d'un encouragement à la stérilisation pour les femmes de moins de 30 ans dont le revenu est inférieur à 1500 dollars, sous la forme d'une prime de 10 000 dollars. Si la réduction d'impôts a été abandonnée assez rapidement, le second aspect est toujours d'actualité.

Dans les pays occidentaux, un eugénisme « réformé » a continué d'exister pendant les années 1950 avec C.P. Blacker en Grande-Bretagne et Frederick Osborn aux États-Unis. Ils militaient pour un eugénisme volontaire, responsable et éducatif; c'est-à-dire un eugénisme limité à la sphère privée et non coercitif. Mais le mouvement est resté frappé d'opprobre et il s'est progressivement essoufflé. Néanmoins, dans les années 1970, le développement du diagnostic prénatal et l'apparition des lois autorisant l'interruption thérapeutique de grossesse ont relancé les débats sur l'eugénisme. En effet, avec la banalisation des techniques d'interruption de grossesse, la tolérance vis-à-vis du handicap a évolué. La loi a changé puis progressivement les mentalités ont fait de même : l'interruption de grossesse semble la décision à prendre en cas de handicap ou de maladie génétique grave (au nom de la qualité de vie des parents et du futur enfant)[1]. Cette sélection négative est clairement d'esprit eugénique. Le développement des méthodes de procréation médicalement assistée et du diagnostic préimplantatoire posent également la question du choix sélectif des fœtus. Néanmoins, cet eugénisme est très différent de celui mis en place par les États au début du XXe siècle : il se veut non violent et non coercitif; les personnes concernées sont libres, volontaires et a priori informées; et enfin, il se pratique dans la sphère médicale en réponse à une demande familiale et privée.

Pourtant ces pratiques ne sont pas sans problèmes. Pour commencer, la qualité de l'information donnée aux parents et l'aspect éclairé de la décision posent question en raison de la complexité des rapports entre les gènes et les maladies. L'autonomie du patient dépend fortement de sa capacité à interpréter et à comprendre les données génétiques; pour autant que le médecin ait lui-même été capable de fournir une explication claire. Or les maladies monogéniques sont rares et il s'agit plus souvent d'un rapport statistique complexe et obscur. Dans ce contexte, l'autonomie et l'aspect éclairé du consentement du patient peuvent être mis en doute. Ensuite, il s'agit d'éviter de tomber dans le piège du « bébé parfait ». Avec les progrès de la médecine prédictive, il devient possible d'identifier les origines génétiques de maladies de plus en plus nombreuses (obésité, diabète, allergie, ...). Il en est de même pour de nombreux traits non pathologiques. Bien entendu, la prédiction reste hautement probabiliste mais la continuité d'échelle de plus en plus marquée entre « traits non pathologiques » et « maladies » ou « handicaps » rend la définition du « pathologique » de plus en plus subjective. Bien sûr, il n'est pas grave d'avoir le rhume des foins mais s'il est possible d'éviter à son enfant d'avoir cette allergie, pourquoi ne pas en profiter? C'est évidemment l'accumulation de ce type de questions qui flirte avec l'eugénisme – fût-il privé. Le problème sera encore plus pressant lorsque les techniques du diagnostic préimplantatoire se seront affinées[2].

L'histoire de l'eugénisme et de ses excès marque négativement et profondément tout désir d'amélioration de l'humain. Il continue de susciter la méfiance, que la volonté de perfectibilité s'exprime dans le domaine privé

1. C. Julian-Reunier, P. Bounet, « Diagnostic prénatal et pratiques sélectives : choix individuels ? Choix collectifs ? », dans J. Gayon, D. Jacobi (éd.), *L'éternel retour de l'eugnisme*, Paris, P.U.F., 2006, p. 61-91.

2. F. Fukuyama, *Our Posthuman Future...*, *op.cit.* ; J. Habermas, *L'avenir de la nature humaine*, *op. cit.* ; N. Agar, *Liberal Eugenics – In defence of human enhancement*, *op. cit.*, J. Glover, *Choosing Children : Genes, Disability, and Design*, Oxford, Clarendon Press, 2006.

et médical ou dans des philosophies transhumanistes ou posthumanistes. Pourtant d'un point de vue éthique, il ne sert à rien d'en appeler aux peurs de l'eugénisme. Une créativité éthique positive doit se développer dans un esprit assumant l'importance historique de ces pratiques. Ce passé doit inviter à la prudence active plus qu'à la peur paralysante.

Laurence Perbal

ÉVOLUTION

L'évolution est un concept très général qui traduit la modification d'un système avec le temps. Dans le cadre des réflexions du présent volume sur le futur de l'être humain, nous nous intéresserons ici au cas particulier de l'évolution biologique et à sa suite éventuelle, l'évolution de l'espèce humaine. Non sans rappeler toutefois que celles-ci sont aussi les résultats d'une évolution cosmique et minérale antérieure, qui en est la condition préalable, puisqu'elle a conduit à la fabrication des atomes et des molécules qui constituent les corps des animaux et des humains. Sans cette évolution cosmique et minérale préalable, il n'y aurait pas d'évolution biologique ni humaine possible.

L'évolution des espèces vivantes

Dans la pensée occidentale, les espèces vivantes ont longtemps été perçues comme immuables et non susceptibles d'évolution (une thèse appelée « fixisme »), parce que créées telles quelles par Dieu (une thèse appelée « créationnisme »). L'idée que les espèces puissent se transformer les unes dans les autres a d'abord été formulée sur des échantillons restreints : ainsi, à la fin du XVIIIe siècle, Antoine Nicolas Duchesne formule les premières hypothèses d'évolution sur des souches de fraisiers. Ces thèses limitées n'ont pas déclenché de controverse philosophique majeure. En revanche la systématisation des thèses évolutionnistes à l'ensemble des espèces vivantes, végétales et animales, par Lamarck (1744-1829), puis par Darwin (1809-1882), systématisation qui permettait dès lors de supposer que l'espèce humaine elle-même avait aussi une origine animale, déclencha des réactions très violentes d'opposition dans les milieux religieux.

La théorie de l'évolution[1] a été depuis étayée par un nombre tel d'arguments scientifiques (notamment les traces innombrables laissées, dans

1. G. Lecointre (éd.), *Guide pratique de l'évolution*, Paris, Belin, 2009.

les couches géologiques, par des espèces maintenant disparues, les « fossiles ») qu'aucun penseur sérieux ne conteste aujourd'hui le fait que les espèces vivantes dérivent les unes des autres, ni que l'espèce humaine possède un ancêtre commun, assez proche dans le temps, avec les espèces de chimpanzés. En même temps, la théorie de l'évolution a mûri ses concepts. Lamarck croyait, à tort, que le mécanisme qui sous-tendait l'évolution était l'hérédité des caractères acquis par un individu durant sa vie, caractères qu'il aurait pu transmettre à sa descendance. Darwin, lui-aussi à tort lamarckien en ce qui concerne l'hérédité des caractères acquis, proposa l'idée, révolutionnaire et juste, de la sélection naturelle : se reproduisent et perpétuent leur descendance les individus les mieux adaptés. Hugo de Vries montra que cette sélection naturelle amène les populations à évoluer parce qu'elle agit sur des variations spontanées des gènes, qu'on appelle les « mutations » (une thèse appelée « mutationnisme »). Schématiquement, la combinaison de la sélection naturelle et du mutationnisme constitue ce qu'on appelle la théorie synthétique de l'évolution ou néo-darwinisme (on dit parfois simplement « darwinisme »), qui est la colonne vertébrale de l'interprétation du fait de l'évolution de nos jours, même si des discussions persistent encore entre les spécialistes sur des points de détail particuliers. Cette thèse synthétique combine donc une action (aveugle) sur les gènes (les mutations) et une influence, tout aussi aveugle, de sélection effectuée par l'environnement, auquel les espèces sont amenées à s'adapter. Elle est aujourd'hui admise par tous les scientifiques avec cependant des nuances quant à son pouvoir d'explication. Pour certains, le néodarwinisme explique entièrement l'évolution biologique. Pour d'autres, même si sa contribution explicative reste essentielle, elle laisse place à d'autres processus pouvant la compléter[1].

De nos jours, la plupart des controverses avec les milieux religieux ont cessé. Les milieux religieux raisonnables se sont inclinés devant les preuves scientifiques accumulées et notamment, dans la religion catholique, grâce à l'apport de Teilhard de Chardin, prêtre jésuite et paléontologue. Il demeure cependant encore, dans le monde, des foyers très actifs d'obscurantisme religieux, notamment aux États-Unis, où des groupes fondamentalistes protestants ont fondé un « musée du créationnisme », et dans les pays musulmans, comme la Turquie, où paraissent parfois des ouvrages violement anti-évolutionnistes. Un autre courant philosophique, plus insidieux, est celui dit du « dessein intelligent », qui ne nie pas l'évolution des espèces en tant que telle, mais considère qu'elle est dirigée « intelligemment » par Dieu vers un être

1. S. Gould, *L'éventail du vivant : le mythe du progrès*, Paris, Seuil, 1997.

idéal... l'être humain! Un témoignage, si besoin en était, de l'incorrigible prétention de notre espèce à se croire toujours le centre du monde.

Bien entendu, l'évolution biologique se poursuit de nos jours et toutes les espèces, y compris, l'espèce humaine, restent soumises à des mutations et à des changements d'environnement susceptibles de produire des sélections darwiniennes. Mais les conséquences des sélections naturelles sont très lentes à se manifester, et, dans l'espèce humaine, un autre phénomène beaucoup plus rapide, non plus naturel, mais culturel, vient court-circuiter l'évolution biologique : l'évolution technologique, produite par l'espèce humaine elle-même.

L'évolution technologique propre à l'humanité

Chaque espèce possède sa manière de « réussir » pour survivre et s'adapter à son environnement et, si l'on adopte le point de vue darwinien, les bactéries, par exemple, grâce à une vitesse de reproduction considérable, « réussissent » leur adaptation tout aussi bien que les humains. Mais la particularité de l'espèce humaine, très proche sur les plans génétique et comportemental des chimpanzés[1], est de posséder un cerveau exceptionnellement performant, d'une grande plasticité, et par suite capable d'intégrer des éléments considérables de mémoire sociale. L'être humain est un singe nu[2], très adaptable et modifiable par la société dans laquelle il vit. Produite par la sélection naturelle, cette manière intellectuelle de répondre aux contraintes du monde est la manière qu'à l'espèce humaine de survivre et de s'adapter.

On appelle « culture » les traits comportementaux qui se transmettent dans une population sans passer par les mécanismes biologiques et génétiques de la « nature ». À ce titre, il existe de nombreux traits culturels chez les animaux, et particulièrement chez les plus performants sur le plan cérébral comme les mammifères ou les oiseaux : utilisations d'outils, de règles cognitives ou morales, de systèmes complexes de communication, de préférences esthétiques... Mais l'espèce humaine acquiert, dans ce domaine, un degré de performance considérable et véhicule socialement des langages, des connaissances scientifiques et des attitudes artistiques d'une extrême complexité, qu'elle peut transmettre à ses jeunes, pour les rendre infiniment plus performants que ne le seraient des jeunes humains privés de société humaine et élevés, par exemple, par des animaux (enfants sauvages). Sur le plan technique, cette considérable culture de l'espèce humaine lui a permis de modifier elle-même ses aptitudes

1. J. Diamond, *Le troisième chimpanzé. Essai sur l'évolution et l'avenir de l'animal humain*, trad. fr. M. Blanc, Paris, Gallimard, 2000.

2. D. Morris, *Le singe nu*, Paris, Grasset, 1967.

biologiques, court-circuitant par là le lent processus de l'évolution biologique darwinienne.

L'évolution biologique darwinienne traduisait une lutte pour la vie et la survie des individus les plus aptes. Le comportement des sociétés humaines, fondé largement sur une entraide sociale, vise, au contraire, à protéger les plus faibles. Il faut rappeler ici que les thèses qui ont voulu étendre aux sociétés humaines les principes de la sélection naturelle darwinienne, c'est-à-dire laisser triompher « les plus forts », thèses qu'on a appelé le « darwinisme social », vont à l'encontre de tous les mouvements sociaux, au sens large, qui ont guidé les sociétés humaines vers davantage de démocratie. Il faut aussi rappeler que Darwin lui-même a toujours proclamé clairement que ses thèses de sélection naturelle ne devaient pas s'appliquer à l'intérieur de l'espèce humaine.

L'espèce humaine vise donc à protéger, en son sein, les individus les plus faibles, voire à corriger, d'une manière générale, les faiblesses de tous les individus. C'est un mouvement qui peut aller, à l'occasion, à contresens de l'évolution biologique darwinienne, un mouvement qui vise à perpétuer des individus qui ne seraient pas nécessairement adaptés à un environnement « naturel », c'est-à-dire sauvage, mais qui cependant restent adaptés au sein de l'ensemble humain tel qu'il vise à se constituer socialement. Par quels procédés s'effectue cette évolution « culturelle » humaine ? Par la culture technologique, guidée par les connaissances scientifiques, par lesquelles l'homme est capable de répondre aux contraintes du monde. Pour les humains d'aujourd'hui, cela veut dire, par exemple, une naissance plus sûre, une vie plus sûre, une santé et une longévité améliorées. L'exemple de la naissance est frappant. Les procédés technologiques mis en œuvre par l'espèce humaine (surveillance prénatale, chirurgie obstétrique, antibiotiques, transfusions sanguines, couveuses…) ont permis à un grand nombre d'entre nous de naître et de rester en vie, alors qu'ils n'auraient jamais survécu dans la « nature » sans l'aide de ces techniques. En tant que telle, une bonne part de la population humaine actuelle est déjà largement un artefact technologique. Des remarques similaires pourraient être formulées pour l'accroissement marqué de la longévité dans les pays technologiquement avancés.

Des évolutions possibles

L'évolution scientifique et technologique de l'espèce humaine s'est accélérée depuis quelques siècles. Dans beaucoup de pays, une recherche scientifique et technique systématique fait que l'être humain se modifie rapidement lui-même par sa technologie, à une vitesse sans commune mesure avec les pressions de la sélection biologique darwinienne. Il y a tout lieu de penser que cette activité ne s'arrêtera pas là et que la technologie humainemodifiera de manière considérable le mode d'être de nos descendants. On rejoint alors les hypothèses et les utopies des théoriciens du trans-humain et du posthumain, dont témoignent de nombreux articles du présent ouvrage, même si le devenir précis de l'être humain dans cet environnement technique de plus en plus présent qu'il se crée, reste, bien entendu, très difficile à prévoir dans ses détails.

Sans prétendre être le moins du monde prophète, je voudrais esquisser ici des chemins d'un devenir évolutif possible de notre espèce, fondés sur son évolution passée, c'est-à-dire utiliser l'évolution antérieure pour tenter de projeter quelques chemins de l'évolution à venir [1].

Certes, en tant qu'être matériel, l'homme, petit-fils des pierres et un arrière-petit-fils des étoiles, a dû apprendre, comme ses ancêtres animaux, à obéir aux lois de la nature physique, comme celle de la pesanteur, comme les contraintes thermiques, comme la dégradation de l'énergie vers une forme dont on ne peut revenir sans effort (et qu'on appelle techniquement l'"entropie maximale"), une sorte de "mort" physique qui guette tout système matériel isolé. Certes, par l'exercice de son puissant cerveau, l'être humain y a répondu par sa science et par sa technologie galopante, comme on vient de le voir. Et cette vision, scientifique et rationnelle, du posthumain reste, bien sûr, essentielle pour imaginer son avenir. On peut penser que l'être humain (ou posthumain) deviendra de plus en plus artefactuel, de plus en plus tributaire de ses connaissances rationnelles et de leurs applications techniques.

Mais, de ses ancêtres animaux, l'être humain a aussi hérité d'une capacité à rêver, à produire de l'imaginaire [2], voire de l'irrationnel ou l'absurde, une capacité qu'il a, elle aussi, conduit à des sommets, artistiques notamment. Il n'y pas de raison de penser que cette évolution dans le domaine de l'imaginaire, ne se développe pas elle-aussi. Puisque, comme le disait Malraux, l'art est un anti-destin, une rébellion contre l'ordre naturel des choses, l'imaginaire vise souvent à contredire la rationalité, voire, depuis le Surréalisme, à imaginer l'impossible. Il offre, par là même, un antidote à des excès possibles de la rationalité seule, qui pourraient conduire à un monde « froid », construit uniquement sur les concepts logiques. L'imaginaire a aussi amené l'être humain, par ce qui fait une de ses spécificités animales, l'émotion, à un sens des valeurs [3].

1. G. Chapouthier, « La fin de l'homme à la lumière de ses origines et de ses racines », dans C. Hervé et J. J. Rozenberg (éd.), *Vers la fin de l'homme*, Bruxelles, De Boeck, 2006.

2. F. Jacob, *Le jeu des possibles. Essai sur la diversité du vivant*, Paris, Le Livre de Poche, 1991, p. 119.

3. G. Chapouthier, *Kant et le chimpanzé – Essai sur l'être humain, la morale et l'art*, Paris, Belin, 2009.

Lié à la rationalité, ce sens des valeurs a permis à l'homme d'édifier des morales discursives, dont il est fier même si son comportement moral, tout au long de l'histoire, n'est guère à la hauteur de ces souhaits moraux. D'une certaine manière, les morales discursives humaines font le lien entre l'imaginaire et la rationalité. Elles sont le rêve rationalisé d'un monde meilleur. Ici encore, il n'y a pas de raison de penser que ce souhait, amorcé dans l'espèce humaine vers un meilleur comportement moral, ne se poursuive pas.

Ces quelques pistes, qui projettent sur le futur des évolutions déjà entamées par notre espèce, permettent d'envisager des chemins vers le posthumain qui combinent la technologie scientifique avec un vécu artistique et un souci moral. Seul l'avenir dira, évidemment, si nos descendants choisiront ou non de tels chemins.

Georges Chapouthier

GÉNÉTIQUE HUMAINE ET POSTGÉNOMIQUE

La génétique humaine est une branche de la biologie qui étudie l'hérédité en observant les caractères et les variations accidentelles chez l'espèce humaine.

Elle s'est développée dans le monde anglo-saxon à la fin du XIXe siècle grâce à des contextes sociaux et culturels favorables. L'essor de l'agriculture entre 1900 et 1915 notamment a stimulé les recherches sur l'hérédité et elle a constitué un tremplin pour l'étude de l'hérédité de l'humain. De plus, les lois et les expériences d'hybridation de pois de Mendel ont été redécouvertes en Europe en 1900 et le mendélisme a apporté de nouvelles possibilités expérimentales d'amélioration des caractéristiques des plantes[1]. Outre le milieu agraire, les réformes concernent également les affaires familiales et sociales et, comme pour les plantes, il faut contrôler et améliorer la « qualité » des êtres humains par le biais du contrôle de leur reproduction et des croisements entre les races humaines. Dans un contexte culturel dominé par la philosophie naturaliste et le darwinisme social, cette idéologie eugénique a été très populaire au début du XXe siècle. Ainsi, si la génétique doit son développement aux réformes agraires de la fin du XIXe siècle, la génétique humaine n'aurait quant à elle pas existé sans l'eugénisme.

1. J. L. Fischer, W. H. Schneider (éd.), *Histoire de la génétique*, Paris, ARPEM, 1990, p. 65.

L'ouvrage *Heredity in Relation to Eugenics* de l'Américain Charles Davenport publié en 1911 est un bon état des lieux de la génétique humaine de l'époque aux États-Unis. Elle s'intéresse principalement à des traits qualitatifs ou discrets, sur le modèle théorique mendélien d'absence-présence des caractères (maladie, couleur, forme, ...)[1]. Dans le contexte de l'eugénisme, il s'agit souvent de traits comportementaux complexes comme la déficience mentale, la criminalité ou la pauvreté et les généticiens ciblent principalement les classes sociales inférieures. Ces études fournissent des taux de concordance, des coefficients de corrélation et des mesures d'héritabilité grâce à l'étude des familles et de leur généalogie. Les analyses comparatives interindividuelles dans les fratries gémellaires d'une part, et les études d'adoption d'autre part, sont également importantes. Les généticiens de l'humain tirent leurs données des observations cliniques, des rapports publiés dans les revues, les registres des hôpitaux, des asiles psychiatriques et des enquêtes menées auprès des malades, des familles et autres. Ces analyses de génétique quantitative ne s'intéressent pas aux causes du développement d'un trait, elles se contentent de mettre indirectement en évidence une origine héréditaire supposée.

Au début du XXe siècle, il existe deux grandes écoles de génétique. L'école mendélienne avec William Bateson en Grande-Bretagne et Charles Davenport aux États-Unis, et l'école biométrique des Anglais Karl Pearson et Walter Weldon. En biométrie, l'étude des familles reste la méthodologie la plus utilisée mais par contre, ces généticiens s'intéressent davantage aux traits qui subissent de petites variations continues dans la population, c'est-à-dire les traits qui ont une importance au regard du processus évolutif gradualiste darwinien. De ce fait, les généticiens anglais seront les fondateurs de la génétique des populations dans les années 1920.

L'étude des généalogies ne s'intéresse pas aux modes d'hérédité et ainsi, la question de l'importance relative de l'inné et de l'acquis pour expliquer les traits humain reste fermée. Mais dans les années 1920, le besoin de contrôle et de quantification et la nécessité de prendre en compte l'environnement se font plus importants[2]. Il faut pouvoir distinguer scientifiquement les effets du biologique et du social et faire la différence entre une science neutre et une science influencée par les préjugés eugéniques de classe ou de race. Pour ce faire, les méthodes d'analyse généalogique, essentiellement visuelles, doivent être adaptées à une analyse statistique plus rigoureuse.

1. K. M. Ludmere, *Genetics and American Society, a historical Approach*, *op. cit.*, p. 55.

2. P. M. H. Mazumdar, *Eugenics, Human Genetics and Human Failings : the eugenics society, its sources and its critics in Britain*, *op. cit.*, p. 139.

À cet égard, le développement mathématique de la génétique humaine doit beaucoup aux travaux des eugénistes et des généticiens allemands. Le mathématicien Wilhelm Weinberg a établi, avec l'anglais G.H. Hardy, la célèbre formule mathématique évaluant la fréquence des différents génotypes dans une population, la loi de Hardy et Weinberg (1908). Un autre mathématicien allemand, Felix Bernstein a utilisé cette loi pour étudier les groupes sanguins chez l'humain et proposer l'hypothèse triple allèle ABO (1924) et le généticien Fritz Lenz a développé un modèle important sur la consanguinité (1938). L'étude des groupes sanguins est un champ de recherches historiquement très important. Il a stimulé les recherches sur les aspects moléculaires de la génétique, sa mathématisation et a initié le rapprochement avec le domaine médical. D'une part, les caractéristiques sanguines sont des traits qualitatifs, c'est-à-dire de type absence-présence, qui permettent des études dépourvues d'ambiguïté quant à qui possède ou non le trait. D'autre part, il s'agit d'un trait entièrement inné sur lequel les facteurs environnementaux ne semblent pas avoir d'influence. Enfin, dès les années 1940, les allèles des groupes sanguins permettront de commencer la cartographie des gènes humains. En effet, ils sont universels et après leur localisation sur les chromosomes, ils peuvent servir de marqueurs pour situer les autres gènes sur ces mêmes chromosomes.

Les années 1920 sont donc marquées par la volonté de dépasser et de compléter la théorie mendélienne de l'absence-présence des traits et d'évaluer leur fréquence dans la population générale. Cette application de la génétique aux populations humaines trouve son origine dans le groupe d'Ernst Rüdin au Service de Recherche Psychiatrique sur l'Hérédité de Munich[1]. Rüdin était devenu un des pionniers de l'approche génétique en psychiatrie, avec une étude sur l'hérédité de la schizophrénie en 1916. Ces recherches et ces avancées mathématiques en Allemagne ont inspiré toute une génération de généticiens des populations en Grande-Bretagne. Ainsi, l'anglais Ronald A. Fisher a poursuivi ces recherches au Laboratoire Galton dans les années 1930. Avec John B. S. Haldane et Sewall Wright, ils ont complété la formule de Hardy et Weinberg en étudiant l'effet des mutations récessives ou dominantes et celui de la sélection naturelle sur l'évolution allélique des populations.

Les progrès faits en génétique sont valorisés dans la littérature dans une perspective eugénique. L'ouvrage *Daedalus; or, Science and the Future* écrit par J. B. S. Haldane en 1924 en est un exemple. Dans ce livre, Haldane fait appel au personnage mythique grec Dédale pour symboliser la *techné*. Inventeur et sculpteur, il est d'une ingéniosité technique extraordinaire et il repré-

1. *Ibid.*, p. 254.

sente le devenir des sciences devenues *technosciences*. Haldane imagine ainsi un futur où la biologie permettra aux humains de s'affranchir techniquement des contraintes de la reproduction grâce à l'« ectogenèse ». Il anticipe ainsi les techniques de fertilisation *in vitro* et il imagine la possibilité de développer les fœtus dans des tubes (« *test tube babies* »). L'espèce humaine est alors capable de contrôler sa propre évolution par mutation directe et sélection. Ce petit texte a profondément influencé *Le meilleur des mondes* d'Aldous Huxley publié en 1932. Par ces aspects scientistes à volonté améliorative, cet ouvrage est considéré comme un texte précurseur du mouvement transhumaniste.

Les premières approches mécanicistes et moléculaires en génétique de l'homme remontent au début du XXe siècle avec les travaux de l'Anglais Archibald Garrod. Il est le premier à avoir étudié les origines biochimiques d'une maladie humaine (1909), l'alcaptonurie, une maladie familiale rare qui se manifeste par le noircissement des urines peu après la naissance, puis par celui des cartilages et par de l'arthrite. L'alcaptonurie serait causée par un désordre biochimique inné du métabolisme et il en serait de même du labinisme, de la cystinurie et de nombreuses autres maladies. Ses réflexions sur le métabolisme et l'hérédité mendélienne ont ouvert un tout nouveau champ d'investigation : celui des erreurs innées du métabolisme. Ces premières découvertes sur la nature moléculaire de certaines maladies humaines ont permis le développement de la génétique moléculaire et biochimique. Elle doit compléter les recherches en génétique quantitative et les études de généalogie. De fait, les approches de génétique quantitative cherchent essentiellement à suggérer l'existence d'une prédisposition génétique pour des traits comportementaux donnés grâce à des études de familles. Les analyses moléculaires complètent ces études en tentant d'identifier les différences génétiques qui contribuent à la variation interindividuelle d'un trait donné au sein des populations. Elles comprennent notamment les études de liaisons, qui cherchent à isoler les gènes corrélés à un trait comportemental donné, et les études d'association qui cherchent à savoir si les variations liées aux différents allèles d'un gène donné sont statistiquement associées aux variations phénotypiques du trait étudié.

De 1930 à 1945, la génétique humaine est surtout le fait d'un petit groupe de chercheurs passionnés qu'ils soient biologistes, médecins ou mathématiciens. À la fin des années 1940, ce sont essentiellement des Américains et des Anglais. Pendant cette période, un quart des chercheurs anglo-saxons sont responsables de plus de 60% des publications dans le domaine et un dixième (environ vingt personnes) en ont assuré 40%. La plupart sont anglais – R. Fisher, J. B. S. Haldane, Lancelot Hogben, Lionel Penrose – car, dans les années 1940, peu d'Américains ou d'Allemands s'aventurent en génétique humaine en raison des liens idéologiques avec le racisme, le nazisme et l'eugénisme[1].

À partir des années 1940, les découvertes au niveau moléculaire s'accumulent. En 1944, O. Avery, C. MacLeod et M. McCarty découvrent la structure moléculaire des gènes : l'acide désoxyribonucléique (ADN). En 1953, James D. Watson et Francis Crick proposent un modèle en double hélice pour expliquer la structure de cette molécule. Ce modèle déclenchera une série d'autres découvertes fondamentales sur la nature moléculaire de l'ADN et son mode de fonctionnement : les ARN, la réplication, la traduction en protéines, le code et le programme génétique, etc. Ces découvertes participent du retour de la génétique humaine en tant que domaine de recherche important aux États-Unis et également son développement tardif en France dans les années 1950. Pour les généticiens français, après la Deuxième Guerre Mondiale, il s'agit enfin de la fin du dictat du néolamarckisme grâce à l'influence des vainqueurs anglo-saxons. Et aux États-Unis, la génétique humaine est revenue en force avec l'étude des mutations et des conséquences pour la santé du lancement des bombes atomiques sur Hiroshima et Nagasaki en 1945.

En effet, les recherches sur les mutations ont permis le développement extraordinaire de la cytogénétique, c'est-à-dire de la génétique de la cellule, dans les années 1950. En 1955, l'Indonésien Joe-Hin Tjio et le Suédois Albert Levan découvrent enfin le nombre de chromosomes dans les cellules humaines. Elles contiennent une paire de chromosome déterminant le sexe – XX ou XY – et 22 paires de chromosomes non liés au sexe, ce qui fait un total de 46 chromosomes. En Grande-Bretagne, Paul E. Polani, suggère que les femmes atteintes du syndrome de Turner ont un seul X. En 1959, des chercheurs d'Edimbourg montrent que les hommes atteints du Syndrome de Knilfelter portent trois chromosomes sexuels, deux X et un Y. En 1958, le français Jérôme Lejeune découvre que le « mongolisme » est dû à la présence excédentaire d'un chromosome sur la paire 21 (numérotation formulée par convention lors d'un Congrès de génétique à Denver en 1960). La cytogénétique ouvre ainsi la voie à une série d'applications diagnostiques et médicales au niveau individuel. C'est la création des Conseils génétiques, du diagnostic prénatal et des dépistages systématiques à l'échelle des populations (dépistage néonatal pour la phénylcétonurie, dépistage des couples à risque pour les thalassémies ou la maladie de Tay-Sachs). En effet, la technique de l'amniocentèse a été développée dans les années 1960 et a permis la détection

1. D. J. Kevles, *In the name of the eugenics. Genetics and the uses of human heredity*, New York, Alfred A. Knopf, 1985 ; *Au nom de l'eugénisme…*, *op. cit.*, p. 295.

in utero des anomalies chromosomiques. Ensuite, l'avortement est une pratique qui a été décriminalisée dans de nombreux pays entre 1965 et 1975, particulièrement quand le fœtus est diagnostiqué avec des anomalies génétiques importantes. Les Conseils génétiques doivent informer, accompagner et éduquer les familles pour leur permettre de faire des choix éclairés dans ce domaine. Ainsi, depuis quelques années, les questions eugéniques se manifestent principalement dans cette sphère médicale et privée (voir article « Eugenisme »). Elles sont liées à cette sélection négative des fœtus indésirables, même si le choix revient *in fine* aux familles dans le respect de l'autonomie des patients.

Le pouvoir de prédiction de la génétique s'est donc considérablement développé et le Projet Génome Humain lancé au début des années 1990 devait encore augmenter ce pouvoir. L'identification des gènes de l'humain devait permettre de mieux comprendre les maladies héréditaires et de proposer une médecine prédictive plus efficace et performante. Des milliers de gènes dont les mutations sont responsables de maladies héréditaires ont ainsi été identifiés. De plus, de nombreux traits comportementaux ont été liés aux déterminants génétiques : l'anti-socialité, les addictions, la dépression, certaines capacités cognitives, le goût du risque ou d'autres traits de personnalité [1].

Mais les découvertes de la biologie moléculaire depuis les années 1970 ont également montré l'instabilité et la diversité des mutations et la complexité de leurs liens avec les traits auxquels elles sont liées. En effet, le génome contient plus que les gènes codants pour des protéines, il est peuplé d'éléments non codants tels que les promoteurs, les activateurs ou les séquences tandem. De plus, un même gène peut avoir différentes fonctions selon son environnement cellulaire (pléiotropie), un même effet peut être dû à l'expression de différents gènes (polygénisme). Il y a également le phénomène d'empreinte génétique et les régulations épigénétiques. Par définition, l'épigénétique est le domaine qui étudie comment l'environnement cellulaire et l'histoire individuelle influent sur l'expression des gènes. Pour bien comprendre les liens complexes entre les gènes et les traits humains, pathologiques ou non pathologiques, l'identification des gènes (génomique) doit être complétée par d'autres méthodologies, la génomique fonctionnelle et la protéomique notamment. La finalité de la génomique fonctionnelle est la compréhension du fonctionnement des composants du génome, c'est-à-dire la fonction des gènes. Les termes en

1. L. Perbal, *Gènes et comportements à l'ère post-génomique*, Paris, Vrin, 2011 ; « The "warrior gene" and the Maori people : the responsibility of the geneticists », *Bioethics*, Article first published online : 12 avril 2012.

-omique fleurissent. Il peut s'agir du *génome* contenant tous les gènes de l'organisme ou du *protéome* lié aux protéines mais aussi du *transcriptome* lié aux transcrits ARN codants, du *rnome* rassemblant les transcrits ARN non codants, du *métabolome* contenant les métabolites ou de l'*interactome* s'intéressant aux réseaux d'interactions entre biomolécules. La *phénomique* cherche alors à intégrer tous ces champs d'études dans une représentation complète du phénotype de l'organisme. Ces concepts attestent de l'existence de nouvelles approches qui souhaitent une meilleure compréhension du fonctionnement cellulaire. Il faut remonter les chaînes causales jusqu'aux manifestations cliniques ou comportementales.

Ainsi, depuis dix ans, la postgénomique se développe en génétique. L'ère postgénomique met en évidence le fait que les mécanismes moléculaires ne sont pas statiques mais dynamiques. Une explication de leur fonctionnement doit se trouver dans la dynamique cellulaire des systèmes complexes. Il ne suffit donc pas d'identifier les « instructions » des phénomènes biologiques, c'est-à-dire le programme génétique. Il faut des approches davantage centrées sur l'étude spatialement et temporellement dynamique des produits des gènes; il faut associer hérédité génétique et hérédité épigénétique et tenir compte des facteurs environnementaux[1].

Cette évolution épistémologique globale de la génétique influence les pratiques médicales. La médecine va évoluer vers une approche individualisée où la médication sera adaptée aux caractéristiques génétiques et physiologiques de chacun (pharmacogénomique) et les capacités de prédiction vont s'affiner (médecine prédictive). Le patient est ainsi reconnu comme une individualité unique et cette individualité tient compte du génome mais également de l'environnement, de l'histoire personnelle et de leurs interactions réciproques. Il s'agit donc de mobiliser les données récoltées par la génomique à l'échelle individuelle et populationnelle et de s'interroger sur la façon dont elles doivent être interprétées dans le contexte systémique de la postgénomique. Comment lire les informations génétiques ? Comment et pourquoi les utiliser ? À quelles fins et dans quel contexte ? Avec quelles conséquences, pour chaque individu mais également pour l'espèce humaine elle-même ?

De l'avenir, la médecine va également sensiblement bénéficier de l'avancement des pratiques en génie génétique. Le génie génétique (ou ingénierie génétique) est un ensemble de techniques ayant pour objet l'utilisation des connaissances acquises en génétique pour utiliser, reproduire, ou modifier le

1. L. Perbal, « G*E Interaction and Pluralism in the Postgenomic Era », *Biological Theory*, vol. 7, 2012.

génome des êtres vivants et donc leurs phénotypes. Dans le domaine de la santé, ces pratiques sont basées sur les progrès faits en thérapie génique et en thérapie cellulaire. Ce type de biothérapie est en plein développement depuis quelques années et les essais cliniques sont nombreux avec des résultats prometteurs. La thérapie cellulaire est très utilisée en *médecine régénératrice*. Il s'agit en fait de créer des tissus vivants permettant de remplacer des tissus ou des organes endommagés ou de remédier à des maladies congénitales. La régénération peut se faire *in vivo* – au sein du corps – ou *in vitro* – en dehors du corps – avec l'utilisation des cellules souches en laboratoire. D'un point de vue thérapeutique, c'est une solution importante à la problématique du don d'organe. Elle s'applique à presque tous les types tissulaires – peau, cœur, foie, cerveau, muscle, sang, etc. – et offre de nombreuses promesses thérapeutiques pour les maladies associées.

Prenons l'exemple du premier grand succès de la thérapie génique à la fin des années 1990 avec le traitement par le Docteur Fischer en France de « bébés bulles ». En mars 1999, Alain Fischer, Marina Cavazzana-Calvo et Salima Hacein-Bey-Abina (Inserm / APHP / Université Paris-Descartes) traitent pour la première fois par thérapie génique des bébés atteints d'une maladie les privant de défense immunitaire : la DICS-X pour déficit immunitaire combiné sévère. Ils doivent vivre dans des « bulles » isolées du reste du monde pour des raisons de sécurité sanitaire. Avec le traitement par thérapie génique, des cellules souches de la moelle osseuse ont été prélevées sur le malade, puis un vecteur rétroviral dans lequel a été insérée une copie normale du gène altéré a été mis en contact avec les cellules de moëlle et il est venu « corriger » le génome déficient. Puis les cellules génétiquement modifiées ont été réinjectées chez le patient par voie intraveineuse. Huit des neuf enfants traités ont pu sortir de leur « bulle » et l'enthousiasme a été important pendant plusieurs années. La thérapie génique semblait tenir ses promesses. Malheureusement, quatre d'entre eux ont développé une leucémie après quelques années de traitement seulement. Sur les quatre enfants, un est décédé et les trois autres ont guéri. Au total, sept des neuf enfants engagés dans le programme ont été sauvés de leur immunodéficience grâce à la thérapie. Ce cas illustre assez bien les bénéfices potentiels de ces techniques mais également les risques associés pour la santé. Les risques reposent principalement sur les conséquences imprévisibles de l'insertion de particules virales recombinantes dans le corps humain. En particulier, avec certains vecteurs, il est impossible de contrôler la zone d'insertion du gène d'intérêt dans le génome cible, ce qui peut perturber l'expression de gènes potentiellement cancérigènes. De plus, il est difficile de contrôler la multiplication des cellules modifiées. Certes, pour l'efficacité de la thérapie, il est important que les cellules modifiées s'implantent bien dans le tissu qu'elles doivent régénérer mais si elles se multiplient « trop bien », il peut alors s'agir d'une multiplication anarchique et donc d'un cancer. La balance entre danger potentiel et efficacité thérapeutique est instable. Ainsi, dans un essai clinique récent de traitement de la ß-thalassémie par thérapie génique sur les cellules du sang, le jeune homme traité n'a plus eu besoin de transfusion sanguine après un an. Néanmoins, après le séquençage des cellules sanguines du patient, il a été constaté qu'un clone en particulier avait pris le pas sur les autres clones. Le clone n'a pas l'air nocif pour le moment mais l'essai a été suspendu et la surveillance est requise pour éviter le développement d'une leucémie[1]. L'espoir est néanmoins permis. Fischer et son équipe ont relancé les essais cliniques sur la DICS-X en 2010 après plusieurs années d'arrêt. Le rétrovirus utilisé jusqu'à présent a été modifié : on lui a ôté une séquence suspectée d'être à l'origine des cancers qui s'étaient développés chez certains enfants. Ainsi, les risques existent et les techniques de génie génétique et de thérapie cellulaire doivent encore être perfectionnées. Mais il n'est pas présomptueux d'affirmer que la médecine de demain les aura apprivoisées.

L'utilisation des techniques de génie génétique dans la sphère médicale a pour ambition première de soigner – certes – mais elles permettent également d'améliorer et/ou d'anticiper des effets indésirables. Par exemple, les astronautes qui vont en mission sur Mars doivent rester de très longs mois en apesanteur, ce qui a des conséquences non négligeables sur la tonicité musculaire. Il en est de même des personnes alitées ou très âgées pour qui il est important de continuer d'entretenir les muscles afin de pouvoir conserver une certaine mobilité. Les thérapies musculaires peuvent donc permettre d'anticiper ces effets négatifs et améliorer les performances musculaires des personnes. Anticiper et amoindrir les effets négatifs du vieillissement sont des objectifs en passe de devenir des objectifs médicaux centraux. Dès lors qu'elles sont pratiquées sur des personnes âgées ou des personnes malades, comment refuser leur application à des populations plus jeunes et en « bonne santé » ? On voit ainsi émerger en filigrane les enjeux liés au dopage sportif.

D'un point de vue éthique, les problèmes posés par le génie génétique mélioratif sont les mêmes que ceux posés par la médecine d'amélioration en général : la question de la justice sociale, le risque de conformisme social et les risques pour la santé. De plus, les progrès de la génétique prédictive vont rendre plus nombreuses les occasions de pratiques eugéniques abusives dans le domaine de la procréation médicalement assistée. Ainsi, l'enjeu métaphysique

1. Cavazzana-Calvo *et al.*, « Transfusion independence and HMGA2 activation after gene therapy of human B-thalassemia », *Nature*, 467, 2010.

et social de la génétique humaine est vaste : quelle société et quelle humanité souhaitons-nous ? Ces questions sont posées par le courant philosophique transhumaniste. Ces philosophes et ces scientifiques souhaitent une humanité « *better than well* » grâce à la technologie et à la science. Si l'humain à la possibilité d'être « mieux que bien », plus heureux, en meilleure forme physique, plus performant, pourquoi l'en empêcher ? Ils vont donc au bout de la désacralisation matérialiste de l'humain car ce dernier *doit* dépasser ses limites corporelles et mentales s'il en a les moyens. Ce courant philosophique reste marginal mais il est assez actif et surtout, il répond aux intérêts grandissants des industriels pour la médecine méliorative[1]. Le premier congrès « *Augmented Human International Conference* », à Megève en 2010, affichait sur son site internet : « un marché estimé à 877 millions de dollars d'ici 2020 ». Avec le pouvoir (même relatif) que permet la connaissance des gènes et de leurs dynamiques, comment rester fidèle aux valeurs humanistes et gérer les ambitions des industriels et des trans-, posthumanistes ?

Laurence Perbal

MUTATION

Une mutation est une modification irréversible dans la séquence des gènes d'une cellule. Elle se déroule au niveau de l'ADN ou de l'ARN et peut se produire de manière naturelle ou par agents mutagènes.

Il existe différentes sortes de mutations, aux origines et conséquences diverses selon la partie du génome atteinte. Il y a les phénomènes de substitution (d'un nucléotide par un autre), de délétion (suppression de nucléotide) ou d'insertion (addition de nucléotide). Lorsque l'effet de la mutation est particulièrement important, on parle de trouble génétique ou de maladie héréditaire. Elle peut concerner un gain ou une perte de chromosome (par ex. : trisomie 21, monosomie X ou Syndrome de Turner, trisomie XXY ou Syndrome de Knilfelter) ou la répétition aléatoire de certains triplets de nucléotides (par ex. : Syndrome de l'X fragile, Chorée d'Huntington). Elles peuvent également apparaître au niveau de l'ADN de n'importe quelle cellule du corps, se transmettre aux cellules filles et évoluer en cellules tumorales et en cancer. Ainsi, une mutation peut toucher les cellules somatiques ou germinales. Lorsqu'elle touche les gènes des cellules reproductrices, elle est dite héréditaire, c'est-à-dire transmissible à la descendance.

1. J.-N. Missa, L. Perbal (éd.), « *Enhancement* ». *Éthique et philosophie de la médecine d'amélioration*, Paris, Vrin, 2009.

Les mutations ont des causes diverses :

– erreurs lors de la réplication de l'ADN pendant la division cellulaire (taux d'erreur : 10^{-9}),

– lésions dues à des processus chimiques de dégradation spontanée de l'ADN,

– dégradation à cause d'agents mutagènes exogènes (radiations ionisantes, UV, agents chimiques) qui conduisent à des modifications chimiques importantes dans l'ADN (alkylations, cassures, pontages…). L'étude des mutations génétiques apparues chez les survivants après le lancement des bombes atomiques à Nagazaki et Hiroshima dans les années 1950 a particulièrement stimulé le développement de la génétique humaine.

– modifications du génome induites par des processus de recombinaison ou de translocation entre segments d'ADN (spontanés ou causés par un rétrovirus ou un transposon).

En génétique, il est courant de provoquer des mutations chez les organismes modèles (drosophiles, souris, lapins). D'une part, cela permet d'étudier les relations entre les gènes et les traits puisqu'un lien est fait entre la modification nucléique engendrée et la modification éventuelle au niveau du trait phénotypique. Il est même possible de cibler, plus ou moins précisément, la zone génétique à modifier. D'autre part, cela permet de faire une sélection artificielle des populations en sélectionnant positivement ou négativement les individus ayant ou n'ayant pas le trait d'intérêt.

Les manipulations génétiques sur l'humain restent un sujet très controversé. Néanmoins, dans la culture populaire, on retrouve couramment le thème des mutations comme source transformative ou améliorative de l'humain :

– dans la série télévisée américaine *Heroes*, un personnage est capable d'auto-recombiner son propre ADN pour adopter les capacités physiques ou psychiques des personnes qu'il rencontre ;

– dans le monde de *Superman*, Superboy est un hybride créé à partir de l'ADN de Superman mélangé à de l'ADN humain. De plus, Doomsday est un super-vilain créé artificiellement par améliorations génétiques successives sur la planète Krypton ;

– dans le film *la Mouche*, de D. Cronenberg, un humain est hybridé avec une mouche ;

– dans le monde de *Stargate*, les Wraiths sont issus d'un mélange d'ADN humain avec celui d'un ectoparasite, leur octroyant un pouvoir télépathique et les Hybrides sont des êtres issus de la combinaison d'un ADN Wraith et humain grâce aux rétrovirus ;

– dans la série *Resident Evil*, des êtres vivants divers sont infectés par le virus-T, un virus capable d'incorporer à leur génome l'ADN des autres êtres vivants dont ils se nourrissent.

Intégrées à la théorie de la sélection naturelle de Charles Darwin, les mutations sont au cœur du processus d'évolution des espèces. Elles permettent l'apparition de nouvelles caractéristiques sur lesquelles la sélection naturelle peut agir. Certains courants eugénistes, d'hier et d'aujourd'hui, militent pour une sélection artificielle et encouragent les mutations conscientes et volontaires en vue d'améliorer l'espèce humaine (ex. lesmutants.com).

Laurence Perbal

NEUROAMÉLIORATION

L'être humain n'est pas satisfait de lui-même et de ses capacités; de tout temps, il a cherché à les améliorer, même s'il y a quelque paradoxe en cela puisque, comme le relève Voltaire : « Malgré l'opiniâtreté des hommes à louer l'antique aux dépens du moderne, il faut avouer qu'en tout genre les premiers essais sont toujours grossiers »[1]. C'est que, renchérit Alphonse Allais : « L'homme est imparfait, mais ce n'est pas étonnant quand on pense à l'époque où il a été créé ». Éducation, apprentissage, médecine, mise au point d'outils et de machines, invention de l'écriture ont été les vecteurs principaux de l'amélioration de l'être humain. Quand on parle de neuroamélioration, on pense aux améliorations que les neurosciences nous apportent et nous promettent. Ces améliorations ciblent essentiellement nos états mentaux, tant cognitifs qu'affectifs. Cette cible non plus n'est pas nouvelle. Pensons à la mémoire. On l'améliore depuis longtemps par l'apprentissage (réciter des poésies, jouer aux échecs,…) et par des outils (agendas, calculatrices, ordinateurs,…). L'attention est aussi aidée par l'ingestion de substances excitantes naturelles, comme le café, et l'humeur s'améliore chez certaines personnes grâce à l'alcool. Qu'est-ce que les neurosciences nous amènent de plus et que penser des interventions amélioratrices sur le cerveau humain ?

Les moyens de neuroamélioration

Avant tout, il faut introduire une précision concernant l'objet de l'amélioration. Celle-ci peut porter sur la *personne* elle-même, sur ses

1. Voltaire, *Le monde comme il va*, dans *Romans*, Paris, Le Livre de Poche, 1961, p. 92.

capacités, sur ses *états* ou sur ses *réalisations*. Si un individu prend des médicaments pour mieux réussir un examen, c'est qu'il veut améliorer une réalisation (une performance); s'il les prend régulièrement pour améliorer sa concentration, ce sera une de ses capacités (une compétence) qui sera modifiée. Il peut aussi vouloir améliorer son humeur (un état), ou lui-même (sa propre personne). Comme une personne est un ensemble de capacités, d'états et d'actes, c'est nécessairement par l'intermédiaire de l'amélioration de ces derniers qu'elle s'améliorera elle-même. L'important est de relever que toute amélioration n'a pas pour objet un changement de la personne elle-même, ni même d'une de ses capacités; elle peut viser une performance transitoire seulement, sans grand impact sur ce qu'elle est, comme une mémorisation ou une attention accrue de manière ponctuelle [1].

Les neurosciences permettent d'améliorer les individus par deux moyens principaux : les neuromédicaments et l'ingénierie neurale. Avant de parler des premiers, sur lesquels je vais centrer mon propos, je vais indiquer quelles sont les techniques dont l'ingénierie neurale dispose. Il s'agit de la stimulation magnétique transcrânienne, où l'on agit sur le cerveau par le biais d'aimants placés près de la tête, de la stimulation électrothérapeutique crânienne, par le biais d'électrodes clipés aux oreilles, de la stimulation cérébrale profonde, où l'on insère des électrodes dans le cerveau, des prothèses cérébrales, comme le développement d'un hippocampe artificiel, des prothèses neurales, comme les implants cochléaires (voir l'article « Nanoéthique ») et des interfaces cerveau-ordinateur, où, au moyen d'électrodes, le cerveau est mis en communication avec un ordinateur. Chacune de ces techniques a un usage thérapeutique ou de réhabilitation, et un usage amélioratif.

Les neuromédicaments

Diverses substances psychoactives ont été mises au point assez récemment. Il s'agit de médicament, dont seul l'usage élargi, hors-prescription, est amélioratif. Les principales substances sont la fluoxétine (tel le Prozac®), un antidépresseur qui peut améliorer la confiance en soi et le bien-être, le méthylphénidate (tel la Ritaline®), prescrite à des millions d'enfants pour traiter l'hyperactivité, et qui a un effet amélioratif sur l'attention, le modafinil (tel le Provigil®), à l'origine mis sur le marché pour soigner la narcolepsie, mais qui permet de rester éveillé et alerte de longues

1. B. Baertschi, A. Mauron, « Qu'est-ce qu'une véritable amélioration ? », *Bioethica Forum*, n° 4/ 1, 2011.

heures, le propanolol, contre le trac et susceptible d'effacer les souvenirs traumatisants, et le donépézil (ou donézépil), qui améliore la mémoire.

L'usage élargi de ces substances est déjà répandu, ainsi que diverses études l'ont montré. Par exemple, aux États-Unis entre 6,9 et 16,2% des étudiants disent avoir utilisé des psychostimulants; les chiffres sont un peu plus bas en Europe. Une enquête menée en 2008 par la revue *Nature* a montré que 20% des scientifiques avaient eu recours à l'une ou l'autre de ces substances[1]. Cependant, l'efficacité de ces dernières en tant que neuroaméliorants n'est pas très spectaculaire, sauf chez certains individus, enthousiasmés par leurs performances. On a certes mesuré un effet sur la mémoire, l'attention et les fonctions exécutives (comme la capacité de planification), mais c'est parfois au détriment d'autres fonctions mentales. Par ailleurs, en ce qui concerne la mémoire, il semble que si les individus avec une faible mémoire reçoivent un bénéfice, ceux qui ont une bonne mémoire voient une détérioration de leurs performances mnésiques[2]. Certains auteurs sont encore plus pessimistes et comparent l'effet des antidépresseurs sur des individus en bonne santé à celui du millepertuis et celui du modafinil à celui du café[3]. Toutefois, ces résultats ne concernent que les quelques molécules actuellement à notre disposition; il est fort probable que, dans un avenir assez proche et grâce aux progrès des neurosciences, nous disposions d'autres molécules, bien plus efficaces.

Comment cet usage élargi est-il perçu dans la société? De manière fort différente selon les milieux, nous apprend une enquête menée par Éric Racine et Cynthia Forlini[4]. Dans les études en santé publique, on parle d'abus de médicament, un jugement très négatif; dans les revues de bioéthique, il est question d'amélioration des capacités, ce qui est parfois purement descriptif, parfois positif, l'amélioration désignant un bénéfice et faisant référence à un idéal de perfection. Dans les médias enfin, on souligne qu'il s'agit du choix d'un style de vie, mettant l'accent sur la liberté de vivre selon l'idéal de la personne qu'on entretient, bref, quelque chose de positif encore. N'y a-t-il donc que des médecins pour s'inquiéter?

1. M. Schermer *et al.*, « The future of psychopharmacological Enhancements: Expectations and policies », *Neuroethics*, n° 2, 2009, p. 79.

2. *Ibid.*, p. 77-78.

3. M. Synofzik, « Ethically justified, clinically applicable criteria for physician decision-making in psychopharmalogical enhancement », *Neuroethics*, n° 2, 2009, p. 97.

4. C. Forlini, É. Racine, « Autonomy and Coercion in Academic "Cognitive Enhancement" Using Methylphenidote », *Neuroethics*, n° 2, 2009, p. 163-177.

Tricherie, mérite et naturel

Non, et dans les débats, on voit souvent avancer trois arguments critiques : s'améliorer par le moyen de neuromédicaments est une *tricherie*, cela donne un avantage *immérité* qui est acquis grâce à des moyens *artificiels* et donc illégitimes. Ces trois critiques paraissent très fortes, mais à l'examen, elles ne tiennent pas la route, du moins pas de manière absolue [1].

En ce qui concerne la tricherie d'abord, l'objection ne s'applique que là où il existe des règles interdisant l'usage de médicaments « dopants ». Or, ce n'est pas le cas dans la vie sociale qui, sur ce point, n'a rien à voir avec le sport de compétition. Toutefois, si prendre une substance psychoactive nous donne un avantage que les autres n'ont pas, ne s'agit-il pas d'une forme de tricherie informelle ? Il s'agit sans doute d'une injustice, si l'accès à ces substances n'est pas égal pour tous, mais même alors, il n'y aura problème que dans le cas où le bien visé est un *bien rival*. Un bien rival est un bien dont la possession par un individu diminue la quantité disponible pour les autres individus. Or, si j'améliore ma mémoire, cela ne diminue pas la quantité de mémoire disponible pour les autres. Toutefois, si j'augmente ma mémoire afin de réussir un examen à caractère compétitif, je diminue la quantité de diplômes disponibles pour les autres; et s'il n'y a qu'un diplôme en jeu et que je l'obtienne, ce diplôme passe même dans la catégorie des biens *excluables* (le fait que j'en dispose empêche toute autre personne d'en disposer). L'objection de la tricherie n'est donc pas absolument non pertinente, mais elle ne saurait jeter un ban sur tout usage amélioratif de neuromédicaments.

Qu'en est-il maintenant du mérite ? Quand quelqu'un obtient de bons résultats, il apparaît important qu'il les ait mérités, notamment par son effort; sinon, on pensera volontiers qu'ils n'ont pas la même valeur. Or, prendre une substance psychoactive ne demande pratiquement aucun effort. Faut-il dire alors que le résultat obtenu ne vaut pas grand chose ou est frauduleux ? Mais sur le plan personnel, relève Arthur Caplan : « Nous n'avons pas toujours besoin de "gagner" notre bonheur pour être vraiment et réellement heureux. Nous ne rejetons pas comme frauduleuses ces choses qui nous rendent heureux pour la jouissance desquelles nous n'avons fait que peu de choses ou rien du tout » [2]. Certes, « bonheur » est un concept assez vague, mais en un sens immédiat, Caplan a manifestement raison. Et puis, plus simplement, on s'aide de bien des manières, notamment au plan cognitif : un agenda améliore la mémoire et on

1. B. Baertschi, *La neuroéthique*, Paris, La Découverte, 2009, chap. 4.

2. A. Caplan, « Straining their brains : why the case against enhancement is not persuasive », *Cerebrum*, vol. 6/4, 2004, p. 17.

n'a que très peu de mérite à le tenir correctement, pas plus qu'une paire de jumelles qui améliore notre vision à distance. Le marché des compléments alimentaires pour soutenir la mémoire est actuellement énorme, sans que personne ne s'en émeuve. Enfin, nous tous bénéficions sans aucun mérite et sans aucune vergogne des progrès techniques et sociaux que les générations précédentes ont patiemment édifiés. Neil Levy n'a-t-il alors pas raison de proposer que l'on remplace le critère du mérite par un principe de parité éthique, stipulant qu'il est moralement équivalent de changer notre cerveau ou notre environnement, si par là nous améliorons une fonction mentale qu'il est bon d'améliorer[1] ?

On aura peut-être de la peine à s'en persuader. C'est que le *calvinisme pharmacologique* – expression proposée par Lawrence Diller – reste largement répandu, à savoir « une croyance culturelle forte qu'il est meilleur de [progresser] en utilisant ses propres ressources [...], plutôt qu'en recourant à des médicaments »[2].

La troisième critique affirme que s'il est légitime de s'améliorer par des moyens naturels, il ne l'est pas de le faire par des moyens artificiels. Ainsi, le café ne poserait pas de problème, mais le modafinil oui. La distinction entre le naturel et l'artificiel joue un rôle important dans notre manière d'évaluer l'action humaine, mais elle est souvent employée de manière tout à fait confuse (voir l'article « Naturel et artificiel »). On le voit bien sur l'exemple utilisé ici. Le café que nous consommons n'est naturel que dans un sens restreint : il s'agit d'une plante sélectionnée qui pousse dans des plantations et dont le grain est torréfié. Certes, il n'est pas obtenu par les procédés qu'emploie l'industrie chimique (encore que les plantations de café sont abondamment arrosées de pesticides), mais en quoi l'usage de ces procédés devrait-il changer notre jugement?

En réalité, la critique du caractère artificiel des neuromédicaments en recouvre deux autres, et les masque. Il s'agit d'abord de la question de la dangerosité : les substances naturelles sont généralement consommées depuis longtemps, contrairement aux artificielles, synthétiques ou chimiques; nous connaissons donc bien mieux leurs effets secondaires indésirables. Ensuite, il s'agit de la question du choix des moyens : tous les moyens ne sont pas

1. N. Levy, *Neuroethics. Challenges for the 21st century*, Cambridge, Cambridge University Press, 2007, p. 61.

2. L. Diller, « The run on ritalin : attention deficit disorder and stimulant treatment in the 1990s », 1996, *in* M. Farah (ed.), *Neuroethics. An introduction with readings*, Cambridge, MA, MIT Press, 2010, p. 51.

appropriés pour atteindre les buts que nous poursuivons, et « naturel » signifie justement souvent « approprié », car il a une composante normative.

Ces trois critiques nous rendent attentifs au fait que les *moyens* utilisés pour s'améliorer comptent, et non seulement le résultat. Du moins dans certains cas, lorsque nous valorisons une capacité ou une performance pour ce qu'elle est. Comme le note Matthis Synofzik :

> Dans les sports, les jeux et en partie dans les arts, les réussites sont valorisées en fonction de la manière dont elles sont réalisées, à savoir en fonction du talent naturel, de l'effort et de la chance. Dans d'autres domaines, on valorise les réussites pour elles-mêmes ; ainsi en va-t-il dans bien des domaines scientifiques. Si, par exemple, quelqu'un découvre un médicament contre le cancer, on saluera sa découverte qu'il ait eu ou non recours à des fortes doses de café ou à du Modafinil [1].

On ne peut donc pas juger de l'amélioration en soi, il faut distinguer, tant en fonction des biens poursuivis (sont-ils excluables ou non ?) que du type de capacité ou de performance.

L'érosion du caractère et la coercition sociale

Toutefois, même si l'on trace les distinctions pertinentes, il reste des soucis. Anjan Chatterjee en relève quatre : 1) un souci concernant la sûreté (*safety*) ; 2) un souci concernant le caractère ; 3) un souci concernant la justice distributive ; 4) un souci concernant la coercition [2]. Je passe rapidement sur le premier et le troisième. La question de la sûreté concerne toute nouvelle substance mise sur le marché et ne pose donc pas de problème spécifique pour notre sujet, si ce n'est que les substances psychoactives disponibles ont été testées comme médicaments seulement et non comme améliorants. Le souci à propos de la justice distributive lui non plus n'est pas spécifique, puisqu'il concerne aussi l'accès aux médicaments proprement dits et à tous les produits des biotechnologies nouvelles, le danger étant que seuls les riches puissent se les offrir.

Le souci concernant le *caractère* consiste en ceci : en agissant pharmacologiquement sur nos états mentaux cognitifs et surtout affectifs et émotionnels, nous risquons d'éroder notre force morale. Comme le relève le *Comité du Président étasunien*, « Des personnes en bonne santé dont le comportement

1. M. Synofzik, « Ethically justified, clinically applicable criteria for physician decision-making in psychopharmalogical enhancement », art. cit., p. 90.

2. A. Chatterjee, « Cosmetic neurology and cosmetic chirurgy : parallels, predictions and challenges », *Cambridge Quarterly of Healthcare Ethics*, n° 16, p. 131.

perturbé est "remédié" par des calmants plutôt que par leurs propres efforts ne sont pas en train d'apprendre le contrôle de soi »[1]. On reconnaît ici l'argument de l'effort, mais le souci va plus loin : il rejoint celui de l'authenticité. Une amélioration mentale produite pharmacologiquement ne serait pas une véritable amélioration, elle trahirait la personne que je suis et que je dois m'efforcer d'être, si je veux devenir un être humain accompli. Autrement dit, recourir aux neuroaméliorants trahirait l'idéal de la personne auquel je dois aspirer et m'empêcherait de vivre une vie pleinement épanouissante.

Cet argument a un mérite, celui d'attirer notre attention sur le fait que la neuroamélioraton de l'être humain – et d'ailleurs son amélioration tout court – ne peut pas être évaluée sans recourir aux notions corrélatives d'idéal de la personne et de conception de la vie bonne[2]. Mais il a le défaut de soutenir implicitement qu'il n'existe qu'un seul idéal qui soit digne d'être poursuivi. Or, on a de bonnes raisons de penser que ces idéaux sont multiples (pensons aux idéaux de maîtrise de soi, de réussite sociale, de dévouement aux autres, d'autonomie, d'authenticité…), et que selon l'idéal adopté, l'amélioration psychopharmacologique sera perçue et évaluée différemment.

Une société libérale est une société dans laquelle on refuse de porter un jugement moral sur les conceptions plurielles de la vie bonne et de l'idéal de la personne auxquels les citoyens adhèrent, tant du moins qu'elles ne causent de tort à personne. Dès lors, l'argument de l'érosion de notre force morale ou du caractère ne permet pas de condamner l'usage de neuromédicaments par des personnes dont la conception de la vie bonne fait peu de cas de cette force ou la comprend différemment. Par ailleurs, il n'est pas vraiment clair que l'on ait à craindre une telle érosion. D'abord parce que certaines substances psychoactives ont aussi pour effet d'augmenter cette force en nous rendant plus efficaces, sûrs de nous-mêmes, et ensuite parce que, lors du développement de la chirurgie esthétique, les mêmes soucis avaient été soulevés, et se sont en grande partie évaporés. On avait alors allégué la sûreté des procédés, la frivolité, la justice distributive et la pression sociale[3]. La frivolité était le souci correspondant à l'érosion du caractère.

Cependant, tant pour la neuroamélioration (la neurologie cosmétique comme on dit souvent depuis Peter Kramer) que pour la chirurgie esthétique, le vrai problème n'est-il pas la *coercition* ou la pression sociale ? Il est facile de

1. President's Council on Bioethics, *Beyond Therapy*, *op. cit.*, p. 291.

2. B. Baertschi, *La neuroéthique*, *op.cit.*, chap. 4.

3. A. Chatterjee, « Cosmetic neurology and cosmetic chirurgy : parallels, predictions and challenges », art. cit., p. 131.

comprendre pourquoi. Si une substance améliore les performances, ceux qui ne la prennent pas se trouveront désavantagés et se verront obligés d'en user, même s'ils ne le désirent pas. Leur autonomie sera ainsi violée. C'est ce que Cynthia Forlini et Éric Racine ont appelé le phénomène de l'entonnoir : la pression sociale crée une forme de fatalisme qui mène à une conformité par rapport aux valeurs admises dans le groupe ou la société, bien que paradoxalement la croyance dans l'autonomie personnelle perdure [1]. La pression sociale constitue donc bien certainement un souci, mais ici aussi il n'est pas caractéristique de la neuroamélioration : une société compétitive comme la nôtre crée une pression constante à la performance.

Aller vers le mieux

Aucun des soucis que j'ai relevé n'est décisif. Et somme toute, c'est bien normal, puisque « améliorer » signifie « rendre meilleur ». John Harris le souligne à juste titre : « L'amélioration (*enhancement*) de l'être humain est bonne par définition, tout comme un bienfait doit évidemment être bienfaisant. Cela est trivialement vrai, mais les améliorations sont aussi bonnes parce que les choses que nous appelons des améliorations font du bien » [2]. Ce que certains contestent alors, c'est que certaines améliorations soient de *véritables* améliorations; elles ne seraient donc que des améliorations apparentes ou des pseudo-améliorations. Mais cela ne peut se décider, comme on l'a vu, qu'en fonction de l'idéal de la personne et de la conception du bien que nous faisons nôtre.

Bernard Baertschi

PROLONGATION DE LA VIE

Dans son roman *L'amour au temps du choléra*, Gabriel Garcia Marquez aborde le thème de la médecine d'amélioration, et plus particulièrement la quête mystico-scientifique de la prolongation de la vie. Un des héros du livre, le Dr Juvenal Urbino, a rédigé une thèse sur la possibilité de modifier biologiquement le corps de l'être humain, thème central de la médecine de l'*enhancement* et du transhumanisme. Citons Garcia Marquez : « Le sujet de sa thèse de doctorat avait porté sur l'utilité de simplifier l'organisme humain. Il

1. C. Forlini, É. Racine, « Autonomy and Coercion in Academic "Cognitive Enhancement" using Methylphenidate », art. cit., p. 173-174.

2. J. Harris, *Enhancing Evolution…*, *op. cit.*, p. 185.

lui paraissait désuet, avec beaucoup de fonctions inutiles ou réitératives qui avaient été indispensables à d'autres âges de l'humanité mais non au nôtre. Oui : il pouvait être plus simple et par là même moins vulnérable. Il conclut : "C'est une chose que Dieu seul peut faire, bien sûr, mais de toute façon, il serait bon de poser la question en termes théoriques" »[1]. Les héros de l'écrivain colombien sont souvent effrayés par l'accroissement de vulnérabilité lié à l'âge. Les stratégies pour affronter le vieillissement diffèrent selon les personnages. Certains veulent se suicider pour garder une sorte de maîtrise paradoxale sur le déclin du corps. Ainsi Marquez définit le point de vue de Jeremy de Saint-Amour sur la fin de la vie : « Je ne serai jamais vieux ». Elle avait interprété cela comme une proposition héroïque de lutter sans trêve contre les ravages du temps, mais il fut plus explicite : « sa détermination de s'ôter la vie à soixante ans était irrévocable »[2]. D'autres personnages du roman, à l'instar du Dr Juvenal Urbino, ont recours à des produits pour contrer les effets de l'âge sur leur organisme : « Toutes les heures, il prenait quelque chose et toujours en cachette, car de toute sa longue vie de médecin et de maître il n'avait jamais cessé de se montrer hostile à la prescription de palliatifs pour la vieillesse : il lui était plus facile de supporter les douleurs d'autrui que les siennes »[3]. Cette volonté de vouloir lutter contre la vulnérabilité accrue liée au vieillissement est extrêmement répandue dans la société contemporaine. L'homme a aujourd'hui, grâce à la technoscience biomédicale, le pouvoir de transcender les limites naturelles, notamment en mettant au point des technologies permettant de prolonger la vie. Nous commencerons par donner quelques exemples de développements scientifiques dans le domaine de la biologie du vieillissement, ainsi que les espoirs qu'ils engendrent chez ceux qui souhaitent rendre l'homme moins vulnérable aux effets du vieillissement. Nous analyserons ensuite le débat éthique et philosophique sur la prolongation de la vie.

Dans les dernières pages de son *Esquisse d'un tableau historique des progrès de l'esprit humain*, Condorcet conclut que la perfectibilité de l'homme est indéfinie. Mais il admet qu'il n'a supposé à l'homme que les mêmes facultés naturelles, que la même organisation. « Quelles seraient donc pour l'homme la certitude, l'étendue de ses espérances si l'on pouvait croire que ces facultés naturelles elles-mêmes, cette organisation sont aussi susceptibles de s'améliorer »[4]. Cette question ouvre la voie à l'amélioration physique, intel-

1. G. C. Marquez, *L'amour au temps du choléra*, Paris, Grasset, 1987, p. 177.

2. *Ibid.*, p. 25.

3. *Ibid.*, p. 17.

4. Condorcet, *Esquisse d'un tableau historique des progrès de l'esprit humain, Dixième époque : des progrès futurs de l'esprit humain*, 1793-1794, Paris, Vrin, 1970.

lectuelle et morale de l'homme et, notamment, à l'augmentation de l'espérance de vie de l'être humain. Serait-il absurde, maintenant, de supposer que ce perfectionnement de l'espèce humaine doit être regardé comme susceptible d'un progrès indéfini, qu'il doit arriver un temps où la mort ne serait plus que l'effet, ou d'accidents extraordinaires, ou de la destruction de plus en plus lente des forces vitales, et qu'enfin la durée de l'intervalle moyen entre la naissance et cette destruction n'a elle-même aucun terme assignable? Sans doute l'homme ne deviendra pas immortel; mais la distance entre le moment où il commence à vivre et l'époque commune où naturellement, sans maladie, sans accident, il éprouve la difficulté d'être, ne peut-elle s'accroître sans cesse ? »[1]. Grâce aux travaux récents en biologie du vieillissement, les prédictions de Condorcet quant à la possibilité de prolonger la vie grâce à la médecine sont peut-être en voie de réalisation. Le thème de la prolongation de la vie constitue une bonne illustration du caractère ambivalent des progrès accomplis en biomédecine et des réactions variées que suscitent ces avancées dans une société postmoderne. Depuis une vingtaine d'années, la quête de la prolongation de la vie n'est plus le domaine réservé des charlatans. Certains scientifiques, professeurs à Harvard, au MIT ou à UCLA, considèrent que la compréhension de la biologie du vieillissement devrait nous permettre de prolonger la vie de l'être humain. Steven Austad, professeur de biogérontologie à l'Université du Texas à San Antonio, prétend même que la première personne qui vivra 150 ans est déjà née.

Cette quête scientifique de prolongation de la vie s'inscrit dans un contexte plus large, celui de l'avènement d'une médecine nouvelle, la « médecine d'amélioration » (pour utiliser un terme plus neutre, on pourrait aussi parler de « médecine de transformation »). L'effacement des frontières entre médecine thérapeutique classique et médecine d'amélioration constitue une des caractéristiques principales de la biomédecine du XXIe siècle. Dans la biomédecine contemporaine, les nouveaux médicaments et technologies thérapeutiques peuvent être utilisés non seulement pour soigner le malade mais aussi pour améliorer ou transformer certaines capacités humaines. Cette évolution représente un changement de paradigme dans la pratique médicale. En 2003, un document contribua à légitimer ce domaine nouveau de l'activité biomédicale, la médecine non thérapeutique ou médecine d'amélioration. Il s'agit d'un rapport du *President's Council on Bioethics* (le comité de bioéthique des États-Unis), entièrement consacré à la médecine non thérapeutique. La parution de ce rapport intitulé *Beyond Therapy: Biotechnology and the Pursuit of*

1. *Ibid.*

Happiness montre bien que ces questions liées à la médecine d'amélioration et à la transformation biologique de l'être humain ne relèvent plus seulement de la biologie-fiction mais bien aussi de la réalité de la technoscience contemporaine[1]. Le rapport envisage quatre thèmes : la sélection et la modification génétique des embryons (chapitre deux intitulé « *Better children* »), l'amélioration des performances athlétiques (chapitre trois : « *Superior performance* »), la prolongation de la vie (chapitre quatre : « *Ageless bodies* »), la modification de l'humeur et des fonctions cognitives (chapitre cinq : « *Happy souls* »). Les technologies d'amélioration (*enhancement technologies*) concernent aujourd'hui presque tous les domaines de la biomédecine : design génétique, modification des fonctions cognitives et émotionnelles, amélioration des performances sportives, augmentation de la durée de vie… Il faut donc envisager la biologie du vieillissement et ses applications biotechnologiques potentielles dans le cadre plus général d'une médecine de transformation qui pourrait modifier en profondeur la structure biologique de l'être humain. Avant d'aborder les aspects éthiques et philosophiques de cette « médecine d'amélioration », il est utile de donner un aperçu des découvertes technoscientifiques réalisées dans le domaine de la biologie du vieillissement et des possibilités nouvelles de ralentir un processus qui a longtemps semblé inexorable.

Souris transgénique et télomérase

En 2010, Ronald De Pinho et son équipe de chercheurs de l'université d'Harvard ont montré le caractère réversible du processus de vieillissement. Ronald De Pinho a mis au point des souris génétiquement modifiées sur lesquelles il est possible de moduler l'activité du gène responsable de la production de télomérase, une enzyme permettant la réparation des extrémités des chromosomes, les télomères. Les cellules se divisent pour se renouveler. Or, à chaque division, les télomères, raccourcissent. Au bout d'un certain nombre de divisions, le télomère s'atrophie et la cellule cesse de se diviser, entre en sénescence ou s'autodétruit. Cette mort cellulaire diminue la reproduction des tissus et contribue au vieillissement. Dans l'expérimentation réalisée par l'équipe de De Pinho, le gène de la souris transgénique peut être mis en position active (production de l'enzyme télomérase), ou inactive (pas de production). Lorsque le gène est en position « off », le vieillissement des souris s'accélère. Leur cognition est altérée. Les poils deviennent gris. Les animaux perdent leur énergie et ne sont plus fertiles. En réactivant le gène de la télomérase, De Pinho

1. President's Council on Bioethics, *Beyond Therapy*, *op. cit.*

a eu la surprise de constater une inversion du processus. Les souris rajeunissent. Les signes du vieillissement disparaissent : le cerveau retrouve sa taille antérieure, la cognition s'améliore, les poils redeviennent noirs et soyeux, les animaux retrouvent leur vigueur et leur fertilité. Bref, le processus de vieillissement s'inverse jusqu'à un retour à un stade de jeune adulte. C'est la première fois que des chercheurs établissent que le vieillissement est réversible chez un organisme aussi complexe qu'une souris. Cette expérience montre que de vieux tissus gardent la possibilité de se renouveler et que le vieillissement n'est pas une fatalité. Ronald De Pinho parle d'un « effet Ponce de León » pour qualifier le résultat surprenant de ses recherches, faisant allusion au conquistador espagnol Juan Ponce de León qui, selon la légende populaire, découvrit la Floride alors qu'il était à la recherche de la fontaine de Jouvence. L'expérience réalisée par DePinho fait penser à la nouvelle de Fitzgerald dans laquelle le personnage de Benjamin Button naît vieillard et rajeunit avec le temps [1]. Pour autant, utiliser la télomérase comme cure de jouvence en clinique humaine sera délicat, dans la mesure où cette enzyme peut favoriser la croissance de cancers. De Pinho estime néanmoins que la piste mérite d'être explorée [2].

Les drosophiles de Michael Rose

Comment expliquer les causes du vieillissement? Pour répondre à cette question, il faut invoquer Darwin ou plutôt ses disciples qui élaborèrent la théorie évolutionniste du vieillissement. Tous les organismes ne meurent pas. Le vieillissement est une caractéristique optionnelle de la vie sélectionnée par l'évolution. C'est la spécialisation des organismes en soma et germen qui a fait de nous des mortels. Le germen est resté immortel puisqu'il assure le passage d'une génération à l'autre. Le soma, notre corps, lui est mortel. Pour le dire simplement, c'est l'évolution qui est responsable du vieillissement. En effet, elle se désintéresse du corps des vieux puisqu'ils ont déjà procréé et dès lors ne présentent plus d'intérêt dans une perspective évolutionniste. C'est l'ensemble du génome que la sélection naturelle a façonné en donnant priorité au développement du corps jusqu'au stade de la maturité reproductive, et en faisant l'impasse sur le sort ultime de ce soma après reproduction. Selon la théorie évolutionniste du vieillissement formulée par Georges C. Williams, la plupart

1. F. S. Fitzgerald, *The curious case of Benjamin Button and other Jazz age stories*, London, Penguin Classics, 2008.

2. E. Callaway, « Telomerase reverses ageing process » et M. Jaskelioff *et al.*, « Telomerase reactivation reverses tissue degenration in aged telomerase-deficient mice », *Nature* 469, 2011.

des gènes impliqués dans le vieillissement confèrent un avantage aux organismes quand ils sont jeunes afin de leur permettre de se reproduire efficacement. La sélection naturelle augmente l'efficacité avec laquelle un organisme engendre des descendants capables de survivre assez longtemps pour laisser à leur tour des descendants. Des gènes qui sont avantageux dans la jeunesse, surtout en accroissant la capacité reproductive, seront fortement favorisés par la sélection naturelle, même s'ils ont des effets délétères plus tard, à un âge avancé de l'organisme, par exemple en diminuant la capacité de maintien et de réparation, donc la survie. Des mêmes gènes peuvent avoir différents effets en fonction de l'âge. Ces gènes sont favorables à l'organisme lorsque l'organisme est jeune (et que la sélection est forte), et nocifs lorsque l'organisme est vieux (et que la sélection est faible). Si on agit artificiellement sur les forces de sélection naturelle, on peut donc théoriquement modifier la durée de vie d'organismes biologiques. Michael R. Rose, professeur de biologie évolutionniste (*University of California, Irvine*), a testé cette hypothèse en réalisant une expérimentation ingénieuse sur la drosophile. Rose est intervenu activement dans le cycle de reproduction de la drosophile en ne conservant que les oeufs produits par des adultes d'âge mur qui sont en fin de cycle de reproduction. Les œufs pondus par les jeunes femelles sont éliminés. Cette opération est renouvelée à chaque génération. Après 80 générations, Rose a ainsi réussi à doubler l'espérance de vie des drosophiles. Leur longévité a été multipliée par quatre après 160 générations. Ces animaux à la durée de vie prolongée ont été baptisés « drosophiles Mathusalem » (*Methuselah flies*). Des expérimentations analogues ont été réalisées sur des souris. Les manipulations de Rose sur le cycle de reproduction de la drosophile montrent qu'on peut moduler la durée de vie d'organismes en modifiant artificiellement les forces de la sélection naturelle. Rose tire de ses expérimentations la leçon suivante. Contrôler le vieillissement ne requiert pas de violer les lois de la nature. Vouloir prolonger la durée de vie des êtres humains n'est pas une entreprise comparable à la mise au point d'une machine en mouvement perpétuel ou à la création d'un vaisseau spatial se déplaçant plus vite que la lumière. Il est scientifiquement raisonnable d'essayer. Il n'y a pas de barrières liées à des lois de la nature qui nous empêchent de prolonger la vie de certaines espèces. S'il est possible d'accroître artificiellement la durée de vie de souris, la même opération doit être réalisable sur l'être humain. Partisan de la théorie évolutionniste du vieillissement, Rose a la conviction que la sélection naturelle constitue la cause fondamentale de la sénescence et que la biologie évolutionniste détient les clés qui nous permettront de découvrir les secrets de la longévité. Pour Michael Rose, la durée de vie est totalement modulable : « Dans mon laboratoire, nous pouvons l'allonger ou la raccourcir à volonté »[1]. Les résultats obtenus par Rose peuvent nous faire penser aux femmes engagées dans des carrières professionnelles qui ne mettent au monde des enfants qu'à un âge avancé. Si une majorité de femmes adoptent un comportement comparable à ces femmes d'affaire, avocates ou médecins qui attendent d'être bien installées dans leur carrière avant d'avoir un enfant, et que ce comportement se reproduit de génération en génération, il y aura certainement des effets sur la longévité. Mais il faudrait attendre des siècles avant de pouvoir en observer les effets. Michael Rose estime que nous disposerons bientôt des outils technologiques nous permettant d'obtenir artificiellement ce résultat[2].

En dépit de l'optimisme affiché par des scientifiques comme Rose, il faut constater que nous ne disposons pas encore aujourd'hui de moyens pharmacologiques ou biotechnologiques pour prolonger la vie de l'être humain. La seule technique qui semble efficace pour atténuer les effets du vieillissement est le régime hypocalorique.

Gènes de longévité et restriction calorique

Pour ralentir le vieillissement, il existe une méthode simple, mais elle n'est guère attractive. Il s'agit d'appliquer un régime diminuant l'apport calorique. Chez la levure, le ver, la souris et le singe, on observe le même phénomène : en réduisant de 30 % à 40 % l'apport calorique, la longévité de l'animal est augmentée. En 1989, Richard Weindruch (*University of Wisconsin*) lance une étude sur le singe Rhésus[3]. Les singes ont une durée de vie moyenne de 27 ans et une durée maximale de 40 ans. Weindruch a soumis les animaux à des régimes hypocaloriques (une réduction de 30% par rapport à l'apport ordinaire). Par rapport à ceux du groupe contrôle, les singes qui suivent le régime ont un taux de survie qui est meilleur. Ils souffrent moins fréquemment de diabète, de cancer et de maladie cardiaque. Ils présentent des signes de vieillissement moins marqués.

Peut-on extrapoler ces résultats à l'homme ? Des études de longévité chez l'humain sont évidemment difficiles à réaliser à cause des délais nécessaires pour obtenir des résultats. Il n'est donc pas certain que le régime permette de

1. M. Rose, *The long tomorrow : how advances in evolutionary biology can help us postpone aging*, Oxford, Oxford University Press, 2005.

2. C. Dreifus, « Live longer with evolution ? Evidence may lie in fruit flies – A conversation with Michael R. Rose », *New York Times*, December 6, 2005.

3. R. J. Colman *et al.*, « Caloric restriction delays disease onset and mortality in rhesus monkeys », *Science*, 325, 2009.

ralentir le vieillissement chez l'humain. Cela n'empêche évidemment pas certains d'essayer. Une société de restriction calorique (*CR Society International*) a ainsi vu le jour en 1994 aux États-Unis. Les membres de la *CR Society* sont généralement très minces, presque cachectiques, et se réunissent pour échanger des recettes pauvres en calorie. Leur espoir est de vivre au-delà de cent ans. Mais pour ceux qui ont envie de vivre longtemps sans se priver, il existe peut-être une méthode plus subtile : donner au corps l'impression qu'il est en restriction calorique en agissant pharmacologiquement sur les gènes de la longévité. On pourrait alors vivre plus longtemps sans avoir à s'imposer de pénibles régimes hypocaloriques ou d'épuisantes séances d'exercice.

Pour Leonard Guarente (directeur du *MIT's Glenn Laboratory for the Science of Aging)*, la restriction calorique prolonge l'espérance de vie de la levure par le biais de l'activation d'un gène de longévité. En cas de restriction calorique, le gène est activé et produit une protéine de la famille des sirtuines qui aurait pour conséquence de ralentir le vieillissement en orchestrant divers processus cellulaires.

Des phénomènes similaires impliquant des gènes de longévité sont à l'œuvre chez des organismes plus complexes, y compris chez l'homme. En agissant directement sur le système des sirtuines ou sur d'autres voies biologiques orchestrées par des gènes de longévité, certains chercheurs espèrent aujourd'hui pouvoir ralentir le vieillissement de l'être humain.

Au début de sa carrière, Leonard Guarente pense, comme la plupart des scientifiques de l'époque, que le vieillissement était un phénomène survenant de façon inévitable. Ses recherches sur la levure permettent de découvrir l'existence de gènes de longévité liés à la voie de la restriction calorique [1]. Guarente entame ses études sur le génome de la levure au début des années 1990. Ses premiers travaux le conduisent à identifier un gène de longévité chez la levure : le gène SIR2. L'activation de ce gène augmente la durée de vie de la levure. Le gène SIR2 intervient dans la production d'une protéine (sir2) de la famille des sirtuines qui régule les réponses cellulaires au stress. Ces gènes de longévité deviennent actifs lorsque les conditions environnementales sont mauvaises, par exemple quand l'organisme ne trouve pas de nourriture en suffisance dans l'environnement. La restriction calorique agit comme un stress induisant une réponse biologique de défense qui va accroître les chances de survie de l'organisme. À ce jour, on a identifié quatre voies métaboliques différentes

1. L. Guarante, *Ageless quest, One scientist's search for genes that prolong youth*, Cold Spring Harbor Laboratory Press, 2003; D. Sinclair, L. Guarante, « Unlocking the secrets of longevity genes », *Scientific American*, March 2006.

jouant un rôle dans la longévité : la voie de la restriction calorique, la voie de l'insuline, la voie des processus de reproduction et la voie du métabolisme mitochondrial. Des gènes de longévité (SIR2, DAF-2, NHR 80…) impliqués dans ces diverses voies ont été mis en évidence et leur manipulation a permis de ralentir le vieillissement de divers organismes (levure, ver, drosophile, souris…). L'espoir de scientifiques comme Guarente est de pouvoir prolonger la vie en agissant directement ou indirectement sur les « chefs d'orchestre » de ces voies, les gènes de longévité.

En 1993, Cynthia Kenyon (*University of California, San Francisco*) identifie un gène de longévité chez le ver C. Elegans, un gène impliqué dans la voie de l'insuline. DAF-2 code pour un récepteur qui est similaire au récepteur de l'insuline et de l'IGF-1 chez l'humain. Kenyon démontre expérimentalement qu'une mutation du gène DAF-2 double la durée de vie du ver tout en ralentissant le vieillissement[1]. Le ver porteur de la mutation vit 34 jours, l'équivalent d'un âge de 160 ans chez l'humain. Un autre gène DAF-16 qui favorise la longévité est un facteur de transcription qui contrôle une centaine de gènes différents. Selon Cynthia Kenyon, les gènes DAF-2 et DAF-16 constituent les « chefs d'orchestre » de la voie de l'insuline.

La voie des processus de reproduction a été découverte en montrant que la suppression des tissus reproducteurs augmentait considérablement la durée de vie de la drosophile ou du nématode[2]. Le gène NHR-80 intervient dans cette voie[3]. L'idée de chercheurs comme Hugo Aguilaniu (École Normale Supérieure, Lyon) est de comprendre le rôle des gènes impliqués dans ce processus pour les activer, et combattre ainsi le vieillissement sans affecter la reproduction.

Des gènes de longévité ont été découverts chez l'homme. SIRT1, l'équivalent humain du gène SIR2, code pour la protéine SIRT1, une enzyme qui joue un rôle crucial dans les effets anti-âge de la restriction calorique. Il existe chez l'être humain plusieurs gènes exerçant une influence sur la capacité à atteindre un âge extrêmement avancé. Un gène homologue au gène DAF-16 du nématode C. Elegans a été identifié chez l'homme : il s'agit du gène FOX-O-3 qui code pour un régulateur de la voie insuline-IGF1. Certaines

1. C. Kenyon *et al.*, « A C. elegans mutant that lives twice as long as wild type », *Nature* 366, 1993.

2. H. Hsin, C. Kenyon, « Signals from the reproductive system regulate the lifespan of C. elegans », *Nature* 399, 1999.

3. J. Goudeau *et al.*, « Fatty acid desaturation links germ cell loss to longevity through NHR-80/HNF4 *in* C. Elegans », *PLOS Biology* 9(3), 2011.

formes du gène FOX-O-3A sont associées à une grande longévité. Ils sont souvent présents chez les centenaires [1].

Les scientifiques impliqués dans la recherche sur les gènes de la longévité sont convaincus que le vieillissement n'est pas quelque chose d'inéluctable. Ils sont persuadés que les recherches sur les gènes de la longévité nous permettront un jour de prolonger la vie humaine de manière significative. Cynthia Kenyon : « Quand vous changez des gènes individuels chez le ver, vous pouvez doubler l'espérance de vie. Si vous en modifiez plusieurs, l'animal peut vivre jusqu'à six fois plus longtemps, l'équivalent de 500 ans pour un être humain. On a réussi à doubler la durée de vie de souris. Il est raisonnable de penser que dans un futur proche, nous pourrons prolonger la durée de vie de l'être humain. Nous aurons au moins la possibilité de prolonger la jeunesse et de prévenir les maladies à partir d'une meilleure connaissance des systèmes biochimiques de petits organismes comme la levure ou le ver » [2]. Leonard Guarente : « Je pensais que le vieillissement était simplement quelque chose qui vous arrivait, un phénomène sur lequel on n'avait pas de prise. Les travaux sur de petits animaux comme la levure ou le ver ont montré que les gènes peuvent avoir un effet important sur la durée de vie. Ils vivent deux fois plus longtemps mais ils sont aussi en meilleur santé. Cela nous apprend que le vieillissement est un phénomène beaucoup plus plastique et modulable que nous le pensions avant d'entreprendre ces recherches » [3].

En modifiant l'activité de ces gènes de longévité, il est théoriquement envisageable de prolonger la vie des humains.

Ralentir le vieillissement par la pharmacologie

Un des premiers à avoir eu l'idée de ralentir le vieillissement en agissant pharmacologiquement sur les gènes de longévité est David Sinclair, professeur de biologie à Harvard et co-fondateur de la firme biotechnologique Sirtris. Pour prolonger la vie, l'idée de Sinclair, un ancien collaborateur de Leonard Guarente, est d'agir directement sur les gènes qui sont les « chefs d'orchestre » de la voie de restriction calorique. Sinclair émet l'hypothèse que les sirtuines – c'est-à-dire les protéines produites par les gènes de la longévité – ralentissent le vieillissement. L'idée de base est de ralentir le processus de vieillissement chez l'humain en activant pharmacologiquement

1. B. J. Willcox *et al.*, « FOXO3A genotype is strongly associated with longevity », *Proceedings of the National Academy of Sciences U. S. A.*, 105(37), 2008.

2. Voir C. Kenyon, *in* N. O'Neill, « In Methuselah's mould », *PloS Biol* 2(1), 2004.

3. L. Guarante, *Ageless quest, One scientist's search for genes that prolong youth*, *op. cit.*

les sirtuines. Ces protéines existent depuis des millions d'années et se retrouvent dans toutes les formes de vie végétales et animales. Sinclair a découvert qu'on pouvait activer le système des sirtuines grâce à une molécule qu'on trouve dans la peau du raisin, le resvératrol. Il a testé ce produit sur des souris, montrant qu'un traitement au resvératrol augmentait la durée de vie de la souris obèse et permettait de contrecarrer les effets délétères d'un régime riche en graisse. Sinclair défend aujourd'hui la thèse que le vieillissement est une maladie. Il est persuadé que le traitement de cette pathologie sera découvert rapidement. Pour convaincre ses interlocuteurs, il a recours à une expérience de pensée. Imaginez que sur une autre planète, des êtres humains similaires à nous vivent trois cents ans en bonne santé. Ils nous découvrent sur terre. Pour ces humains venus d'ailleurs, nous dégénérons à un âge précoce et nous mourrons prématurément. Ce point de vue sera peut être le sentiment des humains de la fin du XXIe siècle se penchant sur la vie de nos contemporains. Sinclair pense que nous sommes probablement la dernière génération d'êtres humains à devoir subir un vieillissement rapide. Nos enfants bénéficieront des outils permettant de prolonger la vie. Malgré les résultats favorables obtenus chez l'animal, l'efficacité du resvératrol n'a toujours pas été démontrée chez l'homme. Sinclair fait de l'auto-expérimentation avec le resvératrol (il prend chaque jour ses comprimés), tout en admettant que les effets de cette molécule sur le vieillissement ne constituent qu'une hypothèse de travail. En 2008, la compagnie de Sinclair, *Sirtris Pharmaceuticals*, a été rachetée par Glaxo-Smithkline. Les chercheurs de Glaxo utilisent aujourd'hui le resvératrol à des fins thérapeutiques classiques, par exemple pour lutter contre le diabète. Mais Sinclair pense que cette molécule doit être active dans le traitement d'autres maladies (cataracte, maladies cardiaques, maladies dégénératives du cerveau…) en ralentissant le processus général de vieillissement. La version humaine du gène de longévité appelé gène SIRT1 est maintenant la cible de plusieurs médicaments en développement pour traiter les maladies du vieillissement comme le diabète, les maladies cardio-vasculaires et l'Alzheimer. D'autres gènes sont impliqués dans la voie de la restriction calorique (FOX-A, TOR, NRF-2). On a montré que la rapamycine pouvait prolonger la vie de souris en inhibant le *mTOR pathway*. David Harrison (*Jackson Laboratory*, Maine, USA), Randy Strong et Dave Sharp (*The University of Texas Health Science Center at San Antonio*) ont publié les résultats d'une étude montrant que la rapamycine, introduite dans la nourriture de souris de neuf mois, allonge significativement la durée de vie des rongeurs[1]. En agissant pharmacolo-

1. D. E. Harrison *et al.*, « Rapamycin fed late in life extends lifespan in genetically heterogeneous mice », *Nature* 460, 2009.

giquement sur les voies dépendant des gènes de longévité, l'espoir de certains chercheurs en biologie du vieillissement est de prolonger la vie de l'humain par la découverte d'un traitement horizontal qui permettrait la prévention des maladies liées à l'âge en ralentissant le processus de vieillissement. Au lieu d'une approche verticale ciblant certains organes ou des maladies particulières, on agirait sur les causes communes de ces différentes maladies et du vieillissement. Cette stratégie révolutionnaire nous permettrait de vieillir plus lentement et donc de jouir d'une vie plus longue tout en conservant la santé.

La biologie du vieillissement est aujourd'hui un domaine de recherche en pleine effervescence. Un des développements récents les plus importants est la découverte des clés du rajeunissement cellulaire. Kazutoshi Takahashi et Shinya Yamanaka (Université de Kyoto) sont parvenus à transformer des cellules de la peau de souris adultes en cellules souches embryonnaires « pluripotentes », capables d'engendrer les diverses cellules spécialisées de l'organisme [1]. En insérant dans des fibroblastes de souris quatre facteurs génétiques actifs dans les cellules souches embryonnaires (Oct3/4, Sox2, Myc et Klf4), ils ont montré que ces cellules de la peau pouvaient être reprogrammées et se comporter comme des celllules souches embryonnaires. Ils baptisèrent ces cellules reprogrammées *induced pluripotent stem cells* (iPS cells). Un an plus tard, le laboratoire de Yamanaka et une autre équipe reproduisirent ce travail sur des cellules humaines [2]. Les cellules souches reprogrammées, ou iPSC (*induced pluripotent stem cells*) offrent l'espoir de multiples applications potentielles en médecine régénérative.

Dans la lignée de ces recherches, l'équipe de Jean-Marc Lemaître (Université de Montpellier) a réussi à rajeunir des cellules de centenaires en les reprogrammant in vitro [3].

Conscientes des enjeux liés à la médecine anti-âge, la plupart des firmes pharmaceutiques ont créé ou remanié leur département vieillissement au cours des cinq dernières années. Elles font le pari que prochainement une molécule qui aura le potentiel d'augmenter la durée de vie pourrait être mise sur le marché. Cette substance sera commercialisée contre les maladies liées au vieillissement, car les firmes ne se lanceront pas dans des essais sur la longévité,

1. K. Takahasi *et al.*, « Induction of pluripotent stem cells from adult human fibroblasts by defined factors », *Cell*, 131, 2007.

2. *Ibid.*

3. L. Lapasset *et al.*, « Rejuvenating senescent and centenarian human cells by reprogramming through the pluripotent state », *Genes & Development*, Vol. 25, November 1st, 2011.

par essence longs et coûteux. On retrouve ici le thème de l'effacement des frontières entre médecine thérapeutique et médecine méliorative.

Le débat éthique et philosophique sur la prolongation de la vie et la médecine d'amélioration

Quand il donne des conférences sur le vieillissement, le biogérontologue Steven Austad, professeur à l'Université du Texas à San Antonio, a l'habitude de poser les questions à ses auditeurs. À la question « J'ai découvert un médicament capable de traiter la maladie d'Alzheimer. Pensez-vous que ce soit une bonne chose ? », tout le monde répond « Oui ». Lorsqu'il leur demande. « J'ai découvert un traitement révolutionnaire pour soigner le cancer du colon. Pensez-vous que ce soit une bonne chose », il obtient la même réponse. Mais lorsqu'il pose la question « J'ai découvert une molécule permettant de traiter la maladie d'Alzheimer, différentes formes de cancer, le diabète, les maladies cardiovasuclaires et qui prolonge aussi la vie. Pensez-vous que ce soit une bonne chose ? », les auditeurs hésitent davantage et de nombreuses personnes répondent par la négative.

Ceux qui sont hostiles ou réticents à l'idée de la prolongation de la vie utilisent généralement les arguments suivants.

1) L'argument inspiré de « Tithon », ce personnage de la mythologie grecque à qui Zeus accorda la vie éternelle en oubliant de lui offrir aussi la jeunesse éternelle : en augmentant la durée de vie, on va prolonger les souffrances de la vieillesse.

2) L'argument naturaliste : vouloir prolonger la vie, ce n'est pas naturel, donc ce n'est pas bien.

3) La question de l'injustice : les citoyens les plus riches auront un accès privilégié aux médicaments ou technologies de prolongation de la vie lorsque celles-ci seront disponibles.

4) La question de la limitation des ressources. Si on prolonge la vie, la population mondiale va augmenter, ce qui risque d'accroître les problèmes écologiques.

5) La question des attitudes face à la procréation et des rapports entre les générations : si on prolonge la vie, il sera nécessaire d'adopter une politique contraignante de limitation des naissances.

6) La question de l'ennui : une vie très longue ne peut qu'augmenter le sentiment de désœuvrement.

Pour mieux comprendre les origines de ces réticences, il est nécessaire d'analyser les enjeux éthico-philosophiques de la prolongation de la vie dans le cadre plus général du débat sur la médecine d'amélioration. Depuis une quinzaine d'années, aux États-Unis d'abord puis en Europe, de nombreux auteurs se sont penchés sur le thème des technologies d'amélioration. De façon schématique, il est possible de répartir les protagonistes du débat éthique et philosophique sur la question en trois groupes : les bioconservateurs, les penseurs libéraux et les transhumanistes.

Chez les bioconservateurs, c'est le sentiment de peur qui domine. Ils s'inquiètent des risques pour la santé et des conséquences sur la justice sociale, évoquant le spectre de l'émergence d'une « aristocratie biotechnologiquement améliorée ». Les technologies du vivant pourraient restreindre les libertés individuelles en instaurant un conformisme social à l'égard de modifications rendues possibles par la nouvelle médecine. Certains bioconservateurs – à l'instar du bioéthicien Leon R. Kass qui dirigea les travaux du *President's Council on Bioethics* au moment de la rédaction du rapport *Beyond Therapy* – pensent que les biotechnologies d'amélioration posent des problèmes éthiques plus fondamentaux qui touchent à l'essence même de l'être humain. Ces problèmes ont trait à la question de la nature humaine et de la dignité humaine qui seraient mises en danger par les biotechnologies. L'idée centrale des bioconservateurs est qu'il faut respecter le « donné naturel ». Dans cette perspective, la quête de la prolongation de la vie risque de nous faire perdre la cohérence de l'ordre naturel. Le « donné naturel » serait ainsi menacé par la démesure d'un homme devenu maître et possesseur de sa propre nature. L'évocation d'une altération de la nature humaine peut engendrer chez le bioconservateur un sentiment de dégoût ou de révulsion – baptisé « Yuck factor » par Leon R. Kass – qui l'incite à se méfier de technologies rendant possible l'auto-transformation de l'humain. On ne peut pas apprécier la force de la résistance sociale à l'égard de la prolongation de la vie ou l'ingénierie génétique sans comprendre quelles sont les racines de l'objection de principe. Cette objection s'exprime dans la métaphore utilisée le plus souvent de façon négative ou péjorative « Playing God », jouer à Dieu[1]. La résistance dépend d'une distinction faite entre ce qui ne dépend pas de nous (notre condition de mortel / notre patrimoine génétique que Dieu ou la nature nous a donné) et ce qui dépend de nous. C'est la frontière entre destinée et liberté, *chance and choice*. Grâce ou à cause des progrès de la biomédecine ce qui relevait de la destinée dépend désormais (ou plutôt dépendra sans doute bientôt) de nous. La recombinaison de l'ADN pourrait transformer la loterie génétique en un choix génétique. Le vieillissement et la mort apparaissaient comme des phénomènes inéluctables ne dépendant pas de nous. Cela risque de changer. Tout indique

1. R. Dworkin, *Sovereign Virtue. The Theory and Practice of Equality*, *op. cit.*, p. 427-452.

que nous aurons bientôt la possibilité de ralentir le vieillissement et donc de reculer les frontières de la mort. C'est cet élargissement de notre pouvoir d'action qui est au fondement des craintes des bioconservateurs.

Les penseurs libéraux ne partagent pas les réserves des bioconservateurs. Ils estiment que la décision d'utiliser des technologies d'amélioration relève largement de la liberté individuelle. Le principe qui se trouve au cœur de l'éthique libérale est emprunté à John Stuart Mill. Il s'agit du principe du tort (*harm principle*) ou principe de non-nuisance. Au vu de ce principe, la morale n'intervient que lorsqu'un dommage concret injustifié, c'est-à-dire un tort, est infligé à autrui. Il s'agit d'abord d'un ancien principe d'éthique médicale, le *nil nocere*, l'idée qu'il faut avant tout éviter de nuire. Dans cette perspective, les décisions relatives à la médecine d'amélioration reposent sur les épaules de l'individu. La liberté individuelle doit pouvoir s'exprimer dans la mesure où un dommage n'est pas infligé à autrui. Dans la conception libérale, les personnes ont la pleine liberté d'utiliser les biotechnologies pour prolonger leur vie. Cette conception est défendue par exemple par Miroslav Radman, professeur de biologie cellulaire à l'Université Paris Descartes et spécialiste de la biologie du vieillissement. Radman considère que l'on pourrait dans l'avenir utiliser l'ingénierie génétique pour prolonger la vie. Dans la lignée de la théorie du gène égoïste de Richard Dawkins et de la théorie évolutionniste du vieillissement de G. C. Williams, il estime que l'homme a la possibilité de se rebeller contre son destin génétique en privilégiant artificiellement des gènes favorisant la survie de l'organisme après la période de reproduction. « Following Richard Dawkins, we would like to reassert that we indeed live as disposable somas, slaves of our germline genome, but could soon start rebelling against such slavery »[1]. Dans la perspective de la théorie du gène égoïste de Dawkins, le corps de l'homme est une machine éphémère utilisée par les gènes pour assurer leur survie. Pour Dawkins, les êtres humains en tant qu'individus sont des réceptacles temporaires contenant un mélange de gènes issus de différentes sources[2]. Les corps ne sont que des « machines jetables » permettant d'assurer la survie des gènes. Une fois notre mission accomplie, nous sommes mis de côté. Les gènes, eux, appartiennent au temps géologique. Ils sont « éternels ». En suggérant d'étudier les possibilités d'agir directement sur le génome humain pour prolonger la vie, Miroslav Radman invite l'homme à prendre sa revanche sur les gènes égoïstes.

1. J.-C. Weill, M. Radman, « How good is my genome ? », *Philosophical Transactions of the Royal Society*, 2003 ; M. Radman, *Au-delà de nos limites biologiques*, Paris, Plon, 2011.

2. R. Dawkins, *Il était une fois nos ancêtres. Une histoire de l'évolution*, Paris, Laffont, 2007.

Au cours de ces dernières années, les prises de position libérales favorables aux technologies d'amélioration se sont multipliées. En 2002, Gregory Stock, philosophe à UCLA, publie un ouvrage intitulé *Redisigning Humans : Our Inevitable Genetic Future*. Dans un texte intitulé « *Playing God : Genes, Clones, and Luck* », Ronald Dworkin, professeur de philosophie du droit à NewYork University, s'interroge dans une perspective libérale sur les problèmes que soulèvent les biotechnologies appliquées à l'être humain. Il rejette l'argument principal de ceux qui pensent que les biotechnologies d'amélioration posent des questions métaphysiques fondamentales touchant à l'essence même de l'être humain. En 2007, dans son ouvrage *Enhancing Evolution*, John Harris, professeur de bioéthique à l'Université de Manchester, répond aux arguments des bioconservateurs et défend lui aussi des positions favorables à l'utilisation des biotechnologies pour prolonger la vie. Pour Harris, il existe un impératif moral à utiliser ces technologies. Dans la mesure où sauver une vie s'apparente à prolonger cette vie, il n'y a pas de différence à faire, d'un point de vue moral, entre les technologies qui permettent de sauver des vies et celles qui rendent possible la prolongation de la vie [1]. Arthur Caplan, bioéthicien à l'University of Pennsylvania, présente des arguments en faveur des « *enhancement technologies* » dans divers articles. À l'instar de Harris, il rejette les arguments de ceux qui s'opposent à la prolongation de la vie. « Despite a lot of hand-wringing and finger-pointing, it is not obvious that wanting to live a lot longer is evil or immoral. The case against trying is not convincing » [2]. Dans la conception libérale, la société doit accepter une large diversité de ce qu'est la bonne vie et admettre que chaque individu a le droit de défendre sa propre conception de l'épanouissement personnel, y compris quand cette conception est favorable à la prolongation de la vie. Pour les libéraux, il sera toujours possible de prendre des mesures de régulation pour atténuer les éventuelles conséquences négatives sur la société de prises de décision individuelles et de trouver des solutions rationnelles et efficaces pour résoudre les conséquences négatives éventuelles des technologies de prolongation de la vie (surpopulation, déficit de la sécurité sociale, conflits intergénérationnels…).

Même s'ils sont prêts à défendre l'idée d'une modification biotechnologique de l'être humain, des penseurs libéraux comme John Harris et Arthur Caplan n'adhèrent pas pour autant au mouvement utopiste et hypertechnophile que représente le transhumanisme. Les penseurs transhumanistes proposent l'adhésion à un programme de modification technoscientifique de l'être

1. J. Harris, *Enhancing Evolution…*, *op. cit.*, p. 61.

2. A. Caplan, « Straining their brains : why the case against enhancement is not persuasive », art. cit.

humain. Les défenses les plus argumentées du transhumanisme se trouvent dans les textes des philosophes Nick Bostrom, Julian Savulescu et James Hughes[1]. Le transhumanisme est un mouvement qui s'est développé au cours des deux dernières décennies. Nick Bostrom, qui reprend à Condorcet le concept de perfectibilité de l'être humain, affirme que le transhumanisme doit être considéré comme un prolongement de l'humanisme des Lumières. L'objectif transhumaniste est que chaque personne puisse bénéficier d'un usage rationnel des biotechnologies d'amélioration. Si on applique leur projet, les transhumanistes nous promettent une meilleure santé, une vie plus longue, un intellect amélioré, des émotions enrichies et, bien sûr, un bonheur indicible. Leur programme, qui peut être résumé par le slogan « Living longer, healthier, smarter and happier », est de transcender les formes actuelles de l'être humain. Pour améliorer l'être humain et le rendre plus heureux, toutes les technosciences sont convoquées : l'ingénierie génétique, les technologies d'intervention sur le cerveau, l'intelligence artificielle, les nanotechnologies ainsi qu'une technoscience prospective que le génie de l'homme ne manquera pas de mettre au point dans sa quête de perfection… Nick Bostrom défend l'idée égalitarienne d'un large accès à ces technologies. Chaque individu devrait avoir la liberté d'user de ces techniques. Bostrom distingue liberté morphologique (*morphological freedom*), la liberté de se transformer en ayant recours à la technoscience, et liberté reproductrice (*reproductive freedom*), la liberté des parents d'avoir recours au design génétique et aux techniques de reproduction de leur choix. Pour les transhumanistes, l'attitude la plus sage consiste donc à embrasser le progrès technologique en défendant les droits de l'homme et la liberté de choix.

La question de la prolongation de la vie et de l'immortalité constitue un des thèmes centraux de la philosophie transhumaniste. Plusieurs institutions gravitant autour du transhumanisme font de la prolongation de la vie leur objectif prioritaire : *Life Extension Foundation*, *Extropy Institute*, *Foresight Institute*, *Immortality Institute*, *Humanity+*, *Singularity Institute for Artificial Intelligence*, *Methuselah Foundation*… « The Holy Grail of enhancement is immortality » note justement John Harris dans son ouvrage *Enhancing Evolution*[2]. La quête de l'immortalité est le souci premier des penseurs transhumanistes. « *Death is the big problem* » affirme régulièrement Nick Bostrom[3]. Pour

1. J. Hughes, *Citizen Cyborg : why democratic societies must respond to the redesigned human of the future*, *op. cit.*

2. J. Harris, *Enhancing Evolution…*, *op. cit.*, p. 59.

3. N. Bostrom, « The Fable of the Dragon-Tyrant », *Journal of Medical Ethics*, 2005, Vol. 31, No. 5.

Bostrom, la mort ne doit pas être examinée d'un point de vue existentiel. Il s'agit simplement d'un problème technologique à résoudre. Dans *Letter from Utopia*, Bostrom décrit les trois étapes du programme à accomplir pour réaliser la transformation de l'homme : 1) *Secure life!*; 2) *Upgrade cognition!*; 3) *Elevate well-being!* La prolongation de la vie constitue donc le socle du processus d'autotransformation de l'humain[1].

Pour réaliser la transformation de l'être humain en posthumain, les transhumanistes envisagent deux voies différentes et éventuellement complémentaires : la « voie IA/singularité » et la « voie biologique ».

La « voie IA/singularité » se base sur les apports de la robotique et de l'intelligence artificielle pour créer des machines nouvelles dotées de sensibilité et de conscience qui pourraient succéder à l'être humain. Dans cette voie, la quête de l'immortalité doit passer par une transformation radicale du substrat corporel. C'est en téléchargeant son esprit dans une machine consciente (*uploading*) que l'homme deviendra immortel. Cette thèse digne des romans de science-fiction est défendue par des penseurs comme Ray Kurzweil[2].

La « voie biologique », plus crédible, compte sur les progrès des technologies du vivant (biotechnologie, génétique, nanotechnologie, neuroscience...) pour prolonger la vie. La quête de l'immortalité constitue l'obsession du biologiste transhumaniste Aubrey de Grey. Ancien informaticien de l'Université de Cambridge qui s'est recyclé dans le domaine de la biogérontologie, de Grey est devenu une sorte de prophète intervenant sur la Toile et dans les médias pour partager sa foi en l'immortalité de l'homme. Il a développé le projet SENS (*Strategies fo Engineered Negligible Senescence*) qui vise à mettre au point une stratégie visant à réparer les tissus des dommages du vieillissement pour étendre l'espérance de vie. Il est aussi le co-fondateur de la *Methuselah Foundation* qui a introduit le *Mprize* (*Methuselah Mouse Prize*), un prix destiné à catalyser les recherches en biogérontologie en récompensant les chercheurs qui créent des souris battant des records de longévité[3]. En raison des progrès accomplis et à venir dans la compréhension et dans la maîtrise technoscientifique du vieillissement, Aubrey de Grey estime qu'il est raisonnable de penser que « le premier humain qui vivra 1000 ans est déjà né »[4].

1. N. Bostrom, « Letter from Utopia », *Studies in Ethics, Law, and Technology*, Vol. 2, No. 1, 2008.

2. R. Kurzweil, *The Singularity is near...*, *op. cit.*

3. D. E. Harrison *et al.*, « Rapamycin fed late in life extends lifespan in genetically heterogeneous mice », art. cit.

4. A. De Grey, M. Rae, *Ending Aging : the rejuvenation breakthroughs that could preseve human aging in our lifetime*, New York, St. Martin's Press, 2008.

L'enthousiasme technophile des transhumanistes est illimité. Même s'ils admettent les dangers relatifs à l'utilisation des technologies d'amélioration et la nécessité morale d'identifier et de prévenir les risques, les transhumanistes considèrent que les technologies fourniront des avantages incomparables aux humains modifiés du futur. Ils acceptent l'idée que le programme transhumaniste basé sur la liberté individuelle de s'autotransformer puisse un jour aboutir à la création d'un « posthumain ». Dans cette optique, le progrès technique devient une sorte de dogme religieux à caractère scientiste et prométhéen. Le transhumanisme est une utopie technoscientifique, une religion du progrès fondé sur l'impératif technicien et l'idée du remodelage de la nature et de l'humain.

Au-delà de ces diverses conceptions philosophiques (bioconservatrices, libérales, transhumanistes) sur la transformation technoscientifique de l'homme et la prolongation de la vie, on a le sentiment qu'il sera difficile de renoncer aux nouveaux possibles technologiques. C'est l'impression que donne la lecture des témoignages des experts invités à informer les membres du *President's Council on Bioethics* dans le cadre de la préparation du rapport *Beyond Therapy* consacré à la médecine d'amélioration. La plupart des scientifiques interrogés ne s'intéressent pas vraiment aux possibilités d'utiliser à des fins d'amélioration, des médicaments ou des technologies dont les objectifs de départ étaient thérapeutiques. Mais ils sont presque tous convaincus que leur utlilisation à des fins d'amélioration est inévitable.

Si l'homme a longtemps défendu l'idée que « philosopher, c'est apprendre à mourir », c'est parce que, jusqu'à présent, le vieillissement était considéré comme un processus inévitable. Si la technologie biomédicale rendait possible dans un futur plus ou moins proche un ralentissement de ce processus, l'attitude de l'homme par rapport à la mort évoluerait très probablement. Si des médicaments ou des technologies efficaces et fiables permettant de prolonger la vie sont mis au point, on ne voit pas très bien comment on pourrait éviter leur utilisation dans une société démocratique. D'autant plus que ces médicaments ou technologies seront présentés comme des moyens de prévenir les maladies liées à l'âge. Même si on s'oppose à l'utilisation de ces technologies mélioratives, les citoyens trouveront les moyens de détourner les interdits. Ainsi que l'affirme l'écrivain cyberpunk William Gibson, « La rue trouve son propre usage pour toute chose »[1]. Des médicaments destinés à soigner les maladies du vieillissement seront utilisés « *off label* » pour prolonger la vie. Dans cette hypothèse d'un passage inévitable du thérapeutique au mélioratif, l'homme subira une modification technoscientifique progressive affectant le corps et l'esprit. La prolongation de la vie ne sera qu'un des aspects de cette mutation. Qu'il le veuille ou non, l'être humain est devenu le terrain de jeu de la technoscience.

Jean-Noël Missa

RISQUE

Le risque est devenu l'un des enjeux majeurs de nos sociétés. Certains sociologues en font même le prisme d'interprétation de toutes les dimensions de la société contemporaine[2]. Ce phénomène peut sembler assez paradoxal dans la mesure où le monde contemporain paraît plus sûr que jamais.

Avant de s'interroger sur la pertinence du concept de risque dans le cadre de l'amélioration des capacités humaines, un retour sur ce concept central s'impose. Dans le langage courant, le risque renvoie à un événement indésirable susceptible de se produire. Ce concept semble donc de prime abord à même de rendre compte de dommages potentiels de natures diverses, qu'il s'agisse de dommages sanitaires et environnementaux, ou encore d'atteintes au bien-être ou aux valeurs citoyennes. Toutefois, dans une perspective technique, la définition du risque est plus précise. Par exemple, le rapport de la Commission Européenne destiné à harmoniser les procédures d'analyse de risques définit le risque comme « une fonction de la probabilité et de l'amplitude d'effets/événements dommageables affectant l'homme ou l'environnement suite à l'exposition, sous des conditions déterminées, à un danger »[3]. Ce type de définition se limite aux dommages quantifiables.

Or, aujourd'hui, il apparaît difficile de quantifier ces probabilités et amplitudes d'événements potentiellement indésirables associés aux développements technologiques mobilisés dans le cadre de l'amélioration des

1. W. Gibson, « Burning chrome », *in* W. Gibson, *Burning chrome*, London, Grafton Books, 1988, p. 195-220 ; voir le texte « Cyperpunk ».

2. U. Beck, *Risikogesellschaft*, Frankfurt, Suhrkamp, 1986 ; A. Giddens, *The consequences of modernity*, Stanford, Stanford University Press, 1990.

3. European Commission, *First report on harmonisation of risk assessment procedures*, 2000, p. 18.

performances humaines. En effet, les technologies émergentes telles les nanotechnologies (voir « NBIC et nanotechnologies »), la biologie de synthèse, ou les neurosciences cognitives par exemple, sont susceptibles de causer des dommages aussi mal connus qu'imprévisibles. Le concept traditionnel de risque n'est donc pas apte à rendre compte des dommages potentiels associés à ces nouvelles technologies. À cet égard, la notion d'incertitude constitue un outil précieux pour décrire les dommages potentiellement encourus.

Le concept d'incertitude, initialement introduit dans le champ économique par Franck Knight, désigne les situations dont les probabilités ne sont pas connues, au contraire des risques, qui visent les situations dont les probabilités peuvent être déterminées « objectivement » soit par un calcul a priori, soit par des statistiques fondées sur des observations[1]. Les situations incertaines exigent donc le recours soit aux probabilités bayésiennes, soit aux probabilités subjectives. Le concept d'incertitude recouvre plusieurs types de situations, à savoir « une incapacité à définir des probabilités objectives pour des résultats qui sont néanmoins identifiés de façon complète » ou « une incapacité à déterminer une liste complète des résultats possibles »[2]. Ce concept gagne donc à être approfondi. Pour ce faire, référons-nous à la typologie de Stirling, fondée sur la distinction entre les concepts de risque, d'incertitude, d'ambiguïté, et d'ignorance, en fonction de la connaissance des résultats possibles et de celle de leur probabilité d'apparition[3]. Ces quatre catégories peuvent se définir comme suit : les situations sous risque, dont les résultats sont connus et les probabilités peuvent être estimées « objectivement » ; les situations sous incertitude, dont les résultats sont connus mais les probabilités inconnues ; les situations sous ambiguïté, dont les probabilités peuvent être estimées mais où les résultats sont inconnus ; et les situations sous ignorance, dont ni les résultats ni les probabilités ne sont connus.

Cette catégorisation permet de mieux cadrer les dommages potentiels associés aux technologies utilisées à des fins mélioratives. Dans le meilleur des cas, ces technologies comportent non des risques, mais des incertitudes. Les nanotechnologies, par exemple, engagent un certain nombre de mécanismes toxicologiques encore mal connus, même pour les nanotechnologies les plus simples. Leurs développements futurs, notamment ceux spécifiquement dédiés à l'amélioration des capacités humaines, nous mettent en situation

1. F. Knight, *Risk, uncertainty and profit*, Chicago, University of Chicago Press, 1921, p. 233.

2. O. Godard *et al.*, *Traité des nouveaux risques. Précaution, crise, assurance*, Paris, Gallimard, 2002, p. 38.

3. A. Stirling, « Risk at a turning point? », *Journal of Risk Research* 1(2), 1998.

d'ignorance, comme c'est d'ailleurs le cas d'autres technologies mobilisées à cette fin, telles que les technologies convergentes.

En amont de ces problèmes liés à la quantification des dommages potentiels se pose une question plus fondamentale[1] : tout dommage est-il quantifiable ? La réponse est évidemment négative. On songe ici aux menaces que certaines technologies font peser sur des biens immatériels aussi fondamentaux que l'autonomie, la dignité, la justice, la liberté des citoyens, sans oublier l'égalité ou l'intégrité de l'espèce. Cette dernière valeur est particulièrement menacée par l'émergence des technologies développées dans le cadre d'ambitions transhumanistes, au même titre que l'égalité – dans la mesure où il est peu probable que tous les hommes aient accès à ces technologies[2]. En outre, ces technologies présentent également des « risques symboliques », qui renvoient à l'altération de représentations fondamentales[3], risques qui ne se laissent pas davantage cerner par un concept strictement quantitatif.

En définitive, les dommages potentiels associés à l'amélioration des capacités humaines sont aujourd'hui extrêmement mal connus, ce qui met hors jeu les techniques traditionnelles d'évaluation des risques, telles que l'analyse risques/bénéfices. Dès lors, en fonction du type de société que l'on souhaite promouvoir, on aura recours – ou non – à des stratégies telles que le principe de précaution, destiné à guider l'action en présence d'incertitudes.

Céline Kermisch

NBIC ET NANOTECHNOLOGIES

Définir les nanotechnologies

Dans le système international, le préfixe nano- divise par 10^{-9} l'unité dont il précède le nom. Ainsi, dans le système métrique, un nanomètre désigne un milliardième de mètre. Les nanotechnologies exploitent les propriétés des matériaux à l'échelle du nanomètre. Elles constituent l'une des technologies

1. C. Kermisch, *Le concept de risque. De l'épistémologie à l'éthique*, Paris, Larousse, 2011.

2. D. Bourg, « Nanotechnologies-convergence NBIC et inégalités », dans C. Kermisch, M.-G. Pinsart (éd.), *Les nanotechnologies : vers un changement d'échelle éthique ?*, Fernelmont, EME, 2012.

3. D. Bourg, A. Papaux, « Des limites du principe de précaution : OGM, transhumanisme et détermination collective des fins », *Économie publique* 21, 2007, p. 104.

émergentes les plus fécondes, stimulées par des investissements colossaux dans la recherche. L'intérêt considérable suscité par les technologies développées à cette échelle trouve sa justification dans la modification des propriétés physiques, chimiques, électromagnétiques et biologiques par rapport à celles des mêmes éléments sous leur forme courante. Par exemple, l'or, inerte à l'état naturel, devient un excellent catalyseur à l'échelle nanométrique; le carbone sous forme de nanotubes est, quant à lui, beaucoup plus résistant et plus léger que le carbone à l'état naturel. Il est souvent admis que l'échelle qui éveille tant d'intérêt s'étend de 0,2nm à 100nm. C'est en effet dans cet intervalle que s'opèrent la plupart des changements dans les propriétés des matériaux. Ceux-ci s'expliquent par l'augmentation du rapport surface/volume et donc de la surface relative d'interaction des particules, et par la dominance d'effets quantiques [1]. Ainsi, les nanotechnologies ont pour objectif « d'exploiter ces effets pour créer des structures, des dispositifs et des systèmes qui possèdent, compte tenu de leur taille, des propriétés et des fonctions nouvelles » [2]. On peut donc, à l'instar de la *Royal Society* et de la *Royal Academy of Engineering*, définir les nanotechnologies comme « la conception, la caractérisation, la production et l'application de structures, de dispositifs et de systèmes par le contrôle de la forme et de la taille à l'échelle nanométrique » [3]. Cette définition, fréquemment citée, constitue une véritable référence. Elle s'applique en fait à la fois à de très « simples » nanotechnologies – telles que les nanoparticules manufacturées utilisées dans la fabrication de textiles antitaches, de béton autonettoyant, ou de crèmes solaires qui ne laissent pas de traces – et à des technologies très complexes, voire hypothétiques, supposées contribuer à redéfinir le futur de l'humanité – telles que des implants cérébraux capables d'améliorer les capacités cognitives de l'homme. Elle inclut donc un très large éventail d'applications potentielles, dans les domaines alimentaire, chimique, cosmétique, médical, environnemental, énergétique, militaire, etc. Cette définition proposée par la *Royal Society* ne mentionne toutefois pas les procédés d'ingénierie impliqués dans la fabrication de nanotechnologies. Outre le procédé *top-down* traditionnel, fondé sur les techniques d'enlèvement et de déformation de la matière, les nanotechnologies exploitent aussi le procédé *bottom-up*. Celui-ci, imitant l'auto-assemblage d'organismes naturels, consiste à partir de « briques élémentaires » que sont les molécules, par exemple, et à utiliser les forces chimiques ou physiques propres à l'échelle

1. Royal Society, *Nanoscience and nanotechnologies : opportunities and uncertainties*, Cardiff, Clyvedon Press, 2004, p. VII.

2. *Ibid.*, p. 5.

3. *Ibid.*, p. 5.

nanométrique pour les contrôler et les assembler, de manière à former des structures plus grandes et plus complexes.

Vu sa complexité, le champ des nanotechnologies ne se laisse pas circonscrire aisément. Joachim Schummer recense en effet plusieurs types de définitions des nanotechnologies [1]. Parmi les plus courantes, figurent les définitions « nominales » – qui établissent les conditions nécessaires et suffisantes d'utilisation du terme, à savoir la manipulation d'objets à l'échelle nanométrique. C'est le cas de la définition proposée par la *Royal Society*. En outre, il relève également les définitions « réalistes » des nanotechnologies, qui renvoient à une liste de cas particuliers de sujets de recherche, et les définitions « téléologiques », qui définissent les nanotechnologies en termes d'objectifs à atteindre. On pense, dans ce dernier cas, à la conception des nanotechnologies proposée par l'administration US, orientée vers la convergence des technologies, avec pour finalité l'amélioration des capacités physiques et intellectuelles de l'homme. Bien sûr, les questions éthiques et philosophiques qui ne manquent pas de se poser sont intimement liées au type de définition adopté. En outre, le choix d'une définition est implicitement chargé de valeurs, tout comme le choix du terme « nanotechnologies » lui-même [2]. En effet, ce terme, le plus couramment utilisé dans la littérature, privilégie la dimension appliquée du champ de recherches, par opposition au terme « nanosciences », défini quant à lui comme « l'étude des phénomènes et de la manipulation de matériaux aux échelles atomiques, moléculaires et macromoléculaires, où les propriétés diffèrent significativement de ceux à plus grande échelle » [3].

Compte tenu de la diversité des applications potentielles des nanotechnologies, le terme « nanotechnologies » ne suffit pas à cerner précisément la technologie, ni même le type de technologie, dont il est question. Pour clarifier la situation, des distinctions ont été introduites. On retiendra la typologie introduite par Roco, qui distingue quatre générations de nanotechnologies [4], auxquelles s'ajoutent les technologies convergentes [5]. Elles méritent d'être détaillées ici.

1. J. Schummer, « Cultural diversity in nanotechnology ethics », *Interdisciplinary science reviews* 31(3), 2006.

2. K. Kjølberg, F. Wickson, « Social and ethical interactions with nano : mapping the early literature », *Nanoethics* 1, 2007, p. 89-104.

3. Royal Society, *Nanoscience and Nanotechnologies : opportunities and Uncertainties*, *op. cit.*, p. 5.

4. M. Roco, « Nanoscale science and engineering : unifying and transforming tools », *American Institute of Chemical Engineers Journal* 50(5), 2004.

5. M. Roco, « The long view of nanotechnology development : the National Nanotechnology Initiative at 10 years », *Journal of Nanoparticle Reasearch* 13, 2011.

– La première génération de nanotechnologies correspond aux nanostructures « passives », dont le comportement est stable dans le temps. Il s'agit, par exemple, de matériaux dont les performances sont améliorées par l'ajout de nanomatériaux. C'est le cas de matériaux qui possèdent des propriétés spécifiques, tels les revêtements antibactériens à base de nanoargent. La plupart des applications développées avant 2010 appartiennent à cette première génération.

– La deuxième génération de nanotechnologies correspond aux nanostructures « actives », dont le comportement change en fonction de l'environnement. Ces structures actives sont donc capables d'assumer des fonctions, telles que la vectorisation de médicaments vers des cellules spécifiques. Les thérapies ciblant les cellules cancéreuses illustrent bien cette seconde génération de nanotechnologies.

– La troisième génération de nanotechnologies correspond aux nanosystèmes intégrés, aux « systèmes de nanosystèmes ». Il s'agirait, par exemple, d'organes élaborés à l'échelle nanométrique, censés, selon Roco, être développés après 2010.

– La quatrième génération de nanotechnologies correspond à des nanosystèmes moléculaires hétérogènes, « où chaque molécule dans le nanosystème possède une structure spécifique et joue un rôle différent »[1]. Cette génération inclurait, par exemple, les interfaces entre humains et machines aux niveaux tissulaire et nerveux. Elle est censée émerger à partir de 2015/2020.

Les technologies convergentes, résultent de la convergence des technologies NBIC (Nanotechnologies, Biotechnologies, technologies de l'Information et sciences Cognitives). Ainsi, des capteurs et des ordinateurs informeraient les individus à propos de leur état de santé, ou de leur environnement et de la présence de polluants, par exemple[2]. Ces technologies convergentes sont susceptibles de se développer dès 2020 selon Roco.

Ces catégories ont le mérite de spécifier assez précisément à quelle sorte de nanotechnologies on est confronté. Cette catégorisation est capitale dans la mesure où elle fait apparaître différents types de conséquences métaphysiques. Ainsi, si les premières générations laissent intactes les catégories traditionnelles, la troisième génération est susceptible de brouiller les frontières entre nature et artefact, et les générations ultérieures pourraient rendre difficile la distinction entre humain et non-humain.

1. M. Roco, « Nanoscale science and engineering : unifying and transforming tools », *op. cit.*

2. National Science and Technology Council, *The National Nanotechnology Initiative. The initiative and its implementation plan*, Washington D. C., 2000, p. 5.

Les spécificités des nanotechnologies sur les plans épistémique et éthique

Outre leurs spécificités techniques, les nanotechnologies présentent un certain nombre de particularités du point de vue épistémique et éthique [1].

Sans revenir sur la difficulté de définir les nanotechnologies, il convient de signaler des problèmes épistémiques qui rendent ardue la distinction entre une substance nano et son équivalent non-nano [2]. En effet, il est généralement admis de réserver le terme « nanotechnologies » aux objets dont au moins une des dimensions est inférieure à 100nm. Or on ne peut pas affirmer que c'est systématiquement à partir de 100nm que les propriétés des matériaux commencent à changer, puisque dans certains cas, cette transformation se fait de manière progressive, alors que dans d'autres cas, il existe un seuil en deçà duquel les propriétés changent brutalement. La référence à 100nm ne permet donc pas de prendre en compte les particules aux propriétés spécifiques, dont la taille serait supérieure à 100nm, ni les agrégats de nanoparticules, qui excèderaient également 100nm. En outre, lorsqu'il s'agit de nanotechnologies, la taille ne suffit pas à caractériser l'objet : sa forme et son environnement, par exemple, comptent parmi les facteurs qui influencent considérablement ses propriétés. Cette difficulté de cerner l'identité de l'objet nano empêche de lui donner une existence sur les plans réglementaire et légal, ce qui ne permet pas d'établir une régulation spécifique pour les nanotechnologies [3]. Or la présence d'incertitudes et de risques potentiels impose une telle régulation. En effet, qu'il s'agisse de questions de sûreté, de risques sanitaires ou de risques environnementaux, il faut bien admettre que leur compréhension est actuellement très limitée, ce qui nous place en situation d'incertitude, voire d'ignorance en ce qui concerne les générations ultérieures de nanotechnologies. Parmi les problèmes majeurs qui se posent, citons le manque de connaissances relatives à la manière dont les nanomatériaux peuvent traverser les barrières biologiques, ou encore la grande complexité des mécanismes toxicologiques – puisque, ici, la composition chimique ne suffit plus à déterminer la toxicité d'une substance.

La difficulté de définir les nanotechnologies, associée à la présence d'incertitudes considérables, soulève également un certain nombre de

1. C. Kermisch, « Do new ethical issues arise at each stage of nanotechnological development ? », art. cit.

2. B. Laurent, *Les politiques des nanotechnologies*, Paris, Éditions Charles Léopold Mayer, 2010.

3. *Ibid.*

problèmes sur le plan de l'éthique (voir « nanoéthique »). Par exemple, l'étiquetage de produits contenant des nanotechnologies se heurte à une difficulté tout à fait spécifique : comment exiger un étiquetage dès lors que leur substance chimique ne suffit pas à définir leurs caractéristiques toxicologiques[1] ? De même, le recours au principe de précaution paraît ardu compte tenu de l'impossibilité de définir les produits qui sont en jeu. Ce dernier constat est particulièrement embarrassant alors même que la présence de nombreuses incertitudes requerrait précisément l'application du principe de précaution. Quant au recours aux procédures classiques d'évaluations des risques, il est encore moins pertinent en présence de nanotechnologies (voir « risque »). En effet, pour déterminer l'« acceptabilité sociétale » d'un risque, on a coutume de recourir à une analyse de type risques/bénéfices. Or dans le cas présent, non seulement les risques sont inconnus, mais les bénéfices sont eux aussi difficiles à estimer, en particulier lorsque l'on spécule sur des nanotechnologies à venir.

Nanotechnologies et amélioration des capacités humaines

C'est clairement une volonté politique qui lie le développement des nanotechnologies à l'amélioration des capacités humaines, dans une perspective transhumaniste. Un bref rappel s'impose. Dès les années 80, des travaux qui contribueront au développement des nanotechnologies sont menés – qu'il s'agisse de l'invention du microscope à effet tunnel ou de la découverte des fullerènes et des nanotubes de carbone –, mais ce n'est que dans les années 90 que se développent les recherches en matière de nanotechnologies, de manière relativement marginale toutefois. Il faut attendre l'an 2000, pour que le président Clinton, sous l'impulsion de Mihail Roco, initie un vaste programme de recherche et développement des nanotechnologies, la *National Nanotechnology Initiative*[2], qui contribue de manière décisive à l'essor des nanotechnologies. Ce programme vise initialement à l'amélioration des performances militaires, à la miniaturisation informatique, à la création de matériaux aux propriétés inédites, mais aussi – en écho aux grandes questions de ce début de siècle – à la préservation de l'environnement, à l'optimisation des rendements énergétiques ou encore à l'amélioration des soins de santé. Parmi la liste des « grands challenges », on trouve toutefois déjà la référence au développement de dispositifs susceptibles d'améliorer les performances

1. *Ibid.*

2. National Science and Technology Council, *The National Nanotechnology Initiative. The initiative and its implementation plan*, *op. cit.*

humaines[1]. À ce stade, cet objectif reste anecdotique. En revanche, dès 2003 émerge une nouvelle stratégie de recherches présentée dans le rapport de Roco et Bainbridge, *Converging Technologies for Improving Human Performance*[2], qui situe le développement des nanotechnologies dans le cadre de la convergence NBIC, avec le but clairement avoué d'améliorer les performances humaines par l'intégration de technologies (voir « technologies convergentes »). Bien que les applications des nanotechnologies soient multiples et concernent de nombreux domaines, il apparaît néanmoins qu'aux États-Unis, la recherche dans ce secteur n'est pas dissociable des ambitions transhumanistes.

Au-delà des problèmes éthiques suscités par les nanotechnologies en général – sûreté, acceptabilité sociétale, inégalités, utilisations militaires, etc., il apparaît qu'envisagées dans une perspective transhumaniste, les nanotechnologies engagent une réflexion d'un tout autre ordre, associée aux questions relatives à l'intégrité de l'espèce, ou au brouillage de la frontière humain/non-humain.

Les technologies convergentes (technologies NBIC)

Les technologies convergentes sont issues de la combinaison de quatre champs scientifiques et technologiques, les technologies NBIC : Nanosciences et nanotechnologies, Biotechnologies et biomédecine, y compris l'ingénierie génétique, technologies de l'Information, et sciences Cognitives, y compris les neurosciences cognitives[3].

L'intérêt pour la convergence des technologies NBIC dépend pour beaucoup du programme de recherches américain proposé dans le rapport de Roco et Bainbridge pour la *National Science Foundation*, intitulé *Converging Technologies for Improving Human Performance*[4], rapport qui a joué un rôle clé dans l'orientation et le financement de la recherche américaine consacrée aux technologies convergentes. Le développement des technologies NBIC repose sur l'idée que la maîtrise de la matière à l'échelle nanométrique permettra d'unifier les disciplines en jeu et de réaliser une « unité matérielle », de sorte qu'à cette échelle le vivant et le non-vivant ne seraient plus distincts et

1. National Science and Technology Council, *The National Nanotechnology Initiative. The initiative and its implementation plan*, *op. cit.*, p. 29.

2. National Science Foundation & Department of Commerce, *Converging technologies for improving human performance – Nanotechnology, biotechnology, information technology and cognitive science*, Dordrecht, Springer, 2003.

3. *Ibid.*, p. 1.

4. *Ibid.*

pourraient être intégrés. Ainsi, c'est bien grâce à l'intégration de technologies que les performances humaines pourraient être optimisées. Ce rapport assure que les technologies convergentes pourraient, d'ici 10 à 20 ans, contribuer à l'amélioration des capacités humaines dans plusieurs domaines, notamment les capacités cognitives et de communication (grâce à des outils favorisant la créativité, par exemple), la santé et les capacités physiques (à l'aide, par exemple, de nano-implants ou de biosystèmes régénératifs qui remplaceraient les organes humains ou qui permettraient de contrôler le bien-être physique, mais aussi à l'aide d'interfaces cerveau-cerveau ou cerveau-machine, etc.), les performances de groupes (entre autres par le développement d'une communication « universelle »), ou la sécurité nationale (par exemple, grâce au développement de véhicules de combats automatisés, ou à l'amélioration des capacités humaines à des fins de défense).

Si le rapport *Converging Technologies for Improving Human Performance* prétend placer le droit de chaque individu à bénéficier de ces technologies et le respect de la vie privée au cœur du développement des technologies NBIC, il ne sera pas si simple de les garantir. Ainsi, du point de vue de l'égalité, d'abord, il est peu probable que tous les êtres humains aient accès à la médecine méliorative dans la mesure où un tel objectif n'a jamais été atteint – et n'a peut-être même jamais été recherché – dans le cadre de la médecine thérapeutique. En outre, il ne sera pas aisé de protéger la vie privée si de nombreuses données personnelles, notamment relatives à la santé, sont disponibles sur puces. Un cadre légal strict devra être mis en œuvre en ce sens.

En amont de ces questions éthiques que ne manquera pas de soulever ce type de développement technologique, on peut s'interroger sur le choix idéologique qui préside à l'orientation de ces recherches. Si aux États-Unis, le développement de ces technologies est explicitement destiné à améliorer les performances humaines, l'Europe s'est engagée dans une perspective plus sociale. Se démarquant de l'approche américaine, l'Europe entend développer les CTEKS (*Converging Technologies for the European Knowledge Society*) sans spécifier d'emblée un agenda de recherches précis, et en privilégiant la participation publique dans la formulation de cet agenda[1]. Sur la question de l'amélioration des capacités humaines, l'Europe se positionne assez clairement : il ne s'agira pas de développer les technologies convergentes dans une perspective d'ingénierie *de* l'esprit et *du* corps, mais plutôt dans une perspective d'ingénierie *pour* l'esprit et *pour* le corps, en s'attachant, par exemple à des problèmes précis, tels que le traitement de l'obésité. L'être

1. European Commission, *Converging technologies – Shaping the future of European societies*, Report, 2004.

humain constitue donc davantage une fin qu'un moyen au service du développement technologique étroitement associé au développement économique. Par ailleurs, le rapport européen a le mérite de souligner les problèmes potentiels qui pourraient survenir – non-respect de la vie privée, dommages à l'intégrité de l'homme et à son autonomie, etc. L'approche européenne s'avère donc nettement plus prudente que l'américaine.

La promesse d'incroyables bénéfices potentiels associés au développement des technologies convergentes d'une part, et la perspective de risques à la fois physiques, moraux et sociétaux d'autre part, polarisent la polémique qui entoure aujourd'hui ces technologies. À ce stade, la priorité consiste à dépasser l'opposition entre prophéties émancipatrices et visions catastrophistes, afin d'engager un dialogue constructif, de mettre en place un cadre réglementaire et légal, et d'assurer un accompagnement éthique et philosophique à la hauteur de ces nouveaux enjeux.

Céline Kermisch

TROISIÈME PARTIE

TECHNIQUES, ARTS ET SCIENCE-FICTION

ART ET BIO-CORPS

Dans la veine d'une aspiration à l'amélioration, le profil du posthumain jouit, depuis une dizaine d'années, d'un nouveau dessein artistique modulé et modelé sur base même du vivant. Là où le techno-corps (*cf.* Art et Techno-corps) provisionne la prothèse mécanique en complément, ou le cyborg en remplacement d'un humain déficitaire, le bio-corps ouvre, quant à lui, à une instrumentation des biotechnologies et du génie génétique au profit d'une recherche esthétique expérimentale. Le bio-art, nouvelle tendance de l'art contemporain, se caractérise par une réflexion sur les processus fondamentaux de la vie, la génétique et les médias biotechnologiques pour opérer une transformation, voire une mutation, des matières organiques et/ou des fonctions vitales dont nous épinglerons les tendances illustrant le projet transhumaniste, à l'égal d'œuvres d'anticipation postulant une mobilité biologique de l'homme.

Le fictionnel

L'*Institut Benway* peut, dans ce contexte, faire figure de fiction d'art et poser avec un humour teinté d'ironie les problématiques croisées d'un engagement artistique éminemment transdisciplinaire. « Reconnu dans le monde entier pour son savoir faire breveté en médecine industrielle, l'Institut Benway est le numéro un mondial des systèmes de confort organique (...) il propose aussi au grand public sa célèbre gamme d'Organes de Confort. (...) Leur implantation s'effectue à la maison, selon un protocole de chirurgie domestique adressable franco de port » (www.institut-benway.com). Les prothèses organiques imaginées par le français Maël Le Mée – père de l'institut et installateur performant, comme il se définit – ont pour objectif d'augmenter les aptitudes humaines ou d'en composer de nouvelles et, perpendiculairement, de freiner l'œuvre du temps. La barrette de mémoire, création fantasmée à base de cellules corticales d'origine pachidermique, doit permettre à l'utilisateur de réguler toutes les défaillances cérébrales, ou encore de proscrire Alzheimer. Associé à une barrette capillaire – union entre l'accessoire esthétique et la technicité médicale – ce nouvel organe allie fonctionnalité et caractère amovible rendant son utilisation collégiale dans une fiction de partage biotechnologique des capacités et des connaissances. Après l'anti-sèche, pour la modique somme de 15 Euros, l'utilisateur s'offre un anti-panne avec le testicule hallucinogène. L'empire des sens amplifié promet un orgasme psychédélique de grande tenue et l'organe est assuré de conservation longue durée. Quant à l'esthétique, l'implant des vers de jouvence effacera les marques du temps et fait écho au slogan de la firme « Smart Flesh, New Bodies, Better Lives ». Au-delà du côté utopique du projet, l'Institut Benway pose un cadre conceptuel aux questions fondamentales qui sous-tendent la manipulation du vivant, fût-ce à des fins artistiques.

À objectif similaire, formes artistiques variables. Au cœur de la mixité génétique, les métamorphoses de Patricia Piccinini visent à en finir avec l'opposition entre artificiel et naturel comme l'antagonisme entre mécanique et organique. En prenant pour exemple la fécondation « in vitro », elle démontre l'inopérance de ces frontières dans nos sociétés actuelles. Dans le sillage d'Haraway, l'artiste australienne postule que nous sommes tous, à des degrés divers, des mutants alors que, parallèlement, la technologie s'adapte pour devenir de plus en plus naturelle. De ce vivier imaginal, le posthumain permet d'envisager de nouveaux accouplements fertiles, tout droit issus, pour la plasticienne, d'un berceau bien réel [1].

En 1995, une souris porte-greffon interpelle l'artiste. Des cellules humaines implantées dans une structure de forme pavillonnaire, en polymère biodégradable, sont greffées sur le dos d'un rongeur avec pour objectif d'assurer leur croissance *in vivo* et donner un avenir « humanisé » à un enfant né sans oreille. ADN humain versus vascularisation animale, qui du jeune garçon ou du quadrupède contamine-t-il l'autre ? Toute l'œuvre de Piccinini est un contrepied à cette question identitaire, vision d'une humanité dépassée pour l'artiste. *Siren Mole* signe la naissance d'une créature génétiquement modifiée en silicone. Répondant au nom scientifique d'Exallocephala Parthenopa, cet être à la tête insolite, au corps mou et allongé, à l'allure d'un mammifère croisant un cochon d'Inde, un castor et un tamanoir. Parthenope, dans la mythologie grecque, est connue pour être la sirène au visage de jeune fille. Être hybride, envoûtante, elle n'en est pas moins une chimère, et porte cette dualité fascination/répulsion au centre du débat bioéthique sur le clonage humain. Pour Piccinini, le maritime est devenu terrestre, le beau s'est reconfiguré, la féminité animalisée, mais le projet est précisément de dépasser la tension générée par l'idée même de la mutation. Le mythe, devenu réalité figurée, doit être désormais abordé, selon l'artiste, sans crainte.

Siren Mole crée ainsi une posture de l'hybride fragile, désarmé, vulnérable, tendre, grassouillet, presque moelleux. Une bonne grosse bête humanisée suscitant un élan d'empathie et libérant une envie de protection. Dans une série de photographies, elle est présentée, dans son milieu naturel, le laboratoire, bercée par ses géniteurs, les scientifiques. Pour d'autres clichés, c'est

1. D. Haraway, « A cyborg manifesto : science, technology, and socialist-feminism in the late twentieh century », art. cit.

l'immersion dans le quotidien qui permet à la plasticienne d'ouvrir le débat sur la responsabilité post-création, sa survie, son intégration, son interaction avec l'humain. De ce creuset, Piccinini poursuit en 2003 avec *We are Family* qu'elle présente à la biennale de Venise. Cette fois, l'homme et l'animal se sont bel et bien croisés pour donner des recompositions familiales desquelles émargent ce même sentiment de fragilité doublé d'une familiarité déroutante et d'images hautement sensibles, sécurisantes comme celle d'une maman allaitant ses « petits » trans-espèces ou d'enfants hyperréalistes jouant avec leurs alter ego génétiquement hybridés. La plasticienne australienne tord le cou à une vision anxiogène d'une posthumanité modifiée pour y substituer un Éden de tolérance, d'entre-aide et de compréhension.

La compagnie médicale virtuelle de Le Mée et les croisements de Piccinini pourraient être perçus comme de simples canulars ou des montages chimériques, mais la puissance du projet réside dans leur capacité à rester à la lisière de l'actualité, du crédible, de l'envisageable, du réalisable, de l'humain. Docu-fiction, mise en scène d'anticipation, réalité augmentée, présent prospectif? L'ordre du possible est déjà partiellement rencontré et se banalise avec une rapidité déconcertante. L'implant d'amélioration cousu main, personnalisé ou l'avatar hybridé se dégage d'emblée de l'univers artistique – transcendant les limites technologiques actuelles – et sonde les frontières éthiques des interventions, de la culture cellulaire, du clonage, des biobanques, d'une forme de capitalisme corporel, du marché des organes, de l'expérimentation humaine. Dans le même temps, les artistes créditent le scientifique, le potentiel positif des avancées médicales, technologiques et génétiques pour narrer une histoire sur le point d'exister. Ce dualisme pose le bio-corps, sa matérialisation artistique et sa réception, au cœur d'un débat d'autant plus polémique à mesure que les plasticiens quittent le champ du fantasmatique pour entrer dans celui de l'expérimentation.

Le génie biologique

Les créations bio-artistiques d'une humanité en devenir se déclinent suivant un panel de visées transhumanistes au nombre desquelles se retrouvent majoritairement une veine écologiste (technogaianisme), une vision techno-progressiste sous-tendue par une visée immortaliste, une ambition de dépassement de la question du genre (postgenderisme) et une forme de « corporalisme » qui viserait à garantir la liberté morphologique et l'autonomie corporelle. À contrario du techno-corps, prolongement mécanique ou remplacement technologique du « vivant », la vision futuriste de l'humain remet le corps au devant de la scène et lui dessine une architecture évolutive et des structures anatomiques modifiées[1]. Il peut être à la fois la matière première de la transformation, hôte de sa propre mutation, incubateur ou réservoir d'un fragment morphologique ou identitaire d'amélioration, bref, comme Ponge le déclarait : « l'homme est l'avenir de l'homme ».

En 1996, le premier laboratoire d'art consacré à la science du vivant, le SymbioticA lab voit le jour à l'Institut d'anatomie et de biologie de l'Université de Perth, en Australie. Il permet aux artistes en résidence d'engager une recherche pratique mêlant technologie et biologie grâce à un matériel scientifique de pointe mis à leur disposition. Ainsi la cellule, le gène, le fragment de peau, la bactérie sont les matériaux nouveaux de la création permettant d'articuler l'art et la science. Pour le collectif australien Tissue Culture & Art Project, le tissu humain et le processus de division cellulaire servent de materia prima à une série de sculptures semi-vivantes. Forcloses dans des fioles jaugées, alimentées par des burettes et autres erlenmeyers pourvoyeurs de nutriments, des vestes de peau miniatures prennent vie et grandissent sous incubateur. Ces *Victimless leather* sont encore l'expression partielle – en progrès – d'une visée plus ambitieuse : poser la culture cellulaire comme l'avenir de l'homme capable de régénération. À ce stade, les artistes Ionat Zurr et Oron Catts se positionnent comme des médiateurs entre la technicité du monde scientifique et le grand public. Par le prisme de leur création, via l'esthétique de l'œuvre, ils veulent activer une réflexion positive sur la manipulation du vivant, sensibiliser à ses potentiels et contrecarrer les effets d'une diabolisation délétère. Mais le projet vise également à accroître la responsabilité morale de l'humanité. Le vêtement cellulaire, semi-vivant, renvoie l'homme face à ses responsabilités éthiques. Ces redresseurs biologiques de conscience sont autant d'alternatives à la destruction du vivant. Dans un troisième terme, ces maillages tissulaires charrient également un imaginaire d'hybridation, une vision onirique d'une identité modulable à l'infini, une seconde peau adaptable aux envies ou besoins différenciés de l'humain.

Sur le plan d'une nouvelle idéologie écologique, les œuvres d'Ionat Zurr et Oron Catts défendent ce principe de l'émergence de technologies nouvelles capables de restaurer la Terre et d'y développer un environnement sain et respectueux. Couplé à l'éviction de la souffrance, ce technogaianisme artistique promeut un matériau biodégradable et préservant la vie animale. Dans ce sillage, leur création *Disembodied Cuisine,* et sa culture de steak de

1. R. Mitchell, *Bioart and the vitality of Media*, Washington, University of Washington Press, 2010.

grenouille généré sur base de cellules ponctionnées sur l'animal par biopsie met en perspective de nouveaux enjeux planétaires. Le steak grandit dans une boîte de Pétri à mesure que son géniteur biologique continue paisiblement son existence. Au-delà de la réflexion engagée sur « le dis-moi ce que tu manges, je te dirai qui tu es », les artistes ouvrent le débat sur un nouvel ordre économique prônant une production protéinique sans sacrifice, une approche d'une économie « verte », une nouvelle culture écologique capable d'améliorer les conditions d'existence de l'Homme.

Sur le modèle du SymbioticA lab, d'autres espaces de rencontres transdisciplinaires essaiment comme le Laboratoire (Paris), le MIT Media Lab (Cambridge) ou les ArtSciences Labs. Parallèlement, le *Post Humain* s'expose à Lausanne (1994), au Whitney Museum de New York : *Foreign Body* (1995), à Liverpool et au Luxemboug avec l'exposition *Sk-Interfaces* (2008-2010) et se théorise à Montréal lors du colloque *Art et Biotech* (2004).

L'érosion progressive de la notion de genre, d'espèce, des composantes propres à signifier l'identité humaine telle que nous la connaissons aujourd'hui attisent le vivier artistique dans la mesure où ces dépassements sont porteurs d'un potentiel créateur. Le post-genderisme n'active pas seulement l'idée d'une rupture de la classification homme/femme, mais engage également une idée de mixité inter-espèce. La subdivision au cœur de la classification linnéenne est révoquée, sur le terrain scientifique, par des techniques visant à croiser végétal, animal et/ou humain et ouvre un univers mi-fantasmatique mi-expérimental dans le domaine artistique. La posthumanité viserait alors à une amplification des couplages inter-espèces en vue d'augmenter les potentiels du vivant.

Par une exploration de la communication homme-animal, l'objectif d'Art Orienté Objet est d'abolir les notions de barrières inter-espèces. Ainsi, les expérimentations se succèdent : le devenir chat avec *Félinanthropie* (2007) où Marion Laval-Jeantet chaussée de prothèses félines travaille le langage du corps, le devenir girafe (*Necking*, 2007) ou cerf (*Jeter les bois*, 2007) pour lesquels, Benoit Mangin enfile tour à tour des prothèses visuelles adaptées afin de gagner l'univers animal.

Mais le rapprochement relève encore de l'artifice : le continuum entre l'homme et les forces de la nature n'est accessible qu'à la condition de stimuler les sens. Le 22 février 2011, à Ljubljana, Marion Laval-Jeantet se fait injecter par intraveineuse du sang compatibilisé de cheval. L'objectif est d'opérer au cœur du corps de la plasticienne une augmentation du potentiel sensoriel, l'immunoglobuline équine provoquant dans l'organisme humain une réaction immunitaire. Cette hybridation femme-cheval, cette expérience bio-artistique d'un centaure sensoriel, prolonge la réflexion du collectif Art Orienté Objet sur l'éthologie et les barrières trans-espèces en vue d'une communication, voire d'une communion avec l'animal. Appréhender, à l'instar de Deleuze, la part animale de l'homme et explorer les limites actuelles des capacités humaines d'adaptabilité concentre l'essence de cette expérience d'art bio-technologique dans la perspective générique du collectif: mettre en place un système d'élargissement de la compréhension du monde. Et Marion Laval-Jeantet de conclure : « Si on reprend la terminologie du posthumain, être humain au-delà de l'humain c'est peut-être en passer par ce type d'expérience, dans laquelle l'homme devenant un hybride homme/animal est enfin extra-humain » [1].

À l'actif d'une mutabilité pourvoyeuse d'une plus-value pour l'humanité, deux figures artistiques pourraient incarner plus spécifiquement une post-féminité : Julia Reodica et Orlan. Pour Reodica, le surnuméraire, l'adjonction au biologiquement connu est avant tout une parabole et un outil esthétique de réflexion sur les fonctions culturelles et sociales d'une membrane généralement éphémère. Des hymens de remplacement cultivés sur base des cellules vaginales de l'artiste – signature génétique de son engagement artistique – sont offerts pour un rituel de revirginisation. L'amélioration du statut de la femme, dégagé symboliquement du contrôle masculin, n'est pas le seul objectif de l'artiste américaine. Sa série des *nymNext hymens* n'est ni un délire féministe ni une invite à la débauche sexuelle. Les transplants ou réparations d'hymen sont régulièrement pratiqués par les médecins et l'esthétisation de cette pratique par l'artiste américaine lui permet de repoétiser la sexualité moderne. Présentées dans des écrins, à l'égal de parures, ces « cadeaux » biologiques sont autant de nouvelles naissances évoluant avec la personnalité et la maturité de l'hôte. À chaque âge ou circonstance sa graphie caractéristique. Le modèle « unisex » s'adresse aussi bien aux hommes qu'aux femmes, l'unité sexuelle balayant les genres évoque parallèlement la synergie créatrice entre art et science alors que l'échantillon « Cho Ku Rei » du proverbe japonais signifiant « Place le pouvoir spirituel ici » est un talisman anti-soumission. L'hymen est devenu une toile culturelle et sociale dépeinte et repeinte par la plasticienne mettant en forme les valeurs culturelles de nos sociétés modernes et d'une projection vers une éternité virginale.

L'artiste française Orlan porte pour sa part, en elle et avec elle, une image de post-féminité. Au départ des opérations chirurgicales qu'elle pratique à la fin des années soixante-dix avec pour ambition d'interroger la place du corps dans la société, elle dénonce l'idée du canon esthétique, du modèle pour tendre

1. M. Laval-Jeantet, *De l'incorporation du sens*, http://www.rurart.org.

vers une autonomie, un droit à l'hybridation comme révélateur de ses propres standards de beauté. Transcender son corps, le sublimer par l'implant de prothèse ou un « morphing » réel lui permet de sortir du cadre des conventions. Elle use du corps comme d'un ready-made modifiable. En 2007, avec son *manteau Arlequin*, elle se met véritablement en culture. En fusionnant ses cellules avec d'autres, inter-ethniques, elle construit un maillage génétique propre à évoquer l'enrichissement par le métissage. Dépassement des frontières, coalition des différences, expression esthétique d'une intériorité améliorée, chaque suture du manteau arlequin est une invite à extrapoler l'humain. Comme l'explique l'artiste : « Mon corps est un matériau parmi d'autres matériaux, oscillants entre le sujet et mon propre objet et entre l'objet et le sujet. Mes œuvres sont mélangées à ma vie. Pour chaque série d'œuvres l'idée est de créer une nouvelle entrée, une entrée personnelle pour générer un regard renouvelé sur soi-même et aussi créer des moments intenses pour soi et les autres personnes » [1].

Avec les années 1990, le posthumain est sorti du cadre d'une fiction artistique pour entrer dans le champ du possible. Nano, bio-technologies et génie génétique repoussent les limites scientifiques et médicales tout en fournissant une corne d'abondance aux plasticiens. Le corps est doublement mis en culture : sa normativité n'a jamais été aussi prégnante et en fait un axiome culturel alors que, parallèlement, les manipulations d'ADN, cellulaire, organiques ou techno-scientifiques sèment les germes vitaux du mutant ou du clone. Les partenariats entre artistes et scientifiques sont légions engageant une vision bio-améliorée de l'humain. Dans le cas de manipulations génétiques ou de la culture du vivant, le processus créatif est au cœur du projet, fascine et dérange plus encore que le « produit fini » souvent voué à une mort tissulaire ou relevant encore du seul registre de la fantasmagorie. Loin d'être consensuelle, cette idée d'une évolution ou d'une mutabilité non darwinienne de l'homme effraie d'autant plus que les débats à son endroit restent cantonnés à des cercles d'initiés. Or, les artistes sont aujourd'hui des médiateurs d'un enjeu sociétal de première importance. En investissant le champ scientifique, les plasticiens ne se cantonnent pas à un acte de résistance au déterminisme biologique, mais donnent à voir, par le biais d'une esthétique de l'hybridité, un débat accessible au grand public et sublimé par le biais artistique. En expropriant les scientifiques d'un champ d'investigation gardé, en infiltrant un monde savant par la collaboration, les plasticiens actuels sont devenus, selon la formule du

1. J. Hauser (ed.), *Sk-Interfaces*, Liverpool, Fact & Liverpool University Press, 2008, p. 83.

théoricien Jens Hauser, des éveilleurs de consciences, des révélateurs d'une réalité biotechnologique en pleine expansion. Ils appellent à faire face et à interroger les possibles, mais sous une forme poétisée, esthétisée ou critique qui décadre avec l'utilitarisme et le rationalisme scientifique.

L'artiste du bio-corps, du génétiquement hybridé est un apatride, un border-line qui fascine et inquiète. Porteur d'espoir, il médiatise ce qu'il est aujourd'hui possible de faire, démiurge il lui donne vie, apprenti-sorcier, il transgresse et fourrage dans la boite de pandore; esthétique et éthique sont désormais à la croisée des chemins. Dès lors qu'il redéfinit le vivant, le projet est éminemment sociétal; l'œuvre créée n'est pas une fin en soi, mais le reflet d'un corps social en mutation. L'artiste a transmué le pinceau contre la puce, l'électrode ou le générateur. En jouant prioritairement sur l'émotionnel pour activer les leviers du débat collectif, les artistes puisent abondamment dans l'univers rimbaldien : *je* y est toujours un autre qu'il s'agit de cerner.

Chloé Pirson

ART ET TECHNO-CORPS

L'humain, par le prisme de la représentation de sa corporéité, est au centre d'un champ d'investigation fondamental pour les artistes. Pourtant, l'image du corps mutant n'a eu de cesse de jalonner l'histoire de l'art et pose la question de la limite entre réel et imaginaire. Le corps chimérique, autrefois produit du mythe et s'apparentant à un univers fantasmagorique, a posé l'idée d'une hybridation de l'homme pour s'incarner aujourd'hui, par la rencontre de l'art et de la science, en un enjeu créatif non plus allégorique mais expérimental[1]. En questionnant de la sorte le statut du vivant et de l'identité humaine, l'art oscille entre un devenir réel de l'imaginaire et un vertige quasi démiurgique d'un corps sans cesse reconfigurable. L'anatomie n'est plus limitative de l'être pas plus que le corps n'est la personnification inaliénable de soi. Le corps est un alter ego, un autre soi-même un peu décevant, mais disponible à toutes les modifications[2]. Mutant, il est le lieu d'une forme de transgression d'un ordre naturel, social ou politique; en art, il est devenu espace de construction

1. M. Marzano (éd.), *Dictionnaire du corps*, Paris, P.U.F., 2007.

2. D. Le Breton, « Imaginaires de la fin du corps », dans C. Raisky, *Les valeurs du corps dans la société contemporaine*, Dijon, Educagri, 2003, p. 38.

remaniable, objet de métamorphoses jusqu'à se faire l'instrument technologique d'un nouveau projet esthétique.

Si l'on retient, au terme des mutations signifiantes, les principes d'amélioration (*enhancement*), de régénération (prothèse ou banque d'organe) et d'immortalité au cœur du projet transhumaniste, l'idée d'un relifting de l'humain se matérialise en art selon deux tendances : l'une promouvant un mutationnisme biologique (*cf.* Art et Bio-corps), l'autre technologique. Un nouvel imaginaire du corps s'est ainsi construit autour d'une connexion entre l'homme et la machine. Devenu organisme technologiquement modifié ou assisté, le corps, interrogé par les plasticiens depuis les années 1990, est un terrain d'investigation de la condition humaine et des limites morphologiques, sensorielles et intellectuelles. En donnant naissance au cyborg, son image va osciller en permanence entre une vision constructive d'une part et destructive de l'autre tout en activant une dimension d'inquiétante étrangeté enfantée par le détournement d'un facteur familier : l'humain[1]. Ainsi, entre ces deux valences, le cyborg figure, d'une main, l'espoir technologique et, de l'autre, un potentiel désincarnant et mortifère de l'hôte, à savoir l'homme. La génération de cet agrégat anthropo-mécanique s'inscrit dans trois champs artistiques particuliers : la performance, la figuration et l'imagerie virtuelle ; cette dernière offrant une extrapolation futuriste infinie étant, paradoxalement, dégagée des contingences et limites technologiques.

En 1982, Natasha Vita-More rédige le *Manifeste d'Art transhumaniste* qui collationne une vision positiviste d'un homme technologiquement amélioré. Postulant que chaque individu est l'architecte de sa propre existence, l'artiste américaine fait de l'art le moteur d'un changement culturel et social attendu. La création investit le technologique pour en révéler les interrogations essentielles sur l'accroissement de l'espérance de vie et des potentiels humains, l'élargissement de l'intelligence et de la créativité ainsi que la capacité de l'homme à explorer l'univers. La plasticienne concentre, depuis 1980, ses activités sur la promotion et la valorisation d'un humain amélioré et son « Primo Posthuman » est programmatique du projet transhumaniste. Plus puissante, plus flexible, mieux adaptée, cette nouvelle figure de l'humanité – encore virtuelle – est dotée d'un système de stockage des données intégrées, d'une audition parabolique, d'un réseau de communication en fibre optique, d'un moniteur de flux cardiaque, d'organes de remplacement et d'une peau à textures modulables dotée d'une protection solaire permanente. Objectif affiché :

1. B. Greenville (ed.), *The Uncanny : Experiments in Cyborg Culture*, Vancouver, Arsenal Pulp Press, 2002.

augmenter, grâce à la technologie, la longévité du corps, ses capacités et ses sens.

Le surhomme prothésique

Le média virtuel est, à l'évidence, le terreau inépuisable de reconfiguration idéale de l'humain, un vivier d'artefacts figurant le seuil exploratoire préalable à l'expérimentation, autant d'esquisses d'avant l'opératoire. À l'antithèse de ce postulat, l'australien Stelarc campe le modèle démonstratif. Figure programmatique de la construction d'un techno-corps prothésique, ce pionnier réalise, en 1980, ses premières performances cyborgisées. Stelarc, jusqu'alors représentant du body-art avec, entre autre, sa série de vingt-sept suspensions (1976-80) – le corps transpercé d'hameçons et arrimé en hauteur – se tourne vers des pratiques mêlant la performance et les nouvelles technologies. Avec le concours de la société japonaise Imasen, spécialisée dans la mécatronique, l'artiste australien conçoit une « troisième main ». Cette prothèse robotique, fixée à son bras droit, est capable de saisir, de pincer, d'une rotation du poignet à 290° dextrogyre et lévogyre. Elle possède également un système de rétro-action tactile suggérant un sens rudimentaire du toucher. Commandée par des signaux émis par les muscles du ventre et des cuisses du plasticien, la troisième main est l'implant mobile du corps là où le bras gauche est déconnecté de ses fonctionnalités naturelles pour être robotisé grâce à des stimulateurs musculaires. L'artiste peut alors chorégraphier, par trois mouvements de nature différente, l'aléatoire, le programmé et le volontaire [1].

L'idée sous-jacente de cette vision robotique du corps résulte d'une rupture avec une conception darwiniste de l'évolution. Pour l'Australien, le développement organique de l'homme est arrivé à son terme et porte comme corollaire l'obsolescence du corps. Ni suffisamment efficace, ni suffisamment durable, il dysfonctionne, fatigue, vieillit pour mourir *in fine*. Les nanotechnologies sont dès lors envisagées comme l'avenir de l'homme, amenées à optimiser nos corps défaillants. Du portable au cœur artificiel, elles sont annexées, intégrées, greffées voire ingérées par l'homme ; le corps ne faisant plus office que de structure d'accueil. Avec son exosquelette hexapode, le plasticien fait naître une chimère mi-homme mi-arachnide qui convoque une nouvelle architecture du corps dont l'hétérogénéité bio-mécanique devient le siège de performances radicales. Reprogrammé, *redesigné*, amélioré, l'artiste use de ce montage comme d'une interface capable de mettre en lumière les rapprochements du corps et de la technologie, seuls à même, selon lui, de nous amener à dépasser

1. M. Smith (ed.), *Stelarc : the Monograph*, Cambridge, MA, MIT Press, 2007.

le spectre de nos connaissances actuelles pour réajuster notre conscience du monde.

Son projet de transcender un corps limité s'exprime prioritairement à travers une vision prothésique, mais il a également recours à un croisement entre technologie et génétique. Sur base d'une mise en culture d'un fragment de peau, l'artiste se fait profiler et implanter, dans l'avant bras gauche, une troisième oreille. Ce qui l'intéresse dépasse le cadre biologique de la greffe et de sa culture extracorporelle. Sa finalité à être le réceptacle d'une micropuce développant les capacités communicationnelles de l'humain occupe principalement l'artiste. « Nous avons développé des organes internes souples pour mieux fonctionner et interagir avec le monde. Maintenant, nous pouvons concevoir des organes externes supplémentaires pour mieux fonctionner dans le terrain technologique et médiatique dans lequel nous évoluons. (…) Le corps biologique n'est pas bien organisé. Le projet suggère une architecture anatomique alternative, la production de nouveaux organes pour le corps : un organe disponible, accessible et mobile pour d'autres corps à d'autres endroits » (http://stelarc.org).

Pour Mariko Mori, la vision performative du cyborg est également en jeu. Dans ses costumes futuristes, l'ex-mannequin japonais a développé une réflexion mêlant ironie et onirique autour du statut des images et du pouvoir de la représentation à l'ère du technologique en revisitant l'univers de la science-fiction et du manga. Cette visionnaire optimiste du futur évoque autant qu'elle ne convoque dans ses installations et performances : cyber pop star dans *Birth of a Star*, prostituée androïde avec *Red Light*, poupée guerrière dans *Play with me*, extralucide futuriste dans *Miko no Inori* ou employée cyborg pour *The Tea Ceremony*. À la fin des années 90, Mori ouvre un nouveau chapitre de l'art « posthumain » avec une approche spiritualiste et sensorielle du sujet. *Wave UFO* (2003) se veut être une expérience sensorielle améliorée. Au cœur d'une goutte d'eau évoquant une navette spatiale, elle invite les visiteurs à entrer dans une allégorie d'utérus biomorphe. Munis d'électrodes aptes à retranscrire l'activité cérébrale sous forme d'images, ils sont prolongés jusque dans la projection, sur un écran dôme, de leurs émotions. L'interaction entre les trois acteurs présents dans la capsule modifie instantanément le visuel. Œuvre d'art totale conjuguant performance, musique, art, science, graphisme et vidéo, *Wave UFO* est une expérience liant des perceptions esthétiques, physiques et mentales interconnectées donnant à voir un univers neuf affranchi de ses barrières culturelles où seule l'énergie spirituelle est à même, pour l'artiste, de transcender le cadre normatif de l'humain.

De la prothèse d'extension corporelle à celle d'éveil des sens, Olivier Goulet, artiste franco-allemand, leur appose une version métaphysique. *La relique de l'homme bionique*, si elle foule aux pieds, à première vue, l'aspiration immortaliste du transhumanisme, pose néanmoins le cadre générique d'une reconstruction biotechnologique de l'humain. Prothèses électroniques et de synthèses charpentent un organisme présenté comme un cadavre biotech, dépositaire évolutionniste pour une archéologie du futur. « L'intégrité du squelette anthropomorphe est remise en question : il incorpore de nouveaux membres et organes électroniques. (…) Il intègre de nouvelles fonctionnalités pour répondre aux impératifs d'une conscience élargie qui l'amène à une nouvelle compréhension du monde, des autres et finalement de lui-même » (http://goulet.free.fr). Ce modèle d'OVM, organisme volontairement modifié, figure pour le plasticien la symbiose de deux économies de vie radicalement opposées bien que viscéralement complémentaires : le biologique et le numérique.

L'objectif d'Olivier Goulet est à la fois d'ordre conceptuel, fonctionnel et militant. Les secteurs corporels optimisés ne sont pas choisis au hasard. En prenant le dos comme centre logistique du changement, le plasticien investit ce qu'il appelle la *partie morte* de notre corps, celle qui nous échappe, celle qui tourne le dos à notre identité. Bionisé, l'homme se fait ainsi face à face. Ce qui se trame par devers lui deviendrait technologiquement, voire ontologiquement, transparent. Cette acception n'est pas sans rappeler le récent projet de Wafaa Bilal qui, en décembre 2010, se faisait greffer, à l'arrière du crâne, une caméra chargée de prendre une photographie par minute durant une année complète. Ce troisième œil, transformant l'artiste irakien en Goliath des temps modernes, dévoile l'incapacité humaine à saisir une expérience défilant à revers ; Goulet donne, métaphoriquement et pratiquement à l'homme de demain, une démultiplication des points de vue capable d'augmenter son capital sensoriel.

L'androgénisation fonctionnelle choisie par l'artiste ouvre à un libre choix et à la variabilité de l'identité sexuelle. Un post-*genderisme* évinçant l'opposition homme-femme et ses stéréotypes pour accoucher d'une jouissance électroniquement optimisée et asexuée. Doublée par un œil occipital ouvrant à de nouveaux décryptages environnementaux et d'une paire de bras dorsaux télescopiques, la fusion homme-machine s'agrège parallèlement autour de modules mémoriels et affectifs implantés directement dans le cerveau. Cette idée de connexion informatisée du siège de nos fonctions cognitives ravive celle du téléchargement de l'esprit, lieu commun du projet transhumaniste et de l'art d'anticipation. Comme dans *La possibilité d'une île* de Houellebecq, *La grande rivière du ciel* de Benford ou *L'aube de la nuit* d'Hamilton, Goulet pourvoit son prototype des fonctionnalités nécessaires à sa sauvegarde au sein d'une e-mémoire, gage de son éternité. Ce modèle immortaliste de la conscience est traité à l'égal, dans des œuvres comme *Wanda, la chasseuse de cerveaux* (2007) ou *Rézo de cerveaux* (2005), métaphore corticale de l'arborescence du Net.

Comme l'explique son géniteur, *La Relique de l'homme bionique* joue sur une ambivalence entre la célébration d'une mutation technologique de l'homme et la faillite potentielle de l'expérience. Devenue l'incarnation héroïque d'une espèce prospère, la relique offre un contexte de sacralité au posthumain tout en pointant l'utopie d'une éternité charnelle même bioniquement augmentée. Si toutefois l'idée de transcender la mort reste vivace par le transfert de la personnalité sur des supports multiples et informatisés, l'artiste y attache un parallélisme avec les débats éthiques, politiques et économiques liés aux recherches génétiques. L'homme bionique est une invite à en finir avec le déni de (sa)voir, reléguant les avancées biotechnologiques et ses potentiels mutationnels au rang de science-fiction. En matérialisant une image de l'évolution humaine, le plasticien aspire à un éveil des consciences et à l'émergence de débats publics mondiaux sur les questions cruciales liées à l'avenir de l'humanité.

La face obscure de l'utopie technologique

Dans cette mouvance prothésique, l'artiste coréenne, Lee Bul, utilise la figure du cyborg comme un substrat pour interroger le mythe du perfectionnement technologique. Elle se sert d'une vision technologisée de l'humain pour défendre une approche de la féminité mécanisée. La première sensation qui émarge de sa série de sculptures « Cyborg » révèle un haut degré de sensualité. Par l'usage du silicone, ces corps mi-femmes mi-machines, poitrines dénudées, semblent luisants, presque habillés de sueur; charnels et émouvants, reléguant l'aspect androïde à une sorte de mode vestimentaire. En donnant à ces corps une pose d'archétypes féminins – entre la Vénus de Botticelli et l'Olympia de Manet –, Bul revisite une histoire de la représentation féminine à l'heure de son incarnation technologique. Comme par retournement ontologique, l'artiste applique à la machine les qualités et conditions de la féminité : attraction, beauté plastique, fragilité, sensualité. Le cyborg est humanisé alors que ses super pouvoirs se sont adjoints à un corps laissé volontairement fragmentaire. L'absence de certains membres et organes leur surajoute cette fragilité et questionne le mythe d'une perfection technologique. Le postulat de l'artiste pose la révolution technologique comme un fait acquis tout en modulant une critique esthétique à son endroit. Cette « déviance » par rapport à l'idéalisme de la mission artistique vue par Natasha Vita-More dans le projet transhumaniste est symptomatique du niveau de syncrétisme entre l'homme et la machine. À mesure que la part robotique l'emporte sur l'essence biologique, la crainte d'une perte de contrôle, d'identité, le fantasme de *Big Brother* gagne du terrain et ouvre sur la face obscure du posthumain.

Au coeur de son *Survival Research Laboratories*, le performeur industriel américain Mark Pauline propose une métaphorisation prophétique sombre d'un devenir technologique. D'un substrat cyberpunk et heavy-métal, il fait germer un peuple de robots télécommandés qui s'affrontent dans une danse macabre sans cesse revisitée, métaphore d'une société assiégée par la technologie. Destructrice, violente, cette mouvance du tout mécanique construit un *all-over* robotique mettant en scène une dimension grand guignolesque au cœur de tableaux vivants déshumanisés. Dans un univers à la William Gibson, Pauline figure, en trois dimensions, la catharsis technologique d'un corps sans organe, mais doué d'une volonté propre. Prédateur de l'homme, le robot l'a cannibalisé au point de s'y substituer dans une esthétique de la cruauté. De ce bouillon cyberpunk, le concept de techno-accélération s'est matérialisé et déroule le roman noir de la science-fiction. Sur fond d'apocalypse, l'esprit « No Future ! » en découd une première fois avec un humain proscrit et une seconde, avec une technologie incontrôlée menant à sa propre perte.

L'émergence artistique d'un techno-corps dans l'esprit d'un gage d'amélioration acte une perte de substance du naturel. Le corps est devenu une structure en creux servant de charpente à un posthumain, de support à une prothèse, d'ossature communicationnelle, d'architecture sensorielle avec pour invariant le constat de l'incapacité humaine à transcender ses limites physiologiques, sociales et culturelles tout comme sa condition de mortel. À des degrés divers, l'art ouvre un champ d'investigation qui oscille entre fantasme et apocalypse, de la machine vivante à l'influx spirituel collectivisé. La vision cyborgéenne d'une posthumanité et la naissance d'un techno-corps dans le champ artistique se structure de manière plus clivée que son pendant biologiquement modifié. L'avenir de l'humanité est suspendu à deux visions antagonistes : la première, relevant d'une valorisation du progrès et son application à l'homme, l'autre, gageant d'une progressive désincarnation de l'humain au profit d'une robotique généralisée.

Le potentiel de réversibilité lié à l'implant technologique d'amélioration relègue néanmoins la dimension éthique à un débat sur la liberté de choix, mais n'augure aucunement, comme la modification de l'empreinte génétique, d'une mutation de l'espèce sans démenti possible. Les amplifications de l'humain n'ont dès lors aucune portée ontologique et échappent à la somme des modulations morales et éthiques qui s'expriment dans les projets artistiques d'un humain biologiquement recalibré. L'univers de la représentation du techno-corps comme projet transhumaniste relève plus justement d'une

« accessoirisation » de fonctionnalités nouvelles ou augmentées pensées comme autant de prothèses adjointes à un corps limité ; prothèses amovibles ou structurelles qui n'engagent aucune relation inaliénable entre l'homme et la machine pas plus qu'un risque de prise de contrôle du technologique sur le biologique. *In fine*, le courant représenté par Pauline, s'il peut être lu comme une critique d'une révolution technologique poussée à son terme et évinçant l'homme au profit du robot, est à l'antithèse du projet transhumaniste. Il n'est alors plus question ni d'un corps augmenté, ni d'un corps deleuzien sans organe, mais d'un déni intégral de l'humain au profit de la machine.

Pour la tendance virtuelle, comme l'a formalisé François Dagognet (2008), la création d'un avatar post humain impose un méta-corps engendré non pas par la prothèse, mais par l'esprit. Le corps virtuel n'est plus sujet mais modèle ; l'embryogenèse s'est numérisée gardant la charpente humaine comme cadre de référence et lui adjoignant un gage d'immortalité. Là où la génétique offre un panel expérimental à large spectre et pose, au début du XXIe siècle, la mutation biologique de l'humain comme réalisable, les avancées robotiques et technologiques n'ont encore gagné le champ corporel qu'à l'initiative d'interventions ponctuelles, à finalité essentiellement médicale. La complémentarité homme-machine et le postulat d'une autonomisation de cette dernière, au cœur même de son implantation humaine reste encore du domaine de la science-fiction.

Ce sur-homme technologisé promeut ainsi une esthétique du perfectionnement et un dépassement des limites corporelles. Entre illusion chimérique et obsolescence d'un corps biologiquement limité, les réflexions artistiques contemporaines ont investi un imaginaire de l'extra-humain, un champ d'une posthumanité techno-protésique. Cette refonte théorique, virtuelle ou expérimentale vient renouveler la représentation de l'espèce en posant l'identitaire comme un rubik's cube artistique dont chaque facette déclinée poserait son potentiel en avenir, ou, à l'inverse, pousserait l'humanité dans ses derniers retranchements.

Chloé Pirson

CERVEAU DANS UNE CUVE

L'expérience de pensée du cerveau dans une cuve (« *brain in a vat* » en anglais) est développée par Hilary Putnam en 1981 dans son ouvrage *Raison, vérité et histoire*[1]. Celle-ci soulève en des termes modernes le problème classique du scepticisme et fournit un moyen pratique de questionner les rapports entre l'esprit et le monde. Le philosophe américain propose en effet d'imaginer qu'un savant fou ait placé notre cerveau dans une cuve avant de relier ses terminaisons nerveuses à un ordinateur suffisamment performant pour nous donner l'illusion de faire l'expérience de la réalité là où ce que nous percevons n'est que le résultat de *stimuli* électroniques. La question qu'il soulève est la suivante : pourrions-nous, si nous étions véritablement des cerveaux dans une cuve, *dire* ou *penser* que nous sommes des cerveaux dans une cuve ? Il précise que le savant fou est un élément non nécessaire à la réflexion et que l'on peut aussi imaginer que l'univers entier ne soit qu'une cuve remplie de cerveaux conditionnés de manière automatique. L'hallucination peut ainsi être collective, la machine se servant d'impulsions efférentes pour simuler les relations interindividuelles. Dans ce cas, la tromperie ne porte pas sur l'existence singulière d'autrui mais sur sa matérialité, son corps – à l'exclusion toutefois du cerveau – étant virtuel.

Version modernisée de l'hypothèse cartésienne du Malin Génie, cette expérience de pensée permet à Putnam de démontrer l'impossibilité des scénarios sceptiques. Se fondant sur sa théorie causale de la référence, selon laquelle désigner un objet implique nécessairement l'existence d'un lien causal, direct ou indirect, entre la représentation et l'objet, il soutient que nul ne peut affirmer de manière cohérente qu'il est un cerveau dans une cuve. En effet, puisque la connaissance ou la justification est tributaire de facteurs situés hors de l'esprit et ne peut donc être déterminée de manière exclusivement interne, l'affirmation selon laquelle je suis un cerveau dans une cuve ne fait pas référence à un véritable cerveau ni à une véritable cuve mais bien à des *stimuli*. De ce fait, si je suis un cerveau dans une cuve, alors la proposition « Je suis un cerveau dans une cuve » est nécessairement fausse[2]. Autrement dit, l'hypothèse d'un cerveau dans une cuve est autoréfutante, à condition, toutefois, que l'on ait toujours été un cerveau dans une cuve. Plus tard, Putnam précisera que sa véritable cible n'avait jamais été le scepticisme mais le réalisme métaphysique qui admet l'existence d'un fossé entre la façon dont l'homme conçoit le monde et la façon dont le monde est réellement. Grâce à cette forme d'externalisme épistémologique, il montre en effet que l'idée d'une rupture entre la conception humaine du monde et le monde tel qu'il est en soi est absurde. L'homme, parce qu'il nécessairement limité à ses schèmes

1. H. Putnam, *Raison, vérité et histoire*, Paris, Minuit, 1984, p. 1-21.
2. *Ibid.*, p. 25.

conceptuels, ne peut adopter un point de vue de Sirius sur la réalité. Le réalisme métaphysique est donc faux, selon Putnam.

S'inscrivant dans une réflexion plus vaste sur la redéfinition posthumaniste de l'homme par la machine, la portée de cette fiction est multiple. En philosophie, elle est actualisée en 2003 par le transhumaniste suédois Nick Bostrom qui, dans son argument de la simulation, prétend démontrer que la probabilité que nous ne soyons que les éléments d'une vaste simulation informatique est élevée [1]. Âprement discutée, cette spéculation aboutit à la conclusion suivante : soit notre espèce ne créera jamais de simulations informatiques suffisamment précises pour qu'on ne puisse pas les distinguer de la réalité, soit nous sommes très probablement déjà dans une réalité virtuelle édifiée par une civilisation posthumaine. En science-fiction, si le motif du cerveau débarrassé de ses attaches de chair est un poncif, il n'est pas exclu que l'expérience de pensée ait, dans les années 1980, influencé l'imaginaire cyberpunk, féru du thème de l'appariement du cerveau et de l'ordinateur au sein du cyborg. Ainsi, le *Neuroromancien* de Gibson, la figure du *panzerboy* de *Câblé* de Walter Jon Williams ou certains films tels que *Matrix* des frères Wachowski, *Passé virtuel* de Josef Rusnak et, plus récemment, *Avatar* de James Cameron constituent autant d'illustrations de la fiction putnamienne. Entretenu par les progrès en neurochirurgie et l'avènement de la stimulation cérébrale profonde, l'intérêt renouvelé pour l'image d'un cerveau prolongé par des électrodes qui l'animent tient probablement au fait qu'elle symbolise la compatibilité fonctionnelle entre l'humain et la machine et ouvre ainsi sur un éventail de questionnements philosophiques relatifs à la perception du monde extérieur, à l'identification de la pensée au seul cerveau et même à l'immortalité.

Émilie De Pauw

CHIMÈRE

Dans la mythologie grecque, la chimère était un être fabuleux au corps de chèvre, à la tête de lion et à la queue de reptile. À ce titre, dès son origine, la chimère englobait plusieurs traits de la pensée humaine : l'importance de l'animalité, la construction d'êtres composites, et, bien sûr, le pouvoir de l'imaginaire. On le sait : métaphoriquement, une chimère est ainsi devenue,

1. N. Bostrom, « Are you living in a simulation ? », *Philosophical Quaterly*, vol. 53, 2003, p. 243-255.

dans le langage courant, un projet imaginaire, perçu comme illusoire ou irréaliste. Montrons comment ces différents traits ont gardé un lien entre eux et permettent d'envisager certains aspects de l'homme de demain.

Chimères et animalité

L'impact des chimères animales s'est manifesté, de manière parfaitement réaliste, en biologie, par la fabrication d'organismes possédant des cellules d'origines génétiques différentes, comme les fameuses chimères caille-poulet, dues au groupe de Nicole Le Douarin. Fondamentalement cette technique est une extension, spectaculaire et originale, des capacités de greffe : puisque les tissus « greffés » le sont ici à un stade embryonnaire, ils sont parfaitement tolérés par l'organisme adulte. Étendue à d'autres organismes, et une fois résolus les difficiles problèmes de barrières entre espèces plus éloignées que la caille et le poulet, la méthode pourrait théoriquement permettre la construction d'êtres vivants composites, dans l'esprit des chimères de la mythologie. La manipulation des gènes et l'introduction de gènes étrangers dans le génome d'une espèce pourraient également aboutir, à partir d'un stade encore plus précoce, à des êtres chimériques.

Chimères et composite

Mais ces techniques ne sont en fait qu'un cas particulier d'une propriété beaucoup plus générale : la construction d'êtres composites, qui peut permettre d'étendre le principe de la chimère à de nombreuses structures naturelles. Une propriété qui est générale chez les êtres vivants, mais qui peut sans doute s'étendre bien au-delà. Ainsi la reproduction sexuée est, dans son principe, l'addition « composite » d'une part du génome du père à une part du génome de la mère accompagné de compléments cytoplasmiques. Ainsi la reproduction asexuée, de même que la multiplication cellulaire, amènent à la construction d'entités complexes, qu'on peut qualifier de structures en « mosaïques », résultant de la « juxtaposition » d'entités identiques, puis de leur « intégration » dans des entités plus vastes. Les « mosaïques » vivantes ainsi constituées – organes, organismes, sociétés animales... – sont des assemblages composites de leurs parties, des « chimères », dans son sens élargi, constituées de cellules, de tissus ou d'organes, voire d'organismes, aux fonctions différentes. Un peu comme dans une mosaïque au sens artistique du terme, le « tout » laisse ici une autonomie à ses parties. Or cette structure en mosaïque a pu être également proposée dans le cas de l'architecture du langage humain et chez des êtres artificiels comme les robots. On pourrait aussi se demander si des êtres composites n'apparaissent pas également dans le domaine de la physique subatomique et dans celui de l'astrophysique.

Nul doute que la science humaine ne puisse, à terme, tirer profit de cette propriété générale pour construire, à son avantage, des entités composites, biologiques ou mixtes. Les entités biologiques seraient alors des humains bénéficiant des gènes, des cellules ou des tissus d'autres organismes, animaux ou végétaux, ce qui aboutirait à une extension de la tentative, scientifiquement peu réussie et éthiquement problématique, des greffes entre espèces animales et humains. Les entités mixtes seraient des « cyborgs », chers à la science-fiction, mais dont l'amorce est déjà présente de nos jours. Le cyborg ne fait au fond que dilater l'aptitude de l'homme à se doter d'outils, extérieurs à lui-même, pour augmenter ses capacités (« muscles » externes comme les leviers ou mémoires externes comme les bibliothèques), en rendant ces aides plus intérieures au corps. On en a déjà des amorces avec les pacemakers cardiaques ou avec les implants de puces permettant d'ouvrir une maison. Enfin, même si on envisage une étape postérieure au cyborg, c'est-à-dire le relai de l'être humain par des systèmes complètement nouveaux, on n'échappera pas à une part de composite, donc de chimère, dans la mesure où ces êtres éventuels nouveaux, qu'ils soient biologiques ou artificiels, récupéreront de l'être humain des mémoires et des schémas de pensée. Dans le roman de Simak *Demain les chiens*, les chiens « nouvelle formule » ou le robot qui prennent la suite des humains disparus, conservent cependant de ceux-ci le souvenir et la manière penser et de voir le monde. Ce sont des chimères à leur manière. Sur un plan plus social enfin, la possibilité d'entités composites intégrées, constituées d'hommes et d'animaux, a été également évoquée. Ainsi la « société anthropo-canine » mentionnée par Dominique Guillo pourrait s'appeler une « chimère sociale ».

Chimères et imaginaire

En rejoignant la science-fiction, nous aboutissons au troisième trait des chimères : le recours à l'imaginaire. Si les créations émanant de la rationalité et de la science trouvent *a priori* leurs limites dans les contraintes du monde réel, rien ne bride en revanche les créations de l'imaginaire. Les constructions d'êtres composites par l'imagination humaine, comme les chimères, les centaures (chevaux à torse d'humain) ou les sirènes (femmes à queue de poisson) en sont, parmi de nombreux autres, de bons exemples. D'où le sens d'« irréaliste » de la chimère quand elle est utilisée comme une métaphore. Mais avec les nouvelles technologies, comme la réalité virtuelle, l'imaginaire trouve une étonnante possibilité de réalisation. Dans ces univers étranges, créés par l'homme, mais où les paramètres et les contraintes du réel peuvent être gauchis, voire supprimés, la rencontre d'êtres chimériques et l'interaction avec eux devient possible. La chimère cesse alors d'être métaphoriquement chimérique pour devenir réalité (virtuelle).

On voit alors que, dans une vision pas si éloignée du posthumain, on peut imaginer retrouver ici, liés entre eux, les trois traits que nous avions remarqués à l'origine de la chimère antique : l'animalité, le caractère composite et l'imaginaire. Trois traits alors rassemblés, non plus dans le « chimérique », mais dans l'ouverture d'un « possible ».

Georges Chapouthier

CYBERPUNK

Le cyberpunk est un sous-genre de la science-fiction dont l'objet est l'impact existentiel et social des technologies de l'information. Tels des Jules Verne de la réalité virtuelle, les auteurs cyberpunk décrivent des sociétés du futur proche dans lesquelles le lien social se tisse à travers le « cyberespace »[1]. Ce terme, dans la définition qu'en a donné l'écrivain William Gibson, désigne « l'hallucination électronique consensuelle » générée par la totalité des réseaux d'information[2]. La technosphère du cyberespace offre les conditions d'une reconfiguration des frontières de l'humain : mêlant espace phénoménal et simulation virtuelle, elle permet l'interface entre esprit, corps et dispositifs informatiques. Apparu au début des années 1980, le cyberpunk s'est fait connaître au public de la science-fiction en 1984, lors de la publication de *Neuromancer*, le premier roman de Gibson. Deux ans plus tard, le recueil de nouvelles intitulé *Mirrorshades* révéla, en plus de l'auteur de *Neuromancer*, des écrivains tels que Bruce Sterling, Pat Cadigan, Rudy Rucker, Lewis Shiner, John Shirley, Mark Laidlaw et Greg Bear. La préface de ce volume, écrite par Sterling, servit de manifeste au mouvement[3]. Aux auteurs de *Mirrorshades* s'ajoutent des figures plus tardives, notamment Neal Stephenson (*Snow Crash*; *The Diamond Age*) et Cory Doctorow (*Little Brother*), qualifiés parfois d'écrivains « postcyberpunk ». Majoritairement littéraire, le cyberpunk s'est doublé d'une production cinématographique significative comprenant *Tron* de Steven Lisberger, *Blade Runner* de Ridley Scott, *Videodrome* et *eXistenZ* de

1. W. Gibson, « Burning Chrome », *in* W. Gibson, *Burning Chrome*, London, Grafton Books, 1988 [1982], p. 197.

2. *Ibid.*

3. B. Sterling, « Preface », *in* B. Sterling (ed.), *Mirrorshades*, New York, Ace Books, 1988.

David Cronenberg, *RoboCop* de Paul Verhoeven, *The Matrix* d'Andy et Larry Wachowski, ou *Minority Report* de Steven Spielberg.

Le terme cyberpunk provient du titre d'une nouvelle publiée en 1983 par Bruce Bethke, un écrivain qui, ironiquement, ne fut pas considéré comme membre du mouvement auquel il donna son nom[1]. « Cyberpunk » supplanta plusieurs dénominations concurrentes – « Radical Hard SF », « The Outlaw Technologists », ou « The Mirrorshades Group »[2]. Le mot composé légué par Bethke présente l'avantage de souligner les deux thématiques majeures du mouvement – les technologies de l'information et les contre-cultures. La première thématique vise une mutation technologique perceptible déjà dans le présent. Par là-même, le cyberpunk préconise ce que Bruce Sterling appelle « un retour aux sources » de la science-fiction : son but est « l'évocation cohérente d'un futur crédible »[3]. Le cyberpunk se démarque donc des auteurs des années 1970 (Ursula LeGuin, Roger Zelazny) qui avaient fait glisser la SF vers des « récits fantastiques de sorcellerie et de cape et d'épée »[4]. Par leur intérêt pour la spéculation concrète, les écrivains cyberpunk se profilent au contraire comme les héritiers de la science-fiction dite classique – Jules Verne, H. G. Wells, la SF états-unienne de « l'âge d'or » des années 1950 (Isaac Asimov, Alfred Van Vogt) – sans renier les auteurs de la Nouvelle Vague des années 1960 et 1970 – Harlan Ellison, Joanna Russ, Philip K. Dick, Samuel Delany, J. G. Ballard – pour autant que ces derniers aient évité le virage vers le fantastique. Le cyberpunk se singularise par son rejet de certains rêves traditionnels de la SF – l'exploration spatiale interstellaire, en particulier – et par sa capacité à reformuler d'anciennes thématiques – les perceptions extra-sensorielles, les humains-machines – selon une analyse quasi-scientifique des possibilités des technologies de l'information. En revanche, en plaçant les dispositifs informatiques au centre de ses préoccupations, le cyberpunk souligne le rôle crucial d'une technologie dont l'impact avait souvent été sous-estimé dans la SF classique.

D'autre part, en se choisissant un label qui évoque également le mouvement punk de la fin des années 1970, le cyberpunk suggère que l'environnement social généré par les technologies de l'information favorise

1. M. Dery, « Black to the Future : Interviews with Samuel R. Delany, Greg Tate, and Tricia Rose », *in* M. Dery, *Flame Wars : The Discourse of Cyberculture*, Durham, Duke University Press, 1994, p. 199.

2. B. Sterling, « Preface », *in* B. Sterling (ed.), *Mirrorshades*, *op. cit.*, p. IX.

3. B. Sterling, « Preface », *in* W. Gibson, *Burning Chrome*, *op. cit.*

4. *Ibid.*, p. 10.

l'émergence de sous-cultures oppositionnelles[1]. Dans « Burning Chrome », une nouvelle publiée deux ans avant *Neuromancer*, Gibson écrit que « la rue trouve son propre usage pour toute chose »[2]. Souvent citée par les cyber-critiques, cette formule indique que la technologie ne reste jamais aux mains des scientifiques, des ingénieurs ou des politiciens. Le cyberpunk est en effet le fruit de la mutation sociale résultant de l'introduction de l'ordinateur personnel au début des années 1980[3]. Dès lors, au lieu d'évoquer des dispositifs main-frame programmés par les techniciens anonymes des appareils militaires, capitalistes ou étatiques – pensons à *This Perfect Day* d'Ira Levin ou à *THX 1138* de George Lucas –, il imagine des réseaux décentrés reliant des équipements individualisés, gérés par de petits acteurs économiques, même par des marginaux.

Par son intérêt pour les contre-cultures, le cyberpunk introduit des personnages et des décors nouveaux dans la SF. Les protagonistes de *Neuromancer* sont des cybercriminels, des experts en arts martiaux, des intelligences artificielles, et des rebelles rastafariens rassemblés en une équipe hétérogène chargée d'accomplir un raid dans le cyberespace. Ces hackers ou « computer cowboys » entretiennent avec les systèmes informatiques un rapport techno-psychédélique évoquant l'assuétude aux hallucinogènes[4]. Pour ce qui est des décors, le cyberpunk entraîne le lecteur non dans des laboratoires où s'élabore un futur rationnalisé mais dans des zones périphériques du monde postindustriel, situées soit dans l'espace réel, soit dans des simulations virtuelles. Ce monde ressemble à un équivalent informatisé de l'univers des films ou des romans noirs (Dashiell Hammett, Raymond Chandler) : il comprend des officines informatiques, des clubs branchés, des repères d'espions où se trament des conspirations techno-commerciales se déployant sur plusieurs plans de réalité[5]. Les premiers romans de Gibson en offrent la représentation la plus complète : leur action se déroule dans le « Sprawl » – une mégalopole englobant la côte Est des États-Unis, dont le dispositif économique se déploie principalement au niveau virtuel. Le lien entre l'espace urbain physique décrit dans *Neuromancer* et le cyberespace virtuel se marque par le

1. B. Sterling, « Preface », *in* B. Sterling (ed.), *Mirrorshades*, *op. cit.*, p. X-XI.

2. W. Gibson, « Burning Chrome », *in* W. Gibson, *Burning Chrome*, *op. cit.*, p. 215.

3. J. Tabbi, *The Postmodern Sublime : Technology and American Writing from Mailer to Cyberpunk*, Ithaca, Cornell University Press, 1995, p. 218.

4. B. Sterling, « Preface », *in* B. Sterling (ed.), *Mirrorshades*, *op. cit.*, p. XIII.

5. L. McCaffery, « An Interview with William Gibson », *in* L. McCaffery (ed.), *Storming the Reality Studios : A Casebook of Cyberpunk and Postmodern Fiction*, Durham, Duke University Press, 1991, p. 264.

fait que les banques de données du « Sprawl » prennent l'aspect imposant des gratte-ciel de Manhattan[1]. Dans son apparence et son fonctionnement, le Sprawl se nourrit aussi de nombreux éléments empruntés à l'Asie contemporaine, suggérant que le monde postindustriel pourrait échapper au contrôle des États-Unis et de l'Europe.

Dans le paysage des genres littéraires et cinématographiques contemporains, le cyberpunk se positionne au confluent de deux courants en principe peu conciliables – le réalisme et le postmodernisme. Sa vocation réaliste est un legs de la science-fiction classique. Celle-ci, comme l'indique Darko Suvin, s'inscrit dans la « tradition naturaliste » car elle évoque des univers qui, bien qu'hypothétiques, se laissent explorer par la méthode scientifique[2]. Les auteurs cyberpunk ont donc joué le rôle de futurologues, alimentant le vocabulaire informatique de leur époque et anticipant son développement technologique : les termes « cyberspace » et « the matrix » apparaissent pour la première fois dans « Burning Chrome »[3] tandis que *Snow Crash* de Stephenson décrit un logiciel comparable à Google Earth[4]. Mais le réalisme scientifique du cyberpunk se double surtout d'une dimension sociale. Le critique néo-marxiste Frederic Jameson a très tôt remarqué que les fictions axées sur la « paranoïa high-tech » pouvaient exprimer les enjeux politiques de la postmodernité[5] : elles traduisent dans un idiome populaire les réflexions de Marshall McLuhan sur les « extensions » technologiques de l'humain et celles de Jean Baudrillard sur « l'hyperréel »[6]. De même, le romancier Samuel R. Delany félicite Gibson et ses confrères pour avoir démonté les mécanismes de pouvoir du capitalisme de l'information[7]. Gibson illustre cette visée démystificatrice de manière saisissante dans *Virtual Light*, un roman dont l'intrigue a comme enjeu la possession de lunettes informatisées dont le fonctionnement préfigure les techniques actuelles de réalité augmentée. L'accessoire décrit par Gibson

1. W. Gibson, *Neuromancer*, New York, Ace Science Fiction Books, 1984, p. 257.

2. D. Suvin, « On the Poetics of the Science Fiction Genre », *in* M. Rose (ed.), *20th-Century Views on Science Fiction*, Englewood Cliffs, NJ, Prentice Hall Publishers, 1978, p. 65.

3. W. Gibson, « Burning Chrome », *in* W. Gibson, *Burning Chrome*, *op. cit.*, p. 195, 197.

4. N. Stephenson, *Snow Crash*, New York, Bantam Spectra, 1993, p 415.

5. F. Jameson, « Postmodernism, Or the Cultural Logic of Late Capitalism », *New Left Review* 146 (July-August 1984), p. 80.

6. M. McLuhan, *Understanding Media : the Extensions of Man*, New York, Mentor-New American Library, 1964, p. III ; J. Baudrillard, *Simulacres et simulations*, Paris, Galilée, 1981, p. 11.

7. M. Dery, « Black to the Future : Interviews with Samuel R. Delany, Greg Tate, and Tricia Rose », art. cit., p. 197.

permet de déceler l'ossature techno-capitaliste du paysage urbain : il appose sur les gratte-ciel de San Francisco des légendes mentionnant les corporations qui les possèdent et les réseaux auxquelles ces dernières sont connectées[1]. Au total, le réalisme cyberpunk suggère que le techno-capitalisme exacerbe la marchandisation et la réification : le futur proche est aux mains d'oligopoles qui exploitent les hackers comme des mercenaires du virtuel. Pire, le capitalisme informationnel, comme l'indique Bruce Sterling, introduit la marchandisation au cœur des organismes vivants en déployant des dispositifs « invasifs » ou « viscéraux » qui pénètrent dans le corps, le cerveau, et le code génétique[2] : les cyborgs du film *Blade Runner* sont dotés de chromosomes affichant un numéro de série[3]; dans « Burning Chrome », les starlettes du virtuel rêvent de s'implanter des yeux-caméras Zeiss Ikon, mais se contentent souvent d'équivalents meilleur marché qui détruisent leur nerf optique[4].

Ce réalisme socio-politique relie le cyberpunk aux genres populaires – fiction policière, western hollywoodien – qui font allusion aux enjeux du monde du travail. Le sociologue du cinéma Will Wright indique que les fictions populaires déploient souvent des « intrigues professionnelles » – des récits qui explorent le degré d'autonomie auquel leurs protagonistes peuvent aspirer dans un champ social dépersonnalisé[5]. Ces œuvres n'en restent pas moins tributaires de la culture de masse, ce qui bride leur critique du capitalisme. Ainsi, le cyberpunk n'envisage pas la fin du cadre économique qu'il démystifie[6]. Il se rabat sur un compromis cher à la culture populaire américaine – la défense des petits producteurs contre les oligopoles. Les hackers et les fraternités d'entrepreneurs du cyberespace sont les figures emblématiques d'un libéralisme contestataire qui peut s'orienter à gauche (chez Gibson), notamment par un engagement écologique et libertaire, mais aussi à droite (chez Stephenson), par la célébration d'un techno-capitalisme créatif, proche de l'esprit originel du libéralisme.

1. W. Gibson, *Virtual Light*, London, Penguin Books, 1993, p. 133.

2. B. Sterling, « Preface », *in* B. Sterling (ed.), *Mirrorshades*, *op. cit.*, p. XII.

3. R. Scott (réal.), *Blade Runner*, The Ladd Company – Warner Brothers, 1982.

4. W. Gibson, « Burning Chrome », *in* W. Gibson, *Burning Chrome*, *op. cit.*, p. 212.

5. W. Wright, *Six Guns and Society : a Structural Study of the Western*, Berkeley, University of California Press, 1975, p. 164.

6. Z. Sardar, J. R. Ravetz, *Cyberfutures : Culture and Politics on the Information Superhighway*, London, Pluto Press, 1996, p. 17 ; C. Den Tandt, « Cybercolonialism ? The Foreign Policies of Postmodern Science Fiction », *Belgian Essays on Language and Literature*, 2002, p. 33.

Quant à la dimension postmoderne du cyberpunk, elle se marque d'une part par le positionnement paradoxal de ce genre littéraire dans le champ culturel de la fin du XXe siècle, et d'autre part par les présupposés théoriques qui caractérisent son approche de la technologie. Le cyberpunk est fidèle à la logique de l'art postmoderne en premier lieu par le fait qu'il se déploie à mi-chemin entre art canonique et culture de masse [1]. La SF pratiquée par Gibson et ses confrères s'alimente à des sources élitistes comme la fiction expérimentale de Jorge Luis Borges, William Burroughs et Thomas Pynchon [2] mais aussi à des traditions moins prestigieuses telles que la pulp fiction des années 1930, les comic books, les jeux vidéos ou les thrillers technologiques à la Tom Clancy. Deuxièmement, pour ce qui est de sa thématique technologique, le cyberpunk touche aux principes centraux du postmodernisme par le fait qu'il offre une illustration fictionnelle de l'hybridisation du sujet humain par l'action de la technostructure [3]. Le cyberpunk est en effet obsédé par la création de ce que le cybercritique Scott Bukatman appelle un « sujet terminal » – une conscience et un corps qui, par leur reconfiguration technologique, deviennent comparables à des terminaux d'ordinateur servant de ports d'entrée à de « multiples réseaux » [4].

Bien sûr, le rêve de l'humain-machine est né avant le postmodernisme. Il s'amorce dans la mythologie grecque, s'affirme à nouveau dans la littérature de la Renaissance, et, à l'époque moderne, dans l'intérêt porté aux automates. Au sein de la SF, il s'est exprimé dans les nombreux textes consacrés aux robots humanoïdes, notamment *R. U. R.* de Karel Čapek, où le terme robot apparaît pour la première fois, les nouvelles d'Isaac Asimov, où s'énoncent les principes éthiques de la robotique, et les récits de Philip K. Dick, peuplés d'androïdes si confondants d'humanité qu'ils en ignorent leur statut de

1. I. Hassan, *The Postmodern Turn: Essays in Postmodern Theory and Culture*, Columbus, Ohio State University Press, 1987, p. 46-83; F. Jameson, « Postmodernism and consumer society », *in* H. Foster (ed.), *The Anti-Aesthetic : Essays on Postmodern Culture*, Port Townsend, WA, Bay Press, 1983, p. 111.

2. L. McCaffery, *Storming the Reality Studios : A Casebook of Cyberpunk and Postmodern Fiction*, *op. cit.*, p. 272, 278.

3. *Cf.* B. McHale, « POSTcyberMODERNpunkISM », V. Hollinger, « Cybernetic deconstructions : cyberpunk and postmodernism », *in* L. McCaffery, *Storming the Reality Studios : A Casebook of Cyberpunk and Postmodern Fiction*, *op. cit.* ; L. Olsen, « Cyberpunk and the crisis of postmodernity », *in* G. Slusser, T. Shippey (eds.), *Fiction 2000 : Cyberpunk and the Future of Narrative*, Athens, The University of Georgia Press, 1992; J. Tabbi, *The Postmodern Sublime*, *op. cit.*, p. 216-220.

4. S. Bukatman, *Terminal Identity : the Virtual Subject in Post-modern Science Fiction*, Durham, Duke University Press, 1993, p. 2.

machine[1]. La spécificité du cyberpunk par rapport à ces antécédents tient d'abord au fait qu'il bénéficie de connaissances plus avancées en génétique et d'une expérience concrète de l'informatique, remplaçant les allusions à d'hypothétiques cerveaux « positroniques »[2] ou à des programmes « homéostatiques »[3]. Mais son aspect le plus novateur tient au fait qu'il s'appuie sur des concepts d'encodage et d'interface semblables à ceux développés au sein du poststructuralisme et du postmodernisme. Les fictions cyberpunk sont peuplées de consciences aliénées par leur encodage linguistique : elles sont décentrées, privées de leur inaliénable présence à soi car elles sont générées et disséminées par des dispositifs langagiers – en l'occurrence des protocoles d'encodage et de reproduction technologiques. La figure d'Angela Mitchell dans *Count Zero* et *Mona Lisa Overdrive* de Gibson illustre ce type de subjectivité sous une forme aboutie et en apparence désirable : la jeune femme peut accéder au cyberespace par pure intuition, sans faire appel aux machines informatiques. Dans *Neuromancer*, au contraire, la figure McCoy Pauley en présente une des formes les plus aliénées : ce hacker décédé revit sous la forme d'une simulation logicielle au service de tout client qui désire louer ses services. Ces visions du techno-sujet illustrent le principe poststructuraliste selon lequel la structure de la perception et les principes de base de la construction du langage sont indissociables – une idée que Jacques Derrida résume par la formule « *[i]l n'y a pas de hors-texte* »[4]. De telles prémisses révolutionnent le rapport de l'humain à son environnement et à ses propres artefacts : aucune barrière ontologique ne sépare plus l'humain du non-humain (et donc de la machine), tandis que le concept même de nature en tant que fondement de la perception perd son sens.

Dès lors, les auteurs cyberpunk s'efforcent d'imaginer en détail les lieux, les espaces, les êtres, et les situations générés par l'hybridisation informatique. L'univers ainsi évoqué est à la fois paradoxalement très divers et fondamentalement homogène. Ses éléments, en apparence disparates, participent à une même logique d'encodage logiciel et sémiotique. Ainsi, les décors du cyberpunk, même s'ils s'étagent selon plusieurs niveaux d'existence – espace phénoménologique, cyberespace, réalité virtuelle, mondes simulés –, ne

1. I. Asimov, « Runaround », *The Complete Robot,* London, Voyager-HarperCollins, 1995, p. 269-70 ; P. K. Dick, *Do Androids Dream of Electric Sheep*, London, Millenium, 1999, p. 51.

2. I. Asimov, « Runaround », *The Complete Robot*, *op. cit.*, p. 269.

3. P. K. Dick, « The Electric Ant », *Minority Report*, London, Orion Books, 2005, p. 217.

4. J. Derrida, *De la grammatologie*, Paris, Minuit, 1967, p. 227 ; les italiques sont dans l'original.

jouissent que d'une autonomie apparente : ils peuvent sans cesse basculer de l'un à l'autre. De même, tous les protagonistes sont à différents titres des cyborgs inscrits dans un continuum allant du corps biologique jusqu'à la décorporéalisation sous forme d'information pure. Ils ou elles transgressent les barrières de l'humain et du non-humain, du corps biologique et de la machine, du genre, du sujet et de la marchandise [1]. Leur corps et leur esprit sont rapiécés, mélangeant la chair et la conscience humaine, les implants de chirurgie reconstructive, la matière usinée et les données logicielles. Gibson dépeint leur hybridité sous des traits grotesques, proches du fantastique, inventant ainsi l'équivalent cyberpunk des mutants qui peuplaient la SF du passé[2]. Johnny Mnemonic, un de ses premiers protagonistes, loue à des tiers l'implant cervical dans lequel il stocke des informations[3]. D'apparence humaine, Johnny côtoie des voyous qui se font greffer des crocs de chien, ou des amazones aux ongles doublés de lames rétractiles. Case, le héros de *Neuromancer*, interagit avec des logiciels purs – des fantômes informatiques, pleurant leur incarnation perdue. Dans un autre registre, Rudi Rucker explore les possibilités érotiques offertes par un univers en partie peuplé d'être constitués par de la matière biologique programmable[4].

Malgré l'inventivité dont la SF des années 1980 fait preuve dans son évocation de la nouvelle technosphère, elle ne vise pas une célébration inconditionnelle du sujet posthumain. Le cyberpunk affiche vis-à-vis du devenir technologique une attitude ni franchement utopienne, ni anti-utopienne. Il exige que toute invention soit accompagnée d'une estimation des dysfonctionnements qui l'affecteront inéluctablement[5]. Mieux vaut donc parler, comme le fait Gibson lui-même, d'approche « ambivalente »[6]. D'une part, l'auteur de *Neuromancer* souligne l'aspect anti-utopien de ses œuvres. Il raconte qu'il a été incapable de regarder *Blade Runner* dans son intégralité tant

1. A. Balsamo, *Technologies of the Gendered Body : Reading Cyborg Women*, Durham, Duke University Press, 1996, p. 6-16; D. Haraway, « A cyborg manifesto : science, technology and socialist-feminism in the 1980's », *Socialist Review*, 1985, n°80; *Modest Witness Second Millenium, Femaleman Meets Oncomouse : Feminism and Technoscience*, New York, Routledge, 1997.

2. Voir D. Cavallaro, *Cyberpunk and Cyberculture : Science Fiction and the Work of William Gibson*, London, The Athlone Press, 2000, p. 164-72.

3. W. Gibson, « Johnny Mnemonic », *in* W. Gibson, *Burning chrome*, *op. cit.*, p. 15.

4. R. Rucker, *Freeware*, New York, Avon Books, 1997, p. 6.

5. E. James, *Science Fiction in the 20th Century*, « Opus », New York, Oxford University Press, 1994, p. 199.

6. Cité dans L. McCaffery (ed.), *Storming the Reality Studios : A Casebook of Cyberpunk and Postmodern Fiction*, *op. cit.*, p. 274.

le film corroborait sa propre vision cauchemardesque du futur[1]. Mais ces paroles occultent des accents d'utopie moins maîtrisés, présents chez Gibson lui-même et plus encore chez Sterling, Rucker, et Stephenson. L'utopie cyberpunk exprime une fascination pour des protagonistes que l'on pourrait qualifier de tricksters biotechnologiques – des êtres capables de reconfigurations multiples, transitant par les plans hétérogènes de la sociosphère informatisée. Ces aspirations sont animées par l'espoir extravagant d'échapper aux contraintes de l'espace, du temps, et de la mortalité. Aux antipodes de son propre réalisme, le cyberpunk fait donc miroiter un discours idéaliste qui voit dans la technologie le salut face aux frustrations de la condition humaine.

Au-delà de sa première décennie, le mouvement a évolué selon les deux branches de cette dualité. Delany indique que le cyberpunk classique n'a pas survécu aux années 1980 – le moment de la découverte de la technostructure postmoderne[2]. Son successeur, le « postcyberpunk », a perpétué la formule sans néanmoins parvenir à rester à la fois en prise avec la réalité contemporaine et capable d'hypothèses technologiques novatrices. D'un côté, les œuvres de Gibson à partir des années 1990, tout comme la fiction de Cory Doctorow, se caractérisent par un approfondissement du réalisme et par un moindre recours à la prospective technologique. Situées dans le futur immédiat, elles ont comme objet la couleur locale de la postmodernité globalisée, qu'elles dépeignent comme un dédale capitaliste subtilement reconfiguré par les réseaux d'information. La surface indéchiffrable de ce monde est troublée par des rébellions libertaires, des courants artistiques hésitant entre contestation et récupération commerciale, et des mouvements de mode à la dynamique virale. D'autre part, le courant moins réaliste du postcyberpunk fait glisser les thématiques des années 1980 vers des fabulations épiques. Stephenson s'est lancé avec *Cryptononomicon* dans une monumentale épopée techno-capitaliste dont les récits polyphoniques font interagir scientifiques, ingénieurs, entrepreneurs et politiciens. Réagissant aux attentats du 11 septembre 2001, il s'est aussi attelé à un « cycle baroque » qui décrit la préhistoire du monde de *Cryptonomicon*[3]. Ces romances historiques narrent la genèse de l'esprit scientifique dont le cyberpunk perpétue l'héritage. Elles décrivent les controverses opposant Newton et Leibniz autour de la création du calcul intégral, ainsi que l'aspiration de Leibniz de créer une machine logique, ancêtre des ordinateurs.

1. Voir E. James, *Science Fiction in the 20th Century*, *op. cit.*, p. 197.

2. Voir M. Dery, « Black to the Future : Interviews with Samuel R. Delany, Greg Tate, and Tricia Rose », art. cit., p. 199.

3. N. Stephenson, *Quicksilver, Volume One of the Baroque Cycle*, London, William Heinemann, 2003.

C'est dans une mouvance similaire que se situe un autre dérivé de la SF des années 1980 – le « steampunk ». Les œuvres ainsi désignées décrivent une histoire alternative dotée d'un développement technologique plus précoce que celui du monde réel. *The Difference Engine* de Gibson et Sterling, par exemple, raconte une catastrophe écologique frappant un XIXe siècle saturé d'ordinateurs mus par des machines à vapeur. Enfin, malgré la brève durée de vie du mouvement, l'imagerie cyberpunk s'est disséminée durablement à travers la culture de masse. De la même manière que le film noir a imposé une vision inoubliable du monde urbain aliéné, le cyberpunk a légué une représentation du rapport à l'informatique qui a été reprise par des films (*Enemy of the State*, *Inception*) et des séries télévisées (*CSI*) et (*24*).

Christophe Den Tandt

CYBORG

Le cyborg : une contraction qui fait des histoires

Le mot cyborg est la contraction de l'expression « cybernetic organism ». Le rapport entre ces deux termes est ambigu : est-ce exclusivement celui d'un adjectif qualifiant un nom ou celui de deux noms, et en quoi cette mise en rapport affecte-t-elle les termes reliés ? Cette question quant au rapport, soustrait à la vue par l'expression contractée *cyborg*, a généré des discours et des pratiques convoquant le cyborg pour s'en réclamer ou pour le condamner. Le cyborg est majoritairement associé à la postmodernité dans les anthologies qui lui sont consacrées (*Cyborg Handbook* ou *The Gendered Cyborg*). Cette identification massive doit toutefois être affinée, comme en témoignent les quelques grandes interprétations suivantes du terme.

Une première interprétation conçoit le cyborg comme le couplage de deux entités distinctes. Le cyborg est une variation de l'attelage traditionnel de l'animal et de la machine, une rencontre non définitive et à visée instrumentale entre des entités qui conservent leur nature propre. On pourrait placer un tiret entre « organisme » et « cybernétique » comme marque de séparation et de différenciation, ou comme symbole des câblages et des fils qui caractérisent la représentation du cyborg dans les premiers récits de fiction. L'organisme humain peut donc être couplé à la cybernétique mais, selon certains, il ne peut s'y réduire sans perte ontologique : penser le cyborg comme une fusion, c'est porter atteinte à la nature humaine, voire la faire disparaître.

Une seconde interprétation envisage le rapport entre les termes comme un signe de prolongement et d'explicitation d'un terme par un autre. Comme l'organisme, la machine est finalisée et cette finalité la rapporte à l'être vivant qui l'a conçue comme une extension de lui-même. Le cyborg rabat la cybernétique sur l'organisme en tant que source vitale productive. Cette conception n'envisage pas la possibilité d'une modification radicale de l'organisme induite par la cybernétique, ni celle d'une évolution du réseau cybernétique distincte de celle de l'organisme.

Une troisième interprétation fait du cyborg une ontologie critique à l'égard de toute idée de nature propre. Le cyborg est un état mais aussi un outil descriptif de la condition humaine et même de la réalité, qui sont faites d'intrications, de tissages et de mises en réseaux. Le rapport des termes est une ligne de vie qui irrigue une géographie mouvante faite d'organismes humains et non humains, et de machines. L'extension de l'organisme par accroissement ou adjonction intégrées érode son identité et donne un contenu nouveau aux notions d'intégrité et d'altérité.

Une quatrième interprétation fait du cyborg une arme de combat au service du complexe militaro-industriel capitaliste. Élément du vocabulaire agglomérant des *Gentech* et autres *Bionano*, le cyborg est le signe prometteur d'une humanité enfin élevée à la hauteur de ses potentialités par le développement technoscientifique et l'idéologie du post/transhumain. La contestation de cette interprétation va stratégiquement maintenir le terme « cyborg » pour le détourner de ses fonctions militaro-capitalistes et le transformer en outil de critique et d'émancipation socio-politiques.

Selon le degré d'intégration mutuelle de ses termes constituants, le cyborg sera appelé à combler un manque (physique ou psychologique), à perfectionner ou à détourner une capacité existante, ou à fournir des possibilités inédites d'action ou de nouveaux modes d'être. Ces différents cas de figure se retrouvent en une teneur variable dans des domaines aussi différents que la recherche scientifique, la science-fiction, l'armée, les arts, la médecine, la philosophie, etc. L'« anthropologie cyborg » apparue en 1993, lors du colloque annuel de l'*American Anthropological Association*, tente d'imposer son champ transdisciplinaire d'investigation. Son objectif est d'étudier les liens entre la technique, le corps et la culture dans les nouvelles technologies de la reproduction ou la téléphonie mobile, par exemple. Le cyborg reçoit également des traductions éthiques et politiques. Dans un article de 1993, le philosophe Max More défend la « liberté morphologique » (*morphological freedom*), c'est-à-dire la capacité de transformer à volonté le corps en recourant à des technologies comme la chirurgie, les modifications génétiques, les nanotechnologies, le téléchargement à partir d'un serveur, etc.

Le cyborg sert tout autant les conceptions modernistes que postmodernes, humanistes que transhumanistes, utopiques que dystopiques. Il est utilisé comme expression outrée (et parfois dans une intention critique) des stéréotypes féminin (la jeune femme au visage enfantin et aux formes féminines galbées) et masculin (le super héros blanc, viril et invincible) qui hantent *Six Million Dollar Man*, *Robocop*, *Blade Runner*, *Ghost in the Shell*, *Second Mission Project KO2*, le manga *Silent Möbius* de Kia Asamiya, etc. Le cyborg a qualifié ou généré des tendances artistiques comme celle du « cyborg dada » (Hannah Höch, Raoul Hausmann, John Heartfield…).

Avant d'évoquer l'existence du cyborg à travers la relation de quelques expériences de vie, nous allons faire un gros plan sur deux moments forts de l'histoire du cyborg : celui de sa création linguistique par Kline et Clynes en 1960, et celui, 25 ans plus tard, de son usage critique par Donna Haraway.

1960 : « Le Cyborg incorpore délibérément des éléments exogènes élargissant la fonction de contrôle auto-régulée de l'organisme pour l'adapter à de nouveaux environnements. »

En 1960, Manfred E. Clynes (1925) et Nathan S. Kline (1916-1983), deux chercheurs travaillant au Rockland State Hospital, publient un article dans le numéro de septembre de la revue *Astronautics* intitulé « Cyborgs and space ». Dans un entretien avec Chris Hables Gray (paru dans *The Cyborg Handbook*, en 1995) Manfred E. Clynes relate les circonstances qui ont présidé à la publication de cet article. Nathan S. Kline, chercheur en psychopharmacologie, fut sollicité pour rédiger un article susceptible d'intéresser la NASA. Il fit alors appel à la collaboration de Manfred E. Clynes qui travaillait sur le système nerveux et son contrôle cybernétique (le mathématicien américain Norbert Wiener (1894-1964) utilisa le terme « cybernétique » pour désigner les études relatives aux communications et à la régulation dans l'être vivant et la machine). Clynes raconte qu'il voulait disposer d'un nouveau concept, un concept de personnes qui peuvent se libérer elles-mêmes des contraintes de l'environnement, selon leur bon vouloir. C'est pour cette raison qu'il forgea le terme *cyborg* en contractant les mots « cybernétique et organisme ». Ce terme désigne un système autorégulé unissant l'organisme et la machine dans lequel des boucles de rétroaction viennent déterminer des mécanismes de régulation de l'organisme. L'objectif est de créer une dynamique adaptative d'un ensemble d'organes (un organisme) à n'importe quel type d'environnement, même jusqu'ici mortel pour lui, comme l'espace. Le principe mis en oeuvre est qu'il est plus aisé de contrôler chimiquement les organes, de les remplacer par des mécanismes, de modifier leur fonctionnement et d'assurer leur comportement intégré par une autorégulation cybernétique, que de recréer un environnement dans lequel l'être humain vivrait comme dans une bulle. L'ouverture aux espaces et aux lieux possibles (extraterrestre ici) fracture le concept de nature en tant que réalité première dont l'être humain est issu et qui soutenait jusqu'à ce jour son existence : grâce au cyborg, l'organisme vivra dans l'espace *qua natura*, affirment les chercheurs.

Les auteurs insistent sur le fait que leur projet ne touchera pas à l'hérédité mais opérera par des modifications biochimiques, physiologiques et électroniques. Le caractère « humain » de l'organisme est identifié à la possession d'un génome déterminé. Les deux chercheurs n'envisagent pas la question de l'évolution de ce génome à travers des modifications aléatoires et la portée de celles-ci pour la définition de l'identité humaine. Leur conception du cyborg n'est toutefois pas étrangère à la théorie de l'évolution. En effet, ils rapportent de manière analogique la transformation de l'être humain en cyborg à celle qui serait exigée d'un poisson désirant vivre sur terre. Cette analogie inscrit le cyborg dans la continuité de l'évolution darwinienne : des espèces de poisson ont effectivement présenté des modifications physiologiques qui leur ont permis de sortir de l'eau et même de générer, bien plus tard, des espèces incapables de vivre dans l'eau. De même, en prenant une part active dans sa propre évolution biologique, l'être humain sortira de l'atmosphère terrestre en adaptant son organisme à la vie dans l'espace. Cette adaptation s'ajoutera donc à la diversité des mécanismes de régulation de la température et de la respiration, par exemple, déjà présente dans le règne animal.

Le contrôle exogène des mécanismes homéostatiques de l'organisme que permet le cyborg laisse l'être humain « libre d'explorer, de créer, de penser et de sentir », affirment Clynes et Kline. Grâce au cyborg, il n'est pas l'esclave de la machine car il ne doit pas veiller constamment à l'adaptation de son organisme à l'environnement spatial. L'objectif n'est donc pas de donner au sujet une conscience et une maîtrise des mécanismes corporels qui lui échappaient jusqu'ici mais de rendre ceux-ci contrôlables par un système externe qui, lui-même, peut le cas échéant être dirigé par un autre être humain. Le système homéostatique du cyborg prend en charge les mécanismes automatiques et inconscients, c'est-à-dire, selon les chercheurs, qu'il règle des problèmes semblables à ceux que pourrait rencontrer un robot. La strate inconsciente du fonctionnement organique naturel est ainsi identifiée à un robot qui n'est pas un élément de la « nature humaine » puisque celle-ci est associée au génome. L'être humain est donc scindé en trois parties de statut différent : le génome, siège du caractère humain, sur lequel les chercheurs ne souhaitent pas intervenir directement, les mécanismes organiques inconscients assimilés à un fonctionnement robotique qui est pris en charge par la dynamique du cyborg, et « la liberté d'explorer, de créer, de penser et de sentir » qui devrait signer l'autonomie du sujet.

Le cyborg peut s'appuyer sur des dispositifs déjà disponibles comme la pompe osmotique mise au point en 1955 par S. Rose et qui injecte des substances biochimiques à un rythme contrôlé dans l'organisme. Ce dispositif a déjà été utilisé sur des lapins et des rats, ainsi que sur l'être humain lors d'injection continue d'héparine. Ici, comme dans la majorité des recherches en biologie qui concernent l'être humain, l'animal est en première ligne et l'application humaine est d'ordre thérapeutique. Kline et Clynes considèrent le lapin doté d'une pompe osmotique (dont la photographie est d'ailleurs publiée en même temps que leur article), comme un des premiers cyborgs. Dans leur conception anthropocentrique, le statut de l'animal et les questions éthiques qui peuvent surgir de cette expérience, ne sont pas envisagés.

L'article de Kline et Clynes consiste essentiellement en un inventaire des modifications organiques mais aussi psychologiques qui pourront être obtenues à partir de l'injection de substances dans l'organisme et du recours à l'hypnose : l'extension de l'état de veille ; la lutte contre les effets nocifs des radiations sur l'organisme ; le contrôle du rythme cardiaque ; la diminution de la température corporelle (hibernation) ; le remplacement (non définitif assurent-ils) de la respiration nécessitant de l'oxygène et dégageant de la chaleur et des pertes d'eau, par une pile à combustible ; le remplacement de la nourriture générant des matières fécales par l'injection directement dans l'organisme de substances nourrissantes ; le contrôle des désordres de la fonction vestibulaire engendrant des malaises et une désorientation ; la prise en compte des besoins de stimulation sensorielle et d'action ; l'induction d'un état d'inconscience pour éliminer une douleur insupportable ; etc. Contrairement à ce qu'affirment les chercheurs, ces exemples témoignent de l'extension du cyborg à des états conscients comme celui de la faim ou de la désorientation. L'homme de l'espace emportera avec lui un « kit » de substances et de dispositifs lui permettant d'adapter constamment son organisme aux modifications de son environnement spatial. Et si un épisode psychotique l'empêche de prendre les substances nécessaires à sa santé ou à sa survie, Kline et Clynes envisagent la possibilité de son traitement forcé par un compagnon de voyage ou par une personne restée sur terre.

Dans cette conception du cyborg, le corps et l'esprit sont diversement mis en relation. D'une part, ils sont séparés au profit de l'esprit avec le projet de prise en charge cybernétique des fonctions organiques visant la libération des facultés intellectuelles ; d'autre part, ils sont unis par leur soumission à un contrôle biochimique et hypnotique exercé par le dispositif cybernétique ou par d'autres êtres humains ; enfin, ils sont tous deux différenciés du génome identifié par Kline et Clynes comme étant le siège de la nature humaine. Quant à la nature faite d'êtres vivants non humains, elle est rejetée comme nuisible (l'organisme humain n'est plus un lieu de symbiose ou de parasitage puisqu'il est vidé de tout être étranger par la suppression de la respiration et de la digestion) ou remplacée par le terme d'environnement, animé à la fois d'un mouvement centripète (par définition, il enclot quelque chose) et centrifuge (il se prête à des contenus divers).

Cette première occurrence du terme cyborg, en 1960, renferme des dimensions hétérogènes : en tant que régulateur homéostatique, le cyborg s'inscrit dans l'évolution naturelle; en tant que moyen permettant à l'être humain d'effectuer de longs voyages dans l'espace, il poursuit l'idéal moderne de l'exploration scientifique et du développement des connaissances; en tant que technique de contrôle de l'organisme y compris dans ses dimensions psychologiques, il relève de l'arsenal militaire de la guerre froide. Kline et Clynes mentionnent d'ailleurs que les modifications organiques et psychiques dont ils ont fait l'inventaire sont au centre des travaux des chercheurs soviétiques.

Dans *Cyborg II. Sentic Space Travel* (article commandé en 1970 par la revue *Astronautics* mais refusé à la publication, et finalement publié dans *The Cyborg Handbook*, en 1995), Manfred E. Clynes revient sur l'article de 1960 pour développer un aspect qui y était insuffisamment traité, selon lui : celui de la communication des nouvelles possibilités émotionnelles que les astronautes pourraient expérimenter dans l'espace. Il se pourrait, dit-il, qu'en étudiant ces nouvelles formes de satisfaction, le concept que l'être humain a de sa propre nature puisse être étoffé. Dans un entretien avec Chris Hables Gray paru en 1995 dans *The Cyborg Handbook*, Clynes se dit horrifié de la distorsion que « le véritable concept scientifique » de cyborg a subi dans la science-fiction, transformant en un monstre ce qui était au départ « un accroissement humain de fonction ». Le cyborg de l'article de 1960 ne visait pas à modifier la nature humaine mais à libérer les facultés humaines du contrôle conscient des paramètres de la survie dans l'espace, de sorte que l'être humain puisse y vivre « *qua* men », comme un être humain, rappelle Clynes.

1985 : « Un cyborg est un organisme cybernétique, un hybride de machine et d'organisme, une créature de la réalité sociale tout autant qu'une créature de fiction. »

En 1985, Donna Haraway (1944) publie un article qui deviendra un classique dans la réflexion sur les nouvelles technologies : *A Cyborg Manifesto : Science, Technology, and Socialist-Feminism in the Twentieth Century.*

Haraway s'empare du dispositif de codage et de contrôle jusqu'alors visé par le cyborg dans l'optique militaire et capitaliste pour le transformer en une écriture « ironique, blasphématoire et perverse », dit-elle. Le cyborg met en déséquilibre tout ce qu'il touche : sa finalité première spatio-militaire portée par Clynes et Kline mais aussi des domaines qui ont nourri la réflexion de Haraway en tant que biologiste, féministe et militante politique.

« Un cyborg est un organisme cybernétique, un hybride de machine et d'organisme, une créature de la réalité sociale tout autant qu'une créature de fiction. » La définition, proche de celle de Kline et Clynes, du cyborg comme un hybride de machine et d'organisme est bousculée par l'hybridation nouvelle de la réalité sociale et de la fiction. Le cyborg de Haraway va déranger les structurations dichotomiques, déplacer les accents idéologiques et désamorcer les utopies totalisantes.

Le cyborg fait tomber trois frontières importantes. La première, qui dressait l'animal contre l'être humain, s'est déjà effondrée sous les coups de la théorie évolutionniste et des travaux menés en biologie et en éthologie sur la parenté de l'être humain avec les autres formes de vie. Contrairement au sphinx et au centaure de la tradition dont la monstruosité sert de repoussoir à l'identification d'une essence humaine, le cyborg de Haraway prétend déconstruire tout repère identitaire sédimenté. La deuxième frontière effacée par le cyborg est celle qui sépare l'organisme vivant de la machine. « Nos machines sont d'une vitalité troublante et nous sommes nous-mêmes d'une inertie effroyable », constate Haraway. La troisième frontière repoussée est celle qui s'érige entre les domaines physique et non physique. Avec la miniaturisation et l'utilisation d'ondes électromagnétiques, les machines sont devenues invisibles matériellement et politiquement, aisément transportables et présentes partout. Le cyborg de Haraway signe la fin de la guerre des frontières. Cela signifie que toute construction de lignes de partage implique la responsabilité du constructeur. Ce n'est pas en effet la technique qui est en soi menaçante mais son utilisation pour renforcer ou créer des clivages sous-tendant des rapports sociaux de domination.

Le cyborg fait partie des stratégies postmodernes placées au service d'une science et d'une technique alliées à un capitalisme industriel et à la « guerre des étoiles », le grand projet de domination militaire développé dans les années 1980 sous l'instigation du Président américain R. Reagan. Le cyborg est un corps historiquement constitué et non innocent. Les dichotomies matérielles et idéologiques qui prévalaient dans les anciennes structures de domination sont traduites dans un nouveau langage que Haraway nomme « l'informatique de la domination » et qu'elle qualifie « d'effrayant ». L'informatique de la domination est un aspect de l'informatique de la communication, un système de production, de reproduction et de communication qui modifie les rapports sociaux et intègre les êtres humains tout en les exploitant. Dans *A Cyborg Manifesto*, un tableau de quelque 32 lignes vise à rendre compte de cette traduction en informatique de la domination. Celle-ci concerne des domaines aussi divers que la politique (patriarcat capitaliste blanc traduit en informatique de la domination), l'armée (seconde guerre mondiale traduite en guerre des étoiles), la médecine (reproduction traduite en réplication), la société (famille/marché/usine traduits en femmes dans un circuit intégré), ou les concepts (représentation traduite en simulation; organisme traduit en composant biotique). Aucune des deux colonnes de ce tableau ne peut prétendre posséder un caractère plus « naturel » que l'autre. Il ne s'agit pas de renverser les anciennes hiérarchies en restant fidèle à une idéologie de la nature ou de l'identité univoque. Ce n'est pas uniquement "Dieu" qui est mort, mais la "Déesse" aussi, proclame Haraway. Ainsi, les éléments biotiques doivent être pensés en termes de plan, de contraintes liées aux frontières, de débit moyen, de système logique, de coûts générés par la diminution des contraintes. « Aucun objet, aucun espace ou aucun corps ne sont en eux-mêmes sacrés : n'importe quel composant peut être mis en interface avec n'importe quel autre si la norme propre, le code propre, peuvent être élaborés comme des signaux de traitement dans un langage commun ». Il n'y a pas de séparation ontologique dans notre connaissance des machines et des organismes. Le cyborg est une créature d'un monde postgenré, de l'ordre de la régénération plutôt que de la reproduction organique. La nature n'est plus un repère normatif et cette disparition marque l'effondrement de l'ontologie à la base de l'épistémologie occidentale, selon Haraway. Désormais, « le cyborg est notre ontologie; il nous donne notre politique. » Il s'agit de reconstruire les frontières de la vie quotidienne en connexion partielle avec les autres et en communication totale avec toutes les parties qui nous constituent. « Le cyborg est une sorte de moi personnel et collectif postmoderne, désassemblé et ré-assemblé. C'est le moi que les féministes doivent coder. » Dans *Biopolitique des corps postmodernes*, Haraway affirme que si l'on ne naît pas femme, on ne naît pas non plus organisme : les organismes sont fabriqués, leurs frontières sont dessinées par des savoirs, comme celui de l'immunologie.

À contre-courant des conceptions féministes attachées à l'identité biologique, à l'existence d'une « nature féminine » faite de sollicitude (théorie du *care*) et de liens privilégiés avec la nature (écoféminisme), Haraway s'empare de manière ironique du cyborg pour en faire un instrument d'émancipation des femmes. Elle reproche aux mouvements féministes de scléroser les expériences des femmes dans un langage commun qui fonctionne comme une vérité (l'Expérience des femmes) productrice de clivages et de luttes de pouvoir. Écrire ces expériences des femmes en écriture cyborg, c'est s'emparer des outils mêmes de la stigmatisation de l'« Autre ». Il s'agit donc de couper le code – non d'interrompre la communication – en créant une « hétéroglossie » cyborg qui fonderait une nouvelle politique culturelle. Haraway cite en exemple les textes de Cherrie Moraga rédigés en un langage mélangeant l'anglais et l'espagnol, langage qui déconstruit la langue des conquérants de l'Amérique et constitue l'identité polymorphe de ceux que le code dominant ne reconnaissait pas. Le *Manifeste cyborg* est aussi une écriture de ce type, polymorphe, faite de superpositions, d'oxymores, de néologismes, une écriture qui refaçonne ce qui blesse en un levier libérateur et joyeusement créatif.

Le cyborg de la guerre des étoiles, celui de Clynes et Kline, reste en deçà des possibilités qu'il a ouvertes, il est un simulacre : une image qui simule la conscience parce qu'il la réduit à un circuit d'informations codées, et qui feint la politique parce qu'il ne vise pas réellement, c'est-à-dire concrètement et dans l'expérience vécue, la suppression des oppositions et des sources de dominations sociales. Politiquement, le cyborg devrait « rassembler les sorcières, les ingénieurs, les aînés, les pervers, les chrétiens, les mères et les léninistes suffisamment longtemps pour désarmer l'État », dit Haraway. Ce rassemblement est de l'ordre de l'affinité. L'affinité génère un espace contradictoire et ouvert de coalitions conscientes et choisies dont l'unité n'a rien d'impérialiste et de totalisante.

Le *Manifeste cyborg* se clôt par cette phrase : « J'aime mieux être cyborg que déesse ». Certains lecteurs, comme Nina Lykke[1], l'interprète comme un retrait par rapport à la prise en charge du potentiel des « cybergoddesses » (des cyberdéesses), comme un retour vers les dichotomies au détriment d'une pensée de la relation ou de la fusion. Le cyborg peut être réduit à une « ontologie de l'accueil » selon l'expression de Thierry Hoquet[2], c'est-à-dire une figure d'un relativisme incapable de formuler une éthique et une politique. À force d'ironiser, de blasphémer et de pervertir les pratiques et les discours capitalistes, industriels et militaires, Haraway continuerait à les faire exister et ne se placerait pas dans une extériorité qui lui permettrait de les juger au nom d'un « Ailleurs » à inventer. Mais le cyborg n'est pas le héraut d'un « Ailleurs » ni d'une identité autre, il est l'autre de l'identité. C'est un opérateur de déplacement et de transposition, une dynamique de flux, une « figure bricolée », dit Haraway. En 2003, dans son *Manifeste des espèces de compagnie. Chiens,*

1. N. Lykke, R. Braidotti (eds.), *Between Monsters, Godesses and Cyborgs : Feminist Confrontations with Science, Medicine and Cyberespace*, London, ZED-Books, 1996.

2. T. Hoquet, *Cyborg philosophie. Penser contre les dualismes*, Paris, Seuil, 2011.

humains et autres partenaires, Haraway constate que « les reconfiguations du cyborg sont cependant loin d'accomplir tout le travail nécessaire pour représenter la chorégraphie ontologique inhérente à la technoscience. » Les cyborgs sont « comme les petits frères de la grande famille queer des espèces de compagnie ». Dans la réflexion de Haraway, le chien succède au cyborg comme figure des affinités et des transformations ontologiques que la culture et la technique font danser dans nos imaginaires ou dans les éprouvettes. Nous pensions avoir circonscrit ce qu'était, pour Haraway, le cyborg, mais d'un battement de queue, le chien nous dit ironiquement qu'il n'en est rien.

« Moi, Cyborg »

Si l'intervention d'une technique dans l'action humaine est banale, l'insertion d'un élément technique dans la reconnaissance identitaire d'une personne reste, par contre, peu courante. C'est le cas de Neil Harbisson qui a compensé son achromatopsie (une vision limitée au noir et au blanc) par le port d'un dispositif convertissant les couleurs en fréquences sonores. Les autorités britanniques ont accepté que sa photographie d'identité le présente avec son dispositif parce que celui-ci faisait partie des signes de reconnaissance de son identité.

En 1996, Aimee Mullins bat les records des 100 et 200 mètres, et du saut en longueur aux Jeux olympiques d'Atlanta… en courant sur des prothèses en fibre de carbone inspirées des pattes arrières du guépard. Trois ans plus tard, elle défile avec ses prothèses pour Alexander McQueen et, en 2002, se transforme en femme-guépard dans *Cremester 3*, de Matthew Barney.

Avant ces exploits et cette reconnaissance internationale, Aimee Mullins n'a pas immédiatement réalisé que le port de ses prothèses était perçu comme une transgression, et elle a souffert d'être traitée comme un objet de curiosité. Elle se souvient, qu'enfant, elle s'est identifiée à la femme bionique de *The Bionic Woman*. Une fois devenue adulte, elle a compris qu'elle allait pouvoir quitter le statut inférieur qu'on lui prêtait en s'appuyant sur des scientifiques et des artistes pour stimuler le potentiel offert par son absence de jambes. Elle ne s'est cependant jamais considérée comme un cyborg. Dans un entretien avec Raphaël Cuir, Mullins affirme que « c'est l'humain qui instruit la machine », que les organes ne sont pas des pièces échangeables parce qu'on les imprègne d'une expérience qui les modifie. Ces prothèses sont des vêtements mais aussi *ses* jambes : elles font partie d'elle-même, elles sont imprégnées d'expérience et sont sources de sensations spécifiques [1].

En 2004, l'athlète sud-africain Oscar Pistorius poursuit l'expérience de Mullins en courant sur des prothèses de carbone et en apparaissant sur les publicités d'un parfum de Thierry Mugler.

L'entremêlement de la technique, de la culture et des processus naturels dans les procréations médicalement assistées est perçue par certains penseurs comme Sarah Franklin comme une intrication cyborg produisant « a cyborg kinship entity » (« une entité d'affinité cyborg »). L'embryon in vitro mais aussi la femme soumise à la régulation hormonale de la pilule contraceptive ou l'individu portant un pacemaker sont des exemples de ce type d'« entités d'affinité cyborg ».

L'introduction sous la peau d'une puce portant un numéro d'identification est déjà d'actualité pour certains animaux et se développe chez l'être humain, comme en témoigne la puce Verichip mise au point par la société Applied Digital. Cette puce permet d'identifier une personne, de la suivre ou de transmettre des informations la concernant. La Food and Drug Administration américaine a autorisé, en 2004, qu'une puce de la taille d'un grain de riz et comportant un dossier médical soit insérée dans le bras d'un patient et rendu accessible à des tiers autorisés.

Le cybernéticien anglais Kevin Warwick ne s'est pas implanté une puce dans le bras dans un objectif thérapeutique mais dans l'intention finale de mettre son système nerveux en relation avec divers dispositifs et de permettre ainsi des échanges d'informations dans les deux sens. Dans son ouvrage *I, Cyborg*, paru en 2002, il se définit comme étant un cyborg, « en partie humain, en partie machine » ou à un autre endroit de l'ouvrage « en partie animal, en partie machine ». L'élément constant de la définition est la machine ou plus précisément le flux de communication, la spécificité humaine ou animale de l'organisme devenant secondaire.

Cette démarche d'implantation de dispositifs divers dans le corps anime le travail de remodelage de soi d'artistes comme Stelarc, Orlan et Eduardo Kac, par exemple.

Marie-Geneviève Pinsart

1. « Aimee Mullins. La liberté prothétique », entretien d'A. Mullins avec Raphaël Cuir, Artpress 2, « Cyborg », Paris, 2012, n° 25.

FICTION DU FUTUR ET ANTHROPOTECHNOLOGIE

Variété des anthropotechnologies

Si dès le début de son histoire[1], et régulièrement ensuite[2], le thème de l'homme transformé est abordé par la science-fiction, il est depuis les années 70, et plus encore 90, en plein essor. La transformation peut être le résultat de processus évolutifs naturels[3] ou accidentels[4], mais ce sont ici les anthropotechnologies, c'est-à-dire les modifications technologiques sciemment conduites sur l'homme, qui nous intéresseront. Or celles-ci, plus ou moins vraisemblables dans leur mode opératoire et leurs résultats, sont en fiction d'une grande diversité : exposition à des rayonnements, utilisation d'agents chimiques, chirurgie, greffes biologiques, implants mécaniques ou cybernétiques, bio- et nanotechnologies, manipulations génétiques, etc.

Les transformations peuvent intervenir à tous les stades de l'existence humaine, de la conception à la mort en passant par l'enfance et l'âge adulte, ou encore la maturation embryonnaire, c'est le cas par exemple du texte fondateur du *Meilleur des mondes*[5], où les embryons sont altérés chimiquement en fonction de leur destinée sociale. Mais les transformations, surtout quand elles sont génétiques, peuvent être mises en œuvre avant même la conception, comme dans *La Jeune fille et les clônes*[6], où hommes et femmes ont été génétiquement manipulés avant de peupler Stratos. On peut encore mentionner les techniques de sélection embryonnaire[7] et de clonage[8], à condition de bien noter qu'il ne s'agit plus seulement de transformer l'homme en tant qu'individu, mais en tant qu'espèce.

La modification peut encore consister en un rapprochement ou une chimérisation homme/animal[9], ou résulter de la symbiose avec une forme de

1. M. Shelley, *Frankenstein*, 1818.

2. R. L. Stevenson, *L'Étrange cas du Dr Jekyll et de Mr Hyde*, 1886.

3. S. Lee & J. Kirby, *X-Men* (B.D.), 1963 ; G. Bear, *L'Échelle de Darwin*, 1999 ; T. Kring, *Heroes* (série), 2006.

4. S. Lee & S. Ditko, *The Amazing Spider-Man* (B.D.), 1963 ; N. Spinrad, *Rêve de fer*, 1972.

5. A. Huxley, *Brave new world*, London, Chatto & Windus, 1932.

6. D. Brin, *La jeune fille et les clônes*, 1993.

7. A. Niccol, *Bienvenue à Gattaca* (film), 1997.

8. J. Haldeman, *La Guerre éternelle*, 1974; P. Goy, *Le Père éternel*, 1974; M. Winterbottom, *Code 46* (film), 2003.

9. H. G. Wells, *L'Île du docteur Moreau*, 1896 ; N. Kress, *Les Hommes dénaturés*, 1998 ; P. Bordage, *Les Fables de l'Humpur*, 2000.

vie extraterrestre[1]. Est aussi envisagé le scannage du cerveau ou du corps, dans le but de produire une « Copie », transférable dans un corps naturel ou artificiel[2], ou dans un environnement virtuel, comme chez G. Egan[3] ou C. Stross. Dans de telles simulations, la plasticité du corps se révèle alors souvent totale, celle-ci devenant le moyen de résoudre les problèmes soulevés par la mortalité et la variation environnementale évoqués plus bas. Mentionnons enfin les techniques qui passent non plus par une modification directe du corps, mais par la voie symbolique : manipulation du langage et des représentations[4], ce type de transformation pouvant être utilisé en complément du premier, comme lorsque les indiens Xemahoa associent l'usage de la version B de leur langue à l'ingestion de *maka-i*[5].

Figures anthropotechnologiques : le cyborg

L'anthropotechnologie fictionnelle a donné naissance à de nombreuses figures : à côté des clones, des avatars et autres Copies, on trouve ainsi des mutants, des chimères, des cerveaux dans une cuve[6], et des cyborgs. Mais il faut s'arrêter un peu plus longuement sur cette dernière figure, dont l'idée apparaît dès les débuts de la science-fiction, puisqu'on peut semble-t-il dater sa première occurrence de la nouvelle d'E. A. Poe, « L'homme qui était refait » (1839). L'expression elle-même, contraction de « cybernetic organism », est en revanche inventée seulement en 1960 par deux scientifiques américains, dans un sens quelque peu différent de celui finalement retenu par le genre[7]. En science-fiction en effet, « cyborg » a une signification bien précise, sur laquelle s'accordent tant auteurs que critiques, bien qu'elle soit mal connue du grand public, lequel a tendance à faire la confusion avec l'androïde : mais alors que ce dernier est une créature totalement artificielle, le cyborg résulte de l'interconnexion d'un être vivant organique et de parties artificielles. Cette hybridation peut d'ailleurs être opérée sur d'autres espèces que l'homme,

1. J. Varley, *Le Canal ophite*, Paris, Calman-Levy, 1977.

2. T. M. Disch, *Camp concentration,* 1968 ; J. Cameron, *Avatar* (film), 2009.

3. G. Egan, *La cité des permutants*, Paris, Le Livre de Poche, 1994 ; *Diaspora*, London, Golbantz, 1997 ; C. Stross, *Accelerando*, New York, Ace, 2005.

4. S. R. Delany, *Babel-17*, 1966 ; langue marraine dans le « cycle de la Culture » de I. M. Banks, 1987.

5. I. Watson, *L'Enchâssement*, 1973.

6. C. Siodmak, *Le Cerveau du nabab*, 1942 ; T. Katsumata, *Capitaine Flam* (série, 1978) adapté de *Captain Future* (E. Hamilton, *et al.*, 1940) ; M. Caro & J.-P. Jeunet, *La Cité des enfants perdus* (film), 1995.

7. M. E. Clynes & N. S. Kline, « Cyborgs and space », *Astronautics*, 1960.

animaux[1] ou extraterrestres[2], les cyborgs humains étant cependant majoritaires en fiction.

Mais même si la notion est claire en son cœur, dès qu'on en explore les marges, des hésitations se font jour : il semble ainsi que ce soit à tort qu'on désigne parfois le Terminator[3] comme un cyborg ; pourtant, dans la mesure où il est recouvert d'une peau humaine qui lui permet de voyager dans le temps, il peut être considéré comme satisfaisant à la définition. Ou bien faut-il donner à « cyborg » un sens plus étroit ? Serait seulement cyborg un être dont l'identité originelle, dont on suppose en général qu'elle se situe quelque part dans le cerveau, est humaine, et plus largement organique. Si l'individu envisagé est essentiellement une machine, avec des parties biologiques non définitoires de l'identité, il ne serait donc pas un cyborg.

Mais alors, le Capitaine Crochet est-il un cyborg ? Non, car l'implant doit aussi être articulé, ou plus précisément fonctionnel, en interaction directe avec le corps vivant auquel il est associé, au point de former un nouvel organisme avec lui. Le plus souvent en fait, l'implant cybernétique est un artefact électronique, autrement dit une pièce de robot ou d'ordinateur greffé sur un corps vivant. Ceci étant admis, les proportions du mélange peuvent être extrêmement variables : les électrodes encéphaliques couplées à une bombe de Raven dans *Le Samouraï virtuel*[4] font de lui un cyborg ; à l'autre extrémité du spectre, on trouve le major Motoko Kusanagi, dont il ne reste que quelques cellules neuronales originelles, le reste de son corps étant produit dans les usines MegaTech[5].

Cyberpunk et méchas

Quoi qu'il en soit, la figure du cyborg est suffisamment riche pour donner naissance dans les années 1980 à un courant autonome de la science-fiction, en l'espèce du *cyberpunk* : prenant acte des évolutions technologiques en gestation, le cyborg n'est plus alors seulement un organisme doté de prothèses cybernétiques formant une unité isolée[6], mais il se caractérise par son aptitude à se connecter à des machines externes : à une machine autonome comme dans

1. G. Morrison, *We3* (B.D.), 2004.
2. Borgs de *Star trek : la nouvelle génération* (série), G. Roddenberry, 1987-1994.
3. J. Cameron, *Terminator* (film), 1984.
4. M. Stephenson, *Snow Crash*, New York, Bantam Spectra, 1993 [1992].
5. M. Shirow, *Ghost in the Shell* pour le *manga* (B.D., 1989-1991), et M. Oshii, pour l'*anime* (film, 1995).
6. K. Johnson, *L'Homme qui valait trois milliards* (série), 1973, d'après M. Caidin, *Cyborg*, 1972.

Câblé de W. J. Williams (1986), où Cowboy s'interface directement aux commandes de son panzer, ou à un vaste réseau, comme dans *Neuromancien* de W. Gibson (1984), ou *Matrix* des frères Wachowski (film, 1999). Ces deux possibilités ne sont bien sûr pas exclusives, et dans *Ghost in the Shell*[1], Kusanagi peut tout aussi bien conduire sa voiture par la seule pensée qu'avoir son cerveau connecté à l'ensemble du web.

Reste à compléter cette catégorie du cyborg avec les récits où la composante cybernétique enveloppe le corps plutôt qu'elle n'est introduite en lui : c'est le cas des armures symbiotiques du rameau Mécaniste dans *Étoiles mourantes*[2], et plus largement de tout ce qui concerne la figure japonaise du « mécha », du moins lorsque le personnage ne se contente pas d'occuper son véhicule tel un pilote dans son cockpit[3], mais qu'il lui est intimement connecté[4].

Au milieu de cette profusion de cyborgs, comment faire le tri ? B. Stableford[5] propose d'en distinguer trois sortes : 1) les cyborgs médicaux, dotés de prothèses remplaçant des fonctions défaillantes; 2) les cyborgs fonctionnels, modifiés dans le but d'accomplir des tâches déterminées; 3) les cyborgs adaptatifs, dont l'objectif est d'évoluer dans des environnements inhabituels ou hostiles. Mais en proposant cette classification, c'est en fait à la question des fins poursuivies que s'attache l'auteur. Nous reprenons ci-dessous cette question, tout en élargissant la réflexion à l'ensemble des modifications anthropotechnologiques.

L'anthropotechnologie : de la médecine à l'amélioration

Comme le rappelle Aristote dans *L'Éthique à Nicomaque*, le but ultime de l'homme est de « bien vivre » (εὖ ζῆν). Mais pour ce faire, il faut déjà survivre. Comme pour toutes les techniques de son invention, les transformations que l'homme opère sur lui-même constituent alors des moyens de parvenir à l'un ou l'autre but. Si les actes anthropotechnologiques sont aujourd'hui généralement admis à proportion de leur intérêt thérapeutique, le fait est que les médecins se trouvent de plus en plus souvent confrontés à des demandes d'intervention qui débordent ce strict domaine, la limite entre les deux types d'actes paraissant parfois bien floue et arbitraire (chirurgie esthétique, dopage,

1. M. Oshii, *Ghost in the Shell*, *op. cit.*
2. Ayerdhal, J.-C. Dunyach, *Étoiles mourantes*, « Millénaires », Paris, J'ai lu, 1999.
3. G. Nagai, *Goldorak* (série), 1975.
4. H. Anno, *Neon Genesis Evangelion* (série), 1995.
5. B. Stableford, *Historical dictionary of science fiction literature*, 2004.

recours aux antidépresseurs, etc.). Alors que la société est longtemps restée aveugle au caractère global de cette demande extra-médicale[1], la science-fiction a de son côté presque méthodiquement exploré les enjeux de la maîtrise de tels outils, nombre de récits portant justement sur le passage plus ou moins insensible d'une intervention thérapeutique à une intervention amélioratrice : qu'il s'agisse initialement de soigner un handicap mental[2], physique[3] ou encore de réparer ce qui a été détruit[4].

Mais la transformation peut plus généralement viser à mieux adapter l'homme à des conditions de vie dangereuses, guerre, espionnage, etc : pour mettre toutes les chances de leur côté, les individus modifient alors leurs capacités, voire s'ajoutent de nouvelles facultés ou armes, comme Cobra et son psychogun[5], ou la vision nocturne de Riddick[6], thèmes largement exploités par le courant *cyberpunk* évoqué plus haut. On trouve aussi des transformations comparables en contexte de compétition sportive, comme dans *Les Olympiades truquées* de J. Wintrebert (1980), mais comme le soulignait B. Stableford pour les cyborgs, la transformation peut surtout avoir comme but l'adaptation à divers environnements : les hommes empruntent alors des caractéristiques aux animaux, comme la capacité de respirer dans l'eau[7], de voler[8], ou par exemple l'odorat développé du chien[9]. Une perspective particulièrement intéressante, qui renoue avec le cyborg originel, est celle où la modification a pour but d'adapter l'homme à des milieux extraterrestres : altérations somatiques dans « Les Sondeurs vivent en vain » de C. Smith (1950), transformation en Dromeurs joviens[10], pantropie imaginée par J. Blish dans *Semailles humaines* (1957).

Mais la lutte pour la survie s'exprime ultimement dans les recherches visant à prolonger la vie, voire à rendre immortel, et ce thème est effectivement présent dans de nombreux récits, que ce soit de façon centrale, comme dans

1. J. Goffette, *Naissance de l'Anthropotechnie. De la médecine au modelage de l'humain*, *op. cit.*

2. D. Keyes, *Des fleurs pour Algernon*, trad. fr. G. H. Gallet, Paris, J'ai lu, 1972 [1966].

3. Viseur de Geordi la Forge dans *Star Trek : la nouvelle génération*, *op. cit.*

4. M. Caidin, *Cyborg*, *op. cit.* ; P. Verhoeven, *RoboCop* (film), 1987.

5. B. Terasawa, *Cobra* (B.D. et série), 1978.

6. D. Twohy, *Pitch Black* (film), 2000.

7. J. de la Hire, *L'Homme qui peut vivre dans l'eau*, 1907 ; K. Reynolds, *Waterworld* (film), 1995.

8. R. Laloux & Mœbius *Les Maîtres du temps* (film), 1982 ; D. Simmons, *La Chute d'Hypérion*, 1990.

9. Joshua dans *Dark Angel* (série), J. Cameron & C. H. Eglee, 2000.

10. C. D. Simak, *Demain les chiens*, 1952.

Jack Barron et l'éternité de N. Spinrad (1969) ou *Inherit the Earth* de B. Stableford (1998), ou en arrière-plan de l'intrigue[1]. On peut encore mentionner ici les cas où l'on ramène des morts à la vie, par exemple pour obtenir des informations[2], mais aussi les techniques de cryogénisation, elles-mêmes employées dans des buts variés : alternative à l'emprisonnement[3], préservation du corps dans l'attente de progrès médicaux[4], voyages spatiaux[5].

L'anthropotechnologie : éthique et politique

Enfin, comme nous le signalions plus tôt, certaines transformations vont au-delà de la simple survie et visent le « bien vivre » : citons par exemple les changements d'identité sexuelle[6], les modifications cosmétiques ou ludiques[7], ou les altérations à visée artistique[8]. Le bien-être, et même le bonheur, peuvent quant à eux être directement atteints *via* diverses technologies psycho-actives, lesquelles se distinguent des psychotropes réels par la puissance et la précision de leurs effets : orgue à humeur[9], recâblage neuronal[10], nanotechnologies[11].

Ces derniers ouvrages ouvrent en outre sur l'un des principaux enjeux éthiques soulevés par l'utilisation des anthropotechnologies qu'est la question du consentement de l'individu à sa transformation. Ce problème est particulièrement sensible dans le cadre du dernier grand but identifiable de l'anthropotechnologie, à savoir la politique : dans certaines fictions, en général dystopiques, la transformation de l'homme apparaît comme l'arme politique ultime, susceptible de dissoudre une bonne fois pour toutes les difficultés du « vivre ensemble », que ce soit pour rendre l'homme mieux apte à vivre en société, plus efficace, plus heureux, ou pour l'exploiter dans de noirs desseins[12].

1. A. E. Van Vogt, *Le Monde des Ã*, 1948 ; I. Asimov, « Cycle des robots », 1940-1993.
2. R. Zelazny, *L'Île des morts*, 1969 ; G. Egan, *L'Énigme de l'univers*, 1995.
3. E. Bilal, *La Foire aux immortels* (B.D.), 1980.
4. Y. Iwahara, *Le Roi des ronces* (B.D.), 2002.
5. J. van Dormael, *Mr Nobody* (film), 2009.
6. G. Egan, *La cité des permutants*, *op. cit.*
7. I. M. Banks, *L'Usage des armes*, 1990 ; D. Cronenberg, *eXistenZ*, (film), 1999.
8. J.-C. Dunyach, « Détails de l'exposition », 1983 ; J. Wintrebert, *Chromoville*, 1984 ; N. Kress, *Danse aérienne*, 1997.
9. P. K. Dick, *Les Androïdes rêvent-ils de moutons électriques ?*, 1968.
10. G. Egan, *Isolation*, 1992.
11. P. J. McAuley, *Féérie*, 1995.
12. A. Huxley, *Brave New World*, *op. cit.* ; I. Levin, *Un Bonheur insoutenable*, 1972 ; K. Wimmer, *Equilibrium* (film), 2002.

Certains auteurs imaginent enfin que la diversité des voies de transformation empruntées conduit l'humanité à se diviser en branches séparées, éventuellement en conflit, cette structure narrative permettant d'explorer à nouveau frais les questions classiques de la nature humaine et du racisme. C'est ainsi que B. Sterling met en scène dans *La Schismatrice* (1985) la confrontation entre Morphos et Mécas, que D. Simmons imagine dans *Hypérion* (1989) un univers où s'opposent humains de l'Hégémonie et Extros, tandis que dans *Étoiles mourantes*[1], c'est en quatre rameaux distincts que s'est divisée l'humanité : les Connectés, les Mécanistes, les Organiques et les Originels.

Sylvie Allouche

INTERFACES CERVEAU-MACHINE

L'idée de faire bénéficier l'homme des avantages de la machine est depuis longtemps charriée par les récits de science-fiction. Parmi tous les dispositifs imaginés pour créer un homme augmenté, c'est-à-dire un homme qui transcenderait ses limites naturelles par la technologie, figurent les implants cérébraux. À l'époque de l'informatique et des neurosciences, il semblerait que la science soit sur le point de rejoindre la fiction. En effet, depuis les années 2000, de nombreuses recherches se succèdent qui développent ce qu'on appelle des « interfaces cerveau-machine » ou « interfaces neurales directes ».

L'homme cybernétique

Les interfaces cerveau-machine vues comme le moyen le plus efficace de faire émerger une civilisation de cyborgs sont une des quatre grandes méthodes plébiscitées par les transhumanistes en vue de l'amélioration de l'espèce humaine, à côté de l'ingénierie génétique, la lutte contre le vieillissement et la pharmaceutique. La fusion de l'homme avec la machine laisserait entrevoir de nouvelles possibilités d'interaction avec le monde et permettrait à l'homme d'augmenter ses capacités intellectuelles.

Le principe des interfaces cerveau-machine est de créer une voie de sortie supplémentaire pour les actions commandées par le cerveau sans passer par l'activation des muscles. Ainsi les interfaces cerveau-machine permettent-elles de contrôler une application informatique ou tout objet susceptible d'être

1. Ayerdhal, J.-C. Dunyach, *Étoiles mourantes*, Paris, J'ai lu, 1999.

télécommandé uniquement par la pensée. Si des interfaces cerveau-machine efficaces sont réalisées dans le futur, elles doteraient l'homme d'un pouvoir similaire à la télékinésie. Un autre avantage serait que l'exécution des actions par interfaces devienne de quelques millisecondes plus rapides que l'exécution des actions par les muscles car l'information circulerait plus vite à travers l'ordinateur qu'à travers le corps.

Actuellement les interfaces cerveau-machine n'existent pratiquement qu'à l'état de dispositif médical expérimental. Elles sont utilisées par des personnes paralysées ou amputées qui peuvent en bénéficier pour, entre autres, parvenir à communiquer avec le monde extérieur (dans le cas des patients *locked-in*, c'est-à-dire complètement paralysés), se mouvoir dans l'espace en contrôlant une chaise électrique ou récupérer un peu d'autonomie afin d'améliorer leur humeur et leur qualité de vie.

L'activité cérébrale nécessaire pour faire fonctionner une interface peut être enregistrée à l'aide de différentes techniques qui ont chacune leurs avantages et leurs inconvénients. Pour les interfaces les plus expérimentales, l'acquisition des données se fait par l'intermédiaire d'un implant cérébral, c'est-à-dire d'une ou de plusieurs électrodes miniatures insérées à l'endroit jugé le plus adéquat, dans le cortex cérébral du sujet. Cette première technique requiert bien sûr une opération chirurgicale délicate et est, dès lors, classée comme très invasive. Elle est particulièrement utilisée dans l'expérimentation animale, lorsque les interfaces cerveau-machine sont essayées sur des rats ou des singes, mais certaines personnes humaines en ont également été pourvues pendant une période limitée. Parallèlement, les chercheurs tentent de développer des prothèses cérébrales moins invasives basées sur l'électrocorticographie (un tapis d'électrodes simplement déposé à la surface du cortex) ou l'électroencéphalographie (un casque pourvu d'électrodes qui se place directement sur le cuir chevelu). Bien que ces dernières méthodes d'enregistrement de l'activité cérébrale aient leurs désavantages, notamment une résolution spatio-temporelle moins importante, on peut espérer qu'elles soient un jour presque aussi efficaces que les implants cérébraux.

La fonction médicale des interfaces cerveau-machine avait déjà été anticipée dans la science-fiction. En 1961, Anne McCaffrey publiait *The Ship Who Sang* dans lequel elle imaginait qu'à l'avenir, les nouveaux-nés venus au monde avec un handicap physique mortel pourraient voir leur cerveau être placé dans un coffret en titane et continuer leur évolution dépourvu d'enveloppe corporelle. Dans son roman, ces nouveaux-nés sont destinés à devenir les unités centrales des vaisseaux spatiaux interplanétaires. Ainsi Helva, le personnage principal du roman, qui est aussi l'unité centrale d'un vaisseau, prend la machine comme un substitut artificiel d'un corps naturel qu'elle n'a pas pu conserver : « Au lieu d'agiter ses pieds, les impulsions neurales d'Helva actionnaient des roues; au lieu de saisir des objets avec ses mains, elle manipulait des extensions mécaniques »[1].

Des sociétés comme *Microsoft*, *Intel*, *Google* seraient très intéressées par le développement des interfaces cerveau-machine et auraient déjà créé leur propre département de recherche. L'idée est qu'il est impératif de rendre accessible les interfaces à un public plus large que les seuls patients handicapés. Les interfaces cerveau-machine pourraient alors être utilisées en tant que périphériques de contrôle des jeux vidéos, pour aller un pas plus loin encore que la *Wiimote* de *Nintendo* et la *Kinect* de *Microsoft* dans la disparition des interfaces utilisateurs. Les fondateurs de Google, Larry Page et Sergey Brin, sont même allés jusqu'à déclarer qu'ils voulaient faire du célèbre moteur de recherche un « troisième hémisphère cérébral pour l'homme » et qu'ils avaient l'intention de développer une *Google chip for the brain* qui serait implantée à tous afin de rendre immédiatement disponibles à chacun les services du site Internet et de créer une réalité augmentée qui permettrait à tout moment de faire des recherches sur Internet pour alimenter une conversation trop pauvre, ou même de retrouver des souvenirs oubliés.

Selon certains philosophes dans la lignée d'Andy Clark[2] et des partisans de la théorie de l'*extended mind*[3], les prothèses cérébrales contribueraient à accroître l'intelligence de chaque homme. Pour eux, le propre de l'homme est de concevoir des outils sur lesquels il pourra ensuite compter pour augmenter son emprise sur le monde. Chaque outil inventé serait un moyen pour l'homme de faciliter l'exécution d'une tâche qui auparavant demandait beaucoup d'attention. En agissant de la sorte, l'homme se débarrasserait de certains processus mentaux qui sont pris en charge par des outils à son service. C'était déjà l'idée à l'origine de l'informatique. Douglas Engelbart, à qui l'on doit l'invention de la souris et de l'hypertexte, avait publié au début des années 1960 un texte dans lequel il défendait que l'avènement de l'informatique allait augmenter l'intelligence humaine[4]. De la même manière, en élaborant des interfaces cerveau-machine fonctionnelles, l'homme se libérerait l'esprit d'une grande quantité de processus et pourrait, en même temps, en accédant à

1. A. McCaffrey, *Le vaisseau qui chantait*, Paris, Pocket, 2003, p. 14.

2. A. Clark, *Natural-Born Cyborg, Minds, Technologies and the Future of Human Intelligence*, *op. cit.*; *Supersizing the Mind, Embodiment, Action, and Cognitive Extension*, Oxford, Oxford University Press, 2008.

3. A. Clark, D. Chalmers, « The Extended Mind », *Analysis*, vol. 58, 1998.

4. D. Engelbart, « Augmenting Human Intellect », 1962, disponible en ligne.

des objets normalement hors de sa portée, augmenter son environnement immédiat et même les intégrer au schéma corporel de soi généré par le cerveau.

Histoire des interfaces cerveau-machine

L'engouement pour les interfaces cerveau-machine date de la fin du XXe siècle. La première conférence internationale consacrée à ce sujet, réunissant des scientifiques issus de différents horizons a eu lieu en 1999, sous l'impulsion américaine des *National Institutes of Health*. Très vite, les groupes de recherche travaillant sur le sujet se sont multipliés à travers le monde. Une nouvelle discipline nourrie du développement des neurosciences et de l'ingénierie s'est même constituée autour des prothèses cérébrales. Il s'agit de la neuroingénierie dont l'objet est non seulement d'élaborer des interfaces cerveau-machine, mais aussi de perfectionner d'autres dispositifs cérébraux tels que les implants cochléaires, les implants auditifs du tronc cérébral, les différents types d'implants rétiniens, la stimulation cérébrale profonde ou la stimulation magnétique transcrânienne. Cette nouvelle discipline au confluent de nombreux domaines de recherches entend étudier le fonctionnement du cerveau humain afin d'élaborer des dispositifs techniques qui puissent contrer certaines pathologies ou contourner des handicaps physiques majeurs. Toutefois, à côté de cet objectif purement médical, les chercheurs en neuroingénierie reconnaissent clairement l'intérêt de leur travail pour l'amélioration des performances des personnes saines. L'idée directrice soutient que plus le cerveau sera connu, plus il sera envisageable d'y intervenir physiquement pour maximiser son rendement, contrecarrer d'éventuels processus parasites contreproductifs et, finalement, améliorer l'homme.

Cet objectif d'amélioration de l'homme par la neuroingénierie se retrouve dans les premiers articles scientifico-spéculatifs consacrés aux interfaces cerveau-machine. En 1973, l'ingénieur Jacques Vidal, en expliquant le principe de ce qui sera par la suite nommé « interfaces cerveau-machine », avoue clairement que ces dispositifs n'ont pas qu'une simple fonction médicale et que l'étude des états cérébraux et l'évolution de l'informatique ouvrent la voie à l'optimisation de la perception et de l'apprentissage humain [1]. Il mentionne même l'importance de ces dispositifs pour le contrôle de futurs neuroprothèses et vaisseaux spatiaux. En 1980, on retrouve chez un autre ingénieur, Edward Schmidt, un intense plaidoyer en faveur du développement de prothèses médicales dirigées par le cerveau.

1. J. Vidal, « Toward direct brain-computer communication », *Annual Review of Biophysics and bioengineering*, vol. 2, 1973.

C'est seulement en 1988 que la première interface cerveau-machine de l'histoire a été élaborée grâce à deux chercheurs américains Lawrence Farwell et Emmanuel Donchin. Les deux professeurs voulaient démontrer qu'il était possible d'interagir avec un ordinateur en utilisant les potentiels évoqués visuels qui se produisent automatiquement 300msec après que le sujet ait détecté le stimulus qu'on lui a désigné comme cible (P300). Dans cette expérience, un sujet sain muni d'un casque à électrodes regarde un écran d'ordinateur qui lui présente une matrice de lettres qui sont illuminées aléatoirement les unes après les autres. Il se concentre pour épeler, lettre après lettre, le mot qu'il souhaite composer. À chaque fois que la lettre visée apparaît à l'écran, l'électroencéphalogramme détecte la production du signal P300 et informe l'ordinateur que la lettre est celle sélectionnée par le sujet. Cette interface basique a ensuite été perfectionnée pour être rendue accessible aux patients *locked-in* qui l'utilisent aujourd'hui pour communiquer avec le monde extérieur.

D'autres interfaces plus invasives ont ensuite été développées sur des rats et des singes. Le chercheur le plus médiatisé est sans conteste Miguel Nicolelis, professeur en neurosciences à *Duke University*. En 2002, avec le soutien financier du lobby militaire très intéressé par ce genre de recherches, il parvient à extraire, à l'aide de grilles d'électrodes implantées dans le cortex d'un singe, les informations nécessaires pour reproduire les mouvements du bras. Alors que le singe manipule un joystick en jouant à un jeu vidéo, ses mouvements sont reproduits directement sur un bras robotisé situé dans une pièce adjacente. Mieux, Nicolelis établit une liaison entre les intentions du singe et le jeu vidéo. Il lui apprend qu'il peut désormais jouer sans utiliser le joystick, simplement en imaginant les mouvements habituellement nécessaires. Au bout du compte, le singe se rend compte qu'il peut continuer son jeu tout en restant immobile, tandis que le bras mécanique se meut de l'autre côté du mur selon les mouvements imaginés.

Il faut attendre 2008 et le travail d'Andrew Schwartz de l'*University of Pittsburgh*, pour que, dans un dispositif similaire, un singe soit confronté directement au bras robotisé. Cette fois, le singe immobilisé doit utiliser le bras robotisé qu'il contrôle par la pensée pour atteindre les guimauves que lui propose le chercheur. Il manipule le bras sans aucune difficulté et est même capable de contrôler une pince à deux doigts pour saisir le bonbon et le déposer dans sa propre bouche.

Ces expérimentations sur les singes ont ensuite permis d'effectuer les premiers tests cliniques sur des humains. Tim Hemmes, un américain paralysé suite à un accident de moto, est devenu en 2011, grâce à l'équipe de Schwartz, le premier homme à diriger un bras robotique dans les trois dimensions par la seule pensée. Ce premier essai concluant s'est terminé, par mesure de prudence, après 30 jours, mais l'équipe compte poursuivre la recherche et veut essayer une nouvelle génération d'électrodes qui permettra au patient d'animer, en plus du bras mécanique, tous les doigts d'une main individuellement. En 2012, John Donoghue de la *Brown University* a équipé une femme tétraplégique, Cathy Hutchinson, d'une interface cerveau-machine qui lui a permis d'utiliser un bras robotique pour saisir une bouteille et la porter à ses lèvres, alors qu'elle était paralysée depuis 15 ans. C'était déjà cette équipe de scientifique qui avait permis en 2005 au tétraplégique Matthew Nagle d'utiliser des applications informatiques rudimentaires, via un curseur qu'il dirigeait à l'aide de l'implant BrainGate, pour, par exemple, envoyer et lire des messages.

Vers la prothèse totale

À partir de ces recherches expérimentales, certains imaginent un avenir plus ou moins lointain dans lequel les interfaces cerveau-machine auront atteint un tel degré de perfection qu'elles réaliseraient ce qu'il est convenu d'appeler la « prothèse totale ». Cet acmé postulé qui repose sur l'idée d'une évolution technologique constante voire exponentielle est placé par Miguel Nicolelis à une ou deux générations de la nôtre, d'autres parient sur les années 2040. La prothèse totale, l'aboutissement ultime des interfaces cerveau-machine, recouvre trois significations distinctes. Elle désigne 1) la compréhension instantanée et exhaustive des intentions humaines par la machine ; 2) la réalisation d'une communication transparente entre deux individus qui communiqueraient alors de cerveau à cerveau sans recourir à aucune médiation symbolique ; 3) le transfert complet de l'esprit humain sur la machine.

La prothèse totale ainsi définie rappelle sans aucun doute les meilleurs récits de science-fiction. Déjà en 1995, dans le film *Ghost in the Shell* adapté du manga de Masamune Shirow, figurent des humains munis d'un *shell*, un petit boîtier situé à l'arrière du crâne qui permet de se connecter à un système informatique. Dans *Matrix*, en 1999, les frères Wachowski reprennent cette idée et font de l'interface l'outil utilisé par les machines intelligentes pour simuler une réalité virtuelle dans laquelle les hommes évoluent en la confondant, à tort, avec le monde réel. La même année, *eXistenZ* de David Cronenberg interroge la frontière entre monde réel et monde virtuel en plongeant les protagonistes de son histoire dans un jeu vidéo totalement immersif à l'aide d'une interface qui vient se brancher directement dans le bas de la moelle épinière de chaque joueur.

De tels films de science-fiction font rêver les plus technophiles des scientifiques. On peut même affirmer que la science-fiction a précédé la science puisque Nicolelis, lorsqu'il commence les recherches préliminaires à ses premières expériences d'interfaces cerveau-machine, avoue s'être inspiré du film de Clint Eastwood *Firefox, l'arme absolue*. Dans ce film, sorti en 1982, un agent secret américain doit s'introduire sur une base militaire en Union Soviétique afin de dérober un avion furtif qui ne peut se contrôler que par la pensée, à condition que le pilote pense lui-même en russe.

Ce rapprochement entre science et science-fiction pourrait jeter le discrédit sur le possible avènement d'interfaces cerveau-machine très élaborées et les déclasser au rang des idées farfelues de l'histoire humaine. Pourtant, Nicolelis veut réellement pousser très loin les recherches en la matière. Au mois d'octobre 2011, il a communiqué par la presse les premiers résultats d'une expérience innovante qu'il est en train de mener. Dans cette expérience, Nicolelis abandonne les interfaces cerveau-machine devenues classiques (BMI, *brain-machine interfaces*) pour s'intéresser à un nouveau type d'interfaces, plus complexe encore, qui ne se contente plus simplement de récupérer des informations dans le cerveau mais qui, en plus, tente d'en y introduire (BMBI, *brain-machine-brain interfaces*). Cette expérience d'interface dite « en boucle fermée » place, encore une fois, un singe face à un jeu vidéo. Sur le modèle de l'expérience de 2002, Nicolelis parvient à apprendre au singe à manipuler, à l'aide de son implant cérébral, le bras virtuel représenté sur l'écran de l'ordinateur. Sur cet écran lui sont présentés trois objets identiques parmi lesquels il ne peut en sélectionner qu'un seul. Pour ce faire, il doit utiliser son bras virtuel pour toucher d'une main tout aussi virtuelle les différentes textures des objets lesquelles lui sont transmises directement dans son cortex somatosensoriel. Il éprouve de la sorte une stimulation tactile qui lui permet de sélectionner le bon objet selon la texture cible. Cette expérience réussie ouvre la voie à des applications utiles en neuroprosthétique qui permettraient aux utilisateurs de membres artificiels de bénéficier d'un *feedback* tactile (ou auditif, proprioceptif, etc.) sur les actions qu'ils effectuent afin d'accroître l'efficacité et la facilité d'utilisation des neuroprothèses. Elle parvient même à faire rêver certains qu'il soit un jour possible de contrôler ses propres rêves en direct ou de brancher le cerveau à des réseaux complexes d'informations.

Nicolelis, encouragé par ses résultats, ne compte pas s'arrêter en si bon chemin. Dans son livre de promotion des interfaces cerveau-machine[1], il

1. M. Nicolelis, *Beyond Boundaries, The New Neuroscience of Connecting Brains with Machines-and How it Will Change Our Lives*, New York, Times Books, 2011.

annonce qu'il a depuis longtemps le projet de connecter directement plusieurs cerveaux entre eux (BTBI, *brain-to-brain interfaces*). Il voudrait proposer à un rat une énigme à deux possibilités. Soit la récompense se trouve sur sa droite, soit elle se trouve sur sa gauche. Une fois que le rat connaît la direction qu'il faut prendre pour atteindre sa récompense, un autre rat, isolé du premier, devra trouver la bonne direction à suivre, du premier coup, avec pour seule aide les données extraites du cerveau du premier rat qui lui seraient implantées directement dans le cortex. Nicolelis imagine même une variante supplémentaire de cette expérience dans laquelle une série de rats intermédiaires traiteraient en parallèle l'information qui circule du premier rat au rat récepteur pour en augmenter la fiabilité. Appliquées à l'homme, ces interfaces très complexes pourraient permettre la communication d'esprit à esprit[1].

Considérations critiques

On le voit, les interfaces cerveau-machine nourrissent de nombreux espoirs, non seulement chez les technophiles les plus enthousiastes, mais également chez certains scientifiques. Nicolelis veut clairement aller au-delà des applications médicales des interfaces cerveau-machine pour les rendre disponibles à un plus large public et permettre ainsi au plus grand nombre, par exemple, d'explorer d'autres planètes à l'aide de robots personnels ou, à l'inverse, de contrôler des nanorobots qui resteraient sinon hors de sa portée. Il défend une vue qui pourrait être appelée « quasi-gnostique » d'après laquelle le corps est un fardeau pour l'être humain et, une fois débarrassé de ce qui n'est qu'une simple enveloppe charnelle, l'esprit pourrait prendre une dimension bien plus vaste dans des espaces virtuels qui n'auraient rien de commun avec ce qu'on appelle aujourd'hui « la réalité ».

L'ingénieur américain Gerwin Schalk plaide lui aussi pour une large diffusion des interfaces cerveau-machine. Il place beaucoup d'espoir dans l'avenir de ce dispositif. Tandis que Nicolelis souligne qu'il est de première nécessité de développer des interfaces performantes non-invasives, Schalk estime, pour sa part, que les interfaces semi-invasives basées sur l'électrocorticographie sont suffisamment sûres pour être implantées, lors d'une légère trépanation, à tout volontaire sain. Il juge qu'une telle opération n'est pas plus invasive qu'une simple chirurgie mammaire, puisqu'il s'agit simplement de percer la boîte crânienne pour y insérer un très fin tapis d'électrodes. Il oublie

1. M. Chorost, *World Wide Mind, The Coming Integration of Humanity, Machines, and the Internet*, New York, Free Press, 2011.

cependant de préciser qu'une intervention de cette espèce est, de fait, plus risquée qu'une simple diminution ou augmentation du volume de la poitrine.

Cette négligence pour les limites techniques inhérentes aux interfaces cerveau-machine et pour les questions éthiques posées par une société où le cyborg serait la norme et l'humain l'exception est patente chez les technophiles. Les premières réalisations en matière de prothèses cérébrales sont évidemment impressionnantes, de même que les progrès, ces dernières années, de l'imagerie cérébrale qui est désormais capable de reproduire des clips-vidéos en couleur ou des sons perçus par un sujet sur la seule base de ses ondes cérébrales. Pourtant l'invasivité des interfaces cerveau-machine en boucle fermée pour développer une hypothétique prothèse totale reste un obstacle majeur; pour ne mentionner que celui-là.

Il faut se demander si les affirmations extraordinaires qui entourent le devenir des interfaces cerveau-machine ne sont pas liées au fonctionnement normal de la science qui aurait besoin de valoriser d'une manière ou d'une autre l'objet de ses recherches afin de récolter les fonds qui lui sont nécessaires pour les poursuivre. Dans cette optique, les discours optimistes qui montrent un avenir où la communication et l'empathie entre les hommes seraient facilitées par les interfaces cerveau-machine n'auraient qu'une simple fonction publicitaire, qui se ferait au détriment de la recherche elle-même et nuirait à l'information du grand public.

Ce genre de discours technophiles est soutenu par l'ingénieur Mihail Roco et le sociologue, de longue date transhumaniste, William Bainbridge dans le rapport au titre évocateur qu'ils ont fourni pour le compte de la *National Science Foundation*: « Converging Technologies for Improving Human Performance. Nanotechnology, Biotechnology, Information Technology and Cognitive Science » (2003), abrégé en « rapport NBIC ». Ce rapport très souvent cité dans les colloques universitaires consacrés au transhumanisme compte sur la convergence de différents champs de recherche pour la production d'outils révolutionnaires. Il est peu connu, par contre, que l'outil révolutionnaire par excellence auquel se réfère le rapport, dès les premières pages, n'est rien d'autre que la prothèse totale, seule capable d'apporter la paix entre les peuples en favorisant la communication directe d'esprit à esprit.

Pour aller à l'encontre de ce rapport qui rassemble une collection d'articles de chercheurs en nanotechnologie, en biotechnologie, en technologies de l'information et en sciences cognitives, le parlement européen a également commandé son propre rapport sur la convergence technologique – bien moins connu celui-là – sous la responsabilité du chercheur allemand en philosophie de la technologie Alfred Nordmann. Ce rapport « Converging technologies –

Shaping the Future of European Societies »[1] se caractérise par une approche sceptique et prudente de la convergence technologique. Alfred Nordmann prend le soin d'évacuer toutes les questions spéculatives quant à l'avenir lointain des technologies et prend ses distances vis-à-vis du fantasme de l'amélioration technique de l'être humain. Son rapport n'est plus focalisé sur les bénéfices que pourraient tirer des individus de la technique, mais bien plutôt sur la manière dont faire partager les avancées scientifiques au niveau de la société tout entière. Il insiste par ailleurs sur les longs développements encore nécessaires avant d'arriver peut-être, un jour, à un embryon de prothèse totale.

En guise de conclusion, il faudrait poser plusieurs questions : peut-on, sans préjudice, spéculer sur les implications éthiques de dispositifs techniques inexistants et fantasmés ? Pourra-t-on parvenir à développer, un jour, une interface cerveau-machine tout à fait performante pour les personnes handicapées ? Ne néglige-t-on pas les obstacles rencontrés par chaque discipline dans la course vers la prothèse totale ? Comment faire en sorte que la société dans son ensemble puisse en bénéficier ? Peut-on être certain qu'un tel dispositif soit réellement plus commode qu'une simple télécommande ? Et, finalement, n'est-il pas naïf de penser qu'une communication transparente entre esprits pourrait régler les conflits politiques, sociaux, religieux, économiques, etc. qui agitent le monde ?

Dorian Neerdael

ROBOÉTHIQUE

La roboéthique est une forme d'éthique appliquée cultivant une approche interdisciplinaire en matière de robotique et de systèmes autonomes, afin de développer des outils scientifiques, culturels et techniques à l'attention des professionnels et du public, dans la façon dont sont créés, développés et utilisés, des êtres intelligents artificiels.

Origine et développement

C'est en 1942 déjà, qu'Isaac Asimov, biologiste et auteur de science-fiction, publie dans une nouvelle intitulée « run around », ses fameuses trois

1. High-Level Expert Group Foresighting the New Technology Wave, *Converging Technologies – Shaping the Future of European Societies*, Bruxelles, 2004.

lois éthiques absolues censées encadrer la robotique et ce, dans le but de protéger les humains ainsi que d'assurer la bonne application des tâches par les robots :

1) Un robot ne peut porter atteinte à un être humain ni, en demeurant passif, laisser cet être humain exposé au danger.

2) Un robot doit obéir aux ordres donnés par les êtres humains, sauf si de tels ordres sont en contradiction avec la 1re loi.

3) Un robot doit protéger son existence dans la mesure où cette protection n'est pas en contradiction avec la 1re ou la 2e loi.

Il convient de signaler que l'intelligence artificielle en tant que discipline, apparaît à peu près à la même époque. En intégrant celle-ci à des unités mécanisées, l'on obtient la première version brute du robot. L'intelligence artificielle, dans ce contexte, consiste en l'implémentation d'outils ou de capacités intellectuelles progressivement comparables à ceux des humains, au sein d'entités autonomes.

La première utilisation officielle du mot « roboéthique » (*roboethics* en anglais) en tant que telle, revient cependant à Gianmarco Verrugio, lors du premier symposium international de roboéthique qui se tint à Sanremo en Italie, en janvier 2004. L'organisation même de ce symposium, ainsi que la volonté marquée de promouvoir le développement concret de la robotique dans le meilleur intérêt de l'humanité et des individus, prouve à suffisance la teneur de moins en moins science-fictionnelle de la question, tout comme l'ancrage académique duquel elle veut se nourrir. Voilà précisément pourquoi, de par la nature toute particulière des promesses et dangers que cette discipline laisse entrevoir, ses proposants ont tenu à en faire une branche pleine et séparée de l'éthique appliquée. Or, l'interdisciplinarité essentielle à cette dernière, relève également du concept même d'intelligence, ainsi qu'aux différences que ce terme peut recouvrir d'un point de vue humain ou mécanique, forçant ainsi la robotique à travailler de concert avec nombre d'autres champs de connaissance tels que la logique, la linguistique, les neurosciences, la psychologie, la philosophie, la littérature ou encore, la biologie. Le but originel de la roboéthique dès ce stade consiste ainsi à rassembler des experts issus de ces divers horizons afin d'élaborer des projets transnationaux, à organiser des commissions et comités, de même qu'à tenter d'homogénéiser les législations dans le domaine. Les problématiques visées doivent concerner autant la création, l'implémentation et l'utilisation des robots intelligents, que de tâcher de répondre au questionnement complexe visant à déterminer le traitement à réserver aux machines. Néanmoins, le défi à la racine de cette entreprise visait à se demander s'il fallait tout simplement établir une éthique des robots, ainsi qu'à savoir s'il était possible d'y parvenir et par quels moyens. Plutôt que de développer une éthique artificielle qui serait implantée dans les robots, il s'agirait de créer une éthique humaine, qui serait à la fois partagée par ceux qui construisent les robots et par ceux qui sont supposés les utiliser. Ainsi, conscients des enjeux sociaux, politiques et économiques, quatre grandes catégories d'engagements furent pris : la volonté d'éclairer la sensibilité du public envers l'importance croissante de ce thème afin de permettre une prise de conscience collective qui éviterait le mésusage de la technologie, la volonté active de promouvoir la robotique pour le bien-être de l'humanité et de la planète, le fait de poser un veto extrêmement clair contre toute tentative visant à développer ou à utiliser des robots contre l'être humain ou l'environnement et enfin, la création d'une éthique commune, capable d'être partagée par toutes les cultures et nations, qui ferait de l'élaboration des machines intelligentes à des fins néfastes contre l'homme, un crime contre l'humanité.

De la fiction à la réalité ?

Le développement de la roboéthique, la hausse de la vitesse d'évolution dans la recherche, ainsi que des raisons internes liées au vieillissement de sa population, ont amené la Corée du Sud à se pencher sur un code d'éthique des robots en 2007, afin d'empêcher les abus des humains dans leur confection, ainsi que les actes hostiles potentiels de ces derniers contre notre espèce. Le projet devait dégager des standards tant pour les fabricants que pour les utilisateurs mais également, des lignes de conduite éthique à programmer au sein des robots. C'est le ministre de l'économie, de l'énergie et de l'industrie sud-coréen en personne qui l'a annoncé. Il a aussi fait savoir que cette charte se devait d'anticiper le jour où les robots intelligents, plus particulièrement dans le domaine des services, feront partie de la vie quotidienne. Les États-Unis et le Japon ayant déjà investis des sommes colossales dans le développement de la robotique industrielle et militaire, c'est bien dans le giron de la robotique des services aux personnes que la Corée désire s'engouffrer. Un groupe de travail de cinq spécialistes fut mis en place afin de rendre le projet concret, en se basant sur les lois d'Asimov. Plus encore que l'idée, c'est sa composition qui étonne : quatre futurologues et un auteur de science-fiction, mandatés par le gouvernement pour une mission des plus officielles. Il n'est pas nouveau de découvrir que ce pays est un des plus avancés en technologie de pointe et dans cette voie, le gouvernement a pris un engagement fort dans la recherche en robotique, afin de pouvoir fournir dans chaque foyer sud-coréen, un robot domotique autour des années 2015-2020. La nécessité de forger une éthique spécifique dans le domaine apparaît dès lors ici très clairement. Ce code vise à établir d'ores et déjà, des bases saines pour les relations futures entre humains et robots. Parmi les champs principaux, la question du contrôle des propriétaires et utilisateurs sur les robots, l'addiction possible à la technologie mais également, la mise au point de garanties légales et juridiques concernant la protection des données recueillies dans le privé, l'identification ou la traçabilité des machines.

Les professionnels de la recherche en robotique, confrontés quotidiennement aux réalités de terrain, n'ont pour certains, à l'image de Mark Tilden ou d'Hiroshi Ishigiru, accueilli que très modérément cette initiative. En effet, pour eux, il est trop tôt pour dégager des règles basées sur des principes issus de la science-fiction. Plus fondamentalement, ils pensent qu'en prenant des mesures inappropriées prématurément, l'on pourrait fermer certaines portes d'action et réduire l'efficacité des décisions, une fois le moment effectif venu. Mais la question de la responsabilité impliquant des robots plus intelligents semble centrale et c'est exactement pour ne pas se dédouaner de celle-ci que la Corée du Sud a voulu élaborer une telle charte, car bien avant le juridique, c'est à l'éthique que revient cette mission.

Les robots pourraient-ils demander les mêmes droits que les êtres humains endéans les cinquante prochaines années ? Imaginons qu'ils puissent ressentir la douleur, cela devra-t-il servir un raisonnement éthique afin de leur élargir la communauté morale ? Si leur intelligence se développe au point de comprendre le concept d'émotion et que leur mode de « fabrication » leur permette de les ressentir in concreto, devra-t-on leur garantir la possibilité d'accouplement, voire même le droit du mariage ? Lorsque ce genre de prévisions émane de textes officiels, il devient difficile de nier que l'éthique en matière de robotique sort doucement du royaume imaginaire de la science-fiction afin de pénétrer la réalité politique, bien qu'elle demeure à ce stade prospectiviste.

Vers une tentative d'institutionnalisation

En Europe, ce genre de champ d'action tente d'être circonscrit par l'EURON (EUropean RObotics research Network), un réseau développé réunissant plus de 200 groupes majoritairement académiques mais également industriels, soudés dans le but de faire avancer efficacement, rapidement et éthiquement, la robotique. Une mission essentielle de cet organisme visait à concevoir un atelier dont l'élément central devait être concrétisé par la mise au point d'un « carnet de route » de roboéthique. Cela fut fait et présenté à l'ICRA (International Conference on Robotics and Automation) de 2007. Les buts principaux de cette feuille de route sont d'identifier les forces en présence, les objectifs et les défis rencontrés par la recherche en robotique, afin de se focaliser sur des procédures communes et d'établir un agenda pour les 20 prochaines années, qui seront certainement déterminantes. Les participants à cet atelier ont été sélectionnés en fonction de leur engagement dans le domaine de la « technoéthique » et de la roboéthique, de leur appartenance culturelle variée et de leur intérêt plus global pour l'éthique appliquée. Ce projet est orienté pour imposer les problématiques éthiques en robotique comme étant bien réelles afin d'augmenter la compréhension des enjeux par le plus grand nombre, de donner une impulsion aux études futures et à la recherche transdisciplinaire. Il s'agit d'un guide mais aucunement d'une enquête, d'une liste de questions et de réponses, ni d'une déclaration de principes.

Les situations visées sont celles qu'il est raisonnable d'attendre eu égard au développement actuel de la robotique, dans les dix ou quinze prochaines années. Elles ne s'aventurent dès lors pas, dans des prédictions trop aléatoires et lointaines, laissant par exemple de côté les questions relatives à la conscience, aux émotions, à l'introspection et à la dignité des machines intelligentes. Il s'agit en outre d'une éthique anthropocentrée, en ce qu'elle circonscrit l'action des fabricants, designers et utilisateurs de robots, en tant que prélude à la mise en place éventuelle d'une éthique artificielle par la suite. Le carnet de route énumère également une liste de problématiques éthiques, pouvant varier selon les cultures et origines mais qui, globalement, devraient être rencontrées dans le cadre de la roboéthique : la redéfinition des concepts d'immanence et de transcendance, la délimitation des frontières entre humains, posthumains et cyborgs, en sus de la possible fusion entre intelligence biologique et artificielle comme nouveau ferment de l'évolution, phénomène résumé sous le vocable de « singularité technologique »[1]. Y sont également mentionnés le conflit entre respect de la vie privée et nécessaire traçabilité des actions, le maintien de la diversité, l'amélioration de l'être humain ou encore plus fondamentalement, une redéfinition de la structure même de la science et du savoir. Enfin, y figurent selon la même logique une série d'éléments fréquemment relevés dans le thème de « l'enhancement ». Ainsi le risque du double usage de la technologie, l'anthropomorphisation des machines, la trop forte humanisation de l'interface humain/machine, brouillant drastiquement les catégories établies, l'addiction aux entités intelligentes et les diverses théories de la justice technologique, impliquant le problème social de la répartition.

Les collaborateurs du projet ont également estimé nécessaire de rappeler les différentes conceptions qui existent de la notion même de robot. Il s'agit soit de machines, certes potentiellement très évoluées mais néanmoins dénuées de toute identité propre. La roboéthique est alors considérée comme une partie spécifique de l'éthique de l'ingénieur. Selon une deuxième conception, les robots doivent être pris en considération d'un point de vue éthique, en ce que par leur création, l'homme se distingue de l'animal et prouve sa supériorité

1. R. Kurzweil, *The singularity is near…*, *op. cit.*

morale. La troisième conception décide d'englober la machine dans la communauté morale en lui conférant le statut d'agent éthique per se. Enfin, selon l'ultime conception, les robots formeront la prochaine espèce, moralement et intellectuellement supérieure, ils seront selon un darwinisme techno-scientifique, amenés à nous remplacer dans la chaîne de l'évolution. Cette dernière éventualité est suggérée par Hans Moravec par exemple, qui pense que les robots seront des créatures spirituelles amenées à nous remplacer mais que nous nous en sentirons grandis de les avoir créées[1]. Quoiqu'il en soit, les définitions ne sont en rien triviales car elles déterminent les modalités d'action et les procédures de saisine du ou des secteurs concernés. L'enjeu en est effectivement, l'extension ou non de l'éthique du roboticien à l'éthique du robot lui-même. Pour l'EURON à tout le moins, le premier objectif crucial était de faire exister le concept de « roboéthique » en tant que tel. Le fait de nommer une chose et d'en définir le contenu, lui donne une certaine réalité et lui permet de conquérir le monde extérieur. Une idée ne peut devenir discipline que lorsqu'elle est formulée et structurée par le langage. De ce fait, depuis que le terme fut forgé, il a été repris dans diverses publications officielles, d'universités et de presse, ce qui favorise sa diffusion et la puissance de la situation qu'il tente d'incarner. Grâce à cela, le carnet propose de promouvoir les débats publics sur les problèmes rencontrés à ce niveau par les démocraties, de développer l'esprit critique des professionnels de la robotique afin de mieux cibler la programmation et ainsi éviter avec plus de performance, les menaces envers l'humanité. Enfin, il exhorte les institutions et les gouvernements à créer des groupes d'études au sein d'organisations existantes, dans le but de mieux adapter les réglementations internationales, en passant notamment par le groupement européen d'éthique mais aussi, en tâchant de développer des comités à structure plus permanente, comme cela fut le cas en bioéthique. À partir d'un nombre relativement important de questions soulevées et du rappel fondamental quant à l'importance de s'accorder sur les termes « d'éthique » et de « robot », sa mission fut d'énoncer plusieurs recommandations, devant être comprises comme des lignes de conduite non-contraignantes.

Bien que les outils susmentionnés soient les plus importants et caractéristiques en matière de roboéthique aujourd'hui, signalons tout de même dans un souci de complétude, la Déclaration Mondiale du Robot de Fukuoka de 2004 et le fait que l'ICRA organise annuellement une rencontre de grande ampleur afin de discuter de l'état d'avancement des recherches et des

1. H. Moravec, *Robot : Mere Machine to Transcendent Mind*, *op. cit.*

problématiques éthiques émergentes ou même la réalité selon laquelle l'Union Européenne finance divers projets et ateliers à l'image d'ETHICBOTS. Toutefois, les professionnels du domaine peuvent émettre des doutes sur l'axe que prennent leurs recherches, comme en témoigne la rencontre très symbolique de février 2009, qui se tint à Asilomar en Californie à l'initiative d'Eric Horvitz, directeur du laboratoire de recherche de Microsoft et président de l'*Association for the Advancement of Artificial Intelligence*. Le choix du lieu était censé faire écho à la demande de moratoire de Paul Berg, le célèbre généticien qui convoqua en 1975, un grand colloque afin de repositionner les barrières éthiques en matière de recherche génétique. La teneur thématique de cette réunion ne visait pas non plus des projections lointaines et pour certains, improbables mais a tenté de dégager les dangers qui pourraient émerger de l'exploitation criminelle des progrès de l'intelligence artificielle et des périls corrélatifs en matière de protection des données privées. Furent également discutées les conséquences sociales qu'aurait sur l'emploi, un marché du travail saturé de robots. Au centre des inquiétudes, planait l'ombre de la potentielle perte de contrôle de l'homme sur les systèmes intelligents dont il aurait permis la survenance. La mission du meeting demeurait cependant, dans une optique roboéthique, la même que celles évoquées plus haut, à savoir la recherche de moyens devant guider la recherche sainement et de façon rassurante, de telle sorte qu'ils servent l'humanité plutôt que de provoquer un cataclysme technicien.

Conclusion

Il est assez évident d'affirmer que nous nous trouvons aujourd'hui à une époque charnière en matière de nouvelles technologies. Qu'elles soient directement appliquées à l'humain, comme dans le cas de l'amélioration, quitte même à en changer le préfixe ou qu'elles le touchent par ricochet, comme en matière de robotique, la définition structurelle profonde de notre mode d'existence, promet d'être amplement modifiée. C'est la raison pour laquelle, l'éthique, se doit de se spécialiser tout en continuant de s'ouvrir sur la multitude des savoirs, afin de traiter au mieux les problématiques spécifiques à chaque domaine d'activité technologique. Il est absolument primordial de définir dès ce jour, les bases conceptuelles devant permettre à ces bouleversements de s'opérer avec la plus grande maîtrise possible. Trois réalités convergentes de roboéthique peuvent donc être relevées :

1) Une éthique s'appliquant aux designers, fabricants et utilisateurs, que l'on pourrait qualifier de « préventive » ;

2) Une éthique postérieure devant régir les interactions entre humains et entités intelligentes, que l'on pourrait qualifier de « relationnelle » ;

3) Une éthique devant, à terme, potentiellement être programmée au sein des robots, sans que cela ne remette en question leur autonomie et que l'on pourrait qualifier de « démiurgique ».

Notons en guise de point final, qui n'est qu'une ouverture supplémentaire sur le champ des possibles, que la roboéthique est une jeune discipline probablement appelée à se développer car la redéfinition de l'humain, dépend également des outils qu'il crée.

Laurent Frippiat

ROBOTS MILITAIRES

Un robot est un système complexe doté de capteurs (pour l'acquisition d'informations relatives à l'environnement), de processeurs (pour le traitement de ces informations) et d'effecteurs (permettant une action sur l'environnement). Les robots quasi-autonomes (c'est-à-dire en partie guidés par un opérateur) ont envahi la sphère de la sécurité et de la défense. Nous ne pouvons donner ici un panorama exhaustif et détaillé de l'utilisation de ces systèmes. Pour une première approche, nous renvoyons à l'ouvrage maintenant classique de P.W. Singer, *Wired for War. The Robotics Revolution and 21st Century Conflict* qui retrace l'histoire de la robotisation militaire, qui offre une description de son utilisation la plus récente et qui dégage toute une série de problèmes suscités par ces robots armés [1].

Trois types de missions robotisées

Pour fixer les idées, disons que les robots utilisés aujourd'hui, dans les forces armées ou les services chargés de la sécurité, sont essentiellement de trois types [2].

Tout d'abord, il s'agit de robots d'observation. Ce sont les fameux *drones* (avions sans pilote, UAV *Unmanned Air Vehicle*), non armés, mais portant des systèmes sophistiqués d'observation et de détection. Ces drones sont utilisés

1. P. W. Singer, *Wired for War. The Robotics Revolution and 21st Century Conflict*, New York, Penguin, 2009.

2. *DSI (Défense et Sécurité Internationale) Hors-Série* « Robotique militaire. La révolution est en marche », n°10, Février-Mars, 2010; (*DSI* 2010; P. W. Singer, « War Machines », *Scientific American*, July 2011.

également par des compagnies civiles pour la surveillance de leurs zones industrielles ou par les gardes-frontières. Mais ce sont aussi les robots terrestres utilisés pour la reconnaissance à l'intérieur de bâtiments présentant des dangers ou dans des zones piégées (dans ce cas le robot peut être porteur d'une arme servant à détruire l'engin explosif). Ces engins font aujourd'hui le quotidien des démineurs et des unités spéciales d'interventions de la police ou de la gendarmerie.

Ensuite, nous avons les robots munis d'un système d'armes. Les plus connus sont les drones aériens armés, qui remplacent progressivement les avions de chasse classiques. Des drones sous-marins existent également, munis de systèmes d'observation mais aussi de torpilles. Sur terre, on compte aujourd'hui aussi des blindés robotisés de différentes tailles. Les robots armés ne sont pas nécessairement mobiles. Ainsi par exemple, des robots autonomes armés très répandus aujourd'hui sont des robots de défense fixés sur des navires de guerre ou postés en bordure de bases importantes. Il s'agit de systèmes capables de détecter un tir hostile et de riposter en détruisant un obus de mortier ou un missile. Ces robots autonomes sont les analogues des pièces de défense anti-aériennes par exemple, mais dans une version complètement automatisée intégrant les systèmes de détection et de riposte ne nécessitant plus la médiation humaine.

Enfin, il s'agit des robots d'assistance. Des systèmes existent aujourd'hui permettant de jouer le rôle d'une mule transportant de lourdes charges, mais ici dans des environnements très difficiles, très dangereux ou très contaminés. On peut penser aussi à des « exosquelettes » : des systèmes robotisés semi-autonomes, qui se couplent au corps humain pour en décupler ses possibilités.

La principale motivation de l'utilisation des robots quasi-autonomes ou autonomes dans le champ de la défense est d'épargner des vies humaines lorsque l'on est forcé de travailler dans des environnements que les anglo-saxons qualifient de DDD : *Dangerous, Dull and Dirty*; c'est-à-dire pour des tâches soit dangereuses, soit fastidieuses, soit enfin pour un travail dans des zones contaminées par des agents nucléaires, radiologiques, biologiques ou chimiques. Dans le domaine de la sécurité, la motivation essentielle est d'automatiser la surveillance de zones sensibles ou de frontières en diminuant les effectifs et les problèmes liés à la fatigue ou à l'inattention des agents humains.

De plus en plus de systèmes de ce genre envahissent les armées et les sociétés de surveillance et de sécurité. Ceci ne va pas sans susciter une foule de questions inédites tant du point de vue juridique que du point de vue éthique.

Quelques questions juridiques et éthiques posés par les robots armés

Nous n'allons pas envisager ici toutes les questions juridiques et éthiques posées par des systèmes autonomes armés. Nous nous contenterons d'en survoler quelques-unes qui nous paraissent particulièrement importantes.

D'un point de vue juridique, une des questions les plus épineuses est celle de la responsabilité en cas de dégâts collatéraux. Idéalement, la responsabilité est claire : elle incombe à celui qui a décidé de mettre en œuvre le robot. Cependant, pratiquement, ce dernier peut se retourner contre la firme qui a construit le système; firme qui, elle-même, peut se retourner contre les concepteurs des composants ou des logiciels, y compris même des logiciels « éthiques » (nous y reviendrons plus loin) dans le cas où ceux-ci n'auraient pas fonctionné adéquatement. Cette extension de la chaine de responsabilité peut produire une sorte de dilution de celle-ci, à telle enseigne qu'il soit très difficile d'identifier, en un temps raisonnable, le véritable responsable. La tentation du décideur politique ou militaire peut être ici de se cacher derrière le robot autonome pour ne pas endosser ses responsabilités.

Des juristes travaillent également sur la question du statut juridique du robot. Certains envisagent, par exemple, le rapport du robot à son propriétaire, et les responsabilités légales associées, à l'instar de la relation qui lie un animal (de compagnie ou de surveillance) à son maître. En effet, l'animal est sous la responsabilité d'un être humain, mais il est aussi doué d'une autonomie et son comportement n'est donc pas entièrement déterminé par son maître. Dans une autre direction, des juristes estiment que, de la même manière qu'une entreprise, en tant que telle, peut être reconnue responsable d'une catastrophe (d'une pollution chimique par exemple), on pourrait envisager une sorte de responsabilité analogue pour un système robotisé autonome. Nous n'entrerons pas dans ces discussions qui sont pourtant d'une importance pratique considérable en cas de dysfonctionnement et de dégâts provoqués par les robots. Pour ce qui est des robots de surveillance, des questions juridiques de respect de la vie privée se posent aussi de manière cruciale. D'autres questions inédites émergent aujourd'hui concernant la régulation légale du trafic aérien dans un environnement où vont se croiser de plus en plus des avions de ligne et des drones de surveillance… Le chantier est donc immense.

Le fait que l'engagement d'un robot armé n'entraîne aucune perte du côté de l'utilisateur peut conduire à un abaissement des barrières interdisant le déclenchement des hostilités. La guerre étant moins coûteuse en vie et aussi en argent (car un robot armé coûte en général moins cher qu'un dispositif classique) elle risque d'être plus facilement déclenchée. La robotisation armée serait alors être vue comme un incitant au conflit ce qui est problématique d'un point de vue éthique et de celui du *jus ad bellum*.

En réalité, l'engagement d'un robot autonome armé produit un combat dissymétrique puisqu'une des parties ne risque pratiquement rien tandis que l'autre peut souffrir de pertes humaines importantes. Cette dissymétrie, interprétée comme de la déloyauté, peut être la cause d'animosité supplémentaire et de regain de violence de la part de ceux qui sont la cible des attaques robotisées. La guerre est toujours inhumaine, mais une guerre où l'un des protagonistes n'a plus de visage renforce encore cette inhumanité.

Une des questions importantes d'un point de vue éthique se pose déjà avec l'usage de robots armés pilotés depuis des centres de commandement situés à de très grandes distances des terrains d'opération. En effet les opérateurs ne sont pas soumis au stress et aux dangers inhérents au terrain d'opération. Ceci peut être la source d'une perte du sens de la gravité de la guerre, de la valeur de la vie humaine. Ceci peut donner lieu au développement de ce que certains ont appelé la « *play station mentality* » qui s'avère particulièrement désastreuse et dommageable dans les situations de conflits armés actuels.

Une autre question essentielle vient du fait que l'utilisation de robots autonomes armés conduit à accepter l'idée que des décisions de vie ou de mort puissent être abandonnées à des machines. Or, justement, ce que nous venons d'évoquer à propos de l'éloignement de l'opérateur par rapport à la réalité du terrain et de la délégation d'une décision potentiellement létale à une machine, peut conduire à une sorte de banalisation de l'acte de tuer. Beaucoup de tâches ou de décisions peuvent être confiées à des machines, mais peut-on accepter qu'un pouvoir de mort soit laissé à un système automatisé ?

Pour répondre à ces questions il est aujourd'hui de plus en plus important de disposer d'une réflexion éthique approfondie concernant ces systèmes automatisé. Il se fait que l'approche traditionnelle de l'éthique des technologies a été prise de vitesse par une autre approche surprenante : celle concernant la robotisation de l'éthique elle-même !

De l'éthique de la robotique à l'éthique des robots

Les questions que nous venons de soulever montrent la nécessité d'une évaluation éthique de l'utilisation des robots dans les domaines de la défense ou de la sécurité[1]. Cette évaluation pourrait se concevoir en développant

1. R. Doaré, H. Hude (éd.), *Les robots au cœur du champ de bataille*, Paris, Economica, 2011.

une éthique de la robotisation clarifiant un certain nombre de principes ou de règles à l'instar de ce que l'on fait pour d'autres situations en éthique des technologies. Cependant, en parallèle de cette approche classique s'est développée depuis quelques années une tout autre perspective. Il s'agit non plus de l'éthique de la robotique mais de ce que l'on nomme l'éthique des robots (*IRIE* 2006). Ici on vise à intégrer, dans le robot lui-même, des logiciels qui permettent le traitement et la résolution des questions juridiques et éthiques qui se posent lorsque le robot est mis en œuvre sur le terrain. L'idée est donc d'arriver à la construction d'une «*moral machine*»[1]. Cette idée n'est pas neuve. On pourrait la relier au projet de Leibniz du développement d'une procédure calculatoire universelle susceptible de répondre «mécaniquement» à toutes les questions rigoureusement posées dans une langue formelle (la *characteristica universalis*). Mais, plus récemment, on trouve cette idée dans le domaine de la science-fiction, chez Isaac Asimov, qui avait énoncé trois lois déterminant l'éthique des robots, dans l'un de ses romans *Runaround*[2]. Ces trois lois se formulent en gros comme suit: (1) Un robot ne peut faire du tort à un être humain ni permettre qu'un être humain soit mis en danger (par négligence, par manque d'assistance ou de prévoyance par exemple). (2) Un robot doit obéir strictement aux ordres que lui donne un être humain, sauf si ces ordres entrent en conflit avec la première loi. (3) Un robot est tenu de se protéger sauf si cette protection entre en conflit avec les deux autres lois. Ces principes éthiques ont des conséquences inattendues. Une de ces conséquences, mise en évidence dans la littérature est la suivante. Imaginons que les humains décident de se faire la guerre avec des armes robotisées. Les robots ne pourraient pas rester à ne rien faire! Ils devraient intervenir pour éviter cela en raison de la loi (1). Tout ordre humain leur interdisant d'intervenir serait refusé par les robots en raison de la loi (2). Ceci conduirait à une prise de contrôle de l'humanité par les robots et on ne voit pas comment les robots pourraient empêcher les humains d'être violents et de se faire du tort sans devenir eux-mêmes des machines nuisant aux humains ce qui est interdit par la loi (1). La mise en œuvre métaphorique des trois lois d'Asimov constitue une sorte de *Gedankenexperiment* montrant qu'il n'est peut-être pas aussi simple d'implémenter effectivement une éthique des robots[3].

1. W. Wallach, C. Allen, *Moral Machines. Teaching Robots Right From Wrong*, Oxford University Press, 2009.

2. I. Asimov, «Runaround», *The Complete Robot*, *op. cit.*

3. J. H. Moor, «The nature, importance, and difficulty of machine ethics», *IEEE Intelligent Systems*, July/August 2006.

Le véritable champ de l'éthique des machines est né quant à lui plus récemment dans le domaine médical avec l'invention par les Anderson d'un système automatisé d'aide à la décision en éthique médicale[1]. Aujourd'hui Ron Arkin, dans un ouvrage au titre paradigmatique, *Governing Lethal Behavior in Autonomous Robots*[2], soutient la thèse que l'on peut implémenter, dans le logiciel d'un drone armé par exemple, un programme susceptible de traiter les questions éthiques qui se posent lorsque ce robot s'apprête à tirer un missile sur une cible déterminée. Plusieurs arguments sont avancés aujourd'hui pour défendre l'utilisation de logiciels éthiques intégrés dans des « *moral robots* ». Nous allons en citer quelques-uns avant de nous pencher sur la question de la pertinence de ce genre de logiciels.

L'argument le plus fréquent plaidant pour le remplacement de l'être humain, en tant qu'agent moral, par une « *moral machine* », un système robotisé intégrant un algorithmique susceptible de modéliser un raisonnement éthique, est le fait que l'humain est faillible, sensible aux variations de son humeur et extrêmement imprévisible lorsqu'il est fatigué ou soumis à un stress très grand. Les défenseurs de la « *moral machine* » estiment que celle-ci, au contraire, est très stable, insensible au stress, au désespoir, au sentiment de vengeance,... À l'appui de cela, on produit maints exemples, tirés de conflits anciens ou plus récents, montrant des troupes devenues incontrôlables et barbares après avoir vu leurs camarades de combats traités de façon ignoble. Et l'on prétend alors qu'un « agent moral automatisé » n'aurait jamais agit de la sorte. L'idée est ici que ces systèmes robotisés, intégrant une éthique algorithmique ne peuvent faire strictement que ce qui est autorisé et de ce fait ne peuvent jamais se lancer dans des actions qui seraient uniquement dictées par la colère, l'angoisse ou le sentiment de revanche.

Un autre argument se réfère à la nécessité de traiter, dans l'urgence, une somme éventuellement considérable d'informations nécessaires à éclairer les paramètres intervenant dans une prise de décision. Ici, on insiste sur le fait que l'homme est très souvent dépassé par la complexité de la situation et que son jugement moral est nécessairement biaisé par son incapacité à maîtriser le volume de données nécessaires à la compréhension correcte du contexte. La machine pouvant traiter rapidement une foule de données complexes pourrait dès lors, à l'aide de son algorithme éthique, produire un jugement éthique plus pertinent parce que mieux éclairé.

1. M. Anderson *et al.*, « MedEthEx : Toward a Medical Ethics Advisor » in *Proceedings of the AAAI 2005 Fall Symposium on Caring Machine : AI in Eldercare*, Arlington VA, 2005.

2. R. Arkin, *Governing Lethal Behavior in Autonomous Robots* New York, CRC Press, 2009.

Un troisième argument se fonde sur le fait qu'un être humain est dans un état d'égalité vis-à-vis de la machine quand il rencontre un dilemme moral, un conflit de biens par exemple. Devant une situation où chaque décision possible conduit à violer une règle morale essentielle et où une prise de décision s'avère inévitable, certains font remarquer que l'homme ne ferait pas mieux qu'une machine ou pour le dire autrement que la machine ferait tout aussi bien que lui ; à telle enseigne qu'on ne verrait pas pourquoi il faudrait vraiment remplacer la machine « morale » par un acteur humain tout aussi indigent face à ces dilemmes inextricables.

Nous allons envisager la pertinence et la légitimité du recours à des robots possédant des logiciels éthiques, mais, avant toute chose, remarquons qu'il serait possible de faire valoir les idées suivantes en contrepoint aux trois arguments que nous venons d'exposer.

Pour ce qui concerne le premier, on pourrait dire qu'il n'est pas légitime d'opposer une machine « sans sentiments négatifs » à un être humain susceptible de perdre le contrôle et de devenir barbare. En effet, on peut penser aujourd'hui qu'une éducation morale très poussée des combattants peut être aussi le rempart à des dérives inadmissibles [1]. À l'appui de ceci, les historiens pourraient produire des noms d'officiers qui, en raison de leur éthique, n'ont pas admis de recourir, dans les situations terribles des guerres contemporaines, à des pratiques inadmissibles, comme la torture par exemple, même quand leur hiérarchie fermait les yeux ou encourageait cette dernière. Il est vrai toutefois qu'un combattant qui n'a pas d'éthique ou qui n'a pas reçu une formation déontologique et morale de haut–niveau fera souvent pire qu'une *moral machine*. Cependant, cela n'est pas une raison suffisante pour plaider en faveur du remplacement systématique du décideur militaire par une machine censément « morale ».

En ce qui concerne le second argument, il faut admettre que la complexité des situations exige le recours à une robotisation. Mais, dans certains cas, à apprécier selon les contextes, il est des situations où la vitesse de réaction d'un système robotisé peut se retourner contre l'humain ou au moins contre certains de ses intérêts. Si un robot financier faisant 100 000 transactions boursières à la seconde demande, en cas de problème, une minute pour être arrêté, il est clair que les pertes impliquées par la procédure d'arrêt pourront être énormes et directement proportionnelle à la vitesse de la machine. Dans certains contextes, mais pas dans tous bien entendu, la lenteur pourrait être un atout ! On

1. B. Royal, *La conviction d'humanité. L'éthique du soldat français*, Paris, Economica, 2008.

sait bien, en éthique médicale par exemple, que lorsqu'on en a la possibilité, la prise d'un temps plus ou moins long de réflexion, au sein d'une cellule d'aide à la décision éthique, peut être essentielle. Une vitesse de réaction ultra-rapide n'est pas toujours requise et synonyme de sécurité. Le tout est bien sûr de déterminer les circonstances où il conviendrait de réintroduire un acteur humain dans un processus décisionnel engageant des valeurs ou des intérêts importants, car le désengagement insensé de la robotique pourrait présenter aussi des dangers potentiels énormes.

Quant au troisième argument, il pose la question de savoir ce qui permet de sortir des dilemmes. Quand il refuse le pur hasard, l'humain fait appel, pour trancher un conflit de biens ou un dilemme moral, à une sorte d'intuition ou à une appréciation du contexte qui ne relève pas d'une capacité calculatoire. Il est difficile de rendre cette capacité purement transparente, car elle demande une sorte de jugement « de bon sens » ou « de prudence », dans une situation d'indétermination. La seule chose que l'on peut faire valoir ici est le fait que ce « bon sens » ou cette « prudence » qui finalement feront le choix (avec ses conséquences) ne sont pas le fait d'un pur hasard, mais ne sont pas non plus modélisables aisément par un algorithme. Ici c'est une conception de la différence « homme-machine » qui est engagée, car ce que l'on désigne par « bon sens » ou par « prudence » font référence à des traits anthropologiques spécifiques. Ceci montre, de manière intéressante, que le débat sur la question de la robotisation de l'éthique ne peut pas se départir entièrement d'une réflexion anthropologique fondamentale. Nous n'allons pas entreprendre une telle réflexion ici. Nous nous contenterons d'analyser des arguments envisageant la possibilité formelle de la constitution d'une éthique robotisée.

Une éthique algorithmique est-elle vraiment pensable ?

La signification de l'éthique algorithmique, qui est censée être le trait spécifique d'une « *moral machine* » est à géométrie variable. Pour les uns, il s'agit de la capacité d'un programme, régissant un drone par exemple, de pouvoir vérifier si les règles d'engagement ou les lois de la guerre ou encore certaines règles du droit international, sont parfaitement respectées dans l'action envisagée. Ceci suppose d'anticiper, dans un environnement donné (où peuvent être présents des combattants et des non-combattants) une série de conséquences possibles de l'action et de pouvoir vérifier si celles-ci sont en conformités avec des règles, lois ou principes prescrits par le programme. Pour d'autres, l'objectif d'une éthique algorithmique est plus ambitieux. Celle-ci devrait donner à un robot la capacité de mettre en œuvre de véritables raisonnements éthiques, qui ne sont pas de simples vérifications de la satisfaction de certaines règles prescrites *a priori*.

Il est pertinent de penser qu'un processus de vérification de certaines règles peut être implémenté dans un algorithme. Il faut néanmoins réaliser que cette vérification doit faire intervenir une description précise de la situation. Or, les conditions peuvent être à ce point complexes au sein du «*fog of war*» qu'il soit difficile voire impossible d'effectuer cette vérification. Un exemple typique est la vérification du fait que l'on n'effectue aucune action offensive contre des non-combattants. Mais la discrimination entre combattants et non-combattants n'est pas toujours possible, surtout dans des environnements urbains à densité de population élevée.

Par contre la mise au point d'une véritable « algorithmisation » de l'éthique est peut-être vouée à l'échec *ab initio*. Au fond, nous sommes confrontés ici à une question similaire à celle de la possibilité de l'informatisation complète de la décision juridique ou à celle, plus ancienne et connexe, de la possibilité de traduire tout le raisonnement juridique en une procédure totalement formalisée logiquement. Ce problème avait été posé en son temps par Chaïm Perelman, professeur à l'Université Libre de Bruxelles, membre du *Centre National de Recherches de Logique* et auteur du célèbre *Traité de l'argumentation* (1958). Ce dernier a contesté la pertinence d'une formulation ultime de l'argumentation juridique en termes de logique déontique; en particulier celle mise au point par G. H. von Wright. L'idée est ici qu'il existe une dimension proprement discursive du droit qui échappe à une formalisation logique aussi fine qu'elle puisse être. On pourrait aussi faire mention de paradoxes qui signalent les limites d'une approche du droit via une logique déontique purement formelle, comme le paradoxe de Chisholm par exemple [1] dans lequel un ensemble de propositions déontiques tout à fait raisonnables conduit immédiatement à une contradiction sous la forme d'une obligation contraire au devoir. On mentionnera enfin que dans le contexte d'une éthique utilitariste, la résolution d'un problème est basée sur un calcul d'optimisation (maximisation du bien-être et minimisation du mal-être). Or un tel calcul n'est pas toujours possible. En effet, il est bien connu que certains problèmes d'optimisation n'ont pas de solution algorithmique. En fait, l'algorithmisation de l'éthique est basée sur le présupposé implicite que toutes les composantes de la décision morale sont numérisables. Or il existe des facettes de l'agir humain – facettes hautement fluctuantes et contextuelles – qui ne sont pas quantifiables, digitalisables. Forcer leur algorithmisation risque de mener à des erreurs lourdes de conséquences.

1. R. M. Chisholm, « Contrary-to-Duty Imperatives and Deontic Logic », *Analysis*, n° 24, 1963; R. Kowalski, *Computational Logic and Human Thinking. How to be Artificially Intelligent*, Cambridge, Cambridge University Press, 2011, p. 155-165.

Une régulation de la robotique armée

Il serait dangereux de refuser totalement une robotisation dans le domaine de la sécurité et de la défense. En effet, la protection de la démocratie peut passer par l'utilisation de moyens robotisés qui, par exemple, pourraient détecter et détruire de façon automatisée des missiles lancés par des groupuscules totalitaires menaçant la sécurité internationale. La situation est similaire à celle de la robotisation des opérations de contrôle du trafic aérien. Dans des situations complexes, où la sécurité passe par le traitement d'une foule d'informations arrivant à une vitesse défiant tous les analyses humaines, une robotisation s'avère indispensable.

Néanmoins, le problème est ici une question de discernement et de prudence. La question essentielle est l'analyse détaillée des critères qui président à l'évaluation d'une menace ou à la détermination de ce qu'il est important de protéger et du prix à payer pour cette protection. On sait que la protection peut parfois signifier un repli qui pourrait aller de paire avec des nationalismes égoïstes, avec ce que Bergson appelait les « sociétés closes »[1]. Que faut-il protéger? Pourquoi? Comment et à quel prix? Voilà les questions essentielles qu'une éthique de la robotisation autonome ne pourra éviter.

La question n'est donc pas de trancher entre l'utilisation massive ou le refus absolu d'une robotisation en matière de sécurité et de défense. Le point crucial est plutôt d'arriver à déterminer des critères précisant les situations dans lesquelles il est légitime de déléguer des pouvoirs humains à des machines autonomes et celles où il est indispensable de se désengager de la robotique autonome en raison du fait que celle-ci pourrait se retourner contre l'humain lui-même ou contre les objectifs qu'il s'est fixé.

Il est important de disposer d'une procédure qui puisse, suivant les circonstances, mettre fin au mode purement autonome du fonctionnement d'un robot. Il n'est pas raisonnable de préconiser le refus radical d'une robotique autonome, ni même de tout « logiciel éthique » supervisant les comportements de ce genre de machine. Il convient plutôt de penser une régulation de son usage; une régulation qui passe par l'utilisation de critères extrêmement précis, permettant de déterminer les situations où l'on impose la sortie du mode algorithmique, où l'on renonce à la « *moral machine* », pour entrer dans un mode qui redonne toute sa place à l'acteur moral humain, pouvant alors juger selon cette prudence à laquelle Aristote donnait une grande importance et

1. H. Bergson, *Les deux sources de la morale et de la religion*, Paris, Félix Alcan, 1937, p. 287-292.

s'ouvrant à des valeurs qui échappent résolument au champ de l'algorithmique. Il s'agit donc ici non pas tant d'un refus de la technologie, quand elle sert l'homme, mais de la possibilité de s'en extraire, dans les cas où des décisions engageant la vie de personnes humaines risquent d'être automatisées puis banalisées.

On ne peut vouloir dépasser les limites de l'humain en le remplaçant par des machines qui, dans certains cas, feraient soit aussi bien, soit moins bien que lui. Le progrès technologique ne passe pas par la suppression de l'acteur humain, souvent plus lent, plus fragile, moins performant que certaines machines, mais par l'établissement de relations « homme-machines » dans lesquelles est prise en compte le fait que, dans certaines situations (à identifier avec précision), cette lenteur, cette moindre performance ou cette fragilité peut se révéler être un élément positif empêchant le dangereux emballement des machines et la mise en péril de l'humain, surtout dans le domaine de la sécurité ou de la défense. Au cœur de ces relations « hommes-robots », où un pouvoir important de décision est délégué à un système robotisé, il conviendrait, afin de s'en prémunir, d'identifier certains effets négatifs qui sont bien connus dans les mécanismes de prise de décision par des groupes humains. Le robot, en raison de ses performances extraordinaires, pourrait de fait en venir à jouer le rôle de ces supérieurs que l'on n'ose plus contredire. Or cette soumission à l'autorité peut-être, comme l'a bien montré Christian Morel, l'une des sources d'erreurs de décision aux conséquences catastrophiques [1]. Le débat contradictoire doit rester l'un des éléments importants du dialogue « homme-robot », car ce débat constitue un des éléments centraux de la prise de décision fiable. De ce fait, l'homme reste, par son pouvoir de recul, de contestation voire de contradiction, une pièce maîtresse de la fiabilité des systèmes robotisés dans leurs champs d'application contemporains et spécialement dans le contexte de la sécurité et de la défense.

Dominique Lambert

SCIENCE-FICTION

La SF est un terrain privilégié pour l'expression imaginaire de l'éventail complet des « préfixes de l'humain » : pré, trans, post, ab, sub, sur, supra, in-…

1. Ch. Morel, *Les décisions absurdes II. Comment les éviter*, Paris, Gallimard, 2012.

Ceci se vérifie dès les œuvres que l'on a coutume de retenir comme inaugurales du genre.

Frankenstein or the Modern Prometheus (1818) de Mary Shelley enracine la SF dans une mutation du roman gothique qui mettait en scène des entités non humaines surnaturelles (spectres, démons, fantômes, revenants…). Mais délibérément, le « fantastique » de *Frankenstein* est présenté comme rationnellement explicable : ce sont la science et la technique qui engendrent le non humain. Shelley rompt aussi avec la tradition du Golem, car la créature du docteur Frankenstein est animée non par le symbolique (une lettre, un mot, une formule ésotérique ou magique) mais par la technique et des réalités physiques (l'électricité). Toutefois, la non humanité de la créature est ambiguë. Il est composé de pièces prélevées de cadavres humains et il est doué de raison, de volonté et d'émotion. Sa méchanceté est une conséquence de sa solitude et du rejet qu'il subit. Il ne cesse de réclamer une compagne que le docteur Frankenstein lui refuse, car celui-ci ne veut pas davantage encore trahir les hommes en permettant la perpétuation d'une espèce artificielle au péril de l'humanité.

Les romans d'anticipation de Jules Verne illustrent surtout le progressisme dans le sillage des Lumières et de la Révolution Industrielle : une humanité dont les pouvoirs s'accroissent grâce aux développements techniques mais qui n'est pas elle-même affectée par ces transformations matérielles externes. Ses héros sont des individus – savants et ingénieurs aventureux – géniaux et audacieux, mais pas à proprement parler des « surhommes ».

Maurice Renard lui reprochera cette timidité dans un court essai de 1909 : *Du roman merveilleux-scientifique et de son action sur l'intelligence du progrès*. Il y oppose le prudent progressisme de Verne à l'audace spéculative des « romans scientifiques » de H.G. Wells qui n'hésite pas à imaginer des formes de vie non humaines extraterrestres (*The War of the Worlds,* 1898 ; *First Men in the Moon,* 1901) ou la mutation de l'espèce humaine en deux sous-espèces posthumaines, et même l'anéantissement de toute vie dans le très lointain futur (*Time Machine,* 1895). Wells a assimilé la révolution darwinienne et ses conséquences possibles pour l'avenir de l'humanité alors que Verne demeure captif de l'idéologie du progrès historique qui trouve son origine et sa fin en l'homme dont la nature est conçue comme fondamentalement immuable. Renard veut que le merveilleux-scientifique nous mène au-delà de l'utilitarisme d'un progrès accroissant simplement notre confort et notre puissance : une idéologie qui n'accorde à la science que des usages thérapeutique ou d'amélioration internes à la condition humaine. Certes, écrit-il, « le héros, l'homme presque divin, le continuateur du Dieu de la Genèse, c'est l'ingénieur qui met à notre corps des sortes de rallonges » accroissant la perception et l'effectuation (Renard parle d'« orthopédie renforçatrice » et de « prothèse amélioratrice »). Mais « le comble du progrès » est, par exemple, dans les aéroplanes, car ils ne renforcent pas simplement des capacités naturelles à notre espèce : ils nous lancent dans l'élément d'autres espèces, nous font changer de forme de vie – « nos bras sachant devenir des nageoires et non pas des ailes ». Le merveilleux-scientifique « dégage sans pitié de l'idée de science toute arrière-pensée d'usage domestique et tout sentiment d'anthropocentrisme ».

Renard invite implicitement à distinguer trois imaginaires respectivement inspirés par l'humain, le transhumain et le posthumain. (1) *l'imaginaire réaliste traditionnel,* en accord avec la médecine thérapeutique et palliative ; il s'exprime à travers les variations littéraires (psychologiques, morales, sociales) sur la condition humaine ancrées dans la nature humaine immuable ; (2) *l'imaginaire progressiste éventuellement utopiste* visant l'amélioration de la condition et des capacités humaines et s'enracinant dans l'idée d'une perfectibilité autre que simplement morale de l'homme ; il s'exprime notamment dans la médecine d'amélioration ; (3) l'imaginaire suggéré par le « merveilleux-scientifique » qui relativise cette idée de progrès interne à la condition perfectible de l'homme. Cet imaginaire va aux limites pour les transgresser et ouvre sur l'infini. Cet *imaginaire spéculatif,* que les technosciences dotent d'une portée opératoire et pratique, suggère des transcendances et des altérités – des altérations, des transformations radicales – aussi périlleuses que fascinantes qui mènent hors de l'humain.

L'essor américain de la science-fiction sous l'impulsion de Hugo Gernsback (qui introduit le néologisme : d'abord « scientifiction », *Amazing Stories,* avril 1926 ; ensuite « science fiction », *Science Wonder Stories,* juin 1929) se situe essentiellement dans le cadre de l'imaginaire progressiste : celui du surhomme à venir, ou plutôt de « Superman ». Y domine l'enthousiasme pour le progrès scientifique et technique qui est une aventure, une exploration, une conquête de frontières toujours nouvelles, car la conviction est qu'à la longue « rien n'est impossible ». L'élite surhumaine demeure dans des cités technocratiques gérée par des machines et un conseil d'experts. Il arrive que la gestion devienne l'apanage exclusif d'un calculateur central. Ce technocosme urbain futuriste est généralement vertical, tendu vers le ciel et, au-delà, vers les étoiles. L'idée de villes de l'espace s'exprime très tôt au XXe siècle. Toutefois, cette surhumanité qui va avec la puissance, la connaissance, la jouissance supérieures ainsi qu'avec une longévité qui peut confiner à l'amortalité, ne donne pas à voir une nature humaine modifiée en profondeur. La philosophie des techniques sous-jacente est un anthropocentrisme instrumentaliste qui continue de penser la technique surtout comme une boîte à outils gigantesque.

Le corps humain, la nature humaine et ses besoins ne sont pas radicalement mis en question. Les besoins sont satisfaits et les facultés humaines physiques et cognitives sont seulement améliorées ou augmentées. On se trouve dans le prolongement de l'humanisme progressiste. La relation homme-technique reste en extériorité, même si l'aliénation sociale des individus peut être très profonde : la robotisation psychologique – souvent dénoncée – n'est pas comparable au fantasme du cyborg. Cette vision a sous-tendu bien des romans d'auteurs « classiques », tels J. Campbell (*The Mightiest Machine,* 1934), R. Heinlein, E. E. « Doc » Smith, J. Williamson, I. Asimov (qui offre, dès 1940, une vision positive humaniste des robots à la fois supérieurs à l'homme et auxiliaires bienveillants de celui-ci, en réaction contre le préjugé « Frankenstein »), A. C. Clarke, Van Vogt... Elle s'est exprimée en France dans les années 1950, en particulier dans les titres publiés dans la collection Anticipation du Fleuve Noir, dont les quatre premiers titres forment la série « Les Conquérants de l'Univers » (Richard-Bessière).

Au cours des années 1960, un courant appelé la « New Wave » se développe, influencé par les mouvements de contre-culture qui dénoncent l'optimisme technocratique du Golden Age de la SF assimilé à un escapisme conservateur dans la mesure où il ne fait nullement évoluer les institutions, relations et rôles sociaux. La New Wave conteste le paradigme dominant des sciences dures et de leurs héros scientifiques et techniciens. Elle veut privilégier les sciences humaines, l'analyse psychologique, politique et sociologique. Elle juge les technosciences anti-humanistes, voire inhumaines et rejette les spéculations trans- ou posthumanistes comme des fantasmes au mieux insensés, au pire dangereux, ou encore à interpréter dans le cadre de l'évolution des mentalités face aux discriminations sexuelles, raciales et de genre (le courant de la SF féministe). Des auteurs tels Harlan Ellison, Ursula Le Guin, Samuel Delany, Joanna Russ, John Brunner ou Jim Ballard s'y rattachent.

Le courant « Cyberpunk » s'affirme au cours de la décennie 1980. Les fondateurs du mouvement sont William Gibson et Bruce Sterling. Gibson publie en 1984 le roman le plus fortement associé au Cyberpunk : *Neuromancer.* Il renoue avec la *hard* SF, mais on a changé de technosciences : place aux TIC (Technologies de l'Information et de la Communication) et aux biotechnologies, et à toutes les combinaisons technoscientifiques, à tous les bricolages. L'hybridisme, le mélange, sont omniprésents ; mais le plus souvent violents, sombres, sauvages et non régulés. Le mélange dominant est le cyborg : l'individu branché sur le cyberespace et sur une infinité de prothèses dont la ville constitue, en quelque sorte, la somme englobante. La technique est *immédiate,* car elle pénètre physiquement les corps et les cerveaux humains pour les manipuler, les amplifier et les interconnecter. L'univers cyberpunk est intégralement matérialiste mais sans métaphysique. Tout est matière ou énergie – du quark au gène, du neurone au cyberespace – opérable, transformable indéfiniment. Cette matérialité intégrale se nuance suivant un éventail qui va du plus subtil – la réalité virtuelle du cyberespace – au plus grossier : les milliards de tonnes de déchets et d'ordures produits continuellement par les mégapoles. En tant qu'ils sont encore des corps, les humains relèvent de la matière lourde. Mais cette « viande » (« meat » et non « flesh ») leur pèse et les nouvelles technologies entretiennent les fantasmes non plus d'autres planètes, mais d'autres mondes, d'autres transcendances quasi-immatériels à la pointe des nouvelles technologies, en particulier celles qui permettent le branchement direct du cerveau (et donc du sujet) sur le terminal porte d'entrée de la réalité virtuelle du cyberspace. Ayant rompu avec l'humanisme traditionnel et moderne, le cyberpunk est fasciné par des thèmes transhumanistes et plus encore posthumanistes qui suggèrent la transformation radicale ou la disparition pure et simple de l'espèce humaine. Le Cyberpunk n'a pour l'être humain aucune sollicitude, aucun respect : il projette dans le posthumain suivant deux trajectoires : celle du cyborg ou anthropotechnique ; celle des artefacts non humains intelligents qui peuplent tant le technocosme physique (toutes espèces de « robots ») que le cyberespace (les IA ou Intelligences Artificielles).

L'histoire de la SF constitue moins une succession d'étapes distinctes qu'un enrichissement progressif incluant des aspects des phases antérieures et excluant fort peu. La SF Golden Age ou New Wave ou Cyberpunk persistent au tournant du millénaire et se mêlent en des œuvres complexes et hybrides. Cette diversité inclusive est typique de la postmodernité.

Mais si le cyberpunk représente une postmodernité à la limite du nihilisme, on repère au cours des dernières décennies du XXe siècle et au début du XXIe siècle des œuvres exprimant une *hard* SF postmoderne plus positive, réconciliée dans une certaine mesure avec l'idée de progrès mis au pluriel.

Un groupe de nouvelles sciences et technologies y joue un rôle de plus en plus important : les technologies digitales *et* les nanotechnologies. Technologies nano et numériques paraissent universelles, car radicalement transversales par rapport aux distinctions classiques : tout est numérisable et tout est constitué de particules atomiques et subatomiques. Ainsi réduit, tout devient interconnectable, recombinable, mobilisable. Les oppositions et distinctions stables qui caractérisent la tradition et la modernité s'estompent : il n'y a plus de différence essentielle entre matières inertes, vivantes, pensantes, naturelles, artefactuelles. Tout communique et est diversement articulable suivant ce matérialisme pluriel et opératoire, compatible avec les diverses formes de dématérialisation permises par les TIC (du *wifi* au cyberspace) et par les nano (quasi-intangibilité). La cité postmoderne est simultanément un espace de fortes matérialisation et dématérialisation techniques. Ce matérialisme complexe, pluriel et ouvert est valorisé positivement.

La dissolution des structures conceptuelles duelles hiérarchisées concerne tant la différence des genres ou sexes que les oppositions nature/artifice, réalité/apparence, etc. Mais cette situation n'est pas vue comme l'expression d'un chaos nihiliste, catastrophique ou monstrueux. Le nihilisme, c'est-à-dire la dissolution des valeurs fondamentalistes et essentialistes, est devenu positif : créativité indéfiniment ouverte, diverse et multiple, gage de liberté et de tolérance. Il y a un *réenchantement matérialiste artificialiste* du monde.

Nous ne sommes plus dans une philosophie anthropocentriste et instrumentaliste. La référence stable d'une nature humaine immuable ne tient plus. La technique est plus et autre chose qu'un ensemble d'outils externes disponibles, elle est même plus qu'un milieu englobant, puisqu'elle pénètre l'homme de toutes parts et peut le transformer intimement, aussi biophysiquement. Dans les utopies postmodernes, la nature artificieuse technicienne de l'homme – notre espèce technique : *species technica* – est *acceptée*. Le rapport à la technique est plus détendu, apprivoisé, convivial; il peut aussi exprimer avec humour une connivence ludique. Il ouvre sur la diversité des combinaisons techno-culturelles d'un monde globalisé.

Nous présentons très brièvement ci-dessous un choix d'œuvres qui illustrent les thématiques postmodernes et à des degrés divers transhumanistes et/ou posthumanistes.

Schismatrix[1] de Bruce Sterling excède le cyberpunk tout en y étant fortement associé. Il se situe dans un futur expressément présenté comme « posthumain » : l'espèce humaine s'est diversifiée en deux branches visant l'une et l'autre une longévité indéfinie et un accroissement de capacités et d'habiletés, mais en recourant à des technologies différentes : les Formationnistes (*Shapers*) recourrent aux biotechnologies et aux psychotechniques; les Mécanistes (*Mechanists*) aux prothèses et autres technologies cybernétiques. Les hybrides recourant au bricolage mêlant toutes ces technologies ne sont pas rares. La Schismatrice est « a posthuman solar system, diverse yet unified, where tolerance would rule and every faction would have a share »[2]. Le terme « posthuman » intervient à plusieurs reprises, mais il n'est jamais défini d'une manière univoque, puisque les technocultures qui s'en réclament sont diverses. Le posthumain est un concept que la philosophie politique n'épuise pas. Il renvoie à une philosophie de la vie en évolution. « The future belongs to

1. B. Sterling, *Schismatrix*, New York, Ace Science Fiction, 1985.
2. *Ibid.*, p. 133.

Posthumanism, Lindsay. Not to nation-states, not to factions. It belongs to life, and life moves in clades »[1].

Mais l'on est frappé par le caractère « humain, trop humain » des motivations des « posthumains », de l'arène des désirs individuels à celle de la politique omniprésente. C'est davantage par les descriptions concrètes détaillées des lieux et des individus physiquement transformés parfois très profondément que le roman frappe l'imagination. Lindsay, personnage central, est complexe et joue sur les divers tableaux ; il est un « borderline posthuman » : né dans une famille Mec, il s'est rapproché des Formationnistes. Mais il vise, en réalité, une transcendance qui le conduirait au-delà des partis pris politiques et idéologiques et même de toute forme humaine et non humaine définie. Nous sommes dans une optique de *techno*mysticisme, au sens où l'on attend non prioritairement d'un travail symbolique (spirituel) mais bien d'opérations matérielles techniques l'accès à l'absolu. Toutefois, Lindsay entreprendra sa migration vers cette « final transcendance » avec l'aide d'un *alien* mystérieux qui lui permettra de quitter son corps comme une défroque inutile et de se fondre dans toutes les formes cosmiques possibles. L'univers de la Schismatrice est encore illustré dans les nouvelles reprises sous le titre *Schismatrix* +(1989) qui accentuent le thème du posthumanisme.

À travers ses nombreux romans et nouvelles, Greg Egan met en scène les trans- et posthumanisme avec une authentique profondeur philosophique et sur un ton généralement positif. Parmi ses titres les plus remarquables, citons : *Permutation City* (1994), *Axiomatic* (1995), *Distress* (1995), *Diaspora* (1997), *Teranesia* (1999).

Permutation City est un gros roman complexe et technique sur le thème de la numérisation des personnes vivantes ou décédées conduisant à une sorte d'immortalité informatique ou à la production de copies devenant elles-mêmes autonomes et conscientes. Il soulève des questions fondamentales sur la notion de « personne » et sur les formes et niveaux de réalité ou de matérialité qui renvoient à une « ontologie de la poussière ».

Axiomatic rassemble des nouvelles qui s'inspirent des bio-technosciences et des technociences cognitives, spécialement le recours à des nano-neuro-implants ou « mods » permettant l'auto-manipulation des émotions autant que des facultés cognitives, en particulier des croyances. Les trans/posthumains s'interrogent sur les effets de ces nanotech sur l'identité personnelle (l'être-soi), la liberté, la conscience. Les « mods » ou « axiomatics » sont des dispositifs pas plus grands qu'un grain de sable que l'on inhale et qui se fraye un

1. B. Sterling, *Schismatrix*, *op. cit.*, p. 208.

chemin jusqu'au cerveau où ils lâchent une multitude de nanobots qui reconfigurent les liaisons neuronales de manière à y inscrire, soit de façon définitive, soit pour un temps déterminé, des présupposés, postulats, axiomes, choisis. Ce type d'implants inscrit donc des convictions au choix. Il y en a de toutes espèces ou presque : par exemple, s'il y a bien un mod d'« humanisme laïque », il n'y en pas de mod d'« agnosticisme hésitant », car « à l'évidence, il n'y avait pas de marché pour le doute »[1].

Distress (en français : *L'énigme de l'univers*) a pour narrateur un journaliste scientifique, Andrew Worth, doté de micro-artefacts incorporés qu'il peut utiliser à volonté en les invoquant intérieurement à l'aide d'un mot-code, ou d'un mouvement pupillaire. Ces prothèses amélioratrices ou « augmentantes », couplées au système nerveux, sont ressenties comme « partie intégrante de mon corps, comme n'importe quelle autre organe »[2]. Après des missions qui l'ont conduit à interviewer l'Association des Autistes Volontaires qui dénoncent les définitions normatives de la santé et de l'humain, puis un milliardaire survivaliste qui a modifié radicalement son métabolisme et celui de sa descendance grâce à la génétique de synthèse rendant capables de survivre parmi les gaz les plus nocifs, de s'alimenter à partir d'à peu près n'importe quoi et de résister à n'importe quelle infection, Worth est envoyé sur Anarchia (*Stateless*), une île « vivante et artificielle »[3] qu'un groupe de chercheurs ont fait pousser dans les eaux internationales du Pacifique Sud. Ce groupe est proche du mouvement de *Technolibération* (en français), dont le nom signifie « à la fois le pouvoir donné aux humains par une technologie libératrice et la "libération" de la technologie elle-même de toute emprise restrictive. »[4]. Une société libertaire a prospéré sur Anarchia dont la solidarité et la résilience reposent sur le partage de quelques valeurs, d'une culture technoscientifique et de la vive conscience de la précarité et de la vulnérabilité du substrat biophysique. Cette nouvelle société n'a pas sa place parmi les catégories politiques classiques : « La technologie vous a donc fourni un raccourci pour une nouvelle société ; tous les vieux modèles avaient perdu leur pertinence. »[5]. Worth a pour mission d'assister au Congrès de physique consacré à la Théorie de Tout dont l'annonce suscite des réactions irrationnelles venues de sectes diversement technoscientophobes et dogmatiques. Anarchia est devenue pour l'événement un grand bazar techno-culturel

1. G. Egan, *Axiomatique*, Paris, Le Livre de Poche, 2009, p. 170.
2. G. Egan, *L'énigme de l'univers*, Paris, Le Livre de Poche, 2001, p. 259.
3. *Ibid.*, p. 127.
4. *Ibid.*, p. 218-219.
5. *Ibid.*, p. 190.

postmoderne qu'Egan décrit avec un humour satirique. Le récit est aussi riche en rebondissements qu'en innovations technologiques et en spéculations aux limites des sciences, de la philosophie et de la théologie. Worth se lie d'une étrange amitié amoureuse avec un/e asexe (il y a sept genres sur Anarchia). Commentant l'œuvre d'Egan, Blackford observe : « Such a universe has no meaning, and requires no gods or other metaphysical entities. Yet, the feeling conveyed is not of terror or despair, but of wonder. » Ou encore : Egan a « a science-friendly worldview », libératrice et rejetant les « traditional sources of meaning or value, such as religious faith, or popular substitutes such as New Age spirituality » [1]. Le transhumain et le posthumain chez Egan enrichissent humanisme pluriel et ouvert à l'évolution qui n'a plus peur d'explorer les abîmes.

Sur un mode beaucoup plus léger, il faudrait évoquer longuement le « Cycle de la Culture » de Iain M. Banks. Commencé en 1987 avec *Consider Phlebas* (*Une forme de guerre*), ce space-opera postmoderne compte aujourd'hui une dizaine de titres. La Culture comprend une multitude de mondes partageant quelques valeurs telles la tolérance, le respect de l'autre, l'égalité, le goût de la diversité, du changement et du libre-échange, une philosophie matérialiste et hédoniste. Elle est profondément technophile et co-gérée par des humanoïdes et des IA, auxiliaires multiformes et omniprésents. Les citoyens de la Culture ne vivent plus guère sur des planètes, mais dans des technocosmes absolus : de gigantesques vaisseaux toujours en mouvement à travers la galaxie ou des Orbitales, anneaux-mondes de plusieurs millions de kilomètres de circonférence, tournant sur eux-mêmes comme des roues et gravitant autour d'une étoile. Le trans/posthumain y est omniprésent, apprivoisé et familier.

Le nom de l'auteur américain Vernor Vinge est associé à la notion de Singularité technologique qu'il a introduite dans un bref essai de 1993 (« The Coming Technological Singularity : How to Survive in the Post-Human Era ») et qui fut reprise et popularisée par Ray Kurzweil une dizaine d'années plus tard. La perspective est évolutionniste, non restreinte au sens biologique. L'idée est que l'accélération de l'innovation technologique associée à l'apparition de propriétés émergentes (imprévisibles par définition) interdit toute anticipation de l'avenir qui apparaît opaque à la manière d'un mur ou telle une courbe qui brusquement devient verticale pour filer à l'infini. Ainsi pourrait être créée, sans que l'on puisse le prévoir, une intelligence supra/ posthumaine dans un futur encore proche. « Within thirty years, we will have the techno-

1. D. Seed (ed.), *A Companion to Science Fiction*, Oxford, Blackwell, 2005, p. 486 *sq.*

logical means to create superhuman intelligence. Shortly after, the human era will be ended »[1]. Il s'interroge tant sur les modalités d'avènement de la Singularité que sur les possibilités de survivre à ce genre de « progrès » ruinant non seulement les conditions physiques, biologiques mais encore les cadres conceptuels qui ont permis jusque-là de comprendre, d'expliquer, de penser le cours des choses. Vinge évoque principalement l'avènement d'une super-intelligence artificielle consciente dans la foulée de l'accélération des TIC, des biotechnologies et des nanotechnosciences : un surgissement se produisant soit dans un hyper-ordinateur, soit dans un réseau d'ordinateurs, soit dans l'interfaçage de cerveaux et de dispositifs électroniques, appuyés par des modifications biogénétiques du cerveau et de l'homme plus généralement (longévité, immortalité). Il parle de « superhumanité, posthumanité, transhumanité » et évoque quelques auteurs de SF : Stapledon, Asimov, Herbert, Bear, Swanwick, Niven..., ainsi que ses propres fictions. Plusieurs romans de Vinge tournent autour de cette problématique sans nécessairement la nommer. Ainsi, *A Fire upon the Deep* (1992) introduit dans un avenir très lointain des zones de la Galaxie dont les plus extérieures (« The Transcend ») sont habitées par des entités qui on réalisé la transcendance technologique et sont devenues amortelles et quasi immatérielles : ce sont les Puissances. Ce roman est un bon exemple d'imaginaire spéculatif qui matérialise l'idéalisme ou idéalise le matérialisme via la technoscience et illustre la transcendance opératoire. *Marooned in Real Time* (1986) (en français : *La captive du temps perdu*) se situe dans un avenir très lointain post-Singularité ; en revanche, *Rainbows End* (2006) se situe un peu avant la Singularité.

Beaucoup d'autres œuvres de ce dernier quart de siècle imaginent la postmodernité trans/posthumaine. Signalons l'inoubliable *Black Milk* (en français : *Le lait de la* Chimère) de Robert Reed (1989) qui met en scène divers enfants génétiquement manipulés ; *Hyperion* (1989) et les IA du TechnoCentre fomentant la fin du genre humain, de Dan Simmons ; *Darwin's Radio* (1999) et *Darwin's Children* (2003) de Greg Bear ; la série de l'*Emortality* de Brian Stableford (dont *Inherit the Earth,* 1998 ; *Architects of Emortality,* 1999 ; *The Fountains of Youth,* 2000) ; la trilogie *WWW* de Robert J. Sawyer (*Wake,* 2009 ; *Watch,* 2010 ; *Wonder,* 2011) mais aussi *Mindscan* (2006) et *Rollback* (2007) sur le téléchargement numérique de la conscience et l'allongement de la vie ; *Transcension* (2002) de Damien Broderick illustre des idées que cet auteur, également essayiste, a exposées dans *The Spike : How Our Lives Are Being*

1. V. Vinge, « The Coming Technological Singularity : How to Survive in the Post-Human Era », disponible sur Internet.

Transformed by Rapidly Advancing Technologies en rapport avec la Singularité technologique ; ou encore Charles Stross avec *Accelerando* (2005), Paul McAuley avec sa série épique commencée dans *The Quiet War* (2008), Cory Doctorow avec *The Great Big Beautiful Tomorrow* (2011)…

Mais la thématique du trans/posthumain est, comme je l'ai dit, consubstantielle à la SF dès son origine. Sans utiliser les néologismes dont la vogue est récente, nombreux sont les auteurs « classiques » à l'avoir traitée bien avant les toutes dernières décennies du XXe siècle. Olaf Stapledon, philosophe, embrasse toute cette thématique dès son *Last and First Men : A Story of the Near and Far Future* (1930) qui inspirera les plus grands ; Murray Leinster intitule une nouvelle « The Trans-Human », qui désigne un humain élevé dans un environnement extra-terrestre, publiée en 1953 (*Science-Fiction Plus,* vol. 1, n°7) ; à côté d'innombrables fictions futuristes progressistes prudentes, Arthur C. Clarke illustre le posthumain avec *Childhood's End* (en français : *Les enfants d'Icare*) (1953) qui confine au techno-mysticisme, et le transhumain dans *The City and the Stars* (1956) ; il présente ces idées dans les essais de *Report on Planet Three and other speculations* (1972), de même que Stanislas Lem qui a été le plus radical dans les extraordinaires spéculations techno-scientifiques de sa *Summa Technologiae* (1964) ; en 1958, Stefan Wul combine clonage et posthumain dans *La Mort vivante ;* les nombreuses nouvelles de Cordwainer Smith reprises dans la série *The Instrumentality of Mankind* (*Les Seigneurs de l'Instrumentalité*) rédigées dans les décennies 1950 et 1960, qui introduit aussi des subhumains, un sous-peuple (*The Underpeople*)… Mais il y a aussi, parmi bien d'autres, *Slan* de Van Vogt (1946) ; *More than Human* de Theodor Sturgeon (1952) ; *Apparition des surhommes* de B. R. Bruss (1953) ; *The End of Eternity* d'Isaac Asimov (1965) ; *Bug Jack Barron* (*Jack Barron et l'éternité)* de Norman Spinrad (1969) ; *Son of Man* de Robert Silverberg (1971)…

Je développe moi-même la problématique ab/trans/posthumaine dans la troisième partie (« Le Mur cosmique ») de ma thèse de doctorat [1] et l'illustre dans un roman de SF – *Species Technica* – en 1981 [2].

Récemment, des anthologies thématiques ont été publiées sur ces sujets [1] La revue *Nature* publie depuis plusieurs années une nouvelle de SF dans

1. G. Hottois, *Essai sur les causes, les formes et les limites de l'inflation du langage dans la philosophie contemporaine,* Thèse de doctorat, Université Libre de Bruxelles, 1976 ; publié partiellement comme livre en 1979.

2. G. Hottois, *Species Technica*, *op. cit.*, publié en 2002, suivi d'un *Dialogue philosophique avec J.-N. Missa.*

chacun de ses numéros; le recueil qui en a été tiré par Henry Gee[2] atteste que la majorité des nouvelles touchent à la notion de post/transhumain.

L'intérêt des critiques et théoriciens de la SF pour les thèmes du trans/posthumanisme, de la Singularité, de la technoscience et, bien entendu, du postmodernisme en général a été croissant à partir des années 1990. La revue universitaire *Science Fiction Studies* a consacré un numéro à « SF and Postmodernism » dès 1991. La revue universitaire *Foundation* publie un « Symposium on Posthuman SF » en 2000. La « Eaton SF Conference » de 2011 (University of California, Riverside) a débuté par un Symposium sur la Singularity; celle-ci ainsi que les thèmes trans/posthumanistes ont mobilisé de larges auditoires aux WorldCons de SF de ces dernières années.

Dès la Eaton Conference de 1999 sur *Science Fiction and the Two Cultures : Essays on Bridging the Gap between the Sciences and the Humanities,* George Slusser analysait la question en profondeur dans « Dimorphs and Doubles : J. D. Bernal's "Two Cultures" and the Transhuman Promise ». Il applique certaines idées de J. D. Bernal[3] à quelques romans de SF. La transcendance de l'homme dans une perspective technoscientifique évolutionniste, le « dépassement » trans- ou posthumain, peut prendre plusieurs formes. Si ce dépassement aboutit brutalement ou peu à peu à une discontinuité radicale avec la forme humaine, on est confronté à une impasse narrative, car cet autre absolu ne peut être raconté ou décrit. Ce que l'on peut décrire, ce sont les modalités, circonstances, étapes de son avènement, qui reste largement un récit de l'homme en transformation monstrueuse ou angélique, pour l'essentiel reconnaissable. Si le dépassement lui-même ne coïncide pas avec une transformation radicale, l'homme transcendé n'est rien de plus qu'un homme augmenté, amélioré ou monstrueux. Le processus dimorphique par lequel le posthumain se sépare de l'humain est toujours un dédoublement qui conserve l'homme alors même qu'il est nié. C'est une condition de possibilité de la narration elle-même, qui s'adresse à nous – lecteurs humains. L'évolution de l'homme laisse généralement derrière elle une fraction plus ou moins étendue

1. G. Dozois (ed.), *Supermen : Tales of the Posthuman Future,* New York, St Martin's Griffin, 2002; J. P. Kelly, J. Kessel (eds.), *Rewired : the Post-Cyberpunk Anthology,* San Francisco, Tachyon, 2007; *Digital Rapture : the Singularity Anthology,* San Francisco Tachyon, 2012; M. L. Van Name, T. K. F. Weisskopf (eds.), *Transhuman,* New York, Baen, 2009.

2. H. Gee, (ed.), *Futures from Nature : 100 Speculative Fictions from the Pages of the Leading Science Journal,* New York, TOR, 2007.

3. J. D. Bernal, *The World, the Flesh and the Devil : an Inquiry into the Future of the Three Enemies of the Rational Soul,* (1929), London, Cape, 1970.

de l'espèce humaine non transformée, comme dans un Parc, une Réserve, un Zoo, quelquefois héritière de la Terre que les trans/posthumains ont abandonnée. Pour Slusser, il existe une limite narrative (spéculative ?) indépassable sous peine d'ineffabilité, de telle sorte que la SF ne peut s'arracher au cercle du mythe. Mais ni Bernal ni, surtout, la SF n'écartent la possibilité que

> at this instant of dimorphic split, *external* forces of evolution may take advancement out of our hands (...) and spin off some new, upward striving form of life that may, like Clarke's Overmind, do the unthinkable and simply break contact with us. This intolerable possibility leads to something unique in SF's storytelling – its fascination with threshold situations, which offers glimpses of ineffable otherness at the farhest limits of human myth (...) SF has not broken the circle of myth, but it has pushed its envelope as far as any form of narrative has ever done.

Ainsi que je le soulignais voici plus de trente ans (*cf.* ci-dessus), ce ne sont pas des forces purement symboliques qui peuvent effectivement conduire dans le trans/posthumain, mais bien l'opérativité technoscientifique et biophysique évolutives que le symbolique encourage ou freine diversement.

Suivant la sociologue et théologienne Elaine Graham [1], loin d'être étranger aux désirs de sur/trans/posthumanité, le spiritualisme religieux soutient la dynamique de l'innovation et les anticipations de transcendance de la condition humaine. Mais il ne s'agirait, en réalité, que de visions millénaristes sécularisées qui dissimulent les vraies questions socio-politiques et éthiques d'un darwinisme social déguisé. Car les migrations trans/ posthumanistes hors de la condition humaine ne seraient accessibles qu'à une fraction de l'humanité du fait de la limitation des ressources.

Sans nier l'existence d'influences idéalistes et spiritualistes sur la problématique de l'ab/trans/posthumanisme et ses expressions sfictionnelles, variables selon les auteurs, j'estime qu'il est trop facile et abusif de vouloir récupérer de cette manière la nouveauté irréductible des questions suscitées et illustrées par un imaginaire spéculatif qui a en profondeur assimilé les leçons du matérialisme opératoire, technoscientifique non métaphysique, post-copernicien et post-darwinien.

Gilbert Hottois

1. E. L. Graham, *Representations of the Post/human (Monsters, Aliens and Others in Popular Culture)*, *op. cit.*

SCIENCE-FICTION ET CINÉMA

La création et la représentation de corps posthumains (pour reprendre l'expression de la cyberféministe Rosi Braidotti), tout comme d'autres formes de rencontres entre la science et le cinéma, sont une source inépuisable de récits diversifiés et de questionnements continuellement renouvelables. Évoluant au cœur de films commerciaux mais aussi d'animations ou de formes expérimentales, aux États-Unis ou dans d'autres cinématographies, ils n'ont de cesse d'alimenter l'imaginaire filmique. Si ces corps semblent avant tout restreints à des représentations pour la plupart purement fantastiques et spectaculaires, ils se déclinent en réalité de plus en plus sous des versions réalistes qui ont été redessinées en fonction du point de vue et des croyances de la société et des artistes vis-à-vis de l'évolution des sciences et des technologies.

Même si l'avènement de la cybernétique a cristallisé des changements radicaux en termes de conceptions et de représentations, les rencontres extrêmement complexes et variables du corps humain avec les sciences et les technologies trouvent pourtant leurs fondements dans quelques films des années 20 et 30. D'emblée, la question de la transformation, voire de l'amélioration, du corps est posée. Inspirés par des figures de récits littéraires (la créature façonnée par le docteur Frankenstein dans le roman de Mary Shelley, mais aussi, Hadaly dans *L'Ève future*[1], et La Stilla dans *Le château des Carpates*[2]), des films tels que *Frankenstein*[3], ou, plus particulièrement, *Metropolis*[4] et *Alraune*[5], mettent d'abord en place cette possibilité d'engendrer des êtres en leur insufflant un mouvement vital au travers principalement de l'utilisation de l'électricité, mais aussi d'autres moyens beaucoup plus sophistiqués pour l'époque (comme l'insémination artificielle pour le personnage d'Alraune).

La plupart de ces créatures reposent très clairement sur une fascination pour les miracles de la science qui façonnent des corps reconstruits et perfectionnés à l'image de corps humains (si la créature de Frankenstein est visuellement plus proche du monstre, ce n'est pas le cas de Futura ou d'Alraune, toutes deux jouées par Brigitte Helm, qui présentent les traits d'une femme d'une beauté fascinante). Mais ce sont aussi des créatures mythiques,

1. Villier de l'Isle-Adam, *L'Ève future*, 1900.
2. J. Verne, *Le château des Carpates*, 1899.
3. J. Whale, *Frankenstein*, 1931.
4. F. Lang, *Metropolis*, 1927.
5. Dans ses différentes adaptations, mais notamment celle de Robert Oswald en 1930.

dépourvues de morale, capables d'actes menaçants envers la société et ceux qui les ont engendrés – la structure narrative des récits où ils s'inscrivent préconise donc leur élimination nécessaire et radicale. D'emblée s'opère une association entre les prouesses scientifiques (toutes relatives car encore liées à des croyances occultes et médiévales) qui ont permis de créer ces êtres et la peur qu'elles suscitent. De toutes ces représentations, la *Futura* de *Metropolis* est sans aucun doute la plus connue; double maléfique d'une jeune femme vertueuse (Maria) issue de l'imaginaire d'un savant fou, elle doit provoquer la chute des ouvriers qui travaillent sous terre et qui veulent se rebeller. Elle est en réalité un robot, créé par un transfert électrique, mais dont le vrai visage et l'armure de fer qui constitue son corps ne seront finalement révélés qu'à la fin du film lorsqu'elle finira sur le bûcher.

Ces exemples ne se situent pas encore véritablement dans l'idée d'une amélioration des corps humains existants, hypothèse qui ne s'établira explicitement que dans les années 80. Mais ils traduisent très clairement une peur vis-à-vis des pouvoirs de la science, position qui restera dominante au cinéma y compris au-delà de la révolution cybernétique qui produit, dans un premier temps, le même type de réactions – un exemple frappant parmi d'autres est à trouver dans le robot incarné par Yül Brunner, faux cow-boy dans un parc d'attractions d'un nouveau genre, qui, devenu fou, se met à tuer tous les visiteurs[1]. L'intégration (à la fois au niveau de la nature du personnage afin qu'il s'éloigne du stéréotype maléfique, mais aussi en termes de construction visuelle dans la confusion entre corps et machine) ne se fera que de façon extrêmement progressive et précautionneuse.

L'avènement de la robotisation fait la joie d'un cinéma bis dans les années 50 où les robots sont des êtres de ferraille, à l'esthétique et à l'intelligence encore très primaires. Un tournant s'instaure dans la rencontre entre le cinéma et la science (et plus particulièrement la conquête de l'espace) au travers de questions ontologiques sur l'humanité, établies par Stanley Kubrick dans son *2001, A Space Odyssey* (1968). Mais la création d'androïdes ou de robots anthropomorphiques ne prend toute son ampleur qu'à partir des années 80; c'est à cette période que le *cyborg* se confronte aux contraintes de l'incarnation cinématographique. De façon assez étrange, au-delà de toutes les possibilités envisageables au travers des effets spéciaux qui permettent d'articuler leur double nature organique et mécanique, ce sont principalement des corps humains, des acteurs (à quelques exceptions près) peu transformés, qui prennent en charge la représentation de ces nouvelles figures. En effet,

1. M. Crichton, *Westworld*, 1973.

contrairement à toutes les variations présentées par les écrits cybernétiques ou l'imagination scientifique, les contingences des productions cinématographiques classiques (contingences narratives, financières, spectatorielles) s'éloignent le plus souvent de formes libres pour s'ancrer dans des modèles normalisés en termes de représentation physique, narrative et surtout de genre (reprenant les dichotomies genrées les plus élémentaires).

Les *réplicants* du film de Ridley Scott[1] incarnent un exemple emblématique et maintes fois commenté dans l'évolution de ces figures. Physiquement semblables à des êtres humains, sans présenter d'extensions corporelles visibles, ils ne sont en réalité que des robots améliorés, à qui l'on implante une mémoire, des souvenirs et à qui l'on fait croire qu'ils sont humains. D'un point de vue scénaristique et de façon assez surprenante au vu des avancées techniques apparues dans le monde scientifique, ces personnages cristallisent néanmoins toujours les peurs presque archaïques d'une société qui voit s'effriter la suprématie de l'être humain. L'arrivée du *réplicant*, comme de tous les avatars, ébranle les convictions; la machine pourrait-elle se mettre à penser à sa condition, sa fonction, à son identité, au même titre que les êtres humains? Et surtout, la machine peut-elle se retourner contre son créateur en lui demandant de quel droit il dispose d'un pouvoir de vie et de mort sur son existence? La création de ces corps, au-delà des transformations physiques, pose en effet des questions d'ordre éthique ou moral, aussi bien dans cet exemple précurseur que plus tard; en 2001, sur une idée de Stanley Kubrick, Steven Spielberg met en scène dans *A.I.* un petit garçon-robot adopté par une famille pour remplacer l'enfant réel plongé dans le coma, puis confronté à l'abandon au réveil de ce dernier, et qui s'engage finalement dans une quête initiatrice en vue de répondre à ses questions identitaires.

L'exemple de *Blade Runner* a aussi rendu plus confuse la différence entre humains et robots, la question de la réelle identité du personnage principal (humain ou réplicant) variant au fil des versions. Le cinéma s'engage donc dans le jeu de ces frontières floues, rendant les distinctions de plus en plus périlleuses. Les premiers corps véritablement hybrides font leur apparition de façon presque simultanée dans plusieurs cinématographies, créant des réseaux de production parallèles que ce soit aux États-Unis, au Canada ou encore dans les pays asiatiques. Influencée par les théories cyberpunk puis cyberféministes, la vision proposée par le cinéma asiatique (et plus particulièrement japonais) à partir des années 90, permet enfin de sortir des contingences morales habituelles des scénarios occidentaux, de déplacer le débat d'une perspective

1. R. Scott, *Blade Runner*, 1982, d'après l'adaptation d'une nouvelle de Philip K. Dick.

majoritairement négative à une complexité positive. Une nouvelle génération de cinéastes teste les limites des représentations posthumanistes. Que ce soit dans l'avant-gardiste *Tetsuo* de Shinya Tsukamoto en 1989 (film-phare de la mouvance expérimentale où un homme se transforme progressivement en machine), ou dans l'animé *Ghost in the Shell* (Mamoru Oshii 1995) dans lequel une femme cyborg extrêmement perfectionnée se pose des questions ontologiques, le corps (la chair) et la machine ne font visiblement plus qu'un, posant systématiquement la question des frontières et des confusions identitaires.

Ces questions obsèdent également le réalisateur canadien David Cronenberg qui explore, depuis ses premiers films, les interactions et extensions possibles entre le corps humain et des éléments mécaniques (des armes, des téléviseurs, des voitures, etc.) dépassant la simple idée d'amélioration des êtres pour s'engager dans une réflexion sur l'hybridité nécessaire de nouvelles identités. Son cinéma permet d'envisager des configurations plus floues et malléables des limites entre organismes humains et machines. Devançant et débordant les limitations de l'imagination américaine et rejoignant les cinéastes asiatiques sur le plan des manipulations génétiques [1] ou de l'assimilation des mécanismes dans l'organisme humain (la rencontre entre vidéo et chair dans *Videodrome* (1983) restant probablement l'exemple le plus spectaculaire dans sa filmographie), Cronenberg offre une vision occidentale unique, bien distincte des artifices policés américains.

Car, loin de s'engager sur la voie de l'expérimentation, la vision américaine joue bien évidemment sur d'autres tableaux beaucoup plus commerciaux. Transformations mécaniques et génétiques vont d'abord bénéficier de l'évolution des effets spéciaux de plus en plus pointus (notamment au travers du travail de la *Industrial Light and Magic*, filiale de la Lucasfilm). Les hommes plongés dans les univers virtuels de *Tron* [2] ou les êtres hybrides de *Robocop* [3] et des deux premiers volets de la trilogie des *Terminator* [4], engendrés par l'alliance des corps humains et des machines, dépassent ainsi progressivement tous les prototypes, effaçant les frontières entre représentations réalistes et séquences entièrement créées et animées.

Ces corps souvent monstrueux, à mi-chemin entre la chair et le fer mais extrêmement masculinisés, sont une étape nécessaire dans un processus qui oscille lentement vers une apparence physique de plus en plus humaine. Les

1. D. Cronenberg, *The Fly*, 1986.
2. S. Lisberger, *Tron*, 1982.
3. P. Verhoeven, *Robocop*, 1987.
4. J. Cameron, *Terminator*, 1984 et 1991.

exemples filmiques vont ainsi progresser, partant de l'idée de *cyborg* pour évoluer vers l'idée des corps posthumains – dont la définition couvre tout à la fois les corps reconstitués ou hybrides, les organismes technologiques ou présentant des liens semi-organiques, ainsi que tout corps tributaire de manipulations génétiques, ou encore les expériences de clonage humain.

Si certains éléments technologiques continuent à être visibles dans la représentation des corps, ils le seront surtout en périphérie au travers d'une sorte d'extension corporelle. Ces personnages cinématographiques vont petit à petit se désolidariser de la définition d'organismes à mi-chemin entre l'humain et la machine, tout en maintenant l'idée de corps *reconstitués*. On explique ainsi les corps générés par le clonage (comme celui d'Ellen Ripley dans *Alien Resurrection* de Jean-Pierre Jeunet en 1998, d'où la réflexion d'un scientifique qui explique à l'héroïne qui était morte dans l'épisode précédent que *« We've remade you »*), les manipulations génétiques ou les simples reconstitutions physiques[1]. Sont également inclues dans cette perspective les manipulations psychiques, notamment de la mémoire (comme dans le cas des *replicants* dans *Blade Runner*) ou du vécu – par les jeux vidéos dans *eXistenZ*[2], la matrice de *The Matrix*[3] ou la machine à psychanalyser de *The Cell*[4]. Ces personnages, au-delà de leurs corps, sont également définis selon un *environnement*, selon le paysage dans lequel ils évoluent. Généralement représenté de façon futuriste (sauf, ironiquement, dans *The Matrix* où le monde réaliste est l'illusion engendrée par la machine), ce monde existe en soi ou côtoie la réalité à laquelle il est relié par un lien mi-virtuel (l'ordinateur), mi-organique (l'être humain, par le biais du cerveau dans *The Matrix* et *The Cell*, ou, également, du système nerveux comme dans *eXistenZ*).

La majorité des personnages évoluent ainsi dans un espace à réalités mixtes. Ce monde parallèle est essentiel car il permet aux personnages de se dédoubler dans une autre figure dont les capacités intellectuelles et physiques sont maximisées du fait de leur interaction avec la machine. Le lien entre les univers est souvent tributaire d'une mécanisation partielle du corps ; la base des cerveaux des héros dans *The Matrix* pénétrés par une sonde, la colonne vertébrale des personnages d'*eXistenZ* reliée de façon organique par un *bioport* à leur jeu. Une fois lâché dans l'univers virtuel, le double est ainsi libre de toute attache à l'exception d'un détail qui lui permet de revenir dans le monde réel

1. *Cf.* Leeloo dans *The 5th Element* de Luc Besson en 1997.
2. D. Cronenberg, *eXistenZ*, 1999.
3. Larry & Andy Wachowski, *The Matrix*, 1999.
4. T. Singh, *The Cell*, 2000.

(inséré dans le corps comme le carré greffé dans la main de Catherine dans *The Cell*, ou extériorisé, comme le téléphone de *Matrix*).

Plus récemment encore, d'autres tendances se sont également mises en place, tendances où l'assimilation des technologies renvoie à des représentations humaines mais aussi sociétales de plus en plus réalistes, s'éloignant progressivement de représentations trop ostentatoires d'univers de science-fiction. On assiste alors à l'effacement progressif des parties mécaniques ou technologiques, ce qui engendre un glissement des films de science-fiction habituels et de leurs lieux (les mondes futuristes) vers des univers où les codifications s'estompent jusqu'à disparaître.

Ces films très récents explorent plus particulièrement la part d'ombre de sociétés où les avancées technologiques et génétiques se doivent de créer des êtres parfaits, écartant les organismes défaillants et creusant un véritable fossé entre ceux qui acceptent les modifications et ceux qui les refusent ou n'y ont pas accès. Dans ces univers, les pratiques éthiquement douteuses (ou même monstrueuses) sont épinglées, incitant le spectateur à se repositionner vis-à-vis de l'idée de perfection, et à revaloriser la différence et la diversité, voire les émotions, attribuées à la nature humaine. Dans l'univers rétro-futuriste de *Gattaca* [1], une politique d'eugénisme rendue possible par les avancées génétiques, écarte d'emblée ceux qui ne répondent pas aux critères d'une élite physique et intellectuelle; pourtant un jeune homme déclaré médiocre parviendra, avec l'aide d'un handicapé moteur, à berner le système et partir en mission spatiale. Dans *It's All About Love* [2], une championne de patinage est clonée afin de maintenir de façon permanente ses performances sportives, la situation étant découverte par son ancien amant qui tente de la sauver. Le *Code 46* de Michael Winterbottom (2003) désigne un des nombreux codes d'une société dans laquelle toute relation charnelle est interdite entre deux êtres génétiquement proches, divisant la société entre les villes qui contrôlent le monde et les autres zones peuplées de marginaux. Dans *The Island* [3], un cheptel de clones de personnalités influentes est créé et maintenu dans l'ignorance du monde extérieur afin de servir à leurs propriétaires en cas de souci médical; deux d'entre eux s'enfuiront de ce monde entièrement artificiel. Dans *Surrogates* [4], les humains ne sortent plus de chez eux et se font remplacer par leurs avatars qu'ils actionnent mentalement. Le plus bel exemple d'effacement des éléments fantastiques, est sans doute à ce jour la fable dystopique de Mark

1. A. Niccol, *Gattaca*, 1997.
2. T. Vinterberg, *It's All About Love*, 2001.
3. M. Bay, *The Island*, 2005.
4. J. Mostow, *Surrogates*, 2009.

Romanek, *Never Let Me Go*[1] dans lequel des enfants et adolescents orphelins, créés en laboratoires et élevés dans des « fermes » anonymes situées dans la campagne anglaise, servent de donneurs d'organes à des patients atteints de graves pathologies. Les héros (ou anti-héros) de ces films ne sont plus les hommes transformés, améliorés, mais ceux qui résistent, s'échappent, combattent les perfectionnements aseptisés de la science.

Ces films font également un étonnant usage de la nature qui s'inscrit comme une donnée bienfaisante voire libératrice vis-à-vis d'une société hautement robotisée, urbanisée, formatée et donc déshumanisée. On trouvait déjà cette perspective à la fin de la première version de *Blade Runner* où les héros « s'échappaient » dans un paysage de campagne, mais aussi dans *Minority Report*[2] où la fuite des *precogs*, êtres humains mutants qui peuvent « voir » les crimes avant qu'ils ne soient commis, se termine dans une maison de campagne isolée de tout.

Il faut enfin noter que, loin de l'utopie cyberféministe des premiers temps et des espoirs énoncés par Donna Haraway ou Rosi Braidotti sur une redéfinition radicale des identités, la plupart de ces incarnations cinématographiques n'ont finalement pas réussi à engendrer des mondes « post-genrés » et se retrouvent dans l'impasse des stéréotypes et des dichotomies binaires. Dans leurs théories, les cyborgs pouvaient défier les dualismes des représentations jusqu'alors en vigueur, non seulement au niveau de l'imagerie visuelle, mais surtout des stéréotypes scénaristiques. Un exemple emblématique est bien évidemment celui du film de James Cameron, *Avatar* (2009). Cameron y jongle avec les représentations passées et futures d'êtres hybrides. Il oppose ainsi les corps militaires qui trouvent leur extension physique dans les machineries armées, aux corps des scientifiques et de Jake Sully, un militaire paraplégique, qui se projettent dans les corps bleus géants pour se fondre chez les Na'vis, peuple d'une terre en vue d'être colonisés par les humains. La représentation même des « avatars » et des membres du peuple bleu s'engage à brouiller les pistes des genres, y compris au niveau des rôles habituellement attribués dans les narrations. Les personnages de Jake Scully et de Nrytiri sont tous les deux des héros, et si Jake s'érige un instant comme une véritable déité, c'est la jeune femme qui lui sauve la vie, par deux fois (celle de son avatar, et celle de son corps humain). Au-delà des personnages et de leurs corps, ce sont aussi les frontières des mondes qui sont brouillées ; les hommes et Na'vis

1. M. Romanek, *Never Let Me Go*, 2010 (d'après le roman de Kazuo Ishiguro).
2. S. Spielberg, *Minority Report*, 2002.

co-existent, même pour un instant, dans une nature qui reprend ses droits sur l'envahissement technologique mis en place par des hommes aveuglés.

Muriel Andrin

SCIENCE-FICTION ET MANGA

Originellement, le néologisme « manga » se compose de deux idéogrammes : *man* qui peut signifier « sans but », « anodin », « débordement » ou « exagéré » et *ga* qui signifie dessin, image. On peut donc dire qu'il s'agit de « dessins foisonnants », de « dessins grotesques » ou d'« images dérisoires ». C'est au célèbre peintre d'estampes Hokusai, que l'on attribue la création de ce terme, issu de la réunification d'un ensemble de croquis au début de XIXe siècle, le *Hokusai Manga*. Ce n'est toutefois qu'après la Seconde Guerre mondiale, avec l'influence des comics américains, que les auteurs de bande dessinée japonaise, reprendront à leur compte cette tradition de l'estampe caricature. À préciser également que le mot désigne des créations répondant à certains codes, règles et classifications de genre sur support papier uniquement et n'est que par extension, utilisée pour désigner les adaptations animées. Il est normalement fait référence à ces dernières en tant qu'« Anime » mais les deux notions seront regroupées ici sous le vocable générique de « manga ».

Le Japon est une société des contrastes : entre ancienneté et modernité, tradition et influence extérieure, posture du maintien public et relâchement du privé. Le Manga y est devenu un media de masse, touchant pratiquement tout sociétaire nippon, précisément parce qu'il permet de combler quelque peu le gouffre de ces disparités. Ce qui séduit est une « esthétique de l'excès, du conflit, du déséquilibre et de la sensualité déclarée »[1]. Ce mode d'expression doit être compris comme la transcription imagée et non-censurée des « aspirations, rêves, cauchemars, fantasmes et fétiches d'une culture »[2]. Par sa pénétration spectaculaire en Occident, le Manga joue également un rôle précurseur dans le paysage de l'imaginaire collectif, notamment en ce qui concerne les développements sur l'évolution de l'homme. Profitant d'une intelligibilité

1. J. M. Bouissou, « Japan's growing cultural power : Manga in France », *in* J. Berndt and S. Richter (eds.) *Reading Manga : Local and Global Perceptions of Japanese Comics*, Leipzig, Leipziger Universitätsverlag, 2006 (Je traduis).

2. F. L. Schodt, « Foreword : Japan's new visual culture », *in* M. W. MacWilliams (ed.) *Japanese Visual Culture : Explorations in the World of Manga and Anime*, New York, Armonk, VII, 2008.

rapide par l'image, ce genre peut se permettre de complexifier les intrigues et thèmes soulevés afin de proposer non seulement un divertissement mais surtout, des bases de réflexion philosophique et éthique variées.

Il serait permis de se demander s'il existe une véritable spécificité du Manga que l'on pourrait qualifier d'anticipation, par rapport à la science-fiction mainstream et plus particulièrement encore à la mouvance cyberpunk. Force est cependant de constater le mélange unique entre à la fois, une culture ancestrale, marquée par l'expérience d'une génération post-45 et à la fois, le traitement de thématiques universelles, axé sur une centration de la destination de l'humain. Conscience, identité, humanité, sens et pulsion de la vie, survivance de l'espoir et destinée sont autant d'éléments savamment imbriqués, telles des matriochkas scénaristiques. Ainsi, dans *Gunnm* (KISHIRO 1995), l'héroïne principale Gally, débute l'histoire lorsque Daisuke Ido, un médecin en cybernétique, trouve son cerveau intact, au milieu des déchets technologiques, dans la décharge de Kuzutetsu. Dotée de son cerveau humain d'origine mais d'un corps entièrement « cyborgisé » qui décuple ses capacités, elle passera toute l'aventure à tenter de définir son identité, de revendiquer son humanité et de faire montre d'une volonté d'existence pleine d'espoir, sur une terre pourtant dévastée par une météorite. L'enseignement final visera à mettre en surbrillance l'inutilité d'améliorations périphériques tant que l'on ne passe pas par une modification profonde du cerveau humain. Étant donné l'avancement technologique du Japon, il n'est pas étonnant d'évoluer souvent dans des univers peuplés d'intelligences artificielles, de robots ou de cyborgs et d'y découvrir le rôle primordial de l'identité ainsi que de la coexistence de chaque entité.

Dans la série animée *Ergo Proxy*[1], les habitants de la Cité Dôme de Romdo, cohabitent avec les « autoreivs », des robots personnels qui aident les humains dans la plupart des tâches et aident à conserver l'équilibre. Un mystérieux virus nommé « Cogito », infecte pourtant les robots qui, graduellement prennent conscience de leur « existence ». Ils tenteront donc de déterminer si le virus a créé leur identité en les éveillant à la conscience d'eux-mêmes ou si, ce sont les événements de cette quête du soi qui les font devenir ce qu'ils sont. À travers la métaphore du robot, l'auteur nous renvoie donc à la question de notre propre spécificité humaine : sommes-nous comme nous sommes à cause de facteurs environnementaux, causés par le récit de vie ou alors, sommes-nous tels en raison d'une nature unique qui serait toujours-déjà en nous ? La « nature humaine » si tant est quelle existe, constitue un ensemble inextricable d'aspects valorisés mais aussi de vices, défauts et pulsions de mort. L'œuvre de

1. S. Murase, D. Sato, *Ergo Proxy*, Manglobe, 2006, version française : Dybex, 2008.

Masamune Shirow *Appleseed*[1], nous plonge par exemple sur une Terre ravagée par la Troisième guerre mondiale à l'aube du XXIIe siècle mais sur laquelle la Cité utopique d'Olympus tente d'installer les conditions de possibilité d'une paix globale. Pour ce faire, les chercheurs ont créé des humains génétiquement modifiés appelés « bioroïdes », dont le centre des émotions a été muselé, afin d'éradiquer les envies de destruction et de réfréner les passions. La Cité est ultimement contrôlée par une intelligence artificielle nommée Gaïa qui en vient à la conclusion rationnelle que l'être humain est un danger pour lui-même, pour les bioroïdes pacifiques, ainsi que pour l'équilibre de la planète entière et qu'il faudrait donc procéder à son élimination. Le thème de l'auto-remplacement de l'humain en tant que liberté ultime de création constitue un sujet récurrent du transhumanisme.

La marque de la seconde guerre mondiale et de la bombe atomique, ne suffisent bien évidemment pas à résumer les directions prises par le Manga à sa suite mais traduisent néanmoins une récurrence non négligeable d'univers post-nucléaires, post-apocalyptiques ou post-civilisationnels. L'héritage de la défaite, d'une génération trop jeune pour se battre elle-même, a apporté comme le dit Jean-Marie Bouissou, quatre éléments fournissant au Manga sa complexité et sa spécificité : l'échec des adultes et la destruction du monde, le « Mecha » où de jeunes combattants pilotent des robots afin de sauver la race humaine des menaces extérieures, l'aventure scientifique traduisant la fascination pour la science dans le renouveau du pays et enfin, les idéaux prégnants de liberté et de démocratie dans un cadre encore marqué par la tradition[2].

Il fut déjà évoqué les décors dévastés des univers précédents auxquels on pourrait encore ajouter l'œuvre culte *Akira*[3], dont l'histoire se déroule à Néo-Tokyo en 2020, suite à la destruction d'une grande partie du monde par l'utilisation massive d'armes nucléaires. Le personnage d'Akira lui-même est une incarnation de chair de la bombe H. Enlevé par l'armée pour subir des expériences neuroscientifiques, ce sont pourtant ses pouvoirs cérébraux qui sont recherchés, tels que la télékinésie ou le contrôle mental. Symboliquement, l'auteur nous dit donc que l'arme la plus puissante réside bien dans les labyrinthes secrets du cerveau humain, en avant-garde totale de l'actuel engouement dans le domaine des neurosciences. Parfois, les scories de la destruction sont telles que le récit se déroule dans un univers atemporel et « atopique »,

1. M. Shirow, *Appleseed*, Grenoble, Glénat, tomes 1-5, 1994-1996.

2. J. M. Bouissou, *Manga : a Historical Overview*, *in* T. Johnson-Woods (ed.), *Manga : an Anthology of Global and Cultural Perspectives*, New York, Continuum, 2010, p. 25.

3. K. Otomo, *Akira*, Grenoble, Glénat, tomes 1-31, 1990-1992.

comme le décrit parfaitement la première phrase de *Blame!* : « peut-être dans le futur, peut-être sur Terre » [1]. On y suit dans un environnement glauque le personnage Killy, une « sauvegarde » à la recherche de terminaux génétiques, seuls capables de régénérer la « résosphère », permettant ainsi de stopper l'expansion anarchique de la mégastructure qui constitue un monde abstrait s'étendant déjà sur des milliers d'étages empilés. Univers indéfinissable s'étirant comme une toile entre la réalité basique et la résosphère, le rôle joué par la technologie est ambivalent : tantôt parfaitement contrôlée par certains groupuscules évoluant autour de complexes scientifiques, tantôt incomprise par ses utilisateurs humains de retour aux âges de la barbarie, la technique n'est plus l'outil mais l'instrument même de la lutte.

Dans le même ton, l'atmosphère noire de Texhnolyze [2] nous propulse dans la cité souterraine de Lux, mégapole violente oubliée par la surface. Les gangs mafieux font régner la terreur par un contrôle total de la ville grâce à la texhnolyze, une technologie de pointe qui permet de remplacer des membres du corps par des prothèses cybernétiques. Dans ce monde dystopique la question qui se pose consiste à savoir si la texhnolyzation doit incarner la prochaine étape de l'évolution de l'espèce – comme le pense la scientifique qui modifiera Ichise, au-delà de toute approche strictement thérapeutique de la médecine – ou l'amener avec fracas vers son dernier chapitre. Kano, un mystérieux personnage de la surface dont on sait peu de choses et qui semble s'amuser tel un marionnettiste du destin de Lux, l'énonce en ces termes : « la texhnolyzation a permis de régénérer la race humaine qui était dans une impasse. Le but était de voir à quel point cette technologie pouvait changer la conscience de l'homme ». Le personnage principal Ichise, un boxeur mutilé qui se fera ensuite texhnolyzer, commence l'aventure avec le comportement d'un chien enragé. Il cherche à survivre à tout prix sans même savoir pourquoi, malgré la destruction ambiante. Or, c'est par l'adjonction d'artifices prosthétiques, qu'il va s'éveiller à lui-même, qu'il va faire émerger son véritable « moi ».

Il serait impossible de creuser le lien entre Manga et futur de l'être humain, sans mentionner *Ghost in the Shell* [3]. Ce récit mythique de la cyberculture nous emmène en 2029 dans un monde où la version futuriste d'Internet a atteint son apogée et dans lequel les multinationales du lobby technologique sont devenues bien plus influentes que les États. La trame psychologique principale suit les courbes d'évolution du Major Kusanagi, agent cyborg d'élite appartenant à la section 9 de l'unité spéciale anticriminelle de lutte contre le cyber-

1. T. Nihei, *Blame !*, Grenoble, Glénat, tome 1, 1998.
2. H. Hamasaki, Y. Abe, *Tehxnolyze*, Madhouse Production, Rondo Robe, 2003.
3. M. Shirow, *Ghost in the Shell*, Grenoble, Glénat, tomes 1 et 2, 1996.

banditisme. N'ayant plus que le cerveau humain d'origine dans un corps néo-technologique, oscillant sans cesse entre les plans de la réalité physique et ceux de la réalité virtuelle des neuro-interfaces, elle se questionne sur sa propre humanité, sur ce qui la rend si distinctement différente d'un androïde pur qui aurait pourtant conscience de sa propre existence. Ce n'est toutefois que lors de la traque du hacker surnommé « puppet master » que la nature de ses questionnements va se radicaliser. Peut-il y avoir une âme dans la coquille, une âme de la machine ? Est-ce que la conscience artificielle, une fois atteint un certain niveau d'autonomie, se distinguerait drastiquement de la pensée humaine et pourquoi ? À partir de quand sommes-nous en présence d'un être vivant ? Toutes ces interrogations qui feront peut-être un jour notre quotidien, se trouvent synthétisées dans l'éventualité soulevée selon laquelle une intelligence artificielle pourrait donner naissance à une « vie numérique » à part entière. N'était-ce pas là l'espoir originel de la conscience collective ou de ce que Vincent Cespedes appelle « l'intelligence connective », ce vent de liberté et de démocratie immanente de l'Internet 2.0 ? Ce qui fascine probablement aujourd'hui lorsque l'on spécule sur l'avenir de l'humanité, c'est que l'incertitude qui l'enveloppe se permet de s'étendre sur différents plans d'existence, de conscience et de matérialité. Du naturel à l'artificiel, du réel au virtuel, de l'organique au cybernétique, de la macro-éthique au nanotechnologique, de l'utopie à la dystopie, l'illusion technicienne du contrôle semble tout rendre possible, bien que tout ne soit pas souhaitable.

Bien loin d'une science-fiction totalement hypothétique et sans risque, la façon dont ces sujets sont traités dans le Manga, traduisent l'intérêt de même que les craintes de toute une société qui se prépare à l'encaissement du XXIe siècle à travers un phénomène probablement inéluctable : la « technologisation » croissante de l'existence des hommes et la prise en main de leur propre destin.

Laurent Frippiat

SINGULARITÉ

Raymond Kurzweil joue en quelque sorte le rôle de « prophète de la singularité technologique ». Celui qui est surnommé « Ray » Kurzweil s'est depuis longtemps investi dans l'analyse du développement technologique. Il est le type même du technophile qui place énormément d'espoir dans les innovations à venir. Il décortique depuis plus de 20 ans l'évolution des technologies de pointe [1] et en tire des lois qui lui permettent d'anticiper le futur jusqu'à prédire l'avènement en 2045 d'une intelligence non-biologique un milliard de fois plus performante que l'esprit humain. Cet événement charnière de l'histoire de l'humanité, il l'appelle « singularité ». Passé ce cap, les intelligences mi-humaines mi-artificielles pourront s'élancer à la conquête de l'univers sous la forme de données informatiques jusqu'à le saturer entièrement de leurs computations.

Kurzweil est donc bien d'avantage qu'un simple auteur technophile. C'est aussi un futurologue minutieux qui se trouve parfois rangé parmi les rationalistes et les athées les plus influents du XXIe siècle. La singularité devrait, selon lui, survenir à partir du moment où la technologie deviendra si complexe, si autonome, si intelligente, qu'elle prendra en charge sa propre évolution dans un mouvement de croissance ininterrompu et exponentiel. La notion de « singularité », il l'emprunte au monde de la science-fiction qui s'en est nourri après qu'elle ait été popularisée, au début des années 90, par l'écrivain de science-fiction et mathématicien Vernor Vinge, qui l'avait lui-même repris des mathématiques et de l'astrophysique. Ceci dit, l'idée d'une explosion d'intelligence suite au développement de l'informatique n'est pas du tout nouvelle. Elle remonte au moins aux années 60 quand le statisticien Irving J. Good imagine, dans un article spéculatif écrit dans une revue consacrée aux ordinateurs, que les machines intelligentes une fois créées par les hommes pourront à leur tour concevoir des machines de plus en plus intelligentes, et donc prendre en charge leur propre évolution [2].

La particularité de Kurzweil réside dans la datation précise qu'il donne pour ce bouleversement dans son troisième livre, *The Singularity is Near*, qui a été un véritable best-seller [3]. Il estime que les inventeurs doivent inévitablement anticiper le développement technologique pour intervenir à temps dans l'histoire humaine, sans prendre de retard ni être trop en avance sur son temps. Ainsi a-t-il établi une théorie, l'accélération exponentielle de la technologie ou loi du rendement accéléré (*law of accelerating returns*), à partir de ce qu'il pense pouvoir inférer en observant l'histoire de la technologie. Son idée est que la technologie non seulement progresse mais évolue de plus en plus vite. Il s'agit en fait d'une extension de la loi de Moore, d'après le nom du cofondateur de la société *Intel*, Gordon Moore, qui avait constaté, vers le milieu des

1. R. Kurzweil, *The Age of Intelligent Machines*, Cambridge, MIT Press, 1990.

2. I. Good, « Speculations concerning the first ultraintelligent machine », *Advances in Computers*, 6, 1965.

3. R. Kurzweil, *The singularity is near…*, *op. cit.*

années 70, que tous les vingt-quatre mois le nombre de transistors sur un microprocesseurs d'une certaine taille est multiplié par deux, augmentant la rapidité et la puissance des machines électroniques, tout en diminuant leur coût. Ainsi ce serait non plus les seuls microprocesseurs qui se développeraient à une vitesse exponentielle, mais la technologie tout entière. Kurzweil participe par là au renversement de l'anthropocentrisme pour faire de la technologie le véritable sujet de l'histoire, ce qui n'est pas sans rappeler le thème de l'autonomie de la technique chez Gilbert Simondon, Jean Ladrière, Jacques Ellul ou Gilbert Hottois.

En tant que bon inventeur-furutologue, Kurzweil trace donc dans son livre le chemin qu'il faudra parcourir avant d'atteindre la singularité, qui est un horizon inévitable puisqu'elle découle de la logique inhérente au développement technologique. La première étape vers la singularité est de réussir la reconstruction artificielle du cerveau humain (*reverse engineering the brain*). Cette simulation informatique du cerveau nécessite une puissance de calcul qui, pour Kurzweil, devrait être atteinte aux alentours de 2013. C'est d'ailleurs un projet qui est déjà porté par le *Blue Brain Project* en Suisse qui veut utiliser les supercalculateurs pour simuler neurone par neurone un cerveau humain. L'étape suivante sera la mise à disposition, grâce à l'amélioration du rapport qualité/prix du matériel informatique, pour chaque ménage, d'ordinateurs personnels dotés d'une puissance de calcul similaire à celle des supercalculateurs contemporains. Cette deuxième étape, il la situe vers les années 2025. Suite à cette large diffusion du nouveau matériel informatique superpuissant, le transfert de l'esprit (c'est-à-dire la copie du cerveau d'un individu) sur la machine sera effectuée à la fin des années 2030, ce qui devrait conduire inévitablement à l'émergence d'intelligences artificielles, à la suppression des frontières entre le monde réel et le monde virtuel, à la fusion entre l'homme et la machine et, finalement, à l'explosion d'intelligence prévue pour 2045.

The Singularity is Near est aussi l'occasion pour Kurzweil de faire le point sur les objections qu'il a reçues au fil du temps. On retrouve deux grands groupes de critiques. Le premier groupe met en avant les questions éthiques que pose une ère où la technologie aurait pris le pas sur l'être humain. Kurzweil partage tout à fait les inquiétudes de ses contradicteurs mais, puisque la singularité est inévitable, il y voit plutôt une raison supplémentaire d'en parler afin d'y réfléchir à l'avance et de prendre les décisions et précautions qui s'imposent. Il passe également en revue les critiques éthiques habituelles sur la distribution équitable des progrès scientifiques, sur l'absence de considérations politico-économiques dans sa théorie, ou sur la difficulté d'intégrer de nouvelles innovations technologiques dans un monde déjà saturé de matériels informatiques obsolètes. Le deuxième groupe de critiques concerne la théorie elle-même de Kurzweil qui est jugée incomplète ou erronée. C'est le cas par exemple du philosophe John Searle qui affirme contre Kurzweil, avec son argument de la chambre chinoise, qu'un ordinateur, aussi évolué soit-il, ne pourra jamais devenir un être conscient. Un autre exemple est celui de l'informaticien Jaron Lanier qui souligne que les programmes informatiques resteront toujours faillibles et que leur évolution sera bien plus lente que l'évolution du matériel informatique tel qu'anticipé par Kurzweil.

Kurzweil n'est pas le seul à s'adonner à la science des prédictions. Michio Kaku ou Joël de Rosnay, par exemple, sont d'autres futurologues reconnus. Cependant ils n'osent peut-être pas s'avancer aussi loin que Kurzweil dans l'effort d'anticipation. Kurzweil tire sa confiance de ses précédents pronostics qui se sont révélés être justes. Dès le milieu des années 1980, Kurzweil entreprend de faire des pronostics sur l'avenir [1]. Il avait annoncé, par exemple, qu'un ordinateur deviendrait champion du monde d'échec en 2000; et c'est en effet en 1997 que l'ordinateur *Deep Blue* d'IBM a battu Garry Kasparov lors d'une rencontre célèbre. Il a par ailleurs prévu l'émergence des traducteurs automatiques, des exosquelettes à destination des paraplégiques, des voitures intelligentes; il pariait même qu'un ordinateur serait capable de répondre à n'importe quelle question s'il avait accès à une base de données suffisamment large, ce qui fut accompli avec l'ordinateur Watson en 2010, lors de l'émission *Jeopardy!*.

Depuis son enfance, Kurzweil est fasciné par les nouvelles technologies. En 1965, alors qu'il n'a que dix-sept ans, il parait à la télévision américaine pour dévoiler un ordinateur qu'il a lui-même conçu et qui est capable de jouer un morceau de piano. Par la suite, il invente les premiers scanners à reconnaissance optique de caractères, il crée le premier synthétiseur vocal à destination des personnes aveugles, immédiatement acquis par Stevie Wonder pour qui Kurzweil fabrique le premier synthétiseur musical, le Kurzweil K250. À ce curriculum vitae impressionnant, il faut encore ajouter la *National Medal of Technology* qu'il reçoit des mains du président Bill Clinton pour un programme éducatif pour les personnes handicapées, le *Kurzweil Educational Systems*, qui est une autre de ses entreprises qui arborent fièrement son nom. Ceci a fait dire à certains que Kurzweil est bien trop imbu de lui-même pour être une figure scientifique fiable, qu'il joue trop de la publicité personnelle pour être jugé tout à fait honnête.

Kurzweil ne fait donc pas l'unanimité, même parmi les partisans technophiles qui seraient *a priori* placés de son côté. Il est accusé par un

1. R. Kurzweil, *The Age of Intelligent Machines*, *op. cit.*

influent blogueur rationaliste américain de n'être qu'un simple « charlatan »[1]. En plus d'imposer son nom sur tout ce qu'il crée, Kurzweil n'hésite pas à se mettre en scène dans des documentaires tapageurs qui lui sont consacrés où il est présenté comme « l'homme transcendant », messie de l'humanité future. L'homme accorde beaucoup d'importance à son apparence et veut mettre ses convictions en pratique. Il prétend ingérer quotidiennement 250 pilules différentes censées ralentir son vieillissement. Selon ses dires, des tests médicaux certifient que son état physique correspond à celui d'un homme de 16 ans plus jeune que lui. Il est encore accusé de méconnaître la biologie la plus élémentaire et de fournir dans son livre, *The Singularity is Near*, des graphiques à première vue impressionnants mais qui n'ont en fait aucune validité puisqu'il y sélectionne les données qui lui conviennent et mélange allègrement des informations hétérogènes pour appuyer sa loi d'accélération du développement technologique. Kurzweil tient cependant toujours à se défendre contre les critiques qui continuent à lui être adressées aujourd'hui encore. Il est très actif sur Internet et ne laisse jamais une attaque sans réponse. À l'aide d'une équipe de rédacteurs, il tient un site web à son nom *kurzweilai.net* consacré à la veille technologique dans lequel il recense toutes les avancées techno-scientifiques qui sont annoncées dans la presse ou par les laboratoires des universités. Récemment, il a analysé les prédictions qu'il avait faites en 1990 et en 1999 pour le début du XXIe siècle. Dans un document publié sur son site internet[2], il estime avoir vu juste dans la plupart des cas. Sur 147 prédictions, il estime que 127 sont correctes ou pratiquement correctes tandis que 17 sont partiellement correctes et seulement 3 sont fausses. Il pense ainsi avoir vu juste à 86 pour cent, mais son analyse reste débattue. Il est accusé d'avoir été trop clément envers lui-même, d'avoir formulé des prédictions tellement larges qu'il est toujours possible de les interpréter à son propre avantage ou d'avoir formulé à l'époque des prédictions qui étaient déjà sur le point d'être réalisées. Enfin, certains remettent en question la qualité de son rationalisme scientifique athée en faisant remarquer qu'il tient un langage par trop finaliste par lequel il donne l'impression que le monde a été créé uniquement pour que la technologie puisse s'épanouir, comme si c'était là le destin de l'univers.

Dorian Neerdael

1. P. Myers, « Singularitarianism ? », publié en ligne le 13.02.11.
2. R. Kurzweil, « How my predictions are faring », publié en ligne le 01.10.10.

SUPERMAN

Personnage de bande dessinée de science-fiction américaine doté de capacités physiques surhumaines.

Le personnage de Superman – dont l'identité kryptonienne est Kal-El et l'identité terrestre Clark Joseph Kent, 1,90 mètre, 110 kilogrammes, yeux bleus, cheveux noirs, journaliste d'investigation au *Daily Planet* – fut créé par le dessinateur Joseph Shuster (1914-1992) et le scénariste Jerome Siegel (1914-1996). Il fit son apparition en juin 1938 dans le premier numéro de la revue américaine *Action Comics* dont la couverture le représentait soulevant une voiture à mains nues afin de la projeter au loin. Le succès du personnage fut immédiat et foudroyant aux États-Unis. Le tirage d'*Action Comics* atteignit rapidement 800.000 exemplaires. Depuis lors, bandes dessinées, livres et films mettant en scène le personnage de *Superman* n'ont cessé de voir le jour.

Capacités phyiques surhumaines

Originaire de la planète Krypton dont il a volontairement été exilé par ses parents pour échapper à un cataclysme, Superman fut élevé aux États-Unis dans le Kansas à Smartville par un couple de fermiers qui le prénommèrent Clark. Dès sa jeunesse, les extraordinaires capacités physiques de ce « super-enfant » frappèrent son entourage. Et le monde entier n'allait pas tarder à s'extasier devant sa force colossale, son invulnérabilité et sa rapidité. Comme le souligne Roland Lehoucq – astrophysicien au Commissariat à l'Énergie atomique –, au départ, les pouvoirs de Superman ne sont que des « amplifications extraordinaires des capacités humaines »[1]. Mais ses capacités « surhumaines » évoluèrent au cours de ses aventures et il finit par être doté de pouvoirs « quasi-divins » afin de répondre à des défis toujours plus exigeants.

En 1938, l'origine des pouvoirs de Superman, dont sa force incroyable, s'expliquait comme suit : les habitants de la planète Krypton, dont Superman était originaire, avaient une « structure physique en avance de plusieurs millions d'années sur la nôtre ». À leur maturité, les êtres de sa race étaient dotés d'une « force titanesque » et constituaient une « "super-race" dotée de pouvoirs physiques et mentaux en avance de plusieurs dizaines de milliers de siècles sur nos pauvres capacités humaines »[2]. En 1949, une autre explication fut avancée. Les habitants de Krypton étaient plutôt « ordinaires » et l'origine

1. R. Lehoucq, *D'où viennent les pouvoirs de Superman ? Physique ordinaire d'un super-héros*, Les Ulis, EDP Sciences, 2003, p. 8.

2. *Ibid.*, p. 9.

des pouvoirs de Superman résidait désormais dans la physique : c'était la différence de gravité et de pression atmosphérique entre Krypton et la terre qui était à l'origine de ses capacités surhumaines. « Chacun sait que Superman est un être d'une autre planète, évoluant dans la faible gravité terrestre. Mais peu de gens savent comment la gravité affecte la force ! Si vous étiez sur un monde plus petit que le nôtre, vous pourriez sauter par-dessus des hauts bâtiments, soulever des poids énormes, reproduisant ainsi des exploits de l'Homme d'Acier ».

En 1957, on insista sur le rôle de l'atmosphère particulière de la planète Krypton pour expliquer les pouvoirs d'un kryptonien comme Superman qui avait quitté sa planète : « Krypton est une planète si particulière, que lorsque quelqu'un est hors de son atmosphère et de sa formidable gravité il devient un surhomme ». En 1960, selon une théorie à nouveau revue, Superman tirait ses « super-pouvoirs » non seulement de la faible gravité terrestre mais aussi d'un « mystérieux rayonnement "ultrasolaire" » pénétrant la terre nuit et jour. Et cette théorie fut affinée lorsque, d'une part, les pouvoirs physiques de Superman – « super-force, super-souffle, super-vitesse et le vol » – furent attribués à la faible gravité de la terre tandis que, d'autre part, ses pouvoirs mentaux, ses « super-sens » – dont l'ouïe et la vision – et sa « vision X et infrarouge » furent associés au « rayonnement "ultrasolaire" du soleil jaune de la terre ». Aux yeux de Lehoucq, « pour toute personne sérieuse, ce genre d'histoire est au mieux un divertissement sans intérêt, au pire un ramassis de stupidités[1] ».

Super-héros redessiné par la physique

Imaginons néanmoins, poursuit Lehoucq, que Superman soit un « être réel » et tentons de construire son « vrai visage ». Aux yeux d'un astrophysicien, des pouvoirs tels que la force surhumaine, la capacité de voler, la vision télescopique et microscopique, la vision en rayons X, la vision de la chaleur, l'ouïe ultrasensible et l'invulnérabilité sont « acceptables » dans la mesure où ils peuvent se prêter à une « analyse physique raisonnable ». Par contre, lorsque Superman dépasse la vitesse de la lumière, ce pouvoir est « bien au-delà des capacités explicatives des théories physiques actuelles qui supposent précisément que la vitesse de la lumière est infranchissable ». Aussi, sur ce type de prouesses, Lehoucq conclut en des termes wittgensteiniens : « Ce dont on ne peut parler, il faut le taire ».

1. R. Lehoucq, *D'où viennent les pouvoirs de Superman ?...*, *op. cit.*, p. 10.

Pour revenir aux capacités surhumaines par contre « acceptables » de Superman, il demeure, selon Lehoucq, que « nul ne sera surpris d'apprendre que l'essentiel est faux ou impossible du point de vue de la physique habituelle ». Mais, on pourrait malgré tout tenter une « lecture physique » de ses aventures. C'est-à-dire, voir comment « reconstruire une image raisonnable » de Superman en partant de la description de ses pouvoirs qui sont donc « éventuellement peu plausibles, voire faux du point de vue de la physique »[1]. Comment dès lors décrire physiquement un être aussi exceptionnel sur le plan de l'anatomie, de la vision, de l'ouïe, de l'audition, de la capacité de voler? Pour ne parler ici que de la vision télescopique de Superman, Lehoucq fait le constat suivant en se fondant sur les caractéristiques de base du système optique qu'est un œil humain: « Il faut que Superman ait de grands yeux, d'un diamètre au moins deux fois supérieur aux nôtres, dotés d'une grande pupille; des arcades proéminentes et de forts sourcils sont alors indispensables pour le protéger de l'éblouissement. Sa fovéa doit aussi être dense en cônes, un million par millimètre carré semble être un minimum ». Comme dit Lehoucq, « tout cela devrait lui donner la capacité d'apercevoir une pièce d'un euro à plus d'un kilomètre… » Et il ajoute: « Puisque la résolution de la fovéa est si grande, pourquoi réserver ces avantages à une petite partie de la rétine »? Parce que, explique-t-il, chez l'homme, « les aires du cerveau consacrées au traitement des informations visuelles privilégient largement celles émises par la fovéa ». Aussi, « doter la totalité du système visuel de récepteurs à haute résolution serait trop coûteux en ressources nerveuses capables de traiter l'information ». En effet, « si la résolution de toute la rétine était identique à celle de la fovéa, le cerveau humain devrait être au moins 50 fois plus volumineux ! » Comme le suggère Lehoucq « épargnons à Superman le syndrome de la "grosse tête" et laissons-lui ses dimensions humaines »[2]. Ayant donc voulu expliquer scientifiquement un des « super-pouvoirs » de Superman, Lehoucq constate que l'on doit bien « composer » avec les lois de la physique pour rendre « moins improbable et moins impalpable » un être aussi exceptionnel. Mais les conclusions de l'astrophysicien étaient claires: « On nous ment! Superman n'est pas le bel athlète qu'on veut nous faire croire ». Son véritable aspect, « imposé par la difficile cohabitation de la physique et de ses pouvoirs » serait le suivant: « Un type avec des yeux de la taille d'une assiette, aux oreilles en feuilles de choux, un corps très large et peu haut, quasi cubique, un caleçon, certes bleu et rouge mais néanmoins blindé et ignifugé, des os faits de matière inconnue plus résistante que l'acier trempé, des chaussures à faire pâlir toutes les *drag-queens*

1. *Ibid.*, p. 11.
2. *Ibid.*, p. 94.

du monde, et qui passe son temps à bâfrer, grossir et maigrir en un clin d'œil ! ». Comme le pense Lehoucq, avec ce « Superman redessiné », nous sommes bien loin de l'« image classique du super-héros ». Mais Lehoucq concède que, si « l'usage de la physique » a bien modifié l'« image » de Superman, heureusement, « l'imagination n'est pas contrainte par ce type de contingence »[1]. Bref, serait-ce d'être encore « trop humain » que souffrirait ce Superman respectueux des lois de la physique mais qui, dans le même temps, pourrait aussi faire penser à une « monstruosité » par son seul aspect oculaire ?

« Subjectiv-action » du corps hybridé

Si la physique a redessiné Superman dans des dimensions « humaines » de *drag-queen* aux arcades proéminentes et aux forts sourcils, doté d'une stature cubique et d'un caleçon blindé et ignifugé, toutefois, comme nous le pressentons avec la perspective du « monstre prometteur », l'imaginaire technique – mais ne serait-ce pas déjà la réalité des possibles techniques – ne pourrait-il pas lui offrir quelques perspectives mélioristes de dépassement de ses dimensions trop humaines ? Quitter son physique cubique de super-héros aux yeux de la taille d'une assiette, soit via une génétique démiurgique kryptonienne, soit via une « subjectiv-action » terrestre du « corps hybridé » ? Selon Bernard Andrieu, l'implémentation des nanotechnologies, les implants, les prothèses, autrement dit, le corps hybridé suppose de reconsidérer nos idées sur la nature humaine et met en exergue le point de rupture entre deux idéologies antagonistes se situant au niveau de la relation « corps/nature et corps/culture ». En tout cas, pour Andrieu, le « corps biologique reçu » ne suffit plus, tant les représentations et les découvertes scientifiques fondamentales dépassent de nos jours le « paradigme mécaniste, idéologiquement instrumentalisé par les humanistes » et s'orientent vers ce qui serait une « virtualisation du monde, l'informatisation des fonctions biologiques et la cyborgisation des interactions homme-machine »[2]. Andrieu envisage donc une « co-construction du monde et de la technique dans la constitution d'un corps les hybridant : [...] l'hybridation intègre la modification technique dans le geste quotidien des professionnels »[3]. « Devenir hybride » n'est pas une nécessité mais plutôt une conséquence de la révolution biotechnologique de l'espèce humaine. Pour Andrieu, l'incorporation des techniques et des objets peut contribuer à des

1. R. Lehoucq, *D'où viennent les pouvoirs de Superman ?..., op. cit.*, p. 133-134.

2. B. Andrieu, « Hybridité, la fin des monstres ? », dans D. Manuel (éd.), *La figure du monstre. Phénoménologie de la monstruosité dans l'imaginaire contemporain*, Nancy, Presses Universitaires de Nancy, 2009, p. 193.

3. *Ibid.*, p. 194.

modes nouveaux de subjectivation : « S'auto-santer est désormais une possibilité de se régénérer, de se prothèser, de s'implanter et de s'améliorer par l'installation dans et sur le corps d'aide à la perception et à l'action »[1].

La « bionique humaine » est donc l'intégration de dispositifs « mécatroniques » au corps humain, soit l'utilisation des technologies de l'électronique, de l'informatique et de la mécanique dans le but de pallier à diverses dysfonctions physiologiques ou anatomiques telles que les troubles auditifs, la cécité, l'amputation, les troubles neurologiques, les dysfonctionnements musculaires, etc. Ainsi, « avec un implant électronique capable d'activer un neurone a déjà été conçu un œil électronique qui n'a besoin ni de la rétine, ni du nerf optique pour redonner la vue aux aveugles ». De cette façon, grâce à des lunettes munies d'une petite caméra et d'un contrôleur miniature qui envoie à l'implant des signaux par fréquence radio, le non-voyant arrive à situer des objets et des personnes. Par contre, « dès que le sujet enlève les lunettes, il n'y parvient plus ». C'est en effet la caméra qui transmet l'information à la puce implantée dans le cortex visuel. Celle-ci communique ensuite les messages au cerveau[2]. En d'autres mots, pour Andrieu, s'ouvre la possibilité d'« inventer un nouveau corps pas seulement en science-fiction, mais par les possibilités des sciences de la vie » : OGM, clones (clonage reproductif), nouvelles espèces, mutations génétiques, transformations hormonales, dopages, sélection génétique des embryons, etc. Ces possibles « mutations corporelles » offrent ainsi de nouvelles représentations du corps : « Un corps biosubjectif qui correspond à l'identité personnelle désirée »[3].

Donc, à défaut de mutations génétiques kryptoniennes, des implants électroniques pourraient faire passer Superman du stade du super-héros doté d'yeux de la « taille d'une assiette » à un Superman hybridé, doté de lunettes munies d'une caméra et d'un contrôleur miniature qui enverrait des signaux par fréquence radio à un implant électronique capable d'activer les neurones de Superman. Ce qui réglerait, outre ses problèmes antérieurs de rétine et de nerf optique, son image physique qui pourrait dès lors muter vers une identité corporelle personnelle sans doute plus désirable que celle d'un petit corps cubique orné d'oreilles en feuilles de choux et d'yeux globuleux. Peut-être que le Superman qui vit le jour au début du XXe siècle n'a donc eu qu'un corps surhumain de science-fiction encore beaucoup trop humaine. Au XXIe siècle, les techno-sciences de la vie lui offriraient enfin le choix personnel d'un corps

1. *Ibid.*, p. 197-198.
2. *Ibid.*, p. 199-200.
3. *Ibid.*, p. 201.

trans- voire posthumain : l'« hybridité » serait alors la « fin des monstres », comme le suggère Andrieu.

L'handicapé prothèse

Fin des monstres ou non, n'y aurait-il pas de nos jours un brouillage sociétal des canons du physique (sur-)humain, comme le montrerait le choix récent de l'image d'une célèbre griffe de la mode française ? En 2011, la griffe du designer-star des années 80 Thierry Mugler fit le choix d'une égérie « hors du commun » pour le parfum masculin phare de la maison Mugler –*A*Men* –. Il s'agit d'un célèbre « athlète handicapé » : Oscar Pistorius, champion paraolympique de sprint. Autrement dit, l'image d'« un homme » ou « des hommes », destinée à vendre de par le monde un produit, est celle d'un athlète amputé au-dessous des deux genoux à l'âge de 11 mois et doté de prothèses. Pistorius qu'Aimée Thée décrit en ces termes : « Un superhéros bionique, sportif hallucinant, beau et fort comme les titans de BD, qui [...] court à une vitesse phénoménale sur des lames en fibre de carbone ». En tout cas, Pistorius récuse l'appellation de bionique : « Bionique, moi ? Ah non alors ! Ça me fait penser à une machine, ce que je ne suis pas du tout. La seule chose qui m'intéresse, c'est dépasser mes limites, Et je fais ça tous les jours ». Comme l'explique Thée, si le mot de « bionique » le faisait tant réagir, c'est parce qu'il avait été employé par ses adversaires pour l'empêcher de concourir dans les rangs des « athlètes "normaux" », ses prothèses constituant, selon eux, un « avantage disqualifiant ». Quant à la vision de Joël Palix, patron de Clarins Fragrance Group, auquel appartient la marque Mugler et donc le parfum *A*Men*, ce qui les a amené à choisir Pistorius, c'était « précisément son humanité », à la différence, expliquait-il, du « Robocop » des campagnes publicitaires précédentes de Mugler qui était « trop désincarné. Alien, comme on dit chez nous ». Alors qu'Oscar Pistorius lui apparaissait au contraire comme « imprégné d'humanité ». C'était un « type ultra-positif »[1]. Bref, de nos jours, un athlète « handicapé » doté des prothèses peut apparaître, soit comme pourvu d'un avantage disqualifiant par rapport aux « normaux » ou « valides », soit comme un superhéros bionique, beau et fort comme les titans de BD – Superman –, soit comme l'incarnation même de l'humanité.

Pierre-Frédéric Daled

1. A. Thée, « Mugler, une histoire bionique », *Next*, n° 34, supplément à *Libération*, n° 9295, 2 avril 2011, p. 86-88.

TECHNOPSYCHÉDÉLISME

Le technopsychédélisme désigne les discours et pratiques qui encouragent – ou au contraire dénoncent – l'utilisation des augments et médiations technologiques dans le but d'atteindre une reconfiguration psychique du sujet humain. Concrètement, le technopsychédélisme réfléchit à la possibilité de provoquer par des moyens technologiques une modification de la perception et de l'esprit comparable à l'effet des drogues hallucinogènes. Ce discours s'est développé principalement dans la science-fiction des années 1960 et 1970 chez des auteurs tels que William Burroughs, Philip K. Dick, et J. G. Ballard. Il constitue à ce titre un moment de transition entre la science-fiction dite classique des années 1950 et le cyberpunk des années 1980. Le technopsychédélisme s'est également manifesté dans la musique populaire, en particulier dans le rock dit « progressif » (Jimi Hendrix, The Doors, Pink Floyd) qui utilise la technologie musicale afin de reproduire les effets des psychotropes. On retrouve également les thématiques du technopsychédélisme dans la théorie des médias, particulièrement chez le sociologue canadien Marshall McLuhan, ainsi que chez les théoriciens postmodernes de la société de l'information, Jean Baudrillard par exemple. Le technopsychédélisme s'est perpétué au sein de la SF cyberpunk, qui a donné à cette thématique une élaboration documentaire plus rigoureuse, basée sur une connaissance plus fine des processus informatiques. Le technopsychédélisme continue d'alimenter le cinéma d'anticipation – *2001, A Space Odyssey* (1968), *Altered States* (1980), *Flatliners* (1990), *The Cell* (2000) – ainsi que les musiques électroniques contemporaines, notamment les différents sous-genres de la musique qualifiée d'électro (hypnotrance, trip hop).

Les enjeux du technopsychédélisme apparaissent avec clarté dans *Understanding Media* (1964), l'essai dans lequel Marshall McLuhan explore l'environnement médiatique des années 1960. Le sous-titre de cet ouvrage promet une étude des « prolongements technologiques » de l'humain[1]. McLuhan inscrit son analyse dans un récit historique aux accents millénaristes : la « Galaxie Gutenberg »[2] – le monde aliéné et fragmenté de la modernité bureaucratique, ancré dans les technologies de l'imprimerie – sera bientôt balayé par le « village global »[3], un univers réconcilié, rendu possible par les réseaux électroniques et les médias audio-visuels. Les réflexions de McLuhan

1. M. McLuhan, *Pour comprendre les média*, Paris, Mame/Seuil, 1968, p. 5.
2. *Ibid.*, p. 207.
3. *Ibid.*, p. 117.

ont souvent été comprises dans leurs dimensions purement technologique et sociale, comme si elles anticipaient les discours technocratiques des apologues de la société de l'information – Alvin Toffler, par exemple. Mais McLuhan dépeint l'évolution qu'il décrit en termes existentiellement plus ambitieux et moins scientifiques : il fait allusion à une « accélération » et à une « implosion instantanée » de toutes facultés humaines[1]. Mêlant paradoxalement modernisme et nostalgie, il évoque une métamorphose psycho-technologique menant à une nouvelle culture de l'oralité – une mutation permettant le développement d'une « conscience instantanée et globale »[2]. Selon McLuhan, l'univers électronique renoue avec les mécanismes des sociétés organiques préindustrielles évincées par l'individualisme calculateur de la Renaissance. Cette nouvelle technosphère vise à court-circuiter les pratiques linguistiques en faveur d'une « conscience cosmique universelle »[3] et permet donc un retour à l'« état où se trouvaient les hommes avant l'apparition de la parole »[4]. L'état de « mutisme » salvateur qu'elle inaugure nous promet une éternité heureuse, semblable à l'« apesanteur », un état que McLuhan compare à l'« immortalité physique »[5].

Le techno-mysticisme de McLuhan est emblématique de l'ensemble du technopsychédélisme en premier lieu par l'ambivalence qu'il exprime face aux mutations de la technosphère. Les réflexions du sociologue canadien s'inscrivent en effet dans un champ culturel balisé d'un côté par des discours utopiens qui cherchent à se libérer de toute forme de technostructure et, d'autre part, par des spéculations sur l'avenir de la technosphère chargées d'affects intenses mais contradictoires. Ainsi, quand McLuhan évoque le retour aux sociétés organiques préindustrielles, on décèle chez lui l'influence d'auteurs qui préconisent un rapport chamanistique du sujet humain à la nature – en particulier les écrivains du mouvement beat (Allen Ginsberg, Jack Kerouac) et les penseurs préfigurant le mouvement hippie (Aldous Huxley, Carlos Castañeda, Timothy Leary). En revanche, ses réflexions sur l'interface des dispositifs électroniques et de la perception évoquent l'esprit de la science-fiction. On peut les relier aux récits postmodernes qui dépeignent des protagonistes dont la sexualité est programmée pour répondre à des stimuli industriels et technologiques : pensons à *The Atrocity Exhibition* (1969) et *Crash* (1973) de J. G. Ballard, dont les protagonistes recherchent une extase sadomasochiste induite par des accidents de

1. M. McLuhan, *Pour comprendre les média*, *op. cit.*, p. 117.
2. *Ibid.*, p. 67.
3. *Ibid.*, p. 103.
4. *Ibid.*, p. 102.
5. *Ibid.*, p. 103.

voiture, ou à *Gravity's Rainbow* (1973) de Thomas Pynchon, qui dépeint un héros dont les exploits sexuels sont mystérieusement liés à la trajectoire des missiles V2. Dans un registre plus optimiste, la promesse d'une conscience électro-cosmique trouve un écho dans la musique psychédélique : on la perçoit dans « Astronomy Domine » de Pink Floyd (1967), dont les sonorités évoquent une expansion intersidérale du sujet, et dans « 1983 (A Merman I Should Turn to Be) » de Jimi Hendrix (1968), qui emmène ses auditeurs meurtris par la guerre dans un voyage sous-marin vers l'éternité. Des affects semblables apparaissent dans la musique électro, dont les rythmes obsessionnels visent à plonger l'auditeur dans une transe machinique.

Deuxièmement, les écrits de McLuhan mettent en lumière, peut-être à l'insu de leur auteur, le caractère indéterminé du changement psycho-cognitif causé par les médiations électroniques. On pourrait hâtivement déduire des exemples précédents que la thématique centrale du technopsychédélisme – l'objet des « techno-épiphanies » – est l'immortalité du sujet. Cette aspiration apparaît de manière tout aussi récurrente chez les penseurs anti-technologiques que chez les romantiques de la technosphère. Les premiers rêvent d'une libération chamanistique de la matérialité du corps, les seconds aspirent au même but par des moyens électroniques. Le désir d'immortalité s'exprime de manière naïve dans *Flatliners*, un film dépeignant des étudiants en médecine qui se plongent en mort cérébrale afin de bénéficier d'une vision fugace d'éternité. Il est exposé de façon plus subtile dans *Ubik* de Philip K. Dick et dans *Cities of the Red Night* de Burroughs. Chez Dick, des individus fortunés bénéficient d'une assistance technologique qui accorde à leur conscience une survie résiduelle après le décès corporel. Chez Burroughs, des civilisations fictives inventent des mécanismes complexes de réincarnation mêlant technologie, rituel et sexualité[1]. Mais au lieu de réduire l'ensemble des œuvres à cette obsession, il faut adopter une lecture tenant compte du caractère nécessairement flou des techno-épiphanies. Le technopsychédélisme souffre de ce que l'on pourrait appeler la pauvreté de l'ineffable : il ne peut rendre compte d'expériences qui, comme le suggère McLuhan, dépassent le langage articulé. Tout au plus peut-il évoquer l'intensité des mutations du sujet. C'est ce que font le rock psychédélique et l'électro par la création d'univers sonores dynamiques et défamiliarisants.

Au lieu de rechercher dans le technopsychédélisme une thématique déterminée, il est plus judicieux de montrer que ce discours oscille entre plusieurs types abstraits de reconfigurations du sujet humain – des possibilités

1. W. Burroughs, *Cities of the Red Night*, London, Penguin, 2010, p 156.

qui se concrétisent de manière variable selon les œuvres. Les mutations techno-psychédéliques se polarisent selon un axe opposant expansion et contraction. Ces deux pôles peuvent chacun être dotés d'une valeur positive ou négative, définissant au total quatre classes de métamorphoses psychiques. Si l'expansion du sujet est vécue de manière positive, on parlera de magnification. Dans le cas inverse, il y a écartèlement, rupture ou dissociation. D'autre part, la contraction, si elle est désirée, donne lieu à une réintégration ou réconciliation organique. Son double négatif est la paralysie ou l'anéantissement.

La magnification – l'expansion extatique du sujet – est l'affect techno-psychédélique le plus familier : on le rencontre dans « Eight Miles High » des Byrds (1966), un des premiers succès du rock psychédélique, dont les paroles comparent l'exaltation d'un voyage aérien à un trip hallucinogène. De même, les affects de la magnification dominent le final de *2001, A Space Odyssey*. Dans ce morceau de bravoure du technopsychédélisme cinématographique, le rescapé d'une expédition spatiale, après une longue dérive hallucinatoire, se voit métamorphosé en un vaisseau spatial vivant – un gigantesque bébé humain affrontant le vide intersidéral. Dans les romans cyberpunk, la magnification se déploie dans les scènes où les hackers sentent leur conscience démultipliée par l'accès cyberespace, se transformant en ce que Scott Bukatman appelle un « sujet terminal »[1]. L'affect inverse, la rupture ou l'écartèlement techno-induit, s'illustre cruellement dans *Crash* de Ballard, qui dépeint des corps dissociés par des accidents automobiles, et dans *Gravity's Rainbow (*1973) de Thomas Pynchon, où les rapports intimes du sujet avec les missiles balistiques font peser la menace d'un éclatement inexorable. La rupture prend aussi des formes variées dans *Nova Express* de Burroughs, où s'exprime la hantise de voir le sujet se dédoubler par l'invasion d'une conscience phagocytaire hostile. Burroughs décrit par exemple des explorateurs interstellaires qui colonisent psychiquement les sujets d'une espèce autochtone afin de dérober l'oxygène charrié par leur circulation sanguine[2].

Quand à la réintégration – la contraction extatique –, nous l'avons rencontrée chez McLuhan, dans le rêve de voir la modernité dissociée se recomposer dans l'unité organique du village global électronique. En musique électro, elle s'exprime dans la communion intersubjective des masses de danseurs, fusionnés dans un « paroxysme dionysiaque »[3]. Dans le cyberpunk, elle se manifeste par l'espoir d'une maîtrise totalisante du cyberespace. Son

1. S. Bukatman, *Terminal Identity…*, *op. cit.*, p. 2.

2. W. Burroughs, *Nova Express*, London, Penguin, 2010, p. 134.

3. S. Reynolds, *Generation Ecstasy : into the World of Techno and Rave Culture*, New York, Routledge, 1999, p. 5.

affect inverse, la paralysie ou l'anéantissement, s'illustre dans *Crash* dans des scènes où les corps mutilés des accidentés se disposent selon des tableaux « stylisés », figés dans un esthétisme barbare[1]. La théorie des simulacres de Baudrillard, si souvent commentée dans le champ du postmodernisme, peut se lire également comme une réflexion sur la paralysie technopsychédélique : les simulacres, que Baudrillard dépeint comme les éléments constitutifs de l'environnement médiatisé, sont des représentations techno-générées qui forment un espace de communication replié sur lui-même, incapable d'atteindre le réel. Le sujet s'y trouve dans un état de paralysie qui correspond à l'ultime stade de ce que les critiques marxistes appellent la réification[2]. Enfin, de manière prévisible, les quatre classes de métamorphoses décrites ci-dessus se prêtent au syncrétisme. « Set the Controls for the Heart of the Sun » de Pink Floyd (1968) promet à la fois une magnification du sujet par le voyage spatial et son anéantissement dans l'astre incandescent. Les accidents automobiles stylisés de Ballard ainsi que l'expérience de connexion informatique du cyberpunk entraînent simultanément la magnification, la rupture, et l'anéantissement du sujet.

Le déploiement des affects technopsychédéliques s'illustre remarquablement dans l'œuvre de Philip Kindred Dick (1928-82), l'écrivain américain qui a dominé la science-fiction des années 1960 et 70. Dick a produit plus de quarante romans et plus de cent vingt nouvelles. Considéré comme un génie du genre par ses pairs, il était proche par son inspiration d'écrivains canoniques comme Jorge Luis Borges, Thomas Pynchon, et Kurt Vonnegut, Jr. Ses œuvres ont fait l'objet d'adaptations cinématographiques prestigieuses –*Blade Runner* (inspiré de *Do Androids Dream of Electric Sheep?*), *Total Recall* (adapté de « We Can Remember It for You Wholesale »), *Minority Report*, et *A Scanner Darkly*. Comme chez ses contemporains Michael Moorcock et J. G. Ballard – les auteurs SF de la « Nouvelle Vague » – l'orientation technopsychédélique de l'œuvre de Dick résulte de la décision de privilégier la dimension psychologique de l'anticipation et d'intégrer à celle-ci les inflexions surréalistes de la culture populaire des années 1960. Dick ne suggère cependant pas que psychédélisme et technologie peuvent s'allier pour créer un monde réconcilié. Au contraire de McLuhan, l'écrivain dépeint la technologie en termes négatifs, donnant la primauté aux affects technopsychédélique négatifs – la rupture et l'annihilation du sujet. À ce titre, Dick s'inscrit dans la tradition anti-utopienne du XXe siècle. Sa relation à la technosphère est comparable à celle d'Aldous

1. J. G. Ballard, *Crash*, London, Harper Perennial, 2008, p. 156.
2. J. Baudrillard, *Simulacres et simulations*, *op. cit.*, p. 17.

Huxley qui, tout en affirmant sa fascination pour les drogues qui ouvrent les « [p]ortes de la perception », fustigeait toute reconfiguration technologique du sujet[1].

Le pessimisme techno-social s'exprime chez Dick à travers une thématique récurrente, mêlant l'angoisse de l'aliénation à celle du dédoublement. Ses personnages – des figures modestes, à l'opposé des scientifiques et décideurs de la SF classique – sont dépossédés de leur personnalité et de leur quotidien, et sont projetés dans une réalité alternative cauchemardesque. Cette prémisse présuppose que la réalité dans son ensemble puisse être générée comme un artefact et que la technologie ou l'ingénierie sociale contribue à ce processus de construction. Les personnages de *Time Out of Joint* (1959) se rendent compte du fait que leur existence n'est qu'une fiction nostalgique orchestrée par un pouvoir fascisant. Le héros de « We Can Remember It for You Wholesale » (1966), en apparence un paisible employé, décide de se faire greffer de faux souvenirs d'un voyage sur Mars et découvre alors qu'il est impliqué dans une conspiration interplanétaire. L'officier de police de « Minority Report » (1968) se voit infliger une vocation de meurtrier quand il est inculpé par les mutants précognitifs que son propre service exploite pour anticiper les crimes du futur. Les protagonistes d'*Ubik* (1969) se retrouvent prisonniers d'un monde qui semble régresser vers le passé. Ils découvrent qu'ils sont en fait déjà en état de survie postmortem, assistant à l'extinction de leur conscience. La vedette de télévision de *Flow My Tears, the Policeman Said* (1974) échoue dans un présent alternatif qui diffère de son univers initial uniquement par le fait que son identité a été effacée et ses privilèges génétiques révoqués. Les personnages de *A Scanner Darkly* (1977) voient leur personnalité annihilée par une drogue mortifère. Dans *The Man in the High Castle* (1962) c'est la planète entière qui est dépossédée de son histoire : le monde contemporain a disparu pour être remplacé par un univers dominé par l'Allemagne nazie et le Japon, vainqueurs de la Deuxième Guerre Mondiale.

Ce schéma narratif axé sur la rupture ou la paralysie du moi permet à l'écrivain d'imaginer de nombreuses technologies susceptibles de causer des reconfigurations psychiques : ces dernières sont activées par des mutations génétiques ou des régressions ataviques induites par l'apocalypse nucléaire, des manipulations idéologiques ou publicitaires, des interventions technologiques sur le matériel humain, ou par la création d'organismes artificiels. *The World Jones Made* (1956) décrit la dictature d'un mutant postnucléaire qui

1. A. Huxley, *Les portes de la perception*, *op. cit.*, p. 5 ; *Le meilleur des mondes*, *op. cit.*, p. 84.

ressent son propre don de précognition comme une tare, mais qui n'hésite pas à infliger à ses concitoyens une aliénation semblable, les asservissant en manipulant leur angoisse. Dans *The Simulacra* (1964), les États-Unis sont régis par une première dame dont le pouvoir matriarcal est maintenu par des divertissements télévisés dont elle est la vedette – des programmes exerçant une fascination quasi-hypnotique. Un des personnages du roman – un musicien souffrant de paranoïa – est exposé plus que tout autre aux influences psycho-paralysantes : il se sent phagocyté par des publicités dont il interprète les suggestions de manière littérale. Il a donc peur d'être devenu invisible ou de répandre d'abjectes odeurs corporelles. C'est par cette thématique de la dépossession de la conscience que l'œuvre de Dick préfigure le cyberpunk. La greffe de souvenirs de « We can Remember It for You Wholesale » suggère que l'esprit, s'il est aliénable, pourra être reconfiguré technologiquement. Ainsi, le héros de *Do Androids Dream of Electric Sheep?* (1968) vit dans un monde où des radios-réveils programmables gèrent l'humeur de leur propriétaire. Il en vient à douter s'il est humain ou machine. De même, le héros de « The Electric Ant », après avoir compris qu'il est effectivement un cyborg, essaie de bricoler ses propres circuits afin de modifier sa perception de la réalité.

Le pessimisme de Dick n'est évidemment pas la seule composante de la science-fiction technopsychédélique : à côté de son surréalisme anxiogène, on trouve aussi la confiance prométhéenne de Stanley Kubrick et Arthur C. Clarke ou, hors du champ de la SF littéraire, l'énergie du rock progressif. Même chez Dick, ce qui est présenté de manière négative exerce souvent une fascination parasite. Au total, les diverses manifestations du technopsychédélisme auront marqué une période d'adaptation à un univers technologique d'autant plus susceptible de représentations surréalistes que ses composantes et sa dynamique étaient encore mal comprises. S'adapter n'est cependant pas dans ce contexte synonyme d'assentiment. L'œuvre de Dick suggère que le techno-psychédélisme peut développer un discours critique. Les héritiers cyberpunk de Dick tireront partie de cette volonté de résistance, avec cependant une vision plus claire des enjeux technologiques de la société de l'information.

Christophe Den Tandt

TECHNOSCIENCE

Notre introduction du terme « technoscience » dès le milieu de la décennie 1970 était explicitement reliée à la problématique alors embryonnaire de l'ab/post/transhumain. C'est sur cette dimension que les analyses ci-dessous se concentrent, sans négliger les autres aspects de la signification de ce néologisme. Nous n'entrons pas dans la préhistoire de la *notion* de technoscience. Cette préhistoire reconduirait au moins jusqu'aux débuts de la science moderne, en particulier avec Descartes et, davantage encore, avec Francis Bacon (*Novum Organon, New Atlantis*).

La généalogie de la « technoscience » dans le contexte de l'ab/post/transhumain

Nous avons introduit le terme « technoscience » en lui accordant une portée à la fois positive et critique. Positivement, il était plus approprié pour décrire la science contemporaine. Négativement, il permettait de critiquer la conception traditionnelle de la science comme une entreprise essentiellement théorique et discursive. En outre, le concept de technoscience offrait une base pour dénoncer la philosophie du XXe siècle, incapable d'affronter la réalité contemporaine – une réalité technoscientifique – et les nouvelles questions suscitées par la technoscience.

Cet usage originel remonte à nos recherches doctorales en philosophie débutées en 1973 : le terme est courant dans notre Thèse (*Essai sur les causes, les formes et les limites de l'inflation du langage dans la philosophie contemporaine,* Université Libre de Bruxelles, 1976) publiée sous forme de livre en 1979 : *L'inflation du langage dans la philosophie contemporaine.*

La première phrase dans laquelle le néologisme apparaît souligne sa portée radicale et critique à l'égard de la philosophie et l'associe au « transhumain » : « L'hypothèse [que défend ma Thèse, GH] : le forclos (de la philosophie contemporaine) est la techno-science, l'affrontement cosmique dépourvu d'authentique lumière qui s'y pratique, le cosmos aux possibles transhumains » [1]. *Les deux termes sont donc originellement connexes.*

C'est dans la troisième partie de la Thèse (et du livre), intitulée « Le Mur Cosmique » que la notion de technoscience devient tout à fait centrale. Observons que la métaphore du « mur » associée au futur impénétrable et à la technologie est également significative : elle se retrouve aujourd'hui dans la littérature relative à la Singularité.

La section la plus importante de « Le Mur Cosmique » a pour titre « Philosophie et futur » ; elle clôt l'ouvrage. L'inspiration dominante y vient de deux types de textes : des récits de science-fiction et des textes non narratifs de

1. G. Hottois, *L'inflation du langage dans la philosophie contemporaine. Causes, formes et limites*, *op. cit.*, p. 52.

spéculation futurologique, en particulier les auteurs suivants : Stanislas Lem, Arthur C. Clarke, Fred Hoyle, Herman Kahn, Carl Sagan, Robert Jungk…

Notre sujet n'était pas la science-fiction : il s'agissait d'explorer l'imaginaire spéculatif (plus que narratif) centré autour des technosciences et du futur inspirant des questions nouvelles philosophiquement pertinentes, mais négligées, ignorées ou méprisées par les philosophes des trois premiers quarts du XXe siècle.

Quelles sont les composantes fondamentales de la signification originelle de la technoscience telle que nous l'avons introduite ?

1) Technoscience et fin de l'homme

La technoscience est étroitement associée à la question de la fin de l'homme. Non pas au sens de sa finalité, mais bien de sa disparition par *mutation ou anéantissement*. Religions et philosophies historiques – du christianisme au marxisme – projettent l'avenir en termes de finalité, de sens à accomplir : « l'essence humaine », présente depuis l'origine mais imparfaite ou aliénée, est appelée à se réaliser à la fin des temps ou de l'histoire : un accomplissement de l'ordre de la métamorphose qui épanouit.

La technoscience réfère, elle, à la disparition physique, pure et simple de l'homme, suite à quelque processus ou cataclysme cosmiques ou techniques. Un anéantissement matériel sans descendance reconnaissable ou sans descendance du tout. Cette idée d'une disparition sans lendemain hante l'imaginaire du futur, mais elle nous semblait surtout trahir un *manque* d'imagination. Plus intéressante est l'idée de la *mutation* qui inscrit une rupture (progressive ou brutale), un changement de portée *spécifique*, « essentiel » dirait le philosophe. Mais l'altérité – transhumaine, posthumaine ou abhumaine – est difficile (à la limite impossible) à décrire ou à raconter. Le défi consiste à suggérer l'altérité cosmique radicale, abhumaine, en évitant toute réduction anthropomorphique et même *anthropologique :* il faut connoter les limites de la raison, de l'intelligibilité, du sens humains, et certes pas simplement les limites de la forme humaine biophysique. Une conception purement anthropologique de la technoscience passe à côté de cette *portée trans-anthropologique*.

2) Technoscience et futur

Caractériser la technoscience par la référence au futur est une évidence. Mais c'est du *futur lointain* que nous nous efforcions d'évoquer l'étrangeté, l'altérité potentielle, à l'aide d'une analogie renversant le vecteur temporel. L'étrangeté du futur lointain pourrait être aussi profonde que l'étrangeté des formes de vie terrestres des ères primaire ou secondaire comparée à notre forme de vie biologique, culturelle, technique actuelle. Rien n'aurait pu permettre de déduire ou prédire ou même imaginer notre civilisation à partir de ce passé très lointain où se formaient les premières molécules vivantes. *Il n'est donc pas interdit d'imaginer pour le futur lointain une étrangeté de même poids sinon de même contenu ou de même forme.* L'influence de la pensée darwinienne sur la notion de technoscience et sa manière de concevoir la temporalité est très importante, même si l'on considère que toute évolution ne doit pas être biologique.

Le futur lointain apparaît comme radicalement ouvert et opaque. Il faut donc éviter de le réduire à l'une ou l'autre projection prophétique et, en particulier, à quelque utopisme socio-politique, humain trop humain. Ce genre de projection peut avoir une certaine valeur pour l'avenir proche à condition de demeurer critique et de ne pas viser à enfermer l'évolution dans une impasse utopique déterminée.

Soulignons-le : notre conception originelle de la « technoscience » ne s'est pas développée dans le contexte d'un imaginaire du futur proche et à portée socio-politique utopiste ou critique. Au contraire.

3) La technoscience n'est pas réductible au discours

Cet aspect reçoit toute son importance de son opposition au contexte des philosophies langagières du XXe siècle (sujet de la Thèse sur lequel nous ne nous étendons pas ici) et à la définition traditionnelle de l'homme comme le vivant parlant, l'animal essentiellement symbolique, qui devient humain et évolue exclusivement par la grâce du langage.

La technoscience est constituée par l'*opérativité, technique et mathématique*, irréductible à l'ordre du discours. Elle approche le langage humain en le *naturalisant et en le machinant, en l'objectivant et en l'opérant.*

Naturalisation : le langage verbal et écrit n'est qu'une forme de communication propre à une espèce vivante; mais il y en a d'autres qui sont utilisées par d'autres formes de vie terrestres, parfois très éloignées, telles les communications chimiques. Toutes ces modalités biologiques de communication, y compris le langage humain verbal, doivent être étudiées empiriquement. *Machination* : le langage naturel est à « opérer » en vue des communications électroniques avec l'éventualité de branchements directs sur les cerveaux humains (de l'imaginaire cybernétique au cyborg).

Par ailleurs, ce sont des ponts non langagiers (notamment géniques) qui nous relient au plus lointain passé, au reste de la biosphère et possiblement au lointain futur. « Pour la techno-science, ce sont des pontages évolutifs ou techniques qui relient l'homme à ce qui est »[1] et, ajouterai-je, « à ce qui devient ».

Par conséquent, lorsque l'on dit que l'approfondissement de la question kantienne « Qu'est-ce que l'homme ? » doit se poursuivre indéfiniment, cette invitation n'est pas seulement à comprendre au sens de l'herméneutique, de l'exploration discursive spéculative, narrative, bref langagière. Mais aussi au sens de l'expérimentation technoscientifique, de l'exploration opératoire, biophysiquement productrice, transformatrice et créatrice, que le discours, le récit, peuvent accompagner et récapituler, mais non anticiper (ou si peu !) et auxquelles ils ne peuvent se substituer. Bien comprise, la technoscience intègre la dimension de transcendance, de spéculativité, de désir (d')infini traditionnellement associée au logos (au symbolique), au-delà de tout utilitarisme. Telle est aussi la portée du matérialisme méthodologique ou, plus radicalement *opératoire*, qui l'accompagne.

4) Technoscience et prospection cosmique

Ce que nous appelions « prospection cosmique » ne se réduit pas à l'exploration de l'espace, même si nous estimions que l'espace cosmique – et non la nature terrestre – constitue, par excellence, le défi du futur pour la technoscience qui s'y trouve sollicitée de façon maximale. Dans l'espace, loin du support de la biosphère terrestre, l'homme est totalement dépendant de la technoscience. Le vaisseau spatial représente un micro-technocosme absolu. L'espace cosmique – qui n'est ni une « nature » ni un « monde » – est ouverture brute, sans direction ni horizon, livrée à l'aventure anthropotechnique associée à la signification première du cyborg que nous évoquions aussi comme un possible mutationnel.

La prospection cosmique n'est pas de la futurologie, car elle noue au cosmos un rapport technique opératoire et pas prioritairement une relation théorique et discursive. La futurologie où s'exprime aussi une indispensable responsabilité apporte une « lumière fort pâle qui accompagne la prospection cosmique ». La prospection cosmique – au-delà de l'aventure spatiale – est l'essai de tout le possible avec la conscience qu'aucun regard, aucun discours, aucune théorie, ne permet de faire l'économie de l'expérience effective. Elle est cette exploration de la question de l'homme poursuivie opératoirement autant que symboliquement dont j'ai déjà parlé.

1. G. Hottois, *L'inflation du langage dans la philosophie contemporaine. Causes, formes et limites*, *op. cit.*, p. 344.

« Attentif à la prospection cosmique, le philosophe (…) témoigne des forces inhumaines ou abhumaines qui travaillent l'humain jusque dans son imaginaire »[1].

5) Technoscience et éthique

Tout à la fin de la thèse, nous disions notre hésitation quant à la manière d'élaborer les questions nouvelles suscitées par la technoscience et son imaginaire futurologique : étaient-elles affaire d'éthique ?

La raison de cette hésitation est que les catégories de l'éthique apparaissent comme « humaines, trop humaines ». Sensibilité et conscience morales appartiennent à la forme de vie humaine. Valeurs et normes concrètes sont historiques et culturelles. Comment pourrait-on à l'aide de ces catégories tout internes à la forme de vie humaine, entreprendre sérieusement de juger de l'avenir de l'espèce humaine, poser des choix et décider à propos de ses évolutions délibérées futures ?

L'éthique n'est-elle pas intrinsèquement inclinée à placer « la dignité ultime de l'homme » dans « l'assomption de sa nature (spécialement des paramètres de la finitude) » contre « l'audace et le risque de la négation de cette nature »[2] ?

La conclusion était toutefois que bien qu'insatisfaisantes et non dépourvues de risques elles-mêmes, les catégories éthiques paraissent, tout de même, les « moins inadéquates ». C'était une allusion à la bioéthique alors naissante sous forme institutionnelle (commissions, comités d'éthique médicale).

La généalogie de la technoscience dans le contexte de l'« humain, trop humain »

Nous avons récemment découvert que le terme « technoscience » avait été indépendamment introduit au cours de la même décennie dans un contexte très différent du nôtre et que l'on pourrait qualifier d'« humain, trop humain ».

Le politologue américain W. Henry Lambright introduit « technoscience » en utilisant systématiquement le terme dans l'expression « technoscience agency » dans son livre *Governing Science and Technology* (1976).

1. G. Hottois, *L'inflation du langage dans la philosophie contemporaine. Causes, formes et limites*, *op. cit.*, p. 362.
2. *Ibid.*, p. 368.

Les « technoscience agencies » sont les agences de Recherche& Développement (R&D) établies par le gouvernement américain après la seconde guerre mondiale : NASA (National Aeronautics and Space Administration), DOD (Department of Defense), NIH (National Institutes of Health), NSF (National Science Foundation), etc. Ce sont des « "technocratic" bureaucraties » qui diffèrent sensiblement entre elles dans leurs rapports à la science, à la technologie et à la politique. L'ouvrage apporte des exemples détaillés de la manière dont leurs projets et programmes naissent, évoluent, finissent. Il illustre leurs divergences d'intérêts qui vont jusqu'au conflit : tel le conflit entre la NASA et le Weather Bureau au sujet d'un satellite météo. Sans négliger ces différences importantes, l'objectif de Lambright est de clarifier la manière dont la *politique des sciences et des techniques américaine* se déploie à travers ces Agences fédérales en vue de l'améliorer si possible par des recommandations.

Lambright éclaire aussi *l'évolution* des rapports entre politique, société et agences, à commencer par le contexte historique de leur création, celui de l'après-guerre avec les « Golden Years » sous l'effet du choc « Sputnik » en 1957. Ces *Golden Years* dureront jusque 1967. Le tournant qui s'opère ensuite dépend de multiples facteurs, en particulier l'évolution de la perception publique de la technologie pourvoyeuse de solutions mais aussi source de problèmes. C'est dans ce cadre qu'est créé l'OTA (Office of Technology Assessment) en 1972, dont la mission, comme celle des agences environnementales, peut entrer en conflit avec les logiques des « technoscience agencies ». À partir de là, il devient de moins en moins pensable de faire de la R&D sans se soucier prioritairement de la société et de l'environnement. Lambright éclaire ainsi les conditions d'apparition de la nouvelle philosophie politique de la R&D qui évalue celle-ci en fonction de ses utilités sociales et économiques dès la conception des projets. Cette politique utilitariste s'imposera aussi de manière de plus en plus délibérée dans l'Union Européenne à partir des années 1990 (voir nos analyses dans *La science : entre valeurs modernes et postmodernité,* 2005).

D'emblée, Lambright reconnaît avoir lui-même emprunté le terme « technoscience » à Dwight Aldo qui l'introduit dans une conférence « Reflections on Technoscience Policy and Administration in a Turbulent Milieu » en 1969. Son commentaire définit assez précisément le néologisme : « The combining of science and technology into technoscience is deliberate. It reflects the fact that these two forces are combined in most federal bureaucracies. Some agencies are more technology-oriented, while some are more science-oriented. Where the distinction needs to be made in this book, it will be made »[1]. Tout est dit ou presque dans ce bref passage, à savoir :

– l'approche est celle d'un analyste politique, sans aucun doute éclairante dans ce domaine, mais dépourvu d'originalité et de profondeur philosophiques. La « philosophie » de Lambright est la puissance des USA. Celle-ci postule la meilleure gestion possible de la R&D, car elle est capitale pour la capacité militaire, la puissance économique, le prestige national et une société de bien-être, qu'il s'agisse de plein emploi ou d'urbanisme et de transport… Les budgets alloués aux « technoscience agencies » sont gigantesques et cet argent public doit être bien utilisé et dans le respect des contrôles démocratiques ;

– en dépit du fait que le néologisme fusionne « technique » et « science » (« technoscience » sans trait d'union), cette approche d'analyste politique ne met d'aucune manière en question les cadres philosophiques et épistémologiques classiques qui séparent « science » et « technique ». L'expression « technoscience » est un amalgame de fait qui reflète des situations, des circonstances, des contextes dans lesquels la recherche scientifique et les technologies sont à des degrés variables associées. Le cas échéant, on en revient, sans problème, à la séparation : d'un côté la science pure, de l'autre les applications techniques. De nombreuses analyses du livres se fondent sur cette séparabilité ;

– enfin, Lambright ne parle jamais de la technoscience ou des technosciences; il parle exclusivement des « technoscience agencies » : le terme « technoscience » et son sens sont indissociables de cette réalité politique institutionnelle que sont les « technoscience agencies ». La technoscience n'a aucune autonomie conceptuelle ou autre. Hors de l'amalgame, on en revient à la distinction traditionnelle entre science et technique. L'une et l'autre sont ultimement au service de la société et de l'amélioration de la condition humaine qu'elles ne remettent pas du tout radicalement en question. « Science and technology have no independent minds of their own. They are instruments of people and institutions – *certain* people and institutions. (…) Together, science, technology, and public organization *could* constitute a new means to improve the human condition for all mankind. » (dernière page du livre). On ne peut être plus clair.

1. W. H. Lambright, *Governing Science and Technology*, Oxford, Oxford University Press, 1976, p. 4, note 2.

Évolution de la notion de technoscience

Dès la fin des années 1980, le terme devient courant dans l'aire francophone et américaine. Mais sa portée évolue en direction d'une compréhension de plus en plus exclusivement socio-économico-politique, plus du tout « ab/post/transhumaine » mais « humaine, trop humaine ».

D'une part, « technoscience » désigne la « Big Science », soutenue par l'État et/ou de puissantes multinationales : nucléaire ; aérospatial ; génétique (Projet Génome Humain) ; TIC (Technologies de l'Information et de la Communication) ; aujourd'hui : NBIC (nano-sciences/technologies, biotechnologies, informatique, sciences cognitives) ou technologies convergentes. Cette technoscience-là est souvent associée à l'impérialisme, au capitalisme, à l'américanisme et chargée de tous les maux du siècle (voir, par exemple, la livraison d'avril 1998 de *Le Monde Diplomatique* sous le titre : « Ravages de la Technoscience »). Elle devient aussi la cible de toutes les critiques idéologiques qui mêlent *science studies, cultural studies, gender studies, text studies,* etc, pour dénoncer racisme, machisme, ethnocentrisme, et toutes les discriminations et oppressions imprégnant sciences et techniques occidentales dont la prétention universaliste serait infondée et abusive.

D'autre part, « technoscience » va servir à désigner « la science et la technique en société » : la réalité de l'activité technoscientifique au quotidien, faite par des hommes pour et contre des hommes. *Science in Action* (1987) de Bruno Latour a joué un rôle important dans cette évolution. Voici ce qu'écrit Donna Haraway dans *Modest Witness @ Second Millenium. Female Man Meets Oncomouse*[1] : « Bruno Latour (*Science in Action*, 1987) est responsable de l'adoption commune du mot "technoscience" dans les *science studies*. (...) Latour a mobilisé "technoscience" pour attaquer la distinction entre ce qui revient à la "science" et à la "société" ». Le sujet de la technoscience est collectif, complexe, divers, tensionnel et même conflictuel. Les équipes, laboratoires et réseaux ont besoin de moyens très importants pour mener leur recherche, la faire aboutir en publications, brevets, applications économiquement et socialement utiles. Le financement vient soit d'entreprises privées, soit d'institutions publiques. Des représentants et décideurs venus de ces milieux – financiers (actionnaires), gestionnaires, administratifs, économistes, juristes, éthiciens, lobbyistes divers – sont sollicités et impliqués souvent dès la soumission d'un projet de recherche. Ces acteurs directs et indirects de la technoscience ont des valeurs, des normes, des intérêts qui diffèrent, tantôt

1. D. Haraway, *Modest Witness @ Second Millenium. Female Man Meets Oncomouse...*, *op. cit.*, p. 279.

convergent tantôt s'opposent. Leur vision est, en général, à très court terme; elle est animée par des préoccupations de sécurité ou de promotion professionnelles, de sauvegarde et de conquête de pouvoir, de profit, d'enrichissement et de jouissance. Le désir d'utilité sociale n'est pas absent – des biens et des soins de meilleure qualité pour un plus grand nombre de personnes – mais ces idéaux humanistes sont inextricablement mêlés aux autres motivations.

Ces usages du terme « technoscience » mènent à des exagérations et des visions partiales, associées au constructivisme et au postmodernisme qui *retournent littéralement* le sens primitif de celle-ci tel que nous l'avions introduit (contre la tendance de la philosophie à s'enfermer dans le langage). En effet, la réduction de la technoscience à ses significations politiques et économiques immédiates, décrites par les sciences humaines, souligne les *rhétoriques* mises en œuvre. Schématiquement : si la technoscience est affaire de politique et de commerce, et celles-ci affaires symboliques et sémiotiques, alors la technoscience devient affaire sémiotique. Y accéder, l'orienter, la contrôler sont affaire langagière, de manipulations discursives et textuelles. Ce glissement dans la signification et l'usage du terme « technoscience » conduit à dissoudre sa portée dans *l'intertextuel* alors que nous l'avions introduit contre le règne de l'intertextualité en philosophie, dans les sciences humaines et les *humanities*. « Science studies, cultural studies, text studies, narrative studies, etc… » coulent les unes dans les autres et sont collectivement requises pour référer à et agir sur la réalité enchevêtrée des sciences, des techniques, des économies, des cultures, des politiques, des arts, etc. « Bref, il n'y a rien qui soit clairement et distinctement descriptible soit comme science soit comme culture soit comme technologie » lit-on dans *Technoscience and Cyberculture*[1]. L'importance cruciale de l'opérativité technique intimement associée à l'objectivité scientifique est alors de nouveau totalement ignorée ou marginalisée. Or, c'est d'abord cette opérativité objective de la technoscience que nous avions voulu souligner en introduisant le terme contre les conceptions logothéoriques de la science moderne et contemporaine.

L'immanence culturelle, sociale, économique, politique, psychologique de la technoscience est très importante. Contre elle d'abord, puis de plus en plus avec elle, nous avons voulu ne jamais perdre de vue ni la portée opératoire objective de la technoscience irréductible à l'intertextualité, critique ou non, ni sa portée ab/trans/posthumaine dont la reconnaissance s'identifie le

1. S. Aronowitz (ed.) *et al.*, *Technoscience and Cyberculture*, New York, Routledge, 1996, p. 294.

plus souvent en contexte bioéthique à la défense raisonnée de la liberté, spécialement de recherche et d'expérimentation.

Selon nous, les meilleures descriptions et analyses théoriques et pratiques des technosciences – ainsi que ses meilleures illustrations science-fictionnelles – sont celles qui réussissent à rendre justice à la fois à leur immanence sociale, politique, historique, culturelle et à leur opérativité aux limites de l'humain, à leur potentiel de transgression – d'évolution – du naturellement, culturellement et techniquement donné. Un potentiel dépourvu de frontières a priori et définitives, car les technosciences ne reconnaissent que des limites empiriques, c'est-à-dire contingentes, effectives en attendant d'être surmontées [1].

Gilbert Hottois

1. Pour approfondir la généalogie de la technoscience, ses rapports avec la problématique du trans/post/ab/humain et la SF, voir G. Hottois, *Généalogies philosophique, politique et imaginaire de la technoscience*, Paris, Vrin, 2014.

BIBLIOGRAPHIE

AGAR N., *Liberal Eugenics – In Defence of Human Enhancement*, Oxford, Blackwell, 2004.

Humanity's End. Why we Should Reject Radical Enhancement, Cambridge, MA & London, The MIT Press, 2010.

AGENCE MONDIALE ANTIDOPAGE, *Le code mondial antidopage*, Montréal, Agence Mondiale Antidopage Press, 2009.

ALEKSANDER I., *How to Build a Mind*. London, UK, Weidenfeld and Nicolson, 2000.

ALLEN G. A., « Chevaux de course et chevaux de trait. Métaphores et analogies agricoles dans l'eugénisme américain 1910-1940 » dans J.L. Fischer, W.H. Schneider (éd.), *Histoire de la Génétique*, Paris, ARPEM, 1990, p.83-98.

ALLOUCHE S., « Des concepts de médecine d'amélioration et d'enhancement à celui d'anthropotechnologie », dans J.N. Missa et L. Perbal (éd.), *« Enhancement ». Éthique et Philosophie de la médecine d'amélioration*. Paris, Vrin, 2009, p.65-78.

ALTHUSSER J., *Pour Marx*, Paris, Maspero, 1965.

ANCET P., *Phénoménologie des corps monstrueux*, Paris, P.U.F., 2006.

ANDERSON M., ANDERSON S., ARMEN C., « MedEthEx : Toward a Medical Ethics Advisor » dans *Proceedings of the AAAI 2005 Fall Symposium on Caring Machine : AI in Eldercare*, Arlington, VA, 2005.

ANDRIEU B., *Devenir hybride*, Nancy, Presses Universitaires de Nancy, 2008.

– « Hybridité, la fin des monstres ? », dans D. MANUEL (éd.), *La figure du monstre. Phénoménologie de la monstruosité dans l'imaginaire contemporain*, Nancy, Presses Universitaires de Nancy, 2009.

– *Les avatars du corps*, Montréal, Liber, 2011.

ANNAS G.J., ANDREWS L.B., ISASI R.M., « Protecting the endangered human toward an international treaty prohibiting cloning and inheritable alterations ». *American Journal of Medicine,* vol. 28, 2002, p. 151-178.

ANSELL-PEARSON K., *Viroid Life. Perspectives on Nietzsche and the Transhuman Condition*, London & New York, Routledge, 1997.

ARKIN R., *Governing Lethal Behavior in Autonomous Robots* New York, CRC Press, 2009.

ARONOWITZ S. *et al. (eds.)*, *Technoscience and Cyberculture*, New York, Routledge, 1996.

ASCHHEIM S. E., *The Nietzsche Legacy in Germany 1890-1990*, Berkeley, University of California press, 1992.

ASIMOV I., *I Robot*, New York, Doubleday & Company, 1950.

– « Runaround », *The Complete Robot,* London, Voyager-HarperCollins, 1995 [1982], p. 257-79.

ASSEMBLÉE NATIONALE, *Rapport d'information n°2235 sur la révision des lois de bioéthique*, (Partie IV, chap. 9, C), 20 janvier 2010. (Disponible sur le site de l'Assemblée Nationale) ; http://www.assemblee-nationale.fr/13/pdf/rapinfo/i2235-t1.pdf

ATKINSON A. P., THOMAS, M. S. C., CLEEREMANS A., « Consciousness : mapping the theoretical landscape » *Trends in Cognitive Sciences* 4, 10, 2000, p. 372-82.

ATLAN H., *L'utérus artificiel*, Paris, Seuil, 2005.

AUBERT N. *L'individu hypermoderne*. Ramonville Saint-Agne, Éd. Érès, 2005.

AUDIBERTI J., *L'Abhumanisme*, Paris, Gallimard, 1955.

– « De l'humain à l'abhumain » dans *Nouveaux aspects d'un mythe moderne*, numéro thématique des *Cahiers du sud*, juin 1953.

AYERDHAL, DUNYACH J.-C., *Étoiles mourantes*, « Millénaires », Paris, J'ai lu, 1999.

BAARS B. J., *A Cognitive Theory of Consciousness.* Cambridge, Cambridge University Press, 1988.

BACON F., *New Atlantis,* 1627 ; *La nouvelle Atlantide*, Paris, Payot, 1983.

BADMINGTON N., « Theorizing posthumanism », *Cultural Critique*, 53, 2003, p. 11-27.

– *Alien Chic : Posthumanism and the Other within,* New York, Routledge, 2004.

BAERTSCHI B., *Les rapports de l'âme et du corps. Descartes, Diderot et Maine de Biran*, Paris, Vrin, 1992.

– *La Vie artificielle*, Berne, CENH, 2009.

– *La Neuroéthique*, Paris, La Découverte, 2009.

—, MAURON A., « Qu'est-ce qu'une véritable amélioration ? », *Bioethica Forum*, n° 4/1, 2011, p. 4-11.

BAILEY R., *Liberation Biology : the Scientific and Moral Case for the Biotech Revolution*, Amherst, New York, Prometheus Books, 2005.

BAILLIE H. W., CASEY T. K. (eds.) *Is Numan Nature Obsolete ?*, Cambridge Mass. & London., MIT Press, 2005.

BAINBRIDGE W. S., *Encyclopedia of Human-Computer Interaction : when Science Fiction Becomes Science Fact,* Great Barrington Mass., Berkshire Pub. Group, 2004.

BALIN P., « Centaure congédié, Démiurge agréé, ou comment la réflexion médicale met à l'épreuve les mythes ». *Pallas, Revue d'études antiques*. 78, 2008, p.87-94.

BALLARD J. G., *The Atrocity Exhibition*, London, Fourth Estate, 2006 [1969].
– *Crash*, London, Harper Perennial, 2008 [1973].
BALSAMO A., *Technologies of the Gendered Body: Reading Cyborg Women*, Durham, Duke University Press, 1996.
BANKS I. M., *The Hydrogen Sonata,* London, Orbit, 2012.
BARBARAS R., « De la phénoménologie du corps à l'ontologie de la chair » dans J.-C. GODDARD (éd.), *Le corps*, Paris, Vrin, 2005.
BARON-COHEN S., LESLIE A., FRITH U., « Does the autistic child have a "Theory of Mind"? », *Cognition* 21, 1985, p.37-46.
BATAILLE G., *Sur Nietzsche, volonté de chance*, Paris, Gallimard, 1945.
BAUDRILLARD J., *La société de consommation*, Paris, Éd. Denoël, 1970.
– *Simulacres et simulations*, Paris, Galilée, 1981.
BAUM M., *Le cyberféminisme d'Haraway ou « l'utérus technoscientifique*, dans P. CHABOT et G. HOTTOIS (éd.), *Les philosophes et la technique*, Paris, Vrin, 2003, p.253-271.
BAYNE T. and LEVY N., « Amputees By Choice : Body Integrity Identity Disorder and the Ethics of Amputation », *Journal of Applied Philosophy*, 2005, 22(1).
BEATTY S., *Superman. L'encyclopédie de l'homme d'acier*, Paris, Semic de luxe, 2003.
BEAUNE J.-C., « Automate », dans D. LECOURT (éd.), *Dictionnaire d'histoire et philosophie des sciences*, Paris, P.U.F., 2003.
BEDAU M., « The Nature of life », *in* M.A. BODEN (ed.), *The Philosophy of Artificial Life*, Oxford, Oxford University Press, 1996, p. 332-357.
– « Artificial Life : Organization, Adaptation and Complexity from the Bottom Up », *Trends in Cognitive Science*, vol. 7/11, 2003, p. 505-512.
BELL D., K.M.B. (ed.), *The Cybercultures Reader,* New York, Routledge, 2000.
BELLINGER A., REIKEN S., DURA M. *et al.*, « Remodeling receptor complex causes "leaky" channel : a molecular mechanism for decreased exercise capacity », *PNAS*, 105, 6, 2008, p. 2198-2202.
BERGSON H., *Les deux sources de la morale et de la religion*, Paris, Félix Alcan, 1937 (vingtième édition).
BERNAL J. D., *The World, the Flesh and the Devil : an Inquiry into the Future of the Three Enemies of the Rational Soul,* (1929), London, Cape, 1970.
BESNIER J.-M., *Demain, les posthumains*. Paris, Hachette, 2009.
BETHKE B., « Cyberpunk », *Amazing Science Fiction Stories*, 57.4 (November 1980).
Bioethica Forum Schweizer Zeitschrift für Biomedizinische Ethik/Journal Suisse d'Éthique Biomédicale/Swiss Journal of Biomedical Ethics, 4 (1) 2011 : *Enhancement*.
BIRNBACHER D., *Natürlichkeit*, Berlin, De Gruyter, 2006.
BLISH J., *Semailles humaines*, « Galaxie-Bis » n°6, Paris, Opta, 1968.
BLOCH E., *Le Principe espérance*, trad. fr. F. Wuilmart, Paris, Gallimard, Vol. I, 1976 ; Vol. II, 1982 ; Vol. III, 1991.

BLOCK N., « Two neural correlates of consciousness », *Trends in Cognitive Sciences* 9, 2, 2005, p.46-52.

BOLDT J., MÜLLER O., « Newtons of the leaves of grass », *Nature Biotechnology*, vol. 26/4, 2008, p. 387-389.

BOORSE Ch., « Health as theoretical concept » *Philosophy of Science*, 44 (4), 1977, p.542-573.

– « A rebuttal on health » *in* J. M. HUMBER, R. F. ALMEDER (eds.), *What is disease ?,* Totowa, Humana Press, 1997.

BOSTROM N., « In defence of posthuman dignity » *Bioethics*, Vol.19-N°3, 2005, p. 202-214.

– « The Fable of the Dragon-Tyrant », *Journal of Medical Ethics*, 2005, Vol. 31, No. 5, p 273-277 ; http://www.nickbostrom.com/fable/dragon.html

– « A History of Transhumanist thought », *Journal of Evolution and Technology,* Vol. 14 Issue 1, April 2005. http://www.nickbostrom.com/papers/history.pdf

– « Letter from Utopia », *Studies in Ethics, Law, and Technology*, Vol. 2, No. 1, 2008, p. 1-7 ; http://www.nickbostrom.com/utopia.html

– « Why I want to be Be a Posthuman when I Grow Up », *in* B. GORDIJN, R. CHADWICK (eds.), *Medical Enhancement and Posthumanity*, New York, Springer, 2008, p. 107-136.

– « Cognitive enhancement : methods, ethics, regulatory challenges », *Science and Engineering Ethics*, vol.15/3, 2009, p. 311-341.

BOURG D., PAPAUX A., « Des limites du principe de précaution : OGM, transhumanisme et détermination collective des fins », *Économie publique* 21, 2007, p. 95-123.

BOURGEOIS B., « La fin de l'Histoire », dans Société de philosophie d'Auvergne, *La fin de l'histoire. Les enjeux philosophiques de l'écologie. La question du mérite en démocratie*, Clermont-Ferrand, CRDP d'Auvergne, 1993.

BOUISSOU J. M., « Japan's growing cultural power : Manga in France », *in* J. BERNDT and S. RICHTER (eds.), *Reading Manga : Local and Global Perceptions of Japanese Comics*, Leipzig, Leipziger Universitätsverlag, 2006, p. 149-165.

– *Manga : a Historical Overview*, *in* T. JOHNSON-WOODS (ed.) *Manga : an Anthology of Global and Cultural Perspectives*, New-York, Continuum, 2010, p.25.

BOWRING F., *Science, Seeds and Cyborgs. Biotechnology and the Appropriation of Life*, London, Verso, 2003.

BOYLE R., « The origin of form and qualities », in *The Works of the Honourable Robert Boyle*, t. 3, London, 1666.

BRAIDOTTI R. *The Posthuman,* New York, John Wiley & Sons, 2013.

BREEN N., CAINE D., COLTHEART M., « Delusional misidentification : two cases of focal onset dementia », *Neurocase* 7, 2001, p. 239-54.

BROADHURST D.J., CASSIDY E.J. (eds.), *Virtual Futures : Cyberotics, Technology and Post-human Pragmatism,* New York, Routledge, 1998.

BROBERG G., ROLL-HANSEN N., *Eugenics and the Welfare State : Sterilization Policy in Denmark, Sweden, Norway, and Finland*, East Lansing, Michigan State Univ. Press, 1996.

BROCK D. W., « Enhancements of Human Function : Some Distinctions for Policymakers », *in* E. PARENS (ed.), *Enhancing Human Traits. Ethical and Social Implications*, Washington D.C., Georgetown University Press, 2007, p. 49-69.

BRODERICK D., *The Spike : how our Lives are Being Transformed by Rapidly Advancing Technologies*, New York, Tom Doherty Assoc., (1997) 2001.

BUCHANAN A., *Beyond Humanity ?*, Oxford, Oxford University Press, 2011.

– *Better than Human. The Promises and Perils of Enhancing Ourselves*, Oxford, Oxford University Press, 2012.

BUKATMAN S., *Terminal Identity : the Virtual Subject in Post-modern Science Fiction*, Durham, Duke University Press, 1993.

BUNGE M., *The Mind-Body Problem*, Oxford, Pergamon Press, 1980.

BURROUGHS W., *Nova Express*, London, Penguin, 2010 [1964].

– *Cities of the Red Night*, 1981, London, Penguin, 2010 [1981].

BUTLER J., *Trouble dans le genre : pour un féminisme de la subversion*, Paris, La Découverte, 2005. [London, Routledge, 1990.]

CALIFIA-RICE P., *Le mouvement transgenre : changer de sexe*, Paris, EPEL, 2003. [Berkeley, CA, Cleis Press, 1997].

CALLAWAY E., « Telomerase reverses ageing process », *Nature* 469, 2011, p. 102-106. doi :10.1038/news.2010.635.

CAMPA R., *Mutare o perire. La Sfida del transumanesimo*, Bergamo, Sestante edizioni, 2010.

CANGUILHEM G., « Descartes et la technique », dans R. BAYER (éd.), *Travaux du IXe congrès international de philosophie. Congrès Descartes. II. Études cartésiennes. IIe Partie*, Paris, Hermann et Cie, 1937.

– *Essai sur quelques problèmes concernant le normal et le pathologique. Thèse présentée pour le Doctorat en Médecine par Georges Canguilhem né à Castelnaudary (Aude) le 4 juin 1904*, Faculté de médecine de Strasbourg, Clermont-Ferrand, Imprimerie « La Montagne », 1943, réédition (augmentée) : *Le normal et le pathologique*, Paris, P.U.F., 1966.

– *La Connaissance de la vie*, Paris, Vrin, 2e éd. revue et augmentée 1965.

– *Le normal et le pathologique*, Paris, P.U.F., (1966), 1999.

– « Mort de l'homme ou épuisement du *Cogito* ? », *Critique*, n° 242, juillet 1967, dans *Les mots et les choses de Michel Foucault. Regards critiques 1966-1968*, Caen, Presses Universitaires de Caen, 2009.

Georges Canguilhem. Philosophe, historien des sciences, Paris, Albin Michel, 1992.

ČAPEK K., *R. U. R. (Rossum's Universal Robots)*, trad. angl. C. Novack, New York, Penguin Books, 2004 [1920].

CAPLAN A., « Straining their Brains : Why the Case Against Enhancement Is not Persuasive », *Cerebrum*, vol. 6/4, 2004, p. 14-18.

– « It's not immoral to want to be immortal », http://www.msnbc.msn.com/id/23562623/ns/health-aging/t/its-not-immoral-want-be-immortal/

CARIA A. *et al*, « Regulation of anterior insular cortex activity using real-time Fmri », *Neuroimage*, vol.35/3, 2007, p. 1238-1246.

CARMENA J.M. *et al.*, « Learning to Control a Brain–Machine Interface for Reaching and Grasping by Primates », *PLOS Biology,* vol. 1/2, 2003, p.193-208.

CARRIER C., *L'adolescent champion, contrainte ou liberté ?* Paris, P.U.F., 1992.

CARRUTHERS P., « How we know our own minds: the relationship between mindreading and metacognition », *Behavioral and Brain Sciences* 32, 2, 2009, p.121-38.

CASCUA S., *Le sport est-il bon pour la santé ?*, Paris, Éd. Odile Jacob, 2002.

CAVALLARO D., *Cyberpunk and Cyberculture : Science Fiction and the Work of William Gibson*, London, The Athlone Press, 2000.

CHADWICK R., « Therapy, Enhancement and Improvement », *in* B. GORDIJN & R. CHADWICK (eds.), *Medical Enhancement and Posthumanity*, New York, Springer, 2008, p. 37.

CHALMERS D. J., *The Conscious Mind: In Search of a Fundamental Theory*, Oxford, Oxford University Press, 1996.

CHANGEUX J.-P., *L'Homme neuronal*, Paris, Fayard, 1983.

CHAPOUTHIER G., *L'homme, ce singe en mosaïque ?*, Paris, Odile Jacob, 2001.

– « La fin de l'homme à la lumière de ses origines et de ses racines », dans C. HERVÉ et J. J. ROZENBERG (éd.), *Vers la fin de l'homme ?*, Bruxelles, De Boeck, 2006. p. 23-31.

– *Kant et le chimpanzé – Essai sur l'être humain, la morale et l'art.* Paris, Belin – Pour la Science, 2009.

CHATTERJEE A., « Cosmetic neurology and cosmetic chirurgy: parallels, predictions, and challenges », *Cambridge Quarterly of Healthcare Ethics*, n° 16, 2007, p. 129-137.

CHICHARRO J.L., HOYOS J., GOMEZ-GALLEGO F. *et al.*, « Mutations in the hereditary haemochromatosis gene HFE in professional endurance athletes », *Br. J. Sports Med.*, 38, 2004, p. 418-421

CHISHOLM R.M., « Contrary-to-Duty Imperatives and Deontic Logic », *Analysis*, n° 24, 1963, p. 33-36.

CHNEIWEISS H., *Neurosciences et neuroéthique. Des cerveaux libres et heureux*, Paris, Alvik, 2006.

CHOROST M., *World Wide Mind, The Coming Integration of Humanity, Machines, and the Internet*, New York, Free Press, 2011.

CLARK S.R.L., *How to Live Forever. SF and philosophy,* London, New York, Routledge, 1995.

CLARK A., *Natural-Born Cyborg, Minds, Technologies and the Future of Human Intelligence*, Oxford, Oxford University Press, 2003.

– *Supersizing the Mind, Embodiment, Action, and Cognitive Extension*, Oxford, Oxford University Press, 2008.

— & CHALMERS D., « The Extended Mind », *Analysis*, vol. 58, 1998, p. 10-23.

CLARKE A. C., *Report on Planet Three and Other Speculations,* London, Corgi Books, 1975.

Greetings, Carbon-Based Bipeds! Collected works 1934-1998, London, St. Martin's, 1999.

CLARKSON P. M., DEVANEY J. M., GORDISH-DRESSMAN H. *et al.,* « ACTN3 Genotype is associated with increases in muscle strength in response to resistance training in women », *Journal of Applied Physiology*, 99, 2005, p. 154-163

CLYNES M. E., « Cyborg II. Sentic Space Travel », *in* C. HABLES GRAY (ed.), *The Cyborg Handbook*, New York & London, Routledge, 1995, p.35-42.

— and KLINE N. S., « Cyborgs and space », *Astronautics*, septembre 1960. Conférence « Drugs, space and cybernetics », Symposium *Psychophysiological Aspects of Space Flight*, San Antonio, Texas, May 1960.

COHEN M.A., DENNETT D. C., « Consciousness cannot be separated from function », *Trends in Cognitive Sciences* 15, 2011, p.358-364.

COLMAN R. J., ANDERSON R. M., JOHNSON S. C., KASTMAN E. K., KOSMATKA K. J., BEASLEY T., ALLISON T. M., CRUZEN D. B., SIMMONS H. A., KEMNITZ J. W., and WEINDRUCH R., « Caloric restriction delays disease onset and mortality in rhesus monkeys », *Science*, 325, 2009, p.201-204.

COMITÉ CONSULTATIF NATIONAL D'ÉTHIQUE pour les sciences de la vie et de la santé, *Rapport sur les toxicomanies*. N°43 – 23 novembre 1994.

– *Questions éthiques posées par les nanosciences, les nanotechnologies et la santé,* avis n° 96, www.nanonorma.org—view, 2007.

CONDORCET, *Esquisse d'un tableau historique des progrès de l'esprit humain, Dixième époque : Des progrès futurs de l'esprit humain*, 1793-1794.

COONEY B., *Posthumanity : Thinking Philosophically about the Future,* Lanham Md., Rowman & Littlefield, 2004.

COTTIER G., *Défis éthiques*, Saint-Maurice, Éd. Saint-Augustin, 1996.

COUBERTIN P. DE, *Mémoires Olympiques* (réédition), Paris, Éd. Revue EPS, 1996 [1922].

COURTINE J.-J., « Les stakhanovistes du narcissisme », dans *Communications*, 56-61, 1993.

—, CORBIN A. et VIGARELLO G., *Histoire du corps. De la renaissance aux Lumières*, Paris, Seuil, vol. 1, 2005.

DAGOGNET F., *Le Corps*, Paris, P.U.F., 2008.

DAHAN E., « Le guide des chimères », *Libération*, 9 juin 2008.

DALED P., *L'Envers de la raison. Alentour de Canguilhem*, Paris, Vrin, 2008.

DAMASIO A., *The Feeling of What Happens : Body and Emotion in the Making of Consciousness*, New York, NY, Harcourt Brace & Company, 1999.

– *L'erreur de Descartes*, Paris, Odile Jacob, 2001.

DANIELS N., *Just Health Care*, Cambridge, Cambridge University Press, 1986.

DAVIS-FLOYD R., DUMIT J., *Cyborg Babies. From Techno-Sex to Techno-Tots*, London, Routledge, 1998.

DAWKINS R., *Il était une fois nos ancêtres. Une histoire de l'évolution*, Paris, Laffont, 2007.

D'AYBAURY H., SCHNEIDER J. (éd.), *Le spatiopithèque. Vers une mutation de l'homme dans l'espace,* Paris, Le Mail, 1987.

DEBRU C., *Georges Canguilhem, science et non-science*, Paris, Rue d'Ulm, 2004.

DE GELDER B., TAMIETTO M., VAN BOXTEL G., *et al.*, « Intact navigation skills after bilateral loss of striate cortex », *Current Biology* 18, 2008, p. 1128-29.

DE GREY A. and RAE M., *Ending Aging : The Rejuvenation Breakthroughs that Could Reverse Human Aging in our Lifetime*, St. Martin's Press, 2008.

DEHAENE S., CHANGEUX J.-P., « Neural mechanisms for access to consciousness » dans *The Cognitive Neurosciences*, M. GAZZANIGA (ed.), New York, W.W. Norton, 2004, p. 1145-57.

—, SERGENT C., « A neuronal network model linking subjective reports and objective physiological data during conscious perception », *Proceedings of the National Academy of Sciences of the U.S.A.* 100, 14, 2003, p. 8520-25.

—, KERSZBERG M., « A neuronal model of a global workspace in effortful cognitive tasks », *Proceedings of the National Academy of Sciences of the U.S.A.* 95, 24, 1998, p. 14529-34.

DELEUZE G., *Nietzsche et la philosophie*, Paris, P.U.F., 1962.

– *Foucault*, Paris, Minuit, 1986.

– « L'homme, une existence douteuse », *Le nouvel observateur*, 1 er juin 1966, dans *Les mots et les choses de Michel Foucault. Regards critiques 1966-1968*, Caen, Presses Universitaires de Caen, 2009.

DELMAR H., MATTEI J.-F., *Philosophie de la chirurgie esthétique*, Paris, Odile Jacob, 2011.

DENNETT D. C. *Consciousness Explained.* Boston, MA, Little, Brown & Co., 1991.

DEN TANDT C., « Cybercolonialism? The Foreign Policies of Postmodern Science Fiction », *Belgian Essays on Language and Literature* (2002), p. 31-43.

DERRIDA J., *De la grammatologie*, Paris, Minuit, 1967.

DERY M., « Black to the Future : Interviews with Samuel R. Delany, Greg Tate, and Tricia Rose », *in* M. DERY (ed.), *Flame Wars : The Discourse of Cyberculture*, Durham, Duke University Press, 1994, p. 179-222.

DIAMOND J. *Le troisième chimpanzé. Essai sur l'évolution et l'avenir de l'animal humain.* Paris, Gallimard, 2000.

DICK P. K., *Flow my Tears, the Policeman Said*, St Albans, UK, Granada Publishing Limited, 1976 [1974].

– *Do Androids Dream of Electric Sheep?*, « SF Masterworks 4 », London, Millenium-Orion Books, 1999 [1968].

– *A Scanner Darkly*, « SF Masterworks 43 », London, Millenium – Orion Books, 1999 [1977].

– *The Man in the High Castle*, London, Penguin Books Ltd, 2001 [1962].

– *Time Out of Joint*, « SF Masterworks 55 », London, Millenium – Orion Books, 2003 [1959].

– *The Simulacra*, « SF Masterworks 57 », London, Millenium – Orion Books, 2004 [1964].

– *Ubik*, « SF Masterworks 26 », London, Millenium – Orion Books, 2004 [1969].

– « The Electric Ant », *in* P. K. DICK, *Minority Report*, London, Orion Books, 2005 [1969], p 211-230.

– « We can remember it for you wholesale », *in* DICK P. K., *Minority Report*, London, Orion Books, 2005 [1969], p. 267 - 90.

– *The World Jones Made*, London, Millenium – Orion Books, 2010 [1956].

DILLER L., « The Run on Ritalin : Attention Deficit Disorder and Stimulant Treatment in the 1990s », 1996, *in* M. FARAH (ed.), *Neuroethics. An Introduction with Readings*, Cambridge, MA, MIT Press, 2010.

DINE G., GARNIER A. *et al.*, « Biologie et Sport aux Jeux Olympiques d'Albertville du 8 au 23 Février 1992 », *Revue Française des Labotatoires*, 233, 1992, p. 25-27.

—, LAURE P., *Exploration et suivi biologique du sportif*, Paris, Éd. Masson, 2001.

—, HERMINE O., GENTY V. *et al.*, « HFE mutations associated with high level sport performance », *Haematologica*, 96, 2011, 2,229.

DINELLO D., *Technophobia ! SF Visions of Posthuman Technology,* Austin, Univ. of Texas Press, 2005.

DOARE R, HUDE H (éd.), *Les robots au cœur du champ de bataille*, Paris, Economica, 2011.

DOCTOROW C., *Little Brother*, London, HarperVoyager, 2008.

DORLIN E., *Sexe, genre, sexualité : introduction à la théorie féministe*, Paris, P.U.F., 2008.

DOZOIS G. (ed.), *Supermen : Tales of the Posthuman Future,* New York, St Martin's Griffin, 2002.

DREIFUS C., « Live Longer With Evolution? Evidence May Lie in Fruit Flies — A conversation with Michael R. Rose », *New York Times*, December 6, 2005.

DREXLER E., *Engins de création : l'avènement des nanotechnologies*, trad. fr., Paris, Vuibert, 2005 ; *Engines of Creation : The Coming Era of Nanotechnology*, Harpswell, Anchor publishing, 1987.

DSI (Défense et Sécurité Internationale) Hors-Série « Robotique militaire. La révolution est en marche », n° 10, Février-Mars, 2010.

DUFRENNE M., *Pour l'homme*, Paris, Seuil, 1968.

DUPUY J.-P., « L'esprit mécanisé par lui-même », *Le Débat*, n° 109, mars-avril 2000.

DURET P., « Body-building, affirmation de soi et théories de la légitimité », dans C. BROMBERGER *et al*, *Un corps pour soi*, Paris, P.U.F., 2005.

DVORSKY G., HUGHES J., « Postgenderism : beyond the gender binary », Weblog académique *Sentient Developments*, 2008, accès le 22 août 2008, http://ieet.org/archive/IEET-03-PostGender.pdf.

DWORKIN R., *Sovereign Virtue. The Theory and Practice of Equality*, Harvard, Harvard UP, 2002.

ELLIOTT C., *Better than Well, American Medicine Meets the American Dream*, New York, WW Norton and company, 2003.

EGAN G., *La cité des permutants*, Paris, Le Livre de Poche, 1994.

– *Axiomatique*, Paris, Le Livre de Poche, 1995.

– *L'énigme de l'univers*, Paris, Le Livre de Poche, 1995.

EHRENBERG A., *Le culte de la performance*, Paris, Calmann-Lévy, 1991.

EIZYKMAN B., RICHE D., *La Bande dessinée de science-fiction américaine*, Paris, Albin Michel, 1976.

ELIAS N., DUNNING E., *Sport et civilisation. La violence maîtrisée*, Paris, Fayard, 1994.

ENGELBART D., « Augmenting Human Intellect » [en ligne], disponible sur <http://www.invisiblerevolution.net/engelbart/full_62_paper_augm_hum_int.html>, 1962, 85 pages.

ENGELHARDT H. T., *The Foundations of Bioethics*, Oxford, Oxford University Press, 1986.

– *The Foundations of Christian Bioethics*, Lisse, Swets & Zeitlinger, 2000.

ETC GROUP, *Extreme Genetic Engineering*, January, 2007 http://www.etcgroup.org/upload/publication/602/01/synbioreportweb.pdf.

EVERS K., *Neuroéthique. Quand la matière s'éveille*, Paris, Odile Jacob, 2009.

EUROPEAN COMMISSION, *First Report on the Harmonisation of Risk Assessment Procedures*, 2000, disponible sur http://ec.europa.eu/food/fs/sc/ssc/out83_en.pdf.

– *Converging Technologies – Shaping the Future of European Societies*, 2004.

EUROPEAN PARLIAMENT, *Human Enhancement – Study*, C. COENEN (dir.), 2009. Disponible sur le site : www.europarl.europa.eu/stoa/publications/studies/stoa2007-13_en.pdf.

FAGOT-LARGEAULT A., DEBRU C., MORANGE M. (dir.) ; HAN H.-J. (éd.), *Philosophie et médecine. En hommage à Georges Canguilhem*, Paris, Vrin, 2008.

FERNBACH A., *Fantasies of Fetishism : from Decadence to the Post-human*, New Brunswick NJ, Rutgers Univ. Press, 2002.

FERRY L., *Le nouvel ordre écologique. L'arbre, l'animal et l'homme*, Paris, Grasset, 1992.

FERRY L. et RENAUT A., *La pensée 68. Essai sur l'anti-humanisme contemporain*, Paris, Gallimard, 1985.

—, FINKIELKRAUT A. et RENAUT A., « Y a-t-il une pensée 68 », *Le Débat*, n° 39, mars-mai 1986.

FICHTE J. G., *Fondements du droit naturel selon les principes de la doctrine de la science*, Paris, P.U.F., 1984.

FISCHER J. L., SCHNEIDER W.H. (éd.), *Histoire de la génétique*, Paris, ARPEM, 1990.

FITZGERALD F. S., *The Curious Case of Benjamin Button and Other Jazz Age Stories*, London, Penguin Classics, 2008.

FM- 2030 (ESFANDIARY F. M.), *Are you a Transhumant? Monitoring and Stimulating your Personal Rate of Growth in a Rapidly Changing World*, New York, Warner Books, 1989.

FODOR W. L., « Tissue engineering and cell based therapies, from the bench to the clinic : The potential to replace, repair and regenerate », *Reproductive Biology and Endocrinology*, 1, 2003, p. 102-119.

FORLINI C., RACINE E., « Autonomy and Coercion in Academic "Cognitive Enhancement" Using Methylphenidate », *Neuroethics*, n° 2 :, 2009, p. 163-177.

FOSTER T., *The Souls of Cyberfolk : Posthumanism as Vernacular Theory,* Minneapolis, University of Minnesota Press, 2005.

Foundation, n°78 : « Symposium on Posthuman SF », printemps 2000.

FOUCAULT M., *Les mots et les choses*, Paris, Gallimard, 1966.

FRANKLIN S., *Technologies of Procreation : Kinship in the Age of Assisted Conception,* Manchester, Manchester University Press, 1993.

GRAESSER A. C., « A software agent model of consciousness » *Consciousness and Cognition* 8, 1999, p.285-305.

FREGE G., « The thought : a logical enquiry », *Mind* 65, 259, 1918/1956, p.289-311.

FRENCH R. M., « The Turing test : the first 50 years », *Trends in Cognitive Sciences* 4, 3, 2000, p.115-22.

FREUD S., « Über Coca », in *Centralblatt für die Gesamte Therapie*, tome II, 1884, p. 289-314 ; « De la coca », dans S. Freud, *De la cocaïne*, écrits réunis par R. Byck, trad. fr. E. Sznycer, Paris, Éd. Complexes, 1976.

FRIEDMANN T., « Potential for Genetic Enhancement in Sports (transcripts) », July 11, 2002, The President's Council on Bioethics, www. bioethics.gov.

FRITH C. D., FRITH U., « Interacting minds – a biological basis », *Science* 286, 1999, p.1692-95.

FUCHS, T. *et al.,* « Neurofeedback training for attention-deficit/hyperactivity disorder in children : a comparison with methylphenidate », *Applied Psychophysiology & Biofeedback*, 28, 2003, p. 1-12.

FUKUYAMA F., « The End of History? », *The National Interest*, 16, 1989.

– « Fukuyama replies to his critics », *The National Interest*, 18, 1989.

– *La Fin de l'Histoire et le dernier homme*, Paris, Flammarion, 1992.

– « La fin de l'Histoire dix ans après », *Le Monde*, 17 juin 1999.

– *Our Posthuman Future. Consequences of the Biotechnology Revolution*, London, Profile Books, 2002.

– *La fin de l'homme. Les conséquences de la révolution biotechnique*, Paris, La Table Ronde, 2002.

FUSSELL S., *Muscle : The Confession of an Unlikely Bodybuilder*, New York, Poseidon Press, 1991.

GALTON F., « Possible improvement of the human breed », *Man*, 1901, 1, 1901, p.161-164.

GARAUDY R., « Structuralisme et “mort de l’homme” », *La Pensée*, octobre 1967, dans *Les mots et les choses de Michel Foucault. Regards critiques 1966-1968*, s.l., Presses Universitaires de Caen, 2009.

GARFINKEL M. *et al.*, *Synthetic Genomics. Options for Governance*, Craig Venter Institute, http://www.jcvi.org/cms/fileadmin/site/research/projects/synthetic-genomics-report/synthetic-genomics-report.pdf, October 2007.

GAYAGAY G., YU B. *et al.*, « Elite endurance athletes and the ACE I allele – the role of genes in athletic performance », *Human Genetics*, 103, 1998, p. 48-50.

GAYON J., « Les monstres prometteurs : évolution et tératologie », dans A. IBRAHIM (éd.), *Qu’est-ce qu’un monstre ?*, Paris, P.U.F., 2005.

GEE H. (ed.), *Futures from Nature : 100 Speculative Fictions from the Pages of the Leading Science Journal*, New York, TOR, 2007.

GENRES PLURIELS ASBL, page web *Genres Pluriels*, 2011, accès le 22 août 2011, <www.genrespluriels.be>.

GIBSON W., *Neuromancer*, New York, Ace Science Fiction Books, 1984.

– « Burning Chrome », *in* GIBSON W., *Burning chrome*, London, Grafton Books, 1988 [1982], p. 195-220.

– « Johnny Mnemonic », *in* GIBSON W., *Burning chrome*, London, Grafton Books, 1988 [1981], p. 14-36.

– *Virtual Light*, London, Penguin Books, 1993.

GIDDENS A., *The Consequences of Modernity*, Stanford, Stanford University Press, 1990.

GILSON É., *Études sur le rôle de la pensée médiévale dans la formation du système cartésien*, Paris, Vrin, 1984.

GIPS J., *Towards the Ethical Robot*, *in* M. F. KENNETH, C. GLYMOUR, P. J. HAYES (eds.), *Android Epistemology*, Cambridge MA., MIT Press, 1995, p. 243-252.

GIROUX E., *Après Canguilhem : définir la santé et la maladie*, Paris, P.U.F., 2010.

GLOVER J., *What Sort of People Should there Be? Genetic Engineering, Brain Control and their Impact on our Future World*, Harmondworth, Penguin Books, 1984.

– *Choosing Children : Genes, Disability, and Design*, Oxford, Clarendon P., 2006.

GODARD O. *et al.*, *Traité des nouveaux risques. Précaution, crise, assurance*, Paris, Gallimard, 2002.

GOFFETTE J, *Naissance de l’Anthropotechnie. De la médecine au modelage de l’humain*, Paris, Vrin, 2006.

– « Modifier les humains : anthropotechnie versus médecine » dans J.-N. MISSA et L. PERBAL (éd.), *« Enhancement », Éthique et Philosophie de la médecine d’amélioration*, Paris, Vrin, 2009, p.49-63.

GOFFI J.-Y., « Des droits à la valeur : la question des êtres de nature », dans D. MÜLLER et H. POLTIER (éd.), *La Dignité de l’animal*, Genève, Labor & Fides, 2000, p. 249-258.

GOLDBERG K. (ed.), *The Robot in the Garden : Telerobotics and Telepistemology in the Age of the Internet*, Cambridge, MA, MIT Press, 2000.

GONZALEZ-FREIRE M., SANTIAGO C., VERDE Z. *et al.*, « Unique among unique. Is it genetically determined? » *British Journal of Sports Medecine*, 43, 2009, p. 307-309

GOOD I., « Speculations concerning the first ultraintelligent machine », *Advances in Computers*, 6, 1965, p. 31-88.

GORNEY M., « Mirror, mirror on the wall : the interface between illusion and reality in aesthetic surgery », *Plastic and Reconstructive Surgery*, 125, 1, 2010, p. 411-413.

GORI R., DEL VOLGO M.-J., *La santé totalitaire, essai sur la médicalisation de l'existence*, Paris, Éd. Denoël, 2005.

GOUDEAU J., BELLEMIN S., TOSELLI-MOLLEREAU E., SHAMALNASAB M., CHEN Y., *et al.*, « Fatty acid desaturation links germ cell loss to longevity through NHR-80/HNF4 in C. elegans », *PLOS Biology* 9(3), 2011 : e1000599. doi :10.1371/journal.pbio.1000599

GOULD S.J, *La mal-mesure de l'homme*, trad. fr. J. Chabert et M. Blanc, Paris, Odile Jacob, 1997.

– *L'éventail du vivant : le mythe du progrès*, Paris, Seuil, 1997.

GRAHAM E. L., *Representations of the Post/human (Monsters, Aliens and Others in Popular Culture)*, New Brunswick (NJ), Rutgers Univ. Press, 2002.

GRAY C. H., « An interview with Manfred Clynes », *in* C. HABLES GRAY (ed.), *The Cyborg Handbook*, New York & London, Routledge, 1995, p.43-53.

– *Cyborg Citizen : Politics in the Posthuman Age*, New York, Routledge, 2001.

—, FIGUEROA-SARRIERA H.J., MENTOR S. (eds.), *The Cyborg Handbook*, New York, Routledge, 1995.

GRENVILLE B. (ed.), *The Uncanny : Experiments in Cyborg Culture*, Vancouver, Arsenal Pulp Press, 2002.

GUARENTE L., *Ageless Quest, One Scientist's Search for Genes that Prolong Youth*, Cold Spring Harbor, Cold Spring Harbor Laboratory Press, 2003.

HABERMAS J., *L'Avenir de la nature humaine*, trad. fr. Ch. Bouchindomme, Paris, Gallimard, 2002.

– *The Future of Human Nature*, Malden Ma, Polity Press, 2003.

HAIKEN E., *Venus Envy, a History of Cosmetic Surgery*, Baltimore, The Johns Hopkins University Press, 1997.

HAISMA H. J., DE HON O., « Gene doping », *International Journal of Sports Medecine*, 27, 2009, p. 257-266.

HALACY D. S., *Cyborg : Evolution of the Superman*, New York, Harper & Row, 1965.

HALBERSTAM J., LIVINGSTON I. (eds.), *Posthuman Bodies*, Bloomington, Indiana University Press, 1995.

HALLER M., *Eugenics : Hereditarian Attitudes in American Thought*, New Jersey, Rutgers University Press., 1963, 95.

HAMASAKI H. (réal.), ABE Y. (chara design), *Tehxnolyze*, Rondo Robe 2003 ; éd. Française, Dybex, 2006.

HANEY W. S. II., *Cyberculture, Cyborgs and Science Fiction : Consciousness and the Posthuman,* Amsterdam, Rodopi, 2006.

HARAWAY D., *Simians, Cyborgs and Women. The Reinvention of Nature*, London, Free Association Books, 1991 ; trad. en français par O. Bonis, *Des singes, des cyborgs et des femmes. La réinvention de la nature*, Arles, Actes Sud, Ed. Jacqueline Chambon, 2009.

– « A cyborg manifesto : science, technology, and socialist-feminism in the late twentieth century », in *Simians, Cyborgs and Women : The Reinvention of Nature*, New York, Routledge, 1991, p. 149-81.

– *Modest_Witness@Second_Millenium. FemaleMan©_Meets_OncoMouse™. Feminism and Technoscience*, New York, Routledge, 1997.

– « A cyborg manifesto : science, technology and socialist-feminism in the 1980's », *Socialist Review*, 1985, n°80, p.65-108. Ce texte est repris dans *The Haraway Reader*, London, Routledge, 2003, p.7-40.

– « Biopolitique des corps postmodernes : les constitutions du soi dans le discours sur le système immunitaire », dans D. HARAWAY, *Des singes, des cyborgs et des femmes. La réinvention de la nature*, Arles, Actes Sud, Ed. Jacqueline Chambon, 2009, p.355-398.

HARNAD S., « Other bodies, other minds : a machine incarnation of an old philosophical problem », *Minds and Machines* 1, 1991, p.43-54.

– « Levels of functional equivalence in reverse bioengeenering : The Darwinian Turing test for artificial life », *Artificial Life* 1, 1994, p.293-301.

HARRIS J., *Enhancing Evolution. The Ethical Case for Making Better People*, Princeton & Oxford, Princeton University Press, 2007.

– *The Ascent of Man. A Philosophy of Human Nature*, New Brunswick (U.S.A) & Londres (U.K.), Transaction Publishers, 2011.

HARRISON D. E., STRONG D., DAVE S. Z. *et al.*, « Rapamycin fed late in life extends lifespan in genetically heterogeneous mice », *Nature* 460, 2009, p.392-395.

HASSAN I., *The Postmodern Turn* : *Essays in Postmodern Theory and Culture*, Columbus, Ohio State University Press, 1987.

HAUSER J. (ed.), *Sk-Interfaces*, Liverpool, Fact & Liverpool University Press, 2008.

HAYLES K. N., *How we Became Posthuman : Virtual Bodies in Cybernetics, Literature and Informatics,* Chicago, Chicago Univ Press, 1999.

– *Nanoculture. Implications of the New Technoscience,* Portland Or., Intellect ed., 2004.

– *My Mother was a Computer : Digital Subjects and Literary Texts,* Chicago, University of Chicago Press, 2005.

HEUSER S., *Vitual Geographies : Cyberpunk at the Intersection of the Postmodern and SF,* Amsterdam, Rodolpi, 2002.

HIGH-LEVEL EXPERT GROUP FORESIGHTING THE NEW TECHNOLOGY WAVE, *Converging Technologies – Shaping the Future of European Societies,*

Bruxelles, 2004. Consulté le 24.08.11.Disponible sur : <http://ec.europa.eu/research/ conferences/2004/ntw/pdf/final_report_en.pdf>.

HOLLAND O. (ed.), *Machine Consciousness*, Exeter, UK, Imprint Academic, 2003.

HOLLINGER V., « Cybernetic deconstructions : cyberpunk and postmodernism », *in* L. MCCAFFERY (ed.), *Storming the Reality Studios : A Casebook of Cyberpunk and Postmodern Fiction*, Durham, Duke University Press, 1991, p. 203-218.

HOTTOIS G., *Essai sur les causes, les formes et les limites de l'inflation du langage dans la philosophie contemporaine*, Thèse de doctorat, Université Libre de Bruxelles, 1976.

– *Généalogies philosophique, politique et imaginaire de la technoscience*, Paris, Vrin, 2014.

– *L'inflation du langage dans la philosophie contemporaine. Causes, formes et limites*, Bruxelles, Editions de l'Université de Bruxelles, 1979.

– « La "dimension du futur" à travers la temporalité mythique, historique et techno-scientifique », dans *Cahiers internationaux de symbolisme*, Mons, Le Ciephum, n° 42-43-44, 1981.

– « La "Fin de l'histoire" excédée par la recherche technoscientifique. Note critique à propos de Francis Fukuyama *Our posthuman Future. Consequences of the Biotechnological Revolution* », dans P. CHABOT et G. HOTTOIS (ed.), *Les philosophes et la technique*, Vrin, Paris, 2003.

– *La science : entre valeurs modernes et postmodernité,* Paris, Vrin, 2005.

– *Le transhumanisme est-il un humanisme ?*, Bruxelles, Éd. de l'Académie Royale de Belgique, 2014.

– *Species Technica, Suivi d'un Dialogue philosophique autour de* Species Technica *vingt ans plus tard*, Paris, Vrin, 2002.

—(éd.), *Science-fiction et fiction spéculative*, Bruxelles, Editions de l'Université de Bruxelles, 1985.

—(éd.), *Philosophie et Science-Fiction,* Paris, Vrin, 2000.

— et MISSA J.-N. (éd.), *Nouvelle encyclopédie de bioéthique*, Bruxelles-Paris, De Boeck Université, 2001.

HOCHBERG L. R. *et al.*, « Neural ensemble control of prosthetic devices by a human with tetraplegia », *Nature*, vol. 442, 2006, p.164-171.

HSIN H., KENYON C., « Signals from the reproductive system regulate the lifespan of C. elegans », *Nature* 399, 1999, p.362-366.

HUARD J., ASCADI G. *et al.*, « Gene transfer into skeletal muscles by isogenic myoblasts », *Human Gene Therapy*, 5, 1994, p. 949-958.

HUGHES J., *Citizen Cyborg : why Democratic Societies Must Respond to the Redesigned Human of the Future,* Cambridge, MA, Westview Press, 2004.

HUNYADI M., *Je est un clone*, Paris, Seuil, 2004.

HURLEY K., *The Gothic Body : Sexuality, Materialism, and Degeneration at the Fin de Siècle*, Cambridge, Cambridge University Press, 2004.

HUXLEY A., *Les portes de la perception*, trad. fr. J. Castier, Paris, Éditions du Rocher, 1954.

– *Brave New World*, London, Chatto & Windus, 1932 ; trad. fr. J. Castier, *Le meilleur des mondes*, Paris, Plon, 2011.

HUXLEY J., « Transhumanism », in *New bottles for new wine*, London, Chatto & Windus, 1957, p. 13-17.

– « Ethics in Robotics », *IRIE* (*International Review of Information Ethics*), vol. 6, n°12, 2006.

IRRGANG B., *Posthumanes Menschsein ?*, Stuttgart, Steiner, 2005.

JACOB F., *Le jeu des possibles. Essai sur la diversité du vivant*, Paris, Le Livre de Poche, 1991.

JAMES E., *Science Fiction in the 20th Century*, « Opus », New York, Oxford University Press, 1994.

JAMESON F., « Postmodernism and consumer society », *in* H. FOSTER (ed.), *The Anti-Aesthetic : Essays on Postmodern Culture*, Port Townsend WA, Bay Press, 1983, p. 111-125.

– « Postmodernism, Or the Cultural Logic of Late Capitalism », *New Left Review* 146 (July-August 1984), p. 53-92.

– *Postmodernism, or the Cultural Logic of Late Capitalism*, London, Verso, 1991.

JASKELIOFF M. *et al.*, « Telomerase reactivation reverses tissue degeneration in aged telomerase-deficient mice », *Nature*, 469, 2011, p. 102-6.

JONAS H., *Le Principe responsabilité. Une éthique pour la civilisation technicienne*, Paris, Cerf, 1998 [1979].

JUENGST E. T., « What does enhancement mean? », *in* E. PARENS (ed.), *Enhancing Human Traits. Ethical and Social Implications*, Washington D.C., Georgetown University Press, 2007, p. 29-47.

KAC E., RONELL A., *Life Extreme : guide des nouvelles formes de vie*, Paris, Dis voir, 2007.

KANT E., *Anthropologie du point de vue pragmatique*, trad.fr. M. Foucault, Paris, Vrin, 1970 [1798].

KASS L., « The end of medicine and the pursuit of health », in *Towards a More Natural Science. Biology and Human Affairs*, New York, The Free Press, 1985, p. 157-186.

– « Ageless Bodies, happy souls : biotechnology and the pursuit of perfection », *The New Atlantis*, vol. 1, 2003, p. 9-28.

KAUFMANN W., *Nietzsche, Philosopher, Psychologist, Antichrist*, Princeton, Princeton University Press, 1950.

KAYSER B., MAURON A., MIAH A., « Current anti-doping policy : a critical appraisal », *BMC Medical Ethics*, 8, 2007, p. 2.

KELLY J. P., KESSEL J. (eds.), *Rewired : the Post-Cyberpunk Anthology*, San Francisco, Tachyon, 2007.

– *Digital Rapture : the Singularity Anthology*, San Francisco, Tachyon, 2012.

KENYON C., CHANG J., GENSCH E., RUDNER A., TABTIANG R., « A C. elegans mutant that lives twice as long as wild type », *Nature* 366, 1993, p.461-464.

KERMISCH C., *Le concept de risque. De l'épistémologie à l'éthique*, Paris, Lavoisier, 2011.

– « Do new ethical arise at each stage of nanotechnological development ? », *Nanoethics* 2012 (DOI 10.1007/s11569 011 0137 8).

— et PINSART M-G. (éd.), *Les nanotechnologies : vers un changement d'échelle éthique ?*, Fernelmont, EME, 2012.

KEVLES D. J., *In the Name of Eugenics. Genetics and the Uses of Human Heredity*, New York, Alfred A. Knopf, 1985 ; trad. de l'américain par M. Blanc *Au nom de l'eugénisme : génétique et politique dans le monde anglo-saxon*, Paris, P.U.F., 1995.

KEYES D., *Des fleurs pour Algernon*, trad. fr., Paris, J'ai lu, 1972 [1966].

KIM S. S. *et al.*, « Conveying tactile feedback in sensorized hand neuroprostheses using a biofidelic model of mechanotransduction », *IEEE Transactions On Biomedical Circuits and Systems*, vol.3/6, 2009, p. 398-404.

KING G. et KRZYWINSKA T., *Science Fiction Cinema – From Outerspace to Cyberspace,* London & New York, Wallflower, 2000.

KISHIRO Y., *Gunnm*, Grenoble, Glénat, 1re éd., 1995 (9 tomes).

KLEIN G., EVANS C., OCTOBRE S., *Sociales fictions : les androïdes rêvent-ils d'insertion sociale ?*, Paris, Bréal, 2004.

KNIGHT F., *Risk, Uncertainty and Profit*, Chicago, University of Chicago Press, 1921.

KOJÈVE A., *Introduction à la lecture de Hegel*, Paris, Gallimard, 1re éd., 1947.

KOWALSKI R., *Computational Logic and Human Thinking. How to be Artificially Intelligent*, Cambridge, Cambridge University Press, 2011, p. 155-165.

KURZWEIL R., *The Age of Intelligent Machines*, Cambridge, MA, MIT Press, 1990.

– *The Age of Spiritual Machines. When Computers Exceed Human Intelligence*, New York, Penguin Books, 1999.

– *The Singularity is Near. When Humans Transcend Biology*, New York, Penguin Books, 2005.

– « How my predictions are faring » [en ligne], publié le 01.10.10, disponible sur <http://www.kurzweilai.net/images/How-My-Predictions-Are-Faring.pdf>

– *Humanité 2.0 : La bible du changement*, Paris, M21, 2007.

KWOK R., « DNS's master craftsmen », *Nature*, 468, 2010, p. 22-25.

LABROUSSE A., *Géopolitique des drogues* (3e éd.), Paris, P.U.F., 2011.

LACOUR S. (éd.), *La Régulation des nanotechnologies : clair-obscur normatif*, Larcier, 2010.

LAMBRIGHT W. H., *Governing Science and Technology,* Oxford, Oxford University Press, 1976.

LAMME V. A. F., « How neuroscience will change our view on consciousness », *Cognitive Neuroscience* 1, 3, 2010, p.204-20.

LANGTON C., « Artificial life », *in* M. A. BODEN (ed.), *The Philosophy of Artificial Life*, Oxford, Oxford University Press, 1996, p. 39-94.

LAPASSET L., MILHAVET O. *et al.*, « Rejuvenating senescent and centenarian human cells by reprogramming through the pluripotent state », *Genes & Development*, (doi :10.1101/gad.173922.111), Vol. 25, 1er novembre 2011 No. 21.

LATOUR B., *Science in Action*, Boston, Harvard University Press, 1987.

LAU H., ROSENTHAL D., « Empirical support for higher-order theories of consciousness » *Trends in Cognitive Sciences* 15, 8, 2011, p.365-73.

LAURE P. (éd.), *Dopage et société*, Paris, Ellipses, 2000.

LAURENT B., *Les politiques des nanotechnologies*, Paris, Éditions Charles Léopold Mayer, 2010.

LAUREYS S., FAYMONVILLE M. E., DE TIEGE X. *et al.*, « Brain function in the vegetative state », *Advances in Experimental Medecine and Biology* 550, 2004, p. 229-238.

LE BLANC G., *Canguilhem et les normes*, Paris, P.U.F., 1998.

LEHOUCQ R., *D'où viennent les pouvoirs de Superman ? Physique ordinaire d'un super-héros*, Les Ulis, EDP sciences, 2003.

LE BRETON D., « Imaginaires de la fin du corps », dans C. RAISKY (dir.), *Les Valeurs du corps dans la société contemporaine*, Dijon, Educagri, 2003, p.35-41.

LECOINTRE G. (éd.), *Guide pratique de l'évolution*, Paris, Belin, 2009.

LECOURT D. (éd.), *Dictionnaire d'histoire et philosophie des sciences*, Paris, P.U.F., 1999.

– *Dictionnaire de la pensée médicale*, Paris, P.U.F., 2003.

– *Georges Canguilhem*, Paris, P.U.F., 2008.

LEM S., *Summa technologiae,* Francfort/Main, Insel, 1976.

– *Microworlds : Writings on Science Fiction and Fantasy,* (éd. F. Rottensteiner) New York, Harcourt, 1984.

LEVIN I., *This Perfect Day*, Greenwich, CT, Fawcett Publications, 1970.

LEVINSTEIN E., *La morphinomanie*, Paris, Masson, 1878.

LEVI-STRAUSS C., *Mythologiques. L'Homme nu*, Paris, Plon, 1971.

LEVITZ P., *75 years of DC Comics. The Art of Modern Mythmaking*, Cologne, Taschen, 2010.

LEVY N., *Neuroethics. Challenges for the 21st century*, Cambridge, Cambridge University Press, 2007.

LEWIS C.S., *The Abolition of Man*, Oxford, Oxford University Press, 1943.

LIPOVETSKY G., *L'ère du vide, Essai sur l'individualisme contemporain*, Paris, Gallimard, 1989, p. 323.

LIPPI G., SOLERO Gp., GUIDI G., « Athletes genotyping : ethical and legal issues », *International Journal of Sports Medecine*, 25, 2004, p. 159

LITTON P., « "Nanoethics"? What's New? », *Hastings Center Report*, vol. 37, 2007, p. 22-25.

LOPSTON P., *Theories of Human Nature*, Peterborough (Ontario), Broadview Press, 1995.

LUDMERE K. M., *Genetics and American Society, a Historical Approach*, London, Johns Hopkins University Press, 1972.

LYNCH G., GALL, C. M., « Ampakines and the threefold path to cognitive enhancement », *Trends in Neurosciences,* vol.29/10, 2006, p. 554-562.

MANTEGAZZA P., « Sulle virtù igieniche e medicinali della coca e sugli alimenti nervosi in generale », dans *Annali Universali di Medicina*, 167, 1858, p.449-519.

– « Sull'introduzione in Europa della coca, nuovo alimento nervosa », *Annali di Chimica applicati alla Medicina,* 29 (3°s.), 1859, p.18-21.

MARCHESINI R., *Post-human. Verso nuovi modelli di esistenza*, Turin, Bollati Boringhieri, 2002.

– *Il Tramonto dell'uomo. La Prospettiva post-umanista,* Bari, Edizioni Dedalo, 2009.

MARGOLIN J.-C., « L'homme de Michel Foucault », *Revue des sciences humaines*, octobre-décembre 1967, dans *Les mots et les choses de Michel Foucault. Regards critiques 1966-1968*, Caen, Presses Universitaires de Caen, 2009.

MARCINKOWSKI A., WILGAUX J., « Automates et créatures artificielles d'Héphaïstos : entre science et fiction », *Techniques et Culture*, n° 43-44, 2004, p. 1-19.

MARQUEZ G. C., *L'amour au temps du choléra*, Paris, Grasset, 1987.

MARZANO M. (éd.), *Dictionnaire du corps*, Paris, P.U.F., 2007.

MAURON A., « Homo faber sui : quelques questions d'éthique démiurgique », dans J.-N. MISSA, L. PERBAL (éd.). *« Enhancement ». Éthique et philosophie de la médecine d'amélioration*, Paris, Vrin, 2009. p. 203-220.

MAUSS M., *Le fait social total*, Paris, P.U.F., 1993.

MAZUMDAR P. M. H., *Eugenics, Human Genetics and Human Failings : The Eugenics Society, its Sources and its Critics in Britain*, London, Routledge, 1992.

MCARDLE W., KATCH F., KATCH V., *Exercise Physiology : Energy, Nutrition, and Human Performance*, 5 th edition, Philadelphia, Ed. Williams and Wilkins, 1996.

MCCAFFERY L. (ed.), *Storming the Reality Studio : a Casebook of Cyberpunk and Postmodern Science Fiction,* Durham S.C., Duke University Press, 1991.

– « An Interview with William Gibson », *in* L. MCCAFFERY (ed.), *Storming the Reality Studios : A Casebook of Cyberpunk and Postmodern Fiction*, Durham, Duke University Press, 1991, p. 263-85.

MCCAFFREY A., *Le vaisseau qui chantait*, trad. fr. E. Gille, B. Martin, M. Deutsch, Paris, Pocket, 2003.

MCHALE B., *Postmodernist Fiction,* New York, Methuen, 1987.

– « POSTcyberMODERNpunkISM », *in* L. MCCAFFERY (ed.), *Storming the Reality Studios : A Casebook of Cyberpunk and Postmodern Fiction*, Durham, Duke University Press, 1991, p. 308-23.

– *Constructing Postmodernism,* New York, Routledge, 1992.

MCKIBBEN B., *Enough. Genetic Engineering and the End of Human Nature*, London, Bloomsbury Publishing, 2004.

MCLUHAN M., *Understanding Media : the Extensions of Man*, New York, Mentor-New American Library, 1964 ; trad.fr. J. Paré, *Pour comprendre les média*, Paris, Mame/Seuil, 1968.

MCNEILL J., « Freedom and the future », *Theological Studies* 33(3), 1972, p.1-18.

MEDWAY P., *Shifting Relations : Science, Technology and Technoscience*, Geelong Viv., Deakin University Press, 1993.

MEHLMAN M. J., *Transhumanist Dreams and Dystopian Nightmares. The Promise and Peril of Genetic Engineering by Baltimore*, Baltimore, Johns Hopkins University Press, 2012.

MENZEL P., D'ALUSIO F., *Robo sapiens. Evolution of a New Species,* Boston, MIT Press, 2007.

METZINGER T., *Being No One : The Self-Model Theory of Subjectivity*, Cambridge, MA, Bradford Books, MIT Press, 2003.

MILL J. S., *De la liberté*, Paris, Gallimard, 1990.

MILLER H., « When Politics drives science : Lysenko, Gore, and U.S. biotechnology policy », *Social Philosophy and Policy*, vol. 13/2, 1996, p. 96-112.

MILLER P., WILSDON J., *Better Humans ? The Politics of Human Enhancement and Life Extension*, London UK, Demos, 2006.

MINSKY M., « Will robots inherit the earth? », *Scientific American*, Oct. 1994.

MISSA J.-N., « L'homme recombiné. Les enjeux éthiques et philosophiques de la modification du génome de l'être humain », dans J.-Y. GOFFI (éd.), *Regards sur les technosciences*, Paris, Vrin, 2006, p. 111-133.

— et NOUVEL P. (éd.), *Philosophie du dopage*, Paris, P.U.F., 2011.

— et PERBAL L., (éd.), « Enhancement ». *Éthique et philosophie de la médecine d'amélioration*, Paris, Vrin, 2009.

— et SUSANNE C. (éd.), *De l'eugénisme d'État à l'eugénisme privé*, Bruxelles, De Boeck Université, 1999.

MITCHELL R., *Bioart and the Vitality of Media*, Washington, University of Washington Press, 2010.

MONTGOMERY H. E., MARSHALL R. *et al.*, « Human gene for physical performance », *Nature*, 393, 1988, p. 221.

MONTI M., VANHAUDENHUYSE A., COLEMAN M. *et al.*, « Willful modulation of brain activity in disorders of consciousness », *New England Journal of Medicine* 362, 2010, p.579-589.

MONTINARI M., *La volonté de puissance n'existe pas*, établi et postfacé par P. d'Iorio, Paris, Éditions de l'Éclat, 1996.

MOOR J. H., « The nature, importance, and difficulty of machine ethics », *IEEE Intelligent Systems*, July/August 2006, p. 18-21.

MORAVEC H., *Robot : Mere Machine to Transcendent Mind*, Oxford, Oxford University Press, 1999.

MORE M., *A Letter to Mother Nature*, http://maxmore.com/mother.htm, 1999.

—, VITA-MORE (eds.), *The Transhumanist Reader*, Oxford, Wiley-Blackwell, 2013.

MOREL Ch., *Les décisions absurdes II. Comment les éviter*, Paris, Gallimard, 2012.

MORRIS D., *Le singe nu*, Paris, Grasset, 1967.

MULLINS A., « Aimee Mullins. La liberté prothétique », entretien d'A. Mullins avec Raphaël Cuir, *Artpress2*, « Cyborg », Paris, 2012, n°25, p.17-21.

MUNIER B., *Robots. Le mythe du Golem et la peur des machines*, Paris, Éd. de La Différence, 2011.

MUNSTER A., *Nietzsche et le nazisme*, Paris, Kimé, 1995.

– *Principe responsabilité ou principe espérance ? Hans Jonas, Ernst Bloch, Günther Anders*, Dormont, Éd. Du Bord de l'eau, 2010.

MURASE S. (réal.), SATO D. (scénario), *Ergo Proxy*, Manglobe 2006, éd. Française : Dybex, 2008.

MYERS P., « Singularitarianism ? » [en ligne], publié le 13.02.11, disponible sur <http://scienceblogs.com/pharyngula/2011/02/singularitarianism.php>

NAGEL T., « What is like to be a bat? », *Philosophical Review* 83, 1974, p. 434-50.

NARKAR V. A., DOWNES M., YU R. T. *et al.*, « AMPK and PPARδ agonists are exercise mimetics », *Cell.*, 134, 2008, p. 405-415.

NATIONAL SCIENCE AND TECHNOLOGY COUNCIL, *The National Nanotechnology Initiative. The Initiative and its Implementation Plan*, Washington D. C., 2000.

NATIONAL SCIENCE FOUNDATION (NSF) & DEPARTMENT OF COMMERCE (DOC), *Converging technologies for improving human performance – Nanotechnology, biotechnology, information technology and cognitive science*, Dordrecht (NL), Springer, 2002. http://www.wtec.org/ConvergingTechnologies/Report/NBIC_report.pdf

NICOLELIS M., *Beyond Boundaries, The New Neuroscience of Connecting Brains with Machines-and How it Will Change Our Lives*, New York, Times Books, 2011.

NIETZSCHE F., *Œuvres philosophiques complètes*, textes et variantes établies par G. Colli et M. Montinari, Paris, Gallimard, vol. I-XIV, 1967.

NIHEI T., *Blame !*, Grenoble, Glénat, tome 1, 1998.

NOBLE D., *The Religion of Technology. The Divinity of Man and the Spirit of Invention,* London, Penguin Books, 1999.

NOUVEL P., *Histoire des amphétamines*, Paris, P.U.F., 2009.

NUFFIELD COUNCIL ON BIOETHICS, *Genetics and Human Behaviour : the Ethical Context*, 2002, http://www.nuffieldbioethics.org/genetics-and-behaviour

NUSSBAUM M., *Frontiers of Justice. Disability, Nationality, Species Membership*, Harvard, Harvard University Press, 2006.

OLSEN L., « Cyberpunk and the crisis of postmodernity », dans G. SLUSSER, T. SHIPPEY (eds.), *Fiction 2000 : Cyberpunk and the Future of Narrative*, Athens, The University of Georgia Press, 1992, p. 142-52.

O'NEILL B., « In Methuselah's mould », *PLOS Biology* 2(1), 2004, e12. doi :10.1371/journal.pbio.0020012.

OTOMO K., *Akira*, Grenoble, Glénat, tomes 1-31, 1990-1992.

PARENS E. (ed.), *Enhancing Human Traits – Ethical and Social Implications*, Washington, Georgtown Univ. Press, 1998.

PASSMORE J., *The Perfectibility of Man*, London, Duckworth, 1972 [1970].

PASTOURMATZI D. (ed.), *Biotechnological and Medical Themes in SF*, Thessaloniki, University Studio Press, 2002.

PERBAL L., *Gènes et comportements à l'ère post-génomique*, Paris, Vrin, 2011.

– « The "warrior gene" and the Maõri people : the responsibility of the geneticists », *Bioethics*, Article first published online : 12 APR 2012a. DOI : 10.1111/j.1467-8519.2012.01970.x

– « G×E Interaction and Pluralism in the Postgenomic Era », *Biological Theory*, 7, 3, 2013, p. 266-274; published online first 24 Dec. 2012b; DOI : 10.1007/s13752-012-0076-9.

PERSSON I., SAVULESCU J., *Unfit for the Future. The Need for Moral Enhancement*, Oxford, Oxford University Press, 2012.

PIC DE LA MIRANDOLE G., *De la dignité de l'homme*, trad. fr. par Y. Hersant, Combas, Les Éditions de l'éclat, 1993.

PIE XI, *Casti Connubii*, Paris, Spes, 1930.

PIE XII, « Stérilité conjugale et insémination artificielle », 1956, dans P. VERSPIEREN (éd.), *Biologie, médecine et éthique*, Paris, le Centurion, 1987, p. 39-47.

PINSART M.-G., *Hans Jonas et la liberté. dimensions théologiques, ontologiques, éthiques et politiques*, Paris, Vrin, 2002.

PORUSH D., *The Soft Machine. Cybernetic Fiction,* New York, Methuen, 1985.

POSNER M. I., ROTHBART M. K., « Influencing brain networks : implications for education », *Trends in Cognitive Science,* vol. 9/3, 2005, p. 99-103.

PRESIDENTIAL COMMISSION FOR THE STUDY OF BIOETHICAL ISSUES, *New Directions. The Ethics of Synthetic Biology and Emerging Technologies*, Washington DC, www.bioethics.gov, 2010.

PRESIDENT'S COUNCIL ON BIOETHICS, *Beyond Therapy*, Washington, D.C, 2003. Disponible sur le site : http://www.bioethics.gov/topics/neuro_index.html.

PUTNAM H., *Raison, vérité et histoire*, trad.fr. C. Tiercelin-Engel, Paris, Minuit, 1984 (1981).

– « Les significations ne sont tout simplement pas dans la tête », dans P. LUDWIG (éd.), *Le langage*, Paris, Flammarion, 1997, p. 124-134.

PYNCHON T., *Gravity's Rainbow*, London, Pan Books, 1975 [1973].

QUEVAL I., *S'accomplir ou se dépasser. Essai sur le sport contemporain*, Paris, Gallimard, 2004.

– *Le corps aujourd'hui*, Paris, Gallimard, 2008.

RACINE E. *Pragmatic Bioethics : Improving Treatment and Understanding of the Mind-Brain*, Cambridge, MA, MIT Press, 2010.

— and FORLINI C., « Cognitive Enhancement, Lifestyle Choice or Misuse of Prescription Drugs? », *Neuroethics*, n° 3, 2010, p. 1-4.

RADMAN M., *Au-delà de nos limites biologiques*, Paris, Plon, 2011.

RASMUSSEN N., *On Speed, the Many Lives of Amphetamine*, New York, New York University Press, 2008.

REDING V., « Dopingbekämpfung in kommerziell geführten fitnessstudios », Rapport de la commission « Sport ensemble » de l'Union Européenne, Bruxelles le 20 mars 2002

RELKE D. M. A., *Drones, Clones and Alpha Babes : Retrofitting Star Trek's Humanism*, Alberta, University of Calgary Press, 2005.

RENARD M., *Du roman merveilleux-scientifique et de son action sur l'intelligence du progrès*, Paris, Laffont (Bouquins), 1909.

RENTERGHEM V., VAN EENOO P., SOTTAS P. E. *et al.*, « A pilot study on subject-based comprehensive steroid profiling : novel biomarkers to detect testosterone misuse in sports », *Clin. Endocrinol* (Oxf), 2011 Feb 2, p. 1365-2265.

REYNOLDS S., *Generation Ecstasy : into the World of Techno and Rave Culture*, New York, Routledge, 1999.

ROCO M., « Nanoscale science and engineering: unifying and transforming Tools », *American Institute of Chemical Engineers Journal* 50 (5), 2004.

– « The long view of nanotechnology development : the National Nanotechnology Initiative at 10 years », *Journal of Nanoparticle Research* 13, 2011, p. 427-445.

ROSE M., *The Long Tomorrow : How Advances in Evolutionary Biology Can Help Us Postpone Aging*, Oxford, Oxford University Press, 2005.

ROSENTHAL D., « A Theory of Consciousness », *in* N. BLOCK, O. FLANAGAN, G. GÜZELDERE (eds.), *The Nature of Consciousness : Philosophical Debates*, Cambridge, MA, MIT Press, 1997.

ROSKIES A., « A case study of neuroethics : the nature of moral judgment », *in* J. ILLES (ed.), *Neuroethics*, Oxford, Oxford University Press, 2006.

ROTHBLATT M., *From Transgender to Transhuman : a Manifesto on the Freedom of Form*, Amazon Media EU S.a r.l., 2011.

ROTHMAN D., ROTHMAM S., *The Pursuit of Perfection*, New York, Pantheon Books, 2003.

ROUSSEAU J.-J., *Émile*, dans *Œuvres complètes*, t. IV, Paris, La Pléiade, 1969.

ROYAL B., *La conviction d'humanité. L'éthique du soldat français*, Paris, Economica, 2008.

ROYAL SOCIETY, *Nanoscience and Nanotechnologies : Opportunities and Uncertainties*, Cardiff, Clyvedon Press, 2004.

RUCKER R., *Freeware*, New York, Avon Books, 1997.

SALOMON J.-J., « Canguilhem », *Revue de métaphysique et de morale*, 90e année, n°1, janvier-mars 1985.

SAMARANCH A., *El Mundo*, 26 juillet 1998.

SANDEL M. J., « The case against perfection : what's wrong with designer children, bionic athletes, and genetic engineering ». *Atlantic Monthly*, vol.292/3, 2004, p. 50-62.

– *The Case Against Perfection. Ethics in the Age of Genetic Engineering*, Cambridge MA & London, Belknap Press, 2007.

SARDAR Z., RAVETZ J. R. *Cyberfutures : Culture and Politics on the Information Superhighway*, London, Pluto Press, 1996, p. 14-41.

SARTRE J.-P., « Jean-Paul Sartre répond », *L'Arc*, 1966, dans *Les mots et les choses de Michel Foucault. Regards critiques 1966-1968*, s.l., Presses Universitaires de Caen, 2009.

– *L'Existentialisme est un humanisme*, Paris, Nagel, 1970.

SASSOWER R., *Confronting Disaster : an Existential Approach to Technoscience,* Lanham Md., Lexington Books, 2004.

SAVULESCU J., « Procreative Beneficence : Why We Should Select the Best Children », *Bioethics* 15 (5-6) 2001, p.413-426.

— and BOSTROM N. (eds.), *Human Enhancement*, New Tork & Oxford, Oxford Univ. Press, 2009.

— and FODDY B., « Comment : genetic test available for sport performance », *Britsh Journal of Sports Medecine*, 39, 2005, p. 472.

— and KAHANE G., « The Moral Obligation to Create Children with the Best Chance of the Best Life », *Bioethics*, vol. 23/5, 2009, p. 274-290.

SCHERMER M. *et al.*, « The Future of Psychopharmacological Enhancements : Expectations and Policies », *Neuroethics*, n° 2, 2009, p. 75-87.

SCHNEIDER W. H., *Quality and Quantity : The Quest for Biological Regeneration in Twentieth-Century France*, Cambridge, Cambridge University Press, 1990.

SCHODT F. L., « Foreword : Japan's new visual culture », dans Mark W. MacWilliams (ed.) *Japanese Visual Culture* : *Explorations in the World of Manga and Anime*, New-York, Armonk, vii, 2008

SCHUMMER J., « Cultural diversity in nanotechnology ethics », *Interdisciplinary science reviews* 31(3), 2006, p. 217-230.

Science Fiction Studies (n° 55 sur « SF and Postmodernism »), janvier 1991.

SCOTT J., « Genre : une catégorie utile d'analyse historique », *Cahiers du genre*, 37, 1988, p. 125-53.

SEARLE J. R., « Minds, brains, and programs », *Behavioral and Brain Sciences* 3, 1980, p.417-57.

– *Intentionality : An Essay in the Philosophy of Mind.* Cambridge, Cambridge University Press, 1983.

SEED D., *A Companion to SF,* Oxford, Blackwell, 2005.

SERRES M., *Hominescence*, Paris, Éd. Le Pommier, 2001.

SHIROW M., *Appleseed*, Grenoble, Glénat, tomes 1-5, 1994-1996.

– *Ghost in the Shell*, Grenoble, Glénat, tomes 1 et 2, 1996.

SILVER L. M., *Remaking Eden*, New York, Harper, 2007 (1997).

SIMMONS D., *Hypérion*, trad. fr. G. Abadia, Paris, Robert Laffont, 1991.

SINCLAIR D., GUARENTE L., « Unlocking the secrets of longevity genes », *Scientific American*, March 2006, p. 48-57.

SINGER P. W., *Wired for War. The Robotics Revolution and 21st Century Conflict*, New York, Penguin, 2009.

– « War Machines », *Scientific American*, July 2011, p. 36-43.

SLOTERDIJK P., *Règles pour le parc humain*, Paris, Mille et Une Nuits, 2000 ; texte allemand, *Regeln für den Menschenpark. Ein Antwortschreiben zu Heideggers Brief über den Humanismus*, Frankfurt, 1999.

– *La domestication de l'Être*, Paris, Mille et Une Nuits, 2000.

SLUSSER G., WESTFAHL G., RABKIN E. S. (eds.), *Immortal Engines. Life Extension and Immortality in Science Fiction and Fantasy,* Athens, The University of Georgia Press, 1996.

SMITH D. E., *Love Needs Care : a History of San Francisco's Haight-Ashbury Free Medical Clinic and its Pioneer Role in Treating Drug-Abuse Problems,* New York, Little Brown & Company, 1971.

SMITH M. (ed.), *Stelarc : the Monograph*, Cambridge, MA, MIT Press, 2007.

SMITH R. K. W., WEBBON P. M., « Harnessing the stem cells for the treatment of tendon injuries : heralding a new dawn? », *British Journal of Sports Medicine*, 39, 2005, p. 582-584.

SOBER E., « Learning from functionalism – Prospects for strong artificial life », *in* M. A. BODEN (ed.), *The philosophy of artificial life*, Oxford, Oxford University Press, 1996, p. 361-378.

SOLOWAY R. A., *Demography and Degeneration : Eugenics and the Declining Birthrate in Twentieth-Century Britain*, London, The University of North Carolina Press, 1990.

SPINRAD N., *Jack Barron et l'éternité*, trad. fr. G. Abadia, « Ailleurs et demain », Paris, Robert Laffont, 1971.

STABLEFORD B., *Future Man : Brave New World or Genetic Nightmare?,* New York, Crown, 1984.

– *Inherit the Earth*, New York, Tor, 1998.

– *Historical Dictionary of Science Fiction Literature*, NJ, Scarecrow Press, 2004.

STEINERT A. F., PALMER G. D., EVANS C. A., « Gene therapy in the musculo-skeletal stem cells », *Current Opinion in Orthopaedics*, 15, 2004, p. 318-324.

STEPHENSON N., *Snow Crash*, New York, Bantam Spectra, 1993 [1992].

– *The Diamond Age, Or, A Young Lady's Illustrated Primer*, New York, Bantam, 1996 [1995].

– *Cryptonomicon*, London, Arrow Books-Random House, 1999.

– *Quicksilver, Volume One of the Baroque Cycle*, London, William Heinemann, 2003.

STERLING B., *Schismatrice* +, trad. fr., « Folio-SF », Paris, Gallimard, 2002 (1985).

– « Preface », *in* STERLING B. (ed.), *Mirrorshades*, New York, Ace Books, 1988 [1986], p. IX-XVI.

– « Preface », *in* GIBSON W., *Burning chrome*, London, Grafton Books, 1988, p. 9-13.

STEVENSON R., *Strange case of Dr. Jekyll and Mr. Hyde*, London, Longmans, Green & co., 1886.

STEVENSON L., HABERMAN D. L., *Ten Theories of Human Nature*, New York, Oxford University Press, 1998.

STIRLING A., « Risk at a turning point? », *Journal of Risk Research* 1(2), 1998, p. 97-109.

STOA (SCIENCE AND TECHNOLOGY OPTIONS ASSESMENT) *Human enhancement – Study* (dir. Coenen C.), Bruxelles, European Parliament, 2009. Disponible sur le site : <http://www.europarl.europa.eu/stoa/publications/studies/stoa2007-13_en.pdf>.

STORS H. J., *Beyond AI : Creating the Conscience in the Machin,* Amherst, NY, Prometheus, 2007.

STREHL U. *et al.*, « Self-regulation of slow cortical potentials – a new treatment for children with ADHD », *Pediatrics,* vol.118, 2006, p. 1530-1540.

STROSS C., *Accelerando*, New York, Ace, 2005.

SUSSAN R., *Les Utopies post-humaines,* Montreuil, Omnisciences, 2005.

SUVIN D., « On the Poetics of the Science Fiction Genre », in M. ROSE (ed.), *20th-Century Views on Science Fiction*, Englewood Cliffs, NJ, Prentice Hall Publishers, 1978, p. 57-71.

SWEENEY H. L., « Gene doping », *Scientific American*, 25, 2004, p. 33-39.

SWIESTRA T., RIP A., « Nano-ethics as NEST-ethics : patterns of moral argumentation about new and emerging science and technology », *Nanoethics*, vol. 1, 2007, p. 3-20.

SYNOFZIK M., « Ethically justified, clinically applicable criteria for physician decision-making in psychopharmacological enhancement », *Neuroethics*, n° 2, 2009, p. 89-102.

TABBI J., *The Postmodern Sublime : Technology and American Writing from Mailer to Cyberpunk*, Ithaca, Cornell University Press, 1995.

TAKAHASHI K., TANABE K., OHNUKI M. *et al.*, « Induction of pluripotent stem cells from adult human fibroblasts by defined factors », *Cell*, 131, 2007, p. 861-872.

TAYLOR J. G., *The Race for Consciousness*, Cambridge, MA, MIT Press, 1999.

TELOTTE J. P., *Replications : a Robotic History of the Science Fiction Film,* Urbana, University of Illinois Press, 1995.

TESSIER M., « Extropiens et transhumanistes : vivre en sf », *Solaris,* n°161 ; hiver 2007.

THEE A., « Mugler, une histoire bionique », *Next*, n° 34, supplément à *Libération*, n° 9295, 2 avril 2011.

THOMSON H., *Hell's Angels, the Strange and Terrible Saga of the Outlaw Motorcycle Gangs*, New York, Random House, 1966.

TIERCELIN C., *Hilary Putnam. L'héritage pragmatiste*, Paris, P.U.F., 2002.

TINLAND F., « La technoscience : convergence occasionnelle ou lien essentiel ? », dans J.-Y. GOFFI (éd.)., *Regards sur les technosciences*, Paris, Vrin, 2006, p. 39-66.

TIPLER F., *The Physics of Immortality*, New York, Doubleday, 1994.

— and BARROW J., *The Anthropic Cosmological Principle*, New York, Oxford University Press, 1986.

TODOROV T., « Lévi-Strauss entre universalisme et relativisme », *Le Débat*, n° 42, novembre-décembre 1986.

TONONI G., « The information integration theory », *in* M. VELMANS, S. SCHNEIDER (eds.), *The Blackwell Companion to Consciousness*, Oxford, Blackwell Publishing, 2007, p. 287-99.

– *Phi. A Voyage from the Brain to the Soul*, New York, Pantheon Books, 2012.

TOUSSAINT J.-F., « Dépassement et confrontation aux limites », Institut de recherche médicale et d'épidémiologie du sport (IRMES), 2009.

TREMBLAY R. M., *Prévenir la violence dès la petite enfance*, Paris, Odile Jacob, 2008.

TRUONG J.-M., *Totalement inhumaine*, Paris, Les empêcheurs de penser en rond, 2003.

TURING A., « Computing machinery and intelligence », *Mind* LIX, 236, 1950, p.433-60.

VAN NAME M. L., WEISSKOPF T. K. F. (eds.), *Transhuman*, New York, Baen, 2009.

VAN WILLIGENBURG T., « Philosophical reflection on bioethics and limits », *in* M. DÜWELL, C. REHMANN-SUTTER, D. MIETH (eds.), *The contingent nature of life*, Dordrecht, Springer, 2008, p. 147-156.

VARLEY J., *Le Canal ophite*, trad. fr. R. Lobry, « Dimensions SF », Paris, Calmann-Lévy, 1978.

VIDAL J., « Toward direct brain-computer communication », *Annual Review of Biophysics and bioengineering*, vol. 2, 1973, p. 157-180.

VIGARELLO G., *Histoire des pratiques de santé*, Paris, Seuil, 1993, 1999.

VINGE V., « The coming technological singularity : how to survive in the post-human era », *in* G.A. LANDIS (ed.), *Vision-21 : Interdisciplinary Science and Engineering in the Era of Cyberspace*, NASA Publication CP-10129, 1993, p. 115-126.

VOLTAIRE, *Le Monde comme il va*, dans *Romans de Voltaire*, Livre de poche, 1961.

– *La Princesse de Babylone*, dans *Romans et contes*, Paris, Folio, 1972.

WALLACH W., ALLEN C., *Moral Machines. Teaching Robots Right From Wrong*, Oxford, Oxford University Press, 2009.

WARREN M. A., *Moral Status*, Oxford, Oxford University Press, 1997.

WEBER M., *L'Éthique protestante et l'esprit du capitalisme*, trad. J.-P. Grossein, Paris, Gallimard, 2003.

WEILL J.-C., RADMAN M., « How good is my genome? » *Philosophical Transactions of the Royal Society*, 2003.

WEISKRANTZ L., *Blindsight : A Case Study and Implications*, Oxford, Oxford University Press, 1986.

WEIZENBAUM J., « Eliza – a Computer Program for the Study of Natural Language Communication between Man and Machine », *Communications of the ACM* 9, 1, 1966, p.36-45.

– *Computer Power and Human Reason : From Judgment to Calculation*, San Francisco, CA, WH Freeman & Co., 1976.

WESTFAHL G., SLUSSER G. (eds.), *SF and the Two Cultures : Essays on Bridging the Gap Between the Sciences and the Humanities*, Jefferson, McFarland & Company, 2009.

WEYEMBERGH M. & VAN DEN BOSSCHE M., *Het einde van de geschiedenis? Over Francis Fukuyama en Peter Sloterdijk*, Nijmegen, Sun, 1995.

WILLCOX B. J., DONLON T. A., HE Q., CHEN R., GROVE J. S., YANO K., MASAKI K. H., WILLCOX D. C., RODRIGUEZ B., CURB J. D., « FOXO3A genotype is strongly associated with human longevity », *Proceedings of the National Academy of Sciences of the United States of America*; 105(37), 2008, p.13987-13992.

WILLIAMS M. A., « The demonizing of the demiurge : the innovation of Gnostic myth », *in* C. COX, M. A. WILLIAMS, M. S. JAFFEE (eds.), *Innovation in Religious Traditions : Essays in the Interpretation of Religious Change*, Berlin, Walter de Gruyter, 1992, p. 73-106.

WILSON S., *Art + Science Now*, London, Thames & Hudson, 2010.

WITOWSKI J. A., INGLIS J. R. (eds.), *Davenport's Dream, 21st Century Reflections on Heredity and Eugenics*, New York, Cold Spring Harbor Laboratoty Press, 2008.

WOLFE C., *Animal Rites : American Culture, the Discourse of Species, and Posthumanist Theory,* Chicago, University of Chicago Press, 2004.

– *What is Posthumanism?*, Minneapolis Londres, University of Minnesota Press, 2010.

WOLFF E., *La science des monstres*, Paris, Gallimard, 1948.

WOOD A., *Technoscience in Contemporary American Film : Beyond Science Fiction,* Manchester, Manchester University Press, 2002.

WRIGHT C., « On Putnam's proof that we are not brains-in-a-vat », *in* P. CLARK, B. HALE (eds.), *Reading Putnam*, Oxford, Blackwell, 1994, p.216-241.

WRIGHT W., *Six Guns and Society : a Structural Study of the Western*, Berkeley, University of California Press, 1975.

YASZEK L., *The Self Wired : Technology and Subjectivity in Contemporary Narrative*, New York, Routledge, 2002.

YONNET P., « L'homme aux chats. Zoophilie et déshumanisation », *Le Débat*, n° 27, novembre 1983.

YOUNGQUIST P., *Cyberfiction : After the Future,* Phoenix, McMillan, 2010.

ZEMAN A., « What in the World Is Consciousness? », *in* S. LAUREYS (ed.), *Progress in Brain Research*, Amsterdam, Elsevier, 2005, p. 1-10.

ZYLINSKA J., *The Cyborg Experiments : the Extensions of the Body in the Media Age,* London, Continuum, 2002.

INDEX DES NOMS PROPRES

LISTE DES AUTEURS

Sylvie ALLOUCHE, Marie Curie Research Fellow, University of Bristol.
Muriel ANDRIN, SAGES, Université libre de Bruxelles.
Bernard BAERTSCHI, Insitut d'éthique biomédicale, Université de Genève.
Jean-Michel BESNIER, Université Paris IV-Sorbonne.
Georges CHAPOUTHIER, CNRS.
Axel CLEEREMANS, Directeur de Recherches au Fonds de la Recherche Scientifique, Université libre de Bruxelles.
Pierre-Frédéric DALED, CRIB, Université libre de Bruxelles.
Christophe DEN TANDT, Centre de Recherche Philixte: Études Littéraires, Philologiques et Textuelles, Université libre de Bruxelles.
Emilie DE PAUW, Université libre de Bruxelles.
Gérard DINE, École Centrale de Paris, Institut Biotechnologique de Troyes.
Laurent FRIPPIAT, CRIB, Université libre de Bruxelles.
Jérôme GOFFETTE, S2HEP, EAM, Université Lyon 1 /ENS.
Jean-Yves GOFFI, Université Pierre Mendès, Grenoble.
Denis GOLDSCHMIDT, Chrirurgien plasticien et ancien président de la Société royale belge de chirurgie plastique, reconstructrice et esthétique (RBSPS).
Marc GROENEN, Centre de Recherches Archéologiques (CreA-Patrimoine), Université libre de Bruxelles.
Gilbert HOTTOIS, CRIB, Université libre de Bruxelles.
Céline KERMISCH, Fonds de la Recherche Scientifique, CRIB, Université libre de Bruxelles.
Dominique LAMBERT, Faculté Universitaire Notre-Dame de la Paix, Centre ESPHIN, Namur.
Alex MAURON, Institut d'éthique biomédicale, Université de Genève.
Jean-Noël MISSA, Directeur de Recherches au Fonds de la Recherche Scientifique, CRIB, Université libre de Bruxelles.

Dorian NEERDAEL, Université libre de Bruxelles.
Pascal NOUVEL, Université Paul Valéry, Montpellier.
Laurence PERBAL, Fonds de la Recherche Scientifique, CRIB, Université libre de Bruxelles.
Marie-Geneviève PINSART, CRIB, Université libre de Bruxelles.
Chloé PIRSON, Université libre de Bruxelles.
Joëlle PROUST, École Normale Supérieure, Paris.
Isabelle QUEVAL, Université Paris V-Descartes.
Sylvie VRANCKX, Fonds de la Recherche Scientifique -(FNRS), Université libre de Bruxelles.

TABLE DES MATIÈRES

PARTIE II

TECHNOSCIENCE ET MÉDECINE D'AMÉLIORATION

PARTIE III

TECHNIQUES, ARTS ET SCIENCE-FICTION

Achevé d'imprimer le 7 septembre 2018
sur les presses de
La Manufacture - Imprimeur – 52200 Langres
Tél. : (33) 325 845 892

N° imprimeur : 181056 - Dépôt légal : janvier 2015
Imprimé en France